ବନ୍ୟଜନ୍ତୁ

ବନ୍ୟଜନ୍ତୁ

ଡାକ୍ତର ପ୍ରଫୁଲ୍ଲ କୁମାର ମିଶ୍ର
ଏମ୍.ଭି. ଏସ୍.ସି. (ପ୍ରାଣୀ ଉତ୍ପାଦନ)
ଅବସରପ୍ରାପ୍ତ ଉପନିର୍ଦ୍ଦେଶକ
ପଶୁପାଳନ ଓ ପଶୁଚିକିତ୍ସା ବିଭାଗ (ଓଡ଼ିଶା)

ବ୍ଲାକ୍ ଇଗଲ୍ ବୁକ୍ସ
ଭୁବନେଶ୍ୱର, ଓଡ଼ିଶା

BLACK EAGLE BOOKS
Dublin, USA

ବନ୍ୟଜନ୍ତୁ / ଡାକ୍ତର ପ୍ରଫୁଲ୍ଲ କୁମାର ମିଶ୍ର

ବ୍ଲାକ୍ ଈଗଲ୍ ବୁକ୍ସ : ଭୁବନେଶ୍ୱର, ଓଡ଼ିଶା • ଡବ୍‌ଲିନ୍, ଯୁକ୍ତରାଷ୍ଟ୍ର ଆମେରିକା

BLACK EAGLE BOOKS

USA address:
7464 Wisdom Lane
Dublin, OH 43016

India address:
E/312, Trident Galaxy, Kalinga Nagar,
Bhubaneswar-751003, Odisha, India

E-mail: info@blackeaglebooks.org
Website: www.blackeaglebooks.org

First International Edition Published by
BLACK EAGLE BOOKS, 2022

BANYA JANTU

by **Dr. Prfafulla Kumar Mishra,** M.V.Sc.
Deputy Director, Vet. Sc. & A.H. (Retd.)
Sai Sadma - 477, Mahanadi Vihar,
Cuttack - 753004, Phone : 0671-2443547

Cover & Interior Design: Ezy's Publication

ISBN- 978-1-64560-098-5 (Paperback)

Printed in the United States of America

ଉତ୍ସର୍ଗ

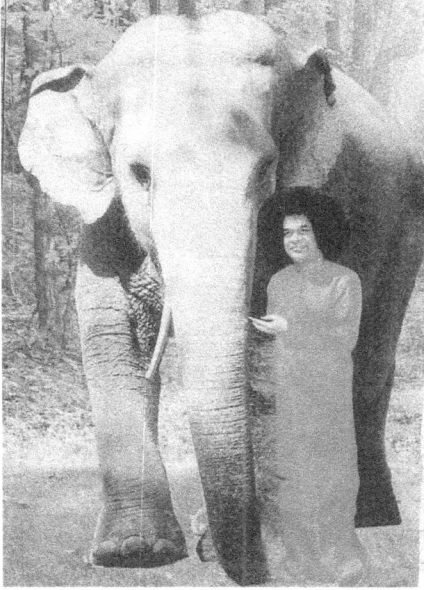

ପ୍ରାକୃତିକ ସଂପଦ ଓ ସୌନ୍ଦର୍ଯ୍ୟରେ ପରିପୂର୍ଣ୍ଣ ଅରଣ୍ୟ ଓ ଅରଣ୍ୟରେ
ସୁଖ-ସ୍ୱଚ୍ଛନ୍ଦରେ ବାସ କରୁଥିବା ବହୁବିଧ ବନ୍ୟଜନ୍ତୁମାନଙ୍କୁ ହୃଦୟର ସହିତ
ଭଲ ପାଉଥିବା ଓ ଭଲ ପାଇବା ପାଇଁ ଉପଦେଶ ଦେଇ ଆସୁଥିବା
ପ୍ରେମମୟ ଭଗବାନ୍ ଶ୍ରୀ ସତ୍ୟସାଇ ବାବାଙ୍କୁ ନତ ମସ୍ତକ ହୋଇ
ସଭକ୍ତି ପ୍ରଣାମ ଜଣାଇ ତାଙ୍କର ପବିତ୍ର ଚରଣ କମଳ ତଳେ
'ବନ୍ୟଜନ୍ତୁ' ପୁସ୍ତକଟି ଅର୍ପଣ କରୁଛି ।

— ଲେଖକ

ପ୍ରାଗ୍ ଭାଷ

ସୃଷ୍ଟି ଓ ଜନ୍ମମୃତ୍ୟୁର ରହସ୍ୟ ଉନ୍ମୋଚନ କରିବା ପାଇଁ ବୈଜ୍ଞାନିକମାନଙ୍କର ଗବେଷଣା, ଋଷିମୁନିମାନଙ୍କର ସାଧନା, ବିଭିନ୍ନ ଧର୍ମ ସଂପ୍ରଦାୟର ଏ ସଂପର୍କୀୟ ଗୂଢ଼ ରହସ୍ୟ ଜାଣିବାର କାମନା ଓ ଧର୍ମଗ୍ରନ୍ଥ ବା ପୁରାଣମାନଙ୍କରେ ବର୍ଣ୍ଣିତ ସୂଚନା ମାଧ୍ୟମରେ ଏ ସମସ୍ତଙ୍କର ପ୍ରଚେଷ୍ଟା ଆବହମାନକାଳରୁ ଅବ୍ୟାହତ ରହିଛି । ମନୁଷ୍ୟ ଓ ଗୃହପାଳିତ ପ୍ରାଣୀମାନଙ୍କ କ୍ଷେତ୍ରରେ ଉନ୍ମୋଚିତ ଓ ସ୍ୱାସ୍ଥ୍ୟଗତ ତଥ୍ୟସମୂହ, ସେମାନଙ୍କର ସୁରକ୍ଷା, ସ୍ୱାସ୍ଥ୍ୟରକ୍ଷା ଓ ଦୀର୍ଘ ଜୀବନଯାପନ କରିବାର ପଥ କିୟତ୍ ଅଂଶରେ ପ୍ରଦର୍ଶନ କରିପାରିଛି । ତଥାପି ମଧ୍ୟ ସମୟ ସମୟରେ ପଥଭ୍ରଷ୍ଟ ହେବାପରି ପ୍ରତୀୟମାନ ହେଉଛି । ମାତ୍ର ବନ୍ୟଜନ୍ତୁମାନଙ୍କର ଜୀବନଚର୍ଯ୍ୟା ଅଦ୍ୟାବଧି ରହସ୍ୟାବୃତ୍ତ ।

ଲେଖକ ଜଣେ ପ୍ରାଣୀ ଚିକିତ୍ସକ ଭାବରେ ଓ ଗୃହପାଳିତ ପ୍ରାଣୀମାନଙ୍କର ଉତ୍ପାଦନ ଓ ପ୍ରଜନନ କ୍ଷେତ୍ରରେ କାର୍ଯ୍ୟ କରି ଆସୁଥିଲେ ମଧ୍ୟ ଜଙ୍ଗଲ ଜନ୍ତୁମାନଙ୍କର ଏ ସଂପର୍କୀୟ ତଥ୍ୟ ଜାଣିବା ଓ ଜାଣି ପରିବେଷଣ କରିବାର ଲକ୍ଷ୍ୟ ହାସଲ କରିବା ପାଇଁ ସମୟ ଓ ସୁବିଧା ମିଳିନଥିଲା । କେବଳ ଚିକିତ୍ସାଗତ କେତେକ ଜ୍ଞାନ ସମୟ ସମୟରେ ଆବଶ୍ୟକ ହୋଇଥାଏ, ଯାହା ଶିକ୍ଷାକ୍ଷେତ୍ରରେ ହାସଲ କରାଯାଇଥାଏ ଏବଂ ଆବଶ୍ୟକ ସମୟରେ ପ୍ରୟୋଗ କରାଯାଏ । ବିଭିନ୍ନ ବନ୍ୟଜନ୍ତୁମାନଙ୍କ ସଂପର୍କରେ ଅନେକ ପ୍ରତିଷ୍ଠିତ ବ୍ୟକ୍ତି, ଜ୍ଞାନଲିପ୍ସୁ ଛାତ୍ରଛାତ୍ରୀ, ଗାଁ ଗହଳିର କୃଷକବନ୍ଧୁ, ସାଧାରଣ ବ୍ୟକ୍ତି ଓ ପିଲାମାନେ ପ୍ରଶ୍ନ କରନ୍ତି ଏବଂ ସେମାନଙ୍କର ପ୍ରଶ୍ନ କରିବାର ଯଥାର୍ଥତା ରହିଛି । ପ୍ରାଣୀ ଡାକ୍ତର ଓ ପ୍ରାଣୀ ବିଶେଷଜ୍ଞମାନଙ୍କୁ ପଚାରିବେ ନାହିଁ ତ ଆଉ ପଚାରିବେ କାହାକୁ ? ବିଶ୍ୱବିଦ୍ୟାଳୟର ପାଠାଗାରରୁ ନିଜର ଜାଣିବା

ପାଇଁ ଅଧ୍ୟୟନ କରିବାକୁ ହୁଏ ଏବଂ ଆବଶ୍ୟକସ୍ଥଳେ ସଂଗୃହୀତ ହୁଏ । ଯାହାହେଉ ପଠିତ ଓ ସଂଗୃହୀତ ପୁସ୍ତକ ଓ ପତ୍ର-ପତ୍ରିକାରେ ବର୍ଣ୍ଣିତ ବିଷୟବସ୍ତୁ ସହାୟତାରେ 'ବଣ୍ୟଜନ୍ତୁ' ପୁସ୍ତକଟି ଲେଖିବାର ପ୍ରୟାସ । ପୁଟପର୍ତ୍ତିର ଗୋକୁଳମ୍‌ରେ ଥିବା ସମୟରେ ବିଦେଶୀ ପ୍ରାଣୀଡାକ୍ତର ଓ ପ୍ରାଣୀ ବିଶେଷଜ୍ଞମାନଙ୍କଠାରୁ ଏ ଦିଗରେ ସହାୟତା ମିଳିଲା ।

ଆତ୍ମୀୟ ଶ୍ରୀଯୁକ୍ତ ଅଶ୍ୱିନୀ କୁମାର କର ବନ ବିଭାଗର ଜଣେ ଉଚ୍ଚପଦସ୍ଥ ଅଧିକାରୀ ଭାବେ କାର୍ଯ୍ୟରତ । ତାଙ୍କ ସାହାଯ୍ୟ ଲୋଡ଼ିବା ମୁଁ ଉଚିତ ମନେ କଲି । ସେ ମହାଶୟ କେତେଗୁଡ଼ିଏ ଅତ୍ୟାବଶ୍ୟକୀୟ ତଥ୍ୟ, ଫଟୋ ଚିତ୍ର ଯୋଗାଇ ଦେଇଥିଲେ । ସେଗୁଡ଼ିକ ଏହି ବିଷୟସମୂହର ଭିତ୍ତି ଭୂମି ବୋଲି ମନେ ହୁଏ ।

ଏହି ପୁସ୍ତକଟିରେ ବନ୍ୟଜନ୍ତୁମାନଙ୍କ ସଂପର୍କରେ ଯେଉଁସବୁ ତଥ୍ୟ ଉପସ୍ଥାପିତ ହୋଇଛି, ବାସ୍ତବରେ ସେଗୁଡ଼ିକ ଅଦ୍ଭୁତ, ଆଶ୍ଚର୍ଯ୍ୟଜନକ, ଚିତ୍ତାକର୍ଷକ, ଆକର୍ଷଣୀୟ, ଚମକପ୍ରଦ ଓ ଆମୋଦଦାୟୀ । ପୁସ୍ତକଟିରେ ଉପସ୍ଥାପନ କରାଯାଇଥିବା ଜଙ୍ଗଲ ଜନ୍ତୁମାନଙ୍କର, ପ୍ରତ୍ୟେକଙ୍କର ସ୍ୱତନ୍ତ୍ର ବୈଶିଷ୍ଟ୍ୟ ରହିଛି । ପଶୁରାଜ ସିଂହର ସୌନ୍ଦର୍ଯ୍ୟ, ଅନ୍ତର୍ନିହିତ ଶକ୍ତି, ସାମାଜିକ ଚଳନିରେ ଅନ୍ତର୍ଜନନ ପ୍ରତି ବିଦ୍ୱେଷ, ସର୍ବଶକ୍ତିସମ୍ପନ୍ନା ମାଆ ଦୁର୍ଗାଙ୍କର ବାହନ ଓ ମନ୍ଦିରମାନଙ୍କର ରକ୍ଷକ ଭାବରେ ଆମ୍ଭମାନଙ୍କର ଆଦରଣୀୟ ଓ ବନ୍ଦନୀୟ ମଧ୍ୟ । ନେଉଳଟିଏ କେତେ କ୍ଷୁଦ୍ର ଜୀବ । ଗୋଖର ଓ ନାଗପରି ଭୟଙ୍କର ବିଷଧର ସର୍ପମାନଙ୍କୁ ଆକ୍ରମଣ କରି ଅନାୟାସରେ ମାରି ଦେଇ ପାରୁଛି । ଏହା ଏକ ଆଶ୍ଚର୍ଯ୍ୟଜନକ ବିଷୟ ନିଶ୍ଚୟ।

ହାତୀ ବିଷୟରେ ଆମେ ଅନେକ ବିଷୟ ଜାଣୁ । ହାତୀର ଗର୍ଭଧାରଣର ସମୟ ପାଖାପାଖି ଦୁଇବର୍ଷ । ହାତୀର ମୁଣ୍ଡ, ଜ୍ଞାନର ଭଣ୍ଡାର। ଜଳହସ୍ତୀମାନଙ୍କର ଜୀବନର ପ୍ରତ୍ୟେକ ବିଷୟବସ୍ତୁରେ ନୂନତତ୍ତ୍ୱ ରହିଛି, ଯାହା ଆମ ପାଇଁ ଅଜ୍ଞାତ, ମାତ୍ର ଆକର୍ଷଣୀୟ । ବଜ୍ରକାପ୍ତା ପରି କ୍ଷୁଦ୍ର ଜୀବଟିଏ କ'ଣ ପାଇଁ ଏତେ ମୂଲ୍ୟବାନ୍ । ତାର ସୁରକ୍ଷା ପାଇଁ ପ୍ରଶାସନିକ ଚେଷ୍ଟା ଅବ୍ୟାହତ ରହିଛି । ଝିଙ୍କର ପରମାନଙ୍କର ଗୁଣାବଳୀ ଓ କାର୍ଯ୍ୟକାରିତା ଆମ ପାଇଁ ଚମକପ୍ରଦ । ଜିରାଫ କଥା ଚିନ୍ତା କଲେ ଆମକୁ ଆର୍ଶ୍ଚଯ୍ୟ ଲାଗିବା ସ୍ୱାଭାବିକ । ଜଳପାନ କରିବା ତା' ପାଇଁ ଏକ କଷ୍ଟକର ବ୍ୟାପାର । ଗଣ୍ଡାର ଚାରୋଟି ଓ ଜିରାଫର ତିନୋଟି ହୃତ୍‌ପିଣ୍ଡର ଆବଶ୍ୟକତା, ସେମାନଙ୍କର ଗଠନ ପର୍ଯ୍ୟବେକ୍ଷଣରୁ ସହଜରେ ଅନୁମେୟ। ହରିଣମାନେ ଦେଖିବାକୁ ସୁନ୍ଦର। ଏମାନଙ୍କର ମାଂସ, ଚର୍ମ, ଶିଂଘ ଆମର ଆବଶ୍ୟକ । ହରିଣମାନେ ପୃଥିବୀରେ ପଞ୍ଚାବନ ପ୍ରକାରର ଥିବାର ଜଣାଯାଏ । ସେମାନଙ୍କର ଆକାର, ଗଠନ, ଚର୍ମ, ଶିଂଘ ଓ ପ୍ରାକୃତିକ ଆବାସ

ଇତ୍ୟାଦି ବିଭିନ୍ନ ପ୍ରକାରର । ମଣିପୁରୀ ହରିଣର ପ୍ରାକୃତିକ ଆବାସ, କୃଷ୍ଣସାର ମୃଗର ଶିଙ୍ଘ ଓ କସ୍ତୁରୀ ମୃଗର କସ୍ତୁରୀ ସହିତ ଆମେ ବିଶେଷ ପରିଚିତ ନୋହୁଁ ।

ମାଙ୍କଡ଼ମାନଙ୍କ ମଧ୍ୟରେ ଅନେକ ଲାଙ୍ଗୁଡ଼ ନଥିବା ଓ ମଣିଷ ପରି ଆଚରଣ କରୁଥିବା ମାଙ୍କଡ଼ ଅଛନ୍ତି । ସେମାନଙ୍କୁ ବଣମଣିଷ କୁହାଯାଏ । ଓରାଙ୍ଗଉଟାଙ୍ଗ, ସିମ୍ପାଞ୍ଜି, ଗରିଲା ଓ ହିଲକ୍‌ଗିବ୍‌ବନ ମାଙ୍କଡ଼ମାନେ ବଣମଣିଷ ଅନ୍ତର୍ଗତ । ଏମାନଙ୍କୁ ପ୍ରାଇମେଟ୍ ଜାତୀୟ କୁହାଯାଏ । ଏମାନଙ୍କ ସଂପର୍କରେ ଜାଣିବାରେ ବହୁତ ଆନନ୍ଦ ମିଳିପାରିବ । ଲାଙ୍ଗୁଡ଼ ଥିବା ମାଙ୍କଡ଼ମାନେ, ପାତିମାଙ୍କଡ଼, ହନୁମାଙ୍କଡ଼ ଓ କ୍ଷୁଦ୍ରଲୋରିସ୍‌ମାନଙ୍କ ବିଷୟରେ ଆମକୁ ଅନେକ ବିଷୟ ଜଣା । କାରଣ ସେମାନଙ୍କର ପ୍ରାକୃତିକ ପରିବେଶ ଆମ ବାସସ୍ଥାନ ନିକଟବର୍ତ୍ତୀ । ତଥାପି କିଛି ଅଜଣା ବିଷୟ ଏଠାରେ ପରିବେଷିତ ହୋଇଛି ।

ଅଷ୍ଟ୍ରେଲିଆ ମହାଦେଶର କଙ୍ଗାରୁ ଓ କଙ୍ଗାରୁ ଜାତୀୟ ଜୀବ କ୍ୱଚିତ ଦେଖିବାକୁ ମିଳେ । ଏମାନଙ୍କର ଗଠନରେ ସ୍ୱତନ୍ତ୍ରତା ରହିଛି ଏବଂ ପିଲା ଜନ୍ମ କରି ପାଳନ କରିବା ପଦ୍ଧତିରେ ଅଭିନବତା ଲକ୍ଷ୍ୟ କରାଯାଇପାରେ । ନୀଳଗାଈ, ଚମରୀଗାଈ ଓ ଗୟଳମାନେ ଗୋଜାତୀୟ ହେଲେ ମଧ୍ୟ ଏମାନଙ୍କର ପ୍ରାକୃତିକ ଆବାସ, ଶାରୀରିକ ଗଠନ, ଆଚରଣ ଓ ବ୍ୟବହାରିକ ମୂଲ୍ୟବୋଧ ସଂପୂର୍ଣ୍ଣ ଭାବରେ ପୃଥକ । ଚମରୀଗାଈ ଗୋଟିଏ କଷ୍ଟସହିଷ୍ଣୁ ଅତ୍ୟନ୍ତ ଉପକାରୀ ପ୍ରାଣୀ ।

ବାଘ, ଭାଲୁ, ଓଧ, ଶାଳିଆପତନୀ, ଗଧିଆ, ଶୃଗାଳ ଓ ବାଦୁଡ଼ି ବନ୍ୟଜନ୍ତୁମାନଙ୍କର ଜୀବନର ରହସ୍ୟ ଏ ପୁସ୍ତକରେ ଉନ୍ମୋଚିତ । ଅନେକ ଅନେକ ଅଜ୍ଞାତ, ଅଦ୍ଭୁତ ଓ ଆଶ୍ଚର୍ଯ୍ୟ କଥା ବର୍ଣ୍ଣିତ ବଣ୍ୟଜନ୍ତୁମାନଙ୍କର ଜୀବନଚର୍ଯ୍ୟାରୁ ଜାଣିହେବ, ବଣ୍ୟଜନ୍ତୁ ପୁସ୍ତକ ମାଧ୍ୟମରେ ।

ଆମ୍ଭମାନଙ୍କ ବଞ୍ଚିବା ପାଇଁ ଆମ ଶରୀରରେ ଯେଉଁସବୁ ଆବଶ୍ୟକୀୟ ଅଙ୍ଗ ଓ ପ୍ରଣାଳୀସବୁ ରହିଛି, ସେଗୁଡ଼ିକର କାର୍ଯ୍ୟକାରିତା ପାଇଁ ବାୟୁ (ଅମ୍ଳଜାନ), ଜଳ ଓ ଖାଦ୍ୟ ଆବଶ୍ୟକ । ବାୟୁ ଏପରି ଗଚ୍ଛିତ ଅଛି ଯେ ଆମେ ପୃଥିବୀ ପୃଷ୍ଠରେ ଯେଉଁଆଡ଼େ ଗଲେ ବାୟୁ ପାଇପାରିବା । ନାସାଗ୍ରେ ବାୟୁ ଚଳପ୍ରଚଳ ହେଉଛି । ସ୍ୱଳ୍ପ ପରିଶ୍ରମରେ ମାଟିତଳୁ ଜଳ ପାଇପାରିବା ଏବଂ ଖାଦ୍ୟ ପାଇଁ ମାଟି, ପାଣି, ପବନ ସାହାଯ୍ୟରେ ଚାଷ କରାଯାଇପାରିବ ।

ସେହିପରି ଜଙ୍ଗଲଜନ୍ତୁମାନେ ଜଙ୍ଗଲ ଭିତରେ ରହିଲେ ମଧ୍ୟ ସେମାନଙ୍କର ଶରୀର ଯେପରି ଭାବରେ ଗଠିତ ହୋଇଛି ଶରୀର ପାଇଁ ଆବଶ୍ୟକତା ମଧ୍ୟ ସେହିପରି ଭାବରେ ପୂରଣ କରାଯାଇପାରିଛି । ସେମାନଙ୍କର ଦର୍ଶନରେ ଆମେ ଅପାର ଆନନ୍ଦ ଲାଭ କରୁଛୁ

ଏବଂ ଆମର ଏହି ଆନନ୍ଦର ପରିପୂରକ ଭାବରେ ବନବିଭାଗ ଜୀବଜନ୍ତୁମାନଙ୍କର ଚିଡ଼ିଆଖାନା, ନନ୍ଦନକାନନ, ବାୟୋଲୋଜିକାଲ ପାର୍କ ବା ଜୁୟୋଲୋଜିକାଲ ପାର୍କ ଇତ୍ୟାଦିରେ ବିଭିନ୍ନ ବଣ୍ୟଜନ୍ତୁ ରଖି ପାଳନ କରିବାରୁ ସେମାନଙ୍କୁ ଦର୍ଶନ କରିବାର ସୁଯୋଗ ମିଳିପାରୁଛି ଏବଂ ସବୁ ବର୍ଗ ଓ ବୟସର ଲୋକମାନେ ଆନନ୍ଦଲାଭ କରୁଛନ୍ତି । ବନ୍ୟଜନ୍ତୁ ପୁସ୍ତକଟି ସେମାନଙ୍କ ସମ୍ବନ୍ଧରେ ସବିଶେଷ ଜାଣିବାର ସୁଯୋଗ ଦେବା ସହିତ ଆନନ୍ଦଦାୟକ ହେବ ବୋଲି ପୂର୍ଣ୍ଣ ଆଶା ଓ ବିଶ୍ୱାସ ରହିଛି । ଅନେକ କ୍ଷେତ୍ରରେ ବନ୍ୟଜନ୍ତୁମାନଙ୍କର ବସତି ନଷ୍ଟ କରିଦେବା ଦ୍ୱାରା ଓ ସେମାନଙ୍କୁ ଶିକାର କରିବା ଦ୍ୱାରା ଅନେକ ଦୁର୍ଲଭ ବନ୍ୟପ୍ରାଣୀମାନଙ୍କର ସଂଖ୍ୟା ହ୍ରସ ପାଉଛି ଏବଂ ଏପରି ପରିସ୍ଥିତିରେ ଭବିଷ୍ୟତରେ ସେମାନଙ୍କୁ ଦେଖିବା ସମ୍ଭବ ନ ହୋଇପାରେ । ଏଣୁ ସେମାନଙ୍କର ସୁରକ୍ଷା ପାଇଁ ନିୟମ ପ୍ରଣୟନ କରି ବା ପ୍ରଣିତ ନିୟମର କାର୍ଯ୍ୟକାରିତା ଉପରେ ଗୁରୁତ୍ୱ ଦିଆଯିବା ଉଚିତ।

ମୋର ଆତ୍ମୀୟ ଡକ୍ଟର ଶ୍ରୀଯୁକ୍ତ ବ୍ରଜମୋହନ ଓତା, ଫକୀରମୋହନ ବିଶ୍ୱବିଦ୍ୟାଳୟର ସମାଜବିଜ୍ଞାନର ଅବସରପ୍ରାପ୍ତ ପ୍ରଫେସର ଓ ଡକ୍ଟର ଶ୍ରୀଯୁକ୍ତ ପୂର୍ଣ୍ଣଚନ୍ଦ୍ର ମିଶ୍ର, ଓଡ଼ିଶାର ପ୍ରାଣୀ ପାଳନ ଓ ଚିକିତ୍ସାବିଜ୍ଞାନ ମହାବିଦ୍ୟାଳୟର ପୁନରୁତ୍ପାଦନ ବିଜ୍ଞାନ ବିଭାଗର ପ୍ରଫେସରଦ୍ୱୟଙ୍କୁ ସେମାନଙ୍କର ସହଯୋଗ, ସଦିଚ୍ଛା ଓ ଆନ୍ତରିକତା, ପୁସ୍ତକଟିର ପ୍ରକାଶନର ପ୍ରେରଣାର ଉତ୍ସ ହୋଇଥିବାରୁ ଧନ୍ୟବାଦ ଜଣାଉଛି । ମୋର ଉପଦେଷ୍ଟା ଡାକ୍ତର ପ୍ରଦୀପ୍ତ କୁମାର ଦାସଙ୍କୁ କୃତଜ୍ଞତା ଜଣାଉଛି । ପ୍ରକାଶନ କ୍ଷେତ୍ରରେ ମୋର ଜ୍ୟେଷ୍ଠା କନ୍ୟା ଅଧ୍ୟାପିକା ସସ୍ମିତା ମିଶ୍ର ଓ କନିଷ୍ଠା କନ୍ୟା ଅଧ୍ୟାପିକା ସଞ୍ଜିତା ମିଶ୍ର ଓ ସହଧର୍ମିଣୀ ଶ୍ରୀମତୀ ରଞ୍ଜନା ମିଶ୍ରଙ୍କ ସହଯୋଗ ଉଲ୍ଲେଖନୀୟ। 'ଗ୍ରାଫ୍ ଏନ୍ ଗ୍ରାଫିକ୍ସ' ଏହି ପୁସ୍ତକର ପାଣ୍ଡୁଲିପିର ଡି.ଟି.ପି. କାର୍ଯ୍ୟ ସଂପାଦନ କରିଛନ୍ତି । ସେହି କର୍ମକର୍ତ୍ତାମାନଙ୍କୁ ମୁଁ ମୋର ଧନ୍ୟବାଦ ଜଣାଉଛି । ପରିଶେଷରେ ମୁଁ ମୋର କୃତଜ୍ଞତା ଜ୍ଞାପନ କରୁଛି, ବ୍ଲାକ୍ ଈଗଲ୍, ଆମେରିକାର ପ୍ରକାଶକ ଶ୍ରୀଯୁକ୍ତ ସତ୍ୟ ପଟ୍ଟନାୟକ ଯାହାଙ୍କର ସହାୟତା ବିନା ଏହି କାର୍ଯ୍ୟ ସଂପୂର୍ଣ୍ଣ ହୋଇପାରିନଥାନ୍ତା।

ମହାନଦୀବିହାର

ବଡ଼ଦିନ, ୨୦୨୨

ଡାକ୍ତର ପ୍ରଫୁଲ୍ଲ କୁମାର ମିଶ୍ର

ସୂଚିପତ୍ର

ପଶୁରାଜ ସିଂହ

(Lion)

ହିଂସ୍ରଜନ୍ତୁମାନେ ଜଙ୍ଗଲରେ ରହନ୍ତି । ସିଂହ ଜଙ୍ଗଲର ରାଜା ଅର୍ଥାତ୍ ଜଙ୍ଗଲର ପଶୁମାନଙ୍କର ରାଜା ବୋଲି କୁହାଯାଏ । ସିଂହର ସେପରି ବ୍ୟକ୍ତିତ୍ୱ ଥିବାରୁ ପୁରାତନ କାଳରୁ ସିଂହକୁ ଏପରି ପଦବୀରେ ପ୍ରତିଷ୍ଠିତ କରାଯାଇଛି । ସିଂହ ବିପୁଳ ଶକ୍ତିର ଅଧିକାରୀ ଏବଂ ବଣର ସବୁ ପଶୁଙ୍କ ଠାରୁ ବଳବାନ୍ । ସିଂହ ଅନ୍ୟ କେଉଁ ପଶୁଠାରେ ଶକ୍ତି ବା ବଳ ଥିବାର ଦେଖିଲେ ଖୁସି ହୁଏ ଓ ତାକୁ ସମ୍ମାନ ଦିଏ । ସେମାନଙ୍କର ମନର ପ୍ରବୃତ୍ତି ମଧ ଉନ୍ନତ । ସେମାନେ ଉଦ୍ଧତ ପ୍ରାଣୀ ଦେଖିଲେ, ସେମାନଙ୍କର କରାମତି ପ୍ରଦର୍ଶନ ପାଇଁ ଭୟଙ୍କର ଶବ୍ଦ କରିଥାଆନ୍ତି, ଯାହାକୁ ସିଂହର ଗର୍ଜନ ବୋଲି କୁହାଯାଏ । ହାଇମାରି ସ୍ଥାନ ପରିବର୍ତ୍ତନ ବା ପରିତ୍ୟାଗ କରିବା ପାଇଁ ନିର୍ଦ୍ଦେଶ ଦେବା ସେମାନଙ୍କର ଆଉ ଏକ ଲକ୍ଷଣ । ସିଂହମାନେ ସାମାଜିକ ଆଚରଣ ଗତ ନିୟମ ସବୁକୁ ମାନିବାକୁ ଆବଶ୍ୟକ ମନେ କରନ୍ତି ନାହିଁ । ତେଣୁ ସେମାନେ ସହଜରେ ବଶ ହୁଅନ୍ତି ନାହିଁ ।

ମାନବ ସମାଜରେ ଯେପରି ସ୍ତ୍ରୀଲୋକମାନଙ୍କୁ ପୁରୁଷମାନଙ୍କ ଠାରୁ ରୂପରେ ସୁନ୍ଦର ବୋଲି ମନେ କରାଯାଏ, ପଶୁ ଜଗତରେ ଠିକ୍ ବିପରୀତ ଭାବ ଦେଖାଯାଏ । ଅର୍ଥାତ୍ ପୁରୁଷ ପଶୁମାନେ ଦେଖିବାକୁ ସୁନ୍ଦର ଓ ସ୍ତ୍ରୀ ପଶୁମାନେ ସେପରି ନୁହଁନ୍ତି । ସିଂହ ସିଂହୀ ଠାରୁ ସୁନ୍ଦର । ତାର ବେକ ପାଖରେ ଥିବା କେଶର (mane)ର ସ୍ୱତନ୍ତ୍ର ଚରିତ୍ରଗତ ଗୁଣ ରହିଛି ଏବଂ ଗୋଲ ମୁହଁ ସହିତ ଏହା ଅତି ସୁନ୍ଦର ଦେଖାଯାଏ ।

ବିରାଡ଼ି ପ୍ରଜାତିର ପ୍ରାଣୀମାନଙ୍କ ମଧ୍ୟରେ ସିଂହ ପୃଥିବୀର ସବୁଠାରୁ ବୃହତ୍ ପ୍ରାଣୀ । ପରିଣତ ବୟସରେ ସିଂହମାନଙ୍କର ହାରାହାରି ଓଜନ୧୮୦ କିଲୋଗ୍ରାମ ବା

୪୦୦ ପାଉଣ୍ଡ ଏବଂ ସିଂହୀମାନଙ୍କର ହାରାହାରି ଓଜନ ୧୩୦ କିଲୋଗ୍ରାମ ବା ୨୯୦ ପାଉଣ୍ଡ। ସବୁଠାରୁ ବଡ଼ ଓ ଓଜନିଆ ସିଂହର ଓଜନ ୩୭୫ କିଲୋଗ୍ରାମ ବା ୮୨୬ ପାଉଣ୍ଡ ବୋଲି ଉଲ୍ଲେଖ ଅଛି।

ସିଂହମାନେ ରାତିରେ ଦିନ ଅପେକ୍ଷା ବିଶେଷ ସକ୍ରିୟ। ସେମାନେ ବିଭିନ୍ନ ପ୍ରକାର ପ୍ରାକୃତିକ ଆବାସ (habitats) ମଧ୍ୟରେ ବାସ କରନ୍ତି। ଖୋଲା ବୃକ୍ଷ ଆଚ୍ଛାଦିତ ଅଞ୍ଚଳ ବା ବଣ (open wood lands), ଘନ ଓ ବିସ୍ତୃତ ତୃଣଭୂମି ଅଞ୍ଚଳ ଓ ବୁଦା ପରିପୂର୍ଣ୍ଣ ବିସ୍ତୀର୍ଣ୍ଣ ଅରଣ୍ୟାଞ୍ଚଳରେ ପ୍ରାୟତଃ ବାସ କରନ୍ତି।

ସେଠାରେ ବଡ଼ ବଡ଼ ପାହାଡ଼ ପର୍ବତ ମଧ୍ୟରେ ଖୋଲ (cave) ଥିବା ଦରକାର। ସିଂହ ଘର ତିଆରି କରେ ନାହିଁ। ପ୍ରତିକୂଳ ପାଗରୁ ରକ୍ଷା ପାଇବା ପାଇଁ ଗୁମ୍ଫାମାନଙ୍କରେ ବାସ କରେ। ପାଣି ବିନା କୌଣସି ପ୍ରାଣୀ ବଞ୍ଚି ରହି ପାରିବ ନାହିଁ। ସିଂହ ମାନଙ୍କର ଆବାସ ଅଞ୍ଚଳରେ ପାଣିର ବଡ଼ ବଡ଼ ଝରଣାରୁ ସଂଗୃହୀତ ପାଣି, ପୋଖରୀ ପରି ଜମା ହୋଇ ରହିଥାଏ। ନିକଟରେ ଘଞ୍ଚ ଜଙ୍ଗଲ ଥାଏ, ଯେଉଁଠାରୁ ଶିକାର ଦ୍ୱାରା ଖାଦ୍ୟ ସଂଗ୍ରହ କରାଯାଇପାରେ। ସାଭାନ୍ନା ଗୋଟିଏ ବିସ୍ତୃତ ତୃଣଭୂମି ଅଞ୍ଚଳ ଏବଂ ଏଠାରେ ସିଂହମାନେ ବାସ କରନ୍ତି। ଭାରତର ଗୁଜୁରାଟର ଗିର୍ ବଣ ସିଂହମାନଙ୍କର ପ୍ରଜନନ କ୍ଷେତ୍ର।

ସିଂହର ମୁଣ୍ଡ ଶରୀର ତୁଳନାରେ କ୍ଷୁଦ୍ର, ମାତ୍ର ଗୋଲାକାର, ପରିପୁଷ୍ଟ ପେଶୀ ଥିବା ଛାତି, ସଙ୍କୁଚିତ ବେକ, ଗୋଲାକାର କାନ ଓ ପୁରୁଷମାନଙ୍କର ବେକରେ ଥିବା କେଶର (mane) ଏକ ଉତ୍ତମ ଶାରୀରିକ ଗଠନର ସୂଚନା ଦେଇଥାଏ। ସିଂହର କେଶର ଲମ୍ବା ଏବଂ କେଶର ବର୍ଣ୍ଣ, ବୟସ, ବଂଶାନୁକ୍ରମିକ ଓ ଜୀବରସ ବା ହର୍ମୋନ୍ ନିଃସରଣ ଉପରେ ନିର୍ଭର କରେ। ସିଂହମାନଙ୍କର ବର୍ଣ୍ଣ ସାଧାରଣତଃ ପିଙ୍ଗଳ ବର୍ଣ୍ଣ ସମ୍ବନ୍ଧୀୟ। ଏହାକୁ କମଳା- ବାଦାମୀ ରଙ୍ଗ ବା ଟାଉନି (tawny) ବର୍ଣ୍ଣ କହନ୍ତି। କେହି କେହି ଏହାକୁ ପୀତ ବାଦାମୀ ରଙ୍ଗ, ସୂର୍ଯ୍ୟତାପ ଯୋଗୁ ଚର୍ମର ବାଦାମୀ ବା ଟାନ୍ (tan) ରଙ୍ଗ, ଗେରୁ ମାଟି ବା ଢାଉ (ochre) ରଙ୍ଗ, ପାହାନ୍ତିଆ ଧଳା (early white) ରଙ୍ଗ ବା ପାଉଁଶିଆ ବାଦାମୀ ରଙ୍ଗ ଭାବରେ ବର୍ଣ୍ଣନା କରି ଥାଆନ୍ତି। ତରୁଣ ବୟସର ସିଂହ ଓ ସିଂହୀମାନେ ସାଧାରଣତଃ ସୁବର୍ଣ୍ଣ (yellowish gold) ବର୍ଣ୍ଣର ଦେଖା ଯାଆନ୍ତି। ଏମାନଙ୍କର ବର୍ଣ୍ଣ ସୁବର୍ଣ୍ଣ ପରି ଚିକ୍ ଚିକ୍ କରୁଥାଏ। ସିଂହର ଲାଞ୍ଜ ଲମ୍ବା ଏବଂ ଲାଞ୍ଜର ଶେଷ ଭାବରେ ବା ଅଗ୍ରଭାଗରେ ଗୋଛାଏ କଳା ବାଳ (tuft of dark fur) ଥାଏ। ସିଂହର ଏହି ଲାଞ୍ଜର ଚରିତ୍ରଗତ ବିଶେଷତ୍ୱ ରହିଛି।

ପଶୁପକ୍ଷୀମାନଙ୍କର ଶିକାର ଧରିବା ପାଇଁ ଗୋଡରେ ପଂଝା (claw) ଥାଏ। ସିଂହ ଯେପରି ତାର ପଂଝା ମଧ୍ୟ ସେହିପରି। କାରଣ ଏଥିରେ ତାର ଯଥେଷ୍ଟ ବଳ

ନିହତ ଥାଏ। ସିଂହମାନଙ୍କର ପଂଝା ବହୁତ ଟାଣ, ଲମ୍ବା ଓ ଯନ୍ତା ପରି କାର୍ଯ୍ୟକାରୀ ଶକ୍ତି ଯୁକ୍ତ। ପଂଝାରେ ଥିବା ନଖ ଶକ୍ତ ଓ ମୁନୀଆଁ। ଏହାକୁ ତତ୍କ୍ଷଣାତ୍ ବହିଷ୍କାର ଓ ପ୍ରତ୍ୟାହାର (retractable) କରାଯାଇ ପାରେ। ପଂଝା ତଳେ ବିରାଟ ମାଂସ ପିଣ୍ଡୁଳାଟିଏ ଥାଏ। ଏହା ବହୁତ ନରମ ଓ ସିଂହ ନିଃଶବ୍ଦରେ ଯିବା ଆସିବା କରି ପାରେ।

ଆବଦ୍ଧ ଅବସ୍ଥାରେ ଥିଲାବେଳେ ପ୍ରଜନନ ବା ସିଂହୀ ଓ ସିଂହର ମିଳନ ପ୍ରତିବର୍ଷ ସଂଗଠିତ ହୋଇଥାଏ। ମାତ୍ର ବଣରେ ଅନିୟନ୍ତିତ ଅବସ୍ଥାରେ ଥିଲେ ସାଧାରଣତଃ ଦୁଇ ବର୍ଷରେ ଥରେ ପ୍ରଜନନ (breeding) ହୋଇଥାଏ। ସିଂହୀମାନଙ୍କର ପୁନରୁତ୍ପାଦନ ଚକ୍ର ବା ଯୌନଚକ୍ର ବିଶୃଙ୍ଖଳିତ ଭାବେ ପରିବର୍ତ୍ତନଶୀଳ ଏବଂ ଏହି ସମୟ ମଧ୍ୟରେ ସିଂହୀ ମାନେ ୩/୪ ଦିନ ପ୍ରଜନନ ପାଇଁ ଗ୍ରହଣଶୀଳା (receptive) ହୋଇଥାଆନ୍ତି। ହଲେ ସିଂହ ଓ ସିଂହୀ ସାଧାରଣ ଭାବରେ ପ୍ରତ୍ୟେକ ୨୦/୩୦ ମିନିଟ୍ ମଧ୍ୟରେ ସଂଗମ ବା ରତିକ୍ରିୟା କରି ଥାଆନ୍ତି। ପ୍ରତି ୨୪ ଘଣ୍ଟାରେ ଏହିପରି ପ୍ରାୟ ୧୦୦ ଥର ପର୍ଯ୍ୟନ୍ତ ସଙ୍ଗମକ୍ରିୟା ସଂଗଠିତ ହୋଇଥାଏ। ଗୋଟିଏ ଥର ମିଳନ ପାଇଁ ମାତ୍ର ୧୭ ସେକେଣ୍ଡ ଲାଗେ। ତେଣୁ ଗୋଟିଏ ସିଂହ ଦିନକୁ ପ୍ରାୟ ୧୦୦ ଥର ସିଂହୀ ସହିତ ସଙ୍ଗମ କରିପାରେ। ଏହି ମିଳନରେ ସିଂହୀ ହିଁ ସିଂହକୁ ମିଳନ ପାଇଁ ବା ସାନ୍ନିଧ୍ୟ ଲାଭ ପାଇଁ ପ୍ରୋତ୍ସାହିତ କରିଥାଏ।

ଆମ୍ଭମାନଙ୍କର ବିବାହ ସ୍ଥିର କଲାବେଳେ, ବର ଓ କନ୍ୟାର ଗୋତ୍ର ବିଚାରକୁ ନିଆଯାଏ। ଅନ୍ତର୍ଜନନ (inbreeding) ପ୍ରକ୍ରିୟା ଠାରୁ ଦୂରେଇ ରହିବା ପାଇଁ ସମଗୋତ୍ରୀ ବିବାହକୁ ବାରଣ କରାଯାଇଛି। ସିଂହମାନେ ପଶୁ ହେଲେ ମଧ୍ୟ ସେମାନେ ଅନ୍ତର୍ଜନନ

ଠାରୁ ଦୂରେଇ ରହିବାକୁ ଚାହାଁନ୍ତି। କାରଣ ଅନ୍ତଃ-ପ୍ରଜନନ ବା ଇନ୍‌ବ୍ରିଡିଂ ଦ୍ୱାରା ବଂଶଜମାନେ ଧୀରେ ଧୀରେ ରୁଗ୍‌ଣ ଓ ଶକ୍ତିହୀନ ହୋଇ ଯିବେ। ସିଂହ ଶବ୍ଦ ଅର୍ଥହୀନ ହୋଇଯିବ।

ଏକ ପିତା "ବା" ମାତାଙ୍କର କିମ୍ବା ଏକ ପିତା "ଓ" ମାତାଙ୍କର ଏକ ସନ୍ତାନ ମଧ୍ୟରୁ ଯେ କେହି ସଂପର୍କିତ ବା ରକ୍ତ ସଂପର୍କ ଜନିତମାନଙ୍କୁ ସବ୍‌ଲିଙ୍ଗ୍ (subling) କୁହାଯାଏ। ଏହିପରି ସଂପର୍କୀୟ ବର ସିଂହକୁ, କନ୍ୟା ସିଂହୀ ବିବାହ କରିବାକୁ ଚାହେଁ ନାହିଁ। ଅନ୍ୟ ପକ୍ଷରେ ପୁରୁଷ ସିଂହ ଯଦି ସିଂହୀଠାରୁ ବୟସରେ ଛୋଟ ହୋଇଥିବ, ସିଂହୀ ସ୍ୱାମୀଭାବରେ ଗ୍ରହଣ କରିବାକୁ ମଧ୍ୟ ଅନୁମତି ଦିଏ ନାହିଁ। ଏପରିକି ସେମାନେ ପଶୁ ହେଲେ ହେଁ ବାପକୁ ଝିଅ ସହିତ ରତିକ୍ରିୟା କରିବା ପାଇଁ ଅନୁମତି ଦିଆଯାଏ ନାହିଁ। ଅଧିକାଂଶ ସିଂହ, ସିଂହୀକୁ ସମ୍ମାନିତ କରନ୍ତି, ଯଦି ସେମାନଙ୍କର ସଂପର୍କ ଅକ୍ଷୁର୍ଣ୍ଣ ରହେ। ନୂଆ ସଂପର୍କ ବାଛିବା ଓ ଯୋଡିବାରେ ସେମାନେ ପ୍ରାୟ ସଫଳ ହୋଇ ଥାଆନ୍ତି।

ସିଂହୀର ସିଂହ ସହିତ ମିଳନ ପରେ ସିଂହୀକୁ ବହୁତ କଷ୍ଟ ହୋଇଥିଲା ପରି ଜଣା ପଡ଼େ। କାରଣ ପରେ ପରେ ସେ ବାରମ୍ବାର ବିକଳ ହୋଇ ଭୂମିରେ ଗଡା ଗଡି କରେ। ଏପରି ହେବାର କାରଣ ସିଂହର ଲିଙ୍ଗ ବା ପେନିସ୍‌ରେ ଟିକି ଟିକି ନରମ କଣ୍ଟା ପରି ଅଭିକ୍ଷେପଣ (barb like projections) ଥାଏ। ସିଂହ ସହିତ ସଂଗମ ସମୟରେ ସିଂହୀକୁ କଷ୍ଟ ହୁଏ ଏବଂ ମିଳନ ପରେ ଯନ୍ତ୍ରଣାରୁ ରକ୍ଷା ପାଇବା ପାଇଁ ସେ ଭୂମିରେ ଏପରି ଗଡାଗଡି କରେ।

ସିଂହୀକୁ ଏପରି କଷ୍ଟ ହେବାର କାରଣ ପ୍ରାଣୀ ବୈଜ୍ଞାନିକମାନେ ଅନ୍ୟ ପ୍ରକାରେ କହି ଥାଆନ୍ତି। ସିଂହୀକୁ କଷ୍ଟ ହେବାର ନିଦର୍ଶନ ସ୍ୱରୂପ ସେ ଗଡା ଗଡି (roll over) କରିବା ସହିତ ବିରକ୍ତି ପ୍ରଦର୍ଶନ ସ୍ୱରୂପ ଗଁ ଗଁ (snarls) ଶବ୍ଦ କରେ ଏବଂ ବେଳେ ବେଳେ ସିଂହକୁ ଶକ୍ତ ଆଘାତ (swipe) କରେ। ବିଶେଷଜ୍ଞମାନଙ୍କ ମତ ଅନୁସାରେ ଡିମ୍ବାଶୟ (ovary) ରୁ ସ୍ତ୍ରୀ-ବୀଜ (ovum) ନିଷ୍କାସିତ ହେବା ପ୍ରକ୍ରିୟାକୁ ଓଭୁଲେସନ୍ (ovulation) କହନ୍ତି। ଏହି ପ୍ରକ୍ରିୟା ଆରମ୍ଭ ହୋଇଯାଇଥିବାରୁ ସିଂହୀକୁ କଷ୍ଟ ହୁଏ। ଏହି ଯନ୍ତ୍ରଣା ଓ ଉତ୍ତେଜନା ଯାହାକି ସିଂହୀର ସ୍ତ୍ରୀ-ବୀଜ ନିଷ୍କାସିତ ହେବାର ପ୍ରକ୍ରିୟାକୁ ଉଦ୍ଦୀପିତ କରିଥାଏ ଏବଂ ଏହା ମଧ୍ୟ ସିଂହୀ ପାଇଁ ବଡ଼ ଯନ୍ତ୍ରଣାଦାୟକ। ମିଳନ ପରେ ପରବର୍ତ୍ତୀ ପ୍ରକ୍ରିୟା ଆରମ୍ଭ ହୋଇ ଯାଉଥିବାରୁ ସିଂହୀକୁ ଯନ୍ତ୍ରଣା ସହ୍ୟ କରିବାକୁ ପଡୁଥାଇ ପାରେ।

ସିଂହୀ ଗର୍ଭବତୀ ହେବାର ୧୧୦ ଦିନ ପରେ ଛୁଆ ଜନ୍ମ କରେ। ଏହାକୁ ଗର୍ଭଧାରଣ ସମୟ ବା ଜେଷ୍ଟେସନ୍ ପିରିଅଡ୍ (gestation period) କହନ୍ତି। ୧୧୦ ଦିନରୁ ୨/୩ ଦିନ ଆଗ ପଛ ହୋଇ ପାରେ। ସିଂହୀ ଛୁଆକୁ କବ୍ (cub) କହନ୍ତି।

ଥରକରେ ଏକରୁ ଛଅଟି ପର୍ଯ୍ୟନ୍ତ ଛୁଆ ସେମାନେ ଜନ୍ମ କରିଥାଆନ୍ତି । ସାଧାରଣ ଭାବରେ ୨/୪ ଛୁଆ ଜନ୍ମହେବାର ଦେଖାଯାଏ । ଜନ୍ମ ହେଲା ବେଳେ ଗୋଟିଏ ମୋଟା ପରଦା ଥାଏ । ଏହି ପରଦା ଉପରେ କଳା ଗୋଲ ଦାଗ ସବୁ ଥାଏ । ଧୀରେ ଧୀରେ ସେହି ପରଦା ଅପସରି ଯାଏ ।

ଗୋଟିଏ ସିଂହୀ ସହିତ ସିଂହର ସଫଳ ମିଳନ ପରେ ସିଂହ ଛାଡି ଚାଲିଗଲେ ମଧ୍ୟ ଛୁଆ ଜନ୍ମ ହେବା ଓ ଛୁଆ ବା ଛୁଆମାନଙ୍କର ସୁରକ୍ଷା ପାଇଁ ୨/୩ ଦିନ ଅନତି ଦୂରରେ ଥାଇ ଦୃଷ୍ଟି ରଖି ଥାଏ । ମାତ୍ର ମା' ସିଂହୀ ସଂପୂର୍ଣ୍ଣ ଭାବେ ପିଲା ବା ପିଲାମାନଙ୍କର ଲାଳନ ପାଳନ କରେ ।

ସିଂହ ଓ ସିଂହୀମାନେ ମାଂସାଶୀ ପ୍ରାଣୀ ବା କାରନିଭୋରସ୍ (Carnivorous) । ଶିକାରକୁ ଧରି ମାରି ଖାଇବା ପାଇଁ ସେମାନଙ୍କ ଶରୀରରେ ସମସ୍ତ ପ୍ରକାର ଗଠନଗତ ସୁବିଧା ଥାଏ । ସିଂହର ପଂଝା ସମ୍ବନ୍ଧରେ ଆମେ ଜାଣୁ ଯେ ପଂଝା ତଳେ ମାଂସ ପିଣ୍ଡୁଳା ଏପରି ଭାବରେ ଥାଏ ଯେ ଚାଲିବା ବେଳେ ଶବ୍ଦ ନ ହେଉ ଥିବାରୁ ଶିକାରକୁ ସହଜରେ ଧରି ପାରେ । ଶରୀର ମଜଭୂତ ଓ ସଂହତ, ଆଗ ଗୋଡ ଦୁଇଟି ଶକ୍ତିଶାଳୀ ଦାନ୍ତ ଓ ଉପର ପାଟିର ହନୁହାଡ଼ ଓ ତଳ ପାଟିର ହାଡ (jaws) ଟାଣି ଆଣି ଶିକାରକୁ ମାରି ଖାଇବା ପାଇଁ ଉପଯୁକ୍ତ ଭାବରେ ଗଠିତ । ସିଂହମାନଙ୍କର ବର୍ଣ୍ଣ ବିଭିନ୍ନ ପ୍ରକାରର ହୋଇଥାଏ । ପ୍ରାୟତଃ ଏମାନେ ପରିବେଶର ବର୍ଣ୍ଣ ସହିତ ମିଶି ପାରିଲେ ଶିକାରକୁ ଆକ୍ରମଣ କରିବା ସହଜ ହୁଏ ।

ପ୍ରାଣୀ ଜଗତର ପ୍ରାଣୀମାନଙ୍କୁ ସେମାନଙ୍କର ସାଦୃଶ ଓ ଆଚରଣକୁ ନେଇ ଶ୍ରେଣୀ ବିଭାଗ କରାଯାଇଛି । ଗୋଟିଏ ପ୍ରଜାତି ମଧ୍ୟରେ ଥିବା ଏକ ଜାତି ପଶୁ ସମୂହକୁ ସ୍ପେସିଜ୍ (species) ଏବଂ ନିକଟ ସଂପର୍କୀୟ ସ୍ପେସିଜ୍‌ମାନଙ୍କୁ ଜେନସ୍ (genus) ବା ଜାତି କୁହାଯାଏ । ଏକ ଜାତୀୟ ପଶୁସମୂହର ଅଂଶ ବା ପରିବାରକୁ ଫାମିଲି (family) ଏବଂ ଏକ ଆକୃତିର ପଶୁମାନଙ୍କର ବିଭାଗ ବା ବର୍ଗକୁ ଫାଇଲମ୍ କହନ୍ତି । ଫାଇଲମ୍ (phylum) ଏକ ମୁଖ୍ୟ ଶ୍ରେଣୀ ବିଭାଗ । କେତେଗୁଡିଏ ଫାଇଲମ୍‌କୁ ନେଇ ଏକ ପ୍ରାଣୀ ରାଜ୍ୟ ଗଠିତ । ସିଂହ ପରି ପ୍ରାଣୀମାନଙ୍କୁ ନିମ୍ନୋକ୍ତ ମତେ ଶ୍ରେଣୀ ବିଭାଗ କରାଯାଇଛି । ସ୍ପେସିଜ୍ (species) - ପି.ଲିଓ (P.Lio), ଫାମିଲି - ଫେଲିଡେ (felidae), ଫାଇଲମ୍ - କୋରଡେଟା (chordeta) ଓ କିଙ୍ଗଡମ୍ - ଆନିମାଲିଆ (animalia) ।

ସିଂହମାନଙ୍କୁ ବିଭିନ୍ନ ସ୍ଥାନ ବା ଅଞ୍ଚଳର ବାସିନ୍ଦା ହିସାବରେ ଶ୍ରେଣୀ ବିଭାଗ କରାଯାଏ । ଯଥା : (୧) ଏସିଆ ମହାଦେଶରେ ଥିବା ସିଂହ (asiatic) (୨) ବାରବାରି (barbary) (୩) କଙ୍ଗୋ (congo) (୪) ଟ୍ରାନ୍‌ସଭାଲ୍ (transval) (୫) ପଶ୍ଚିମ ଆଫ୍ରିକା (west african) (୬) ମାସାଇ (masai) ଓ (୭) ଇଥିଓପିଆନ୍ ଏନ୍‌ଡେଞ୍ଜର

ସିଂହ (ethiopian endanger lion)। ଆଫ୍ରିକା ଓ ଏସିଆ ମହାଦେଶର ସିଂହମାନଙ୍କର ଗଠନଗତ ଓ ବ୍ୟବହାରିକ ସାମଞ୍ଜସ୍ୟ ଥିବାର ଲକ୍ଷ୍ୟ କରାଯାଇଛି।

ସିଂହମାନେ ସାହସ ଓ ଶକ୍ତିର ପ୍ରତୀକ। ହିନ୍ଦୁ ଧର୍ମର ପ୍ରାୟ ପ୍ରତ୍ୟେକ ମନ୍ଦିର ପାଖରେ ମୁଖଶାଳାର ଦୁଇ ପାର୍ଶ୍ୱରେ ଦୁଇଟି ସିଂହ ମୂର୍ତ୍ତି ସ୍ଥାପନ କରାଯାଇଥାଏ। ସିଂହକୁ ଦେବୀଙ୍କ ସହିତ ପୂଜା କରାଯାଏ। ଦେବୀ ଦୁର୍ଗା ପ୍ରଚଣ୍ଡ ପ୍ରତାପୀ ମହିଷାସୁରକୁ ନିହତ କରିବା ପାଇଁ ଯେତେବେଳେ ସବୁ ପ୍ରକାର ଶକ୍ତି ତାଙ୍କ ପାଖରେ ଏକତ୍ରିତ ହୋଇଥିଲା, ସିଂହ ହିଁ ତାଙ୍କର ବାହନ ଥିଲା। ଇତିହାସ ପୃଷ୍ଠାରୁ ଜଣାପଡେ ଯେ ସିଂହମାନଙ୍କର ବଳ, ଶକ୍ତି ଓ ପ୍ରଚଣ୍ଡତା ପାଇଁ ପୁରାତନ ମିଶର ଦେଶରେ ଯୁଦ୍ଧ କ୍ଷେତ୍ରରେ ଜୟଯୁକ୍ତ ହେବା ପାଇଁ ସିଂହ ଓ ସିଂହୀକୁ ଯୁଦ୍ଧ ସମ୍ବନ୍ଧୀୟ ଦେବ ଦେବୀ ଭାବରେ ପୂଜା କରୁଥିଲେ।

ସିଂହ ବା ସିଂହୀର ମହତ ପଣିଆକୁ ନେଇ ଅନେକ ଗପ ଶୁଣାଯାଏ। ଯେଉଁ ଗପ କଥା ଏଠାରେ କୁହାଯାଉଛି, ଏ ଗପ ପ୍ରାୟ ପ୍ରତ୍ୟେକ ତାଙ୍କ ଛାତ୍ର ଜୀବନରେ ଶୁଣିଥିବେ। ଏହା ପ୍ରକୃତରେ ଗପ ହେଲେ ବି ସତ ବୋଲି ଧରାଯାଏ। ଗ୍ରୀସ୍ ବା ରୋମ୍ ଯୁଗର ପୁରୁଣା କଥା। ସେତେବେଳେ କ୍ରୀତଦାସ ପ୍ରଥା ଧନୀ ଓ ଦରିଦ୍ରଙ୍କ ମଧ୍ୟରେ ବିରାଟ ପାର୍ଥକ୍ୟ ସୃଷ୍ଟି କରିଥିଲା। ଜଣେ କ୍ରୀତ ଦାସ ମାଲିକର ଅତ୍ୟାଚାର ସହି ନ ପାରି ବଣକୁ ଲୁଚି ଚାଲି ଯିବାକୁ ସ୍ଥିର କଲା। ବଣକୁ ନ ଯାଇ ଯେଉଁଠି ଲୁଚିଲେ ମଧ୍ୟ ଏ ନିଷ୍ଠୁର ମାଲିକ ଧରି ଆଣି କଠୋର ଦଣ୍ଡ ଦେବ। ସେତେବେଳେ ଏହି ଧନୀ ମାଲିକମାନେ ସିଂହଠାରୁ ବା ବଣ୍ୟଜନ୍ତୁମାନଙ୍କ ଠାରୁ ଭୟଙ୍କର ଥିଲେ। ବଣରେ ସେ ଗୋଟିଏ ସିଂହକୁ ଭେଟିଲା ଓ ମୃତ୍ୟୁ ସୁନିଶ୍ଚିତ ବୋଲି ଧରିନେଲା। ମାତ୍ର ସିଂହଟି ତା ପାଖକୁ ଛୋଟେଇ ଛୋଟେଇ ଆସୁଥିବାର ଲକ୍ଷ୍ୟକଲା। ତା' ଗୋଡ଼ର ପଂଝାରେ ଗୋଟିଏ କଣ୍ଟା ପଶି ପାଚି ଯାଇ ତାକୁ ଯନ୍ତ୍ରଣା ଦେଉଥିଲା। କ୍ରୀତଦାସଟି କଣ୍ଟାଟି କାଢି ଦେଲା ଓ ଯତ୍ନର ସହିତ ଘା'କୁ ମଧ ଶୁଖେଇ ଦେଇପାରିଲା। ସିଂହଟି ଯନ୍ତ୍ରଣାରେ କଷ୍ଟ ପାଉଥିଲା ଓ ଭୋକିଲା ମଧ ଥିଲା। ସୁସ୍ଥ ହୋଇ ବଣ ଭିତରକୁ ଚାଲିଗଲା। କିଛି ଦିନ ପରେ ବଣରୁ ସେହି କ୍ରୀତଦାସକୁ ଧରି ଆଣି ଉଚିତ୍ ଦଣ୍ଡ ଦିଆଯିବାର ବ୍ୟବସ୍ଥା କରାଗଲା। ନିର୍ଦ୍ଦିଷ୍ଟ ଦିନ ଓ ସମୟରେ ଧନୀଲୋକମାନେ ଏ ଦୃଶ୍ୟ ଦେଖିବା ପାଇଁ ନିରାପଦ ସ୍ଥାନରେ ବସିଗଲେ। ଗୋଟିଏ ସିଂହକୁ ସେହି କ୍ରୀତଦାସକୁ ମାରି ଖାଇବା ପାଇଁ ଛାଡି ଦିଆଗଲା। ଆଶ୍ଚର୍ଯ୍ୟର କଥା, ସିଂହଟି ଲୋକଟି ପାଖକୁ ଯାଇ ତାର ହାତ ଓ ପାଦ ଚାଟି କୃତଜ୍ଞତା ଜଣାଇଲା। କାରଣ ଏହି କ୍ରୀତଦାସ ହେଉଛନ୍ତି, ସେହି ବ୍ୟକ୍ତି ଯିଏ ତାକୁ ମୃତ୍ୟୁମୁଖରୁ ବଞ୍ଚାଇଥିଲେ। ସିଂହ ହିଂସ୍ରପଶୁ ହେଲେ ହେଁ ତାର ହୃଦୟ କେତେ ମହାନ୍!

ସିଂହକୁ ଦେଖିବା ଆମ୍ଭମାନଙ୍କ ପାଇଁ ଦିନେ ସମ୍ଭବ ନଥିଲା। କେବଳ ସର୍କସ୍

ଟିମ୍‌ରେ ଖେଳ ପ୍ରଦର୍ଶନ କରୁଥିବା ସିଂହ ସହିତ ଅନ୍ୟ କେତେକ ବଣ୍ୟଜନ୍ତୁମାନଙ୍କୁ ଦେଖିବାର ସୁଯୋଗ ମିଳୁଥିଲା। ସର୍କସ ମଧ୍ୟ କୌଣସି ବଡ ସହରକୁ କେବେ କେମିତି ଆସୁଥିଲା। ସେଠାରେ ଏହି ଜନ୍ତୁମାନଙ୍କୁ ଦେଖିବା ଏକ ଆକର୍ଷଣୀୟ ବିଷୟ ଥିଲା। ବଣମାନଙ୍କରେ ଏହି ଦୁର୍ଲଭ ମୂଲ୍ୟବାନ୍ ଜୀବଜନ୍ତୁମାନଙ୍କର ପରିବେଶର ପରିବର୍ତ୍ତନ, ଶିକାରୀମାନଙ୍କର ଅବୈଧ ଶିକାର ଓ ବିଭିନ୍ନ ରୋଗ ଦ୍ୱାରା ସଂକ୍ରମଣ ଯୋଗୁ ଏମାନଙ୍କର ସଂଖ୍ୟା ଅବିରତ ଭାବରେ ହ୍ରାସ ପାଇ ଚାଲିଥିଲା। ଅନେକ ପ୍ରଜାତିର ଜୀବଜନ୍ତୁ ବଣମାନଙ୍କରୁ ଲୋପ ପାଇ ଆସୁଥିଲା, ଯାହା ପରେ ଆମେ ପ୍ରଜାତିମାନଙ୍କୁ ନେଇ ଆଲୋଚନା କରିବା।

ବଣ୍ୟ ଜନ୍ତୁମାନଙ୍କର ସୁରକ୍ଷା ପାଇଁ ପ୍ରତ୍ୟେକ ରାଜ୍ୟର ବନ ବିଭାଗ ବଣର ମୂଲ୍ୟବାନ୍ ଗଛଗୁଡ଼ିକର ଏବଂ ଏହା ସହିତ ବଣ୍ୟଜନ୍ତୁମାନଙ୍କର ସୁରକ୍ଷାର ଦାୟିତ୍ୱ ନେଲେ। ପ୍ରତ୍ୟେକ ରାଜ୍ୟରେ ଏକ ବା ଏକାଧିକ ଚିଡିଆଖାନା (zoo) ପ୍ରତିଷ୍ଠା କରି, ସେଥିରେ ସିଂହ, ବାଘ, ଭାଲୁ ଓ ହାତୀ ପ୍ରଭୃତି ଜୀବଜନ୍ତୁମାନଙ୍କୁ ରଖି ସଯତ୍ନେ ପାଳନ କରାଗଲା ଏବଂ ଏହା ସର୍ବସାଧାରଣଙ୍କ ପାଇଁ ଏକ ଦର୍ଶନୀୟ ସ୍ଥାନ ହୋଇଗଲା। ଏଗୁଡିକୁ ମଧ୍ୟ ବାୟୋଲୋଜିକାଲ୍ ପାର୍କ କୁହାଯାଉଛି। ୧୯୭୨ ମସିହାରେ ଭାରତ ସରକାର ବଣ୍ୟଜନ୍ତୁ ସୁରକ୍ଷା ଆଇନ୍ ପ୍ରଣୟନ କଲେ। ଏହାକୁ ୱାଇଲଡ ଲାଇଫ୍ ପ୍ରୋଟେକ୍‌ସନ୍ ଆକ୍ଟ କୁହାଯାଏ। ଫଳରେ ବଣ୍ୟଜନ୍ତୁ ଶିକାର ଏକ ଧର୍ତ୍ତବ୍ୟ ଅପରାଧ ଭାବରେ ଗଣ୍ୟ ହେଲା। ସେହି ନିୟମ ଅନୁସାରେ ବଣ ବିଭାଗର କର୍ମଚାରୀମାନେ ବଣର ସମସ୍ତ ଦୁଲର୍ଭ ହିଂସ୍ରପ୍ରାଣୀମାନଙ୍କୁ ସୁରକ୍ଷା ଦେଇ ଆସୁଛନ୍ତି।

ଚିଡିଆଖାନାମାନଙ୍କରେ ସିଂହ, ଲିଓପାର୍ଡ (leopard), ଜିରାଫ୍ (giraffe) ଓ ଭାଲୁ ଇତ୍ୟାଦି ବଣର ଜୀବଜନ୍ତୁଙ୍କୁ ଉପଯୁକ୍ତ ଯତ୍ନ ବା ପରିବେଶ ମଧ୍ୟରେ ପାଳନ କରାଯାଉଛି। ପ୍ରାୟ ସବୁ ବୟସର ଲୋକମାନଙ୍କ ପାଇଁ ବିଶେଷତଃ ପିଲାମାନଙ୍କ ପାଇଁ ଏହି ଜୀବଜନ୍ତୁମାନଙ୍କୁ ଦେଖି ଆନନ୍ଦ ଅନୁଭବ କରିବାର ଏକ ମୁଖ୍ୟ କ୍ଷେତ୍ର ଭାବରେ ପରିଗଣିତ ହେଉଛି। ଓଡ଼ିଶାର ଭୁବନେଶ୍ୱର ଠାରେ ନନ୍ଦନ କାନନ ବାୟୋଲୋଜିକାଲ୍ ପାର୍କ ନାମରେ ଏକ ଚିଡିଆଖାନା ରାଜ୍ୟବାସୀଙ୍କୁ ଅପାର ଆନନ୍ଦ ଯୋଗାଇ ପାରୁଛି। ଆମରାଜ୍ୟରେ ମୟୁରଭଞ୍ଜ ଜିଲ୍ଲାର ଶିମିଳିପାଳ ଜଙ୍ଗଲ ଏକ ବଣ୍ୟଜନ୍ତୁ ପରିପୂର୍ଣ୍ଣ ପ୍ରାକୃତିକ ଜଙ୍ଗଲ। ଏଠାରେ ମାଂସାଶୀ ଓ ତୃଣଭୋଜୀ ସବୁ ପ୍ରକାର ବଣ୍ୟଜନ୍ତୁଙ୍କୁ ଉପଯୁକ୍ତ ପରିବେଶ ମଧ୍ୟରେ ମୁକ୍ତ ଭାବରେ ଦର୍ଶନ କରି ହେବ, ମାତ୍ର ଯଥେଷ୍ଟ ସତର୍କତା ଅବଲମ୍ବନ କରିବାକୁ ପଡିବ।

ବାଘ

(Tiger)

ବାଘ ଦେଖିବାକୁ ବିରାଡି ପରି। କୁହାଯାଏ, "ବାଘ ନ ଦେଖିଲେ ବିରାଡି ଦେଖ"। ପୃଥିବୀରେ ବିଭିନ୍ନ ସ୍ଥାନରେ ଥିବା ବାଘମାନଙ୍କୁ ଆଞ୍ଚଳିକ ଭାବରେ ନାମ-କରଣ କରାଯାଇଛି। ଯଥା - ସାଇବେରିଆନ୍, ସୁମାତ୍ରାନ, ଅମୁର୍, କାଷ୍ପିୟାନ୍, ମାଲାୟାନ୍, ରୟାଲ ବେଙ୍ଗଲ, ଇଣ୍ଡୋ ଚଇନା ଓ ସାଉଥ୍ ଚଇନା ଇତ୍ୟାଦି।

ବାଘମାନେ ପ୍ରାଣୀ ବିଜ୍ଞାନ ଶ୍ରେଣୀ ବିଭାଗ ଅନୁସାରେ ପି. ଟାଇଗ୍ରିସ୍ (P.tigris) ସ୍ପେସିଜ୍, ପାନ୍ଥୋରା ଜେନସ୍ ବା ଜାତି, ଫାଇଲମ୍ (Phylum) ବା ବିଭାଗ - କୋର୍‌ଡାଟା (Chordata) ଓ ଆନିମାଲିଆ କିଙ୍ଗଡମ୍ ବା ରାଜ୍ୟର ଅନ୍ତର୍ଗତ। କେତେକ ବାଘ ଅଛନ୍ତି, ସେମାନଙ୍କୁ ସେମାନଙ୍କର ରୂପ, ବ୍ୟବହାର, ବାସସ୍ଥାନକୁ ନେଇ ଅନ୍ୟ ନାମରେ ଡକାଯାଏ। ଲିଓପାର୍ଡ (leopard), ଜାଗୁଆର (jaguar), ପାନ୍ଥେର (panther) ଓ ଚିତା (cheetah) ସେହିପରି କେତେକ ବାଘ ପ୍ରଜାତିର ନାମ ସବୁ। ଆଫ୍ରିକା ଓ ଦକ୍ଷିଣ ଏସିଆର ହଳଦିଆ ରୁମରେ କଳା ଗୋଲ୍ ବା ପୂରା କଳା ରୂପ ଥିବା ବାଘମାନଙ୍କୁ ଲିଓପାର୍ଡ କୁହାଯାଏ। ଆମେରିକାର ଦାଗଯୁକ୍ତ ବାଘମାନଙ୍କୁ ଜାଗୁଆର୍ କହନ୍ତି। ଏମାନେ ଆକାରରେ ଚିତାବାଘ ଠାରୁ ବଡ଼। ଆମେରିକାରେ କଳା ଓ ଧଳା ଜାଗୁଆର ବାଘ ମଧ୍ୟ ଦେଖା ଯାଆନ୍ତି। କଳା ଲୋମ ଥିବା ଆମେରିକାର ପୁମା ବା ଗାଢ ମାଟିଆ ଚିତା ବାଘମାନେ ଦ୍ରୁତ ଗତିରେ ଦଉଡି ପାରନ୍ତି ଓ ସହଜରେ ଛାତକୁ, ଉଚ୍ଚସ୍ଥାନକୁ ବା ଗଛକୁ ଚଢି ପାରନ୍ତି। ଜାତି ଜାତିକା ଚିତା ବାଘ ଦେଖିବାକୁ ମିଳେ। କେତେକ ଚିତା

ବାଘ ବଡ଼ ବଡ଼ ଗଛମାନଙ୍କରେ ବାସ କରନ୍ତି । ଏ ସମସ୍ତ ପ୍ରକାର ବାଘ ବିଭିନ୍ନ ଚିଡ଼ିଆ ଖାନାରେ ଦେଖିବାକୁ ମିଳିଥାଏ ।

ଅନେକ ଚିଡିଆ ଖାନାରେ ବିଶେଷତଃ ନନ୍ଦନକାନନ ଚିଡିଆ ଖାନାରେ ଧଳାବାଘ ଦେଖିବାକୁ ମିଳେ । ଏମାନେ ଉତ୍ତମ ଚକ୍ ଚକ୍ କରୁଥିବା ଉଜ୍ଜ୍ୱଳ ଧଳା ଲୋମରେ ଆଚ୍ଛାଦିତ ହୋଇଥାଆନ୍ତି । ଧଳା ଶରୀରରେ କଳା ରଙ୍ଗର ପଟା ପଟା ଦାଗ ଥାଏ । ଅନ୍ୟ ବାଘମାନଙ୍କ ତୁଳନାରେ ଏମାନେ ଅତି ସୁନ୍ଦର ଦେଖାଯାଆନ୍ତି । ଏମାନେ ବଂଶାନୁକ୍ରମିକ ଭାବରେ ଜନ୍ମ ଗ୍ରହଣ କରନ୍ତି ନାହିଁ । ଯେକୌଣସି ବାଘ ଓ ବାଘୁଣୀଙ୍କର ଆକସ୍ମିକ ଭାବରେ ଧଳା ବାଘ ଛୁଆ ଜନ୍ମ ହୋଇଥାଆନ୍ତି । ପ୍ରାଣୀ ବିଶେଷଜ୍ଞମାନଙ୍କ ମତରେ ଆନୁବଂଶିକ ଆକୃତିର ପରିବର୍ତ୍ତନ ବା ଜେନେଟିକ୍ ମ୍ୟୁଟେସନ୍ ଯୋଗୁଁ ଏପରି ସମ୍ଭବ ହୁଏ ।

ଆମ ଗ୍ରାମମାନଙ୍କରେ ସାଇ-ବସ୍ତିରେ ଥିବା ବିରାଡିମାନେ ଛୋଟ । ବାଘ ଜାତୀୟ ପ୍ରାଣୀମାନଙ୍କୁ ବଡ଼ ବିରାଡି କୁହାଯାଇପାରେ । ଆଉ ଏକ ପ୍ରକାର ବିରାଡ଼ି ଅଛନ୍ତି । ସେମାନେ ବାଘମାନଙ୍କ ଠାରୁ ଛୋଟ ଓ ଗ୍ରାମ ବିରାଡି ମାନଙ୍କ ଠାରୁ ଯଥେଷ୍ଟ ବଡ଼ । ସେମାନେ ହିଂସ୍ର, ଆମିଷାଶୀ ଓ ଜଙ୍ଗଲରେ ବାସ କରନ୍ତି । ଏମାନଙ୍କୁ ବଣ ମାର୍ଜାର କୁହାଗଲେ ମଧ୍ୟ ଏମାନେ ଭୟଙ୍କର । ସେମାନେ ହେଲେ ବଣୁଆ ବିରାଡି (jungle cat), ଲିଓପାର୍ଡ ବିରାଡି, ସିଭେଟ୍ କ୍ୟାଟ୍ (civet cat) ଓ ପାମ୍ ସିଭେଟ୍ କ୍ୟାଟ୍ (palm civet cat) । ସିଭେଟ୍ କ୍ୟାଟ୍ ଗୋଟିଏ ମାଂସାଶୀ ବିରାଡି, ଭିଭେରା ଜେନସ୍ ବା ଜାତିର । ପ୍ଲାମ୍ କ୍ୟାଟ୍‌ମାନଙ୍କୁ ପ୍ଲାମ୍ ସିଭେଟ୍ ମଧ୍ୟ କୁହାଯାଏ । ସିଭେଟ୍

କ୍ୟାଟ୍‌ମାନେ ଆଫ୍ରିକା ଓ ଦକ୍ଷିଣ ଏସିଆରେ ଉଦ୍ଭବ ଏବଂ ପ୍ଲାମ୍ (palm) ସିଭେଟ୍ ମାନେ ଦକ୍ଷିଣ ଏସିଆ ଓ ମାଲଏସିଆରେ ଦେଖାଯାଆନ୍ତି। ଭାରତର ପ୍ଲାମ୍ କ୍ୟାଟ୍ ମଧ୍ୟ ଏହି ଜାତୀୟ। ଏମାନଙ୍କର ଲୋମରୁ ଫ୍ୟାଟ୍ ସମ୍ବନ୍ଧୀୟ (fatty) ହଳଦିଆ ରଙ୍ଗର ଏକ ପ୍ରକାର ତରଳ ପଦାର୍ଥ ନିସୃତ ହୁଏ, ଯାହା ଅତର ତିଆରିରେ ବ୍ୟବହାର କରାଯାଏ। ଏହି ତରଳ ପଦାର୍ଥକୁ ମସ୍କ (musk) କହନ୍ତି। ଏ ସମସ୍ତ ପ୍ରକାର ବଣୁଆ ବିରାଡ଼ି ଆମ ଦେଶର ବିଭିନ୍ନ ଚିଡ଼ିଆଖାନାରେ ପାଳିତ ହେଉଛନ୍ତି।

ବାଘ ଓ ବାଘୁଣୀ ସଂପର୍କ, ସିଂହ ଓ ସିଂହୀପରି ନୁହେଁ। ବାଘ ପ୍ରଜାତିଠାରେ ସିଂହ ପରି ସଦ୍‌ଗୁଣ ବିଶେଷ କିଛି ନାହିଁ। ବାଘ ଅତ୍ୟନ୍ତ ସ୍ୱାର୍ଥପର। ବାଘ, ବହୁ ପତ୍ନୀ (ବାଘୁଣୀ)କୁ ବିବାହ କରି ପାରେ ଏବଂ ବାଘୁଣୀ ବହୁ ସ୍ୱାମୀ (ବାଘ)ଙ୍କ ସହିତ ଯୌନ ସଂପର୍କ ରଖିପାରେ। ସେଥିପାଇଁ ବାଘ ପ୍ରଜାତିକୁ ବହୁ ବିବାହ ସମ୍ବନ୍ଧୀୟ ବା ପଲିଗାମସ୍ (polygamous) ବୋଲି କୁହାଯାଏ।

ବାଘ, ବାଘୁଣୀର ମିଳନ ପାଇଁ ସେପରି କୌଣସି ନିର୍ଦ୍ଦିଷ୍ଟ ଋତୁ ନ ଥାଏ, ଯାହାକୁ ମେଟିଂ ସିଜିନ୍ (mating season) କୁହାଯାଇ ପାରିବ। ବର୍ଷ ସାରା ଯେକୌଣସି ସମୟରେ ସେମାନଙ୍କର ସଙ୍ଗମ ହୋଇ ପାରେ। ମାତ୍ର ଉଷ୍ମ ଜଳବାୟୁ ଅଞ୍ଚଳରେ ନଭେମ୍ବର ଓ ଏପ୍ରିଲ ମାସ ମଧ୍ୟରେ ଅଧିକ ଥର ମିଳନ ସମ୍ଭବ ହୋଇ ଥାଏ, ଯେତେବେଳେ ଥଣ୍ଡା ପାଗ ଥାଏ।

କେବଳ ଯୌନ ଉଦ୍ଦୀପନା ସମୟରେ ବା ବାଘୁଣୀର ଋତୁଚକ୍ର ସମୟରେ ବାଘ ଓ ବାଘୁଣୀର ମିଳନ ଅପ୍ରତ୍ୟାଶିତ ଭାବରେ ହୋଇଥାଏ ଏବଂ ଯୌନ ପିପାସାର ତୃପ୍ତୀ ପରେ ପରେ ବାଘ ଛାଡ଼ି ଚାଲିଯାଏ। ବାଘୁଣୀ ଗର୍ଭଧାରଣ କରିବା ଓ ଛୁଆ ଜନ୍ମ କରି ଛୁଆମାନଙ୍କର ଯତ୍ନ ନେବା କାର୍ଯ୍ୟ ତୁଲାଇ ଥାଏ। ଏଥି ସହିତ ସଂପୃକ୍ତ ବାଘର କିଛି ସଂପର୍କ ନଥାଏ।

ବାଘ ଓ ବାଘୁଣୀର ମିଳନ ପୂର୍ବରୁ ଆନୁଷ୍ଠାନିକ ବିଧି ଅନୁସାରେ ଏକତ୍ର ଅଂଶ ଗ୍ରହଣ କରନ୍ତି। ଏହି ପଦ୍ଧତି ଅନୁସାରେ ପରସ୍ପର ପରସ୍ପରର ଚାରିପଟେ ବୃତ୍ତାକାରରେ ବୁଲନ୍ତି ଏବଂ ଆକର୍ଷିତ ହେବାର ଲକ୍ଷଣ ପ୍ରଦର୍ଶନ କରନ୍ତି। ଏହା ସହିତ ନିଜର ଆସକ୍ତି ବ୍ୟକ୍ତ କରନ୍ତି। ଏହାକୁ ଭୋକାଲାଇଜିଂ (vocalizing) କହନ୍ତି। ଭୋକାଲାଇଜିଂ ଅର୍ଥ ସ୍ୱର ଦ୍ୱାରା ପ୍ରକାଶ କରିବା।

ରତିକ୍ରିୟା ସଂକ୍ଷିପ୍ତ ସମୟ ମଧ୍ୟରେ ହୁଏ। ମାତ୍ର ୫/୬ ଦିନ ଧରି ବାରମ୍ବାର ମିଳନ ପର୍ବ ଚାଲିଥାଏ। ଯୌନ ପ୍ରକ୍ରିୟାର ଶୀର୍ଷତମ ଉତ୍ତେଜନା ସମୟରେ ବାଘ ଓ ବାଘୁଣୀ ମଧ୍ୟ ବାଘୁଣୀର ଗର୍ଭଧାରଣ ସଂପର୍କରେ ନିଶ୍ଚିତ ହେବା ପାଇଁ ଉଚିତ୍ ସ୍ଥାନ ବା

ପୋଜିସନ୍‌ରେ ରହିବାକୁ ଚାହିଁ ଥାଆନ୍ତି। ଏଥିପାଇଁ ବାଘ ବାଘୁଣୀର ବେକ ଉପର ଢିଲାରେ କାମୁଡି ଧରିଥାଏ। ଏହାକୁ ନେକ୍ ବାଇଟ୍ (neck bite) କହନ୍ତି। ଏହି ସଂକ୍ଷିପ୍ତ ଓ ବାରମ୍ବାର ମିଳନ ବା ମୈଥୁନ, ବାଘୁଣୀକୁ ଡିମ୍ବାଶୟରୁ ଡିମ୍ବାଣୁ ମୁକ୍ତ କରିବାରେ ସାହାଯ୍ୟ କରେ। ଏହି ପ୍ରକ୍ରିୟାକୁ ଓଭୁଲେସନ୍ କହନ୍ତି। ଏଠାରେ ବାଘୁଣୀ ଓଭୁଲେଟର ଭାବରେ କାର୍ଯ୍ୟ କରେ। ଗର୍ଭଧାରଣ ସମୟରୁ ଜନ୍ମ କରିବା ସମୟ ପର୍ଯ୍ୟନ୍ତ ସମୟକୁ ଗର୍ଭଧାରଣ ସମୟ ବା ଜେଷ୍ଟେସନ୍ ପିରିଅଡ୍ କହନ୍ତି। ବାଘୁଣୀର ଗର୍ଭଧାରଣ ସମୟ ୧୬ ସପ୍ତାହ। ଗୋଟିଏ ପ୍ରସବର ନବଜାତ ପଶୁଛୁଆମାନଙ୍କର ମୋଟ ସଂଖ୍ୟାକୁ ଗୋଟିଏ ଲିଟର (litter) କୁହାଯାଏ। ଗୋଟିଏ ଥର ବା ଲିଟରରେ ବାଘୁଣୀ ୩ ରୁ ୪ଟି ଜୀବନ୍ତ ଛୁଆ (cub) ଜନ୍ମ କରିଥାଏ। ବାଘୁଣୀ ୭ଟି ପର୍ଯ୍ୟନ୍ତ ଛୁଆ ଜନ୍ମ କରିବାର ଦେଖା ଯାଇଛି। ଜନ୍ମ କରିବା ପୂର୍ବରୁ ବାଘୁଣୀ ଛୁଆମାନଙ୍କୁ ଖରାପ ପାଗରୁ ଓ ଲୁଣ୍ଠନକାରୀଙ୍କ କବଳରୁ ରକ୍ଷା କରିବା ପାଇଁ ନିର୍ଦ୍ଦିଷ୍ଟ ସ୍ଥାନ ସ୍ଥିର କରିଥାଏ। ସେହି ସ୍ଥାନରେ ବା ଡେନ୍ (den) ରେ ସବୁ ଛୁଆଙ୍କୁ ନେଇ ପ୍ରାୟ ୨ମାସ ପର୍ଯ୍ୟନ୍ତ ଲାଳନ ପାଳନ କରେ।

ଗୋଟିଏ ବାଘ ୪ ରୁ ୫ ବର୍ଷ ମଧ୍ୟରେ ଯୌନକାର୍ଯ୍ୟ ପାଇଁ ସକ୍ଷମ ହୋଇଯାଏ। ଗୋଟିଏ ବାଘୁଣୀ ୩ ରୁ ୪ ବର୍ଷ ବୟସରେ ଯୌନ ପରିପକ୍ୱତା ଲାଭ କରିଥାଏ। ଏହାକୁ ସେକ୍ସୁଆଲ୍ ମାଚ୍ୟୁରିଟି (maturity) କହନ୍ତି। ମା କୁ ୪ ବର୍ଷ ହେଲା ପରେ ସେ ପ୍ରଥମ ଥର ବାଘଛୁଆ ଜନ୍ମ କରିଥାଏ। ଏମାନେ ପ୍ରାୟ ପ୍ରତି ୩ ବର୍ଷରେ ଥରେ ଜନ୍ମ କରନ୍ତି ଏବଂ ୧୫ ବର୍ଷ ବୟସ ପର୍ଯ୍ୟନ୍ତ ଛୁଆ ଜନ୍ମ ଦିଅନ୍ତି।

ପାଣି କୂଳ କାଦୁଅ ପଙ୍କରେ ମାଟି ଉପରକୁ ଚେର କାଢି ବଢୁଥିବା ଗ୍ରୀଷ୍ମ ମଣ୍ଡଳୀୟ ଗଛ ବା ବୁଦା ବହୁଳ ଅଞ୍ଚଳରେ ବାଘମାନେ ରହିବାକୁ ଭଲ ପାଆନ୍ତି ଏବଂ ଏପରି ସ୍ଥାନ ସେମାନଙ୍କର ପ୍ରଜନନ ପାଇଁ ଉପଯୁକ୍ତ କ୍ଷେତ୍ର। ଏପରି ଅଞ୍ଚଳକୁ ମ୍ୟାନ୍ ଗ୍ରୋଭ (mangrove) କୁହାଯାଏ। ସୁନ୍ଦରବନର ଏପରି ସନ୍ତସନ୍ତିଆ ପଙ୍କିଳ ସ୍ଥାନରେ ବହୁ ସଂଖ୍ୟାରେ ମହାବଳୀ ବାଘ ସବୁ ରହିଛନ୍ତି। ଏମାନଙ୍କୁ ରୟାଲ ବେଙ୍ଗଲ ଟାଇଗର କହନ୍ତି। ପୃଥିବୀର ସବୁଠାରୁ ଭୟଙ୍କର ବାଘ ଏମାନେ। ବଞ୍ଚି ରହିବା ପାଇଁ, ବାଘମାନେ ବିସ୍ମୟକର ବିଭିନ୍ନ ପ୍ରକାରର ପ୍ରାକୃତିକ ଆବାସ (habitats) ମାନଙ୍କୁ ପସନ୍ଦ କରନ୍ତି। ଯଥା- ବର୍ଷା ବହୁଳ ବଣ୍ୟାଞ୍ଚଳ, ସାଭାନ୍ନା ପରି ବଡ଼ ବଡ଼ ଘାସରେ ପରିପୂର୍ଣ୍ଣ ବିରାଟ ପ୍ରାନ୍ତର, ମ୍ୟାନ୍ ଗ୍ରୋଭ ପରି କାଦୁଆ, ପଙ୍କୁଆ ଓ ସନ୍ତସନ୍ତିଆ ଅଞ୍ଚଳ। ଖାଦ୍ୟ ବା ଶିକାର ମିଳୁଥିଲେ ଓ ପାଣିର ସୁବିଧା ଥିଲେ, ଏପରି ବାସସ୍ଥାନକୁ ସେମାନେ ଉପଯୁକ୍ତ ମନେ କରନ୍ତି।

ପ୍ରାୟ ପତ୍ୟେକ ରାଜ୍ୟର ଘଞ୍ଚ (dense) ଜଙ୍ଗଲମାନଙ୍କରେ ଅନେକ ବାଘ ବାସ କରୁଅଛନ୍ତି। ସେହି ଜଙ୍ଗଲର ପାର୍ଶ୍ୱ ଅଞ୍ଚଳରେ ଆଦିବାସୀମାନେ ବାସ କରନ୍ତି। ତେଣୁ ଯୁବକ ବୟସରୁ ସେମାନେ ବାଘ ଶିକାର ବଂଶାନୁକ୍ରମିକ ଭାବରେ ଶିଖିଥାଆନ୍ତି। ମାତ୍ର ୧୯୭୨ ମସିହାର ବଣ୍ୟପ୍ରାଣୀ ସୁରକ୍ଷା ଆଇନକୁ ଡ଼ରି ଶିକାର କରୁ ନାହାଁନ୍ତି। ନିଜର ସୁରକ୍ଷା ପାଇଁ ଏହି ବିଦ୍ୟାରେ ପାରଦର୍ଶୀ ହେବାକୁ ହୋଇଥାଏ।

ଜନଗଣନା ପରି ବାଘ ଗଣାଯିବାର ଆମ୍ଭେମାନେ ଶୁଣିଥାଉ ଏବଂ ଏହି କାର୍ଯ୍ୟ ବନ ବିଭାଗ କର୍ମଚାରୀମାନଙ୍କ ଦ୍ୱାରା କରାଯାଏ। ପ୍ରକୃତରେ ଗୋଟିଏ ବଣରେ କେତେ ବାଘ ଅଛନ୍ତି ଜାଣିବା ଏତେ ସହଜ ନୁହେଁ। ବାଘମାନେ ଚାଲିବା ବେଳେ ସେମାନଙ୍କର ପାଦ ଚିହ୍ନ ମାଟିରେ ପଡିଥାଏ। ସେହି ପାଦ ଚିହ୍ନଗୁଡିକର ଫଟୋ ନେଇ ମିଳାଇ ଦେଖାଯାଏ। ଏକାପରି ହୋଇଥିଲେ ଗୋଟିଏ ବାଘ ବୋଲି ଧରାଯାଏ। ପଦଚିହ୍ନ ପାର୍ଥକ୍ୟ ଦର୍ଶାଇଲେ ଏହା ଅନ୍ୟ ଗୋଟିଏ ବାଘର ବୋଲି ଧରାଯାଏ। ତେଣୁ ଆମ ରାଜ୍ୟରେ ବା ଦେଶରେ କେତେ ବାଘ ଅଛନ୍ତି ଆନୁମାନିକ ଭାବରେ ବନ ବିଭାଗରୁ ମିଳିପାରିବ।

ବାଘ ସହିତ ମିତ୍ରତା

ଆସାମରେ ପଥାର ବୋଲି ଗୋଟିଏ ଗ୍ରାମ ଘଞ୍ଚ ବଣଜଙ୍ଗଲକୁ ଲାଗି ରହିଛି ଏବଂ ଏହି ବଣରେ ବହୁତ ବାଘ ବାସକରନ୍ତି। ଏହି ଗ୍ରାମର ଗ୍ରାମବାସୀମାନେ ପ୍ରକୃତି ଓ ଜୀବଜନ୍ତୁମାନଙ୍କସହ ମିଳିମିଶି ବଞ୍ଚି ରହିବାର କୌଶଳ ଜାଣିଛନ୍ତି ଏବଂ ସେମାନେ ଜଙ୍ଗଲ ଓ ଜଙ୍ଗଲ ଜନ୍ତୁମାନଙ୍କର ସୁରକ୍ଷାକୁ ନିଜ ଧର୍ମରେ ମାନିନେଇଛନ୍ତି। ଜୀବଜନ୍ତୁଙ୍କୁ ମାରିବା, ଏପରିକି ସେମାନଙ୍କ ପ୍ରତି ସାମାନ୍ୟତମ କ୍ରୁରତା ପ୍ରଦର୍ଶନ କରିବା ସେମାନଙ୍କର ଧର୍ମ ବର୍ହିଭୁତ କାର୍ଯ୍ୟ। ବରଂ ଏମାନେ ଗ୍ରାମବାସୀ ମାନଙ୍କୁ ଭଲ ପାଆନ୍ତି। ଏମାନେ କୌଣସି ଶିକାରୀକୁ ମଧ୍ୟ ବଣରେ ପଶି ଜୀବଜନ୍ତୁମାନଙ୍କୁ ମାରିବାର ସୁଯୋଗ ଦିଅନ୍ତି ନାହିଁ। ଏହିପରି ପଶୁ ତଥା ବାଘମାନଙ୍କ ସହିତ ଏହି ଗ୍ରାମର ଲୋକମାନଙ୍କର ମିତ୍ରତା ରହିଆସିଛି। ଆସାମର ପଥାର ଗ୍ରାମ ବଣ୍ୟଜନ୍ତୁ ସୁରକ୍ଷା କ୍ଷେତ୍ରରେ ଏକ ଅଦ୍ଭୁତ ଉଦାହରଣ ସୃଷ୍ଟିକରି ପାରିଛି।

ଖଇରୀ ବାଘ

କୌଣସି ହିଂସ୍ରଜନ୍ତୁ ଅତି ପିଲାଦିନରୁ ମା' ଠାରୁ ଅଲଗା ହୋଇ କୌଣସି ମନୁଷ୍ୟ ବା ଗୃହପାଳିତ ପ୍ରାଣୀ ପାଖରେ ବାସକଲେ, ତା'ଠାରେ ହିଂସ୍ରତା ପରିଲକ୍ଷିତ ହୁଏନାହିଁ। ଏହାର ସତ୍ୟତା ଉପରେ ଅନେକ ଉଦାହରଣ ବା ନୀତିଗଳ୍ପ ଥିଲେ ମଧ ଖଇରୀ ବାଘ ବିଷୟଟି ଏହାର ପ୍ରକୃଷ୍ଟ ଉଦାହରଣ ଏବଂ ଏକ ସତ୍ୟ ଘଟଣା ଉପରେ ଆଧାରିତ।

ଏକଦା ଶିମିଳିପାଳ ବ୍ୟାଘ୍ର ପ୍ରକଳ୍ପ କ୍ଷେତ୍ର ନିର୍ଦ୍ଦେଶକ ଥିଲେ ବନ୍ୟପ୍ରାଣୀ ପ୍ରେମୀ ସରୋଜରାଜ ଚୌଧୁରୀ। କେତେକ ଆଦିବାସୀ ଏକ ବାଘୁଣୀ ମା'ଠାରୁ ଅଲଗା ହୋଇଯାଇଥିବା ଓ ଏକୁଟିଆ ବୁଲୁଥିବା ମାଈ ବ୍ୟାଘ୍ରଶାବକଟିଏ ଦେଖି ନେଇ ଆସିଲେ। ଦୁଇ ତିନି ଦିନ ରଖିବା ପରେ ସେମାନେ ସ୍ଥିରକଲେ ଶାବକଟିର ସୁରକ୍ଷା ଓ ପ୍ରତିପାଳନ ପାଇଁ ବନ ବିଭାଗର ବଡ଼ ଅଫସିର ଚୌଧୁରୀବାବୁଙ୍କୁ ହସ୍ତାନ୍ତର କରିବା ପାଇଁ ଓ ତାହାହିଁ କଲେ। ଚୌଧୁରୀବାବୁ ଓ ତାଙ୍କର ଗୋଟିଏ ଝିଆରୀ ବ୍ୟାଘ୍ର ଶାବକଟିର ସମସ୍ତ ଦାୟିତ୍ୱ ନେଲେ। ସେମାନଙ୍କ ସହିତ ରହିବା, ବୁଲିବା ଓ ଶୋଇବାରେ କିଛି ହେଲେ ଅସୁବିଧା ନଥିଲା। ସେ ରହୁଥିଲା ଘଶୀପୁର ବନବିଭାଗ ଡାକବଙ୍ଗଳାରେ ଯେଉଁଠାରେ ଚୌଧୁରୀବାବୁ ଓ ତାଙ୍କ ଝିଆରୀ ରହୁଥିଲେ। ବୋତଲରେ ଦୁଧ ପିଉଥିଲା ଓ ବଡ ହେଲେ କଞ୍ଚା ମାଂସ ସହିତ ଅମୁଲ ତାର ଖାଦ୍ୟ ଥିଲା। ବନ ବିଭାଗ ଅଫିସର ସରୋଜରାଜ ଚୌଧୁରୀବାବୁଙ୍କ ଜିପ୍‌ରେ ମୁକ୍ତଭାବରେ ବସି ସେ ବୁଲୁଥିଲା ସବୁଆଡେ, ଏପରିକି ଘଞ୍ଚ ବଣ ଭିତରେ। ମାତ୍ର କୌଣସି ପ୍ରକାର ହିଂସ୍ରତା ତାଠାରେ ନଥିଲା। ଏପରିକି କୌଣସି ପ୍ରାଣୀ ଶିକାର କରିବା ମଧ୍ୟ ସେ ଜାଣିନଥିଲା। ସେତେବେଳର ଏ ଘଟଣା ପତ୍ର ପତ୍ରିକାରେ ପ୍ରକାଶ ପାଇଲା ଏବଂ ଅନେକ ଏହାର ସତ୍ୟତା ସମ୍ବନ୍ଧରେ ଅବଗତ ହେଲେ।

ସରୋଜରାଜ ଚୌଧୁରୀ ବନ ବିଭାଗର ବୈଜ୍ଞାନିକ ଥିଲେ। ତେଣୁ ଛୁଆଟିକୁ ପୁଷ୍ଟିକର ଆହାର ଯୋଗାଇ ସଯତ୍ନେ ପାଳିବା ସହିତ ବାଘ ସଂପର୍କରେ ଗବେଷଣା ମଧ୍ୟ କରୁଥିଲେ। କ୍ରମେ ମାଈ ବାଘ ଛୁଆଟି ଯୌନ ପରିପକ୍ୱତା ଲାଭକଲା ଏବଂ ଜିପ୍‌ରୁ ଓହ୍ଲାଇ ବଣଭିତରକୁ ପଳାଇଲା । କୌଣସି ପୁରୁଷ ବା ବାଘ ଅନ୍ୱେଷଣରେ ଯାଇଥିବା ଅନୁମାନ କରି ଚୌଧୁରୀବାବୁ ଫେରିଆସିଲେ। ପରଦିନ ପାଳିତା ମାଈ ବାଘଟିକୁ ସେହିଠାରୁ ପାଇ ନେଇ ଆସିଲେ। ଅନେକ ଥର ତାଙ୍କୁ ସଂଗମ ପାଇଁ ବଣରେ ଛାଡି ପୁଣି ନେଇ ଆସିଛନ୍ତି ତା'ଠାରେ ହିଂସ୍ରତା ନଥିବାରୁ କେହି ବୋଧ ହୁଏ ତାକୁ ଗ୍ରହଣ କରି ନାହାଁନ୍ତି। ମୋଟ ଉପରେ କୌଣସି ପଶୁ ପ୍ରବୃତ୍ତି ତାଠାରେ ନଥିଲା। ତେଣୁ ପଶୁମାନେ ବାଘ ଓ ମଣିଷର ମଧୁର ସଂପର୍କ ଅନୁଧ୍ୟାନ କରି ଆଶ୍ଚର୍ଯ୍ୟ ହୋଇଥିଲେ।

ଏ ବ୍ୟାଘ୍ର ଶାବକଟିକୁ ଆଦିବାସୀମାନେ ଖଇରୀ ନଦୀକୂଳରୁ ପାଇଥିଲେ। ତେଣୁ ବନ୍ୟଜନ୍ତୁ ବିଶେଷଜ୍ଞ ସରୋଜ ବାବୁ ପିଲାଦିନେ ଏହାର ନାମ ଦେଇଥିଲେ ଖଇରୀ।

ଭାଲୁ

(Bear)

ସ୍ତନ୍ୟପାୟୀ ପ୍ରାଣୀ ଯେଉଁମାନେ ୟୁର୍ସିଡି (ursidae) ପରିବାରର ଅନ୍ତର୍ଗତ, ସେମାନଙ୍କୁ ଭାଲୁ ବା ଭଲ୍ଲୁକ କୁହାଯାଏ। ଏମାନେ ହିଂସ୍ର ପ୍ରାଣୀ ଓ ପ୍ରାୟ ବଣରେ ବାସ କରନ୍ତି। କୁହାଯାଏ ଆଣ୍ଟାର୍କଟିକା ଓ ଅଷ୍ଟ୍ରେଲିଆ ମହାଦେଶ ଦୁଇଟି ଛାଡିଦେଲେ, ପୃଥିବୀର ଆଉ ସମସ୍ତ ମହାଦେଶରେ ଏହି ଭାଲୁମାନେ ବହୁ ସଂଖ୍ୟାରେ ରହି ଆସୁଛନ୍ତି। ଅଷ୍ଟ୍ରେଲିଆ ମହାଦେଶରେ ମଧ୍ୟ ଏକ ପ୍ରକାର ଭାଲୁ ଅଛନ୍ତି। ମାତ୍ର ସେମାନେ ମାଂସାଶୀ ନୁହଁନ୍ତି। ସେମାନେ ତୃଣଭୋଜୀ ପ୍ରାଣୀ ଏବଂ କଙ୍ଗାରୁ ପରି ଦ୍ୱିଗର୍ଭ ବିଶିଷ୍ଟ ପ୍ରାଣୀ। ଭାଲୁମାନେ ଉଷ୍ଣ, ନାତିଶୀତୋଷ୍ଣ ଓ ମେରୁ ଅଞ୍ଚଳର ବରଫାଚ୍ଛନ୍ନ ପରିବେଶରେ ମଧ୍ୟ ବାସକରନ୍ତି। ଅନୁକୂଳ ଓ ପ୍ରତିକୂଳ ପରିବେଶକୁ ନେଇ ଭାଲୁମାନଙ୍କର ସଂଖ୍ୟା କେଉଁଠି ବୃଦ୍ଧି ପାଉଛିତ କେଉଁଠି ହ୍ରାସ ପାଇବାର ସମ୍ଭାବନା ରହିଛି।

ପୃଥିବୀରେ ଥିବା ଭାଲୁମାନଙ୍କୁ ଆଠରୁ ଅଧିକ ପ୍ରଜାତିରେ ଦେଖିବାକୁ ମିଳିଥାଏ। ଯଥା : (୧) ବୃହଦାକାର ଓ ଶକ୍ତିଶାଳୀ ପଣ୍ଡା (giant panda) (୨) ମେରୁ ଅଞ୍ଚଳର ଭାଲୁ ବା ପୋଲାର୍ ବିୟର୍ (polar bear) (୩) ବାଦାମୀ ରଙ୍ଗର ଭାଲୁ (brown bear) (୪) ଏସିଆ ମହାଦେଶର କଳା ଭାଲୁ (asian black bear), (୫) ଆମେରିକାର କଳା ଭାଲୁ (american black bear), (୬) ଚିତ୍ତାକର୍ଷକ ଚଷମା ପିନ୍ଧା ଭାଲୁ (spectacled bear), (୭) ଧୀରେ ଚାଲୁଥିବା ଲୋମଶ ଭାଲୁ ବା ସ୍ଲଥ୍ ଭାଲୁ (sloth bear), (୮) ସୂର୍ଯ୍ୟ ଭଲ୍ଲୁକ ବା ସନ୍ ବିଅର୍ (sun bear) (୯)

ଅଷ୍ଟ୍ରେଲିଆର କୋଆଲା ଭାଲୁ (koala bear of australia) ଓ (୧୦) ଭାଲୁ ପରି ଦିଶୁଥିବା ରାଟେଲ ଭାଲୁ ବା ହନିବ୍ୟାଜର ଭାଲୁ (ratel or honeybadgher) ।

ସୂର୍ଯ୍ୟ ଭଲ୍ଲୁକ - ଏସିଆ ମହାଦେଶର ଦକ୍ଷିଣାଞ୍ଚଳରେ ସୂର୍ଯ୍ୟ ଭଲ୍ଲୁକ ମାନେ ବାସ କରନ୍ତି । ଏମାନେ ଗ୍ରୀଷ୍ମ ମଣ୍ଡଳରେ ବାସ କରୁଥିବା ଭାଲୁମାନେ । ଭାରତ, ବଙ୍ଗଳା ଦେଶ, ମାୟାନ୍‌ମାର, ମାଳ ଏସିଆ, ଚଇନା, ଥାଇଲାଣ୍ଡ, କାମ୍ବୋଡିଆ, ଭିଏତ୍ ନାମ, ଲାଓସ୍ ଓ ଇଣ୍ଡୋନେସିଆ ଦେଶମାନଙ୍କରେ ଏହି ପ୍ରଜାତିର ଭାଲୁମାନେ ଦେଖା ଯାଆନ୍ତି । ଏହି ପ୍ରଜାତିର ଦୁଇ ଜାତିର ଭାଲୁ ଥାଆନ୍ତି । ସେମାନେ ହେଲେ, ଏଚ୍.ଏମ୍. ମାଲାନସ୍ (malanus) ଓ ଏଚ.ଏମ୍.ଇୟୁରିସ୍ ପିଲସ୍ (eurys pilus) ।

ପୋଲାର ବିୟର୍ ବା ଧଳା ଭାଲୁ - ମେରୁ ଅଞ୍ଚଳର ଭାଲୁ ବା ପୋଲାର୍ ବିୟର୍ ଗୋଟିଏ ଅତିଶୟ ମାଂସାଶୀ ପ୍ରାଣୀ । ଏହି ଭାଲୁ ଉତ୍ତର ମେରୁ ବା ସୁମେରୁ ଅଞ୍ଚଳର ଧଳା ଭାଲୁ । ଏହାକୁ ମଧ୍ୟ ଆଇସ୍ ବିୟର୍ କୁହାଯାଏ । ପ୍ରାଣୀ ବିଜ୍ଞାନରେ ଏହାର ନାମ ଉର୍ସସ୍ ମାରିଟିମସ୍ (ursus maritimus) । ଏହାର ସ୍ଥାନୀୟ ଅଞ୍ଚଳର ପରିସର ଆର୍କଟିକ୍ ମହାସାଗର ବେଷ୍ଟନ କରି ଆର୍କଟିକ୍ ଚକ୍ର ପର୍ଯ୍ୟନ୍ତ ବେଷ୍ଟିତ । ବର୍ତ୍ତମାନ ସୁଦ୍ଧା ଏହି ଭାଲୁ ସବୁଠାରୁ ବଡ଼ ଭାଲୁ ପ୍ରଜାତି ଏବଂ ସବୁଠାରୁ ବଡ଼ ମାଂସ ଲୁଣ୍ଠନକାରୀ ପ୍ରାଣୀ । ତଥାପି ଥଣ୍ଡା ପରିବେଶ ଓ ଖାଦ୍ୟ ଅଭାବରୁ ଏମାନଙ୍କର ସଂଖ୍ୟା ହ୍ରାସ ପାଇ ଆସୁଥିବାର

ଜଣାଯାଏ। ସୀଲ୍ ମାଛ, ଏମାନଙ୍କର ଖାଦ୍ୟ ଏବଂ ଏମାନଙ୍କୁ ପାଇବା ଓ ଶିକାର କରିବା କଷ୍ଟସାଧ୍ୟ। ଗୋଟିଏ ପୁରୁଷ ଧଳା ଭାଲୁ ପରିଣତ ବୟସରେ ୩୫୦ ରୁ ୭୦୦ କି.ଗ୍ରା: ଓ ହାରାହାରୀ ୪୫୦ କିଲୋଗ୍ରାମ ହୋଇଥାଏ। ଗୋଟିଏ ଧଳା ମାଈ ଭାଲୁ ପରିଣତ ବୟସରେ ୧୫୦ ରୁ ୨୫୦ କିଲୋଗ୍ରାମ ହୁଏ। ଉଚ୍ଚତାରେ ସ୍ତ୍ରୀ ଧଳା ଭାଲୁ ପରିଣତ ବୟସରେ ୧.୮ ରୁ ୨.୪ ମିଟର ହୁଏ ଏବଂ ଏହି ମାପ ପଛ ଗୋଡ଼ର ଉଚ୍ଚତାରୁ ନିଆଯାଏ। ପୁରୁଷମାନଙ୍କର ଏହି ବୟସରେ ହାରାହାରି ଉଚ୍ଚତା ୧.୩ ମିଟର ହୁଏ ଏବଂ ଏହି ମାପ କାନ୍ଧପାଖ ଉଚ୍ଚତାରୁ ମପାଯାଏ।

ଚଷମା ପିନ୍ଧା ଭାଲୁ – ଚିତ୍ତାକର୍ଷକ ଚଷମା ପିନ୍ଧା ଭାଲୁ ଦକ୍ଷିଣ ଆମେରିକାରେ ବାସ କରେ। ଏହାର ଛାତି, ବେକ ଓ ମୁହଁରେ ତୁଳନାତ୍ମକ ଭାବେ ହାଲୁକା ରଂଗ ଥିବାରୁ ଚଷମା ପିନ୍ଧିବା ପରି ଜଣା ପଡ଼େ। ଏହା ଏକ ପାହାଡିଆ ଭାଲୁ ଏବଂ ଏହାର ମୁହଁ ଶରୀର ତୁଳନାରେ ଛୋଟ। ଏହି ଭାଲୁମାନଙ୍କୁ ମଧ୍ୟ ଆଣ୍ଡିଆନ୍ ଭାଲୁ କୁହାଯାଏ। କାରଣ ଏମାନେ ଆଣ୍ଡିଜ୍ ପର୍ବତମାଳା ଅଞ୍ଚଳରେ ବାସ କରନ୍ତି। ଆଣ୍ଡିଜ୍ ପର୍ବତମାଳାରେ ଥିବା ଡେଙ୍ଗା ଡେଙ୍ଗା ଗଛକୁ ଏହି ଭାଲୁମାନେ ଚଢି ପାରନ୍ତି। ପ୍ରାଣୀ ବିଜ୍ଞାନର ନାମ ଅନୁସାରେ ଏମାନେ ଉର୍ସସ ଆର୍ଣ୍ଣାଟସ୍ (ursus ornatus)। ଦକ୍ଷିଣ ଆମେରିକାର ଏହି ପାହାଡିଆ ଭାଲୁମାନଙ୍କର ସଂଖ୍ୟା ଲୋପ ପାଇ ଆସୁଥିବାର ଜଣା ପଡିଛି। ଏମାନଙ୍କର ଖାଦ୍ୟ ୯୫ ପ୍ରତିଶତ ଘାସ, ପତ୍ର, ତୃଣ ଆଦି ଓ ୫ ପ୍ରତିଶତ ମାତ୍ର ମାଂସାଶୀ ଭୋଜନର ଅନ୍ତର୍ଗତ।

ଜିଆଣ୍ଟ ପଣ୍ଡା – ବୃହଦାକାର ପଣ୍ଡା ବା ଜିଆଣ୍ଟ ପଣ୍ଡା ଦକ୍ଷିଣ କେନ୍ଦ୍ରୀୟ ଚୀନ ଦେଶରେ ବାସ କରନ୍ତି। ଏହି ଭାଲୁମାନେ ନାଲି ପଣ୍ଡା ପରି ଦେଖିବାକୁ ଏବଂ ସେମାନଙ୍କର କାର୍ଯ୍ୟ ମଧ୍ୟ ସେହିପରି। ଚୀନ ଦେଶର ଖୁବ୍ ବଡ଼ ବଡ଼ ବାଉଁଶ ବଣରେ ଏହି ଭାଲୁମାନେ ବାସ କରନ୍ତି। ଏମାନେ ବାସ୍ତବରେ ବଡ଼ ଆକାରର ଭାଲୁ, ପଣ୍ଡା କୁହାଯାଏ। ଏମାନେ ତୃଣଭୋଜୀ। ଏହି ଭାଲୁମାନେ କଳା ଧଳା ପ୍ୟାଚ ଥିବା ଭାଲୁ। ଚୀନ ଦେଶରେ ବାଉଁଶ ବଣ ଲୋପ ପାଇ ଆସୁଥିବାରୁ ଏହି ପ୍ରଜାତିର ଭାଲୁମାନଙ୍କର ସଂଖ୍ୟା ପୃଥିବୀରୁ ହ୍ରାସ ପାଇ ଆସୁଛି। ଏହି ପ୍ରକାର ଭାଲୁମାନେ ପ୍ୟାରିସରେ ପ୍ରଥମେ ଥିଲେ। ସେହି ପାଶ୍ଚାତ୍ୟ ଦେଶରୁ ଦକ୍ଷିଣ ଚୀନ୍ ଅଣାଯାଇ ବଂଶ ବିସ୍ତାର କରାଯାଉଥିଲା।

ସ୍ଲଥ୍ ବିୟର୍ – ଧୀରେ ଧୀରେ ଚାଲୁଥିବା ଭାଲୁ ବା ସ୍ଲଥ୍ ବିୟରମାନେ ପ୍ରକୃତରେ ଧୀରେ ଧୀରେ ଚାଲନ୍ତି ନାହିଁ। ମାତ୍ର ସେମାନଙ୍କର ଚାଲିବାର ଢଙ୍ଗରୁ ସେମାନେ ଧୀରେ ଧୀରେ ଚାଲିବା ପରି ଜଣା ପଡନ୍ତି। ସ୍ଲଥ୍ ବିୟରମାନେ ଭାରତ, ଶ୍ରୀଲଙ୍କା ଓ ନେପାଳରେ ବାସ କରନ୍ତି। ଏହି ଭାଲୁମାନଙ୍କର ବର୍ଣ୍ଣ, ଟାଆଁସିଆ ବାଳ ଥିବା ଧୂଳିଆ କଳା ରଙ୍ଗ। ଥୋମଣିରେ ଟିକି ଟିକି ପାଣ୍ଡୁର ରଙ୍ଗର ବାଳ ଥାଏ। ଏହାର ଗୋଡ଼ର ପଂଝା ଲମ୍ବା ଓ

ବଙ୍କା, ଯାହାକୁ ସେ ବ୍ୟବହାର କରି ପିମ୍ପୁଡି ଓ ଉଇମାନଙ୍କୁ ରାମ୍ପୁଡି ବା ଖୋଳି ଖାଇପାରେ। ଛାତିରେ ଲହୁଣୀ ରଙ୍ଗର "ଭି" ବା "ୟାଇ" ଇଂରେଜୀ ଅକ୍ଷର ପ୍ରକାରର ଚିହ୍ନ ଥାଏ। ଏହି ଭାଲୁ ପ୍ରଜାତିର ବିଶେଷତ୍ୱ ହେଉଛି ଏମାନେ ସାଧାରଣ ଭାବେ ନିଜର ଛୁଆମାନଙ୍କୁ ପିଠିରେ ବସାଇ ବୁଲନ୍ତି।

ଗ୍ରୀଜ୍‌ଜିଲ୍ ବିୟର - ବ୍ରାଉନ୍ ବିୟର୍ ବା ବାଦାମୀ ରଙ୍ଗର ଭାଲୁମାନେ ୟୁରାସିଆ (eurasia) ଓ ଉତ୍ତର ଆମେରିକାରେ ଦେଖାଯାଆନ୍ତି। ଉତ୍ତର ଆମେରିକାର ଏହି ଭାଲୁମାନଙ୍କୁ ଗ୍ରୀଜ୍‌ଜିଲ୍ ବିୟର (grizzle bear) ମଧ୍ୟ କୁହାଯାଏ। ମାଂସାଶୀ ଜାତୀୟ ସବୁଠାରୁ ବଡ଼ ପ୍ରାଣୀ ଉତ୍ତର ଆମେରିକାର ବାଦାମୀ ରଙ୍ଗର ଏହି ଭାଲୁମାନେ।

ଆମେରିକାର କଳା ଭାଲୁ - ଏମାନେ ଗୋଟିଏ ମଧ୍ୟମ ଆକାରର ଭାଲୁ। ଏହି ଭାଲୁମାନେ ଉତ୍ତର ଆମେରିକାର ସ୍ଥାୟୀ ବାସିନ୍ଦା। ଉତ୍ତର ଆମେରିକାର ଏହି କଳାଭାଲୁମାନେ ଏହି ମହାଦେଶର ସବୁଠାରୁ ଛୋଟ ଭାଲୁ ଏବଂ ସବୁଠାରୁ ବେଶି ବିସ୍ତାରିତ ଭାବରେ ବିସ୍ତୃତ ଅଞ୍ଚଳରେ ବାସ କରନ୍ତି। ଏହି ପ୍ରଜାତିର ଭାଲୁମାନେ ଉଭୟ ପ୍ରାଣୀଜ ଓ ଉଦ୍ଭିଦଜ ଖାଦ୍ୟ ଖାଇ ଥାଆନ୍ତି। ଏଣୁ ଏମାନେ ସର୍ବଭୁକ୍ ବା ଓମ୍‌ନିଭୋରସ୍ (omnivorous)। ଋତୁ ଓ ଅଂଚଳକୁ ନେଇ ଏମାନଙ୍କର ଖାଦ୍ୟରେ ବିଶେଷ ପରିବର୍ତ୍ତନ ଦେଖାଯାଇଥାଏ। ଏମାନେ ପ୍ରାୟ ବଣ୍ୟାଞ୍ଚଳରେ ବାସ କରନ୍ତି। କିନ୍ତୁ ଖାଦ୍ୟ ଅନ୍ୱେଷଣରେ ଅନେକ ସମୟରେ ବଣ ଛାଡି ଚାଲି ଯାଇ ଥାଆନ୍ତି। ଆମେରିକାର ଏହି ଭାଲୁମାନେ ବେଳେ ବେଳେ ମଣିଷ ବାସ କରୁଥିବା ସ୍ଥାନକୁ ତୁରନ୍ତ ଖାଦ୍ୟ ପାଇବା ଆଶାରେ ଚାଲି ଆସନ୍ତି। ଆମେରିକାର ଏହି କଳା ଭାଲୁମାନେ ପୃଥିବୀର ସବୁଠାରୁ ବେଶୀ ସାଧାରଣ ଭାଲୁ ପ୍ରଜାତି। ରୁମ ଯଦିଓ ସାଧାରଣତଃ କଳା, ମାତ୍ର ସବୁବେଳେ କଳା ନୁହେଁ। କେତେକ ଉପ-ପ୍ରଜାତି ସେତେକଳା ଦେଖାଯାଆନ୍ତି ନାହିଁ।

ଏସିଆ ମହାଦେଶର କଳା ଭାଲୁ - ଏସିଆ ମହାଦେଶର କଳା ଭାଲୁମାନଙ୍କୁ ଚନ୍ଦ୍ର ଭାଲୁ (moon bear) ଓ ଧଳା ଛାତିବାଲା ଭାଲୁ (white chested bear) ମଧ୍ୟ କୁହାଯାଏ। ଏହି ଭାଲୁମାନେ ମଧ୍ୟମ ଆକରର ଭାଲୁ ପ୍ରଜାତି ଏବଂ ଏମାନେ ୟର୍ସସ୍ ଥିବେଟାନସ୍ (ursus thibe tanus) ପ୍ରଜାତି ନାମରେ ପ୍ରାଣୀ ବିଜ୍ଞାନିମାନଙ୍କ ଦ୍ୱାରା ପରିଚିତ। ଏମାନେ ଏସିଆ ମହାଦେଶର ସ୍ଥାୟୀ ବାସିନ୍ଦା ଏବଂ ଗଛରେ ରହୁଥିବା ଭାଲୁ ବୋଲି ମନେ କରାଯାଇପାରେ। ଏହି ଭାଲୁମାନେ ଭାରତର ଉତ୍ତରାଞ୍ଚଳରେ ହିମାଳୟରେ, କୋରିଆ ଉପଦ୍ୱୀପରେ ଉତ୍ତର ପୂର୍ବ ଚାଇନାରେ, ଜାପାନର ହୋନ୍‌ସୁ (honshu) ଓ ଶିକୋକୁ (shikoku) ଦ୍ୱୀପରେ ଓ ତାଇୱାନ୍ ଦେଶରେ ବାସ କରନ୍ତି। ଏମାନଙ୍କର ପ୍ରାକୃତିକ ପରିବେଶର ସଂରକ୍ଷଣ ପାଇଁ ଆନ୍ତର୍ଜାତୀୟ ସଂଘ (International Union for conservation & Nature)

ଦାୟିତ୍ୱ ନେଇଛି। ଜଙ୍ଗଲରୁ ଗଛ କଟା ହୋଇଯିବା ଫଳରେ ଏବଂ ଏମାନଙ୍କୁ ଶିକାର କରି ବିଭିନ୍ନ ଅଂଗକୁ ଔଷଧ ରୂପେ ବ୍ୟବହାର କରାଯିବା ବିଶ୍ୱାସରେ ଏହି ଭାଲୁମାନଙ୍କର ସଂଖ୍ୟା ହ୍ରାସ ପାଇ ଯିବାର ସମ୍ଭାବନ ରହିଛି। ଏସିଆର ଏହି କଳା ଭାଲୁ ମଣିଷମାନଙ୍କ ପ୍ରତି ଶତ୍ରୁଭାବାପନ୍ନ। କାରଣ ମଣିଷମାନେ ସେମାନଙ୍କର ସ୍ୱାଧିନତା କ୍ଷୁର୍ଣ୍ଣ କରୁଛନ୍ତି ଏବଂ ପରମ୍ପରାଗତ ଔଷଧ ପ୍ରସ୍ତୁତ କରିବା ପାଇଁ ସେମାନଙ୍କର ପ୍ରାଣ ନେଉଛନ୍ତି ମଧ୍ୟ। ବିଭିନ୍ନ ପ୍ରକାର ଖେଳ ଶିଖାଇ ସର୍ବ ସାଧାରଣରେ ଖେଳ ଦେଖାଇ ରୋଜଗାର କରିବା ପାଇଁ ଏମାନଙ୍କୁ ଉପଯୋଗ କରାଯାଉଛି। ଏହି ଭାଲୁମାନଙ୍କର ବର୍ଣ୍ଣ କଳା, ଥୋମଣି ହାଲ୍‌କା ବାଦାମୀ ରଙ୍ଗର ଓ ଛାତିରେ ଗୋଟିଏ ଧଳା ପ୍ୟାଚ ଥାଏ। କାନ ଗୋଲାକାର ଓ ଅନ୍ୟ ପ୍ରଜାତିର ଭାଲୁମାନଙ୍କ ଠାରୁ ବଡ଼।

ଅଷ୍ଟ୍ରେଲିଆର କୋଆଲା ଭାଲୁ – ଅଷ୍ଟ୍ରେଲିଆ ମହାଦେଶରେ ଭାଲୁ ନାହାନ୍ତି ବୋଲି କୁହାଯାଇଛି। ମାତ୍ର ଏହା ଗୋଟିଏ ଭାଲୁ ସଦୃଶ୍ୟ ପ୍ରାଣୀ ଏବଂ ଏହାକୁ କୋଆଲା ଭାଲୁ ବୋଲି କୁହାଯାଏ। ଭାଲୁମାନେ ୟୁର୍ସିଡ଼େ (ursidae) ପରିବାରର। କୋଆଲା ଭାଲୁମାନେ ଫାସ୍‌କୋଲାର୍କ୍ଟିଡେ (phascolarctidae) ପରିବାରର। କଙ୍ଗାରୁମାନଙ୍କ ପରି ଏମାନଙ୍କର ପେଟ ତଳେ ଗୋଟିଏ ଥଳି ଥାଏ। ଏଣୁ ଏମାନଙ୍କୁ ଦ୍ୱିଗର୍ଭକ ବୋଲି କୁହାଯାଏ। ଅଷ୍ଟ୍ରେଲିଆରେ ଆଉ କେତେକ ପ୍ରାଣୀ ଅଛନ୍ତି, ସେମାନଙ୍କର ଏହିପରି ପେଟତଳେ ଗୋଟିଏ ଥଳି ଥାଏ ଏବଂ ସେମାନେ ଫାସ୍‌କୋଲାର୍କ୍ଟିଡେ ପରିବାରର। କୋଆଲା ଭାଲୁ ଗୋଟିଏ ଗଛରେ ରହୁଥିବା ଭାଲୁ ଓ ବୃକ୍ଷଜୀବୀ। ଏହା ଗୋଟିଏ ତୃଣଭୋଜୀ ପ୍ରାଣୀ। ଏମାନେ ଇଉକାଲିପଟାସ୍ ଗଛର ପତ୍ର ଖାଇ ବଞ୍ଚନ୍ତି ଏବଂ ଗଛର କଅଁଳିଆ ପତ୍ର ଖାଇବାକୁ ଭଲ ପାଆନ୍ତି। ଗୋଟିଏ ପରିଣତ ବୟସର କୋଆଲା ଭାଲୁ ଦୈନିକ ଦେଢ଼ ପାଉଣ୍ଡ ପତ୍ର ଖାଦ୍ୟ ରୂପେ ଆବଶ୍ୟକ କରେ। ଯେତେବେଳେ ଏହି ପତ୍ର ମିଳେ ନାହିଁ, ସ୍ଥାନୀୟ ଅନ୍ୟ କେତେକ ଗଛର ପତ୍ରକୁ ଖାଦ୍ୟ ରୂପେ ବ୍ୟବହାର କରନ୍ତି। ଏମାନେ କ୍ଷୁଦ୍ର ଓ ଦେଖିବାକୁ ସୁନ୍ଦର ହେଲେ ମଧ୍ୟ ବେଳେ ବେଳେ ବଡ଼ ମଣିଷ ପରି ଏକ ପ୍ରକାର ହେଉଡି ମାରିବା ଶବ୍ଦ, ପ୍ରାୟତଃ ପ୍ରଜନନ ସମୟରେ କରି ଥାଆନ୍ତି। ଜଣେ ଆଉଜଣଙ୍କର ପିଠିପଟୁ ଆଉଜି, ହାତ ଓ ଗୋଡ଼ ଦ୍ୱାରା ଜାବୁଡ଼ି ଧରିବାକୁ କୋଆଲା କହନ୍ତି। ଏମାନେ ଅନେକ ସମୟରେ ଏପରି ପୋଜିସନ୍‌ରେ ରହୁଥିବାରୁ ଏମାନଙ୍କୁ କୋଆଲା ଭାଲୁ କହନ୍ତି। ଏମାନଙ୍କର ଟାଣ ପଂଝା ୟୁକାଲିପଟସ୍ ଗଛ ଚଢ଼ିବାରେ ସାହାଯ୍ୟ କରେ। ଏହି ଭାଲୁମାନଙ୍କର ଲାଞ୍ଜ ବହୁତ ଛୋଟ, ମେରୁଦଣ୍ଡ ହାଡ ସାମାନ୍ୟ ବଙ୍କା (curved) ଶରୀରର ପଛ ଆଡକୁ। ସେମାନେ ଗଛର ଶାଖାରେ ରହୁଥିଲେ ହେଁ ମାଟିରେ ଚାଲି ପାରନ୍ତି। ଏମାନଙ୍କର ସଂଖ୍ୟା କମି ଯାଉଥିବାରୁ ଚିଡିଆଖାନରେ କୃତିମ ପ୍ରଜନନ ଦ୍ୱାରା ଛୁଆ ସୃଷ୍ଟି କରାଯାଉଛି। ସଂପୂର୍ଣ୍ଣ ପରିପକ୍ୱତା ଲାଭ କରି ଛୁଆମାନେ ଜନ୍ମ ହୁଅନ୍ତି ନାହିଁ। ତେଣୁ ପ୍ରାୟ ୬ ମାସ ବାହ୍ୟ ପେଟରେ ରହି ଓ ଆଉ ୬ ମାସ ମା'

ପାଖରେ ରହି ପ୍ରତିପାଳିତ ହୁଅନ୍ତି। ୧ ବର୍ଷ ପରେ ଛୁଆ ମା' ଠାରୁ ଅଲଗା ହୋଇ ଯାଏ।

ଗାତ ଭାଲୁ – ଗାତ ଭାଲୁ ସେପରି ଗୋଟିଏ ଭାଲୁ ଯିଏ ଭାଲୁ ପରିବାରର ନୁହେଁ। କୋଆଲା ଭାଲୁ ଗଛରେ ରହେ, ଗାତ ଭାଲୁ ଗାତରେ ରହେ। କୋଅଲା ଭାଲୁ ତୃଣଭୋଜୀ, ପତ୍ରଖାଇ ବଞ୍ଚିରହେ। ଗାତ ଭାଲୁ ଭୀଷଣ ଭାବରେ ମାଂସାଶୀ। ଗାତ ଭାଲୁ ମୁଷ୍ଟେଲିଡେ (mustelidae) ଫାମିଲି ବା ପରିବାରର। ଏହି ପରିବାରରେ ଓଧ, ୱିଜେଲ (weasels) ଓ ବ୍ୟାଜର (badger) ପ୍ରାଣୀମାନେ ଅନ୍ତର୍ଗତ। ୱିଜେଲ କଟାଶ ଜାତୀୟ ଏକ ଜୀବ। ମୁଣ୍ଡରେ ପଟା ପଟା ଚିହ୍ନ ଥିବା ଓଧ ଜାତୀୟ ରାତ୍ରୀଚର ଓ ଗାତରେ ରହୁଥିବା ଜୀବକୁ ବ୍ୟାଜର କହନ୍ତି। ଗାତ ଭାଲୁମାନେ ବେଙ୍ଗ ଚଢେଇ, ମୂଷା ଓ ଗାତରୁ ବାହାରୁଥିବା ଜୀବମାନଙ୍କୁ ମାରି ଖାଆନ୍ତି। ମାଈ ଭାଲୁକୁ ୨ ବର୍ଷ ବୟସ ହୋଇଥିବା ସମୟରେ ସେମାନଙ୍କର ଯୌନ ପ୍ରକ୍ରିୟା ଆରମ୍ଭ ହୁଏ ଏବଂ ପ୍ରାୟ ବର୍ଷକୁ ଥରେ ଗୋଟିଏ ଛୁଆ ଜନ୍ମ କରିଥାଏ। ପରବର୍ତ୍ତୀ ୧୫ ବର୍ଷ ପର୍ଯ୍ୟନ୍ତ ବର୍ଷକୁ ଗୋଟିଏ ଲେଖାଁ ଛୁଆ ଜନ୍ମ କରିଥାନ୍ତି। ପିଠିର ଉପରିଭାଗ ଛାଡି ଦେଲେ, ଦେହର ରଙ୍ଗ କଳା। ପିଠିର ଉପରିଭାଗ ପ୍ରାୟ ଧଳା। ନଖଗୁଡିକ ମୁନିଆଁ ଓ ଦାନ୍ତଗୁଡିକ ଅତି ମୁନିଆଁ। ନଖ ଗୁଡିକ ଗାତ ଖୋଳିବାରେ, ଶିକାର ଧରିବାରେ ଓ ଶତ୍ରୁଠାରୁ ରକ୍ଷା ପାଇବାରେ ସାହାଯ୍ୟ କରେ। ୭/୮ ଫୁଟ ତଳକୁ ଗାତ କରି ତା ଭିତରେ ରହିଥାଏ ଏବଂ ଆବଶ୍ୟକ ପଡିଲେ ଅନ୍ୟ ବାଟରେ ବାହାରି ଯିବାକୁ ବ୍ୟବସ୍ଥା କରି ଥାଏ।

ବର୍ତ୍ତମାନ ଭାଲୁମାନଙ୍କର ଚଳଣି, ପ୍ରଜନନ, ଉତ୍ପାଦନଶୀଳତା, ବାସସ୍ଥାନ ଓ ଶାବକ ପରିପାଳନ ସଂପର୍କରେ ଜାଣିବା। କେତେକ ପ୍ରାଣୀକୁ ବାଦାମୀ ରଙ୍ଗର ଭାଲୁ ବୋଲି କଳ୍ପନାରେ ଧରି ନିଆ ଯାଇଥାଏ। ମାତ୍ର ବାସ୍ତବରେ ଏହି ସବୁ ପ୍ରକାରର ଭାଲୁମାନେ ଥିବାର ଅନୁସନ୍ଧାନରୁ ଜଣା ପଡିଛି। ଭାଲୁମାନଙ୍କର ସାଧାରଣ ଚଳଣି ହେଲା, ସେମାନେ ଦୁଇ ଗୋଡରେ ଠିଆ ହୋଇ ପାରନ୍ତି, ପାଦର ତଳ ଅଂଶକୁ ଟେକି ଚାଲି ପାରନ୍ତି, ସେମାନଙ୍କର ଆଙ୍ଗୁଠି ସାହାଯ୍ୟରେ କିଛି ଜିନିଷ ଟେକି ନେଇ ପାରନ୍ତି ଏବଂ ବେଳେ ବେଳେ ସେମାନେ ଖାଆନ୍ତି, ଯାହା ଆମ୍ଭେମାନେ ଖାଉ। ଭାଲୁମାନେ କଥା ନ କହି ପାରିଲେ ମଧ୍ୟ ସେମାନଙ୍କର ଆଗ୍ରହକୁ ଭାବନାରେ ସଂଯୁକ୍ତ କରି ଜଣେଇ ଦେଇ ପାରନ୍ତି। ଏହି କାର୍ଯ୍ୟ ଏହି ଭାଲୁମାନେ ଗଛରେ ବା ଭୂମିରେ ରାମ୍ପିବା ଦାଗ ଦ୍ୱାରା ଓ ଘ୍ରାଣ ଶକ୍ତି ଦ୍ୱାରା କରି ଥାଆନ୍ତି। ଆମର ସଂକେତ ଦେବା ଚିହ୍ନ ପରି ଭାଲୁମାନେ ଏକା ପରି ସଂକେତ ଦେଇ ପାରନ୍ତି। କେତେକ ଲୋକ ଭାଲୁମାନଙ୍କୁ ଧରି ଆଣି ନାଚ ବା ଅନୁକରଣ ପ୍ରଥାସବୁ ପ୍ରଦର୍ଶନ କରି ରୋଜଗାରକ୍ଷମ ହୋଇ ପାରନ୍ତି।

ଆମ ଦେଶର କେତେକ ଚିଡିଆଖାନାରେ ସର୍ବସାଧାରଙ୍କର ଦର୍ଶନ ପାଇଁ ଭାଲୁମାନଙ୍କୁ ପାଳନ କରାଯାଉଛି। ପଞ୍ଜାବର ଛାଟ୍‌ବିର୍‌ରେ, ପାଟଣାର ସଞ୍ଜୟ ଗାନ୍ଧି ବାୟୋଲୋଜିକାଲ୍ ପାର୍କରେ, ହିମାଳୟର କଳା ଭାଲୁ ଓ ସ୍ଲଥ ବିୟର୍ ଅଛନ୍ତି।

ମେଙ୍ଗାଲୁର୍, ଚେନ୍ନାଇ ଭାଣ୍ଡାଲୁର୍, ମହୀଶୂର ଓ କେରଳର ଚିଡିଆଖାନାମାନଙ୍କରେ ବିଭିନ୍ନ ପ୍ରଜାତିର ଭାଲୁ ଅଛନ୍ତି।

ଭାଲୁମାନେ ସବୁଠାରୁ କମ୍ ଉତ୍ପାଦନଶୀଳ ସ୍ତନ୍ୟପାୟୀ ଏବଂ ଏମାନେ ପ୍ରଥମେ ଉତ୍ତର ଆମେରିକାରେ ବାସ କରୁଥିବା ବିଶ୍ୱାସ କରାଯାଏ। ସିଦ୍ଧାନ୍ତ ଅନୁସାରେ ଗୋଟିଏ ପୁରୁଷ ଓ ଗୋଟିଏ ସ୍ତ୍ରୀ କଳାଭାଲୁ ଯଦି ଚଳିତ ବର୍ଷ ଜନ୍ମ ନେଇ ଥାଆନ୍ତି ଏବଂ ସେମାନେ ଯୌନ ପରିପକ୍ୱତା ଲାଭ କରିବା ପରେ ପରେ, ସେମାନଙ୍କର ପ୍ରଜନନ ସଂଗଠିତ ହୁଏ ଓ ତାହା ସଫଳତାର ସହିତ ହୋଇଥାଏ ଏବଂ ସ୍ତ୍ରୀ-ଭାଲୁଠାରୁ ଜନ୍ମ ନେଇଥିବା ସମସ୍ତ ଛୁଆ ବଞ୍ଚି ରହନ୍ତି, ତାହେଲେ ୧୦ ବର୍ଷ ମଧ୍ୟରେ ସେମାନଙ୍କର ସଂଖ୍ୟା ୧୫ ହେବ।

ଗ୍ରୀଜ୍‌ଲି ଭାଲୁମାନେ ଏହାଠାରୁ କମ୍ ଉତ୍ପାଦନଶୀଳ। ୧୦ ବର୍ଷ ମଧ୍ୟରେ ସେମାନଙ୍କର ସଂଖ୍ୟା ୮ରୁ ଅଧିକ ହେବ ନାହିଁ। ତୁଳନାତ୍ମକ ଭାବରେ ହଳେ ଧଳା ଲାଞ୍ଜ ଥିବା ଭାଲୁ ୧୦ ବର୍ଷ ମଧ୍ୟରେ ଏକ ହଜାରରୁ ଅଧିକ ବଂଶଧର ଜନ୍ମ ଦେଇଥାଆନ୍ତି ବୋଲି ଶୁଣାଯାଏ।

ଭାଲୁମାନେ ସାଧାରଣତଃ ନିର୍ଜନ ଜୀବନ-ଯାପନ କରିବାକୁ ଭଲ ପାଆନ୍ତି। କେବଳ ସଙ୍ଗମ ଋତୁରେ ସ୍ତ୍ରୀ ଭାଲୁ, ପୁରୁଷ ଭାଲୁ ସହିତ ଏକାଠି ରହିବାର ଦେଖାଯାଏ। ଗୋଟିଏ ସ୍ତ୍ରୀ-କଳା ଭାଲୁର ହାରାହାରି ପ୍ରଜନନ ବୟସ ୩.୫ ବର୍ଷ ଏବଂ ଗୋଟିଏ ସ୍ତ୍ରୀ-ଗ୍ରୀଜ୍‌ଲି ଭାଲୁର ପ୍ରଜନନ ବୟସ ହାରାହାରି ୪.୫ ବର୍ଷ। ଅନ୍ୟ ପ୍ରଜାତିର ପୁରୁଷ ଭାଲୁମାନଙ୍ଙ୍କର ପ୍ରଜନନ ବୟସ ସହିତ ସମାନ। ଯଦିଓ ପୁରୁଷ ଯୁବକ ଭାଲୁମାନେ ୩ ରୁ ୪ ବର୍ଷ ବୟସରେ ପ୍ରଜନନକ୍ଷମ, ସେମାନେ କ୍ୱଚିତ୍ ଏହି ସୁଯୋଗ ପାଇ ଥାଆନ୍ତି। କାରଣ ସେମାନଙ୍କଠାରୁ ବୟସରେ ବଡ଼ ଅଣ୍ଡିରା ଭାଲୁମାନେ ରତିକ୍ରିୟା ବା ସଙ୍ଗମ ପାଇଁ ସେମାନଙ୍କୁ ଛାଡନ୍ତି ନାହିଁ। ଅଣ୍ଡିରା ଭାଲୁମାନଙ୍କ ମଧ୍ୟରେ ସବୁଠାରୁ ବଡ଼ ଭାଲୁ ବହୁ-ପ୍ରସୂ ହୋଇଥିବାରୁ ସ୍ତ୍ରୀ ଭାଲୁମାନେ ଏପରି ସଂଗମକୁ ପସନ୍ଦ କରନ୍ତି। ଭାଲୁମାନଙ୍କର ପ୍ରଜନନ କ୍ଷେତ୍ରରେ ପରୁଷ ଭାଲୁମାନେ ବହୁ ସ୍ତ୍ରୀ ଭାଲୁମାନଙ୍କ ସହିତ ରତିଲିପ୍ତ ହୋଇ ପାରନ୍ତି ଏବଂ ସେହିପରି ସ୍ତ୍ରୀ ଭାଲୁମାନେ ବହୁ ପରୁଷ ଭାଲୁଙ୍କୁ ସ୍ୱାମୀ ରୂପେ ଗ୍ରହଣ କରନ୍ତି। ଏ କ୍ଷେତ୍ରରେ ସେପରି କିଛି ବାଛ ବିଚାର ନଥାଏ। ତେଣୁ ପୁରୁଷ ଭାଲୁମାନେ ବହୁ ପତ୍ନୀ ଓ ସ୍ତ୍ରୀ ଭାଲୁମାନେ ଅନେକ ସ୍ୱାମୀ ଗ୍ରହଣ କରି ଥାଆନ୍ତି।

ପ୍ରଜନନ ଋତୁ ମେ ମାସରୁ ଆରମ୍ଭ ହୁଏ ଏବଂ ଜୁଲାଇ ମାସ ଆରମ୍ଭରେ ଶେଷ ହୁଏ। ସାଧାରଣତଃ ଜୁନ ମାସରେ ଅନେକ ସ୍ତ୍ରୀ-ଭାଲୁ ଗରମକୁ ଆସନ୍ତି ଓ ସଙ୍ଗମ ହୋଇଥାଏ। ଡିମ୍ବାଣୁ ବା ସ୍ତ୍ରୀ-ବୀଜର ଗର୍ଭାଧାନ (Fertilisation) ପରେ ଏହା ରୋପିତ

ବା ସନ୍ନିବେଶିତ (implantation) ହୋଇଥାଏ ଏବଂ ଏହି ପ୍ରକ୍ରିୟାକୁ ବ୍ଲାଷ୍ଟୋସିଷ୍ଟସ୍ (blastocysts) କୁହାଯାଏ। ବେଳେ ବେଳେ ଏହି କାର୍ଯ୍ୟ ବିଳମ୍ବିତ ହୋଇଥାଏ। ସ୍ତ୍ରୀ-ଭାଲୁଟି ପ୍ରଜନନ ସମୟରେ ଉପଯୁକ୍ତ ଓଜନ ବିଶିଷ୍ଟ ହେବା ଦରକାର। ଏଣୁ ଗ୍ରୀଷ୍ମ ଋତୁରେ ତାର ସ୍ୱାସ୍ଥ୍ୟ ଭଲ ଥିବା ଦରକାର। ଯଦି ସ୍ତ୍ରୀ-ଭାଲୁଟିର ଓଜନ ସଙ୍ଗମ ସମୟରେ କମ୍ ଥିବ ତାହେଲେ ଭ୍ରୂଣ ଗର୍ଭାଶୟରେ ବିସ୍ଥାପିତ ହେବା ସମ୍ଭବ ହୁଏ ନାହିଁ। ପରବର୍ତ୍ତୀ ଅବସ୍ଥାରେ ଛୁଆମାନେ ଛୋଟ ଓ ଦୁର୍ବଳ ହୋଇ ଜନ୍ମ ହୁଅନ୍ତି।

ଭାଲୁଛୁଆମାନଙ୍କର ଆବାସ ସ୍ଥାନ ଗୋଟିଏ ଗୁହା (den)ରେ ହୋଇଥାଏ। ସେମାନେ ଜାନୁୟାରୀ ବା ଫେବୃୟାରୀ ମାସରେ ଜନ୍ମ ହୁଅନ୍ତି। ଗୋଟିଏ ଥର ପ୍ରସବର ନବଜାତ ପଶୁଛୁଆ ସମୂହକୁ ଲିଟର (litter) କୁହାଯାଏ। ଗୋଟିଏ ଥର ପ୍ରସବରେ ୧ ରୁ ୬ ପର୍ଯ୍ୟନ୍ତ ଛୁଆ ଜନ୍ମ ହୋଇ ପାରନ୍ତି। ଏହା ଭାଲୁ ପ୍ରଜାତି, ଉତ୍ପାଦନଶୀଳତା ଓ ପ୍ରାକୃତିକ ଆବାସ ଉପରେ ନିର୍ଭର କରେ। ଛୁଆ ଜନ୍ମ ହେଲା ବେଳେ ଗୋଟିଏ ଗୋଟିଏ ଛୁଆର ଓଜନ, ଗୋଟିଏ ମଣିଷ ଛୁଆ ଜନ୍ମ ହେବା ବେଳର ଓଜନର ମାତ୍ର ଏକ ଦଶମାଂଶ ହୋଇଥାଏ। ଜନ୍ମ ହେବା ବେଳେ ଏମାନଙ୍କର ଆଖି ବନ୍ଦ ଥାଏ ବା ଅନ୍ଧ ହୋଇ ଜନ୍ମ ହୋଇଥାଆନ୍ତି। ଥରେ ଛୁଆମାନେ ମାତୃଗର୍ଭରୁ ବାହାରି ଭୂମିଷ୍ଠ ହେବା ମାତ୍ରେ ଛୁଆମାନେ ମା'ର ଚିର ପାଖରେ ପହଞ୍ଚି ଯାଆନ୍ତି। ମା'ର ସ୍ତନ୍ୟପାନ କରି ସେମାନେ ଧୀରେ ଧୀରେ ବଢିବାକୁ ଲାଗନ୍ତି। ବସନ୍ତ ଋତୁ ପର୍ଯ୍ୟନ୍ତ ଛୁଆମାନେ ମା' ପାଖରେ ବଢି ଥାଆନ୍ତି।

ପାଖରେ ଥିବା ଭାଲୁଛୁଆମାନଙ୍କ ପ୍ରତି ମା' ଭାଲୁ ସ୍ନେହଶୀଳା, ଉତ୍ପାଦନଶୀଳା, ଆସକ୍ତ, ଆଜ୍ଞାନୁବର୍ତ୍ତୀ, ସୂକ୍ଷ୍ମାନୁଭବୀ ଓ ମନଯୋଗୀ ହୋଇ ରହିଥାଏ। ଏହି ସମୟରେ ଛୁଆମାନଙ୍କୁ ଲାଳନ ପାଳନ କରିବାରେ ମା' ଭାଲୁର ସମାନ୍ୟତମ ତ୍ରୁଟି ନଥାଏ। ମାଆ ଭାଲୁ ସେ ପର୍ଯ୍ୟନ୍ତ ଛୁଆମାନଙ୍କର ଯତ୍ନ ନିଏ, ଯେ ପର୍ଯ୍ୟନ୍ତ ସେମାନେ ମାଆ ଉପରେ ନିର୍ଭର ନ କରି ନିଜେ ଖାଇ ପିଇ ବଞ୍ଚି ରହିବା ଶିଖିବେ ବା ବଞ୍ଚି ରହି ପାରିବେ। ଏହି ସମୟ ଖାଦ୍ୟର ପ୍ରଚୁରତା ଉପରେ ନିର୍ଭର କରେ। ଗ୍ରୀଜ୍‌ଜିଲ୍ ଭାଲୁ ମାଆମାନେ ସେମାନଙ୍କର ଛୁଆମାନଙ୍କୁ ଦ୍ୱିତୀୟ ବର୍ଷ ଏପରି କି ତୃତୀୟ ବର୍ଷ ପର୍ଯ୍ୟନ୍ତ ପାଖରେ ରଖି ଥାଆନ୍ତି। ମାଆ ସହିତ ଏପରି ଆବାସ ସ୍ଥଳରେ ଏକାଠି ରହୁ ଥିବାରୁ ବା ଡେନ୍ (den) ରେ ରହୁ ଥିବାରୁ ଏହି କାର୍ଯ୍ୟକ୍ରମକୁ ଡେନିଂ କହନ୍ତି। ଛୁଆମାନେ ନିଜକୁ ନିଜେ ଚଳି ପାରିବେ ବୋଲି ମା'ର ହୃଦ୍‌ବୋଧ ହେଲେ, ମାଆ ଏ ପରିବାର ଠାରୁ ହଠାତ୍ ଦୂରେଇ ଯାଏ। ଏହି ମାତୃ ବିଚ୍ଛେଦ ଛୁଆମାନଙ୍କୁ ବହୁତ ବାଧେ।

ଭାଲୁଛୁଆମାନେ ସଂପୂର୍ଣ୍ଣ ଭାବରେ ମାନସିକତା ହରାଇ ବ୍ୟାକୁଳ ହୋଇ ପଡନ୍ତି, ମାନସିକ ଚାପ ଗ୍ରସ୍ତ ହୋଇ ଯାଆନ୍ତି, ଅତ୍ୟଧିକ ଭୟଭୀତ ହୋଇ ଯାଆନ୍ତି ଓ ଦୁଃଖଭରା

ଧ୍ୱନିରେ କରୁଣ ଭାବରେ କ୍ରନ୍ଦନ କରନ୍ତି। ମାଆ ଏପରି ଛାଡି ଚାଲିଯିବ, ତାହା ସେମାନେ ବିଶ୍ୱାସ କରି ପାରନ୍ତି ନାହିଁ। ଯେଉଁ ମାଆ ଗତକାଲି ସେମାନଙ୍କର ଏତେ ଯତ୍ନ ନେଉଥିଲା ଓ ସବୁପ୍ରକାର ସୁରକ୍ଷା ଯୋଗାଉଥିଲା ସେହି ମାଆ ପିଲାମାନଙ୍କୁ ଛାଡି ଚାଲିଯାଏ। ଯଦି ସେହି ଛୁଆମାନେ ମାଆ ପାଖକୁ ଫେରିବା ପାଇଁ ଚେଷ୍ଟା କରନ୍ତି, ମାଆ ସେମାନଙ୍କୁ ନ ଚିହ୍ନିଲା ପରି ପ୍ରତ୍ୟାଖାନ କରେ। ଏକୁଟିଆ ନିରାଶ୍ରୟ ଭାବରେ ରହିବାକୁ ହୋଇଥାଏ। ବେଳେ ବେଳେ ମାଆ ଭାଲୁ ବା ବାପା ଭାଲୁଙ୍କର କୌଣସି ସନ୍ତାନଙ୍କ (sibling) ର ପାଖରେ ଆଶ୍ରୟ ନେବାକୁ ହୋଇଥାଏ ଏବଂ ଖାଇବା, ଶୋଇବା ଓ ରହିବା ଏକାଠି ହୋଇଥାଏ।

ଅର୍ଦ୍ଧ ପରିଣତ ମହିଳା ଭାଲୁମାନେ ଗୋଟିଏ ପରିସର ବା ଅଞ୍ଚଳ ପ୍ରତିଷ୍ଠା କରନ୍ତି। ଏହି ପରିସର ବା ରେଞ୍ଜ, ସେମାନେ ରହୁଥିବା ଅଞ୍ଚଳରେ ବା ମାଆ ଭାଲୁର ଘରୋଇ ଅଞ୍ଚଳକୁ ଅଧିକ୍ରମଣ କରି ନିଆ ଯାଇଥାଏ। ଅର୍ଦ୍ଧ ପରିଣତ ପୁରୁଷ ଭାଲୁମାନେ ସେଠାରେ ରହିବାକୁ ଆଗ୍ରହ କରନ୍ତି ନାହିଁ। ନିଜର ଘର ପରିସର ପ୍ରତିଷ୍ଠା କରିବା ପାଇଁ ଇତସ୍ତତଃ ବହୁ ଦୀର୍ଘ ଦୂରତା ବୁଲିବାକୁ ହୋଇଥାଏ।

ବସନ୍ତ ଋତୁ ଆସିଗଲେ ପୁରୁଷ ଭାଲୁମାନେ ବୁଲିବା ଆରମ୍ଭ କରି ଦିଅନ୍ତି ଏବଂ ବୟସ୍କା ମହିଳା ଭାଲୁମାନଙ୍କ ସହିତ ସଂପର୍କ ରଖିବାକୁ ଚେଷ୍ଟା କରନ୍ତି। ଏହି ପ୍ରକ୍ରିୟାକୁ କୋର୍ଟିଂ (courting) କହନ୍ତି। ବାହାର ବା ଦୂରବର୍ତ୍ତୀ ଅଜଣା ପୁରୁଷଭାଲୁ ରହିଲେ, ସେମାନେ ଛୁଆମାନଙ୍କୁ ମାରି ଦେଇ ପାରନ୍ତି। ତେଣୁ ମାଆ ଭାଲୁମାନେ ଶିଶୁମାନଙ୍କୁ ରକ୍ଷା କରିବା ପାଇଁ ଶିଶୁହନ୍ତାମାନଙ୍କୁ ପୂରାଇ ନ ଦେବା ପାଇଁ ବେଳେ ବେଳେ ପାରିବାରିକ ଏକତାକୁ ଭାଙ୍ଗିବା ପାଇଁ ବାଧ ହୁଅନ୍ତି। ସଙ୍ଗମ ପୂର୍ବରୁ ଗୋଟିଏ ପୁରୁଷ ଭାଲୁ ଓ ଗୋଟିଏ ସ୍ତ୍ରୀ-ଭାଲୁ କେତେ ଦିନ ଧରି ଅନୁରାଗର ପାତ୍ର ହେବା ପାଇଁ କୋର୍ଟିଂ ଆରମ୍ଭ କରିଦିଅନ୍ତି। ଆରମ୍ଭରେ ପ୍ରଣୟ ପ୍ରାର୍ଥୀ ପୁରୁଷ ଭାଲୁ ବିଶେଷ ଗୁଣ ଦ୍ୱାରା ତାର ଭବିଷ୍ୟତ ପାଇଁ ସାଥି ଅଳ୍ପ ଦୂରରୁ ସ୍ତ୍ରୀ ଭାଲୁର ଶୋଇବା ସ୍ଥାନ ବା ପରିସ୍ରାକୁ ଆଘ୍ରାଣ କରି ସ୍ତ୍ରୀ-ଭାଲୁଟି କେତେ ଗ୍ରହଣଶୀଳା ତାହା ନିର୍ଣ୍ଣୟ କରିନିଏ। ପ୍ରଥମେ ପ୍ରଥମେ ମହିଳା ଭାଲୁଟି ଧରା ଦିଏ ନାହିଁ ଏବଂ ଆଡେ ସାଡ଼େ ଦୌଡ଼ି ପଳାଏ। ମାତ୍ର ଯଥା ସମୟରେ ପୁରୁଷ ଭାଲୁର ନିକଟରୁ ନିକଟତର ହୋଇଥାଏ। ପୁରୁଷ ଭାଲୁଟି ଅତି ବଡ ହୋଇଥିଲେ କିମ୍ବା ପ୍ରଚ୍ଛନ୍ନ ଭାବରେ ବିପଦଜନକ ଜଣା ପଡୁଥିଲେ ସ୍ତ୍ରୀ-ଭାଲୁଟି ଭୟ କରିଯାଏ। ତେବେ ସେ ନିଜର ପଂଝା ଦ୍ୱାରା ଆଘାତ କରେ ଓ ଜାଣିବାକୁ ଚେଷ୍ଟା କରିପାରେ। ସାଧାରଣତଃ ପ୍ରଥମ ଥର ଗରମକୁ ଆସିଥିବା ଝିଅ ଭାଲୁମାନେ ଏପରି କରି ଥାଆନ୍ତି। କିନ୍ତୁ ପୁରୁଷ ଭାଲୁମାନେ କ୍ୱଚିତ୍ ପ୍ରତିଶୋଧ ପରାୟଣ ହୋଇଥାଆନ୍ତି। ବରଂ ଉତ୍ତମ ସୁଯୋଗ ପାଇବା ପାଇଁ ଅପେକ୍ଷା କରନ୍ତି। ଯେତେବେଳେ ମିଳନ ବା ସଂଯୋଗ ସ୍ଥାପନ ହୋଇଯାଏ, ସେମାନଙ୍କର

ଥୋମଣି ଓ ତଳ ପାଟି ପରସ୍ପରକୁ ସ୍ପର୍ଶ କରେ । ବେଳେ ବେଳେ ସେମାନେ ମନ ମିଳିଗଲେ ସାମାନ୍ୟ କୁସ୍ତି (wrestle) ବା ଖେଳକୁଦ ମଧ୍ୟ କରି ଥାଆନ୍ତି ।

ଯଦିଓ କେତେ ସପ୍ତାହ ଧରି ସ୍ତ୍ରୀ ଭାଲୁଟି ଗରମରେ ଥାଏ, ତାର ଋତୁଚକ୍ର (oestrous cycle) ର ମଧ୍ୟବର୍ତ୍ତୀ ସମୟ ମଧ୍ୟରେ ଅର୍ଥାତ୍ ୩ ରୁ ୫ ଦିନ ସମୟ ମଧ୍ୟରେ ପୁରୁଷ ଭାଲୁକୁ ସଂଗମ କରିବାକୁ ଅନୁମତି ଦିଏ । ଏହି ସମୟରେ ସେ ସବୁଠାରୁ ଅଧିକ, ଗ୍ରହଣଶୀଳା ଥାଏ । ମିଳନ ବା ସଂଗମ ସମୟରେ ପୁରୁଷ ଓ ସ୍ତ୍ରୀ ଭାଲୁକୁ ଅଲଗା କରି ହେବ ନାହିଁ (inseparable) । କେତେଦିନ ଧରି ମିଳନ କାର୍ଯ୍ୟ ଚାଲିଥାଏ । ସଂଗମକାର୍ଯ୍ୟ ଅନେକ ଥର ବାରମ୍ବାର ହୋଇ ଚାଲିଥାଏ । ମାତ୍ର ପ୍ରତ୍ୟେକ ଥର କେତେ ସେକେଣ୍ଡ ପାଇଁ ମିଳନ ହୁଏ । କିନ୍ତୁ ହଳଟି-ଯାକ କେହି କାହାକୁ ଛାଡନ୍ତି ନାହିଁ । ସଂଗମ ନ ହେଉଥିବା ସମୟରେ ନାକ (muzzle) ଘଷି ଗେଲ ବା ଆଦର କରିବା, ବେକ ବା ପିଠିକୁ ଧୀରେ କାମୁଡିବା ଓ ପରସ୍ପର ଘଷି ହୋଇ ଚାଲିବା କାର୍ଯ୍ୟ ଚାଲିଥାଏ, ପରବର୍ତ୍ତୀ ସଙ୍ଗମ (copulation) ପାଳି ପର୍ଯ୍ୟନ୍ତ । ମୈଥୁନ ବା ରତିଚକ୍ର ସାଧାରଣତଃ ୨୦ ରୁ ୩୦ ମିନିଟ୍ ପର୍ଯ୍ୟନ୍ତ ରହେ । କିନ୍ତୁ ୧ ଘଣ୍ଟାରୁ ଅଧିକ ସମୟ ଲାଗି ଯାଇ ପାରେ ।

ଗରମରେ ଥିବା ସ୍ତ୍ରୀ-ଭାଲୁ (oestrous female) କୁ ଏକାଧିକ ପୁରୁଷ ଭାଲୁ ଅନୁଧାବନ କରନ୍ତି । ଯଦି ଗୋଟିଏ ପରୁଷ ଭାଲୁ କୋର୍ଟିଂ ପଦ୍ଧତି ବା ମନେଇବା କାର୍ଯ୍ୟ କରୁଥିବା ବେଳେ ଆଉ ଗୋଟିଏ ପରୁଷ ଭାଲୁ ପହଞ୍ଚି ଯାଏ, ସେମାନଙ୍କ ମଧ୍ୟରେ ବଳ କଷାକଷି ହୋଇ ପାରେ ଏବଂ ଯିଏ ଜିତିବ, ସେ ସଙ୍ଗମ କରିବାର ସୁଯୋଗ ନେଇଥାଏ ।

ଜନ୍ମ ହୋଇଥିବା ଛୁଆମାନଙ୍କୁ ପୁରୁଷ ଭାଲୁ ମାରି ଦେବା (infanticide) ପ୍ରକୃତରେ ଘଟିଥାଏ, କିନ୍ତୁ କ୍ୱଚିତ୍ ଏପରି ହୁଏ । ଗ୍ରୀଜ୍‌ଜିଲ୍ ସ୍ତ୍ରୀ ଭାଲୁମାନେ ଛୁଆମାନଙ୍କୁ ସୁରକ୍ଷା ଦିଅନ୍ତି । ଦରକାର ହେଲେ ପୁରୁଷ ଭାଲୁ ସହିତ ଭୟଙ୍କର ଭାବରେ ଲଢେଇ କରିଥାଆନ୍ତି । ସଙ୍ଗମ ବା ରତିକ୍ରିୟା (copulation) ପରେ ପୁରୁଷ ଭାଲୁର କିଛି ଦାୟିତ୍ୱ ନଥାଏ ଏବଂ ସେ ମାଆ ଓ ଛୁଆମାନଙ୍କୁ ଛାଡି ଚାଲିଯାଏ । ଛୁଆମାନଙ୍କର ପାଳନରେ ଅଂଶ ଗ୍ରହଣ କରେ ନାହିଁ ।

ପ୍ରକାରଗତ ଭାବରେ ଗୋଟିଏ ଥର ପ୍ରସବରେ ୧ ରୁ ୩ଟି ଛୁଆ ଜନ୍ମ ହୁଅନ୍ତି । ବେଳେ ବେଳେ ୪ଟି ଛୁଆ ଜନ୍ମ ହେବାର ଦେଖାଯାଇଛି । ସ୍ତ୍ରୀ-ଭାଲୁମାନେ ୧୮୦ ଦିନରୁ ୨୬୬ ଦିନ ପର୍ଯ୍ୟନ୍ତ ଗର୍ଭଧାରଣ କରନ୍ତି । ବିଭିନ୍ନ ଭାଲୁ ପ୍ରଜାତିକୁ ନେଇ ସେମାନଙ୍କର ଗର୍ଭଧାରଣ ସମୟ ୧୮୦ ଦିନରୁ ୨୬୬ ଦିନ ମଧ୍ୟରେ ପଡ଼େ ବୋଲି ଧରା ଯାଇଛି ।

ହାତୀ

(Elephant)

ହାତୀମାନେ ସାମଜିକ ପ୍ରାଣୀ। ସେମାନେ ଶ୍ରେଣୀବଦ୍ଧ ଭାବରେ ଗୋଟିଏ ଗୋଟିଏ ଗୋଷ୍ଠୀ ଗଠନ କରି ବାସ କରନ୍ତି। ପ୍ରତ୍ୟେକ ଗୋଠରେ ଗୋଟିଏ ମହିଳା ହାତୀ ଥାଏ, ଯିଏ ଦଳ ବା ଗୋଷ୍ଠୀର ମୁଖ୍ୟା ଭାବରେ କାର୍ଯ୍ୟକରେ। ସେହି ମହିଳା ହାତୀଟି ଯାହା ନିର୍ଦ୍ଦେଶ ଦେବ, ଦଳର ସମସ୍ତ ହାତୀ ମାନିବାକୁ ବାଧ୍ୟ। ଦଳଟି ବା ତା'ଦଳର ସମସ୍ତ ହାତୀ କେଉଁଠି ରହିବେ ସ୍ଥାନ ନିରୂପଣ, ଖାଦ୍ୟ ଓ ପାଣିର ସୁବିଧା, ନିରାପତ୍ତା ଓ ଖାଦ୍ୟ ଅନ୍ୱେଷଣରେ ସ୍ଥାନ ପରିବର୍ତ୍ତନ ଇତ୍ୟାଦି ତାର ସୂଚନା ଅନୁସାରେ ହୁଏ। ଏହା ବ୍ୟତୀତ ଛୁଆ ହାତୀମାନଙ୍କୁ ବଡ଼-ମାନଙ୍କ ପ୍ରତି ସଦ୍ ବ୍ୟବହାର ଶିକ୍ଷାଦେବା ବା ଶିକ୍ଷା ଦେବାରେ ସାହାଯ୍ୟ କରିବା, ତାର କାର୍ଯ୍ୟ ପରିସର ମଧ୍ୟରେ। ସ୍ତ୍ରୀ-ହାତୀମାନଙ୍କୁ ଗାଈ ଭାବରେ ଗ୍ରହଣ କରାଯାଏ। ସେମାନେ ବହୁ ରାଷ୍ଟ୍ରିୟ ବା ବହୁ ସ୍ତରୀୟ ପରିବାର ସହିତ ମିଳିମିଶି ଥାଆନ୍ତି।

ପୁରୁଷ ହାତୀମାନେ ୧୨ ରୁ ୧୫ ବର୍ଷ ପର୍ଯ୍ୟନ୍ତ ଏହି ହାତୀ ପଲରେ ମିଶି ରହିଥାନ୍ତି। ତାପରେ ସେମାନେ ଏହି ସ୍ତ୍ରୀ-ବହୁଳ ହାତୀ ପଲ ତ୍ୟାଗ କରି ଅନ୍ୟତ୍ର ଏକୁଟିଆ ରହନ୍ତି କିମ୍ବା ଅନ୍ୟତ୍ର ପୁରୁଷ ହାତୀ ପଲ ବା ହାତୀ ପଶୁମାନଙ୍କ ସହିତ ମିଶି ରହିଥାନ୍ତି। ଏହିପରି ପୁରୁଷ ଓ ସ୍ତ୍ରୀ ଅଲଗା ଭାବରେ ରହନ୍ତି। ସ୍ତ୍ରୀ-ହାତୀମାନଙ୍କର ଗୋଟିଏ ଗରମ ଋତୁ ବା ମେଟିଂ ସମୟ (Mating season) ଥାଏ। ଏହାକୁ ଇଷ୍ଟ୍ରସ୍ (Oestrous) କୁହାଯାଏ। ଯେତେବେଳେ କେତେକ ସ୍ତ୍ରୀ-ହାତୀ ଇଷ୍ଟ୍ରସ୍ ବା ଗରମକୁ

ଆସନ୍ତି ବା ଗରମ ହୁଅନ୍ତି ସେତେବେଳେ ଷଣ୍ଢ ହାତୀ ବା ପୁରୁଷ ହାତୀ, ସ୍ତ୍ରୀ-ହାତୀ ମେଳିକୁ ଆସିଥାନ୍ତି ।

ହାତୀମାନେ ବହୁତ ଡେରିରେ ପରିପକ୍ୱତା (maturity) ଲାଭ କରିଥାଆନ୍ତି । ଅନ୍ୟ କୌଣସି ଛଡା-ପ୍ରାଣୀଙ୍କର ଏତେ ଡେରିରେ ଯୌନ ପରିପକ୍ୱତା (sex maturity) ହୁଏ ନାହିଁ। ଛଡା ସ୍ତ୍ରୀ-ହାତୀମାନେ ୧୦ ରୁ ୧୨ ବର୍ଷ ବୟସରେ ସ୍ତ୍ରୀତ୍ୱ ପ୍ରାପ୍ତ ହୁଅନ୍ତି। ସେହିପରି ପୁରଷ ବା ଷଣ୍ଢ ହାତୀମାନେ ପ୍ରାୟ ୨୫ ବର୍ଷ ବୟସରେ ଯୌନ ପରପକ୍ୱତା ଲାଭ କରି ଥାଆନ୍ତି ଏବଂ ୩୦ ବର୍ଷ ବୟସରେ ସାଧାରଣତଃ ପ୍ରଜନନ କ୍ଷମ ହୋଇ ଥାଆନ୍ତି। ହାତୀମାନଙ୍କର ଏକ ଦୀର୍ଘ ପୁନରୁତ୍ପାଦନ ସମ୍ବନ୍ଧୀୟ ଜୀବନ ଚକ୍ର ଥାଏ। ସେମାନେ ଧୀରେ ଧୀରେ ଯୌନ ପରିପକ୍ୱତା ଲାଭ କରନ୍ତି। ଭାରତୀୟ ହାତୀମାନଙ୍କର ଦୁଇଟି ପ୍ରଜନନ ସମୟର ବ୍ୟବଧାନ ୪ ରୁ ୫ ବର୍ଷ। ଅର୍ଥାତ୍ ପ୍ରତି ୪ ରୁ ୫ ବର୍ଷରେ ଥରେ ପୁରୁଷ ଓ ସ୍ତ୍ରୀ ହାତୀର ସଂଗମ ଅନିଶ୍ଚିତ ହୋଇଥାଏ। ବଣୁଆ ହାତୀମାନେ ୫/୬ ବର୍ଷରେ ଗରମ ହୁଅନ୍ତି। ଯେହେତୁ ପ୍ରଜନନର ଏକ ନିର୍ଦ୍ଦିଷ୍ଟ ଋତୁ ନ ଥାଏ, ବର୍ଷସାରା ସଙ୍ଗମ ସମ୍ଭବ।

ଅନ୍ୟ ପ୍ରାଣୀମାନଙ୍କ ପରି ପ୍ରଜନନ ନିୟନ୍ତ୍ରଣ ନିର୍ଦ୍ଦିଷ୍ଟ ଜୀବରସ ବା ହର୍ମୋନ୍ ଦ୍ୱାରା ହୋଇଥାଏ। ସ୍ତ୍ରୀ-ମାନଙ୍କର ଇଷ୍ଟ୍ରୋଜେନ୍ ହର୍ମୋନ୍ ଓ ପୁରୁଷମାନଙ୍କର ଟେଷ୍ଟୋଷ୍ଟେରନ୍ ହର୍ମୋନ ଏହି କାର୍ଯ୍ୟ କରିଥାଆନ୍ତି। ଏମାନଙ୍କର ନିଃସରଣ ଅନ୍ୟ ହର୍ମୋନ ଉପରେ ନିର୍ଭରଶୀଳ। ସ୍ତ୍ରୀ ହାତୀ ଗରମକୁ ଆସିଲେ ଗରମ ବା ଇଷ୍ଟ୍ରସ୍‌ରେ ଅଛି ବୋଲି କୁହାଯାଏ।

ଷଣ୍ଢ ହାତୀମାନଙ୍କର ଏପରି ଅବସ୍ଥାନକୁ ମସ୍‌କ (musch) କହନ୍ତି। ଷଣ୍ଢ ହାତୀମାନେ ବର୍ଷରେ ଥରେ ମସ୍‌କ ଅବସ୍ଥାରେ ପହଞ୍ଚି ଥାଆନ୍ତି। ପୁରୁଣା ଷଣ୍ଢ ହାତୀମାନେ ନୂଆ ଷଣ୍ଢ ହାତୀମାନଙ୍କ ଠାରୁ ୬ ମାସ ପର୍ଯ୍ୟନ୍ତ ଅଧିକ ମସ୍‌କରେ ରହିପାରନ୍ତି। ଏହି ସମୟ ମଧ୍ୟରେ ସେମାନଙ୍କର ଟେଷ୍ଟୋଷ୍ଟେରନ୍ (testosterone) ହର୍ମୋନ ରକ୍ତରେ ଅଧିକ ପରିମାଣରେ ମିଶି ରହିଥାଏ। ସ୍ତ୍ରୀ ହାତୀମାନଙ୍କ ସହିତ ସଂଗମ କରିବା ପାଇଁ ଆଉ ଗୋଟିଏ ତରଳ ପଦାର୍ଥ ମଧ୍ୟ ପୁରୁଷ ହାତୀମାନଙ୍କୁ ପ୍ରୋତ୍ସାହିତ କରିଥାଏ। ପୁରୁଷ ହାତୀମାନଙ୍କର ମୁଣ୍ଡରେ ଉଭୟ ପାର୍ଶ୍ୱରେ ଆଖି ଓ କାନ ମଝିରେ ଗୋଟିଏ ଗୋଟିଏ ଥଳି (gland) ଥାଏ। ଏହି ଥଳି ଦୁଇଟିକୁ ଟେମ୍ପୋରାଲ ଗ୍ଲାଣ୍ଡ (temporal gland) କହନ୍ତି। ସେହି ସମୟରେ ଏହି ଗ୍ଲାଣ୍ଡରୁ ଏକ ପ୍ରକାର ତରଳ ପଦାର୍ଥ ଝରେ ଓ ରକ୍ତରେ ମିଶିଲେ, ସେ ଗାଈ ହାତୀ ସହିତ ସଙ୍ଗମ କରିବା ପାଇଁ ତାକୁ ସକ୍ରିୟତାର ସହିତ ଖୋଜି ବୁଲେ। ଯେଉଁ ଷଣ୍ଢ ହାତୀମାନେ ବୟସ୍କ, ଅନୁଭୂତି ସମ୍ପନ୍ନ ଓ କ୍ଷମତାଶାଳୀ ସେମାନେ ଏହି ସମୟରେ ମଧ୍ୟ ମସ୍କକୁ ଆସନ୍ତି, ଯେତେବେଳେ ବହୁତ ଗାଈ ହାତୀ ଗରମକୁ ଆସିଥାଆନ୍ତି।

ଯେତେବେଳେ ଗୋଟିଏ ପୁରୁଷ ହାତୀ ଗୋଟିଏ ଗରମରେ ଥିବା ସ୍ତ୍ରୀ ହାତୀ ପାଖକୁ ଆସେ ବା ଯିବା ଆସିବା କରେ, ସ୍ତ୍ରୀ-ହାତୀ ପ୍ରଥମେ ଡରି ଯାଇ ବ୍ୟସ୍ତବିବ୍ରତ

ହୋଇ ପଡେ ଓ ପରେ ସେହି ସ୍ତ୍ରୀ-ହାତୀ ଆଗ୍ରହୀ ଥିବାରୁ ପାରିବାରିକ ବନ୍ଧନ ତ୍ୟାଗ କରି ତା ସହିତ ଚାଲେ, ମୁଣ୍ଡ ଟେକି ପୁରୁଷ ହାତୀର ଆଗେ ଆଗେ ଚାଲେ। ତା ପଛେ ପଛେ ପୁରୁଷ ହାତୀ ଯାଉଛି କି ନାହିଁ ଜାଣିବା ପାଇଁ ଦୁଇ ପାଖକୁ ବାରମ୍ବାର ଚାହେଁ। ପୁରୁଷ ହାତୀ ଟିକେ ପଛକୁ ହଟିଯାଏ ଏବଂ ପରେ ସ୍ତ୍ରୀ ହାତୀ ପଛରେ ଅନୁଧାବନ କରେ। ହାତୀର ହାତ ହେଉଛି, ଥୋଢ଼ ପାହାଡ଼ (trunk)। ପରସ୍ପର ପରସ୍ପରକୁ ନିଜ ନିଜ ଥୋଢ଼ପାହାଡ଼ରେ ଆଘାତ କରନ୍ତି। ଥୋଢ଼ ପାହାଡ଼ ଦ୍ୱାରା ଆଘାତ କରିବା ପ୍ରକ୍ରିୟାକୁ ଯଦିଓ ଫାଇଟିଂ ପ୍ରକ୍ରିୟା ବୋଲି କୁହାଯାଉଛି, ବାସ୍ତବରେ ଏହା ସେମାନଙ୍କ ମଧ୍ୟରେ କୋଳାକୋଳି। ଏହି ପ୍ରକ୍ରିୟାଟି ସୂଚନା ଦିଏ ଯେ ସେମାନଙ୍କର ରତିକ୍ରିୟା ଆରମ୍ଭ ହେବାକୁ ଯାଉଛି। ଷଣ୍ଢ ହାତୀ ଗାଈ ହାତୀ ଉପରେ ଚଢ଼ିବା ପୂର୍ବରୁ ସେମାନଙ୍କର ମନର ମିଳନ ଏହି ପରି ଭାବରେ ହୋଇଥାଏ। ଏହା ପରେ ପରେ ପ୍ରାୟତଃ ଷଣ୍ଢହାତୀ ଗାଈ ହାତୀର ସଙ୍ଗମ (copulation) ସଂଗଠିତ ହୋଇଥାଏ। ଦୁହେଁ ବଡ ବଡ ଜନ୍ତୁ ହୋଇଥିବାରୁ ମିଳନ ସମୟରେ ଲମ୍ବ ଭାବରେ ଥିବାର ଦେଖାଯାଏ। ମଣିଷ ସମାଜରେ ଯେପରି ଗୋଟିଏ ପୁରୁଷ ଜଣେ ସ୍ତ୍ରୀକୁ ବିବାହ କରିବା ପରେ ଅନ୍ୟ ସ୍ତ୍ରୀ ପ୍ରତି ଆସକ୍ତ ହେବା ନୀତିବିରୁଦ୍ଧ, ସେହି ପରି ସ୍ତ୍ରୀ-ହାତୀମାନେ ପ୍ରାୟ ଗୋଟିଏ ପୁରୁଷ ହାତୀକୁ ସ୍ୱାମୀ ରୂପେ ଗ୍ରହଣ କରି ନେବାକୁ ଉଚିତ୍ ମନେ କରନ୍ତି। ସ୍ତ୍ରୀ-ହାତୀ ୩ ସପ୍ତାହ ଧରି ଗରମରେ ରହେ ଏବଂ ସମୟ ସମୟରେ ଅନ୍ୟ ପୁରୁଷ ହାତୀ ସହିତ ମିଳନ ହୋଇ ପାରେ। ମାତ୍ର ଭାଇ ଭଉଣୀ ସଂପର୍କରେ ମିଳନକୁ ସେମାନେ ପସନ୍ଦ କରନ୍ତି ନାହିଁ। କାରଣ ସେମାନେ ଜାଣନ୍ତି ଯେ ଛୁଆଟି ବଞ୍ଚି ରହିବାରେ ଅସୁବିଧା ହୋଇ ପାରେ। ଯଦିଓ ସ୍ତ୍ରୀ ହାତୀ ହରାହାରି ୩ ସପ୍ତାହ ଧରି ଗରମ ରହେ, ସେ ମାତ୍ର ୩/୪ ଦିନ ସମୟ ମଧ୍ୟରେ ଗର୍ଭଧାରଣ କରେ। ଏହି ସମୟ ମଧ୍ୟରେ ଅନେକ ଥର ସେମାନଙ୍କର ମିଳନ ହୋଇଥାଏ। ପ୍ରତି ଥରର ମିଳନର ସମୟ ମାତ୍ର ୨ ମିନିଟ୍। ପ୍ରଜନନ ପରେ ପୁରୁଷ ହାତୀ, ସ୍ତ୍ରୀ ହାତୀ ପାଖେ ପାଖେ କିଛି ଦିନ ପାଇଁ ରହେ ଏବଂ ଅନ୍ୟ ପୁରୁଷ ହାତୀମାନଙ୍କ ଠାରୁ ସୁରକ୍ଷା ଦିଏ।

ଯଦି ଗୋଟିଏ ଦଳରେ ଅନେକ ମାଈ ହାତୀ ଏକାବେଳେ ଗରମରେ ଆସିଥାଆନ୍ତି, ସେତେବେଳ ବୟସ୍କ ଓ ପ୍ରଭାବଶାଳୀ ପୁରୁଷ ହାତୀମାନେ ସେମାନଙ୍କ ସହିତ ମିଳନ କାର୍ଯ୍ୟ କରିବାର କୁହାଯାଇଛି। ସେମାନଙ୍କର ଟେଷ୍ଟୋଟେରନ୍ ହର୍ମୋନ୍ ନିସୃତ ହୁଏ ଏବଂ ସେମାନେ ମସ୍କରେ ଥାଆନ୍ତି। ଏହି ପୁରୁଷ ହାତୀମାନେ ମସ୍କରେ ଥିବାର ଲକ୍ଷଣ ସ୍ୱରୂପ କୁଲାଭଳି କାନ ଦୁଇଟିକୁ ଦୋହଲାନ୍ତି, ସେମାନଙ୍କର ମୁଣ୍ଡକୁ ଗଛ ବା ବୁଦାରେ ଘଷନ୍ତି ଏବଂ ଟେମ୍ପୋରାଲ ଗ୍ଲାଣ୍ଡରୁ ନିସୃତ ତରଳ ପଦାର୍ଥକୁ ବିଭିନ୍ନ

ଆଡ଼କୁ ନିକ୍ଷେପ କରନ୍ତି। ଏହି ତରଳ ପଦାର୍ଥକୁ ମସ୍କ, ସେଣ୍ଟ ବା ଅତର କୁହାଯାଏ ଏବଂ ଏହାର ମଧ୍ୟ ଏକ ସ୍ୱତନ୍ତ୍ର ବାସନା ଥାଏ। ସେମାନେ ଗୋଟିଏ ପ୍ରକାର ସ୍ୱତନ୍ତ୍ର ଘଡଘଡ ଶବ୍ଦ କରନ୍ତି, ଯାହା ନିମ୍ନ ମାନର କଣ୍ଠ ସ୍ୱର। ଏହା ଦ୍ୱାରା ଗରମରେ ଥିବା ମାଈ ହାତୀମାନଙ୍କୁ ଆକର୍ଷିତ କରାଯାଏ। ମାଈ ହାତୀମାନେ ମଧ୍ୟ ସଂଗମ ପାଇଁ ପ୍ରସ୍ତୁତ ଥାଆନ୍ତି। ବେଳେ ବେଳେ ସ୍ତ୍ରୀ ହାତୀମାନେ ନିଜ ଶବ୍ଦ ଦ୍ୱାରା ପ୍ରତି ଜବାବ ଦେଇଥାଆନ୍ତି। ଏହା ଦ୍ୱାରା ନିଜର ଆଗ୍ରହର ପରିପ୍ରକାଶ କରିଥାଆନ୍ତି। ଏହି ସମୟରେ ଯେ କୌଣସି ଗରମରେ ଥିବା ମାଈ ହାତୀ ଯେ କୌଣସି ପୁରୁଣା ପରିଣତ ବୟସ୍କ ମସ୍କରେ ଥିବା ଅଣ୍ଡିରା ହାତୀ ସହିତ ସଙ୍ଗମ କରି ପାରେ। ସେମାନଙ୍କ ପାଇଁ ଏହି ଅଣ୍ଡିରା ହାତୀମାନେ ଅଧିକ ଆକର୍ଷଣୀୟ।

ଯେକୌଣସି ପୁରୁଷ ହାତୀର ଲିଙ୍ଗ ବା ପେନିସ୍ ଜଳବାହୀ ନମନୀୟ ନଳୀ ବା ହୋସ୍ (hose) ପାଇପ୍ ପରି କାମ କରେ। ପାଣି ଯେପରି ବହୁତ ଗତିଶୀଳ ହୋଇ ନଳୀରୁ ବାହାରେ, ସେହିପରି ପୁରୁଷ ହାତୀର ଲିଙ୍ଗରୁ ପ୍ରଖର ବେଗରେ ସିମେନ୍ (semen) ସ୍ତ୍ରୀ-ହାତୀର ଯୋନି ଦ୍ୱାର ଦେଇ ଗର୍ଭାଶୟ ଆଡକୁ ଗତି କରିଥାଏ। ଶୁକ୍ରାଣୁ ବା ପୁରୁଷ ବୀଜର ଏହି ତୀବ୍ର ପହଁରି ପହଁରି ଯାଉଥିବା ଗତି, ଯନ୍ତ୍ର ଦ୍ୱାରା ଦେଖା ଯାଇ ପାରିବ ଏବଂ ଦେଖିବା ମଧ୍ୟ ଆମୋଦ ପ୍ରଦ। ଷଣ୍ଢ ହାତୀମାନଙ୍କର ସଂପର୍କରେ କୁହାଯାଇଛି ଯେ ସେମାନେ ଏକୁଟିଆ ରହିବା ପାଇଁ ଭଲ ପାଆନ୍ତି। ମାତ୍ର ଗବେଷଣାରୁ ଜଣା ପଡେ ଯେ ପୁରୁଷ ହାତୀମାନେ ଆଶ୍ଚର୍ଯ୍ୟଜନକ ଭାବରେ ସାମାଜିକ। ସେମାନେ ପ୍ରଣୟ ପ୍ରାର୍ଥୀ ନ ହେବା ପର୍ଯ୍ୟନ୍ତ ବା ଶୁଣ୍ଢରେ ଲଢାଲଢି ନ ହେବା ପର୍ଯ୍ୟନ୍ତ ସୁଧାର ପ୍ରାଣୀ ହିସାବରେ ଗଣ୍ୟ।

ମାଈ ହାତୀମାନେ ଗର୍ଭବତୀ ହେଲେ ସେମାନଙ୍କର ଗର୍ଭଧାରଣର ହାରାହାରି ସମୟ ୬୪୦ ଦିନରୁ ୬୬୦ ଦିନ। ଏହା ଆନୁମାନିକ ୯୫ ସପ୍ତାହ ବା ୨୨ ମାସ। ମାଈ ହାତୀମାନେ ୬୦ ରୁ ୭୦ ବର୍ଷ ବଞ୍ଚନ୍ତି। କିନ୍ତୁ ଜୀବନ କାଳ ମଧ୍ୟରେ ପ୍ରାୟ ୪ ଥର ବା ୪ଟି ଛୁଆ ଜନ୍ମ କରନ୍ତି। ଗୃହପାଳିତ ହୁଅନ୍ତୁ ବା ବଣ୍ୟ ପ୍ରାଣୀ ହୁଅନ୍ତୁ, ଗର୍ଭଧାରଣ ସମୟ କାହାରି ଏତେ ଦୀର୍ଘ ଦିନ ଧରି ହୁଏ ନାହିଁ। ଗର୍ଭବତୀ ହାତୀର ପେଟ ମଧ୍ୟ ସେପରି ବଡ଼ ଦେଖାଯାଏ ନାହିଁ। ଗୋଟିଏ ଜୀବନ୍ତ ଛୁଆ ଜନ୍ମ ହୁଏ, ଯାହାର ଓଜନ ପ୍ରାୟ ୧୧୦ କିଲୋ ଗ୍ରାମ।

ମାଈ ହାତୀର ଦୀର୍ଘ ଦିନ ଗର୍ଭଧାରଣର କାରଣ ସଂପର୍କରେ ଅନୁସନ୍ଧାନ କରି ବୈଜ୍ଞାନିକମାନେ ଏହି ରହସ୍ୟ ଉନ୍ମୋଚନ କରି ପାରିଛନ୍ତି ଯେ ଜନ୍ମ ହୋଇ ସଂସାରରେ ବଞ୍ଚି ରହିବା ପାଇଁ ମସ୍ତିଷ୍କର ଶକ୍ତି ଅନ୍ୟ ପ୍ରାଣୀମାନଙ୍କ ଠାରୁ ଅଧିକ

ହେବା ଦରକାର। ହାତୀର ମସ୍ତିଷ୍କର ଶକ୍ତି ସେହିପରି ଭାବରେ ଗଠିତ ହେବା ପାଇଁ ସମୟ ଲାଗିଥାଏ। ଯେକୌଣସି କାରଣ ହେଉ, ଗଣେଶଙ୍କର ହାତୀମୁଣ୍ଡ ଅକଳନ୍ତି ଜ୍ଞାନର ଭଣ୍ଡାର।

ବଣୁଆ ମାଈ ହାତୀମାନେ ସାଧାରଣ ଭାବରେ ରାତିରେ ଛୁଆ ଜନ୍ମ କରନ୍ତି। ବିଶ୍ୱାସ କରାଯାଏ ଯେ ଅବିଚଳିତ ପରିବେଶ ଛୁଆକୁ ଯୋଗାଇ ଦେବା ପାଇଁ ରାତ୍ରି ସମୟକୁ ନିର୍ଣ୍ଣୟ କରାଯାଇଥାଏ। ଜନ୍ମ କରିବାର କଷ୍ଟ ବା ଲେବର ପେନ୍ ଅନେକ ଦିନ ଧରି ଲାଗି ରହେ। ଗର୍ଭାଶୟ ଭିତରେ ଭ୍ରୂଣ ଓ ଭ୍ରୂଣ ଜଳକୁ ଧାରଣ କରିଥିବା ମୁଣାକୁ ଆମନିଓଟିକ୍ ସ୍ୟାକ୍ (amniotic sac) କହନ୍ତି। ମାଈ ହାତୀ ଧୀରେ ଧୀରେ ଏହି ଆମ୍ନିଓଟିକ୍ ସ୍ୟାକ୍‌କୁ ଜନ୍ମ କଲାବେଳେ ବାହାର କରି ଦିଏ, ଯାହା ଭିତରେ ହାତୀ ଛୁଆ ଥାଏ। ଶ୍ରମ ବା ଲେବର ପେନ୍ ଯୋଗୁ ବା ଜନ୍ମ କରିବା ସମୟରେ ଏହି ଥଳି ଫାଟି ଏଥିରେ ଥିବା ଗର୍ଭଜଳ ଓ ହାତୀ ଛୁଆ ବାହାରି ଆସନ୍ତି। ସାଧାରଣତଃ ଗୋଟିଏ ଛୁଆ ଜନ୍ମ ହୁଏ। ଜାଆଁଳା ଛୁଆ ଜନ୍ମ ହେବା କ୍ୱଚିତ୍ ଦେଖାଯାଇଥାଏ। ଗୋଟିଏ ଥର ଜନ୍ମ କରିବାର ୩ ରୁ ୯ ବର୍ଷ ମଧ୍ୟରେ ଆଉ ଗୋଟିଏ ଛୁଆ ଜନ୍ମ କରିଥାଏ। ଏହାକୁ ଦୁଇଟି ଛୁଆ ଜନ୍ମ କରିବାର ବ୍ୟବଧାନ (inter calving period) କୁହାଯାଇଥାଏ।

ଜୀବ ବିଜ୍ଞାନିମାନେ ହାତୀକୁ ଯେଉଁ ଶ୍ରେଣୀ ବିଭାଗ କରିଛନ୍ତି, ସେଥିରେ ଏସିଆ ମହାଦେଶର ହାତୀମାନଙ୍କୁ ନିମ୍ନୋକ୍ତ ମତେ ନିଆଯାଇଥାଏ। ଯଥା :- ଶ୍ରେଣୀ- ମାମ୍ମାଲିଆ (mammalia), ଅର୍ଡର (order) - ପ୍ରୋବୋସ୍ ସିଡିଆ (proboscidea), ଫାମିଲି - ଏଲିଫାଣ୍ଟିଡି (elephantidae) ଫାଇଲମ୍ - କୋର୍ଡାଟା (chordata), ଡୋମେନ୍ (Domain), ଇୟୁକାରିଟେ (eukaryota) ଭାବରେ ବିଗ୍ରହକୁ ନିଆଯାଏ।

ପୃଥିବୀରେ ଦୁଇଟି ମହାଦେଶରେ ଦୁଇପ୍ରକାର ହାତୀ ଦେଖା ଯାଆନ୍ତି। (୧) ଆଫ୍ରିକା ମହାଦେଶର ହାତୀ (african elephant) (୨) ଏସିଆ ମହାଦେଶର ହାତୀ (asian elephant)। ଆଫ୍ରିକାର ହାତୀମାନେ ପଶ୍ଚିମାଞ୍ଚଳ ଓ କେନ୍ଦ୍ରୀୟ ବର୍ଷାବହୁଳ ବଣ୍ୟାଞ୍ଚଳରେ ଦେଖା ଯାଆନ୍ତି। ଆଫ୍ରିକାର ହାତୀମାନେ ସାଭାନାର ସମସ୍ତ ଅଞ୍ଚଳରେ ବର୍ଷା ବହୁଳ ବଣରେ, କେନ୍ଦ୍ରୀୟ ଓ ପଶ୍ଚିମାଞ୍ଚଳ ବଣରେ ବାସ କରନ୍ତି ଏବଂ ମାଲିର ସାହାଲ ଅଞ୍ଚଳରେ ଥାଆନ୍ତି। ମାଲିର୍ ଏହି ହାତୀମାନେ ଯାଯାବର ଜୀବନ ଯାପନ କରନ୍ତି। ମରୁଭୂମି ଅଞ୍ଚଳରେ ରହୁଥିବାରୁ ଏକ ବୃତ୍ତାକାର ରାସ୍ତାରେ ପାଣି ଉଦ୍ଦେଶ୍ୟରେ ମରୁଭୂମିରେ ଭ୍ରମଣ କରିବାକୁ ପଡିଥାଏ। ଏସିଆ ମହାଦେଶୀୟ ହାତୀ ପ୍ରାୟ ୫୦,୦୦୦ ପର୍ଯ୍ୟନ୍ତ ଥିବାର ଅନୁମାନ କରାଯାଏ। ଦୁଇ ପ୍ରକାର ହାତୀ ମଧ୍ୟରେ

ପୈତ୍ରିକ ବା ଜେନେଟିକାଲ୍ ପ୍ରଭେଦ ବହୁତ ରହିଛି। ତେଣୁ ଉଭୟ ପ୍ରକାର ହାତୀ ମଧ୍ୟରେ ମିଳନ ବା ବ୍ରିଡିଂ ପ୍ରାୟ ହୁଏ ନାହିଁ। ଉଭୟ ପ୍ରକାର ହାତୀ ମଧ୍ୟରେ କାନ, ମୁଣ୍ଡ ଓ ଥୋଡ଼ ପାହାଡ଼ରେ ଭୌତିକ ବା ଶାରୀରିକ ପାର୍ଥକ୍ୟ ଦେଖିବାକୁ ମିଳେ।

ହାତୀମାନେ ତିନି ପ୍ରକାରର। (୧) ବୁଦାରେ ରହୁଥିବା ଆଫ୍ରିକୀୟ ହାତୀକୁ ଲକ୍ସୋଡେଣ୍ଟ ଆଫ୍ରିକାନା (laxodanta africana) , (୨) ବଣରେ ରହୁଥିବା ଆଫ୍ରିକୀୟ ହାତୀମାନଙ୍କୁ ଲାକ୍ସୋଡେଣ୍ଟା ସାଇକ୍ଲୋଟିସ୍ (laxodanta cyclotis) ଓ (୩) ଏସିଆ ମହାଦେଶୀୟ ହାତୀମାନଙ୍କୁ ଏଲିଫାସ୍ ମାକ୍ସିମସ୍ (elephas maximus) କୁହାଯାଏ। ପରିଣତ ବୟସରେ ପୁରୁଷ ହାତୀମାନଙ୍କର ହାରାହାରି ଓଜନ ପ୍ରାୟ ୪୦୦୦ କିଲୋଗ୍ରାମ୍ ଓ ସ୍ତ୍ରୀ ହାତୀମାନଙ୍କର ୨୭୦୦ କିଲୋଗ୍ରାମ୍ ପର୍ଯ୍ୟନ୍ତ ହୋଇଥାଏ।

ହାତୀମାନେ ମୁଖ୍ୟତଃ ବିଭିନ୍ନ ପ୍ରକାର ଘାସ ଖାଇ ଥାଆନ୍ତି। ଏହା ବ୍ୟତୀତ ବହୁ ପରିମାଣର ଗଛ ବକଳା (bark), ବିଭିନ୍ନ ପ୍ରକାର ମୂଳ, ପତ୍ର ଓ ଛୋଟ ଛୋଟ କାଣ୍ଡ ମଧ ଖାଆନ୍ତି। ଋଷ କରା ଯାଇଥିବା ଶସ୍ୟ ଯଥା ଧାନ, ଗହମ, ଆଖୁ ଓ କଦଳୀ ଇତ୍ୟାଦି ସେମାନଙ୍କର ଅଧିକ ପ୍ରିୟ ବା ଆଦରଣୀୟ ଖାଦ୍ୟ। ସେମାନେ ଖୁବ୍ କମ୍‌ରେ ଥରେ ପାଣି ପିଇବାକୁ ଆବଶ୍ୟକ କରନ୍ତି। ତେଣୁ ହାତୀମାନେ ପ୍ରାୟ ଯଥେଷ୍ଟ ପାଣିଥିବା ଉତ୍ସ ବା ସ୍ଥାନ ନିକଟରେ ସର୍ବଦା ବାସ କରନ୍ତି। ହାତୀମାନେ ସଂପୂର୍ଣ୍ଣ ଭାବରେ ତୃଣଭୋଜୀ ପ୍ରାଣୀ।

ହାତୀମାନଙ୍କର ରୋଗ

ହାତୀମାନେ ବିଭିନ୍ନ ପ୍ରକାରର ସଂକ୍ରାମକ ମାରାତ୍ମକ ରୋଗ ଦ୍ୱାରା ସଂକ୍ରମିତ ହୋଇ ଥାଆନ୍ତି। ସେଗୁଡିକ ଜୀବାଣୁ, ଭୂତାଣୁ, ଜଳଗତ ନିଷ୍ଫଳା ଉଦ୍ଭିଦ ବା ଶିଉଳି, ଏକକୋଷ ବିଶିଷ୍ଟ କ୍ଷୁଦ୍ରତମ ଜୀବ ବା ପ୍ରୋଟୋଜୋଆ ଜନିତ ଓ ଅନ୍ୟାନ୍ୟ ରୋଗ ହୋଇ ଥାଇ ପାରେ।

ହାତୀମାନେ ନିମ୍ନୋକ୍ତ କେତୋଟି ଜୀବାଣୁ ଜନିତ ରୋଗଦ୍ୱାରା ଆକ୍ରାନ୍ତ ହୋଇଥାଆନ୍ତି ଏବଂ ବିଭିନ୍ନ ଚିଡିଆ ଖାନାରେ ଯଥା ସମୟରେ ଟିକା ପ୍ରଦାନ କରାଯାଇଥାଏ। (୧) ସାହାଣ (H.S.), ପାଶ୍ଚୁରେଲ୍ଲା ମଲଟୋସିଡା ଜୀବାଣୁ ଦ୍ୱାରା ଏହି ରୋଗ ହୁଏ। (୨) ଆନ୍‌ଥ୍ରାକ୍ସ (anthrax) ବାସିଲସ୍ ଆନ୍‌ର୍ଥାସିସ୍ ଜୀବାଣୁ ଦ୍ୱାରା ଏହି ରୋଗ ହୋଇଥାଏ। (୩) ବ୍ଲାକ୍ କ୍ୱାଟର - (B.Q.) କ୍ଲଷ୍ଟ୍ରିଡିୟମ୍ ଚୌଭୋଇ ଜୀବାଣୁ ଏହି ରୋଗର କାରଣ। (୪) ଟିଟାନସ୍ - କ୍ଲଷ୍ଟ୍ରିଡିୟମ୍ ଟିଟାନାଇ ଜୀବାଣୁ ଯୋଗୁ ଟିଟାନସ୍ ରୋଗ ହୁଏ। (୫) ଯକ୍ଷ୍ମା - ମାଇକୋ ବ୍ୟାକ୍‌ଟେରିୟମ୍ ଟ୍ୟୁବରକୁଲୋସିସ୍ ଜୀବାଣୁ ଯକ୍ଷ୍ମା ରୋଗର କାରଣ। ଯକ୍ଷ୍ମା ରୋଗକୁ ଛାଡି ଦେଲେ ଅନ୍ୟ ରୋଗଗୁଡିକରେ ଖୁବ୍ କମ୍ ସମୟ ମଧ୍ୟରେ ହାତୀର ମୃତ୍ୟୁ ହୁଏ। ଯକ୍ଷ୍ମା ରୋଗ

ମଧ୍ୟ ମାରାତ୍ମକ। ଚିକିତ୍ସା ଦ୍ୱାରା ନିୟନ୍ତ୍ରଣ କରାଯାଇ ପାରେ। ତେଣୁ ଯଥା ସମୟରେ ଟିକା ଦେଇ ମୂଲ୍ୟବାନ ପ୍ରାଣୀଟିର ଜୀବନ ରକ୍ଷା କରିବା ଉଚିତ୍।

ଥରେ ହାତୀମଡକ ଦେଖା ଯାଇଥିଲା। ଅନୁସନ୍ଧାନରୁ ଜଣା ପଡିଲା ଯେ ନୀଳ-ସବୁଜ ରଙ୍ଗର ଆଲ୍‌ଜି (algae) ଯୋଗୁ ଏହି ରୋଗରେ ହାତୀମାନେ ମୃତ୍ୟୁ ମୁଖରେ ପଡୁଛନ୍ତି। ଜଳଜାତ ନିଷ୍ଫଳା ଉଦ୍ଭିଦ ଏହି ଆଲ୍‌ଜି। ଏହି ରୋଗକୁ ବୋଟ୍‌ସ୍ୱାନା କୁହାଯାଏ। କୌଣସି ବଣୁଆ ସ୍ଥାନରେ କିଛି ପାଣି ଚଳ ପ୍ରଚଳ ନ ହୋଇ ସ୍ଥିର ରହିଲେ (standing water) ଓ ବହୁତ ଦିନ ଯାଏ ଏପରି ଥିଲେ ଏହି ପାଣିରେ ନୀଳ ସବୁଜ ରଙ୍ଗର ଆଲ୍‌ଜି ଜନ୍ମ ନିଏ। ଏ ଗୁଡିକ ଭୀଷଣ ଭାବରେ ବିଷାକ୍ତ। ଏଥିରେ ସାୟାନେ ବାକ୍‌ଟେରିଆ ଥାଏ, ଯାହା ଏକ ବିଷାକ୍ତ ଜୀବାଣୁ। ଯେତେବେଳେ ହାତୀ ଜଗତରେ ମଡ଼କ ଦେଖା ଦେଇଥିଲା, ଅନୁସନ୍ଧାନରୁ ଏହି ବିଷ ବିଷୟରେ ଜଣାପଡିଥିଲା। ଏହି ଆଲ୍‌ଜି ଅଣୁବୀକ୍ଷଣ ଯନ୍ତ୍ର ସାହାଯ୍ୟରେ ଦେଖି ହୁଏ।

ହାତୀମାନଙ୍କର ଭୂତାଣୁ ଜନିତ ରୋଗଗୁଡ଼ିକ ବଡ଼ ଭୟାନକ ମାରାତ୍ମକ ରୋଗ ଏବଂ ଚିଡିଆଖାନା ମାନଙ୍କରେ ହାତୀମାନଙ୍କୁ ଏଥିପାଇଁ ଟିକା ଦେବାକୁ ହୋଇଥାଏ। ମୁଖ୍ୟ ରୋଗ ଗୁଡିକ ହେଲା (୧) ରାବିଜ୍ ବା ଜଳାତଙ୍କ (Rabies) (୨) ବସନ୍ତ ରୋଗ (Elephant pox) (୩) ଫାଟୁଆ (Foot and Mouth disease) (୪) ଇ.ଇ.ଏଚ.ଭି - ଏଲିଫ୍ୟାଣ୍ଟ ଏଣ୍ଡୋଥେଲିଓ ଟ୍ରୋପିକ୍ ବିଟା ହର୍‌ପିସ୍ ଭାଇରସ୍।

ହାତୀମାନଙ୍କର ପ୍ରୋଟୋଜୋଆ ଜନିତ ରୋଗମାନଙ୍କ ମଧ୍ୟରେ ଦୁଇଟି ମୁଖ୍ୟ ରୋଗ ହେଲା (୧) ଟ୍ରିପାନୋସୋମିଆସିସ୍ (୨) ସାଲ୍‌ମୋନେଲୋସିସ୍।

ଥୋଡ଼ ପାହାଡର ନିଷ୍କ୍ରିୟତା ରୋଗ - (Paralysis of the trunk)

ହାତୀର ଥୋଡ଼ ପାହାଡ ହାତ ଭଳି ଅନେକ କାମ କରେ। ସମୟ ସମୟରେ ଆମର ହାତ ବା ଗୋଡ଼ ସ୍ୱାଭାବିକ ଭାବରେ ଗତିଶୀଳ ହେବା ପାଇଁ ଅକ୍ଷମ ହୋଇଯାଏ। ଚାଲିବାରେ ବା ହାତରେ କିଛି କାମ କରିବାରେ ସଂପୂର୍ଣ୍ଣ ଅଚଳ ଅବସ୍ଥା ସୃଷ୍ଟି ହୁଏ। ସ୍ନାୟବିକ ନିଷ୍କ୍ରିୟତା ବା କୌଣସି ରୋଗ ଯୋଗୁ କିମ୍ବା ଉଭୟ କାରଣରୁ ଏପରି ଘଟିଥାଏ। ଏହାକୁ ପାରାଲିସିସ୍ (paralysis) କହନ୍ତି। ହାତୀର ଥୋଡ ପାହାଡ (trunk) ବା ହାତ ବେଳେ ବେଳେ ପାରାଲିସିସ୍ ଦ୍ୱାରା ଆକ୍ରାନ୍ତ ହୋଇଥାଏ। ହାତୀପାଇଁ ଏହା ଏକ ବଡ଼ ଧରଣର ରୋଗ। ଏହି ରୋଗକୁ ଥୋଡ଼ ପାହାଡ଼ର ପାରାଲିସିସ୍ ବା ପକ୍ଷାଘାତ ରୋଗ (paralysis of trunk) କୁହାଯାଏ। ହାତୀ ପାଇଁ ଏହା ଗୋଟିଏ ବଡ଼ ଧରଣର ରୋଗ କାରଣ ଏହି ରୋଗ ସହଜରେ ଭଲ ହୁଏ ନାହିଁ। ଏଥିପାଇଁ ଖାଇ ନ ପାରିବାରୁ ହାତୀଟି ମୃତ୍ୟୁ ମୁଖରେ ପଡେ।

ଆକାର ସଂପର୍କରେ

ହାତୀ ଗୋଟିଏ ସ୍ଥୁଳକାୟ ପ୍ରାଣୀ। ଏହାର ବିରାଟ ଆକାରର କିଛି ତୁଳନା କରାଯାଇ ପାରିବ ନାହିଁ। ଜନ୍ମ ହେଲା ବେଳେ ଯେଉଁ ହାତୀ ଛୁଆ ମାତ୍ର ୧୧୦ କିଲୋଗ୍ରାମ ହୋଇଥାଏ, ପରିଣତ ବୟସରେ ହାତୀର ଓଜନ ୪୦୦୦ କିଲୋଗ୍ରାମରୁ ଅଧିକ ହୋଇପାରେ। ହାତୀର ବିରାଟ ଆକାର ସଂପର୍କରେ ଏପରି କୁହାଯାଇଛି। ଥରେ ପାଞ୍ଚଜଣ ଅନ୍ଧ ବା ଆଖିକୁ ଦିଶୁ ନଥିବା ବ୍ୟକ୍ତି ଗୋଟିଏ ପୋଷା ହାତୀ ଦେଖିବାକୁ ଗଲେ। ହାତୀର ମାହୁନ୍ତ ହାତୀ ସହିତ ଥିଲେ। ଜଣେ ହାତୀର କାନ ଧରି କହିଲେ, ଭାଇମାନେ। ମୁଁ ହାତୀ କିପରି ଜାଣି ସାରିଲିଣି। ହାତୀ ଗୋଟିଏ ବଡ଼ କୁଲା ପରି। ଦ୍ୱିତୀୟ ବ୍ୟକ୍ତି ଜଣକ ହାତୀର ଥୋଡ଼ପାହାଡ ଧରିଥିଲେ। ସେ ଦେଖିଲେ, ଯାହା ସେ ଧରିଛନ୍ତି ତାହା ଜାକି ହୋଇଯାଉଛି ଓ ଲମ୍ବା ହୋଇପାରୁଛି। ସଁ ସଁ ଶବ୍ଦ କରୁଛି। ଚାରି ଆଡକୁ ଗତି କରିପାରୁଛି। ତେଣୁ ସେ ଭାବି ଚିନ୍ତି କହିଲେ, "ହାତୀ ଗୋଟିଏ ସାପ ପରି।" ତାଙ୍କର ତୃତୀୟ ସାଙ୍ଗ କହିଲେ, "ନା-। ତୁମେ ସମସ୍ତେ ଭୁଲ୍ କହୁଛ। ହାତୀ ଗୋଟିଏ ସ୍ତମ୍ଭ ବା ଖୁଣ୍ଟ ପରି। ମୁଁ ଯାହା କହୁଛି ତାହା ସତ୍ୟ ବୋଲି ଜାଣ।" କାରଣ ସେ ହାତୀର ଗୋଡରେ ହାତ ମାରି ଜାଣି ପାରିଥିଲେ। ଚତୁର୍ଥ ବ୍ୟକ୍ତି ହାତ ଟେକି ହାତୀର ଗୋଟିଏ ପାଖରୁ ଅନ୍ୟ ପାଖ ଯାଏ ହାତ ମାରି ଚାଲିଗଲେ। ସେ କହିଲେ, "ହାତୀ ଗୋଟିଏ ବଡ଼ ପ୍ରାଣୀ। ତୁମେ ଏ ଛୋଟ ଛୋଟ କଥା କିପରି କହୁଛ ? ତୁମେ ସମସ୍ତେ ଭୁଲ୍ କହୁଛ। ମୋ ଠାରୁ ଶୁଣ। କାରଣ ମୁଁ ଭଲ ଭାବରେ ଜାଣି ପାରିଛି। ହାତୀ ଗୋଟିଏ କାନ୍ଥ ପରି।" ପରବର୍ତ୍ତୀ ବ୍ୟକ୍ତି ଜଣକ ହାତୀର ପଛରେ ଠିଆ ହୋଇଥିଲେ। ସେ ହାତୀର ଲାଞ୍ଜ ଧରି, ହାତୀ ଗୋଟିଏ ଦଉଡ଼ି ପରି ବୋଲି ନିଜର ମନ୍ତବ୍ୟ ଦେଲେ। ସେମାନଙ୍କର କାହାରି କଥା କାହାରି ସହିତ ନ ମିଶିବାରୁ ସେମାନେ ମାହୁନ୍ତକୁ ପଚାରିଲେ। ମାହୁନ୍ତ କହିଲେ, "ଏ ସବୁର ସମଷ୍ଟି ହେଉଛି ହାତୀର ଶରୀରର କିଛି ଅଂଶ। ତାର କାନ ଦୁଇଟି, ଦୁଇଟି କୁଲାପରି, ହାତୀର ହାତ ବା ଥୋଡ଼ ପାହାଡଟି ଗୋଟିଏ ସାପ ପରି, ତାର ଗୋଡ ଚାରୋଟି ଗୋଟିଏ ଗୋଟିଏ ଖୁଣ୍ଟ ସଦୃଶ, ତାର ବିରାଟ ଶରୀରଟି କାନ୍ଥ ପରି ଓ ଲାଞ୍ଜଟି ଦଉଡି ପରି। ସେମାନେ ଏକ ସ୍ୱରରେ କହି ପକାଇଲେ। ହାତୀଟା ସତରେ କେତେ ବଡ଼ ପ୍ରାଣୀ ?

ହାତୀ, ଅନୁଭୂତି

ବଣ ଭିତରେ ବଣୁଆ ହାତୀମାନଙ୍କ ଗହଣରେ ମୁକ୍ତ ଭାବରେ ହାତୀମାନଙ୍କୁ ବୁଲୁଥବାର ଦେଖିବାର ସୁଯୋଗ ମିଳିଥିଲା। ମୟୁରଭଞ୍ଜ ଜିଲ୍ଲାର ଶିମିଳିପାଳ ବୃହତ୍

ବଣ୍ୟାଞ୍ଚଳରେ ସବୁ ପ୍ରକାର ବଣ୍ୟଜନ୍ତୁ ଥିବାର ପ୍ରାୟ ସମସ୍ତେ ଜାଣନ୍ତି। ଏହି ପ୍ରାଣୀମାନଙ୍କର ସଂରକ୍ଷଣ ଓ ଉନ୍ନତି କଳ୍ପେ ବଣ୍ୟ ସଂରକ୍ଷଣ ପ୍ରକଳ୍ପ କାର୍ଯ୍ୟକାରୀ ହେଉଛି। ବାରିପଦାରେ ଥିବା ବେଳେ ହଠାତ୍ ଶୁଣିବାକୁ ମିଳିଲା ଯେ ପଡିଶା ରାଜ୍ୟର ଜଙ୍ଗଲରୁ ହାତୀମାନେ ଆସି ଫେରିଗଲା ବେଳକୁ ଓଡିଶାର ହାତୀମାନେ ସେମାନଙ୍କ ସହିତ ବିହାର ଚାଲି ଯାଉଛନ୍ତି। ତେଣୁ ଓଡିଶାର ବନ ବିଭାଗ କିଛି ମାଈ ହାତୀ କିଣି ମାହୁନ୍ତ ସହିତ ଶିମିଳି ପାଳ ଅରଣ୍ୟରେ ରଖିଛନ୍ତି। ବନ ବିଭାଗର ଉଦ୍ଦେଶ୍ୟ ଯାହା ହେଉନା କାହିଁକି, କିନ୍ତୁ ଏହାହିଁ ଶୁଣିବାକୁ ମିଳୁଥିଲା। ସେଥିମଧ୍ୟରୁ ଗୋଟିଏ ହାତୀ ଜନ୍ମ କଲା ଓ ହାତୀ ଛୁଆ ଦେହରେ ଗୋଟିଏ ବଥ ଉଠିଥିଲା। ଏହି ବଥ (abscess) ପାଚିଯିବା ପରେ ଅପରେସନ୍ ଦ୍ୱାରା ପୂଯ ନିଷ୍କାସନ ଓ ପରବର୍ତ୍ତୀ ପର୍ଯ୍ୟାୟରେ ଡ୍ରେସିଂ ଓ ଇଞ୍ଜେକ୍ସନ୍ ଦେବା କାର୍ଯ୍ୟ ଘାଆ ନ ଶୁଖିବା ପର୍ଯ୍ୟନ୍ତ ଚାଲୁ ରହିବା ଦରକାର। ଅପରେସନ୍ କାର୍ଯ୍ୟ ଓଡିଶା ଭେଟେନାରୀ କଲେଜର ଶଲ୍ୟ ପ୍ରଫେସରଙ୍କ ଦ୍ୱାରା କରାଗଲା ଏବଂ ପ୍ରାଣୀ ଡାକ୍ତର ସହଯୋଗ କଲେ। ପରବର୍ତ୍ତୀ ଚିକିତ୍ସା ପାଇଁ ବାରିପଦା ପ୍ରାଣୀ ଡାକ୍ତରଙ୍କୁ ଦୈନିକ ଯିବାକୁ ହେଉଥିଲା। ହାତୀ ଛୁଆଟି ବନ ବିଭାଗର ସଂପଦ। ଭବିଷ୍ୟତରେ କିଛି ଅସୁବିଧା ନ ହୁଏ, ତେଣୁ ଦିନେ ତାଙ୍କ ସହିତ ଜିଲ୍ଲାମୁଖ୍ୟ ହିସାବରେ ମୋତେ ଯିବାକୁ ହେଲା ଏବଂ ମୋ ସହିତ ମଧ୍ୟ ଆଉ ଜଣେ ପ୍ରାଣୀ ଡାକ୍ତର ଯାଇଥିଲେ। ଆମ ପହଞ୍ଚିବା ଖବର ପାଇ ମାହୁନ୍ତ କିଛି ଦୂରରେ ଚରୁଥିବା ମାଆ ଓ ଛୁଆ ହାତୀକୁ ଆଣି ପହଞ୍ଚିଲେ। କେହି ନ ଦେଖିଲେ ଭାବି ପାରିବେ ନାହିଁ ଯେ ଏତେ ବଡ଼ ମାଆ ହାତୀ ତାର ଛୁଆର କଷ୍ଟକୁ ଅନୁଭବ କରି ଆମ ସହିତ ସଂପୂର୍ଣ୍ଣ ସହଯୋଗ କରୁଥିଲା। ଡ୍ରେସିଂ ଓ ଇଞ୍ଜେକ୍ସନ୍ ଦେବା ସମୟରେ ତାର ଥୋଡ଼ ପାହାଡରେ ପାଖକୁ ନେଇ ଧରିଥିଲା। କାର୍ଯ୍ୟ ଶେଷ ହେବାର ଅଳ୍ପ ସମୟ ପରେ ଭୀଷଣ ଝଡ଼ ଓ ବର୍ଷା ଆସିଗଲା। ଆମକୁ ଛାଡିବା ପାଇଁ କିଛି ବନ କର୍ମଚାରୀ ଆସିଲେ। ଗଛସବୁ ହାଣି ରାସ୍ତା ସଫା କରିବାକୁ ସେମାନେ ପ୍ରସ୍ତୁତ ହୋଇ ଯାଉଥିଲେ। ଅଳ୍ପ ବାଟ ଆସିବା ପରେ ବହୁତ ଗଛ ଉପୁଡି ପଡି ରାସ୍ତା ସଂପୂର୍ଣ୍ଣ ଭାବରେ ବନ୍ଦ ହୋଇ ଯାଇଥିଲା। ସେମାନେ ପ୍ରଥମେ ଗଛସବୁ କାଟି ରାସ୍ତା ସଫାକରିବାକୁ ଚେଷ୍ଟା କଲେ। ମାତ୍ର ଏତେ ଗଛ ଓ ଏତେ ବଡ଼ ବଡ଼ ଗଛ ପଡିଥିଲା ଯେ ଆମକୁ ଫେରିବାକୁ ହେଲା। ଆମକୁ ଜଣାଇ ଦିଆଗଲା ଯେ ଆମେ ଯେଉଁଠି ରହିବା ସେଠାରେ ହାତୀ ସଂଖ୍ୟା ବହୁତ। ମାତ୍ର ଭୟ କରିବାର ଆବଶ୍ୟକତା ନାହିଁ।

ଆମେ ଏକ ଗଡଖାଇ ପାଖରେ ପହଞ୍ଚିଲୁ। ମଝିରେ ଗଛର ଗଣ୍ଡି ବା ଅତି ମୋଟା ମୋଟା କାଠ ଗଡ଼ ପୋତାଯାଇ କିଛି ଉଚ୍ଚତାରେ ଗୋଟିଏ ପ୍ଲାଟ୍‌ଫର୍ମ

କରାଯାଇଛି ଏବଂ ତା ଉପରେ ଅତି ସୁନ୍ଦର ବଙ୍ଗଳା କାଠରେ ତିଆରି ହୋଇଛି। ଚାରି ପଟ ଯାକ ପ୍ରାୟ ୪୦ ଫୁଟ ଓସାର ଓ ୩୦ ଫୁଟ ଗଭିରର ଗଡ ଖାଇ ରହିଛି। କର୍ମୀମାନେ ମିଶି ବଡ ବଡ କାଠ ଗଡ଼ ବା ଗଣ୍ଡି ପକାଇ ମଝିକୁ ରାସ୍ତା କରି ଦେଲେ ଯେପରି ଆମେ ଓ ଆମର ଗାଡି ନିର୍ବିଘ୍ନରେ ଯାଇପାରିବ। ସେ ଉପରେ ରୁମଗୁଡିକ ଖଟ ପଲଙ୍କ ଓ ଶଯ୍ୟା ଦ୍ୱାରା ସୁସଜ୍ଜିତ। ଉପରେ ସବୁ ପ୍ରକାର ସୁବିଧା ରହିଛି। ଆମ୍ଭମାନଙ୍କୁ ମଧ୍ୟ ଉତ୍ତମ ଭୋଜନ ଦ୍ୱାରା ଆପ୍ୟାୟିତ କରାଗଲା। ଶେଷରେ ଆମକୁ ଆସିବା ପାଇଁ କାଠଗଡ ପଡି ତିଆରି ହୋଇଥିବା ରାସ୍ତାକୁ ଉଠାଇ ଦିଆଗଲା। ଆମେ ବାହାରକୁ କୌଣସି ସଂଯୋଗ ନଥିବା ଚଡ଼ଖାଇ ମଧ୍ୟରେ ରହିଲୁ। ରାତ୍ରୀର ଶେର୍ଷାର୍ଦ୍ଧରେ ହାତୀମାନେ ଗଡ଼ଖାଇର ଅପର ପାର୍ଶ୍ୱରେ ଠିଆ ହୋଇଥିବାର ଆମେ ଦେଖିଲୁ। ଆମ ପରି ଆକସ୍ମିକ ଅତିଥିମାନଙ୍କ ପାଇଁ ବିଭିନ୍ନ ପ୍ରକାର ଖାଦ୍ୟର ଆୟୋଜନ କରାଯାଇ ପାରିଥିଲା, ଏହା ବନ ବିଭାଗର ଅତିଥି ପରାୟଣତା ଓ ନିଷ୍ଠାପରତାର ନିଦର୍ଶନ।

ତା ପର ଦିନ ମଧ୍ୟାହ୍ନ ଯାଏ ରାସ୍ତା ସଫା ହେବା କାର୍ଯ୍ୟ ଚାଲିଥାଏ। ଆମେ ଦ୍ୱିତୀୟ ଦିନର ଚିକିତ୍ସା କାର୍ଯ୍ୟ ସମାପ୍ତ କଲୁ ଏବଂ ସେଠାରୁ ବନ ବିଭାଗର ବଡ଼ ଅଫିସକୁ ଗଲୁ। ସେଠାରେ ଆମର ଭୋଜନ ବ୍ୟବସ୍ଥା ମଧ୍ୟ ହୋଇଥିଲା।

ଜଣେ ବଣ ବିଭାଗର କର୍ମ୍ମୀଙ୍କର ମା'ଙ୍କର ମୃତ୍ୟୁ ଖବର ସେ ପାଇଥିଲେ ଓ ଆମ ସହିତ ବାରିପଦା ପର୍ଯ୍ୟନ୍ତ ଯିବାର ଥିଲା। ଆମେ ଅଫିସ ଆଡକୁ ଯିବା ସମୟରେ ତାଙ୍କୁ ବାଟରେ ଚାଲି ଚାଲି ଆସୁଥିବାର ଦେଖିଲୁ। ତାଙ୍କ ପଛେ ପଛେ ଗୋଟିଏ ହାତୀ ଆସୁଥିବାର ଆମେ ଦେଖି ଆଶ୍ଚର୍ଯ୍ୟ ହେଲୁ। ସେ ଭଦ୍ରବ୍ୟକ୍ତି କହିଲେ, "ହାତୀ ଆମର କିଛି କ୍ଷତି କରନ୍ତି ନାହିଁ। ସେମାନେ ଜାଣନ୍ତି, ଆମେ ସେମାନଙ୍କର କିଛି କ୍ଷତି କରୁ ନାହୁଁ। ଦରକାର ପଡିଲେ ସାହାଯ୍ୟ କରୁଛୁ। ଏ ମାଟିଆ ପୋଷାକ ପିନ୍ଧିଲେ, ସେମାନେ ଭାବନ୍ତି, ଆମେ ସେମାନଙ୍କର ମିତ୍ର। ଏଠାରେ ମଧ୍ୟ ଆମର ହାତୀଟି ସହିତ ଅଳ୍ପ ଦୂରରେ ରହି ସାକ୍ଷାତ ହୋଇଗଲା। ଆମେ ଜାଣିଲୁ ହାତୀ ହେଲେ ବି ତାକୁ ଭଲ ପାଇଲେ ସେ ଆମକୁ ଭଲ ପାଇବ। ଏଠାରେ ଆମର ଗୋଟିଏ ଅଭିଜ୍ଞତା ହେଲା ହାତୀର ସମାଜିକତା ସଂପର୍କରେ। ବିଭାଗୀୟ ଅଫିସଟି ବହୁ ଉଚ୍ଚରେ, ସବୁବେଳେ ଶୀତଳ ପବନ ପ୍ରବାହିତ, ଥଣ୍ଡା ପାଗ। ଗୋଲାପ ଓ ଅନ୍ୟାନ୍ୟ ଫୁଲଗଛମାନଙ୍କର ସୁଶୋଭିତ ଉଦ୍ୟାନମାନ ସ୍ଥାନଟିର ଶୋଭାକୁ ଆକର୍ଷଣୀୟ କରିଥାଏ।

ଫେରିଲା ବେଳକୁ ସଂଧ୍ୟାରେ ହରିଣ ଦେଖିବାକୁ ଗଲୁ, ସେଇ ବାଟରେ। ବନବିଭାଗର କର୍ମଚାରୀ ଯିଏ ଥିଲେ, ସେ ମଧ୍ୟ ଛୋଟ ଗଡଖାଇ ମଧ୍ୟରେ

ରହୁଥିଲେ। ତାଙ୍କ ବସାଘର ଓ ଅଫିସ୍ ଥିଲା। ଦିନବେଳେ ସେଠାରୁ ଅନତିଦୂରରେ କିଛି ଖାଦ୍ୟ ସହ ଧାତବ ଲବଣ ପକାଇ ଦିଆଯାଏ। ସଂଧ୍ୟା ପରେ ପରେ ଶହ ଶହ ହରିଣ ସେଠାରେ ଏକତ୍ରୀତ ହୁଅନ୍ତି। କର୍ମଚାରୀଙ୍କର କାଠ ଘର ଉପରେ ଠିଆ ହୋଇ ଏତେ ସଂଖ୍ୟକ ସୁନ୍ଦର ହରିଣମାନଙ୍କୁ ଦେଖିବା ଆମ ପାଇଁ ସୌଭାଗ୍ୟର ବିଷୟ ଥିଲା। ସେଦିନ ଆମେ ବାରିପଦା ଫେରି ଆସିଲୁ ସତ, ଏହି ଦୃଶ୍ୟସବୁ ଥିଲା ଆମ ପାଇଁ ଅଭୁଲା ସ୍ମୃତି।

ହାତୀର ହାତ

ବଣୁଆ ହାତୀମାନେ ନିକଟସ୍ଥ ଗ୍ରାମରେ ପଶି ଫସଲ ଖାଇ ଯିବା, ନଷ୍ଟ କରିବା, ଘରଦ୍ୱାରା ଭାଙ୍ଗିଦେବା ଓ ଏପରିକି ମଣିଷଙ୍କୁ ମାରି ଦେବା ଖବର ଆମେ ଅନେକ ସମୟରେ ପ୍ରକାଶିତ ସମ୍ବାଦ ପତ୍ରରୁ ଜାଣିବାକୁ ପାଉ। ଏହିପରି ଏକ ଘଟଣା କଳାହାଣ୍ଡିର ମଦନପୁର ରାମପୁର ଅଞ୍ଚଳରେ ହେବାର ଶୁଣା ଯାଇଥିଲା। ହାତୀ ଉତ୍ପାତ ସଂପର୍କରେ ଜଣେ ଲୋକ ସ୍ଥାନୀୟ ତହସିଲ୍‌ଦାରଙ୍କୁ ଜଣାଇବା ପରେ ତହସିଲଦାର ଗୋଟିଏ ଧାରୁଆ ଫାର୍ସା ତିଆରି କରି ପାଖରେ ରଖିବାକୁ କହିଲେ ଏବଂ ଖବରଟି ଜିଲ୍ଲାର ପ୍ରଶାସନ ମୁଖ୍ୟ ଓ ବନ ବିଭାଗର ମୁଖ୍ୟଙ୍କୁ ଜଣାଇ ଦେଲେ। ବନ ବିଭାଗର ମୁଖ୍ୟ କିଛି କାର୍ଯ୍ୟାନୁଷ୍ଠାନ ଗ୍ରହଣ କରିବେ ବୋଲି ଆଶା କଲେ। ଏହା ମଧ୍ୟ ଜଣାଇଦେଲେ ଯେ ତାଙ୍କୁ ଯାହା ନିର୍ଦ୍ଦେଶ ଦିଆଯିବ, ସେ ତାହା ତୁରନ୍ତ ପାଳନ କରିବେ।

ପରଦିନ ଲୋକଟି ପୁଣି ତହସିଲ୍‌ଦାରଙ୍କ ପାଖରେ ପହଞ୍ଚିଲା। ତହସିଲ୍‌ଦାର ଚିନ୍ତାରେ ପଡିଗଲେ। କିନ୍ତୁ ପରିସ୍ଥିତି ତାଙ୍କ ସପକ୍ଷରେ ଗଲା। ଲୋକଟି କହିଲା, ରାତିରେ ସେ ଗୋଟିଏ ବଡ ପାଳ ଗଦା ଉପରେ ଶୋଇଥିଲା ଓ ଫାର୍ସାଟି ପାଖରେ ରଖିଥିଲା। ହାତୀ ସେଦିନ ରାତିରେ ଆସି ତଳେ ଠିଆ ହୋଇ ପାଳଗଦା ଉପରକୁ ଥୋଡ ପାହାଡ ବଢାଇଲା। ଉପସ୍ଥିତ ବୁଦ୍ଧି ଦ୍ୱାରା ସାହାସୀ ଲୋକଟି ସେଇ ଫାର୍ସାରେ ଚେଟଚେ ମାରି ଦେଲା ଯେ ଥୋଢ଼ ପାହାଡଟି କଟି ଦୁଇଖଣ୍ଡ ହୋଇଗଲା। ହାତୀଟି ଚିତ୍କାର କରି ବଣକୁ ଧାଇଁ ଧାଇଁ ପଳେଇଲା, ରକ୍ତ ଧାର ଧାର ହୋଇ ବୋହି ଚାଲିଥାଏ। ହାତୀଟିର ମୃତ୍ୟୁ ସୁନିଶ୍ଚିତ। ତହସିଲ୍‌ଦାରଙ୍କୁ ଧନ୍ୟବାଦ ଜଣାଇ ଲୋକଟି ଆନନ୍ଦରେ ଫେରିଗଲା। ତହସିଲ୍‌ଦାର ଭଗବାନଙ୍କୁ ମୁଣ୍ଡିଆ ମାରି କୃତଜ୍ଞତା ଜଣାଇଲେ।

ହାତୀଦାନ୍ତ ଚୋରୀ ଓ ହାତୀର ମୃତ୍ୟୁ

ହାତୀର ଦାନ୍ତ (tusk) ଗୋଟିଏ ଅତି ମୂଲ୍ୟବାନ୍ ବସ୍ତୁ। ଏହାକୁ ଗଜଦନ୍ତ ବା ଆଇଭରି (ivory) ମଧ୍ୟ କୁହାଯାଏ। ଏହାର ବର୍ଣ୍ଣ ଦୁଧ ସର ପରି ଧଳା। ହାତୀ ଦାନ୍ତରୁ

ପ୍ରସ୍ତୁତ ଦ୍ରବ୍ୟମାନ ଅତି ସୁନ୍ଦର ଓ ଆଭିଜାତ୍ୟର ସଙ୍କେତ ବହନ କରେ। ଏହାକୁ ବହୁ ମୂଲ୍ୟ ଦେଇ କିଣିବା ପାଇଁ ଗ୍ରାହକ ବିଶେଷତଃ ବିଦେଶୀ ଗ୍ରାହକମାନଙ୍କର ଅଭାବ ନାହିଁ। ତେଣୁ ବ୍ୟବସାୟୀ ବା ଶିକାରୀମାନେ ବିଭିନ୍ନ କଳ କୌଶଳ ପ୍ରୟୋଗ କରି ହାତୀଠାରୁ ଦାନ୍ତ କାଟି ନେଇ ଯାଆନ୍ତି। ଶିକାରୀମାନେ ହାତୀ ମାରିବା ଓ ଦାନ୍ତ ଚୋରାଇ ନେବା ଧର୍ତ୍ତବ୍ୟ ଅପରାଧ। ଏକ ପକ୍ଷରେ ଏକ ମୂଲ୍ୟବାନ୍ ପଦାର୍ଥର ଚୋରୀ ଓ ଅନ୍ୟପକ୍ଷରେ ଏକ ମୂଲ୍ୟବାନ ପ୍ରାଣୀର ମୃତ୍ୟୁ ବନ୍ଦ କରିବା ପାଇଁ ୧୯୮୯ ମସିହାରେ ସି.ଆଇ.ଟି.ଇ ଏସ୍, ଦ୍ୱାରା ଏକ ଧର୍ତ୍ତବ୍ୟ ଅପରାଧ ଭାବରେ ନିୟମ ପ୍ରଣୟନ କରାଯାଇଛି। ୧୯୭୯ ରୁ ୧୯୮୭ ମସିହା ମଧ୍ୟରେ ହାତୀ ଦାନ୍ତ ଚୋରୀ ପାଇଁ ଆଫ୍ରିକାର ହାତୀ ସଂଖ୍ୟା ୧୩ ଲକ୍ଷରୁ ୬ ଲକ୍ଷ ପର୍ଯ୍ୟନ୍ତ ହ୍ରାସ ପାଇଥିବାର ଜଣା ପଡିଥିଲା। ଏହି ନିୟମକୁ ପୋଚିଂ (poaching) କହନ୍ତି। ଏହି ନିୟମ ଅନୁସାରେ ବେନିୟମ୍ ଭାବରେ ପଶୁ, ପକ୍ଷୀ ଓ କେତେକ ମାଛ ଶିକାର କରିବା ବା ଧରିବା ଏକ ଧର୍ତ୍ତବ୍ୟ ଅପରାଧ ଏବଂ ଅପରାଧିକୁ କଠୋର ଦଣ୍ଡ ଦେବାର ବ୍ୟବସ୍ଥା ରହିଛି। ଏହା ଏକ ଆନ୍ତର୍ଜାତୀୟ ସ୍ତରର ନିଷେଧାଦେଶ। ଅନେକ ବର୍ଷର ଅଭୁତ ପୂର୍ବ ହାତୀ ଦାନ୍ତ ଚୋରୀ ପାଇଁ ହାତୀମାନଙ୍କର ମୃତ୍ୟୁ ପରେ ବିଲୋପୋନ୍ମୁଖ ବଣ୍ୟ ପ୍ରାଣୀମାନଙ୍କର ସୁରକ୍ଷା ଉଦ୍ଦେଶ୍ୟରେ ୧୯୮୯ ମସିହାରେ ଆନ୍ତର୍ଜାତୀୟ ବ୍ୟବସାୟ ସଂଘ ପକ୍ଷରୁ ଏହି ନିଷେଧାଦେଶ ବା ଚୁକ୍ତିପତ୍ର ସ୍ୱାକ୍ଷରିତ ହୋଇଛି। (Convention on International Trade in Endangered species of wild Fauna and flora after years on unprecedented poaching)

ସାଇଭକ୍ତା, ସାଇଗୀତା

ସାଇଗୀତା ଭଗବାନ ଶ୍ରୀ ସତ୍ୟସାଇ ବାବାଙ୍କର ଗୋଟିଏ ସାଧାରଣ ପୋଷାହାତୀ ନଥିଲା। ଭକ୍ତିର ସେ ସଂପୂର୍ଣ୍ଣ ପ୍ରତିନିଧିଥିଲା। ନବଧା ଭକ୍ତିରେ ସଂପୂର୍ଣ୍ଣ ସମର୍ପଣ ବା ଆତ୍ମନିବେଦନମ୍ ଭକ୍ତିର ସବୁଠାରୁ ଉଚ୍ଚତମ ମାର୍ଗ ଯାହାର ସାଇଗୀତା ଥିଲା ମାର୍ଗଦର୍ଶିକା। ତାର ଗୌରବ ଦାୟୀ ଭକ୍ତିକୁ ଭଗବାନ ସ୍ୱୀକାର କରୁଥିଲେ ଏବଂ ତାପରି ଭକ୍ତି ପ୍ରଦର୍ଶନ କରୁଥିବା ଭକ୍ତ ବିରଳ ବୋଲି କହୁଥିଲେ। ଭଗବାନ ସବୁବେଳେ ପଶୁ ପକ୍ଷୀମାନଙ୍କ ପ୍ରତି ଅତ୍ୟନ୍ତ ଦୟା ବା କରୁଣା ପ୍ରଦର୍ଶନ କରିବାକୁ ଉପଦେଶ ଦେଇ ଆସୁଥିଲେ।

ଭଗବାନ ବାବା ମହୀଶୂରରୁ ପୁଟ୍ଟବର୍ତ୍ତୀ ଫେରୁଥିଲେ। ମାଦୁମଲାଇ ବଣ ଭିତରେ ହାତୀ ଧରାଳିମାନେ ବଡ ବଡ ଗାତ କରି, ଉପରେ ଡାଳ ପତ୍ର ଦେଇ ହାତୀମାନଙ୍କୁ ବିଭିନ୍ନ ପ୍ରକାର ଶବ୍ଦ ମାଧ୍ୟମରେ ଅଡାଇ ଆଣନ୍ତି ଏବଂ ହାତୀମାନେ

ସେହି ବଡ ଗାତ ବା ଖମା ଭିତରେ ପଡିଗଲେ, ନିସ୍ତେଜ ହୋଇଗଲେ ଧରି ନିଅନ୍ତି। ଏହାକୁ ଖେଡ୍ଡା ଅପରେସନ୍ କହନ୍ତି। ଖେଡ୍ଡା ଅପରେସନ୍ ପରେ ଗୋଟିଏ ଦଶ ଦିନର ହାତୀ ଛୁଆ ତା ମାଆକୁ ହରାଇ କାନ୍ଦୁଥିଲା। ବନବିଭାଗ ଲୋକମାନେ ଛୁଆଟିକୁ କ'ଣ କରିବେ ଚିନ୍ତାରେ ଥିଲେ। ମାଆର ବିନା ସହାୟତାରେ ଛୁଆଟିର ମୃତ୍ୟୁ ନିଶ୍ଚିତ। ତାର କାନ୍ଦ ସାଇ ମାଆ ଜାଣିପାରିଲେ ଏବଂ ବାଟ ଭାଙ୍ଗି ବଣ ଭିତରକୁ ଗଲେ। ବଣ ଭିତରକୁ ଯାଇ ମାତୃହୀନା, ପରିତ୍ୟକ୍ତା, ଦୁଃଖୀ, ଦୟନୀୟ ଅବସ୍ଥାରେ ଥିବା, କାନ୍ଦୁଥିବା ଓ ଖାଉ ନଥିବା ହାତୀ ଛୁଆଟିକୁ ନିଜ କାରର ପଛ ସିଟ୍‌ରେ ବସାଇ ପୁଟ୍ଟବର୍ତ୍ତୀ ନେଇ ଆସିଥିଲେ। ପ୍ରଥମେ ମହୁ ଚଟାଇ ଓ ପରେ ବୋତଲରେ କ୍ଷୀର ପିଆଇ ପାଳନ କରିଥିଲେ। ତାକୁ ସମସ୍ତେ ଡାକୁଥିଲେ "ସାଇଗୀତା"। ସ୍ୱାମୀ କହନ୍ତି, "ସାଇଗୀତା ପରି ଯିଏ, ଯେଉଁଠାରେ ଭକ୍ତିର ସହିତ ଡାକିବ, ମୁଁ ତାପାଖରେ ପହଞ୍ଚି ତାର ଦୁଃଖ ନିଶ୍ଚୟ ଦୂର କରିବି।"

ଭଗବାନ୍ ବାବା ବହୁଦୂରରୁ କାର୍‌ରେ ଆସୁଥିବା ସେ ଜାଣିପାରେ ଓ ରାସ୍ତାରେ ଆସି ଅପେକ୍ଷା କରେ। ବାବାଙ୍କ କାର୍ ତା ପାଖରେ ରହିଲେ ମଧ୍ୟ ସେ ସନ୍ତୁଷ୍ଟ ହୁଏ ନାହିଁ। ବାବା କାର୍ କବାଟ ଖୋଲି ତାକୁଟିକେ ଆଉଁସି ଦେଲେ ସେ ଖୁସି ହୁଏ। ଏହି ସମୟରେ ଥୋଡ଼ ପାହାଡ଼ ସହିତ ମୁଣ୍ଡର କିଛି ଅଂଶ କାର ଭିତରେ ବାବାଙ୍କ ଆଗରେ ଥାଏ। ବାବା କହନ୍ତି, ଅନେକ କାର ମୋ ସହିତ ଥିଲେ ମଧ୍ୟ ସେ ମୋ କାର ଆସୁଥିବାର ଶବ୍ଦ ଜାଣିପାରେ। ଏହି ବୃହଦାକାର ହାତୀଟି ସ୍ୱାମୀଙ୍କୁ ଆଣ୍ଠୁଭାଙ୍ଗି ବସି ନମସ୍କାର କରେ। ପାଖରେ ଥିଲେ ପାଦ ଛୁଇଁ ନମସ୍କାର କରେ। ସାଇଗୀତା ଥୋଡ଼ ପାହାଡ଼ରେ ଫୁଲମାଳଟିଏ ଧରି ବାବାଙ୍କ ପାଖକୁ ଏପରି ପକାଏ ଯେ ମାଳାଟି ବେକ ବାଟେ ଯାଇଁ ବାବାଙ୍କ ଗଳାରେ ଲମ୍ବିଯାଏ। ଏହି ପରି ଅନେକ......। ସାଇଭକ୍ତା ....ସାଇଗୀତା। ଧନ୍ୟ ଧନ୍ୟ ତୋର ଭକ୍ତିର ପରାକାଷ୍ଠା।

■

ଅଜବ ଜୀବ ଜିରାଫ୍

(Giraffe)

ବୋଧହୁଏ ସୃଷ୍ଟିକର୍ତ୍ତା ଭାବିଲେ ଏପରି ଏକ ଜୀବ ସୃଷ୍ଟି ହେଉ, ଯାହାର ଚାଲିବା, ଶୋଇବା, ଖାଇବା, ପିଇବା, ପୁନରୁତ୍ପାଦନ ହେବା ଓ ମୃତ୍ୟୁ ହେବା ଇତ୍ୟାଦି ସମସ୍ତ କର୍ମ ଅନ୍ୟ ଜୀବମାନଙ୍କ ପରି ହୋଇ ନଥିବ, ତାହେଲେ ସେ ଗୋଟିଏ ଅଜବ ଜୀବ ହୋଇ ପାରିବ। ଜିରାଫ ସମ୍ବନ୍ଧରେ ସବିଶେଷ ଜାଣିଲେ ପାଠକେ ଅବଗତ ହେବେ ଯେ ସେହି ଅଜବ ଜୀବଟି ହେଉଛି, "ଜିରାଫ"। ଜିରାଫର ବୈଜ୍ଞାନିକ ନାମ ହେଉଛି, କାମେଲୋପାର୍‌ଡାଲିସ୍ (camelopardalis)। ଏହା ଦୁଇଟି ପ୍ରାଣୀ ଓଟ (camel) ଓ ଚିତାବାଘ (leopard) ନାମର ସଂମିଶ୍ରଣ। ଏହି ଉଭୟ ପ୍ରାଣୀଙ୍କର ରୂପ ଓ ଗୁଣର ମିଶ୍ରଣ ଜିରାଫଠାରେ ପରିଲକ୍ଷିତ ହୁଏ।

ଓଟ ଗୋଟିଏ ତୃଣଭୋଜୀ ଓ ରୋମନ୍ଥକ ପ୍ରାଣୀ। ଏହାକୁ ଦେଖିବାକୁ ଡେଙ୍ଗା ଓ ଆକାରରେ ବଡ଼। ଓଟର ଗୋଡ଼ଗୁଡିକ ଓ ବେକ ଲମ୍ବା। ଏହାର ଖୁରା ଏପରି ତିଆରି ଯେ ଓଟ ବାଲିରେ ନିର୍ବିଘ୍ନରେ ଚାଲିପାରେ, ଗୋଡ଼ ପୋତି ହୋଇଯାଏ ନାହିଁ। ଓଟ ଦୀର୍ଘ ଦିନ ଧରି ପାଣି ଓ ଖାଦ୍ୟ ବିନା ବଞ୍ଚି ରହିପାରେ। ଅବଶ୍ୟ ଏଥିପାଇଁ ତାର ପିଠି ଉପରେ ଗୋଟିଏ ବା ଦୁଇଟି କୁଜ (hump) ଥାଏ। ବୈଜ୍ଞାନିକ ନାମକରଣ ଦୃଷ୍ଟିରୁ ଓଟ କାମେଲସ୍ (camlus) ପ୍ରଜାତିର ପ୍ରାଣୀ। ଏମାନଙ୍କର ଦୁଇଟି ଜାତି ରହିଛି। କାମେଲସ୍ ଡ୍ରୋମେଡାରିୟସ୍ (dromedarious) ଜାତିର ଓଟ ଆଫ୍ରିକା ଓ ଏସିଆ ମହାଦେଶରେ ବାସ କରନ୍ତି ଏବଂ ଏମାନଙ୍କର ଗୋଟିଏ ମାତ୍ର କୁଜ ଥାଏ। କାମେଲସ୍

ବାକ୍ଟ୍ରିଆନସ୍ (bactrianus) ଜାତିର ଓଟମାନେ ଥଣ୍ଡା ଓ ନାତିଶୀତୋଷ୍ଣ ଅଞ୍ଚଳରେ ବାସ କରନ୍ତି । ଏହି ଓଟମାନଙ୍କର ଦୁଇଟି କୁଜ ଥାଏ । ଭାରତରେ ପ୍ରଥମ ଜାତିର ଓଟ ଥାଆନ୍ତି । ଦୁଇଟି କୁଜ ଥିବା ଓଟ ଲଦାଖ (ladhak) ଅଞ୍ଚଳରେ ଥିବାର ଦେଖାଯାଏ । ଓଟର ଦେହର ବର୍ଣ୍ଣ ହଳଦିଆ–ବାଦାମୀ ରଙ୍ଗ ଯାହା ମରୁଭୂମିର ରଙ୍ଗ ପରି । ମରୁଭୂମିରେ ଯେତେ ପ୍ରକାର ପ୍ରାକୃତିକ ବିପର୍ଯ୍ୟୟ ଆସିଲେ ଓଟର ପରବାୟ ନଥାଏ । ମରୁଭୂମିର

ବାସିନ୍ଦାମାନେ ଓଟ ବିନା ଚଳି ପାରିବେ ନାହିଁ। ଏଠାରେ ଓଟ ଗୋଟିଏ ଗୃହ ପାଳିତ ପ୍ରାଣୀ। ତାର ବହୁବିଧ ଉପକାର ଏଠାରେ ବର୍ଣ୍ଣନା କରାଯିବାର ଆବଶ୍ୟକତା ନାହିଁ।

ଚିତାବାଘ (leopard) ଗୋଟିଏ ମାଂସାଶୀ ବଣୁଆ ପ୍ରାଣୀ। ଏହା ଦ୍ରୁତଗତିରେ ଦଉଡି ପାରେ ଓ ଉଚ୍ଚକୁ ଡେଇଁ ପାରେ। ଏହାର ଆକାର ସେତେ ବଡ଼ ନୁହେଁ। ଏମାନଙ୍କ ଦେହରେ ହଳଦିଆ ରୁମରେ କଳା ଗୋଲ୍ ଗୋଲ୍ ଦାଗ ଥାଏ ଓ ଆଉ କେତେକ ପୂରା କଳା ରୁମ ଥିବା ବାଘ ଅଛନ୍ତି। ତେଣୁ ଏମାନଙ୍କୁ ଚିତାବାଘ କୁହାଯାଏ। କାରଣ ବାଘ ଦେହରେ ଚିତା ପଡିଥିଲା ପରି ପ୍ରତୀୟମାନ ହୁଏ। ଏମାନେ ଆଫ୍ରିକା ଓ ଦକ୍ଷିଣ ଏସିଆର ବଣ୍ୟାଞ୍ଚଳରେ ଦେଖଯାଆନ୍ତି। ଏମାନଙ୍କର ବର୍ଣ୍ଣ ଚିତାକର୍ଷକ ଓ ଦେଖିବା ପାଇଁ ଆକର୍ଷଣୀୟ। ବାଘମାନେ ବିରାଡି ଜାତୀୟ ପ୍ରାଣୀ।

ଜିରାଫ୍ ପୃଥିବୀର ସ୍ଥଳଭାଗରେ ବାସ କରୁଥିବା ସବୁଠାରୁ ଉଚ୍ଚତ୍ତମ (heighest) ପ୍ରାଣୀ। ପରିଣତ ବୟସରେ ଜିରାଫ୍‌ର ବେକର ଲମ୍ବା ୬ ଫୁଟ ବା ୧.୮ ମିଟର। ସେହିପରି ଗୋଡ଼ର ଲମ୍ବା ମଧ୍ୟ ୬ ଫୁଟ। ତାର ବେକରେ ୭ଟି ମେରୁଦଣ୍ଡ ହାଡ (cervical vertebrae) ରହିଛି। ଜିରାଫ୍ ଘଣ୍ଟାକୁ ୩୫ ମାଇଲ୍ ହିସାବରେ ଦୌଡିପାରେ ଏବଂ ହାରାହାରି ଘଣ୍ଟାକୁ ୧୦ ମାଇଲ୍ ହିସାବରେ ଚାଲି ପାରେ ବା ଦୂର ବାଟକୁ ଯାଇପାରେ। ଗୋଟିଏ ପରିଣତ ବୟସର ପୁରୁଷ ଜିରାଫ୍ ଠିଆ ହେଲେ ୧୫ ରୁ ୧୯ ଫୁଟ୍ ବା ୪.୬ ରୁ ୬.୦ ମିଟର ଉଚ୍ଚ ହୋଇଥାଏ। ସେହିପରି ପରିଣତ ବୟସରେ ଗୋଟିଏ ସ୍ତ୍ରୀ ଜିରାଫ୍ ଠିଆ ହେଲେ ୧୩ ରୁ ୧୫ ଫୁଟ ବା ୪.୦ ରୁ ୪.୮ ମିଟର ଉଚ୍ଚ ହୋଇଥାଏ। ଗୋଡ଼ଗୁଡିକ ମଧ୍ୟ ଶରୀରର ସମସ୍ତ ଓଜନ ସମ୍ଭାଳି ପାରେ। ପରିଣତ ବୟସର ପୁରୁଷ ଜିରାଫ୍‌ର ଓଜନ ହାରାହାରି ୧୭୬୪ ରୁ ୪୨୫୫ ପାଉଣ୍ଡ ବା ୮୦୦ ରୁ ୯୩୦ କିଲୋଗ୍ରାମ୍ ଏବଂ ସ୍ତ୍ରୀ-ଜିରାଫ୍‌ର ଓଜନ ହାରାହାରି ୫୫୦ ରୁ ୧୦୮୦ କିଲୋଗ୍ରାମ୍ ବା ୧୨୧୩ ରୁ ୨୬୦୧ ପାଉଣ୍ଡ ହୋଇଥାଏ। ଏହାର ଗୋଡ଼ର ଲମ୍ବା (elongated) ହାଡ଼ରେ କେତେଗୁଡିଏ ଲମ୍ବା ଓ ସରୁ ଘରା (groove) ଥାଏ। ଏହାର କେତେକ ବାନ୍ଧି ରଖୁଥିବା ତନ୍ତୁ ବା ସସପେନ୍‌ସୋରୀ (suspensory) ଲିଗାମେଣ୍ଟ ସହିତ ସଂପର୍କ ଥାଏ। ଜିରାଫ୍‌ର ଗୋଡ଼ରେ ଏତେ ଶକ୍ତି ରହିଥାଏ ଯେ ଗୋଟିଏ ପଦାଘାତରେ ବା ଗୋଇଠା ମାରିବାରେ ଗୋଟିଏ ସିଂହ ମଧ୍ୟ ମରିଯାଇପାରେ। ଏହା ସ୍ତ୍ରୀ-ଜିରାଫ୍-ମାନଙ୍କୁ ଆକ୍ରମଣକାରୀ ସିଂହ ହେଟା ବାଘ ବା ଗଧିଆ (hyenas), ଚିତାବାଘ ଓ ବଣୁଆ କୁକୁରମାନଙ୍କ ଠାରୁ ନିଜକୁ ଓ ନିଜ ଛୁଆମାନଙ୍କୁ ରକ୍ଷା କରିଥାଏ।

ବେକକୁ ଆଉ ୭ ଫୁଟ ଯାଏ ଲମ୍ବେଇ ପାରେ। ଡେଙ୍ଗା ଗଛରୁ ପତ୍ର ଖାଇବା ପାଇଁ ଲମ୍ବେଇବା ଆବଶ୍ୟକ ହୋଇଥାଏ। କୁହାଯାଏ ବେକର ଉଚ୍ଚତା, ସଂପୂର୍ଣ୍ଣ ଉଚ୍ଚତାର

ଅଧା । ଜିରାଫର ଖୁରା ଗୋରୁ, ଛେଳି-ମେଣ୍ଢା ଓ ହରିଣ ଇତ୍ୟାଦି କେତେକ ପ୍ରାଣୀଙ୍କ ପରି । ଏହାର ପାଦର ପରିଧି ୧୨ ଇଞ୍ଚ ବା ୩୦ ସେଣ୍ଟି ମିଟର । ପୁରୁଷ ଜିରାଫର ଖୁରା (hoof) ୧୫ ସେଣ୍ଟିମିଟର ବା ୫.୯ ଇଞ୍ଚ ଏବଂ ସ୍ତ୍ରୀ-ଜିରାଫ୍ ମାନଙ୍କର ୧୦ ସେଣ୍ଟିମିଟର ବା ୩.୯ ଇଞ୍ଚ । ପାଦରେ ଦୁଇଟି ଲେଖାଏଁ ଓଜନ ସହିବା ପରି ଖୁରା ଥାଏ । ଖୁରା ଏପରି ତିଆରି ଯେ ସେ ଅକ୍ଲେଶରେ ଚାଲିପାରେ ବା ଦଉଡି ପାରେ । ଜିରାଫ୍‌ର ବୈଜ୍ଞାନିକ ନାମ କାମେଲୋପାର୍ଡାଲିସ୍, ଯାହାର ଅନ୍ୟ ଗୋଟିଏ ଅର୍ଥ ହେଲା ଦ୍ରୁତ ଗତିରେ ଚାଲି ପାରୁଥିବା (fast walking) ପ୍ରାଣୀ । ଜିରାଫ୍‌ର ସାରା ଦେହରେ ଛୋଟ ଛୋଟ ତାର ସଦୃଶ ଟାଣ ରୁମ ଥାଏ । ଦେହରେ ପ୍ରଭେଦ ସୂଚକ ଓ ସୌନ୍ଦର୍ଯ୍ୟବର୍ଦ୍ଧକ ଚିତ୍ର ମଧ୍ୟ ଥାଏ । ଏଣୁ ଚିତାବାଘ ପରି ଦୂରରୁ ଖୁବ ସୁନ୍ଦର ଦେଖାଯାଏ । ଜିରାଫ୍‌ର ଉପରିଭାଗ ରୁମ ବାଦାମୀ ଓ ଧଳା ରଙ୍ଗରେ ଏକ ନିର୍ଦ୍ଦିଷ୍ଟ ପ୍ରଣାଳୀରେ ସୁସଜ୍ଜିତ । ଜିରାଫ୍‌ର ଚମଡ଼ା ଉପରେ ଥିବା ଚିହ୍ନ, ମଣିଷର ଆଙ୍ଗୁଠି ଛାପାର ଗାର ପରି (fingerprints) । ଯେଉଁମାନେ ଦସ୍ତଖତ କରି ଜାଣନ୍ତି ନାହିଁ, ସେମାନଙ୍କର ଡାହାଣ ହାତର ବୁଢ଼ା ଆଙ୍ଗୁଠିର ଛାପା ନିଆଯାଏ । ଅର୍ଥାତ୍ ଗୋଟିଏ ବୁଢ଼ା ଆଙ୍ଗୁଠିର ଛାପା ଓ ଅନ୍ୟ ଜଣଙ୍କର ସେହି ପାଖର ବୁଢ଼ା ଆଙ୍ଗୁଠିର ଛାପା ସହିତ ମିଶିବ ନାହିଁ । ଜିରାଫ୍‌ର ଚମଡ଼ା ଉପରେ ଥିବା ଚିହ୍ନ ଠିକ୍ ସେହିପରି । ଯେକୌଣସି ଦୁଇଟି ଜିରାଫ୍‌ର ଏ ଚିହ୍ନ ଏକା ପ୍ରକାରର ନୁହେଁ । ଏହାର ବାହ୍ୟ ରୂପ ଓ ବର୍ଣ୍ଣ ମଧ୍ୟ ଆକର୍ଷଣୀୟ । ଜିରାଫ୍‌ର ଲାଞ୍ଜ ୮ ଫୁଟ ବା ୨.୪ ମିଟର ଲମ୍ବା । ଲାଞ୍ଜର ଶେଷ ଭାଗରେ ଚାମର ପରି ସରୁ ସରୁ ରୁମ ରହି ସୌନ୍ଦର୍ଯ୍ୟ ବର୍ଦ୍ଧନ କରିଥାଏ । ଏହି ପ୍ରାଣୀର ଆଖିର ବାଳ (eye lashes) ଲମ୍ବା ଏବଂ ଦୃଷ୍ଟିଶକ୍ତି ମଧ୍ୟ ଅତି ପ୍ରଖର । ଓଟପରି ଆକାର ଓ ଚିତାବାଘ ପରି ରଙ୍ଗ ନେଇ ଜିରାଫ୍‌ର ଜନ୍ମ ।

ଓଟର ଅନେକ ଗୁଣ ଜିରାଫ୍ ଠାରେ ପ୍ରତିଫଳିତ । ସେଥି ମଧ୍ୟରୁ ଗୋଟିଏ ଗୁରୁତ୍ୱପୂର୍ଣ୍ଣ ଗୁଣ ହେଉଛି ନ ଖାଇ ନ ପିଇ କିଛି ଦିନ ରହି ଯାଇ ପାରିବା । ଜିରାଫ୍‌ର ଓଟ ପରି କୁଜ ନାହିଁ । ମାତ୍ର ସେ ତାର ଖାଦ୍ୟରୁ ଯଥେଷ୍ଟ ପରିମାଣର ପାଣି ଆବଶ୍ୟକ ମୁତାବକ ପାଇ ପାରେ । ଏହା ଏକ ଆଶ୍ଚର୍ଯ୍ୟ ଜନକ କଥା ଯେ ଲମ୍ବା ଗୋଡ ଓ ଲମ୍ବା ବେକ ଥିବା ଜନ୍ତୁଟି ପାଣି ପିଏ କିପରି ? ମାତ୍ର ୨/୪ ଦିନ ବ୍ୟବଧାନରେ ପାଣି ପିଇବାକୁ ହୋଇଥାଏ । ପାଣି ପିଇବାକୁ ହେଲେ ଜିରାଫ୍ ପ୍ରଥମେ ଆଗ ଗୋଡ ଦୁଇଟିକୁ ଫାଙ୍କେଇ ଦିଏ । ଅର୍ଥାତ୍ ବାହାର ପଟକୁ ବଙ୍କେଇ ଦିଏ । ତାପରେ ଆଗ ଗୋଡ଼ର ଦୁଇ ଆଣ୍ଠୁକୁ ଭାଙ୍ଗି ଦିଏ । ଏହାପରେ ବେକକୁ ତଳକୁ ନୁଆଁଇ ଦିଏ । ବର୍ତ୍ତମାନ ତାର ପାଟି ପାଣିର ଉପରି ଭାଗରେ ପହଞ୍ଚି ପାରେ ଏବଂ ସେ ପାଣି ପିଇ ପାରେ ।

ଏପରି ବାରମ୍ବାର କରି ପାଣି ପିଇବାକୁ ହେଉଥିଲେ, ପାଣି ପିଇବା ତା ପାଇଁ କଷ୍ଟଦାୟକ ହୋଇ ଥାଆନ୍ତା। ଯାହା ହେଉ ଶରୀରର ଓଜନ ଦୃଷ୍ଟିରୁ ପାଣି ପିଇବାର ଆବଶ୍ୟକତା ବେଶି ଥିଲେ ମଧ୍ଯ ତାର ଖାଦ୍ୟରେ ଯଥେଷ୍ଟ ଜଳୀୟ ଅଂଶ ଥିବାରୁ ପାଣି ପିଇବା ୨/୪ ଦିନ ବା ଆହୁରି ବେଶି ଦିନ ଅନ୍ତରରେ ଆବଶ୍ୟକ ହୋଇଥାଏ।

ଜିରାଫ୍‌ର ତିନୋଟି ହୃତ୍‌ପିଣ୍ଡ ଅଛି। ଗଣ୍ଡାକୁ ଛାଡି ଅନ୍ୟ କୌଣସି ପ୍ରାଣୀର ଏପରିକି ଦୁଇଟି ହୃତ୍‌ପିଣ୍ଡ ଦରକାର ହୋଇନଥାଏ। ପ୍ରତ୍ୟେକ ସ୍ତନ୍ୟପାୟୀ ପ୍ରାଣୀଙ୍କର ଗୋଟିଏ ହୃତ୍‌ପିଣ୍ଡ ଥାଏ ଏବଂ ସେହି ହୃତ୍‌ପିଣ୍ଡ ଶରୀରର ସମସ୍ତ ଅଙ୍ଗ ପ୍ରତ୍ୟଙ୍ଗକୁ ରକ୍ତ ସଞ୍ଚାଳନ ମାଧ୍ୟମରେ ଅମ୍ଳଜାନ ଯୋଗାଇ ଥାଏ ଓ ଅଙ୍ଗାରକାମ୍ଳ ନିଷ୍କାସନ କରି ଥାଏ। ଜିରାଫ୍‌ର ଗୋଟିଏ ମୁଖ୍ୟ ହୃତପିଣ୍ଡ ଥାଏ ଏବଂ ଅନ୍ୟଦୁଇଟି ଅପେକ୍ଷାକୃତ କମ୍ ଶକ୍ତି ସଂପନ୍ନ ହୃତପିଣ୍ଡ ଥାଏ। ମୁଖ୍ୟ ହୃତପିଣ୍ଡଟି ଓଜନିଆ ଓ ଲମ୍ବା ଏବଂ ରକ୍ତଋପ ଆମ୍ଭମାନଙ୍କ ଠାରୁ ୨/୩ ଗୁଣ ଅଧିକ। ଜିରାଫ୍‌ର ମାଛ ପରି ନ ହେଲେ ମଧ୍ଯ ଗିଲସ (gills) ବୋଲି ଗୋଟିଏ ଅଂଗ ଲାରିନ୍‌କ୍ସ ପାଖରେ ଥାଏ। ଅନ୍ୟ ଦୁଇଟି ହୃତପିଣ୍ଡ ଏଠାକୁ ରକ୍ତ ସଞ୍ଚାଳନ କରନ୍ତି, ଯେଉଁଠାରେ ଦୂଷିତ ପଦାର୍ଥ (wask) ନିଷ୍କାସିତ ହୁଏ ଏବଂ ଅମ୍ଳଜାନ ଗ୍ରହଣ କରାଯାଏ। ସେହି ହୃତ୍‌ପିଣ୍ଡ ଦୁଇଟି ଡାହାଣ ପାର୍ଶ୍ୱରେ ରହିଥାଆନ୍ତି। ଜିରାଫ୍‌ର ମୁଖ୍ୟ ବଡ଼ ହୃତ୍‌ପିଣ୍ଡଟି ପ୍ରତି ମିନିଟ୍‌ରେ ୧୬ ଗ୍ୟାଲନ୍ ପର୍ଯ୍ୟନ୍ତ ରକ୍ତ ସଞ୍ଚାଳନ କରି ପାରେ ଏବଂ ଏହା ଶରୀରର ରକ୍ତ ସଞ୍ଚାଳନର ମୁଖ୍ୟ ଭୂମିକା ଗ୍ରହଣ କରେ।

ଜିରାଫ୍‌ର ଜିଭ ସ୍ୱତନ୍ତ୍ର ପ୍ରକାରର। ଏହାର ଲମ୍ବ ୧୮ ରୁ ୨୦ ଇଞ୍ଚ ବା ୪୫ ରୁ ୫୦ ସେଣ୍ଟିମିଟର। ଏହାର ରଙ୍ଗ ନେଳିଆ କଳା (blue-black) ଏବଂ ଏହା ବହୁତ ଶକ୍ତ ବା ଟାଣ। ଜିଭ ବିଶେଷ ଲମ୍ବା ହୋଇଥିବାରୁ ଗଛର ଉଚ୍ଚତମ ସ୍ଥାନରେ ପହଞ୍ଚି ସବୁଠାରୁ ସୁସ୍ୱାଦ (tastiest) ପତ୍ର ଖାଇବାର ସୁବିଧା ଯୋଗାଇ ଦେଇଥାଏ ଏବଂ ଏଥିସହିତ ମୁନିଆଁ କଣ୍ଟାଗୁଡିକୁ ଏଡାଇ ଖାଇବା ସମ୍ଭବପର ହୁଏ। ଜିଭର ରଙ୍ଗ ଏହାକୁ ପ୍ରଚଣ୍ଡ ସୂର୍ଯ୍ୟ କୀରଣରେ ପୋଡ଼ି ଯିବାରୁ ରକ୍ଷା କରେ। ଜିଭଟି ବହୁତ ଶକ୍ତ ବା ଟାଣ (tough) ହୋଇଥିବାରୁ ଭାଙ୍ଗିବା, କାଟିବା, ଛିଣ୍ଡାଇବା ବା ଚୋବାଇବା ପାଇଁ ଜିରାଫ୍‌କୁ ସହଜ ହୋଇଥାଏ। ଜିଭ ଉପରେ ଗୋଟିଏ ବହଳିଆ ପ୍ରସ୍ତ ଥାଏ। ଏଣୁ ଜିଭ ଗଛର କଣ୍ଟା ଦ୍ୱାରା ସହଜରେ କାଟି ହୋଇ ଯାଏ ନାହିଁ। ପରୋକ୍ଷରେ ଏହା ଜିଭକୁ ରକ୍ଷା କରେ। ଜିଭର ଏହି ପ୍ରକାର ଗଠନ ଗଛର ଶାଖାମାନଙ୍କରୁ କଅଁଳିଆ ସ୍ୱାଦିଷ୍ଟ ପତ୍ରସବୁ ଛିଡାଇ ଖାଇବାରେ ସାହାଯ୍ୟ କରେ। ଜିରାଫ୍‌ମାନଙ୍କର ଉଚ୍ଚତା ଡେଙ୍ଗା ଗଛମାନଙ୍କର ଅଗ୍ରଭାଗରୁ ପତ୍ର ଓ କଢି ଖାଇବାରେ ସାହାଯ୍ୟ କରେ। ଯଥାର୍ଥରେ ଜିରାଫ୍‌ର ଜିଭରେ ମଧ୍ଯ ନୈପୁଣ୍ୟତା ବା କୁଶଳତା ପୂର୍ଣ୍ଣମାତ୍ରାରେ ରହିଛି।

ବୈଜ୍ଞାନିକମାନେ ଜିରାଫ୍‌ର ଜିଭର ସୁ-ଦୀର୍ଘତା ଓ ସୌନ୍ଦର୍ଯ୍ୟକୁ ବିବର୍ତ୍ତନଶୀଳ ମତବାଦ ଉପରେ ପର୍ଯ୍ୟବସିତ କରିଥାଆନ୍ତି। ଜିରାଫ୍‌ର ଫୁସ୍‌ଫୁସ୍ (lungs) ୧୨ ଗ୍ୟାଲନ୍ ବା ୫୫ ଲିଟର ବାୟୁ ଧାରଣ କରି ପାରେ। ମଣିଷର ଫୁସ୍ ଫୁସ୍‌ର ବାୟୁ ଧାରଣ ଶକ୍ତି ୧.୫୯ ଗ୍ୟାଲନ୍ ବା ୬ ଲିଟର। ଜିରାଫ୍‌ର ମୁଖ୍ୟ ହୃତପିଣ୍ଡ ୨ ଫୁଟ ଲମ୍ବା ଏବଂ ଓଜନରେ ଏହା ପ୍ରାୟ ୧୧ କିଲୋଗ୍ରାମ୍। ମୁଣ୍ଡର ଆକାର ତୁଳନାରେ ଆଖି ଦୁଇଟି ବହୁତ ବଡ଼ ଓ ଦୂର ଦୃଷ୍ଟି ସଂପନ୍ନ। ପୁରୁଷ ଓ ସ୍ତ୍ରୀ ଜିରାଫ୍ ଉଭୟର ଶିଂଘ ଥାଏ। ସ୍ତ୍ରୀ ଜିରାଫ୍‌ର ଶିଂଘ ପତଳା ଓ ଗୁଡେଇ ହୋଇଥିବା ଉଲ୍ ଫାଶ ପରି ଛୋଟ ଛୋଟ ରୁମ (tufted) ଘେରି ରହିଥାଏ। ପୁରୁଷ ଜିରାଫ୍‌ର ଶିଂଘ ମୋଟା, ରୁମଗୁଡିକ ମସୃଣ, ସ୍ୱଚ୍ଛ ଓ ଉଜ୍ଜ୍ୱଳ। ଉଭୟ ପୁରୁଷ ଓ ସ୍ତ୍ରୀ- ଜିରାଫ୍‌ର ଶିଂଘ ମଧ୍ୟମ ଧରଣର। କେତେକ ପୁରୁଷ ଜିରାଫ୍‌ଙ୍କର ପ୍ରଥମ ହଳ ଶିଂଘ ପଛ ପଟେ ଆଉ ଗୋଟିଏ ଗୋଟିଏ ଶିଂଘ ଉଠିପାରେ। ଜିରାଫ୍‌ର ରୁମ ଦ୍ୱାର ଆବୃତ ଶିଂଘକୁ ଓସ୍‌ସିକୋନ୍‌ସ (ossicones) କହନ୍ତି। ପୁରୁଷ ଜିରାଫ୍‌ମାନେ ପରସ୍ପର ମଧ୍ୟରେ ମରାମରି ହେଲେ ଶିଂଘର ବ୍ୟବହାର କରନ୍ତି। ବେଳେ ବେଳେ ସଙ୍ଗମ ସମୟରେ ଶିଂଘର ବ୍ୟବହାର ଦରକାର ପଡିଥାଏ। ପରସ୍ପର ମଧ୍ୟରେ ଖେଳିବା ସମୟରେ ମଧ୍ୟ ସେମାନେ ଶିଂଘକୁ ଶିଂଘ ଲଗାଇ ଖେଳନ୍ତି। ଜନ୍ମ ହେଲା ବେଳେ ଶିଂଘ ଥାଏ, ମାତ୍ର ମୁଣ୍ଡର ହାଡ ସ୍କଲ (skull) ସହିତ ସମତଳ ଭାବରେ ଥାଏ। ଜନ୍ମ ହେବାର ପ୍ରଥମ ସପ୍ତାହ ମଧ୍ୟରେ ଶୀଘ୍ର ସିଧା ହୋଇ ଉପରକୁ ଉଠିଯାଏ।

ଜିରାଫ୍ ଏତେ ବଡ ବଣୁଆ ଜନ୍ତୁ ହେଲେ ମଧ୍ୟ ନୃଶଂସତା ତାଠାରେ ପରିଲକ୍ଷିତ ହୁଏ ନାହିଁ। ବରଂ ଏମାନେ ଶାନ୍ତ ସ୍ୱଭାବର। କେବଳ ଛୁଆ ଚୋରମାନଙ୍କ ପାଇଁ ଏବଂ ପଶୁ ଲୁଣ୍ଠନକାରୀମାନଙ୍କ ପ୍ରତି ସେମାନେ ନୃଶଂସ ହେବାକୁ ବାଧ୍ୟ ହୁଅନ୍ତି। ଏମାନଙ୍କ ଦ୍ୱାରା ମଣିଷ ସମାଜର କିଛି ବିଶେଷ ଉପକାର ହୁଏ ନାହିଁ। ଅନ୍ୟଥା ଏମାନେ ମଧ୍ୟ ମଣିଷ ସମାଜ ପାଇଁ ବିପଦଜନକ ନୁହଁନ୍ତି।

ଜିରାଫ୍‌ମାନଙ୍କର ବାସସ୍ଥାନ ଆଫ୍ରିକା ମହାଦେଶର ଏକ ବିସ୍ତୀର୍ଣ୍ଣ ବିକ୍ଷିପ୍ତ ଅଞ୍ଚଳରେ ଯାହାକି ଉତ୍ତରରେ ଚ୍ଚଦ୍ ଠାରୁ ଦକ୍ଷିଣରେ ଦକ୍ଷିଣ ଆଫ୍ରିକା ପର୍ଯ୍ୟନ୍ତ ଏବଂ ପଶ୍ଚିମରେ ନାଇଜର ଠାରୁ ପୂର୍ବରେ ସୋମାଲି ପର୍ଯ୍ୟନ୍ତ ବିସ୍ତୃତ। ଜିରାଫ୍‌ମାନେ ସାଧାରଣତଃ ସାଭାନ୍ନା (savannah) ଓ ଉଡ୍‌ଲ୍ୟାଣ୍ଡମାନଙ୍କରେ ବାସ କରନ୍ତି। ଅଧିକାଂଶ ଜିରାଫ୍ ଘାସ ଥିବା ଭୂମିରେ ଓ ଖୋଲା ଉଡଲ୍ୟାଣ୍ଡରେ ଆଫ୍ରିକାର ପୂର୍ବାଞ୍ଚଳର ବାସିନ୍ଦା। ଏମାନେ ସେରେଙ୍ଗେଟି ଜାତୀୟ ସଂରକ୍ଷିତ ବଣ୍ୟାଞ୍ଚଳରେ ଦେଖା ଯାଇ ଥାଅନ୍ତି। ଆଫ୍ରିକାର କେନିୟା, କାମେରୁନ୍, -ଚ୍ଚଦ୍, ନାଇଜର, ଉଗାଣ୍ଡା, ନମ୍ବିଆ, ବୋଟ୍ ସୱାନା, ଜିମ୍ବାୱେ, ଜାମ୍ବିଆ ତାଞ୍ଜାନିଆ, ଆଙ୍ଗୋଲା ଓ ଦକ୍ଷିଣ ଆଫ୍ରିକାର

ସ୍ଥାୟୀ ବାସିନ୍ଦା। ଘାସ ପଡିଆ ମଧ୍ୟରେ ବିକ୍ଷିପ୍ତ ଭାବରେ ଗଛ ଓ ବୁଦା ଥିଲେ ଜିରାଫ୍‌ମାନଙ୍କର ଉପଯୁକ୍ତ ବାସସ୍ଥାନ।

ଶୁଷ୍କ ବା ଗ୍ରୀଷ୍ମ ଋତୁରେ ସଦା ସବୁଜ ପତ୍ର ଖାଇବାକୁ ଜିରାଫ୍‌କୁ ମିଳିଥାଏ। ବର୍ଷା ଋତୁରେ ସେମାନେ ନୂଆ ପତ୍ର, ଗଜୁରୁଥିବା କାଣ୍ଡ ଓ ଡାଳପତ୍ର, ପତ୍ର ଝଡ଼ା ଦେଉଥିବା ଗଛରେ ଗଜା ମାରୁଥିବା ଡାଳ ପତ୍ର ସେମାନଙ୍କର ଖାଦ୍ୟ। ଗୋଟିଏ ପରିପକ୍ୱ ବୟସର ଜିରାଫ୍ ଦୈନିକ ୬୬ କିଲୋଗ୍ରାମ୍ ପର୍ଯ୍ୟନ୍ତ ଏପରି ଖାଦ୍ୟ ଖାଇ ପାରନ୍ତି। ଚିଡିଆ ଖାନାରେ ପାଳନ କରାଯାଉଥିବା ଜିରାଫ୍ ବା ଜିରାଫ୍‌ମାନଙ୍କୁ ଆଲ୍‌ଫାଲ୍‌ଫା ହେ (hay) ଶୁଖିଲା ଘାସ, ପିଲେଟ୍‌ସ (pellets), ସେଓ, ଗାଜର, କଦଳୀ ଓ ଏଲ୍‌ମ (elm) ଖାଇବାକୁ ଦିଆଯାଏ। ସେମାନେ ଏ ସବୁ ଖାଇବାକୁ ବହୁତ ଭଲ ପାଆନ୍ତି ଏବଂ ଏହା ସବୁ ସେମାନଙ୍କର ଆଦରର ଖାଦ୍ୟ। ଆଉ ଗୋଟିଏ ପ୍ରକାର ଗଛ ସେମାନଙ୍କର ଅତି ପ୍ରିୟ ଖାଦ୍ୟ। ଏହାକୁ ଆଲଡ଼ର (alder) କହନ୍ତି। ଏହା ଗୋଟିଏ ପ୍ରକାର ଗୁଳ୍ମ (shrub), ସନ୍ତସନ୍ତିଆ ସ୍ଥାନରେ ହୁଏ। ସର୍ବୋପରି ସାହାରା ଜଙ୍ଗଲରେ ଆକାସିଆ ଗଛର ଡାଳ, ପତ୍ର ଓ କାଣ୍ଡ ସେମାନଙ୍କର ମୁଖ୍ୟ ଖାଦ୍ୟ। ଜିରାଫ୍ ପରି ତୃଣଭୋଜୀ ପ୍ରାଣୀମାନଙ୍କ ପାଇଁ ଆଫ୍ରିକାର ସାଭାନ୍ନା ଓ ଉଡଲ୍ୟାଣ୍ଡରେ ଯଥେଷ୍ଟ ଆକାସିଆ ଗଛ ଥାଏ। ସମୟ ସମୟରେ ଏମାନଙ୍କୁ ମଧ୍ୟ ଖାଦ୍ୟର ଅନ୍ୱେଷଣ କରିବାକୁ ହୋଇଥାଏ। ଏହି ରୋମନ୍ଥନକାରୀ ପ୍ରାଣୀମାନଙ୍କର ଖାଦ୍ୟର ଉତ୍ସ ହେଉଛି, ପତ୍ର, ଫଳ, ଫୁଲ ଓ ନରମ କାଠ ଥିବା ଗଛ (woody plants)। ପ୍ରାଥମିକ ଭାବରେ ଆକାସିଆ (acacia) ଗଛ ହିଁ ସେମାନଙ୍କୁ ପ୍ରଚୁର ଖାଦ୍ୟ ଯୋଗାଇଥାଏ। ଅନ୍ୟ ତୃଣଭୋଜୀ ପ୍ରାଣୀମାନେ ଯେଉଁ ଉଚ୍ଚତାରୁ ଖାଦ୍ୟ ସଂଗ୍ରହ କରି ପାରିବେ ନାହିଁ, ତୃଣଭୋଜୀ ଜିରାଫ୍ ସେହି ଉଚ୍ଚତାରୁ ସହଜରେ ଖାଦ୍ୟ ସଂଗ୍ରହ କରି ପାରେ। କାରଣ ଜିରାଫ୍‌ଠାରୁ କୌଣସି ପ୍ରାଣୀ ଏତେ ଡେଙ୍ଗା ନୁହଁନ୍ତି। ଜିରାଫ୍‌ମାନେ ଶହ ଶହ କେ.ଜି. ଖାଦ୍ୟ ପ୍ରତି ସପ୍ତାହରେ ଆବଶ୍ୟକ କରନ୍ତି। ଯାହା ପୂର୍ବରୁ କୁହାଯାଇଛି ଖାଦ୍ୟ ଅନ୍ୱେଷଣରେ ସେମାନଙ୍କୁ ବେଳେ ବେଳେ ମାଇଲ୍ ମାଇଲ୍ ଧରି ବୁଲିବାକୁ ପଡିଥାଏ। ସେମାନେ ସବୁବେଳେ ଖାଉ ଥାଆନ୍ତି। କିନ୍ତୁ ପ୍ରତ୍ୟେକ କେତେ ଦିନ ପରେ ଥରେ ମାତ୍ର ପାଣି ପିଅନ୍ତି। ଚିଡିଆ ଖାନାରେ ଥିବା ଜିରାଫ୍‌ମାନଙ୍କର ପାଣି ପିଇବାର ଆବଶ୍ୟକତା ଥାଏ।

ଜିରାଫ୍‌ର ଜୀବନଚର୍ଯ୍ୟାରୁ ଏହା ମଧ୍ୟ ଜଣା ପଡେ ଯେ ସେମାନେ ଦୈନିକ ଖୁବ୍ କମ ସମୟ ନିଦ୍ରା ଯାଆନ୍ତି। କୁକୁରମାନେ ଶୁଅନ୍ତି ମାତ୍ର ସେମାନଙ୍କର ନିଦ ବହୁତ ପତଳା। ଜିରାଫ୍‌ମାନେ ଦୈନିକ ୩୦ ମିନିଟ୍‌ରୁ କମ୍ ସମୟ ଶୋଇ ଥାଆନ୍ତି।

ଏହା ଏକ ଆଶ୍ଚର୍ଯ୍ୟଜନକ କଥା ଏବଂ ଏହା ସତ୍ୟ ବୋଲି କେହି ସହଜରେ ବିଶ୍ୱାସ କରି ପାରିବେ ନାହିଁ। କେହି କେହି ମତ ଦିଅନ୍ତି ଯେ ଏମାନେ ଦୈନିକ ୨୦ ମିନିଟ୍ ବା ତା ଠାରୁ କମ୍ ସମୟ ଶୁଅନ୍ତି, ଅନ୍ୟ ସମୟରେ ସେମାନେ ଠିଆହିଁ ରହନ୍ତି। ଏପରି ସ୍ୱଳ୍ପ ସମୟ ଶୋଇବାକୁ "ନାପ" (nap) କହନ୍ତି। ଜିରାଫ୍ ବ୍ୟତୀତ ଏପରି କେହି ପ୍ରାଣୀ ନ ଶୋଇ ରହି ପାରିବେ ନାହିଁ। ଅନ୍ୟ ପକ୍ଷରେ ଏପରି ଏତେ ସମୟ ଠିଆହିଁ ରହିବା ଦ୍ୱାରା ନିଜକୁ ଓ ଛୁଆମାନଙ୍କୁ ପଶୁ ଚୋର ଓ ପିଲାଚୋରମାନଙ୍କ କବଳରୁ ରକ୍ଷା କରିବା ସମ୍ଭବ ହୋଇଥାଏ।

ଜିରାଫ୍‌ମାନେ ସାମାଜିକ ପ୍ରାଣୀ। ସେମାନଙ୍କର ଅନ୍ୟ ପ୍ରାଣୀମାନଙ୍କ ପରି ପରିସର ବା ଇଲାକା (territories) ନଥାଏ। ଆମେରିକାର ପ୍ରାଣୀ ତତ୍ତ୍ୱବିତ୍‌ମାନାଙ୍କ ଅନୁସାରେ ଗୋଟିଏ ଜିରାଫ୍ ଦଳକୁ ଉପଯୁକ୍ତ ଭାବରେ ଟାୱାର (tower) ବୋଲି କୁହାଯାଇ ପାରେ। ଗୋଟିଏ ଗୋଟିଏ ଟାୱାରରେ ୧୦ ରୁ ୨୦ ପର୍ଯ୍ୟନ୍ତ ଜିରାଫ୍ ସଭ୍ୟ ଥାଆନ୍ତି। ଟାୱାରରେ ଥିବା ଜିରାଫ୍‌ମାନଙ୍କର ସଂଖ୍ୟାରେ ପରିବର୍ତ୍ତନ ହୋଇପାରେ। କେତେକ ଟାୱାରରେ କେବଳ ସ୍ତ୍ରୀ-ଜିରାଫ୍ ଓ ସେମାନଙ୍କର ଛୁଆମାନେ ରହନ୍ତି। ଆଉ କେତେ ଟାୱାରରେ କେବଳ ପୁରୁଷ ଜିରାଫ୍ ବା ବୁଲ୍ ଜିରାଫ୍ ରହନ୍ତି। କେତେକ ଟାୱାରରେ ପୁରୁଷ ବା ବୁଲ୍ ଜିରାଫ୍ ଓ ସ୍ତ୍ରୀ-ଜିରାଫ୍ ମିଶି କରି ଥାଆନ୍ତି। କୌଣସି ଜିରାଫ୍ ଟାୱାରର ସଭ୍ୟମାନେ ଚାହିଁଲେ ଅନ୍ୟ କୌଣସି ଟାୱାରରେ ଯୋଗ ଦେଇ ପାରିବେ। ଗୋରୁମାନଙ୍କ ପରି ସ୍ତ୍ରୀ-ଜିରାଫ୍‌ମାନଙ୍କୁ ଗାଈମାନେ ଓ ପୁରୁଷ ଜିରାଫ୍‌ମାନଙ୍କୁ ଷଣ୍ଢ ଜିରାଫ୍ ବୋଲି କୁହାଯାଇଥାଏ।

ଷଣ୍ଢ ଜିରାଫ୍ ଟାୱାରରେ ସଂପର୍କୀୟ ଗାଈ ଜିରାଫ୍‌ମାନଙ୍କ ସହିତ ଓ ସେମାନଙ୍କର ପିଲାମାନଙ୍କ ସହିତ ବାସ କରନ୍ତି। ବେଳେ ବେଳେ ସେମାନେ ସଂପର୍କ ନ ଥିବା ପରିଣତ ବୟସର ପୁରୁଷ ଜିରାଫ୍‌ମାନଙ୍କ ସହିତ ମଧ୍ୟ ରହନ୍ତି। ମାତ୍ର ଜିରାଫ୍‌ମାନେ ସଙ୍ଗପ୍ରିୟ ଓ ଗୋଷ୍ଠୀଗତ ଭାବରେ ଏକାଠି ରହିବାକୁ ଭଲ ପାଆନ୍ତି। ପ୍ରଭାବଶାଳୀ ଷଣ୍ଢ ଜିରାଫ୍ ଗରମରେ ଥିବା ଗାଈ ଜିରାଫ୍ ସହିତ ସଙ୍ଗମ କରିବାର ପ୍ରବେଶ ଅଧିକାର ପାଇଥାଏ। ଛୁଆ ଜନ୍ମ ହେଲେ ଗାଈ ଜିରାଫ୍ ବା ମା'ଜିରାଫ୍ ଛୁଆର ପ୍ରତିପାଳନର ସମସ୍ତ ଦାୟିତ୍ୱ ନିଏ।

ଯଦିଓ ଷଣ୍ଢ ଓ ଗାଈ ଜିରାଫ୍ ମଧ୍ୟରେ ସାଙ୍ଗ ହେବା ଓ ପରସ୍ପର ସହିତ ମିଶିବାରେ କୌଣସି ପ୍ରାକୃତିକ ପ୍ରତିବନ୍ଧକ ନଥାଏ, ତଥାପି ସେମାନେ ପ୍ରଜନନ କ୍ଷେତ୍ରରେ ଅନ୍ତର୍ପ୍ରଜନନ (inter-breeding) ଠାରୁ ଦୂରେଇ ରହିଥାଆନ୍ତି। ଅର୍ଥାତ୍ ପରିବାରର ସଦସ୍ୟମାନଙ୍କ ମଧ୍ୟରେ ସହବାସ ଦ୍ୱାରା ପ୍ରଜନନ କରିବା ଜିରାଫ୍ ସମାଜରେ ପ୍ରଚଳିତ ନୁହେଁ।

ଗାଈ-ଜିରାଫ୍ ୪ ରୁ ୫ ବର୍ଷ ବୟସରେ ଯୌନ ପରିପକ୍ୱତା (sex maturity) ଲାଭ କରେ। ସେମାନେ ସାଧାରଣତଃ ୬ ବର୍ଷ ପରେ ପ୍ରଥମ ଛୁଆ (first calving) ଜନ୍ମ କରି ଥାଆନ୍ତି। ଷଣ୍ଢ ଜିରାଫ୍‌ମାନେ ୩ ରୁ ୪ ବର୍ଷ ମଧ୍ୟରେ ବା ୪୨ ମାସରେ ପ୍ରଜନନ କ୍ଷମ ହୁଅନ୍ତି। ମାତ୍ର ୭ ବର୍ଷ ପରେ ପ୍ରଜନନ ପାଇଁ ଆଗ୍ରହ ପ୍ରକାଶ କରନ୍ତି। ଜିରାଫ୍‌ମାନଙ୍କ କ୍ଷେତ୍ରରେ ସେପରି କିଛି ପ୍ରଜନନ ଋତୁ ନାହିଁ। ତେଣୁ ବର୍ଷର ଯେକୌଣସି ସମୟରେ ଛୁଆ ଜନ୍ମ କରିଥାଆନ୍ତି। ସ୍ତ୍ରୀ ଜିରାଫ୍ ବା ଗାଈ ଜିରାଫ୍‌ମାନଙ୍କର ଗର୍ଭଧାରଣ ସମୟ (gestation period) ୧୫ ମାସ। ପ୍ରାୟ ପ୍ରତି ଦୁଇ ବର୍ଷ ବ୍ୟବଧାନରେ ଗାଈ ଜିରାଫ୍‌ମାନେ ଗର୍ଭଧାରଣ କରନ୍ତି।

ନିର୍ଜନରେ ଥାଇ ପ୍ରତିପତ୍ତିଶାଳୀ (dominant) ଷଣ୍ଢ ଜିରାଫ୍, ଇଷ୍ଟ୍ରସ୍ (oestrus)ରେ ବା ଗରମରେ ଥିବା ଗାଈ ଜିରାଫ୍‌ର ପଶ୍ଚ୍ୟାତ୍ ଭାଗର ଗନ୍ଧ ଓ ପରିସ୍ରାର ଗନ୍ଧ ନାକରେ ଶୁଙ୍ଘି ଗାଈ ଜିରାଫ୍ ଗରମରେ ଥିବା ଜାଣିପାରେ। ଏହାପରେ ବିବାହ ପାଇଁ ଅର୍ଥାତ୍ ଅନୁରାଗର ପାତ୍ର ହେବା ପାଇଁ କାର୍ଯ୍ୟ ଆରମ୍ଭ ହୋଇଯାଏ, ଅର୍ଥାତ୍ କୋର୍ଟସିପ୍ (courtship) ଆରମ୍ଭ ହୋଇଯାଏ। ଆଧିପତ୍ୟଶାଳୀ ଷଣ୍ଢ ଜିରାଫ୍‌ଟି ଅନ୍ୟ ଷଣ୍ଢ ଜିରାଫ୍‌ମାନଙ୍କୁ ଗରମରେ ଥିବା ଗାଈ-ଜିରାଫ୍‌ର ପଛ ଗୋଡ ଦୁଇଟିରେ ଲଘୁ ଆଘାତ କରେ ଏବଂ ତାର ଚିବୁକ (chin) କୁ ଗାଈ ଜିରାଫ୍‌ର ପିଠି ଉପରେ ଥୋଇ ଦିଏ। ଏହା ଷଣ୍ଢ ଜିରାଫ୍‌ର ପ୍ରସ୍ତୁତିର ସୂଚନା ଦିଏ। ସମୟ ସମୟରେ ଷଣ୍ଢ ଜିରାଫ୍ ଘଣ୍ଟା ଘଣ୍ଟା ଧରି ଗାଈ ଜିରାଫ୍ ପାଖେ ପାଖେ ରହେ ବା ଅନୁଧାବନ କରେ, ସେ ପର୍ଯ୍ୟନ୍ତ ଗାଈ ଜିରାଫ୍ ତା ଉପରେ ରତିକ୍ରିୟା ପାଇଁ ବା ସଙ୍ଗମ ପାଇଁ ଅନୁମତି ଦିଏ ନାହିଁ। କିନ୍ତୁ ସେ ଦୁହିଁଙ୍କ ମଧ୍ୟରେ ଭବିଷ୍ୟତର ମିଳନ ପାଇଁ ସେପରି କିଛି ଚୁକ୍ତି ନଥାଏ।

ଜୀବନର ଅଧିକାଂଶ ସମୟ ଜିରାଫ୍‌ମାନେ ଠିଆ ହୋଇ ରହନ୍ତି। ଏପରି କି ଛୁଆ (ବାଛୁରୀ) ଜନ୍ମ କଲା ସମୟରେ ମଧ୍ୟ ଠିଆ ହୋଇ ଜନ୍ମ କରିଥାଆନ୍ତି। ମାଆ, ବାଛୁରୀକୁ ଚଟାଚଟି କରି ପରିଷ୍କାର କରିଦିଏ। ଜନ୍ମ ହେବାର ୧୦ ରୁ ୨୦ ମିନିଟ୍ ସମୟ ପରେ ବାଛୁରୀ ଠିଆ ହୁଏ ଓ ଚାଲିବାକୁ ଆରମ୍ଭ କରେ ଏବଂ ୧ ଘଣ୍ଟା ମଧ୍ୟରେ ମାଆ ଠାରୁ ଦୁଧ ପିଇବାକୁ ଯାଇଥାଏ। ଏକ ସପ୍ତାହ ମଧ୍ୟରେ ଏହି ବାଛୁରୀ ଜିରାଫ୍ କଅଁଳିଆ ଘାସ, ପତ୍ର ଓ ଗଜା ମାରୁଥିବା ଡାଳ ଇତ୍ୟାଦି ଖାଇବାକୁ ଆରମ୍ଭ କରିଦିଏ। ଗାଈର, ବାଛୁରୀ ପରି ଜନ୍ମ ବେଳେ ବାଛୁରୀ ଜିରାଫ୍‌ର ଗୋଟିଏ ପାକସ୍ଥଳୀ ଥାଏ ଏବଂ ଡାଳ-ପତ୍ର ଆଦି ଖାଇବା ଆରମ୍ଭ କରି ଦେଲେ ଅନ୍ୟ ରୋମନ୍ଥନକାରୀ ପ୍ରାଣୀଙ୍କ ପରି ଚାରୋଟି ପାକସ୍ଥଳୀ ଉଦ୍ଭବ ହୁଏ। କିନ୍ତୁ ଦୁର୍ଭାଗ୍ୟର କଥା ଯେ ମାଆ

ସବୁବେଳେ ଜଗି ରହିବା ସତ୍ତ୍ୱେ ଅଳ୍ପ କେତେ ମାସ ମଧ୍ୟରେ ସିଂହ, ଚିତାବାଘ ଓ ବଣୁଆ କୁକୁରମାନେ ଆକ୍ରମଣ କରି ମାରି ଖାଇ ଦିଅନ୍ତି।

ଗାଈ ଜିରାଫ୍‌ର ଋତୁଚକ୍ର ୧୮ ରୁ ୨୧ ଦିନ ମଧ୍ୟରେ ସଂଗଠିତ ହୁଏ। ଏମାନେ ପ୍ରାୟ ପ୍ରତି ୨୧ ଦିନରେ ଥରେ ଗରମକୁ ଆସନ୍ତି ଏବଂ ପ୍ରଜନନ ପରେ ଗର୍ଭ ରକ୍ଷା ହୋଇ ଗଲେ ଋତୁ ଚକ୍ର ସ୍ଥଗିତ ରହେ। ଗାଈ ଜିରାଫ୍‌ର ଜନ୍ମ କରିବାର ସମୟ ହୋଇ ଗଲେ ସ୍ୱାଭାବିକ ଭାବରେ ଥିବା, ଜନ୍ମ କରିବାର ପଡିଆକୁ ନିଆଯାଏ। ସେମାନଙ୍କର ସାଧାରଣତଃ ଗୋଟିଏ ମାତ୍ର ବାଛୁରୀ (ଛୁଆ) ଜନ୍ମ ହୁଏ। କ୍ୱଚିତ୍ ଜାଆଁଳା ଛୁଆ ଜନ୍ମ ହୋଇଥାଏ। ଛୁଆମାନଙ୍କୁ ୧୫ ମାସ ବୟସରେ ମାତୃ ଦୁଗ୍ଧ ପାନ ଅଭ୍ୟାସରୁ ନିବୃତ୍ତ କରିବା ପାଇଁ ଅଲଗା ରଖାଯାଏ ବା ଅଲଗା ରହନ୍ତି। ଏହାକୁ ଉଇନିଂ (weaning) କହନ୍ତି। ଗାଈ ଜିରାଫ୍‌ମାନେ ଜନ୍ମ କରିବାର ୫ ମାସ ପରେ ପୁଣି ଗରମକୁ ଆସିଥାଆନ୍ତି ଓ ପ୍ରଜନନ ହୁଏ। ଜନ୍ମ ହେଲା ବେଳେ ବାଛୁରୀ ଜିରାଫ୍‌ର ଓଜନ ପ୍ରାୟ ୧୦୦ କିଲୋଗ୍ରାମ୍ (୨୨୦ ପାଉଣ୍ଡ) ହୋଇଥାଏ। ବାଛୁରୀ ଜିରାଫ୍ ଜନ୍ମ ହେଲା ବେଳେ ତଳୁ କାନ୍ଧ ପର୍ଯ୍ୟନ୍ତ ଉଚ୍ଚତା ୧.୫ ରୁ ୧.୮ ମିଟର ବା ୪.୯ ରୁ ୫.୯ ଫୁଟ ହୋଇଥାଏ। ଗାଈ ଜିରାଫ୍ ଛୁଆ ମାଆ ସହିତ ରହେ। ମାତ୍ର ପୁରୁଷ ଜିରାଫ୍ ଛୁଆ ୩ ବର୍ଷର ହୋଇଗଲେ ଅନ୍ୟ ଆଡେ ବୁଲାବୁଲି କରି ପୁରୁଷ କ୍ଲବରେ ମିଶି ରହେ।

ପ୍ରାଣୀବିଜ୍ଞାନୀମାନେ ବିଶ୍ୱାସ କରନ୍ତି ଯେ ଜିରାଫ୍‌ମାନେ ଶବ୍ଦ କରନ୍ତି ନାହିଁ। ମାତ୍ର ପର୍ଯ୍ୟବେକ୍ଷଣରୁ ଜଣାଯାଏ ଯେ ଏମାନେ ବିଭିନ୍ନ ପ୍ରକାର ଶବ୍ଦ କରିଥାନ୍ତି। ଯଥା ଖଙ୍କାରିଲା ପରି ଶବ୍ଦ (snort), ସୁ, ସୁ ଶବ୍ଦ (hiss), ବୋବାଳ (bellow) ଓ ବଂଶୀ ସ୍ୱନ ପରି ଶବ୍ଦ କରନ୍ତି। ଏହି ସ୍ୱରସବୁର ଉଚ୍ଚତା ମନୁଷ୍ୟ ଶୁଣି ପାରିବା ଭଳି ନିମ୍ନତାର ମାତ୍ରା।

ଜିରାଫ୍ ସୃଷ୍ଟିର ଏକ ପୁରାତନ ପ୍ରାଣୀ। ଶବ୍ଦର ଆକାର ଗତ ଓ ଅର୍ଥଗତ ଉତ୍ପତ୍ତି ଓ ବିକାଶକୁ ନେଇ ପରିଶେଷରେ "ଜିରାଫ"ର ନାମ ଉଦ୍ଭବ ହୋଇଛି। ଆରବିକ୍ ଶବ୍ଦରେ ଏପରି ଜନ୍ତୁକୁ ଜରାଫାଃ (zarafah) ଏବଂ ସେମାଲି ଭାଷାରେ "ଜାରି" (gari) କୁହାଯାଥିଲା। ଏହି ଜନ୍ତୁର ଇଂରାଜୀରେ ବହୁ ପ୍ରକାର ନାମ କରଣ କରାଯାଇଛି। ଅନେକ ନାମର ଅର୍ଥ ଥିଲା "ଦ୍ରୁତ ଗତିରେ ଚାଲୁଥିବା ପ୍ରାଣୀ"। ପରିଶେଷରେ ପୁରାତନ ଗ୍ରୀକ୍ ଭାଷାରେ "ଜିରାଫ", ନାମରେ ଏହା ନାମକରଣ ହେଲା ଯାହାର ଅର୍ଥ ହେଲା କାମେଲୋପାର୍ଡ। ଓଟ ପରି ଆକାର ଓ ଲିଓପାର୍ଡ ବା ଚିତା ବାଘର ରଙ୍ଗ ପରି ରଙ୍ଗ। ୧୭୭୨ ମସିହାରେ ମେର୍ଟେମ୍ ଟ୍ରାନେ ବ୍ରୁନ୍ନିକ୍ ଜିରାଫ୍ ନାମ କରଣ କରିଥିଲେ ଏବଂ ସେହି ନାମରେ ଜନ୍ତୁଟି ପରିଚିତ।

ଆଠଟି ଜାତି (species) ର ଜିରାଫ୍ ବର୍ତ୍ତମାନ ସୁଦ୍ଧା ବିଦ୍ୟମାନ ବୋଲି ବର୍ଣ୍ଣନା କରାଯାଇଛି। ଏହି ଗବେଷଣା ଜନିତ ଫଳାଫଳ ଜୀବକୋଷ ମଧ୍ୟରେ ମାଇଟ୍ରୋକେଣ୍ଡ୍ରିୟାଲ୍, ନ୍ୟୁକ୍ଲୀୟ ଡି.ଏନ୍.ଏ. (nuclear D.N.A) ଓ ଆକାର ତତ୍ତ୍ୱ ବା ପ୍ରକାର ଭେଦ ସଂକ୍ରାନ୍ତିୟ ମାପ ଉପରେ ପର୍ଯ୍ୟବସିତ। ଏହି ପ୍ରକାର ଜିନ୍ ପ୍ରାର୍ଥକ୍ୟ ଓ ଅଧ୍ୟୟନକୁ ଏମ୍‌ଟି.ଡି.ଏନ୍.ଏ. (mt D.N.A) ଗବେଷଣାର ଅନ୍ତର୍ଭୁକ୍ତ କରାଯାଇଛି। ରେଟିକୁଲେଟେଡ଼ ଓ ମୋଜାଇ ଜିରାଫ୍‌ର ସବୁଠାରୁ ଅଧିକ ଏମ୍‌ଟି.ଡି.ଏନ୍.ଏ. (mt, D.N.A) ରହିଥାଏ। ପୁନରାୟ ଜୀବାଶ୍ମ ବା ଦେହାବଶେଷ (fossils) ଅଧ୍ୟୟନରୁ ଆଉ ୭ଟି ଜାତିର ଜିରାଫ୍ ଇତିହାସ ରଚନାର ପୂର୍ବକାଳରେ ଥିଲେ, ମାତ୍ର ଲୋପ ପାଇ ଯାଇଛନ୍ତି। ଆଠଟି ଜାତିର ଜିରାଫ୍‌ମାନେ ହେଲେ, (୧) ପଶ୍ଚିମ ଆଫ୍ରିକା ଜିରାଫାଫ କାମେଲୋପାର୍ଡା ପେରାଲ୍‌ଟା (peralta) (୨) କେର୍ଡୋଫାନ୍ (G.C. antiquorum) (୩) ନୁମ୍ବିଆନ୍ (G.C. Ramelopardalis) (୪) ରେଟିକୁଲେଟେଡ୍ ରୋଥ୍ (୫) ମୋଜାଇ (G.C. tippleskirch) (୬) ଥୋର୍ନି କ୍ରୋଫ୍‌ଟସ୍ (୭) ଆଙ୍ଗୋଲାନ୍ (G.C. angolensis) ଓ (୮) ଦକ୍ଷିଣ ଆଫ୍ରିକା ଜିରାଫ୍ (G.C. giraffa)।

ବଣୁଆଁ ଜିରାଫ୍‌ମାନଙ୍କର ହାରାହାରି ଜୀବନ କାଳ ୨୬ ବର୍ଷ। ଯେଉଁ ଜିରାଫ୍‌ମାନେ ଚିଡିଆଖାନାରେ ବା ଆବଦ୍ଧ ଅବସ୍ଥାରେ ଥାଆନ୍ତି, ସେମାନଙ୍କର ଜୀବନକାଳ (life span) ସାମାନ୍ୟ ଅଧିକ। ଆଇ.ୟୁ.ସି.ଏନ୍.ର ମତ ଅନୁସାରେ ୨୦୧୦ରେ ଆଫ୍ରିକାରେ ମୋଟା ମୋଟି ୯୭,୫୦୦ ପର୍ଯ୍ୟନ୍ତ ଜିରାଫ୍ ଥିଲେ। ଗତ ୩୦ ବର୍ଷ ମଧ୍ୟରେ ପ୍ରାୟ ୩୬ ରୁ ୪୦ ପ୍ରତିଶତ ଜିରାଫ୍ ସଂଖ୍ୟାରେ ଅବନତି ଘଟିଥିବା ସେମାନେ ଅନୁମାନ କରୁଛନ୍ତି। ଜିରାଫ୍‌ମାନଙ୍କର ସଂଖ୍ୟା ୨୦୧୦ ମସିହାରେ ଚିଡିଆଖାନାମାନଙ୍କରେ ୧୬୦୦ ରୁ ଅଧିକ ଥିଲା ବୋଲି ସେହି ଅନୁଷ୍ଠାନର ମତ। ପ୍ରକୃତିର ସଂରକ୍ଷଣ ପାଇଁ ଆନ୍ତର୍ଜାତୀକ ସଂଘର ସଂକ୍ଷିପ୍ତ ନାମ ଆଇ.ୟୁ.ସି.ଏନ୍।

ପ୍ରାଣୀ ବିଜ୍ଞାନରେ ଜିରାଫ୍‌କୁ ଏହିପରି ଭାବରେ ଚିହ୍ନିତ କରାଯାଇଛି। ଅଧିକୃତ ଭୂଭାଗ ବା ଭୌଗୋଳିକ ଅଞ୍ଚଳ (domain) - ଇୟୁକାରିଓଟା (eukaryota) ରାଜ୍ୟ (kingdom) - ଆନିମାଲିଆ, ବର୍ଗ ବା ଫାଇଲମ୍ - କୋର୍‌ଡାଟା (chordata) ଶ୍ରେଣୀ ମାମ୍ମାଲିଆ, ଗୋଷ୍ଠୀ (order) ଆର୍ଟିଓଡାକ୍‌ଟିଲା (artiodactyla) ପରିବାର (family) - ଜିରାଫ୍‌ଫିଡେ (giraffidae) ଓ ଜାତି (genus) - ଜିରାଫ୍‌ଫା (giraffa)।

ଜନ୍ମ ହେଲେ ମୃତ୍ୟୁ ନିଶ୍ଚିତ। କିନ୍ତୁ ଜିରାଫ୍‌ର ମୃତ୍ୟୁ ମଧ୍ୟ ଅତି ବିଚିତ୍ର ଭାବେ ହୋଇ ଥାଏ। ସମୟ ସମୟରେ ଆମେ ଶୁଣୁ ବା ସମ୍ବାଦ ପତ୍ରରେ ପଢୁ ଯେ ବିଜୁଳି

ଆଘାତରେ ଗାଈ, ବଳଦ ଓ କାମ କରୁଥିବା ଋଷୀଙ୍କର ହଠାତ୍ ମୃତ୍ୟୁ ହୋଇଥାଏ। ଏପରି ଘଟଣା କ୍ୱଚିତ୍ ଘଟିଥାଏ। ମାତ୍ର ଜାଣି ଆଶ୍ଚର୍ଯ୍ୟ ଲାଗିବ ଯେ ଜିରାଫ୍‌ମାନଙ୍କର ମୃତ୍ୟୁ ପ୍ରାୟ ବିଜୁଳି ଶକ୍ତି ଆଘାତ ଦ୍ୱାରା ହୋଇଥାଏ। ଯେପରି ଢ଼େଙ୍ଗା ମୁଣ୍ଡରେ ଠେଙ୍ଗା। ଆଫ୍ରିକାର ଉପ-ସାହାରର ଖୋଲା ଶୁଷ୍କ ସାଭାନ୍ନା ସମତଳ ଅଞ୍ଚଳରେ ବୁଲୁଥିବାବେଳେ ନିୟମିତ ଭାବରେ (routinely) ବିଦ୍ୟୁତ୍ ଶକ୍ତିର ଭିତରକୁ ଭେଦ କରିବା ଭଳି ଆଘାତ ପାଏ। ମେଘ ସହିତ ମେଘ ପିଟି ହୋଇ ଏହି ଶକ୍ତି ଉଦ୍ଭବ ହୁଏ। ଯେତେବେଳେ ଏହା ଜିରାଫ୍‌ର ବେକ ଭିତରକୁ ପ୍ରବେଶ କରେ ପ୍ରାୟ ତିରିଶ ହଜାର ଆମ୍ପ-ର (amps) ଏନର୍ଜି ଶରୀର ମଧ୍ୟକୁ ଉତ୍ତୁଙ୍ଗଭାବେ ପ୍ରଭାବିତ (surge) ହୁଏ ଏବଂ ସାରା ଶରୀରର ରୁମ ପୋଡିଯିବା ସହିତ ହୃଦୟର ସ୍ପନ୍ଦନ ଜୀବନ ଦୀପକୁ ଲିଭାଇ ଦିଏ।

କେତେକ ବିଶେଷଜ୍ଞ ମତ ଦିଅନ୍ତି ଯେ ଜିରାଫ୍‌ମାନଙ୍କୁ ବିଦ୍ୟୁତ୍ ଶକ୍ତିର ଆଘାତ ସହଜରେ ପ୍ରଭାବିତ କରେ। କାରଣ ସେମାନଙ୍କର ବେକରେ ଥିବା ସିଲେଇ ହେବା ପରି ଚକଡ଼ା (patch) ଉତ୍କୃଷ୍ଟ ଭାବରେ ବିଦ୍ୟୁତ୍ ଶକ୍ତିର ସଂଞ୍ଚାରକାରୀ (vector)। ଅନିୟନ୍ତ୍ରିତ ଝଡ଼ର ଉତ୍ପନ୍ନ ବୈଦ୍ୟୁତିକ ଶକ୍ତି ସେମାନଙ୍କ ଲମ୍ବା ଗୋଡ଼ ଭିତର ଦେଇ ଶରୀରରେ ସହଜରେ ପ୍ରଭାବିତ ହୋଇପାରେ। ଅନ୍ୟ କେତେକ କହନ୍ତି, ଏହା ଏକ ଆକସ୍ମିକ ଘଟଣା ହୋଇପାରେ।

ବାସ୍ତବରେ ଜିରାଫ୍ ଗୋଟିଏ ଅସାଧାରଣ ବା ଅଦ୍ଭୁତ ଜୀବ। ତାର ବିଚିତ୍ର ଶରୀର ଗଠନ ଓ ଅନିଶ୍ଚିତ କାର୍ଯ୍ୟକଳାପ ଆଶ୍ଚର୍ଯ୍ୟଜନକ।

ଅରିଗ୍ନର ଆନ୍ନା ଜୁ-ଲୋଜିକାଲ୍ ପାର୍କ, ଭାଣ୍ଡାଲୁର୍, ଚେନ୍ନାଇରେ ଜିରାଫ୍‌କୁ ସାହାଣ (H.S.) ଓ ଟିଟାନସ୍ (tetanus) ଟିକା ବର୍ଷକୁ ଥରେ ଦିଆଯାଏ। ନେହେରୁ ଜୁ-ଲୋଜିକାଲ୍ ପାର୍କ, ହାଇଦରାବାଦରେ ଜିରାଫ୍‌କୁ ପାଶ୍ଚୁରେଲ୍ଲୋସିସ୍ ରୋଗ ପାଇଁ ସାହାଣ (H.S.) ଟିକା ୬ ମାସରେ ଥରେ ଏପ୍ରିଲ୍ ଓ ଅକ୍ଟୋବର ମାସରେ ଦିଆଯାଏ ଏବଂ ଫାଟୁଆ ରୋଗ ପାଇଁ ଏଫ୍. ଏମ୍.ଡି. (F.M.D.) ଟିକା ବର୍ଷରେ ଦୁଇଥର ଅକ୍ଟୋବର ଓ ଫେବୃୟାରୀ ମାସରେ ଦିଆଯାଏ। ମହୀଶୂରର ଶ୍ରୀରାମଚନ୍ଦ୍ର ଚିଡିଆଖାନାରେ ଜିରାଫ୍‌କୁ ଛଅ ମାସରେ ଥରେ ଫାଟୁଆ (F.M.D.) ଓ ସାହାଣ (H.S.) ଟିକା ଦିଆଯାଇଥାଏ।

ଚେନ୍ନାଇ ଭାଣ୍ଡାଲୁର୍ ଚିଡିଆଖାନାରେ ଜିରାଫ୍‌କୁ ବର୍ଷରେ ୪ ଥର କୃମି ଔଷଧ ଦିଆଯାଇ ଡି.-ୱାର୍ମିଂ କରାଯାଏ।

ଜେବ୍ରା

(Zebra)

ଜେବ୍ରାମାନେ ବଣୁଆ ତୃଣଭୋଜୀ ପ୍ରାଣୀ । ଘୋଡା ଜାତୀୟ ପ୍ରାଣୀ ହୋଇଥିବାରୁ ଘୋଡା ପରି ଦେଖାଯାଆନ୍ତି । ମାତ୍ର ଘୋଡା ପରି ଏତେ ଉପକାରୀ ପ୍ରାଣୀ ନୁହଁନ୍ତି କିମ୍ବା ଗୃହପାଳିତ ପ୍ରାଣୀ ଭାବରେ ପାଳିବାର ଆବଶ୍ୟକତା ନ ଥାଏ । ଜେବ୍ରାମାନେ ଦେଖିବାକୁ ବହୁତ ସୁନ୍ଦର ଏବଂ ପ୍ରକୃତିର ଅନେକ ବିଚିତ୍ରତା ଏମାନଙ୍କ ଠାରେ ଦେଖିବାକୁ ମିଳେ । ଗୋଟିଏ ପ୍ରକାର ଏଣ୍ଡୁଅ ଅଛନ୍ତି, ସେମାନେ ବହୁରୂପୀ । ଏଣୁ ଏମାନଙ୍କୁ ଗ୍ଝମେଲିଅନ୍ (chameleon) କହନ୍ତି । ନିଜର ସୁରକ୍ଷା ପାଇଁ ପତ୍ର ଫୁଲ ବା ପରିବେଶର ରଙ୍ଗରେ ପରିବର୍ତ୍ତିତ ହୋଇ ପାରନ୍ତି । ଜେବ୍ରାମାନଙ୍କ ଦେହସାରା ପଟା ପଟା କଳା ଓ ଧଳା ରଙ୍ଗର ଦାଗ ଥାଏ । ଏହି ଚିହ୍ନ ସେମାନଙ୍କର ଶରୀର ସୁରକ୍ଷା ପାଇଁ ଆବଶ୍ୟକ । ଅନେକ ପ୍ରକାର ଜେବ୍ରାଙ୍କର ଏହି ଚିହ୍ନର ଢାଞ୍ଚାରେ ପରିବର୍ତ୍ତନ ପରିଲକ୍ଷିତ ହୁଏ । ଖାଦ୍ୟ ବା ଅନ୍ୟ କୌଣସି ଉଦ୍ଦେଶ୍ୟରେ ଏହି ପଶୁମାନଙ୍କୁ ଲୁଣ୍ଠନକାରୀମାନେ ଧରି ନେବାକୁ ଚେଷ୍ଟା କରନ୍ତି । ଜେବ୍ରା ମାନଙ୍କର ଦେହର ରଙ୍ଗ ପ୍ରକୃତିର ପୃଷ୍ଠଭୂମି ସହିତ ମିଶି ଯାଉଥିବାରୁ ସେମାନେ ସହଜରେ ଜାଣି ପାରନ୍ତି ନାହିଁ ବା ସେମାନଙ୍କର ଜାଣିବାରେ ଭ୍ରାନ୍ତି ରହିଯାଏ । ଏଣୁ ଦୂରରୁ ଲକ୍ଷ୍ୟ କରି ଜାଣିବାରେ ଅନିଶ୍ଚିତତା ସୃଷ୍ଟି ହୁଏ । କେତେ ପ୍ରକାର ଡାଆଁଶ ଅଛନ୍ତି, ଯେଉଁମାନେ ପକ୍ଷବିହୀନ ରକ୍ତପାୟୀ କୀଟ । ଏମାନେ ଜେବ୍ରା ରହୁଥିବା ବଣମାନଙ୍କରେ ବହୁ ସଂଖ୍ୟାରେ ଥାଆନ୍ତି । ଏହି ପରଜୀବୀମାନେ ଜେବ୍ରାମାନଙ୍କୁ କାମୁଡି ରକ୍ତ ପିଇ ବଞ୍ଚନ୍ତି ଏବଂ ଜେବ୍ରାମାନଙ୍କୁ ବହୁତ

ବିରକ୍ତ କରନ୍ତି। ପ୍ରକାରଗତ ଭାବରେ ଶରୀରର ଜେବ୍ରା ଚିହ୍ନ ଦେଖି ସେମାନେ ଭୟଭିତ ହୋଇ ଥାଆନ୍ତି ଏବଂ ଏମାନଙ୍କ ଠାରୁ ରକ୍ଷା ପାଇବା ପାଇଁ ଜେବ୍ରାମାନଙ୍କ ପକ୍ଷରେ ସହଜ ହୋଇ ଥାଏ। ଜେବ୍ରାର ଛୁଆମାନଙ୍କୁ ଫୋଲ୍ (foal) କହନ୍ତି। ଏହି ଛୁଆମାନଙ୍କର କଳା ଧଳା ପଟା ପଟା ଜେବ୍ରା ଚିହ୍ନ ଛୁଆକୁ ୬ ମାସ ବୟସ ହେଲେ ଦେଖାଯାଏ। ତା ପୂର୍ବରୁ ନାଲିଆ ବାଦାମୀ (reddish-brown) ରଙ୍ଗ ଦେଖାଯାଏ। ଏହା ମଧ୍ଯ ଛୁଆର ସୁରକ୍ଷା ପାଇଁ। ଜେବ୍ରାମାନଙ୍କର ଦେହରେ ଥିବା ଜେବ୍ରା ଚିହ୍ନ, ସବୁ ଜେବ୍ରାମାନଙ୍କ ଦେହରେ ଏକା ପରି ନଥାଏ। ଏପରିକି ଗୋଟିଏ ଜେବ୍ରାର ଦେହର ଚିହ୍ନର ପ୍ରକାର ଅନ୍ୟ ଗୋଟିଏ ଜେବ୍ରାର ଚିହ୍ନ ସହିତ ଢାଞ୍ଚାରେ ପରିବର୍ତ୍ତନ ପରିଲକ୍ଷିତ ହୁଏ। ହାର୍ଟମ୍ୟାନ୍ସ ପାର୍ବତୀୟ ଜେବ୍ରା ଅଛନ୍ତି, ଯେଉଁମାନଙ୍କର ବେକ ଓ ଗଣ୍ଡି (torso) ରେ ଖାତାରେ ଗାର ପଡିଲା ପରି ଜେବ୍ରା ଦାଗ ସରୁ ସରୁ ପଟି ଆକାରରେ ଥାଏ।

ଅନ୍ୟ ଏକ ବିଚିତ୍ରତା ଲକ୍ଷ୍ୟ କରାଯାଇ ପାରେ, ସେମାନଙ୍କର ପ୍ରଜନନ କ୍ଷେତ୍ରରେ। ଗୋଟିଏ ଗରମରେ ଥିବା ସ୍ତ୍ରୀ-ଜେବ୍ରାର କେବଳ ପୁରୁଷ ଜେବ୍ରା ସହିତ ମିଳନ ହେବ ନାହିଁ। ପୁରୁଷ ଘୋଡ଼ା, ପୁରୁଷ ଟଟୁ ଘୋଡା (pony), ପୁରୁଷ ଗଧ (ass), ପୁରୁଷ ଡଂକି (donkey) ଓ ଖଚର (mule) ସହିତ ହୋଇପାରିବ। ସେହି ଛୁଆମାନଙ୍କୁ (foals) ପ୍ରକାର ଅନୁସାରେ ଚିହ୍ନା ଯାଇପାରିବ। ଅନ୍ୟ ପକ୍ଷରେ ପୁରୁଷ

ଜେବ୍ରା ସହିତ ସ୍ତ୍ରୀ-ଘୋଡା ବା ଘୋଡି (mare), ସ୍ତ୍ରୀ ଗଧ, ସ୍ତ୍ରୀ-ପନି (pony) ଓ ସ୍ତ୍ରୀ-ଡଂକିର ସଙ୍ଗମ ହୋଇପାରିବ। ଏମାନେ ସବୁ ଏକ ପ୍ରଜାତି (genus) ହୋଇଥିବାରୁ ଏ ପ୍ରକାର ପ୍ରଜନନ ବା ଯୌନ-ମିଳନ ସମ୍ଭବ ହୋଇପାରୁଛି।

ଘୋଡା, ଗଧ ଓ ଜେବ୍ରାମାନେ ପ୍ରାଣୀ ବିଜ୍ଞାନର ଶ୍ରେଣୀ ବିଭାଗ ଅନୁସାରେ ଯଥାକ୍ରମେ ଇକ୍ୟୁସ୍ କାବାଲ୍ଲସ୍ (Equus caballus), ଇକୁସ୍ ଆସିନସ୍ (asinus) ଓ ଇକ୍ୟୁସ୍ ଜେବ୍ରା (equus zebra) ଭାବରେ ପରିଚିତ। ଏହାକୁ ଏମାନଙ୍କର ବୈଜ୍ଞାନିକ ନାମ (scientific names) କୁହାଯାଏ। ଏମାନେ ସମସ୍ତେ ଗୋଟିଏ ପ୍ରଜାତି (genus) ର ପଶୁ, ଅର୍ଥାତ୍ ଏମାନେ ସମଜାତୀୟ ପଶୁ। ଏମାନଙ୍କର ପ୍ରଜାତି ହେଉଛି ଇକ୍ୟୁସ୍ (equus)।

ବୈଜ୍ଞାନିକ ଶ୍ରେଣୀ ବିଭାଗ ଅନୁସାରେ ଏ ସମସ୍ତ ପ୍ରାଣୀମାନେ, ପରିବାର (family) ଇକ୍ୟୁଡି (equidae), ଶ୍ରେଣୀ-ମାମାଲସ, ଫାଇଲମ୍ (phylum), କୋରଡାଟା (chordata) ଓ ଶ୍ରେଣୀ - ପେରିସ୍‌ସୋଡାକ୍‌ଟାଇଟା (perissodactyta) ର ଅନ୍ତର୍ଗତ।

ପୁରୁଷ ଖାସୁ (castration) କରାଯାଇ ନଥିବା ପରିଣତ ବୟସର ପ୍ରଜନନ କ୍ଷମ ଘୋଡାକୁ ଷ୍ଟାଲ୍ଲିଅନ୍ (stallion) କୁହାଯାଏ। ସେହିପରି ପୁରୁଷ ଖାସୁ କରାଯାଇ ନଥିବା ପରିଣତ ବୟସର ପ୍ରଜନନକ୍ଷମ ଜେବ୍ରାକୁ ମଧ୍ୟ ଷ୍ଟାଲ୍ଲିଅନ୍ କହନ୍ତି। ପ୍ରଜନନକ୍ଷମ ଘୋଡୀକୁ ମେୟାର (mare) କୁହାଯାଏ। ସେହିପରି ସ୍ତ୍ରୀ-ଜେବ୍ରାକୁ ମେୟାର୍ ଜେବ୍ରା କହନ୍ତି। ଏମାନଙ୍କର ଛୁଆମାନଙ୍କୁ ଘୋଡାଛୁଆ ନାମରେ ଫୋଲ୍ (foal) ବୋଲି ନାମିତ କରାଯାଏ।

ବିଭିନ୍ନ ପ୍ରକାରର ଜେବ୍ରା ଅଛନ୍ତି, ଯେଉଁମାନଙ୍କର ଖୋଲା, ବୃକ୍ଷ ବହୁଳ ଘାସ ପଡିଆ ହେଉଛି, ଉପଯୁକ୍ତ ବାସସ୍ଥଳୀ। ଗୋରୁ ବା ରୋମନ୍ଥନକାରୀ ପ୍ରାଣୀମାନଙ୍କର ପାକସ୍ଥଳୀରେ ଚାରୋଟି ପ୍ରକୋଷ୍ଠ ଥାଏ। ମାତ୍ର ଜେବ୍ରାମାନେ ରୋମନ୍ଥକ (ruminant) ପ୍ରାଣୀ ନୁହଁନ୍ତି। ସେମାନଙ୍କର ଗୋଟିଏ ପାକସ୍ଥଳୀ (single stomach) ଥାଏ। ଜେବ୍ରାମାନେ ପୂର୍ଣ୍ଣମାତ୍ରାରେ ତୃଣଭୋଜୀ ପ୍ରାଣୀ। ସେମାନେ ସବୁଜ ଘାସ ଓ ଶୁଖିଲା ଘାସ ଚରି ଆହାର ସଂଗ୍ରହ କରନ୍ତି। ଏପରିକି ଅନ୍ୟ ପ୍ରାଣୀମାନେ ଚରି ଯାଇଥିବା ଘାସ ସେମାନେ ପୁଣି ଚରି ପାରନ୍ତି। ପ୍ରାଥମିକ ଭାବରେ ଜେବ୍ରାମାନେ ଘାସ ଚରିବାରେ ଧୁରନ୍ଧର ଏବଂ ନିମ୍ନମାନର ଘାସ ମଧ୍ୟ ଚରି ପାରନ୍ତି।

ହାତୀମାନଙ୍କ ପରି ଜେବ୍ରାମାନେ ଖୁବ୍ କମ୍‌ରେ ଥରେ ପାଣି ପିଅନ୍ତି। ଦୈନିକ ଥରେ ପାଣି ପିଇବା ନିହାତି ଦରକାର। ସେମାନଙ୍କର ବାସସ୍ଥଳୀ ନିକଟରେ ପାଣିର

ଉତ୍ସ ନଦୀ, ନାଳ ବା ପୋଖରୀ ଇତ୍ୟାଦି ଜଳ ଭଣ୍ଡାର ଥାଏ। ସମୟ ସମୟରେ ଦେଖାଯାଇଛି, ଗ୍ରେଭିସ୍ ଜେବ୍ରା ତିନି ଦିନ ଧରି ପାଣି ନ ପିଇ ରହିଯାଇ ପାରିଛି।

ବର୍ଷା ଦିନ ପହଞ୍ଚି ଗଲେ, ଜେବ୍ରାମାନଙ୍କର ପ୍ରଜନନ ଋତୁ ଆରମ୍ଭ ହୋଇ ଯାଏ। ଏମାନଙ୍କର ମଧ୍ୟ ପ୍ରଜନନ ପୂର୍ବରୁ ଆନୁଷ୍ଠାନିକ ବିଧି (ritual) ରହିଛି। ପୁରୁଷମାନେ ଏକ ବର୍ଷରୁ ଦୁଇ ବର୍ଷ ବୟସ ମଧ୍ୟରେ ଯୌନ ପରିପକ୍ୱତା (sexual maturity) ଲାଭ କରନ୍ତି। କିନ୍ତୁ ସେମାନଙ୍କୁ ଛଅ ବର୍ଷ ନ ହେବା ପର୍ଯ୍ୟନ୍ତ ପ୍ରଜନନ (breeding) ପାଇଁ ବ୍ୟବହାର କରାଯାଏ ନାହିଁ। ଯୌନ ପରିପକ୍ୱତା ଅପେକ୍ଷା ସେମାନଙ୍କ କ୍ଷେତ୍ରରେ ସାମାଜିକ ପରିପକ୍ୱତା (social maturity) ଉପରେ ବେଶି ଗୁରୁତ୍ୱ ଦିଆଯାଏ। ଗୋଟିଏ ପୁରୁଷ ଜେବ୍ରା ୬ ବର୍ଷରୁ ଅଧିକ ବୟସର ହୋଇ ଗଲେ, ସେ ଗୋଟିଏ ସ୍ତ୍ରୀ-ଜେବ୍ରା ଗୋଠ ଇଲାକାକୁ ନିୟନ୍ତ୍ରଣ କରି ପାରିବ। ପୁରୁଷର ଏହି ଗୋଠ ପରିଚାଳନା ଶକ୍ତି ଆସିଗଲେ, ସେହି ପୁରୁଷ ଜେବ୍ରା ସାମାଜିକ ପରିପକ୍ୱତା ଲାଭ କରିଛି ବୋଲି ଧରି ନିଆଯାଏ। ତାହେଲେ ଯାଇ ସେହି ପୁରୁଷ ଜେବ୍ରାକୁ ପୁନରୁତ୍ପାଦନ ବା ପ୍ରଜନନ କାର୍ଯ୍ୟରେ ବ୍ୟବହାର କରାଯାଇ ପାରିବ। ଜେବ୍ରାମାନଙ୍କର ଅନ୍ୟ କେତେକ ପ୍ରାଣୀମାନଙ୍କ ପରି କୋର୍ଟସିପ୍ ବା ବିବାହ ପାଇଁ ଅନୁରାଗର ପାତ୍ର ହେବା ପାଇଁ ଚେଷ୍ଟା କରିବା କାର୍ଯ୍ୟକ୍ରମ ରହିଛି। ପୁରୁଷ ଗ୍ରେଭିସ୍ (Greyvy's) ଜେବ୍ରାମାନେ ସାମାଜିକ ପରିପକ୍ୱତା ଲାଭ କରିବା ପରେ ସେମାନଙ୍କର ଇଲାକାର ସୀମାନ୍ତରେ ନିଜର ମୂତ୍ର ଓ ଗୋବର ପକାଇ ନିଜ ଇଲାକା ବୋଲି ଚିହ୍ନିତ କରନ୍ତି ଏବଂ ଏକ ପ୍ରକାର ଶବ୍ଦ କରି ସ୍ତ୍ରୀ ଜେବ୍ରାମାନଙ୍କୁ ରତିକ୍ରିୟା ବା ମିଳନ ପାଇଁ ଆହ୍ୱାନ କରନ୍ତି। ପୁରୁଷ ଜେବ୍ରାର ଏ ପ୍ରକାର ଶବ୍ଦକୁ ବ୍ରେଇଂ (braying) କୁହାଯାଏ। ଗ୍ରେଭିସ୍ ସ୍ତ୍ରୀ-ଜେବ୍ରାମାନେ ବିଭିନ୍ନ ପୁରୁଷ ଜେବ୍ରାଙ୍କୁ ଗୋଟିଏ ପରେ ଗୋଟିଏ ସ୍ୱାମୀ ରୂପେ ଗ୍ରହଣ କରନ୍ତି। ମାତ୍ର ଅଧିକାଂଶ ଅନ୍ୟ ସ୍ତ୍ରୀ-ଜେବ୍ରାମାନେ ଜଣକୁ ବିବାହ କରନ୍ତି ଏବଂ ସେହି ଗୋଟିଏ ପୁରୁଷ ଜେବ୍ରା ସହିତ ସ୍ୱାମୀ-ସ୍ତ୍ରୀ ସଂପର୍କ ସବୁ ଥର ପାଇଁ ରଖି ଥାଆନ୍ତି। କେତେକ ଜେବ୍ରା ଦଳରେ ନ ରହି ଅଲଗା ଭାବରେ ରହି ଥାଆନ୍ତି। ଏମାନଙ୍କୁ ହାରେମ୍ (harem) ଜେବ୍ରା କୁହାଯାଏ। ଏପରି ରହିଥିବା ପରିଣତ ବୟସର ସ୍ତ୍ରୀ ଜେବ୍ରାମାନଙ୍କର କେବଳ ସେମାନଙ୍କର ହାରେମ୍ ଷ୍ଟାଲିଅନ୍‌ମାନଙ୍କ ସହିତ ସଙ୍ଗମ ହୋଇଥାଏ।

ଯଦି ଗୋଟିଏ ଜେବ୍ରା ଷ୍ଟାଲିୟନ୍ (ପୁରୁଷ) ଓ ଗୋଟିଏ ସ୍ତ୍ରୀ ଘୋଡା ବା ଘୋଡ଼ିର ମିଳନ ହୁଏ ଯେଉଁ ଜେବ୍ରା ଛୁଆଟି ଜନ୍ମ ହେବ, ତାକୁ ଜେବ୍ରୁଲେ (zebrule) ବା ଜେବ୍ରା ମ୍ୟୁଲ୍ (zebra mule) କୁହାଯାଏ। ଏହାର ବିପରୀତ ମିଳନ ମଧ୍ୟ ହୋଇ

ପାରେ। ଅର୍ଥାତ୍ ସ୍ତ୍ରୀ-ଜେବ୍ରା ସହିତ ପୁରୁଷ ଘୋଡା ଷ୍ଟାଲିଅନ୍‌ର ମିଳନ ହୋଇ ସେମାନଙ୍କର ଛୁଆ ହୋଇପାରେ। ସେହି ଛୁଆକୁ ହେବ୍ରା, ହୋର୍ ବ୍ରା ବା ଜେବ୍ରିନି କୁହାଯାଏ। ଜେବ୍ରା ଷ୍ଟାଲିୟନ୍ ଓ ମେୟାର (mare) ର ଛୁଆକୁ ଜୋର୍ସ (zorse) ମଧ୍ୟ କୁହାଯାଏ। ଜେବ୍ରା ଓ ପନି (pony) ର ମିଳନରେ ଉତ୍ପନ୍ନ ଛୁଆକୁ ଜୋନିଜ୍ (zonies) କୁହାଯାଏ। ଜେବ୍ରା ଓ ଡଂକି (donkey) ର ମିଳନର ଛୁଆକୁ ଜୋଙ୍କି (zonkey) କୁହାଯାଇଥାଏ।

ଜେବ୍ରା ଷ୍ଟାଲିୟନ୍‌ମାନେ ଯୌନ ଉପଭୋଗ ପାଇଁ ପରସ୍ପର ମଧ୍ୟରେ ଲଢେଇ କରି ଥାଆନ୍ତି। ବେଳେ ବେଳେ ପୂର୍ବରୁ ଜାଣିପାରି ସ୍ତ୍ରୀ-ଜେବ୍ରାକୁ ମନେଇ ଗୁପ୍ତ ସ୍ଥାନକୁ ବା ଏକୁଟିଆ ସ୍ଥାନକୁ ନେଇ ଯାଆନ୍ତି। ଏହାକୁ ଚୋରାଇ ନେଇ ଯାଆନ୍ତି ବୋଲି ଧରାଯାଏ।

ଯେତେବେଳେ ସ୍ତ୍ରୀ ଓ ପୁରୁଷ ରତିକ୍ରିୟା ବା ସଙ୍ଗମ କରିବା ପାଇଁ ପ୍ରସ୍ତୁତ ହୋଇ ଯାଆନ୍ତି, ସ୍ତ୍ରୀ ତାର ପିଠି ଟିକେ ଦବେଇ ଦିଏ, ପଛ ପାଖ ବା ପଛ ଗୋଡ଼ ଦୁଇଟିକୁ ସାମନ୍ୟ ଉପରକୁ ଉଠେଇ ଦିଏ ଓ ତାର ଲାଞ୍ଜକୁ ଗୋଟିଏ ପାଖକୁ ରଖି ହଲାଉଥାଏ। ସଫଳ ଗର୍ଭଧାରଣ ପାଇଁ ପୁରୁଷଟି ବାରମ୍ଵାର ପ୍ରାୟ ୧ ଘଣ୍ଟା ଅନ୍ତରରେ ରତିକ୍ରିୟା ସଂପାଦନ କରୁଥାଏ। କୋର୍ଟସିପ୍ ଓ ସଙ୍ଗମ କାର୍ଯ୍ୟ ପ୍ରାୟ ଦୁଇ ଦିନ ଧରି ଚାଲିଥାଏ। ଶୁଷ୍କ ଅଞ୍ଚଳର ଜେବ୍ରାମାନେ ସାଧାରଣତଃ ବହୁ ପତ୍ନୀ ବିବାହ କରନ୍ତି ଏବଂ ବୃକ୍ଷବହୁଳ ଅଞ୍ଚଳରେ ରହୁଥିବା ଜେବ୍ରାମାନଙ୍କର ଏଥିରେ ବ୍ୟତିକ୍ରମ ଦେଖାଯାଇଥାଏ। ଅସାଧାରଣ ଯୋଡିର ସଙ୍ଗମ ପ୍ରାୟ ମଣିଷ ସାହାଯ୍ୟରେ ହୋଇଥାଏ।

ସ୍ତ୍ରୀ-ଜେବ୍ରା ଗର୍ଭଧାରଣ କରିବାର ୩୬୦ ରୁ ୩୯୦ ଦିନ ପରେ ଗୋଟିଏ କିମ୍ବା ଦୁଇଟି ଛୁଆ (foal) ଜନ୍ମ କରେ। ଏମାନଙ୍କର ଗର୍ଭଧାରଣର ସମୟବା ଜେଷ୍ଟେସନ୍ ପିରିଅଡ୍ ୧୨ ମାସ ବା ଗୋଟିଏ ବର୍ଷ ବୋଲି ଧରାଯାଏ। ପ୍ରତି ୨/ ୩ ବର୍ଷରେ ଥରେ ଜେବ୍ରା ଗୋଟିଏ ଛୁଆ ଜନ୍ମ କରେ ଏବଂ ଏହି ଛୁଆକୁ ଘୋଡା ଛୁଆ ଡାକ ନାମ ଅନୁସାରେ ଫୋଲ୍ (foal) କହନ୍ତି। ଏହି ଜନ୍ମ କରିବା ପ୍ରକ୍ରିୟାକୁ ଫୋଲିଂ କୁହାଯାଏ। ସମୟ ସମୟରେ ଏକା ପ୍ରକାରର ଜେବ୍ରା ମିଳନରୁ ଯେଉଁ ଛୁଆ ଜନ୍ମ ନିଏ ସେ ଭିନ୍ନ ପ୍ରକାରର ଚରିତ୍ର ପ୍ରଦର୍ଶନ କରିଥାଏ। ୧୨ ମାସ ପରେ ଯେଉଁଜେବ୍ରା ଛୁଆଟି ଜନ୍ମ ନିଏ ତାକୁ ତାର ମାଆ ଅନ୍ୟ ଜେବ୍ରାମାନଙ୍କ ଠାରୁ ଅଲଗା ରଖି କିଛି ଦିନ ପାଇଁ ପାଳନ କରେ। ଏହି ସମୟ ମଧ୍ୟରେ ଜେବ୍ରା ଛୁଆଟି ତାର ଦେହର ଜେବ୍ରା ଚିହ୍ନ ସଂପର୍କରେ ଭଲ ଭାବରେ ଜାଣି ପାରେ। ଏହା ପରେ ଛୁଆ ବା ଛୁଆମାନେ ଦଳର ସଦସ୍ୟ ହୋଇ ଯାଆନ୍ତି, ମାତ୍ର ୩ ବର୍ଷ

ପରେ ଛୁଆଟି ପରିଣତ ବୟସରେ ଉପନୀତ ହୁଏ। ଛୁଆମାନେ ୧ ମାସର ହୋଇଗଲେ ମାଆ ଉପରେ ମଧ୍ୟ ନିର୍ଭରଶୀଳ ହୁଅନ୍ତି ନାହିଁ। ମାଆ ସେମାନଙ୍କୁ ଏକୁଟିଆ ଛାଡି ଚରିବା ପାଇଁ ବା ପାଣି ପିଇବା ପାଇଁ ସାମାନ୍ୟ ଦୂରକୁ ଯାଇପାରେ।

ଆଫ୍ରିକାର ଜେବ୍ରାମାନେ ହିପ୍ପୋଟାଇଗ୍ରିସ୍ ଉପ ପ୍ରଜାତି (sub genus) ର ଅନ୍ତର୍ଗତ। ଏମାନଙ୍କୁ ତିନୋଟି ପ୍ରଚଳିତ ଜାତିରେ ବିଭକ୍ତିକରଣ କରାଯାଇଛି। ସେଗୁଡିକ ହେଲା (୧) ଗ୍ରେଭିସ୍ ଜେବ୍ରା (Equus grevys) (୨) ମାଉଣ୍ଟେନ୍ ଜେବ୍ରା (Equus Zebra) ଓ (୩) ପ୍ଲେନ୍ ଜେବ୍ରା (Equus equagga)। ମାଉଣ୍ଟେନ୍ ଜେବ୍ରା ଆଫ୍ରିକା ମହାଦେଶର ପ୍ରତୀକ। ଆଶ୍ଚର୍ଯ୍ୟଜନକ ଭାବରେ ଏମାନେ ପାହାଡ଼ ଚଢି ପାରନ୍ତି। କେପ୍ (cape) ମାଉଣ୍ଟେନ୍ ଜେବ୍ରା, ଜେବ୍ରାମାନଙ୍କ ମଧ୍ୟରେ ସବୁଠାରୁ ଛୋଟ। ଏମାନଙ୍କର ଓଜନ ୨୩୦ ରୁ ୨୬୦ କିଲୋଗ୍ରାମ୍ ମାତ୍ର। ପାହାଡିଆ ବା ମାଉଣ୍ଟେନ୍ ଜେବ୍ରାମାନେ ଆଙ୍ଗୋଲାର ଦକ୍ଷିଣ-ପଶ୍ଚିମାଞ୍ଚଳର ବାସିନ୍ଦା। ପରିଣତ ବୟସରେ ଏମାନଙ୍କର ଓଜନ ହାରାହାରି ୨୮୦ କିଲୋଗ୍ରାମ୍ ହୋଇଥାଏ।

ଜେବ୍ରାମାନେ ଗୋଟିଏ ସାମାଜିକ ଦଳ ଭାବରେ ସଂଗଠିତ ହୁଅନ୍ତି। ଏହି ଦଳରେ ଗୋଟିଏ ପ୍ରଭାବଶାଳୀ ପୁରୁଷ ଷ୍ଟାଲିଅନ୍ ଅଧିନରେ କେତେଗୁଡିଏ ସ୍ତ୍ରୀ-ଜେବ୍ରା ଓ ସେମାନଙ୍କର ପିଲାମାନେ ଏକତ୍ରୀତ ହୋଇ ରହନ୍ତି। ମାଆ ଓ ଛୁଆମାନଙ୍କର ସଂପର୍କ ଅତି ନିବିଡ ଓ ସାମାଜିକ ବନ୍ଧନ ଅତୁଟ। ଏମାନେ ରାତିରେ ଛୁଆ ଜନ୍ମ କରିବାକୁ ନିରାପଦ ମନେ କରନ୍ତି। ଜନ୍ମ କରିବା ପୂର୍ବରୁ ଏକୁଟିଆ ହୋଇ ଗୋଟିଏ କଡମାଡି ଶୋଇ ପଡ଼ନ୍ତି ଓ ଛୁଆ ଜନ୍ମ କରିଥାଆନ୍ତି। ଠିଆ ହେବା ଅବସ୍ଥାରେ ଛୁଆ ଜନ୍ମ କରିବାର ମଧ୍ୟ ଦେଖାଯାଇଛି।

ଏ ଆନ୍ନା ଜୁ- ଲୋଜିକାଲ୍ ପାର୍କ, ଭାଣ୍ଡାଲୁର, ଚେନ୍ନାଇରେ ଜେବ୍ରାମାନଙ୍କୁ ସାହାଣ (H.S.) ଓ ଟିଟାନସ୍ ଟିକା ବର୍ଷକୁ ଥରେ ଦିଆଯାଏ। ଭୁବନେଶ୍ୱର ନନ୍ଦନ କାନନରେ ଜେବ୍ରାମାନଙ୍କୁ ଯକ୍ଷ୍ମା (tuberculosis) ପ୍ରତିଷେଧକ ଟିକା ୩ଡି (3D) ଓ ୨ଡି (2D) ଅନ୍ୟ ତୃଣଭୋଜୀ ପ୍ରାଣୀମାନଙ୍କ ସହିତ ଦିଆଯାଇଥାଏ। ୩ଡି (୬୦ ଦିନ) ପ୍ରତିବର୍ଷ ଡିସେମ୍ବର ଓ ଜାନୁୟାରୀ ମାସରେ ଏବଂ ୨ଡି (୧୨୦ ଦିନ) ପ୍ରତିବର୍ଷ ଫେବୃୟାରୀ ଓ ମେ ମାସରେ ଦିଆଯାଏ। ଥିରୁଭନନ୍ଥ ପୁରମ୍ ଚିଡିଆଖାନାରେ ଜେବ୍ରାମାନଙ୍କୁ ଲେପ୍ଟୋସ୍ପାଇରା ବାକ୍ଟେରିନ୍ (5 way K) ଓ ଇକ୍ୱାଇନ୍ ରାହିନୋନିମୋନାଇଟିସ୍(କେ) ଟିକା ବର୍ଷକୁ ଥରେ ସେପ୍ଟେମ୍ବର ମାସରେ ଦିଆଯାଏ ଏବଂ ଫାଟୁଆ ରୋଗର ଟିକା (FMD -O,A, Asian 1) ପ୍ରତି ୬ ମାସରେ ଥରେ ଏପ୍ରିଲ ଓ ଅକ୍ଟୋବର ମାସରେ ଦିଆଯାଏ।

ଏ. ଆନ୍ନା ଜୁଲୋଜିକାଲ୍ ପାର୍କ ଚେନ୍ନାଇରେ ଜେବ୍ରାମାନଙ୍କୁ ଜାନୁଆରି, ଏପ୍ରିଲ, ଜୁଲାଇ, ଓ ଅକ୍ଟୋବର ମାସରେ ଉପଯୁକ୍ତ ଅନୁପାତରେ କୃମି ନାଶକ ଔଷଧ ଦିଆଯାଏ। ଆସାମର ଗୌହାଟି ଚିଡିଆଖାନାରେ ତୃଣଭୋଜୀ ପ୍ରାଣୀମାନଙ୍କୁ ଉପଯୁକ୍ତ ଅନୁପାତରେ ଓ ବ୍ୟବଧାନରେ ବିଭିନ୍ନ ପ୍ରକାର କୃମି ଔଷଧ ଦିଆଯାଇ ଥାଏ। ବିଶାଖାପାଟଣାର ଚିଡିଆଖାନରେ ତୃଣଭୋଜୀ ପ୍ରାଣୀମାନଙ୍କୁ ପ୍ରତି ୩ ମାସରେ ଥରେ ଫେନ୍ ବେଣ୍ଡାଜୋଲ, ଆଲ୍‌ବେଣ୍ଡାଜୋଲ ଓ ଆଇଭର୍ ମେକ୍‌ଟିନ୍ (ମିଶ୍ରିତ) ଉପଯୁକ୍ତ ଅନୁପାତରେ ଦିଆଯାଇ କୃମି ମୁକ୍ତ (deworming) କରାଯାଏ। ପଞ୍ଜାବ ଛାର୍ଟବିର୍ ଚିଡିଆଖାନାରେ ଜେବ୍ରମାନଙ୍କୁ ଆଇଭରକ୍ଟେିନ୍ ଏପ୍ରିଲ ମାସରେ ୫ ମିଲିଗ୍ରାମ୍/କି.ଗ୍ରା. ପି.ଓ. ହିସାବରେ ଥରେ ଥରେ ଦିଆଯାଏ ଏବଂ ଫେନ୍‌ବେଣ୍ଡାଜୋଲ୍ ପ୍ରତିବର୍ଷ ଡିସେମ୍ବର ମାସରେ ୭.୫ ମିଲିଗ୍ରାମ/ କି.ଗ୍ରା. ପି.ଓ. ହିସାବରେ ଥରେ ଦିଆଯାଏ। ଓଡିଶା ନନ୍ଦନ କାନନରେ ଜେବ୍ରା ସମେତ ତୃଣ ଭୋଜୀ ପ୍ରାଣୀମାନଙ୍କୁ ପ୍ରତି ୩ ମାସରେ ଥରେ କୃମି ଔଷଧ ଦିଆଯାଇଥାଏ। ପାଟଣା ସଞ୍ଜୟ ଗାନ୍ଧି ବାୟୋଲୋଜିକାଲ ପାର୍କରେ ଜେବ୍ରାମାନଙ୍କୁ ପ୍ରତି ୩ ମାସରେ ଥରେ ଫେନ୍‌ବେଣ୍ଡାଜୋଲ ୧.୫ ଗ୍ରାମ୍ ଓ ଆଇଭର ମେକ୍‌ଟିନ୍ ୮୦ ମି.ଗ୍ରା. ହିସାବରେ ଦିଆଯାଇ ଥାଏ। କେରଳ ଚିଡିଆଖାନାରେ ପ୍ରତି ୬ ମାସରେ ଥରେ ଜେବ୍ରାମାନଙ୍କୁ ଡିୱାମିଂ କରାଯାଏ। ଅର୍ଥାତ୍ କୃମିନାଶକ ଔଷଧ ଦିଆଯାଇଥାଏ।

■

ଜଳହସ୍ତୀ

(Hippopotamus)

ସର୍କସରେ ବିଭିନ୍ନ ପ୍ରକାର କଷ୍ଟସାଧ୍ୟ ବ୍ୟାୟାମ କୌଶଳ, ରହସ୍ୟକାରୀ କୌତୁକ ଓ ଜୀବଜନ୍ତୁମାନଙ୍କର ଖେଳ ପ୍ରଦର୍ଶନ ସହିତ ଦେଖି ନଥିବା ଓ ସେମାନଙ୍କ ସଂପର୍କରେ ଶୁଣିଥିବା କେତେକ ବଣ୍ୟପ୍ରାଣୀଙ୍କର ଦର୍ଶନ ସମ୍ଭବ ହୋଇଥାଏ। କାରଣ ଏ ସବୁ ପାଇଁ ସର୍କସ ଗୋଟିଏ ଆନନ୍ଦଦାୟକ ବୃହତ୍ ଭ୍ରାମ୍ୟମାଣ କ୍ରୀଡା ସଂସ୍ଥା। ଆମ୍ଭମାନଙ୍କ ମଧ୍ୟରୁ କେହି କେହି ଏପରି ସର୍କସ ଦେଖିଥିବା ଓ ଜଳହସ୍ତୀଟିକୁ ଦେଖି ଥିବାର ସୁଯୋଗ ପାଇଥିବା ନିଶ୍ଚୟ। ଏହି ବିରାଟକାୟ ଜନ୍ତୁଟି ପାଣି ଭିତରେ ଥାଏ। ସଙ୍କେତ ପାଇଲେ ଉଠି ଆସେ, ଅଳ୍ପ ସମୟ ଦେଖା ଦେବା ପରେ ପୁଣି ପାଣି ଭିତରକୁ ଚାଲିଯାଏ। ଦେଖିବାର ସୁଯୋଗ ପାଇଲେ ମଧ୍ୟ ଜନ୍ତୁଟି ସଂପର୍କରେ ସବିଶେଷ ଜାଣିବା ସମ୍ଭବ ହୁଏ ନାହିଁ।

ପ୍ରତ୍ୟେକ ରାଜ୍ୟର ସରକାରୀ ବା ବେସରକାରୀ ଚିଡିଆଖାନା ବା ବାୟୋଲୋଜିକାଲ୍ ପାର୍କ ଗୁଡିକୁ ଆକର୍ଷଣୀୟ କରିବା ପାଇଁ ଜଳହସ୍ତୀ ରଖିବା ପାଇଁ ବା ପାଳନ କରିବା ପାଇଁ ଚେଷ୍ଟା କରାଯାଉଛି। ଏପରି ପ୍ରଚେଷ୍ଟା ସହଜସାଧ୍ୟ ନ ହେଲେ ମଧ୍ୟ ପ୍ରାୟ ଅବ୍ୟାହତ ରହିଛି। ଏମାନଙ୍କର ବାସସ୍ଥାନ, ପରିବେଶ, ଖାଦ୍ୟ ଓ ରୋଗ ପ୍ରତି ସତର୍କ ନ ରହିଲେ ଏମାନେ ମୃତ୍ୟୁମୁଖରେ ପଡୁଛନ୍ତି। ବର୍ତ୍ତମାନ ସୁଦ୍ଧା ଆମ ଦେଶରେ ନିମ୍ନୋକ୍ତ ଚାରୋଟି ଚିଡିଆଖାନରେ ଜଳହସ୍ତୀ ଥିବାର ସୂଚନା ମିଳୁଛି। ଯଥା: -(୧) ଆରଗ୍ନାର ଆନ୍ନା ଜୁ-ଲୋଜିକାଲ ପାର୍କ. ଭେଣ୍ଡାଲୁର, ଚେନ୍ନାଇ।

(୨) ଏମ.ସି. ଜୁ-ଲୋଜିକାଲ ପାର୍କ ଛାତବିର, ପଞ୍ଜାବ। (୩) ସଂଜୟଗାନ୍ଧି ବାୟୋଲୋଜିକାଲ ପାର୍କ, ପାଟଣା ଓ (୪) ନନ୍ଦନକାନନ ବାୟୋଲୋଜିକାଲ୍ ପାର୍କ, ଭୁବନେଶ୍ୱରରେ ଥିବାର ଜଣାଯାଇଛି।

ଜଳହସ୍ତୀକୁ ଯେଉଁମାନେ ସର୍କସରେ ବା ଚିଡିଆଖାନାରେ ଦେଖିଛନ୍ତି, ସେମାନେ ଚିହ୍ନି ପାରିବେ ନିଶ୍ଚୟ। କାରଣ ଏମାନଙ୍କର ଏକ କିମ୍ଭୁତକିମାକାର ରୂପ ଦେଖିଲେ ଭୁଲି ହେବ ନାହିଁ। ହାତୀ ପରି ଜନ୍ତୁଟିଏ ପାଣିରେ ବୁଡି ରହି ପାରୁଛି, ବାସ୍ତବରେ ସୃଷ୍ଟିରେ ଗୋଟିଏ ଅଦ୍ଭୁତ ପ୍ରାଣୀ।

ଜଳହସ୍ତୀର ଶରୀର ଗୋଟିଏ ଫିମ୍ପା ବା ବ୍ୟାରେଲ୍ (barrel) ସଦୃଶ। ଏହାର ବେକ ପାଖର ଓ ଲାଞ୍ଜ ପାଖର ଗୋଲେଇ ପ୍ରାୟ ସମାନ। ଶରୀରରେ ହସ୍ତ, ପଦ, ମସ୍ତକ ଓ ଗଣ୍ଡି ଥିଲେ ମଧ୍ୟ ସହଜରେ ଦୃଶ୍ୟମାନ ହୁଏ ନାହିଁ। ଜଳହସ୍ତୀ ଗୋଟିଏ ହସ୍ତ, ପଦ ଓ ମସ୍ତକ ବିହୀନ ମୂର୍ତ୍ତି ସଦୃଶ। "ଆଁ" କଲେ ଜଳହସ୍ତୀର ପାଟି ପୂର୍ଣ୍ଣ ମାତ୍ରାରେ ଖୋଲିଯାଏ। କାରଣ ପାଟିଟି ବହୁତ ଓସାରିଆ ଓ ବିସ୍ତାରିତ। ଏହାର ଶ୍ୱାନଦନ୍ତ ପନ୍ତି ହାତୀର ମୁଖ ସମ୍ମୁଖସ୍ଥ ଦୀର୍ଘ୍ୟ ଦାନ୍ତ ପରି। ଏହାକୁ ମଧ୍ୟ ଟସ୍କ (tusk) କହନ୍ତି। ଶରୀରରେ ଲୋମ ନଥାଏ। ଗୋଡଗୁଡିକ ସ୍ତମ୍ଭ ପରି, ଶରୀର ତୁଳନାରେ ଛୋଟ ଛୋଟ ଓ ମଜଭୂତ। ସେମାନଙ୍କର ଗୋଡ଼ଗୁଡିକ ଗେଡ଼ା, ମୋଟା ଓ ବଳଶାଳୀ ହେଲେ ମଧ୍ୟ ସାଧାରଣ ଭାବରେ ସେମାନେ ଘଣ୍ଟାକୁ ୩୦ କିଲୋମିଟର ବେଗରେ ଦୌଡିବାକୁ ସକ୍ଷମ। ପରିଣତ ବୟସରେ ପୁରୁଷ ଜଳହସ୍ତୀମାନଙ୍କର ହାରାହାରି ଓଜନ ୧୫୦୦ କିଲୋଗ୍ରାମ୍ ଓ ସ୍ତ୍ରୀ-ଜଳହସ୍ତୀମାନଙ୍କର ୧୩୦୦ କିଲୋଗ୍ରାମ ହୁଏ ବୋଲି ଜଣା ପଡିଛି।

ଜଳହସ୍ତୀମାନଙ୍କର ବସବାସ କରିବା ସ୍ଥାନ, ନଦୀ, ହ୍ରଦ, ସନ୍ତସନ୍ତିଆ-କାଦୁଅ ପଙ୍କିଳ ସ୍ଥାନ ଓ ପାଣି କୂଳ କାଦୁଅ ପଙ୍କରେ ମାଟି ଉପରକୁ ଚେର କାଢି ବଢୁଥିବା ଗ୍ରୀଷ୍ମ ମଣ୍ଡଳୀୟ ଗଛ ବା ବୁଦା ଥିବା ଅଞ୍ଚଳ। ଶେଷୋକ୍ତ ଅଞ୍ଚଳକୁ ମ୍ୟାନ୍‌ଗ୍ରୁଭ (mangroove) କହନ୍ତି। ନିଜ ଅଞ୍ଚଳ ବା ଇଲାକାକୁ ରକ୍ଷା କରିବାର ପ୍ରବଣତା ଥିବା ପୁରୁଷ ଜଳହସ୍ତୀକୁ ଟେରିଟୋରିଆଲ୍ ପୁରୁଷ କୁହାଯାଏ। ଏପରି ଗୋଟିଏ ପୁରୁଷ ଜଳହସ୍ତୀ ୫ ରୁ ୩୦ ମଧ୍ୟରେ ଥିବା ସ୍ତ୍ରୀ-ଜଳହସ୍ତୀ ଓ ଯୁବକ-ଯୁବତୀ ଜଳହସ୍ତୀମାନଙ୍କର ଗୋଟିଏ ଦଳକୁ ନଦୀ ପାର୍ଶ୍ୱରେ ବା ଉପରୋକ୍ତ ଅଞ୍ଚଳମାନଙ୍କରେ ପରିଚାଳନା ଦାୟିତ୍ୱରେ ଥାଏ। ସୂର୍ଯ୍ୟୋଦୟରୁ ସୂର୍ଯ୍ୟାସ୍ତ ପର୍ଯ୍ୟନ୍ତ ବା ଦିନ ସମୟରେ ଏମାନେ ପାଣିରେ ବା ଗୋଳିଆ ପାଣିରେ ରହି ନିଜକୁ ଥଣ୍ଡା ରଖନ୍ତି। ପାଣି ଭିତରେ ଥିବା ସମୟରେ ଜଳହସ୍ତୀମାନେ ପାଖାପାଖି ହୋଇ ରହିଥାନ୍ତି। ପ୍ରଜନନ (breeding) ଓ

ପିଲାଜନ୍ମ କରିବା କାର୍ଯ୍ୟ ପାଣିରେ ବା ସେପରି ପରିବେଶରେ ହିଁ ଘଟିଥାଏ। ସଂଧ୍ୟା କାଳରେ ଝାପ୍ସା ଅନ୍ଧାର ହୋଇ ଆସୁଥିବା ସମୟରେ ଜଳହସ୍ତୀମାନେ ଘାସ ଚରିବା ପାଇଁ ବା ଖାଦ୍ୟ ଅନ୍ୱେଷଣରେ ବାହାରି ପଡନ୍ତି। ସ୍ଥଳ ଭାଗରେ ଥିବା ନିକଟବର୍ତ୍ତୀ ଚରଣ ଭୂମିରୁ ଯଥେଷ୍ଟ ପରିମାଣର ଘାସ ଚରିଥାନ୍ତି। ଏହି ସମୟରେ ସେମାନେ ଦଳବଦ୍ଧ ହୋଇ ରହନ୍ତି ନାହିଁ ଏବଂ ନିର୍ଜନତାକୁ ପସନ୍ଦ କରନ୍ତି। ଜଳହସ୍ତୀମାନେ ପୃଥିବୀର ସବୁଠାରୁ ବିପଦଜନକ ପ୍ରାଣୀ। କାରଣ ଏମାନେ ଆକ୍ରମଣଶୀଳ ବା ଉଗ୍ର ଶତ୍ରୁଭାବାପନ୍ନ। ଅପ୍ରତ୍ୟାଶିତ ଭାବରେ ଏମାନେ ଆକ୍ରମଣ କରି ଥାଅନ୍ତି। ଜଳହସ୍ତୀମାନଙ୍କର ଏପରି ପ୍ରକୃତି ପୂର୍ବରୁ ଜାଣି ହୋଇ ପାରେ ନାହିଁ। ଏମାନେ ଏପରି ଶକ୍ତିଶାଳୀ ହୋଇ ମଧ୍ୟ ସବୁବେଳେ ଭୟଭୀତ ଅବସ୍ଥାରେ ଥାଆନ୍ତି। କାରଣ ଜଳହସ୍ତୀମାନଙ୍କର ହାତୀଦାନ୍ତ ସଦୃଶ ଶ୍ୱାନଦନ୍ତଗୁଡିକ ହାତୀ-ଦାନ୍ତ ପରି ମୂଲ୍ୟବାନ୍ ଏବଂ ଏମାନଙ୍କର ମାଂସ ମଧ୍ୟ ସ୍ୱାଦିଷ୍ଟ ଓ ଭକ୍ଷଣ ଯୋଗ୍ୟ। ଏଣୁ ଶିକାରୀମାନଙ୍କ ଦ୍ୱାରା ଏମାନଙ୍କୁ ମୃତ୍ୟୁମୁଖରେ ପଡିବାକୁ ହୋଇଥାଏ। ଜଳହସ୍ତୀମାନଙ୍କର ବାସସ୍ଥାନଗୁଡିକୁ ମଧ୍ୟ ନଷ୍ଟ କରି ଦିଆଯାଉଥିବାରୁ ବାସହୀନ ହୋଇ ଯିବାରୁ ଏମାନଙ୍କର ଜୀବନ ପରିଚର୍ଯ୍ୟା ବ୍ୟସ୍ତ ବିବ୍ରତ ହୋଇ ପଡ଼େ।

ଜଳହସ୍ତୀମାନେ ପୃଥିବୀର ବୃହତ୍ ଜୀବନ୍ତ ସ୍ତନ୍ୟପାୟୀ ପ୍ରାଣୀମାନଙ୍କ ମଧ୍ୟରେ ଗୋଟିଏ ପ୍ରାଣୀ, ହାତୀ ଓ ଗଣ୍ଡାଙ୍କ ଠାରୁ କ୍ଷୁଦ୍ରତର। ବର୍ତ୍ତମାନ ସୁଦ୍ଧା ଏମାନେ ଦୁଇ ହାତୀ ପ୍ରଜାତିଙ୍କ ଠାରୁ କ୍ଷୁଦ୍ର ଏବଂ ଧଳାଗଣ୍ଡାମାନଙ୍କ ଠାରୁ ମଧ୍ୟ କ୍ଷୁଦ୍ରତର। ମାତ୍ର କଳା ଗଣ୍ଡା ଓ ଜିରାଫମାନଙ୍କ ଠାରୁ ଏମାନଙ୍କର ଓଜନ ବେଶି।

ଜଳହସ୍ତୀମାନେ ପରିଣତ ବୟସରେ ଲାଞ୍ଜ ଲମ୍ବ ସହିତ ୨.୯୦ ରୁ ୫.୦୫ ମିଟର ବା ୯.୫ ରୁ ୧୬.୬ ଫୁଟ ଲମ୍ବା। ଲାଞ୍ଜ ୩୫ ରୁ ୫୬ ସେଣ୍ଟିମିଟର ବା ୧.୧୫ ରୁ ୧.୮୪ ଫୁଟ ଲମ୍ବା। କାନ୍ଧ ଉଚ୍ଚତାରେ ଏମାନଙ୍କର ଉଚ୍ଚତା ୧.୩୦ ରୁ ୧.୬୫ ମିଟର ବା ୪.୩ ରୁ ୫.୪ ଫୁଟ। ଯଦିଓ ପରିଣତ ବୟସରେ ପୁରୁଷ ଜଳହସ୍ତୀର ହାରାହାରି ଓଜନ ୧୫୦୦ କିଗ୍ରା ଓ ସ୍ତ୍ରୀ ମାନଙ୍କର ୧୩୦୦ କିଲୋଗ୍ରାମ୍ ଖୁବ୍ ବଡ ଜଳହସ୍ତୀ ୨୦୦୦ କିଲୋଗ୍ରାମ ଓଜନ ଥିବାର ଦେଖାଯାଏ। ଅସାଧାରଣ ଭାବରେ ୨୬୬୦ କିଲୋଗ୍ରାମର ପୁରୁଷ ଜଳହସ୍ତୀ ମଧ୍ୟ ଉପଲବ୍ଧ ହୋଇଛି। ଚିଡିଆଖାନାରେ ଥିବା ସ୍ତ୍ରୀ ଜଳହସ୍ତୀ ୩୨୦୦ କିଗ୍ରା ଓ ପୁରୁଷ ଜଳହସ୍ତୀ ୪୫୦୦ କିଗ୍ରା ଓଜନ ଥିବାର ମଧ୍ୟ ଦେଖାଯାଇଛି। ଉପଯୁକ୍ତ ଖାଦ୍ୟପେୟ, ପରିବେଶ, ବାସସ୍ଥାନ ଥିବାରୁ ଓ ଶିକାରୀମାନଙ୍କ ପ୍ରତି ଭୟ ନ ଥିବାରୁ ଏହା ସମ୍ଭବ ହୋଇ ପାରୁଛି। ପୁରୁଷ ଓ ସ୍ତ୍ରୀମାନଙ୍କର ଶରୀର ବୃଦ୍ଧିରେ ଏକ ବ୍ୟତିକ୍ରମ ଦେଖାଯାଏ। ପୁରୁଷ ଜଳହସ୍ତୀମାନଙ୍କର ଜୀବନର ଶେଷ ପର୍ଯ୍ୟନ୍ତ ଶରୀରର ବୃଦ୍ଧି ଘଟିଥାଏ। ମାତ୍ର ସ୍ତ୍ରୀ-ଜଳହସ୍ତୀମାନଙ୍କର ୨୫ ବର୍ଷ ବୟସ ପର୍ଯ୍ୟନ୍ତ ଶରୀରର ବୃଦ୍ଧି ଘଟେ ଏବଂ ତାପରେ ସେମାନଙ୍କର ଓଜନ ପ୍ରାୟ ଅପରିବର୍ତ୍ତିତ ରହେ। ଲମ୍ବା ଥୋମଣି ଓ ଛୋଟ ଛୋଟ ଗୋଡ଼ ଥିବା ବ୍ୟାରେଲ ପରି ଶରୀରଟିର କଙ୍କାଳ ସମ୍ବନ୍ଧୀୟ (skeletal) ଗଠନ ଜଳହସ୍ତୀକୁ ଦୁଇଟି କାମରେ ସହାୟକ ହୁଏ। ଗୋଟିଏ ହେଉଛି ଶରୀରର ବିଶାଳ ଓଜନ ବହନ କରି ଆକର୍ଷଣ ଶକ୍ତି ସହିତ ଚଳ ପ୍ରଚଳ ହୋଇ ପାରେ ଏବଂ ସେମାନଙ୍କର ମାଧ୍ୟାକର୍ଷଣ ଶକ୍ତି ପାଣିରେ ବୁଡିବା ଓ ଗତି କରି ନଦୀର ବା ଜଳ ଉପର ତଳ ପର୍ଯ୍ୟନ୍ତ ବୁଡି ଓ ଉଠି ଆସିବାରେ ସାହାଯ୍ୟ କରେ।

ଅନ୍ୟ ବିଶାଳ ପ୍ରାଣୀମାନଙ୍କ ତୁଳନାରେ ଜଳହସ୍ତୀର ଗୋଡ଼ ଚାରୋଟି ଛୋଟ। ଯେଉଁ ପାଣିରେ ସେମାନେ ଚଳ ପ୍ରଚଳ ହୁଅନ୍ତି, ଗୋଡ଼ ଛୋଟ ଯୋଗୁ ସେମାନଙ୍କର ଓଜନର ବୋଝ ହ୍ରାସ ପାଇଥାଏ। ଯଦିଓ ସେମାନେ ମୋଟା ଓ ବୃହତ୍ ଆକୃତି ବିଶିଷ୍ଟ, ସେମାନେ ଘଣ୍ଟାକୁ ୧୯ ମାଇଲ୍ ବା ୩୦ କିଲୋମିଟର ଦୃତଗତିରେ ଦୌଡି ପାରୁଥିବାର ଜଣାଯାଏ। ମାତ୍ର ସାଧାରଣ ଭାବରେ ଜଳହସ୍ତୀମାନେ ଚାଲିବା ଠାରୁ ସାମାନ୍ୟ ଦୃତ ଗତିରେ ଯିବା ଆସିବା କରନ୍ତି। ସେମାନେ ବାଡ ବା କୌଣସି ଉଚ୍ଚତା ଥିବା ପଦାର୍ଥକୁ ଡେଇଁବାକୁ ଅକ୍ଷମ। କିନ୍ତୁ ନଦୀ ଉପକୂଳର ତୀକ୍ଷ୍ଣ ଉଠାଣିକୁ ସହଜରେ ଚଢି ପାରନ୍ତି। ଜଳହସ୍ତୀ ହେଉଛି ଅର୍ଦ୍ଧ ଜଳଜ ଜୀବ ବା ସେମି ଆକ୍ୱାଟିକ୍ (Semi-aquatic)। ଏହାର ପାଦର ଆଙ୍ଗୁଠି ଗୁଡିକ ପତଳା ଚମଡା ଦ୍ୱାର ସଂଯୁକ୍ତ, ଯେପରି ବେଙ୍ଗ, ହଂସ ଓ ବତକମାନଙ୍କ ପରି ସନ୍ତରଣକାରୀମାନଙ୍କର ଥାଏ। କେହି କେହି କହନ୍ତି, ପରିଣତ ବୟସର ଜଳହସ୍ତୀମାନଙ୍କର ସନ୍ତରଣ ପାଇଁ ଏପରି ସୁବିଧା ଥିଲେ ମଧ୍ୟ ସେମାନେ

ପହଁରି ପାରନ୍ତି ନାହିଁ ବା ପାଣିରେ ଭାସି ପାରନ୍ତି ନାହିଁ । ଗଭୀର ଜଳରେ ଥିବା ବେଳେ ନିମ୍ନାଂଶରୁ ଗୋଜିଆ ଥୋମଣି ସାହଯ୍ୟରେ ଲମ୍ଫ ପ୍ରଦାନ କରିଥାଏ । ଏପରି ବେଳେ ବେଳେ ଘଟୁଥିବାର ଦେଖାଯାଏ । ଆଉ କେତେକ ପ୍ରାଣୀବିଜ୍ଞାନୀ ମତ ଦିଅନ୍ତି ଯେ ଜଳହସ୍ତୀମାନଙ୍କର ପାଦରେ ଏପରି ସନ୍ତରଣ କରିବାର ସୁବିଧା ଥିବାରୁ ଅନେକ ସମୟରେ ସେମାନେ ମିଳିତ ଭାବରେ ସନ୍ତରଣ କରି ଥାଆନ୍ତି । ଜଳହସ୍ତୀମାନଙ୍କର ଆଖି, କାନ ଓ ନାକ ସେମାନଙ୍କର ମୁଣ୍ଡର ଖପୁରି ଛାତର ବହୁ ଉଚ୍ଚରେ ଥାଏ । ଯେତେବେଳେ ଶରୀରର ଅବଶିଷ୍ଟାଂଶ ପାଣିରେ ବୁଡି ରହିଥାଏ, ସେମାନେ ସେମାନଙ୍କର ଆଖି, କାନ ଓ ନାକ ପାଣି ଉପରେ ରଖି ପାରନ୍ତି ।

ସାଧାରଣତଃ ପୁରୁଷମାନଙ୍କର ଅଣ୍ଡକୋଷ (testes) ଆଂଶିକ ଭାବରେ ଓହଳି ଥାଏ ଏବଂ ଏହାର ଖୋଳ ବା ମୁଷ୍କକୋଷ (scrotum) ନଥାଏ । ଏହା ବ୍ୟତୀତ ଏହାର ଲିଙ୍ଗ (penis) ଯେତେବେଳେ ଯୌନ ଉତ୍ତେଜନା ଯୋଗୁ ପ୍ରସାରିତ ହୋଇ ନଥାଏ, ସେତେବେଳେ ଶରୀରରେ ସଂକୁଚିତ ହୋଇ ରହିଥାଏ । ସ୍ତ୍ରୀ ଜଳହସ୍ତୀମାନଙ୍କର ଯୌନାଙ୍ଗ ଅସାଧାରଣ ପ୍ରକାରର । ଏମାନଙ୍କର ଭାଜାଇନା (vagina) ବା ଯୋନି ଗୋଟିଏ ହିଡ ପରି ବା ଦୁଇଟି ସମତଳର ମିଳନ ଧାର ପରି (ridged) ଏବଂ ଯୋନିରେ ବହିର୍ଭାଗ (vulva)ର ପ୍ରବେଶ ପ୍ରକୋଷ୍ଠ ବା ଅଳିନ୍ଦ (vestibule) ରୁ ଦୁଇଟି ବଡ ଥଳି ବା ପାଉଚ୍ (diverticula) ଆଗକୁ ବାହାରିଥାଏ । ଏହି ଯୌନାଙ୍ଗଗୁଡିକର କାର୍ଯ୍ୟ ସଂପର୍କରେ ବିଶେଷ ଅନୁଧ୍ୟାନ କରାଯାଇଥିବା ଜଣା ଯାଏ ନାହିଁ ।

ଉପର ପାଟିର ହନୁ ହାଡ଼ ଓ ତଳ ପାଟିର ହାଡ, ପାଟିକୁ ଖୋଲିବାରେ ସାହାଯ୍ୟ କରେ । ଆମ ପାଟି ଗୋଟିଏ ସଂକୀର୍ଣ୍ଣ ପ୍ରବେଶ ପଥ । ତେଣୁ ଅଳ୍ପ ଖୋଲିବାର ବ୍ୟବସ୍ଥା ଅଛି । ଜଳହସ୍ତୀର ପାଟି ଖୁବ୍ ବଡ଼ ଏବଂ ଏହା ୧୮୦ ଡିଗ୍ରୀ ପର୍ଯ୍ୟନ୍ତ ଖୋଲିବାର ଆବଶ୍ୟକତା ରହିଛି । ଏହାର ହନୁହାଡ ଯଥେଷ୍ଟ ଶକ୍ତି ସମ୍ପନ୍ନ । ଶକ୍ତିଶାଳୀ ମାଂସପେଶୀ ହିଁ ଏହି ଶକ୍ତି ଯୋଗଇ ପାରିବ । ମାସ୍‌ସେଟ୍‌ର (masseter) ନାମକ ଗୋଟିଏ ବଡ ମାଂସପେଶୀ ଓ ଡାଇଗାଷ୍ଟ୍ରିକ (digastric) ନାମକ ପୂର୍ଣ୍ଣମାତ୍ରାରେ ବୃଦ୍ଧି ପାଇଥିବା ଆଉ ଗୋଟିଏ ମାଂସପେଶୀ ଏହି ଶକ୍ତି ଯୋଗାଇ ଥାଆନ୍ତି । ଧରିବା ପାଇଁ ଦ୍ୱିତୀୟ ପେଶୀ ପୂର୍ବ ପେଶୀ ସହିତ ଫାଶ ଆକାରରେ ସଂଯୋଜିତ ହୋଇଥାଏ । ହନୁ ହାଡର କବ୍‌ଜା (jaw hinge) ବହୁତ ପଛକୁ ଥାଏ, ଫଳରେ ପାଟିଟି ପ୍ରାୟ ୧୮୦ ଡିଗ୍ରୀ ପର୍ଯ୍ୟନ୍ତ ଖୋଲିପାରେ । ପାଟି ଖୋଲିବା ପାଇଁ ଅତ୍ୟଧିକ ଚେଷ୍ଟା ନ କରିବାକୁ ବା ତୀବ୍ରତା ହ୍ରାସ କରିବା ପାଇଁ ଅର୍ବିକୁଲାରିସ୍ ଅରିସ୍ ନାମକ ଆଉ ଗୋଟିଏ ଗୋଲାକାର ମାଂସପେଶୀ

"ଆଁ" କରିବାରେ ସାହାଯ୍ୟ କରିଥାଏ। ଫଳରେ କୌଣସି ମାଂସପେଶୀ ଚିରି ହୋଇ ଯିବାର ସମ୍ଭାବନା ନଥାଏ। ଗୋଟିଏ ପରିଣତ ବୟସର ସ୍ତ୍ରୀ-ଜଳହସ୍ତୀର କାମୁଡିବା ଶକ୍ତି ୮.୧ କେ.ଏନ୍. ବା ୧୮୨୦ ବି.ଏଫ. ବୋଲି ମାପ କରାଯାଇଛି। ଜଳହସ୍ତୀମାନଙ୍କର ଦାନ୍ତଗୁଡିକ ପରସ୍ପର ସହିତ ଘର୍ଷଣ ଦ୍ୱାରା ତୀକ୍ଷ୍ଣ ମୁନିଆଁ ହୋଇଯାଇଥାଏ। ନିମ୍ନସ୍ଥ ଶ୍ୱାନଦନ୍ତ ଓ କର୍ତ୍ତନ ଦନ୍ତଗୁଡିକ (canines and incisers) ବଡ଼ ହୋଇଯାଏ, ବିଶେଷତଃ ପୁରୁଷ ଜଳହସ୍ତୀମାନଙ୍କର ଅବିରତ ଭାବରେ ବଢେ। କର୍ତ୍ତନ ଦନ୍ତଗୁଡିକ ୪୦ ସେଣ୍ଟିମିଟର ବା ୧ ଫୁଟ ୪ ଇଞ୍ଚ ପର୍ଯ୍ୟନ୍ତ ବଢିପାରେ। ସେହି ପରି ଶ୍ୱାନଦନ୍ତ ୫୦ ସେଣ୍ଟିମିଟର ବା ୧ ଫୁଟ ୮ ଇଞ୍ଚ ପର୍ଯ୍ୟନ୍ତ ବଢେ। ଏହି ଦନ୍ତଗୁଡିକ ପରସ୍ପର ସହିତ ଲଢିବାରେ ସାହାଯ୍ୟ କରେ। ମାତ୍ର ଖାଦ୍ୟ ପଦାର୍ଥକୁ ଚର୍ବଣ କରିବାରେ ଏହି ଦାନ୍ତମାନଙ୍କର ଭୂମିକା କିଛି ମାତ୍ର ନଥାଏ। ଜଳହସ୍ତୀମାନେ ସେମାନଙ୍କର ପ୍ରଶସ୍ତ ଶିଂଘ ଭଳି କଠିନ ଓଠ ଉପରେ ଘାସ ବୁଦାକୁ ଧରିବା ଓ ଟାଣି ପାଟିରେ ପୂରାଇବା ପାଇଁ ନିର୍ଭର କରନ୍ତି। ଏହି ଘାସକୁ ଚର୍ବଣ ଦାନ୍ତ ସାହାଯ୍ୟରେ ଚୋବାଇଥାନ୍ତି। ଜଳହସ୍ତୀମାନଙ୍କୁ ନକଲି (pseudo) ରୋମନ୍ଥକ ପ୍ରାଣୀ ଭାବରେ ବିଚାର କରାଯାଏ। ରୋମନ୍ଥକ ପ୍ରାଣୀମାନେ ଯେପରି ଘାସ-ନଡା ଇତ୍ୟାଦି ପେଟକୁ ନେଇ ବିଶ୍ରାମ ସମୟରେ ପାଟିକୁ ଫେରାଇ ଆଣି ଚୋବାନ୍ତି, ଜଳହସ୍ତୀମାନେ ସେପରି କରନ୍ତି ନାହିଁ। ଏମାନେ ପ୍ରକୃତରେ ଗୋରୁମାନଙ୍କ ପରି ରୋମନ୍ଥକ ପ୍ରାଣୀ ନୁହଁନ୍ତି। ମାତ୍ର ଏମାନଙ୍କର ପାକସ୍ଥଳୀରେ ତିନୋଟି ଜଟିଳ ପ୍ରକୋଷ୍ଠ ଥାଏ।

ଅଧିକାଂଶ ଅନ୍ୟ ଅର୍ଦ୍ଧଜଳୀୟ (semi aquatic) ପ୍ରାଣୀମାନଙ୍କ ପରି ଜଳହସ୍ତୀମାନଙ୍କର ଖୁବ୍ ଛୋଟ ଛୋଟ ଲୋମ ଥାଏ, ମାତ୍ର ଚମଡା ବହୁତ ମୋଟା। ଚମଡ଼ା ପ୍ରାୟ ୬ ସେଣ୍ଟିମିଟର ବା ୨ ଇଞ୍ଚ ମୋଟା ହୋଇଥାଏ। ଏପରି ଚର୍ମ ସେମାନଙ୍କୁ ଶିକାରୀମାନଙ୍କ ଦୃଷ୍ଟିରୁ ରକ୍ଷା ପାଇବାରେ ସାହାଯ୍ୟ କରିଥାଏ। ଜଳହସ୍ତୀମାନଙ୍କର ଚର୍ମ ତଳେ ଗୋଟିଏ ଖୁବ୍ ପତଳା ଚର୍ବୀ (fat) ସ୍ତର ଥାଏ। ପ୍ରାଣୀଟିର ଉପରର ରଙ୍ଗ ବାଇଗଣିଆ-ଧୂସରରୁ ଆକାଶିଆ କଳା ରଙ୍ଗ। ଜନ୍ତୁଟିର ନିମ୍ନାଂଶ ଓ ଆଖି ଓ କାନର ଚାରିପଟେ ବାଦାମୀ-ଗୋଲାପି ରଙ୍ଗର ଚିହ୍ନ ଥାଏ। ସେମାନଙ୍କର ଚର୍ମରୁ ଏକ ପ୍ରକାର ପ୍ରାକୃତିକ କ୍ରୀମ୍ ବାହାରେ ଯାହା ସାମାନ୍ୟ ଲାଲ୍ ଦେଖାଯାଏ।

ଚର୍ମର ଏହି ନିଃସରଣକୁ "ରକ୍ତ ଝାଳ" କୁହାଯାଏ। ବାସ୍ତବରେ ଏହା ରକ୍ତ ନୁହେଁ କିମ୍ବା ଝାଳ ନୁହେଁ। ଚର୍ମରୁ ଝରୁଥିବା ସମୟରେ ବା ଆରମ୍ଭରେ ସାମାନ୍ୟ ହଳଦିଆ ବା ବର୍ଣ୍ଣହୀନ ଦେଖାଯାଏ ଏବଂ ତୁରନ୍ତ ଏହା ନାଲି ରଙ୍ଗକୁ ପରିବର୍ତ୍ତିତ ହୁଏ। ପରିଶେଷରେ ବାଦାମୀ ରଙ୍ଗ ହୋଇଯାଏ। ଏହି ନିଃସୃତ ତରଳ ପଦାର୍ଥରେ

ଦୁଇଟି ରଙ୍ଗର ଉପାଦାନ (pigments) ଚିହ୍ନଟ କରାଯାଇଛି । ଗୋଟିଏ ରଙ୍ଗର ଉପାଦାନ ନାଲିଆ ଏବଂ ଏଥିରେ ଥିବା ରାସାୟନିକ ପଦାର୍ଥକୁ ହିପ୍ପୋସୁଡୋରିକ୍ ଅମ୍ଳ କୁହାଯାଏ । ଅନ୍ୟ ରଙ୍ଗର ଉପାଦାନ ବା ପିଗ୍‌ମେଣ୍ଟଟି ପୀତବର୍ଣ୍ଣ ବା ପାଚିଲା ଲେମ୍ବୁ (orange) ରଙ୍ଗ । ଏହାକୁ ନରହିପ୍ପୋ ସୁଡୋରିକ୍ ଅମ୍ଳ (nor-hipposudoric acid) କୁହାଯାଏ । ଦୁଇଟି ଯାକ ପିଗ୍‌ମେଣ୍ଟ ଘନ ଅମ୍ଳ ବିଶିଷ୍ଟ ଯୌଗିକ ପଦାର୍ଥ । ଏମାନେ ଯେ କୌଣସି ରୋଗର ଜୀବାଣୁମାନଙ୍କ ବୃଦ୍ଧିକୁ ପ୍ରତିହତ କରନ୍ତି । ସେମାନଙ୍କର ଆଲୋକ ଅବଶୋଷଣ ଶକ୍ତି ଅଲଟ୍ରା ଭାଓଲେଟ୍ ରଶ୍ମୀର ତୀବ୍ରତା ହ୍ରାସ କରି ଗୋଟିଏ ସନ୍‌ସ୍କ୍ରିନ୍ (sun-screen) ର ପ୍ରଭାବ ପକାଇଥାଏ । ଜଳହସ୍ତୀମାନଙ୍କ ମଧ୍ୟରେ ଖାଦ୍ୟଗତ ପାର୍ଥକ୍ୟ ଥାଏ । ମାତ୍ର ସମସ୍ତଙ୍କର ଏହି ପିଗ୍‌ମେଣ୍ଟ ଦୁଇଟି ନିଃସରିତ ହୁଏ । ଏଥିରୁ ସ୍ପଷ୍ଟ ପ୍ରତୀୟମାନ ହୁଏ ଯେ ଖାଦ୍ୟ, ପିଗ୍‌ମେଣ୍ଟର ଉତ୍ସ ନୁହେଁ । ବରଂ ଜଳହସ୍ତୀମାନେ ଆମାଇନୋ ଏସିଡ୍ ଟାଇରୋସିନ୍ (tyrosine) କୁ ପ୍ରିକର୍ସର (precursor) ଭାବରେ ବ୍ୟବହାର କରି ଏହି ପିଗ୍‌ମେଣ୍ଟଦ୍ୱୟକୁ ସଂଶ୍ଳେଷିତ କରି ଥାଆନ୍ତି । ଜଳହସ୍ତୀମାନେ ଯଦି ପାଣି ବାହାରେ ବହୁତ ସମୟ ରହି ଯାଆନ୍ତି, ସେମାନଙ୍କର ଚମଡ଼ା ଫାଟି ଫାଟି ଯାଏ । ଏହି ପ୍ରାକୃତିକ ସନ୍‌ସ୍କ୍ରିନ୍‌ର ପ୍ରଭାବ ସେଥିରୁ ରକ୍ଷା କରିପାରେ ନାହିଁ । ଏହି ନିଃସୃତ ତରଳ ପଦାର୍ଥ ଦେହ ଉପରେ ଢ଼ାଳି ଦେଲାପରି ଦେଖାଯାଏ । ଏଣୁ ଏମାନଙ୍କର ଦେହ ଚିକ୍କଣ ଓ ଚକ୍ ଚକ୍ କରିବାର ଦେଖାଯାଏ । ଏହି ନିଃସରିତ ତରଳ ପଦାର୍ଥର ଅନ୍ୟ ଦୁଇଟି କାର୍ଯ୍ୟ ମଧ୍ୟ ରହିଛି । ଏହା ଶରୀରର ଉତ୍ତାପ (temperature) ରକ୍ଷା କରିବାରେ ସାହାଯ୍ୟ କରେ ଏବଂ ଜୀବାଣୁନାଶକ ଭାବରେ କାର୍ଯ୍ୟ କରିଥାଏ ।

ପ୍ରକାରଗତ ଭାବରେ ଜଳହସ୍ତୀମାନେ ୪୦ ରୁ ୫୦ ବର୍ଷ ପର୍ଯ୍ୟନ୍ତ ବଞ୍ଚି ରହନ୍ତି । ଆମେରିକାରେ ମେସ୍‌କେର ପାର୍କ ଚିଡିଆଖାନାରେ ଥିବା ଗୋଟିଏ ଜଳହସ୍ତୀ ୬୧ ବର୍ଷ ବୟସରେ ୨୦୧୨ ମସିହାରେ ମୃତ୍ୟୁବରଣ କରିଥିଲା । ଅନ୍ୟ ଗୋଟିଏ ଜଳହସ୍ତୀ ଫିଲିପ୍ପାଇନ୍‌ସର ମାନିଲା ଚିଡିଆଖାନାରେ ୨୦୧୭ ମସିହାରେ ୬୫ ବର୍ଷ ବୟସରେ ପ୍ରାଣତ୍ୟାଗ କରିଥିଲା । ଜଳହସ୍ତୀମାନେ ଚିଡ଼ିଆଖାନା ମାନଙ୍କରେ ଉପଯୁକ୍ତ ଖାଦ୍ୟ, ପାନୀୟ, ପରିବେଶ ଓ ଚିକିତ୍ସାରେ ରହିଲେ ବେଶି ବର୍ଷ ବଞ୍ଚି ରହନ୍ତି ।

ପରିଣତ ବୟସ (adult) ର ଜଳହସ୍ତୀମାନେ ପାଣିରେ ଘଣ୍ଟାକୁ ୮ କିଲୋମିଟର ବେଗରେ ଗତି କରି ପାରନ୍ତି । ଏମାନେ ସ୍ୱାଭାବିକ ଭାବରେ ପ୍ରତି ୩ ରୁ ୫ ମିନିଟ୍‌ରେ ଥରେ ଜଳର ଉପର ସ୍ତରରେ ଭାସି ଶ୍ୱାସକ୍ରିୟା ସଂପାଦନ କରିଥାଆନ୍ତି । ଏହା ମଧ୍ୟ ଜଳହସ୍ତୀ ପ୍ରଜାତି ଓ ବାସସ୍ଥାନ ଉପରେ ନିର୍ଭର କରେ ।

ପ୍ରଜନନ କ୍ଷେତ୍ରରେ ପୁରୁଷ ଜଳହସ୍ତୀକୁ ଷଣ୍ଢ ଓ ସ୍ତ୍ରୀ ଜଳହସ୍ତୀକୁ ଗାଈ ବୋଲି କୁହାଯାଇଥାଏ। ପ୍ରତି ଷଣ୍ଢର ନିଜର ଇଲାକା ବା ଟେରିଟୋରି ଅଛି। ଏହି ଇଲାକାରେ ଷଣ୍ଢ ଓ ଗାଈର ମିଳନ ପ୍ରକ୍ରିୟା ସଂଗଠିତ ହୋଇଥାଏ। ବୟସ୍କ ଜୀବିତ ମାତ୍ର ଶାରୀରିକ ଅଭିବୃଦ୍ଧି ବିଶେଷ ଘଟୁ ନ ଥିବା ଷଣ୍ଢମାନଙ୍କୁ ନିଷ୍କ୍ରିୟ ବା ଡରମାଣ୍ଟ(dormant) ଷଣ୍ଢ କହନ୍ତି। ଏମାନେ ମାତ୍ର ପ୍ରଜନନ କ୍ଷେତ୍ରରେ ସକ୍ରିୟ। ଏହିମାନେ ହିଁ ସଙ୍ଗମ ପାଇଁ ଉପଯୁକ୍ତ ଏବଂ ଏମାନେ ପରିସ୍ଥିତି ଦ୍ୱାରା ମିଳିଥିବା ସୁଯୋଗକୁ ଉପଭୋଗ କରନ୍ତି। ତେଣୁ ପ୍ରାୟ ୯୦ ପ୍ରତିଶତ ଷଣ୍ଢ ବା ପୁରୁଷ ଜଳହସ୍ତୀ ସଙ୍ଗମ କରିବାରୁ ବଞ୍ଚିତ ହୁଅନ୍ତି। ସାଧାରଣତଃ ଗୋଟିଏ ଡର୍‌ମାଣ୍ଟ ଜଳହସ୍ତୀ ତାର ଇଲାକାର ୧୦ଟି ଗାଈ ବା ସ୍ତ୍ରୀ ଜଳହସ୍ତୀ ସହିତ ସଙ୍ଗମ କରିପାରେ।

ଯେତେବେଳେ ଗୋଟିଏ ଜଳହସ୍ତୀ (ଗାଈ) ପ୍ରଜନନକ୍ଷମ ହୁଏ, ଷଣ୍ଢ ଜଳହସ୍ତୀ (ଡରମାଣ୍ଟ) ପ୍ରେମ ପ୍ରସ୍ତାବନା (courtship) ଆରମ୍ଭ କରି ଦିଏ। ଏହା ଯୌନକ୍ରିଡା ପାଇଁ ପ୍ରବର୍ତ୍ତନା ବା ପ୍ରଲୋଭନ। ଷଣ୍ଢ ଜଳହସ୍ତୀ ଗାଈ ଜଳହସ୍ତୀର ଚାରିକଡେ ବୁଲେ ଏବଂ ସଙ୍ଗମ ପାଇଁ ସୁବିଧାଜନକ ଅବସ୍ଥିତିରେ ରହେ। ଏହି ସମୟରେ ସେ ମଳ ବା ଗୋବର ପକାଏ ଓ ପରିସ୍ରା କରିଥାଏ। ଏପରି ଲାଞ୍ଜ ହଲାଏ ଯେ ମଳ ଓ ପରିସ୍ରା ଚାରିଆଡେ ବିଛେଇ ହୋଇ ପଡୁଥାଏ। ଗାଈ ଜଳହସ୍ତୀ ମଧ୍ୟ ଷଣ୍ଢର ଚାରିପଟେ ମଳତ୍ୟାଗ କରିଥାଏ। ପୁରୁଷ ଜଳହସ୍ତୀଟି ସ୍ତ୍ରୀ ଜଳହସ୍ତୀ ସହିତ ସଙ୍ଗମ କରିବା ପାଇଁ ପ୍ରସ୍ତୁତ ବୋଲି ନିଜ ସ୍ୱର ଦ୍ୱାରା (by vocalisation) ପ୍ରକାଶ କରେ ବା ସୂଚନା ଦିଏ। ପୁରୁଷ ଜଳହସ୍ତୀଟି ସୁସୁରି ପରି ଶବ୍ଦ କରେ (wheezing) ଏବଂ ସ୍ତ୍ରୀ ହସ୍ତୀର ପଛ ଗୋଡର ମଝି ଗଣ୍ଠିକୁ ଆଘାତ କରେ ଯାହାକୁ ହକିଂ (hocking) କୁହାଯାଏ। ମିଳନ ପାଇଁ ଦୁହିଁଙ୍କର ମନ ମିଳିଗଲେ ପରସ୍ପର ତଳପାଟି ହାଡ (jaw) ବାଡେଇ କର୍କଶ ଶବ୍ଦ କରିଥାଆନ୍ତି।

ଅଧ୍ୟୟନରୁ ଜଣାପଡେ ଯେ ସ୍ତ୍ରୀ-ଜଳହସ୍ତୀମାନେ ଛଡା ଅବସ୍ଥାରେ ୩ ରୁ ୪ ବର୍ଷ ବୟସରେ ଯୌନ ପରିପକ୍ୱତା (puberty) ଲାଭ କରି ଥାଆନ୍ତି। ଷଣ୍ଢ ଜଳହସ୍ତୀମାନେ ପାଖାପାଖି ୭.୫ ବର୍ଷରେ ସଙ୍ଗମ କରିବାକୁ ସକ୍ଷମ ହୋଇ ଥାଆନ୍ତି ବା ପୁରୁଷତ୍ୱପ୍ରାପ୍ତି ହୁଅନ୍ତି। ସାଧାରଣତଃ ଗ୍ରୀଷ୍ମ ଋତୁରେ ଆର୍ଦ୍ରଋତୁର ଶେଷ ଭାଗରେ (during the end of the wet season) ସବୁଠାରୁ ବେଶି ଜଳହସ୍ତୀ ଗର୍ଭଧାରଣ କରିଥାଆନ୍ତି। ବିଳମ୍ବିତ ଶୀତଋତୁର ଆରମ୍ଭରେ ସବୁଠାରୁ ବେଶି ଗାଈ ଜଳହସ୍ତୀମାନେ ଛୁଆ ଜନ୍ମ କରିଥାଆନ୍ତି। ଗାଈ ଜଳହସ୍ତୀମାନଙ୍କର ଋତୁଚକ୍ର ଏହାର କାରଣ। ଷଣ୍ଢ ଜଳହସ୍ତୀମାନଙ୍କର ପୁରୁଷ ବୀଜ (spermatozoa) ବର୍ଷସାରା ସକ୍ରିୟ ଥାଏ। ସ୍ୱାଭାବିକ

ଭାବରେ ସ୍ତ୍ରୀ-ଜଳହସ୍ତୀମାନେ ଥରେ ଗର୍ଭବତୀ ହେଲେ ୧୭ ମାସ ପର୍ଯ୍ୟନ୍ତ ଡିମ୍ବାଣୁ ବା ଓଭମ୍ ସୃଷ୍ଟି କରିବା ପ୍ରକ୍ରିୟା ସ୍ଥଗିତ ରହେ।

ଷଣ୍ଢ ଓ ଗାଈ ଜଳହସ୍ତୀର ସଂଗମ ପାଣି ଭିତରେ ସଂଗଠିତ ହୁଏ। ଏହି ସମୟରେ ଗାଈ ଜଳହସ୍ତୀଟି ଅର୍ଦ୍ଧଜଳମଗ୍ନ ଅବସ୍ଥାରେ ରହେ ଏବଂ ନିଶ୍ୱାସ ନେବା ପାଇଁ ସାମୟିକ ଭାବରେ ମୁଣ୍ଡ ଉପରକୁ ଉଠାଏ। ଗର୍ଭବତୀ ଗାଈ ଜଳହସ୍ତୀମାନେ ଗର୍ଭାବସ୍ଥାରେ ଥିବା ସମୟରେ ଅଲଗା ହୋଇ ରହନ୍ତି ଏବଂ ଛୁଆ ଜନ୍ମ କରିବାର ୧୦ ରୁ ୧୪ ଦିନ ଭିତରେ ପ୍ରତ୍ୟାବର୍ତ୍ତନ କରନ୍ତି। ପାଣି ଭିତରେ ଛୁଆ ଜନ୍ମ ହୋଇଥାଏ। ଜନ୍ମ ହେବା ବେଳେ ଛୁଆର ଓଜନ ୨୫ ରୁ ୫୦ କିଲୋଗ୍ରାମ ବା ୫୫ ରୁ ୧୧୦ ପାଉଣ୍ଡ ହୋଇଥାଏ। ଛୁଆର ହାରାହାରି ଲମ୍ବା ୧୨୭ ସେଣ୍ଟିମିଟର ବା ୪,୧୭ ଫୁଟ ହୋଇଥାଏ। ଛୁଆଟି ଜନ୍ମ ହେବାପରେ ପାଣିର ଉପର ସ୍ତରକୁ ଚାଲିଆସେ ପ୍ରଥମ ନିଃଶ୍ୱାସ ନେବା ପାଇଁ। ସାଧାରଣତଃ ଗୋଟିଏ ଛୁଆ ଜନ୍ମ ହୋଇଥାଏ। ଜାଆଁଳା ଛୁଆ ଜନ୍ମ ହେବାର କ୍ୱଚିତ୍ ଦେଖାଯାଏ। ସେଠାରେ ଯଦି ପାଣିର ଗଭୀରତା ବେଶୀ ଥାଏ, ଛୁଆ ମା'ର ପିଠିଉପରେ ବିଶ୍ରାମ ନିଏ। ପାଣିରେ ସେମାନେ ମାତୃ ସ୍ତନ୍ୟ ପାନ କରି ପାରନ୍ତି ନାହିଁ, ଯାହା ଛୁଆର ବର୍ତ୍ତମାନର ପ୍ରାଥମିକ ଆବଶ୍ୟକତା। ସ୍ତନ୍ୟପାନ କରିବା ପାଇଁ ଛୁଆ ଓ ମାଆ ଉପରକୁ ଚାଲି ଯାଆନ୍ତି। ନଦୀକୂଳ ଭୂମିରେ ବା ଜଳାଶୟର ପାର୍ଶ୍ୱବର୍ତ୍ତୀ ଭୂମିରେ ଛୁଆ ମାଆଠାରୁ ସ୍ତନ୍ୟପାନ କରେ। ମାଆ ଜଳହସ୍ତୀ, ଛୁଆ ବା ଛୁଆମାନଙ୍କୁ ରକ୍ଷା କରିବାରେ ଯଥେଷ୍ଟ ସଚେତନ ଥାଏ, ଅନ୍ୟମାନଙ୍କ ଠାରୁ ସେ ନିଜେ ଓ ଛୁଆମାନଙ୍କୁ ଦୂରେଇ ରଖିଥାଏ। ଛୁଆ ବା ଛୁଆମାନେ କେବେ କେବେ ନର୍ସରୀରେ ରହନ୍ତି। ଏହି ନର୍ସରୀ କେତେକ ପରିଣତ ବୟସର ଷଣ୍ଢ-ଜଳହସ୍ତୀଙ୍କ ଦ୍ୱାରା ଜଗାରଖା କରାଯାଏ। ଛୁଆମାନେ ନର୍ସରୀରେ ସମୟ ସମୟରେ ଖେଳ କସରତ ବା ପରସ୍ପର ମଧ୍ୟରେ ଯୁଦ୍ଧ ଆରମ୍ଭ କରି ଦିଅନ୍ତି। ବେଳେ ବେଳେ ମାଆ ପାଣିରେ ପହୁଁରୁଥିବା ବେଳେ ପିଲାଟି ମାଆ ପିଠିରେ ବସି ବୁଲିବାକୁ ଭଲ ପାଏ। ଜନ୍ମ ହେବାର ୬ ରୁ ୮ ମାସ ବୟସ ପର୍ଯ୍ୟନ୍ତ ସେମାନେ ଏହି ପରି ମାଆର ତତ୍ତ୍ୱାବଧାନରେ ଥାଆନ୍ତି। ଛୁଆକୁ ୧ବର୍ଷ ବୟସ ହୋଇଗଲେ ସେମାନେ ମାଆ ଠାରୁ ସଂପୂର୍ଣ୍ଣ ଅଲଗା ହୋଇ ରହନ୍ତି। ଏହାକୁ "ୱିନିଂ" କୁହାଯାଏ। ଅନ୍ୟ ବଡ ସ୍ତନ୍ୟପ୍ରାୟୀ ପ୍ରାଣୀମାନଙ୍କ ପରି ଜଳହସ୍ତୀମାନଙ୍କୁ ରଣକୌଶଳରେ ନିପୁଣ (K-strategists) ବୋଲି ବର୍ଣ୍ଣନା କରାଯାଏ। ପ୍ରତି ୨ ବର୍ଷରେ ଥରେ ଗୋଟିଏ ଉତ୍ତମ ସ୍ୱାସ୍ଥ୍ୟବାନ୍ ଓଜନଦାର ବଡ଼ ଛୁଆ ଜନ୍ମ କରିବା ଏମାନଙ୍କର ଉଦ୍ଦେଶ୍ୟ। ଏକାଧିକ ରୁଗ୍ଣ, ଦୁର୍ବଳ ଛୁଆ ଜନ୍ମ କରି ପାଳନ କରିବା ଏମାନଙ୍କର ଉଦ୍ଦେଶ୍ୟ ନୁହେଁ।

ପ୍ରାଣୀ ଜଗତରେ ଏମାନେ ଆନିମାଲିଆ ରାଜ୍ୟରେ, କୋର୍‌ଡାଟା - ଫାଇଲମ୍‌ରେ, ମାମାଲିଆ ଶ୍ରେଣୀରେ ଆର୍ଟିଓଡାକ୍ ଟାଇଲା (artiodactyla) ଅର୍ଡରରେ ହିପ୍ପୋପୋଟାମିଡେ (hippopotamidae) ଫାମିଲିରେ ହିପ୍ପୋଟାମସ୍ ଜେନସରେ ଏବଂ ହିପ୍ପୋପୋଟାମସ୍ ଆମ୍ଫିବିୟସ (amphibius) ସ୍ପେସିଜ୍‌ରେ ଅନ୍ତର୍ଗତ ।

ବର୍ତ୍ତମାନ ସୁଦ୍ଧା ଦୁଇ ପ୍ରକାରର ଜଳହସ୍ତୀ ଅଛନ୍ତି । ଆଫ୍ରିକୀୟ ବୃହତ୍ ସାଧାରଣ ଜଳହସ୍ତୀ ସଂପର୍କରେ ଏଠାରେ ଆଲୋଚନା କରାଯାଇଛି । ଅନ୍ୟ ଜଳହସ୍ତୀ ଅପେକ୍ଷା ଏହା ଆକାରରେ ବଡ଼ । ଏହା ହିପ୍ପୋପୋଟାମସ୍ ଆମ୍ଫିବିୟସ ଜାତି (species) ର । ଛୋଟ ଜଳହସ୍ତୀକୁ ପିଗ୍‌ମି ଜଳହସ୍ତୀ (pigmy hippopotamus) କହନ୍ତି । ପଶ୍ଚିମ ଆଫ୍ରିକାର ବଣ ଓ ସନ୍ତସନ୍ତିଆ ପଙ୍କିଳ ସ୍ଥାନରେ ଏମାନେ ବାସ କରନ୍ତି । ପ୍ରାଥମିକ ଭାବରେ ଲିବେରିଆରେ ଏମାନେ ବାସ କରନ୍ତି । ଏମାନଙ୍କୁ ହିପ୍ପୋପଟାମସ୍ ଲିବେରିଏନ୍‌ସିସ୍ ଜାତିର ବୋଲି କୁହାଯାଏ । ବଡ଼ ଜଳହସ୍ତୀ ପରି ଏମାନଙ୍କ ଦେହରୁ ନାଲିଆ ତରଳ ପଦାର୍ଥ ନିର୍ଗତ ହୋଇ ଚର୍ମକୁ ନରମ କରେ ଓ ରକ୍ଷା କରେ । ଏହି ଜନ୍ତୁ ଏକାନ୍ତରେ ରହିବାକୁ ଭଲପାଏ । ପିଗ୍‌ମି ଜଳହସ୍ତୀ ନୃଶଂସ (vicious) ନୁହେଁ, ମାତ୍ର ବିପଦ୍‌ଜନକ (dangerous) । ଏମାନଙ୍କୁ ଯଦି ବିଚଳିତ କରାଯାଏ, ଏମାନେ ଶ୍ୱାନ ଦନ୍ତ ଦେଖାଇ, ତଳପାଟି ଖୋଲି ଶତ୍ରୁକୁ ନିଜର ଶକ୍ତି ପ୍ରୟୋଗ କରି ଭୟ ପ୍ରଦର୍ଶନ କରିଥାଆନ୍ତି ।

ହିପ୍ପୋ ଆଣ୍ଟିକ୍ୟୁସ୍ (hippopotamus antiquus), ହିପ୍ପୋ ମେଜର (major) ଓ ହିପ୍ପୋ ଗାର୍ଗୋପ୍‌ସ (gargops) ପୃଥିବୀରୁ ଲୋପ ପାଇଯାଇଥିବାର ପ୍ରାଣୀ ବିଜ୍ଞାନୀମାନେ ମତ ଦିଅନ୍ତି । ହିପ୍ପୋ ଆଣ୍ଟିକ୍ୟୁସ୍ ୟୁରୋପ୍ ଓ ବ୍ରିଟିଶ୍ ଅଞ୍ଚଳରେ ଜଳହସ୍ତୀ ନାମରେ ସୁପରିଚିତ ଥିଲା ।

■

ଗଣ୍ଡା

(Rhinoceros)

ଯେଉଁ ପଶୁମାନଙ୍କର ଶିଙ୍ଘ ଥାଏ, ସେମାନଙ୍କର ଶିଙ୍ଘ ମୁଣ୍ଡ ଉପରେ ଥାଏ। ସାଧାରଣତଃ ସେମାନଙ୍କର ମୁଣ୍ଡ ଉପରେ ଦୁଇଟି ଶି ଥାଏ। କୃଷ୍ଣସାର ମୃଗ ପରି ଚାରୋଟି ଶିଙ୍ଘ ଥିବା ପ୍ରାଣୀ କ୍ୱଚିତ୍ ଦେଖାଯାଇ ଥାଆନ୍ତି। ଏହା ସେମାନଙ୍କର ସୁରକ୍ଷା ପାଇଁ ସେମାନେ ପ୍ରାୟତଃ ଆବଶ୍ୟକ କରି ଥାଆନ୍ତି। ଗଣ୍ଡା ଗୋଟିଏ ପଶୁ ଯାହାର ଗୋଟିଏ କିମ୍ବା ଦୁଇଟି ଶିଙ୍ଘ ନାକ ଉପରେ ଥାଏ। ସେଥିପାଇଁ ଏହି ପ୍ରାଣୀକୁ ଇଂରାଜୀରେ "ରାଇନୋସେରସ୍" କହନ୍ତି। ରାଇନୋସ୍ (rhinos) ଅର୍ଥ ନାକ ଓ କେରାସ୍ (keras) ଅର୍ଥ ଶିଙ୍ଘ। ଗଠନରେ ଏପରି ସ୍ୱତନ୍ତ୍ର ବ୍ୟତୀକ୍ରମକୁ ଲକ୍ଷ୍ୟ କରି ପଶୁଟିର ନାମକରଣ କରାଯାଇଛି। ଓଡିଆରେ ଏମାନଙ୍କୁ "ଗଣ୍ଡା" କୁହାଯାଏ।

ଗଣ୍ଡା ପଶୁଟି ସୃଷ୍ଟିରେ ଗୋଟିଏ ନୂତନ ଜୀବ ନୁହେଁ। ଆମ ପୁରାଣମାନଙ୍କରେ ଏମାନଙ୍କର ବର୍ଣ୍ଣନା ରହିଛି। ପୁରାକାଳରେ ଏହି ଗଣ୍ଡାମାନେ ୟୁରୋପ, ଏସିଆ ଓ ଆଫ୍ରିକା ମହାଦେଶର ଅନେକ ଅଞ୍ଚଳରେ ଭ୍ରମଣ କରୁଥିଲେ। ବହୁ ବର୍ଷ ପୁର୍ବେ ୟୁରୋପୀୟମାନେ ଗୁଂଫାମାନଙ୍କରେ ଏପରି ପଶୁମାନଙ୍କର ରୂପ ଖୋଦନ କରିଥିବାର ଜଣାପଡ଼େ। ବିଂଶ ଶତାବ୍ଦୀର ପ୍ରାରମ୍ଭରେ ଆଫ୍ରିକା ଓ ଏସିଆ ମହାଦେଶରେ ପାଞ୍ଚ ଲକ୍ଷ ଗଣ୍ଡା ଥିବାର ଅନୁମାନ କରାଯାଏ। ୧୯୭୦ ମସିହାରେ ଗଣ୍ଡାମାନଙ୍କ ସଂଖ୍ୟା ସତୁରି ହଜାରରୁ ହ୍ରାସପାଇଁ ଅଧୁନା ପ୍ରାୟ ମାତ୍ର ସତେଇଶ ହଜାର ଗଣ୍ଡା ବା ରାଇନୋସେରସ୍ ପୃଥିବୀରେ ଅଛନ୍ତି ବୋଲି ପ୍ରାଣୀବିଜ୍ଞାନବିତ୍‌ମାନେ ମତ ପୋଷଣ କରନ୍ତି।

ଗଣ୍ଡାମାନଙ୍କର ପାଞ୍ଚଟି ପ୍ରଜାତି ରହିଛି। ସେମାନେ ହେଲେ, କଳା ଗଣ୍ଡା (black rhinoceros), ଧଳା ଗଣ୍ଡା (white rhinoceros) ସୁମାତ୍ରା ଗଣ୍ଡା (sumatra rhinoceros), ଜାଭାନ୍ ଗଣ୍ଡା (javan rhinoceros) ଓ ବଡ଼ ଗୋଟିକିଆ ଶିଙ୍ଘ ଥିବା ଭାରତୀୟ ଗଣ୍ଡା (greater one horned rhinoceros)। ପ୍ରତ୍ୟେକ ପ୍ରଜାତିର ଗଣ୍ଡାମାନଙ୍କର ବୈଶିଷ୍ଟ୍ୟମୂଳକ ପ୍ରକାଶ (characterstics), ଆଚରଣ, ବ୍ୟକ୍ତିତ୍ୱ ଓ ସେମାନଙ୍କର ବ୍ୟବହାରର ବିଚିତ୍ରତା (quirk) ଭିନ୍ନ ଭିନ୍ନ ପ୍ରକାରର। ମୋଟା ମୋଟି ଭାବରେ ଗଣ୍ଡା ଗୋଟିଏ ବୃହତ୍, ସ୍ଥୁଳକାୟ, ଘନ ଚର୍ମ ଆଚ୍ଛାଦିତ ଚତୁଷ୍ପଦ, ଖୁରା ବିଶିଷ୍ଟ ସ୍ତନ୍ୟପାୟୀ ପ୍ରାଣୀ। ଗଣ୍ଡାମାନଙ୍କର ଶିଙ୍ଘର ଔଷଧୀୟ ଗୁଣ ଥିବାର ବିଶ୍ୱାସ କରାଯାଏ। ଏଣୁ ଏହା ଏକ ମୂଲ୍ୟବାନ ବସ୍ତୁ।

ଧଳା ଗଣ୍ଡା

ଧଳା ଗଣ୍ଡା ଏକ ବୃହତ୍ ଆକାରର ଗଣ୍ଡା। ଏହାର ମୁଣ୍ଡ ବଡ଼ ବେକ ଛୋଟ, ଛାତି ପ୍ରଶସ୍ତ ଓ ପ୍ରକାଣ୍ଡକାୟ ଶରୀର। ପରିଣତ ବୟସରେ ପୁରୁଷ ଗଣ୍ଡାମାନଙ୍କର ହାରାହାରି ଓଜନ ୨୪୦୦ କିଲୋଗ୍ରାମ୍ ଓ ସ୍ତ୍ରୀ-ଗଣ୍ଡାର ୧୬୦୦ କିଲୋଗ୍ରାମ୍। ମୁଣ୍ଡ ସହିତ ଶରୀର ଲମ୍ବ ୩.୫ ରୁ ୪.୬ ମିଟର ବା ୧୧ ରୁ ୧୫ ଫୁଟ। କାନ୍ଧ ଉଚ୍ଚତାରେ ଏହି ପ୍ରାଣୀଟିର ଉଚ୍ଚତା ୧.୮ ରୁ ୨.୦ ମିଟର। ଏହାର ଗୋଜିଆ ହୋଇ ବାହାରି ଥିବା ଥୋମଣିରେ ୨ ଟି ଶିଙ୍ଘ ଥାଏ। ଆଗ ଶିଙ୍ଘ ପଛ ଶିଙ୍ଘ ଠାରୁ ବଡ଼। ଶିଙ୍ଘର ହାରାହାରି ଲମ୍ବା ୯୦ ସେଣ୍ଟିମିଟର ବା ୩୫ ଇଞ୍ଚ। ଶିଙ୍ଘ ବଢି ୧୫୦ ସେଣ୍ଟିମିଟର ବା ୫୯ ଇଞ୍ଚ ହୋଇପାରେ। ଏହି ଧଳା ଗଣ୍ଡାମାନଙ୍କର ଗୋଟିଏ ବର୍ହିଗତ ଓ ବଳିଷ୍ଠ କୁଜ ଥାଏ, ଯାହା ବୃହତ୍ ମୁଣ୍ଡକୁ ଧାରଣ କରିପାରେ। ଏହି ପ୍ରଜାତିର ଗଣ୍ଡାମାନଙ୍କର ବର୍ଣ୍ଣ ଲୋହିତ ବାଦାମୀରୁ ଧୂସର ପାଉଁଶିଆ ବର୍ଣ୍ଣ ପର୍ଯ୍ୟନ୍ତ ପରିଲକ୍ଷିତ ହୁଏ। କାନର ସୀମାରେ ଓ ଲାଞ୍ଜର ଅଗ୍ରଭାଗରେ ବାଳ ବା ଲୋମ ଥାଏ। ଏହା ବ୍ୟତୀତ ଶରୀରର ଅବଶିଷ୍ଟ ଅଂଶରେ ସ୍ଥାନେ ସ୍ଥାନେ ଲୋମ ବାଣ୍ଟିହୋଇ ଥାଏ। ଧଳା ଗଣ୍ଡାମାନଙ୍କର ପାଟି ଓସାରିଆ, ଚିକ୍କଣ, ସମତଳ ବା ଆନୁଭୂମିକ ଓ ଧ୍ୱଂସ ପ୍ରବଣ ଏବଂ ଏହା ଘାସ ଚରିବା ପାଇଁ ବ୍ୟବହୃତ ହୁଏ।

ଧଳାଗଣ୍ଡା ପ୍ରଜାତିର ଦୁଇଟି ଜାତି ରହିଛି ଯଥା : ଦକ୍ଷିଣସ୍ଥ ଧଳା ଗଣ୍ଡା ଓ ଉତ୍ତରସ୍ଥ ଧଳା ଗଣ୍ଡା। ଦକ୍ଷିଣସ୍ଥ ଧଳା ଗଣ୍ଡାକୁ ସେରାଟୋ ଥେରିୟମ୍ ସାଇମମ୍ ସାଇମସ୍ ଓ ଉତ୍ତରସ୍ଥ ଧଳା ଗଣ୍ଡାକୁ ସେରାଟୋଥେରିୟମ୍ ସାଇମସ୍ କଟ୍‌ଟୋନି ବୋଲି ବୈଜ୍ଞାନିକ ଭାଷାରେ କୁହାଯାଏ। ଦୁଇ ହଜାର ତେର ମସିହା ସୁଦ୍ଧା ଦକ୍ଷଣସ୍ଥ ବା ଦକ୍ଷିଣୀୟ ଧଳା ଗଣ୍ଡାମାନଙ୍କର ସଂଖ୍ୟା ୨୦,୪୦୫ ଥିଲା ବୋଲି ଜଣାଯାଏ। ଗଣ୍ଡାମାନଙ୍କ ମଧ୍ୟରେ

ପୃଥିବୀରେ ସବୁଠାରୁ ବେଶି ଗଣ୍ଡା ଏହି ଧଳା ପ୍ରଜାତିର ଗଣ୍ଡା। ସଂଖ୍ୟାରୁ ଏମାନଙ୍କର ପ୍ରାଚୁର୍ଯ୍ୟତା ଜଣାପଡ଼େ। ମାତ୍ର ଉତ୍ତରସ୍ଥ ଗଣ୍ଡାମାନଙ୍କର ସଂଖ୍ୟା ବିଲୁପ୍ତ ପ୍ରାୟ। ଦୁଇଟି ସ୍ତ୍ରୀ-ଗଣ୍ଡା ଅଛନ୍ତି ବୋଲି ଜଣାପଡ଼େ।

ଜାଭା ଦ୍ୱୀପର ଗଣ୍ଡା

ପୃଥିବୀରେ ଏହି ପ୍ରଜାତିର ବୃହତ୍ ଗଣ୍ଡାମାନେ ସବୁଠାରୁ ବିରଳ ବୋଲି ପ୍ରତୀୟମାନ ହୁଅନ୍ତି। ଏକଦା ଏମାନେ ଏସିଆ ମହାଦେଶର ବିଭିନ୍ନ ଅଞ୍ଚଳରେ ଦେଖା ଯାଉଥିଲେ। ୧୯୩୦ ମସିହା ପର୍ଯ୍ୟନ୍ତ ଏପରି ଅବସ୍ଥା ଥିଲା ବୋଲି ଅନୁମାନ କରାଯାଏ। ଏହି ପ୍ରକାର ଗଣ୍ଡାର ଶିଙ୍ଘ ଓ ରକ୍ତର ଔଷଧୀୟ ଗୁଣ ଅଛି ବୋଲି ବିଶ୍ୱାସ କରାଯାଏ। ଏଣୁ ଶିକାରୀମାନଙ୍କ ଦ୍ୱାରା ନେପାଳ, ଭାରତ, ବର୍ମା, ସୁମାତ୍ରା ଓ ମାଲଏସିଆରେ ଏମାନଙ୍କ ସଂଖ୍ୟା ହ୍ରାସ ପାଇଲା। ୨୦୧୫ ମସିହା ସୁଦ୍ଧା ମାତ୍ର ୫୮ ରୁ ୬୧ଟି ଏହି ପ୍ରଜାତିର ଗଣ୍ଡା ଅଛନ୍ତି ବୋଲି ଜଣାଯାଏ। ଭିଏତ୍‌ନାମ୍‌ରେ ଥିବା ଗଣ୍ଡାମାନେ ଶିକାରୀମାନଙ୍କ ଦ୍ୱାରା ଲୋପ ପାଇଯାଇଛନ୍ତି। ବର୍ତ୍ତମାନ କେବଳ ଜାଭାରେ ଏହି ଗଣ୍ଡାମାନେ ଅଛନ୍ତି। କେତେକ କହନ୍ତି ଏହି ଗଣ୍ଡାମାନଙ୍କର ସଂଖ୍ୟା ୭୪ରେ ସୀମିତ ଥିଲା। ଏମାନଙ୍କର ସଂଖ୍ୟା ଧୀରେ ଧୀରେ ହ୍ରାସ ପାଉଥିବାର ଜଣା ପଡୁଛି। ଜାଭା ଗଣ୍ଡାମାନଙ୍କୁ ୟୁଜୁଙ୍ଗକୁଲୋନ୍ ଜାତୀୟ ପାର୍କ, ଜାଭାଠାରେ ଦେଖିବାକୁ ମିଳିପାରିବ। ଜାଭା ଗଣ୍ଡାର ଓଜନ ୯୦୦ କିଲୋଗ୍ରାମ୍‌ରୁ ୨୩୦୦ କିଲୋଗ୍ରାମ୍ ପର୍ଯ୍ୟନ୍ତ ହୋଇଥାଏ।

ଏହି ଗଣ୍ଡାମାନେ କର୍କଟ କ୍ରାନ୍ତି ଓ ମକର କ୍ରାନ୍ତି ମଧ୍ୟରେ ଥିବା ଉଷ୍ଣ ଓ ଅର୍ଦ୍ଧଉଷ୍ଣ ମଣ୍ଡଳର ବଣମାନଙ୍କରେ ଓ ସାମାନ୍ୟ ଆର୍ଦ୍ର ଓସାରିଆ ପତ୍ର ବିଶିଷ୍ଟ ବୃକ୍ଷ ବହୁଳ ବଣମାନଙ୍କରେ ବାସ କରନ୍ତି । ଜାଭା ଦ୍ୱୀପର ଗଣ୍ଡାମାନେ ଜାଭା ଓ ଇଣ୍ଡୋନେସିଆରେ ବାସ କରନ୍ତି । ପ୍ରାଣୀ ବିଜ୍ଞାନୀମାନେ ଏମାନଙ୍କୁ ରାହିନୋସେରସ୍ ଗୋଣ୍ଡାଇକସ୍ (gondaicus) ବୈଜ୍ଞାନିକ ନାମରେ ନାମିତ କରିଛନ୍ତି ।

ଜାଭା ଗଣ୍ଡାର ଲମ୍ବା ୩.୧ ରୁ ୩.୩ ମିଟର, ଅର୍ଥାତ୍ ପ୍ରାୟ ୧୦ ଫୁଟ । ଏହି ଗଣ୍ଡାର ଉଚ୍ଚତା ୧.୫ ରୁ ୧.୭ ମିଟର ବା ୧୪'୧୧" ରୁ ୧୫'୭" । ଏହି ଲମ୍ବ ଉଚ୍ଚତା ଓ ଓଜନ ଗୋଟିଏ ପରିଣତ ବୟସର ଗଣ୍ଡାର ହାରାହାରି ମାପ । ଜାଭା ଗଣ୍ଡାର ଗୋଟିଏ ମାତ୍ର ଶିଙ୍ଘ ଥାଏ । ଏହି ପ୍ରାଣୀଟି ରୁମ ବିହୀନ ଓ ରୂପା ଭଳି ଧୂସର ରଙ୍ଗର, ମାତ୍ର ସାମାନ୍ୟ ଅଳସୁଆ । ଏହାର କାନ୍ଧ ପାଖ, ପିଠି ପାଖ ବା ଫଡିଆ ପାଖରେ ଚର୍ମ ଭାଙ୍ଗି ବା ଯାକି ହୋଇଥାଏ । ଏଣୁ ଏହି ଗଣ୍ଡାଟି ଗୋଟିଏ ଯୋଦ୍ଧାର ପୋଷାକ ପିନ୍ଧିବା ପରି ଦେଖାଯାଏ । ପୁରୁଷ ଜାଭା ଗଣ୍ଡାର ଶିଙ୍ଗ ୨୬ ସେଣ୍ଟିମିଟର ଲମ୍ବା ଯାଏ ପହଞ୍ଚି ପାରେ । ଏହି ପ୍ରଜାତିର ମାଈ ଗଣ୍ଡାମାନଙ୍କର ଶିଘଂ ପ୍ରାୟ ନ ଥାଏ, ବା ଯଦି ଥାଏ ଗୋବ ପରି ବାହାରି ଥାଏ ।

ଏହି ପ୍ରାଣୀମାନେ ଘଞ୍ଚ ନିମ୍ନ ଭୂମି ବର୍ଷା ବହୁଳ ବଣ, ଡେଙ୍ଗା ଡେଙ୍ଗା ଘାସ ଥିବା ପଡିଆ, ପାଣିରେ ନଳ ଭଳି କାଣ୍ଡ ଥିବା ଶଯ୍ୟା, କାଦୁଅ ଓ କାଦୁଆ ପାଣିରେ ରହିବାକୁ ଭଲ ପାଆନ୍ତି ।

କଳାଗଣ୍ଡା

ଏହି ଗଣ୍ଡାର ପ୍ରାଣୀଜ ବିଜ୍ଞାନ ସମ୍ମତ ନାମ ଡାଇସେରୋସ୍ ବାଇକରନିସ୍ (diceris bicornos) । କଳା ଗଣ୍ଡାମାନଙ୍କର ୪ଟି ଉପଜାତି ଅଛି । ଯଥା (୧) ଦକ୍ଷିଣ କେନ୍ଦ୍ରୀୟ (d.b. minor), (୨) ଦକ୍ଷିଣ ପଶ୍ଚିମ (d.b.occidentalis), (୩) ପୂର୍ବ ଆଫ୍ରିକୀୟ (d.b. michaeli), (୪) ପଶ୍ଚିମ ଆଫ୍ରିକୀୟ (d.b. longipes) ।

ଗୋଟିଏ ପରିଣତ ବୟସ (adult) ର କଳା ଗଣ୍ଡାର ଉଚ୍ଚତା ୧.୫୦ ରୁ ୧.୭୫ ମିଟର ବା ୫୯ ରୁ ୬୯ ଇଞ୍ଚ । ଏମାନଙ୍କର ଲମ୍ବା ୩.୫ ରୁ ୩.୯ ମିଟର ବା ୧୧ ରୁ ୧୩ ଫୁଟ । କଳା ଗଣ୍ଡାମାନଙ୍କର ହାରାହାରି ଓଜନ ୮୫୦ ରୁ ୧୬୦୦ କିଲୋଗ୍ରାମ ପର୍ଯ୍ୟନ୍ତ । ଅସାଧାରଣ ଭାବରେ ଗୋଟିଏ ଗୋଟିଏ ଗଣ୍ଡା ୧୮୦୦ କିଲୋଗ୍ରାମ ହୋଇ ପାରନ୍ତି । ସ୍ତ୍ରୀ-ଗଣ୍ଡାମାନେ, ପୁରୁଷ ଗଣ୍ଡାମାନଙ୍କ ଠାରୁ ଛୋଟ ଓ ଓଜନରେ କମ୍ । ଏହି ଗଣ୍ଡାମାନଙ୍କର ଦୁଇଟି ଲେଖାଏଁ ଶିଙ୍ଘ ଥାଏ ।

କଳାଗଣ୍ଡାମାନେ କେନିୟାରୁ ଦକ୍ଷିଣ ଆଫ୍ରିକା ମଧ୍ୟରେ ଏଠି ସେଠି ବା ଅସମତା

ଭାବରେ ଦେଖା ଯାଆନ୍ତି। ସଂପୂର୍ଣ୍ଣ ସଂଖ୍ୟାର ପ୍ରାୟ ୯୮ ପ୍ରତିଶତ ୪ ଟି ଦେଶରେ ଥିବାର ଜଣାଯାଏ। ଦକ୍ଷିଣ ଆଫ୍ରିକା, ନାମିବିଆ (namibia), ଜିମ୍ବାୱେ ଓ କେନିୟା ଏହି ଚାରୋଟି ଦେଶ ଯେଉଁଠାରେ କଳାଗଣ୍ଡାମାନେ ଅଛନ୍ତି। ଏହି ଗଣ୍ଡାମାନେ ସାଭାନ୍ନାର ତୃଣ ଭୂମିରେ ଓ ଉଷ୍ଣ ମଣ୍ଡଳୀୟ ବୁଦାମାନ ଥିବା ଭୂମିରେ ବାସ କରନ୍ତି।

ସୁମାତ୍ରା ଗଣ୍ଡା

ଏହି ପ୍ରଜାତିର ଗଣ୍ଡା ବର୍ତ୍ତମାନ ସୁଦ୍ଧା ସବୁ ଗଣ୍ଡା ପ୍ରଜାତି ମଧ୍ୟରେ କ୍ଷୁଦ୍ରତମ। ଏହି ଗଣ୍ଡାମାନଙ୍କ ଦେହରେ ଲୋମ ଥାଏ। ଏମାନେ ବେର୍ଣ୍ଣିଓ ଓ ସୁମାତ୍ରାରେ ସମୁଦ୍ର ପତ୍ତନ ଠାରୁ ବହୁ ଉଚ୍ଚରେ ବାସ କରନ୍ତି।

ସେମାନଙ୍କର ପ୍ରାକୃତିକ ଆବାସସ୍ଥଳୀ ନଷ୍ଟ ହୋଇ ଯାଉଥିବାରୁ ଓ ଶିକାରୀମାନଙ୍କ ଦ୍ୱାରା ସେମାନେ ମୃତ୍ୟୁ ମୁଖରେ ପଡୁଥିବାରୁ ସୁମାତ୍ରା ଗଣ୍ଡା ପ୍ରଜାତି ବିଲୁପ୍ତ ହେବା ଅବସ୍ଥାରେ ଅଛନ୍ତି। ବିଶ୍ୱାସ କରାଯାଏ ଯେ ମାତ୍ର ୨୭୫ ସୁମାତ୍ରା ଗଣ୍ଡା ଏହି ଅଞ୍ଚଳରେ ଅଛନ୍ତି। ଆଉ ଦୁଇ ପ୍ରକାରର ଉପଜାତିର ଗଣ୍ଡା ଥିବାର ଜଣାଯାଏ। ଗୋଟିଏ ଉପଜାତି ବୋର୍ଣ୍ଣିଓ ଗଣ୍ଡା ଓ ଅନ୍ୟଟି ସୁମାତ୍ରା ଗଣ୍ଡା ଭାବରେ ପରିଚିତ।

ଗୋଟିଏ ପରିଣତ ବୟସର ସୁମାତ୍ରା ଗଣ୍ଡାର ଉଚ୍ଚତା ୧.୩ ମିଟର ବା ୪ ଫୁଟ ୩ ଇଞ୍ଚ। ଏମାନଙ୍କର ଲମ୍ବ ୭ ଫୁଟ ୧୦ ଇଞ୍ଚରୁ ୧୦ ଫୁଟ ୬ ଇଞ୍ଚ ମଧ୍ୟରେ ଥିବାର ଦେଖାଯାଏ। ସୁମାତ୍ରା ଗଣ୍ଡାର ଓଜନ ପ୍ରାୟ ୧୦୦୦ କିଲୋଗ୍ରାମ। ଏହି ଗଣ୍ଡାମାନଙ୍କର ଦୁଇଟି ଶିଙ୍ଘ ଥାଏ। ବଡ଼ଟି ୨୫ ରୁ ୭୯ ସେଣ୍ଟିମିଟର ଓ ଛୋଟ ଶିଙ୍ଘଟି ୧୦ ସେଣ୍ଟିମିଟର।

ବାଛୁରୀ ଅବସ୍ଥାରେ ଏମାନଙ୍କର ଦେହରେ ଘନ ରୁମ ଥାଏ ଏବଂ ବୟସ ବଢ଼ିବା ସହିତ ଦେହର ରୁମ ଝଡି ଯାଏ। ଏମାନଙ୍କର ଶରୀରର ରଙ୍ଗ ଲୋହିତ ବାଦାମୀ ଏବଂ ଗୋଡ଼ଗୁଡିକ ଛୋଟ ଓ ମୋଟା (stubby)। ପାଟି ଓସାରିଆ ଓ ଧାରଣକ୍ଷମ।

ଭାରତୀୟ ଗଣ୍ଡା

ଭାରତୀୟ ଗଣ୍ଡାମାନେ ଗୋଟିଏ ଶିଙ୍ଘ ଥିବା ବଡ଼ ଆକାରର ଗଣ୍ଡା (Rhinoceros unicornis)। ଏହାର ଗୋଟିଏ ମାତ୍ରା ଶିଙ୍ଘ ଥାଏ ଏବଂ ତାହା ୨୦ ରୁ ୬୦ ସେଣ୍ଟିମିଟର ଲମ୍ବା। ଏହି ଜାତି ଗଣ୍ଡାର ଆକାର ଆଫ୍ରିକାର ଧଳା ଗଣ୍ଡାମାନଙ୍କର ଆକାର ପରି। ଭାରତୀୟ ଗଣ୍ଡାମାନଙ୍କର ଚମଡା ମୋଟା, ରଙ୍ଗ ରୂପେଲି ବାଦାମୀ ଏବଂ ଚମଡାରେ କାନ୍ଧ ପିଠି ଓ ପିଚ୍ଛ ପାଖରେ ଭାଙ୍ଗ ପଡିଥାଏ। ଏମାନଙ୍କର ଗୋଡ଼ର ଉପର ଅଂଶ ଓ କାନ୍ଧରେ ଆବୁ ପରି କୁଦ (bump) ଥାଏ। ଶରୀରରେ ଖୁବ୍ ଟିକି ଟିକି ରୁମ ଥାଏ। ପୁରୁଷ ଗଣ୍ଡା, ସ୍ତ୍ରୀ ଗଣ୍ଡାଠାରୁ ଆକାରରେ ବଡ଼। ବଣୁଆଁ ଗଣ୍ଡାମାନଙ୍କର

ପରିପକ୍ୱ (adult) ବୟସରେ ୨୫୦୦ ରୁ ୩୨୦୦ କିଲୋଗ୍ରାମ ପର୍ଯ୍ୟନ୍ତ ଓଜନ ହୋଇଥାଏ। କାନ୍ଧଠାରେ ଏମାନଙ୍କର ଉଚ୍ଚତା ୫ ଫୁଟ ୭ ଇଞ୍ଚ ରୁ ୬ ଫୁଟ ୬ ଇଞ୍ଚ ହୋଇଥାଏ। କେତେକ ଗଣ୍ଡା ୪୦୦୦ କିଲୋଗ୍ରାମ ପର୍ଯ୍ୟନ୍ତ ହୋଇ ପାରନ୍ତି।

ଏକ ସମୟରେ ଏହି ଗଣ୍ଡାମାନେ ପାକିସ୍ଥାନ ଠାରୁ ବ୍ରହ୍ମଦେଶ ପର୍ଯ୍ୟନ୍ତ ଓ ଚୀନ ଦେଶର କିଛି ଅଞ୍ଚଳରେ ଦେଖାଯାଉ ଥିଲେ। ବର୍ତ୍ତମାନ ଏମାନେ ଭାରତର ଆସାମ, ବେଙ୍ଗଲ, ଉତ୍ତର ପ୍ରଦେଶ ଓ ନେପାଳର କେତେକ ସଂରକ୍ଷିତ ଅଞ୍ଚଳରେ ଅଛନ୍ତି। ପାକିସ୍ଥାନର ଲାଲ୍ ସୁହାନ୍ରା ଜାତୀୟ ପାର୍କରେ ନେପାଳରୁ ଏହି ଜାତିର ଗଣ୍ଡା ନିଆଯାଇ ପୁନର୍ବାର ଅବସ୍ଥାପିତ କରାଯାଇଛି। ସେମାନେ ଡେଙ୍ଗା ତୃଣଭୂମିରେ ଓ ହିମାଳୟର ପାଦ ଦେଶରେ ପାର୍ବତ୍ୟ ଅଞ୍ଚଳରେ ଥିବା ବଣମାନଙ୍କରେ ବାସ କରୁଛନ୍ତି। ଆସାମ ପ୍ରଦେଶରେ ଥିବା କାଜିରଙ୍ଗା ଜାତୀୟ ପାର୍କରେ ବହୁ ସଂଖ୍ୟାରେ ଏହି ଗଣ୍ଡାମାନଙ୍କୁ ରଖା ଯାଇଛି। ଏହା ଆସାମର ଗୋଲଘାଟ ଜିଲ୍ଲାରେ ଅବସ୍ଥାପିତ।

ଗଣ୍ଡାର ଶିଘଂ

ଗଣ୍ଡାର ଶିଘଂ ଚମ ତଳେ ଉଠେ। ଏହା କେରାଟିନ୍ ଧାତବ ଲବଣର ଅଂଶ ବିଶେଷ। ଶିଘଂ, ନଖ, ପର ଓ କେଶରେ କେରାଟିନ୍ (keratin) ଥାଏ। ଏହା ଏକ ଶକ୍ତ ପୁଷ୍ଟିସାର। ଏହି ଶିଙ୍ଗର ମୂଳ ଚର୍ମ ତଳୁ ଅଙ୍କୁରିତ ହୁଏ। କଳା, ଧଳା ଓ ସୁମାତ୍ରା ଗଣ୍ଡାମାନଙ୍କର ୨ଟି ଲେଖାଏଁ ଶିଘଂ ଥାଏ। ଜାଭା ଓ ଭାରତୀୟ ଗଣ୍ଡାମାନଙ୍କର ଗୋଟିଏ ଲେଖାଏଁ ଶିଙ୍ଗ। ଏହି ଶିଘଂ ବା ଶିଘଂ ଦୁଇଟି ନାକ ଉପରେ ବା ଥୋମଣି (snout) ଉପରେ ଥାଏ। ପ୍ରତ୍ୟେକ ଶିଘଂର ମଝିରେ କୋର୍ (core) ଥାଏ। ଶିଙ୍ଗର ମଝିରେ ଥିବା ମଞ୍ଜିଆ ଅଂଶକୁ କୋର୍ କହନ୍ତି। ସି.ଟି. ସ୍କାନ୍ (C.T. Scan) କରିବା ଦ୍ୱାରା ଜଣା ଯାଇଛି ଯେ ଶିଘଂର କୋର୍‌ରେ କ୍ୟାଲ୍‌ସିୟମ୍ ଓ ମେଲାନିନ୍ ଧାତବ ଲବଣ ଘନ ଭାବରେ ସଞ୍ଚିତ ହୋଇ ରହିଥାଏ। ବୈଜ୍ଞାନିକମାନଙ୍କ ମତ ଅନୁସାରେ କ୍ୟାଲସିୟମ୍ ଶିଘଂକୁ ଟାଣ ବା ମଜଭୂତ୍ କରେ। ମେଲାନିନ୍ ସୂର୍ଯ୍ୟଙ୍କର ଅଲଟ୍ରା ଭାୟୋଲେଟ୍ ରଶ୍ମୀର ଖରାପ ପ୍ରଭାବରୁ ଶରୀରକୁ ରକ୍ଷା କରେ। ଗଣ୍ଡାର ଶିଘଂ ପଛ ଆଡକୁ ବା ମୁଣ୍ଡ ଆଡକୁ ବଙ୍କା ହୋଇଥାଏ। କେରାଟିନ୍ ଯୋଗୁ ସେପରି ହୁଏ ବୋଲି କୁହାଯାଏ। ଗଣ୍ଡା ଶିଘଂର ନିମ୍ନୋକ୍ତ ବ୍ୟବହାର ଯୋଗୁ କିଲୋ ପ୍ରତି ୭୦,୦୦୦ ଡଲାରରେ ଏହି ଶିଘଂ ବିକ୍ରି କରାଯାଏ।

(୧) ଛୋଟ ମୁନିଆଁ ଛୁରୀକୁ ଡାଗଗର (dagger) କହନ୍ତି। ଏହାର ବେଣ୍ଟ ବା ହ୍ୟାଣ୍ଡଲ ଶକ୍ତ ଓ ସୁନ୍ଦର ହେବା ଦରକାର। ଗଣ୍ଡାର ଶିଘଂରେ ଏହି ଛୁରୀର ବେଣ୍ଟ କରାଯାଏ। ୟେମେନ୍, ଓମାନ୍, ଭିଏତ୍‌ନାମ ଓ ଅନ୍ୟ କେତେକ

ଦେଶରେ ଏହି ବେଷ୍ଟର ଚାହିଦା ଯଥେଷ୍ଟ ଅଛି । ଅଧିକ ମୂଲ୍ୟ ଦେଇ ସେମାନେ ଏହାକୁ କ୍ରୟ କରନ୍ତି ।

(୨) ୟୁରୋପରେ ଐତିହାସିକ ଭାବରେ ବିଶ୍ୱାସ କରାଯାଏ ଯେ ଗଣ୍ଡା ଶିଙ୍ଘ ଦ୍ୱାରା ପାଣିକୁ ସଂପୂର୍ଣ୍ଣ ଭାବରେ ବିଶୁଦ୍ଧ (purity) କରାଯାଇ ପାରିବ । ଏଥିପାଇଁ ଗଣ୍ଡା ଶିଙ୍ଘ ବା ଶିଙ୍ଘର ଗୁଣ୍ଡ ବ୍ୟବହାର କରାଯାଏ ।

(୩) ଗଣ୍ଡାର ଶିଙ୍ଘ ବା ଶିଙ୍ଘର ଗୁଣ୍ଡ ବିଷାକ୍ତ ତରଳ ପଦାର୍ଥ, ବିଷ ସହିତ ମିଶିଥିବାର ଚିହ୍ନଟ କରାଯାଇ ପାରିବ ବୋଲି ସେମାନେ ବିଶ୍ୱାସ କରନ୍ତି ।

(୪) କେହି ଯଦି ଜାଣିକରି ହେଉ ବା ଅଜାଣତରେ ହେଉ ବିଷ ଖାଇ ଥିବାର ସନ୍ଦେହ କରାଯାଏ, ଗଣ୍ଡା ଶିଙ୍ଘର ଗୁଣ୍ଡ ପାଣିରେ ମିଶାଇ ପିଇଲେ, ତା ଦେହରୁ ବିଷର ଶକ୍ତି ଲୋପ ପାଇଯାଏ ବୋଲି ବିଶ୍ୱାସ କରାଯାଏ । ଏଣୁ ଏହା ବିଷ ନିରୋଧକ ଔଷଧ ବା ବିଷର ଆଣ୍ଟିଡୋଟ୍ ବୋଲି ମନେ କରାଯାଏ ।

(୫) ଅନେକ ପୁରୁଷ କୌଣସି କାରଣରୁ ଯୌନ କାର୍ଯ୍ୟ ବା ସଂଗମ ପାଇଁ ସକ୍ଷମ ହୋଇ ପାରନ୍ତି ନାହିଁ । ତେଣୁ ସେମାନଙ୍କୁ କାମୋଦ୍ଦୀପକ ଔଷଧ ବ୍ୟବହାର କରିବାକୁ ଡାକ୍ତର ବା ବିଶେଷଜ୍ଞ ଡାକ୍ତରମାନେ ପରାମର୍ଶ ଦେଇ ଥାଆନ୍ତି । ଗଣ୍ଡାର ଶିଙ୍ଘ ଏକ କାମୋଦ୍ଦୀପକ ଔଷଧ (aphrodisiac) ଭାବରେ ବ୍ୟବହାର କରାଯାଏ ।

(୬) ଅନେକ ସର୍ବସାଧାରଣଙ୍କର ଧାରଣା ଯେ ଗଣ୍ଡା ଶିଙ୍ଘର ଔଷଧୀୟ ଗୁଣ ଦ୍ୱାରା କର୍କଟ ବା କ୍ୟାନ୍ସର ରୋଗ ଭଲ ହୋଇଯାଏ ।

(୭) ଚୀନ ଦେଶରେ ଗଣ୍ଡା ଶିଙ୍ଘ ଦ୍ୱାରା ଅନେକ ରୋଗର ଚିକିତ୍ସା କରାଯାଉଥିଲା ଓ କରାଯାଉଛି ମଧ୍ୟ । ଏହାକୁ ପରମ୍ପରାଗତ ସମର୍ଥିତ ଔଷଧ ବୋଲି ବିଶ୍ୱାସ କରାଯାଏ । ତେଣୁ ଏହାକୁ ଟ୍ରାଡିସ୍‌ନାଲ୍ ଚାଇନିଜ୍ ମେଡିସିନ୍ (T.C.M) କୁହାଯାଉଛି ।

ଉପରୋକ୍ତ ବ୍ୟବହାର ବ୍ୟତୀତ ଯେ କୌଣସି ପ୍ରକାର ଜ୍ୱର, ମାଂସପେଶୀର ଅନିୟନ୍ତ୍ରିତ ସଂକୋଚନ (convulsion) ଓ ଅନ୍ୟାନ୍ୟ କେତେକ ରୋଗର ଚିକିତ୍ସା ବିଧିବଦ୍ଧ ଭାବରେ କରାଯାଏ । ସେମାନେ ଏଥିପାଇଁ ଚାଇନିଜ ମେଡିସିନ୍ ଫାର୍ମାକୋପିଆ ନାମରେ ଏକ ପୁସ୍ତକ ପ୍ରଚଳନ କରି ଚିକିତ୍ସା କ୍ଷେତ୍ରରେ ଗଣ୍ଡା ଶିଙ୍ଘର ବ୍ୟବହାର ସଂପର୍କରେ ସୂଚନା ଦେଇଛନ୍ତି । ମାତ୍ର ଆଧୁନିକ ବୈଜ୍ଞାନିକ-ମାନେ ଗବେଷଣା ଦ୍ୱାରା କେତେକ ଚିକିତ୍ସାକୁ ମୂଲ୍ୟହୀନ ବୋଲି ଦର୍ଶାଇଛନ୍ତି ।

(୮) ଭିଏତ୍‌ନାମ ଦେଶର ଦେଶବାସୀ ଗଣ୍ଡା ଶିଙ୍ଘର ବ୍ୟବହାର ଓ ବ୍ୟବସାୟରେ ସବୁଠାରୁ ଅଗ୍ରଣୀ। ଯଦିଓ ହାନୋଇ ସହର ୭୭ ପ୍ରତିଶତ ଗଣ୍ଡାଶିଙ୍ଘର ବ୍ୟବହାର ହ୍ରାସ ପାଇ ଥିବାର ସୂଚନା ଦିଏ, ଗଣ୍ଡା ଶିକାର ଜନିତ ଅପରାଧିଙ୍କ ସଂଖ୍ୟା ହ୍ରାସ ପାଇ ନାହିଁ। ଶିଙ୍ଘ ସାହାଯ୍ୟରେ ଗଣ୍ଡାମାନେ ଗଛର ମୂଳ ତାଡି ବା ଡାଳସବୁ ଭାଙ୍ଗି ଖାଦ୍ୟ ସଂଗ୍ରହ କରି ପାରନ୍ତି।

ଗଣ୍ଡାର ମାଂସ

ଗଣ୍ଡାମାନେ ଭୟଙ୍କର ଜନ୍ତୁ ହୋଇଥିବାରୁ ଏମାନଙ୍କୁ ମାରି ମାଂସ ଖାଇବା ଏତେ ସହଜ ନୁହେଁ। ପ୍ରଚଳିତ ବନ୍ଧୁକ ବା ଆଧୁନିକ ଅସ୍ତ୍ରଶସ୍ତ୍ର ଦ୍ୱାରା ମାରିବା ମଧ୍ୟ କଷ୍ଟକର। ତଥାପି ଗଣ୍ଡାମାଂସ ବିଦେଶୀ ମାଂସ ଭାବରେ ବେଶ୍ ଆଦୃତ ଏବଂ ଏହି ମାଂସ ମୂଲ୍ୟ ସାଧାରଣ ମାଂସ ଠାରୁ ଅଧିକ। ପୁରାଣରେ ଏହି ମାଂସ ଏକ ପବିତ୍ର ମାଂସ ଓ ରାଜପୁତ୍ର ବୀର ବା ଯୋଦ୍ଧାମାନଙ୍କ ଦ୍ୱାରା ଗଣ୍ଡା ଶିକାର କରାଯିବାର ବର୍ଣ୍ଣନା ଅଛି। ଆଫ୍ରିକା ଓ ଚୀନ ଦେଶରେ ଗଣ୍ଡାମାଂସର ବ୍ୟବହାର ପ୍ରଚଳିତ ଅଛି। ଏଠାରେ ହୋଟେଲ ଓ ରେଷ୍ଟୁରାଣ୍ଟ ମାନଙ୍କରେ ଖାଇବାକୁ ମିଳେ। ଏହି ମାଂସ ଭିଲ୍ ବା ବାଛୁରୀ ମାଂସ ଓ ବିଫ୍ ବା ଗୋମାଂସ ଠାରୁ ଉତ୍କୃଷ୍ଟତର।

ଗଣ୍ଡାର ଚମଡା

ଚମଡାର ସାଧାରଣ ବ୍ୟବହାର ବ୍ୟତୀତ ଏହା କୃଷିକ୍ଷେତ୍ର ପାଇଁ ଅତ୍ୟନ୍ତ ଆବଶ୍ୟକ। କୃଷି କ୍ଷେତ୍ରରେ ଆମେ କୀଟନାଶକ (pesticide) ବ୍ୟବହାର କରୁ କିନ୍ତୁ ଏହା ବିଷାକ୍ତ। କୀଟ ମାରିବା ସହିତ ଏହା ମାଟିର କ୍ଷତି କରିଥାଏ। ଗଣ୍ଡାର ଚମଡାରେ ପଟାସିୟମ୍ ସିଲିକେଟ୍ ଥାଏ। ଏହାକୁ ବ୍ୟବହାର କଲେ ମୃତ୍ତିକାର କିଛି କ୍ଷତି ହୁଏ ନାହିଁ, ମାତ୍ର କୀଟନାଶକ ଭାବରେ ଭଲ କାମ କରେ। ଏହା ଅଧିକ ସିଲିକେଟ୍ ମାଟିକୁ ଯୋଗାଇ ଗଛର କାଣ୍ଡ, ଡାଳ, ପତ୍ର ଓ ଫଳ-ଫୁଲର ଗଠନକୁ ଶକ୍ତିଶାଳୀ କରାଏ। ମାଟି ନଥାଇ ରାସାୟନିକ ତରଳ ପଦାର୍ଥ ସାହାଯ୍ୟରେ ବାଲି ପାଣି ଇତ୍ୟାଦିରେ ଉଦ୍ଭିଦ ଚାଷ କରିବା ପ୍ରକ୍ରିୟା ବା କୌଶଳକୁ ହାଇଡ୍ରୋପୋନିକ୍ସ (hydroponics) କହନ୍ତି ଏବଂ ଏଥିପାଇଁ ସ୍ୱତନ୍ତ୍ର ଉଦ୍ଭିଦ ବ୍ୟବହାର କରାଯାଏ, ଯାହାକୁ ହାଇଡ୍ରୋପୋନିକ୍ ପ୍ଲାଣ୍ଟସ୍ କୁହାଯାଏ। ଗଣ୍ଡାର ଚମଡ଼ାରେ ସିଲିକା ଜେଲ୍ ଥାଏ। ଏହା ଗୋଟିଏ ହାଇଡ୍ରୋପୋନିକ୍ ଫର୍ଟିଲାଇଜର।

ଗଣ୍ଡାମାନଙ୍କର ୨ ଇଞ୍ଚର ମୋଟା ଚର୍ମ ଥିଲେ ମଧ୍ୟ ସେମାନେ ସନ୍‌ବର୍ଣ୍ଣ (sunburn) ବା ରୌଦ୍ରଦାହର ସହଜରେ ସମ୍ମୁଖୀନ ହୁଅନ୍ତି। ତେଣୁ ସେଥିରୁ ରକ୍ଷା ପାଇବା ପାଇଁ ଗଣ୍ଡାମାନେ ବେଳେ ବେଳେ କାଦୁଅ ବା ପଙ୍କରେ ଗଡନ୍ତି ଓ କାଦୁଅ

ଦେହ ସାରା ବୋଳି ହୋଇଯାଆନ୍ତି। ଫଳରେ ସେମାନେ ରୌଦ୍ରଦାହ ଓ କୀଟାଣୁମାନଙ୍କର ଦଂଶନରୁ ରକ୍ଷା ପାଇ ପାରନ୍ତି। ଏମାନଙ୍କର ଚମଡ଼ା ବୁଲେଟ୍‌ପ୍ରୁଫ (bullet proof) ନୁହେଁ।

ଗଣ୍ଡାମାନଙ୍କର ପ୍ରଜନନ – (Breeding)

ଗୋଟିଏ ପୁରୁଷ ଗଣ୍ଡାକୁ ଷଣ୍ଢ ଓ ସ୍ତ୍ରୀ ଗଣ୍ଡାକୁ ଗାଈ ବୋଲି କୁହାଯାଏ। ଛୁଆମାନଙ୍କୁ ବାଛୁରୀ ବୋଲି କହନ୍ତି। ଗୋଟିଏ ଗଣ୍ଡାର ଦଳକୁ ସମଷ୍ଟି ବା କ୍ରାଶ୍ (crash) କହନ୍ତି।

ଷଣ୍ଢ ବା ଗାଈ ଗଣ୍ଡା ଏକାଧିକ ଷଣ୍ଢ ବା ଗାଈ ଗଣ୍ଡାଙ୍କ ସହିତ ସଂପର୍କ ରକ୍ଷା କରି ଥାଆନ୍ତି। ଏମାନଙ୍କର ଯୋଡି ଗୋଟିଏ ସଙ୍ଗମ ସମୟକାଳ କେତେଦିନ କେତେ ସପ୍ତାହ କିମ୍ବା କେତେ ମାସ ଧରି ଚାଲିପାରେ।

ଷଣ୍ଢ ଗଣ୍ଡାମାନେ ଗାଈ ଗଣ୍ଡାମାନଙ୍କର ଦଳୀୟ ବାସସ୍ଥାନକୁ ଆକ୍ରମଣ କରନ୍ତି ନାହିଁ। କିନ୍ତୁ ଗ୍ରହଣଶୀଳା ଗାଈ ବା ଛଡା ଗଣ୍ଡାକୁ ପ୍ରଚ୍ଛନ୍ନ ଭାବରେ ପ୍ରତିଦ୍ୱନ୍ଦୀଙ୍କ ଠାରୁ ରକ୍ଷା କରନ୍ତି।

ପ୍ରତି ୨ ବର୍ଷ ଓ ୬ ମାସ ରୁ ୫ ବର୍ଷ ମଧ୍ୟରେ ଗୋଟିଏ ଗାଈ-ଗଣ୍ଡା ଥରେ ଛୁଆ ଜନ୍ମ କରେ। ସେମାନଙ୍କର ଗର୍ଭ ଧାରଣର ସମୟ ୧୫ ରୁ ୧୬ ମାସ। ସେମାନେ ସାଧାରଣତଃ ଥରକରେ ଗୋଟିଏ ଛୁଆ ବା ବାଛୁରୀ ଜନ୍ମ କରି ଥାଆନ୍ତି। ବେଳେ ବେଳେ ଜାଆଁଳା ବାଛୁରୀ ଜନ୍ମ ହେବାର ଦେଖା ଯାଇଛି। ଜନ୍ମ ସମୟରେ ବାଛୁରୀ ଗଣ୍ଡାର ଓଜନ ୮୮ ରୁ ୧୪୦ ପାଉଣ୍ଡ ହୋଇଥାଏ।

ପ୍ରଜନନ କ୍ଷେତ୍ରରେ ଅନେକ ବଣ୍ୟଜନ୍ତୁଙ୍କ ପରି ଏମାନଙ୍କର ମଧ୍ୟ ଷଣ୍ଢ ଓ ଗାଈ ଗଣ୍ଡା ମଧ୍ୟରେ କୋର୍ଟସିପି ବା ପ୍ରେମ ପ୍ରସ୍ତାବନାର ପ୍ରଣାଳୀ ରହିଛି। ପ୍ରଥମେ ସିଞ୍ଚନ (spraying) ପ୍ରଣାଳୀ କାର୍ଯ୍ୟକାରୀ ହୁଏ। ସ୍ତ୍ରୀ ଗଣ୍ଡାର ପରିସ୍ରାରେ ଇଷ୍ଟ୍ରୋଜେନ ହର୍ମୋନ୍ ଓ ଷଣ୍ଢ ଗଣ୍ଡାର ପ୍ରୋଜେଷ୍ଟେରନ୍ ହର୍ମୋନ୍ ପରସ୍ପରକୁ ନିକଟତର କରାଏ। ଗାଈ ଓ ଷଣ୍ଢ ଗଣ୍ଡା ୟୁରିନ୍ ବା ପରିସ୍ରା ସିଞ୍ଚନ କରି ପୁନରୁତ୍ପାଦନ ପାଇଁ ଗ୍ରହଣଶୀଳତାର ବିଜ୍ଞାପନ ଦେଇ ଥାଆନ୍ତି। ଆଘ୍ରାଣ ଶକ୍ତି ଦ୍ୱାରା ଏହି ବାସନା ଉଭୟ ଜାଣିପାରନ୍ତି। ପରବର୍ତ୍ତୀ ପର୍ଯ୍ୟାୟରେ ଲାଞ୍ଜ ଠିଆ କରି ରଖିବା କାର୍ଯ୍ୟକ୍ରମ। ଗାଈ ଗଣ୍ଡା ଲାଞ୍ଜ ଉଠାଇ ଏପରି କୋଣାକାରରେ ରଖେ, ଯେପରି ସଙ୍ଗମ ସମ୍ଭବ ଓ ସଫଳ ହେବ। ଗଣ୍ଡାମାନଙ୍କର ଦୃଷ୍ଟି ଶକ୍ତି ଟିକେ ଦୁର୍ବଳ ଓ ପ୍ରକୃତଗତ ଭାବରେ ସେମାନେ ଏକୁଟିଆ ରହିବାକୁ ଭଲ ପାଉଥିବାରୁ ଏଠାରେ ଆଘ୍ରାଣ ଏକ ଗୁରୁତ୍ୱ ପୂର୍ଣ୍ଣ ଭୂମିକା ଗ୍ରହଣ କରେ। ସେହି ଅଞ୍ଚଳର ଚାରି ପାଖରେ ନିଜ ନିଜ ଗୋବର ଗଦାରେ ଓ ନିକଟସ୍ଥ

ବୁଦାମାନଙ୍କରେ ଉଭୟ ନିଜ ନିଜର ପରିସ୍ରା ପକାଇଥାଅନ୍ତି। ଉଭୟ ୩ ରୁ ୪ ମିଟର ଯାଏ ପରିସ୍ରା କରି ବିଛାଡି ଦିଅନ୍ତି। ପରସ୍ପରର ଗୋବରକୁ ଶୁଘିଂବା ଷଣ୍ଢଗଣ୍ଡା ଶୁଙ୍ଘି ନିଜେ ମଳତ୍ୟାଗ କରିବା, ଗାଈ ଗଣ୍ଡାର ପଦଚିହ୍ନକୁ ଅନୁସରଣ କରିବା ଆଦି ଅନେକ କାର୍ଯ୍ୟ ହୋଇଥାଏ। ପଶୁ ଛାଡିଯାଇ ଥିବା ଗନ୍ଧ ଦ୍ୱାରା ଜାଣିବା, ଗଛର ଗଣ୍ଡିରେ ମୁଣ୍ଡ ଘଷିବା, ଶିଘଂ ଘଷିବା, ଓଠ କୁଞ୍ଚ କୁଞ୍ଚ କରିବା, ମୁଣ୍ଡକୁ ଉଠେଇ ରଖିବା, ଗାଈ ଗଣ୍ଡାର ପଛକୁ ଶୁଘିଂବା ଗ୍ରହଣଶିଳା ଗାଈ ଗଣ୍ଡାକୁ ଲକ୍ଷ୍ୟ ରଖିବା କାର୍ଯ୍ୟ ସାଧାରଣତଃ ଷଣ୍ଢ ଗଣ୍ଡାର। ଗାଈ ଗଣ୍ଡାମାନେ ଦର୍ଶାଉଥିବା କେତେଗୁଡିଏ ଲକ୍ଷଣ ମଧ୍ୟରେ ଲାଞ୍ଜ ଉଠେଇ ରଖିବା, କାନ ଦୁଇଟି ଠିଆ ହୋଇ ରହିବା ଓ ଉଚ୍ଚ ସ୍ୱରରେ ଗର୍ଜନ କରିବା (bluster) ଇତ୍ୟାଦି।

ସଂଗମ ସମୟ ଶୀଘ୍ର ସଂପାଦିତ ହୋଇ ପାରେ ବା ମନ୍ଦ ଆଚରଣ ଯୋଗୁ ବିଳମ୍ବ ମଧ୍ୟ ହୋଇପାରେ ଶୀଘ୍ର ସଂଗମ ସମୟ ପ୍ରାୟ ୨ ମିନିଟ୍ ନିଏ, ଡେରି ସମୟ ଯାଏ ଚାଲିଲେ ଏହା ପ୍ରାୟ ୧ ଘଣ୍ଟା ସମୟ ନେଇଥାଏ। ଏଣୁ ଏହା ଯୋଡ଼ିମାନଙ୍କ ଉପରେ ନିର୍ଭର କରେ।

ଗଣ୍ଡାମାନଙ୍କର ସ୍ୱାଭାବିକ ଖାଦ୍ୟ (Diet)

ଗଣ୍ଡାମାନେ ଗଛର ପତ୍ର, ଡାଳ, ଓ ଛୋଟ କଅଁଳିଆ ଡାଳ ଖାଆନ୍ତି। ଏମାନେ ଘାସ ଚରନ୍ତି, କିନ୍ତୁ ଖୁବ୍ କମ୍ ଘାସ ଚରିଥାନ୍ତି। ସମୁଦାୟ ଖାଦ୍ୟର ୩୦ ରୁ ୪୦ ପ୍ରତିଶତ ଲମ୍ବା ଘାସ ଖାଇଥାନ୍ତି। ପ୍ରଭେଦ ଗତ ଭାବରେ ଧଳା ଗଣ୍ଡାମାନେ ଛୋଟ ଘାସ ଚରନ୍ତି ଏବଂ ଖାଦ୍ୟ ଓ ଔଷଧ ପାଇଁ ବ୍ୟବହୃତ ଉଦ୍ଭିଦ ବା ହର୍ବାସିଅସ୍ ପ୍ଲାଣ୍ଟକୁ ମଧ୍ୟ ଖାଇ ଥାଆନ୍ତି। ମାତ୍ର ପତ୍ର, ବୁଦା ଓ ଡାଳ ଖାଆନ୍ତି ନାହିଁ। ବିଭିନ୍ନ ପ୍ରକାର ଗଣ୍ଡା ତୃଣଭୋଜୀ ହେଲେ ହେଁ ଖାଦ୍ୟ ଖାଇବାରେ ସେମାନଙ୍କର ରୁଚି ବିଭିନ୍ନ ପ୍ରକାରର। ଏହି ବିବିଧତା ବା ବିଭିନ୍ନତାର ପ୍ରଭେଦ ବିଭିନ୍ନ ପ୍ରକାର ଗଣ୍ଡା ଜାତି (species) ଉପରେ ନିର୍ଭର କରେ। ୨୨୦ଟି ଗଣ୍ଡାଙ୍କର ଖାଦ୍ୟର ବିବିଧିକରଣ ଉପରେ ଦେଖା ଯାଇଛି, ୯୯ଟି ଗଣ୍ଡା କାଠ ସଦୃଶ ବୁଦା ବା ଗୁଳ୍ମ (woody shrubs), ୧୦୨ଟି ନରମକାଣ୍ଡ ଥିବା ଓ ଫୁଲ ହେବା ପରେ ମରିଯାଉଥିବା ଉଦ୍ଭିଦ ଓ ଉଦ୍ଭିଦ ସମ୍ବନ୍ଧୀୟ (herbs) ଏବଂ ୨୫ଟି ଗଣ୍ଡା କେବଳ ଘାସ ଚରିବାରେ ଆଗ୍ରହୀ। ଖାଦ୍ୟ ଗତ ପ୍ରଭେଦ ଋତୁ ଓ ବର୍ଷାର ପରିମାଣ ଉପରେ ନିର୍ଭର କରେ। ବିଭିନ୍ନ ଜାତିର ଗଣ୍ଡାମାନଙ୍କର, ଉଦ୍ଭିଦଜ ଖାଦ୍ୟର ପରିମାଣ ଭକ୍ଷଣ କରିବା ପରିବର୍ତ୍ତନୀୟ। ଯେପରି ଘୋଡା ଓ ଜେବ୍ରାମାନଙ୍କର ଖାଦ୍ୟ ହଜମ ପ୍ରକ୍ରିୟା ପଛ ଅନ୍ତ୍ରନଳୀ (hind gut)ରେ ପଚନ ପ୍ରକ୍ରିୟା (fermatation) ଦ୍ୱାରା ଗଠିତ ହୁଏ, ଗଣ୍ଡାମାନଙ୍କର ମଧ୍ୟ ସେହିପରି ହୋଇଥାଏ।

ଗଣ୍ଡାମାନଙ୍କର ହୃତ୍‌ପିଣ୍ଡ (Hearts)

ଗଣ୍ଡାମାନଙ୍କର ବୃହତ୍ ଶରୀରର ସମସ୍ତ ଜୀବକୋଷକୁ ଅମ୍ଳଜାନ ଯୋଗାଇବା ପାଇଁ ୪ଟି ଲେଖାଏଁ ହୃତ୍‌ପିଣ୍ଡ ଥାଏ। ଏଥିସହିତ ୫ ରୁ ୧୫ ଯୋଡା ମାଛର ଗାଲିସି ପରି ଗାଲିସି ବା ଗାଲି (gills) ଥାଏ। ଅମ୍ଳଜାନ ଯୋଗାଇବା ପାଇଁ ଏହି ହୃତପିଣ୍ଡ ଗୁଡିକର ଓ ଗାଲିସିର ଆବଶ୍ୟକତା ରହିଛି। ଏଥିମଧ୍ୟରୁ ଗୋଟିଏ ହୃତ୍‌ପିଣ୍ଡ ଖୁବ୍ ବଡ଼। ଏହା ବୃହତ୍ ଧମନୀ ଓ ତାର ଗତିପଥରେ ଥିବା ସମସ୍ତ ଅଂଗକୁ ଅମ୍ଳଜାନ ଯୋଗାଇ ଥାଏ। ଅନ୍ୟ ତିନୋଟି ଅତିରିକ୍ତ ହୃତପିଣ୍ଡ ଆବଶ୍ୟକ ସ୍ଥଳେ କାର୍ଯ୍ୟ କରିବା ପାଇଁ ଯୋଗାଇ ଦିଆଯାଉଛି।

ପ୍ରାଣୀ ବୈଜ୍ଞାନିକମାନେ ଗଣ୍ଡାମାନଙ୍କୁ ନିମ୍ନୋକ୍ତ ମତେ ଶ୍ରେଣୀ ବିଭାଗ କରିଛନ୍ତି। ସେମାନେ ଆନିମାଲିଆ ରାଜ୍ୟ, ବାଇଲାଟରିଆ ଉପରାଜ୍ୟ, କୋର୍‌ଡାଟା ସବ୍‌ଫାଇଲମ୍, ଟେଟ୍ରାପୋଡ ସୁପରକ୍ଲାସ, ମାମ୍ମାଲିଆ କ୍ଲାସ, ଥୋରିଆ ସବ୍‌କ୍ଲାସ, ପେରିସେ୍ସା ଡାକ୍‌ଟିଲା ଅର୍ଡର ଓ ରାହିନୋ ସେରୋଟିଡି ଫାମିଲିରେ ଅବସ୍ଥାପିତ କରିଛନ୍ତି।

ଗଣ୍ଡାମାନଙ୍କର ସଂଖ୍ୟା ହ୍ରାସ ପାଉଥିବରୁ ଆନ୍ତର୍ଜାତୀୟ ଗଣ୍ଡା ସଂସ୍ଥା (International rhino foundation) ଏମାନଙ୍କର ସୁରକ୍ଷାର ଦାୟିତ୍ୱ ନେଇଛନ୍ତି।

ହରିଣ

(Deer)

ହରିଣ ଗୋଟିଏ କ୍ଷିପ୍ର ଗତିରେ ଧାବମାନ କରିପାରୁ ଥିବା ଅତୀବ ସୁନ୍ଦର ପ୍ରାଣୀ। ଏହାକୁ ସହଜରେ ଧରାଯାଇ ପାରେ ନାହିଁ। ସେଥିପାଇଁ କହନ୍ତି, "ଦଉଡ଼ନା ବଡ଼ ଖରା, ହରିଣ ନ ଦେବ ଧରା"। ରାମାୟଣରେ ସୁନା ହରିଣ, ସୀତା ହରଣର ମୁଖ୍ୟ କାରଣ ରୂପେ ବର୍ଣ୍ଣିତ, ହରିଣର ସୌନ୍ଦର୍ଯ୍ୟ ଓ ଧାବନକୁ ନେଇ।

ହରିଣ ମନୁଷ୍ୟ ସମାଜର ବହୁ ବିଧ ଉନ୍ନତି ସାଧନ କରିଥାଏ। ଏହାର ମାଂସ ଅତି ସ୍ୱାଦିଷ୍ଟ ଏବଂ ଗୋଟିଏ ହରିଣଠାରୁ ଯଥେଷ୍ଟ ମାଂସ ମିଳିଥାଏ। ହରିଣର ଶିଙ୍ଘ ଓ ଚର୍ମ ଦେଖିବାକୁ ଅତି ସୁନ୍ଦର। ହରିଣ ଗୋଟିଏ ରୋମନ୍ଥକ ପ୍ରାଣୀ ହୋଇଥିବାରୁ ଏହାର ଚର୍ମକୁ ଅତି ପବିତ୍ର ମନେ କରାଯାଏ। ଏହା ଉପରେ ବସି ପୂଜା ପାଠ, ଜପ, ଧ୍ୟାନ ଓ ବିଭିନ୍ନ ପ୍ରକାର ଯୋଗ ବା ବ୍ୟାୟାମ କରିବାରେ ଆନନ୍ଦ ମିଳିଥାଏ।

ପୂର୍ବ କାଳରେ ରାଜା, ମହାରାଜାମାନେ ବଣକୁ ଶିକାର କରିବା ପାଇଁ ଯାଉଥିଲେ। ଫଳରେ ସେମାନେ ଯୋଦ୍ଧା ଓ ସାହସୀ ବୋଲି ପ୍ରମାଣିତ ହେଉଥିଲେ ଏବଂ ଅନ୍ୟ ଦେଶର ରାଜାମାନେ ସେ ଦେଶକୁ ଆକ୍ରମଣ କରିବାକୁ ସାହସ କରୁନଥିଲେ। ସେମାନେ ବାଘ ଓ ହରିଣ ଶିକାର କରି ସଗର୍ବେ ପ୍ରତ୍ୟାବର୍ତ୍ତନ କରୁଥିଲେ। ଏବେ ମଧ୍ୟ ଅନେକଙ୍କର ରାଜପ୍ରାସାଦରେ ବାଘ ଛାଲ ଓ ହରିଣର ଶିଙ୍ଘ ଦେଖିବାକୁ ମିଳିବ ବା ବୈଠକଖାନାର ଶୋଭାବର୍ଦ୍ଧନ କରୁଥିବ।

ଆଜିକାଲି ଯେପରି ଭାବରେ ଅଭିନବ କୌଶଳ ପ୍ରୟୋଗ କରାଯାଇ

ହରିଣମାନଙ୍କୁ ମାଂସ, ଚର୍ମ ଓ ଶିଙ୍ଘ ପାଇଁ ମାରି ଦିଆଯାଉଛି, ଅଳ୍ପ ବର୍ଷପରେ ହରିଣ ଦେଖିବାକୁ ମିଳିବେ ନାହିଁ। ତେଣୁ ସରକାରୀ ଭାବରେ ନିୟମ ପ୍ରଣୟନ କରାଯାଇ ହରିଣ ଓ ଅନ୍ୟ ଦୁର୍ଲଭ ବଣ୍ୟଜନ୍ତୁମାନଙ୍କୁ ମାରିବା ଏକ ଧର୍ତ୍ତବ୍ୟ ଅପରାଧ ଭାବରେ ପରିଗଣିତ ଏବଂ ଏପରି କର୍ମ ପାଇଁ ଗୁରୁତର ଦଣ୍ଡ ବିଧାନର ବ୍ୟବସ୍ଥା ରହିଛି।

ହରିଣ ବହୁତ ପ୍ରକାରର ଅଛନ୍ତି। ଆକାର ଅନୁସାରେ ହରିଣମାନେ ଖୁବ୍ ବଡ଼, ମଧ୍ୟମ ଧରଣର ଓ କ୍ଷୁଦ୍ରକାୟ ବିଶିଷ୍ଟ ଅଛନ୍ତି। ଚିଡିଆଖାନାମାନଙ୍କରେ, ରାଜ୍ୟ, କର୍ପୋରେସନ୍ ଓ ମ୍ୟୁନିସ୍‌ପାଲ୍‌ଟି ଦ୍ୱାରା ପ୍ରତିଷ୍ଠିତ ପାର୍କମାନଙ୍କରେ ଓ ଅନ୍ୟାନ୍ୟ ପ୍ରତିଷ୍ଠାନ ତରଫରୁ ବିଭିନ୍ନ ପ୍ରକାର ହରିଣମାନଙ୍କୁ ଦେଖିବାର ସୁଯୋଗ ଆମେ ଲାଭ କରୁଛୁ ଏବଂ ଏଭଳି ପ୍ରାକୃତିକ ପରିବେଶରେ ସେମାନଙ୍କୁ ଦର୍ଶନ କରି ଆମେ ଆନନ୍ଦ ଲାଭ କରୁଛୁ। ଏମାନଙ୍କ ସଂପର୍କରେ ଜାଣିବା ସେତେ କଷ୍ଟକର ନୁହେଁ ଏବଂ ଜାଣିବା ଉଚିତ୍।

ହରିଣମାନଙ୍କର ପ୍ରାକୃତିକ ଆବାସ, ନିୟମିତ ଅଭ୍ୟାସ, ସ୍ୱାଭାବିକ୍ ଖାଦ୍ୟାଭାସ, ଚରିତ୍ର ବା ଗୁଣାବଳୀ, ଶରୀରର ବର୍ଣ୍ଣ ଓ ବର୍ଣ୍ଣାଳୀ, ଶରୀରର ଆକାର ପ୍ରକାର, ଶାଖାନ୍ୱିତ ଶୃଙ୍ଗର ସୌନ୍ଦର୍ଯ୍ୟ, ଚର୍ମର କାରୁକାର୍ଯ୍ୟ ଓ ପ୍ରଜନନ ଇତ୍ୟାଦିର ବିଶେଷତ୍ୱ ହରିଣମାନଙ୍କୁ ବଣ୍ୟଜନ୍ତୁମାନଙ୍କ ମଧ୍ୟରେ ଏକ ସ୍ୱତନ୍ତ୍ର ସ୍ଥାନ ଦେଇଛି।

ଆମ୍ଭମାନଙ୍କ ମଧ୍ୟରୁ ଅନେକଙ୍କ ପାଇଁ ହରିଣମାନେ ସବୁଠାରୁ ବେଶି ସୁପରିଚିତ। ଆଉ କେତେକ ଏମାନଙ୍କୁ ଅପ୍ରତ୍ୟାଶିତ ଭାବରେ ସାକ୍ଷାତ କରିବାର

ସୁଯୋଗ ପାଆନ୍ତି । ଯୁକ୍ତରାଷ୍ଟ୍ର ଆମେରିକାରେ ସବୁଠାରେ ଧଳା ଲାଞ୍ଜ ଥିବା ହରିଣ ଗ୍ରାମାଞ୍ଚଳରେ ସହରମାନଙ୍କରେ ଓ ବଡ଼ ସହରମାନଙ୍କର ପରିବେଶରେ ଭଲ ଭାବରେ ବଢ଼ି ପାରନ୍ତି । ଏହି ହରିଣମାନେ ସେଠାରେ ଏତେ ସାଧାରଣ ହୋଇ ଯାଇଛନ୍ତି ଯେ ସମୟ ସମୟରେ ଏମାନଙ୍କୁ ନେଇ ରାସ୍ତାରେ ଦୁର୍ଘଟଣା ଘଟୁଛି । ବଣ୍ୟାଞ୍ଚଳରେ ଏମାନଙ୍କ ପାଇଁ ପରସ୍ପର ସହ ସଂଶ୍ଳିଷ୍ଟ ଜୈବ ସମାଜ ଓ ଏହାର ପରିବେଶ (ecosystem) ବିଧ୍ୱସ୍ତ ଅବସ୍ଥାରେ ପହଞ୍ଚୁଅଛି । କେତେକ କ୍ଷେତ୍ରରେ ମାଂସ, ଚର୍ମ ଓ ଶିଙ୍ଘ ପାଇଁ ଶିକାର କରିବା ଦ୍ୱାରା କେତେକ ଜାତିର ହରିଣ ବିଲୁପ୍ତ ହେବା ପ୍ରାୟ, ତଥାପି ପୃଥିବୀରେ ୫୫ଟି ଜାତିର ହରିଣ ସର୍ଭିଡେ (cervidae) ପରିବାରର ଅନ୍ତର୍ଗତ ହୋଇ ରହିଛନ୍ତି । ଯାହା ପୂର୍ବରୁ କୁହାଯାଇଛି, ଏହି ହରିଣମାନଙ୍କ ମଧ୍ୟରେ କେତେକ ବୃହତ୍, କେତେକ ମଧ୍ୟମ ଓ ଅନ୍ୟ କେତେକ କ୍ଷୁଦ୍ର ପ୍ରଜାତିର ହରିଣ ଅଛନ୍ତି । ମୂସ୍ (moose), ଏଲ୍କ ଓ ବଲ୍‌ଗା ହରିଣ ପ୍ରଭୃତି ହରିଣମାନେ ପୃଥିବୀର ସବୁଠାରୁ ପ୍ରତିଭା ସମ୍ପନ୍ନ ବୃହତ୍ ସ୍ତନ୍ୟପାୟୀ ହରିଣମାନେ ସର୍ଭିଡ଼େ ପରିବାରର । ଅନ୍ୟ କେତେକ କ୍ଷୁଦ୍ର, ପୋତାମୁହାଁ ବା ଗୋପନରେ ରହିବାକୁ ପସନ୍ଦ କରୁଥିବା (secretive) ଓ ବିସ୍ମୟକର ହରିଣ ଅଛନ୍ତି । କେତେକ ହରିଣଙ୍କର ଶାଖାଶୃଙ୍ଗ ବା ଆଣ୍ଟେଲର୍ସ (antelers) ନଥାଇ କେବଳ ଦାନ୍ତ ଥାଏ ଏବଂ ଏହି ଦାନ୍ତକୁ ଟସ୍କ (tusk) ବୋଲି କୁହାଯାଏ । ଏଲ୍‌ଡସ୍ (eld's) ହରିଣମାନଙ୍କୁ ଥାମିନ୍ (thamin) ହରିଣ କୁହାଯାଏ । ମୁଣ୍ଟଜାକ୍ (muntjac) ହରିଣମାନେ ବୋବେଇ ପାରନ୍ତି । ଏମାନକୁ ବାର୍କିଂ (barking) ହରିଣ କହନ୍ତି । ସଙ୍ଗାଇ ହରିଣମାନେ ମଣିପୁରୀ ହରିଣ ଭାବରେ ସୁପରିଚିତ । ଏମାନଙ୍କର ଶାଖା ଶିଙ୍ଘ ଭ୍ରୂଲତା ପରି ହୋଇ ଥିବାରୁ ଏମାନେ ବ୍ରୋ ଆଣ୍ଟେଲର୍ଡ ହରିଣ ଭାବରେ ଜଣାଶୁଣା । ସ୍ପଟେଡ୍ ହରିଣମାନଙ୍କୁ ଚିତଲ୍ (cheetal) ବା ଆକ୍ସିସ୍ (axis) ହରିଣ ବୋଲି କୁହାଯାଏ । କେତେକ ହରିଣ ଅଛନ୍ତି, ପ୍ରାଣୀ-ବିଜ୍ଞାନୀ ତଥା ଗବେଷକମାନେ ସେମାନଙ୍କୁ ଦେଖି ପାରି ନାହାଁନ୍ତି । ମାତ୍ର ସେମାନେ ଥିବା ବିଷୟରେ ନିଶ୍ଚିତ । ସମସ୍ତ ଜାତିର ହରିଣମାନଙ୍କ ବିଷୟରେ ସବିଶେଷ ବିବରଣୀ ପ୍ରଦାନ କରିବା ସମ୍ଭବ ନହେଲେ ମଧ୍ୟ ଏଠାରେ କେତେକ ହରିଣମାନଙ୍କ ସମ୍ପର୍କରେ ଯଥା ସମ୍ଭବ ସୂଚନା ପ୍ରଦାନ କରାଯାଉଛି ।

ବଲ୍‌ଗା ହରିଣ (Rein Deer)

ଯେପରି ମରୁଭୂମିର ଅଧିବାସୀମାନେ ଓଟମାନଙ୍କର ବିନା ସାହାଯ୍ୟରେ ଜୀବନ ଯାପନ କରି ପାରିବେ ନାହିଁ, ସେହିପରି ମେରୁ ବଳୟର ଏସ୍କିମୋ ଓ ଅନ୍ୟ ଅଧିବାସୀମାନେ ବଲ୍‌ଗା ହରିଣ ମାନଙ୍କ ବିନା ବଞ୍ଚି ପାରିବେ ନାହିଁ । ଏମାନେ ଉତ୍ତର ଆମେରିକୀୟ ସୁମେରୁ ବୃତ୍ତର ପାର୍ଶ୍ୱବର୍ତ୍ତୀ ଅଞ୍ଚଳର ବଡ଼ ଶିଙ୍ଘ ଥିବା ହରିଣ । ବଲ୍‌ଗା

ହରିଣ ବା ରିନ୍ ଡିଅର (rein deer) ମାନେ କାରିବୋଉ ନାମରେ ସ୍ଥାନୀୟ ଅଞ୍ଚଳରେ ପରିଚିତ। କାରିବୋଉମାନେ ମେରୁ ଅଞ୍ଚଳର ବାସିନ୍ଦାଙ୍କର ବହୁତ ପ୍ରକାର ଉପକାର କରୁଥିବାରୁ ଏମାନଙ୍କୁ ବହୁ ସଂଖ୍ୟାରେ ଗୃହପାଳିତ ପ୍ରାଣୀ ଭାବରେ ପାଳନ କରାଯାଉଛି। ବରଫାଞ୍ଚଳରେ ଖାଦ୍ୟ ଅନ୍ୱେଷଣରେ ବୁଲୁଥିବା ବଲ୍‌ଗା ହରିଣମାନଙ୍କୁ ଶିକାର କରାଯାଏ। ଏହା ସେମାନଙ୍କର ଖାଦ୍ୟ ସଂଗ୍ରହର ପରମ୍ପରା। ଗୃହପାଳିତ ବଲ୍‌ଗା ହରିଣମାନଙ୍କୁ ଗୋଠ ଗଠନ କରି ରଖାଯାଇ ପାଳନ କରାଯାଏ। ଏହି ହରିଣମାନେ ଖାଦ୍ୟ ଭାବରେ କ୍ଷୀର ଓ ମାଂସ ଯୋଗାଇ ଥାଆନ୍ତି। ଏମାନଙ୍କର ଚମଡ଼ାରେ ପୋଷାକ ଓ ଖରାଦିନର ତମ୍ବୁ ବା ରହିବା ଘର ପ୍ରସ୍ତୁତ ହୁଏ। ବଲ୍‌ଗା ହରିଣମାନେ ଚକ ନ ଥିବା ସ୍ଲେଜ୍ ଗାଡି ଟାଣନ୍ତି ଓ ସ୍ଥାନାନ୍ତର (transportation) କାର୍ଯ୍ୟରେ ସାହାଯ୍ୟ କରନ୍ତି। ମେରୁ ଅଞ୍ଚଳର ବାସିନ୍ଦାମାନଙ୍କ ପାଇଁ ଏମାନଙ୍କର ସାହାଯ୍ୟ ଅପରିହାର୍ଯ୍ୟ।

ବଲ୍‌ଗା ହରିଣମାନଙ୍କର ଲିଚେନ୍‌ସ ହେଉଛି ମୁଖ୍ୟ ଖାଦ୍ୟ। ଲିଚେନ୍ ଗୋଟିଏ ଶୈବାଳ ବା ଶିଉଳି ଜାତୀୟ ଉଦ୍ଭିଦ। ପୋଷା ଯାଉଥିବା ବଲ୍‌ଗା ହରିଣମାନଙ୍କୁ ଆର୍ଥିକ ଲାଭ ସହ ସଂପର୍କିତ ବା ଦୁଗ୍ଧ ଓ ମାଂସ ଉତ୍ପାଦନ ପାଇଁ ବିଭିନ୍ନ ଶସ୍ୟ ଜାତୀୟ ଦାନାର ଖାଦ୍ୟ ଓ ରଫେଜ୍ ବା କଅଁଳ ଘାସ ଇତ୍ୟାଦି ଖାଇବାକୁ ଦିଆଯାଏ। ସେମାନେ ସେମାନଙ୍କର ଖାଦ୍ୟରେ କୌଣସି ପ୍ରକାର ପରିବର୍ତ୍ତନକୁ ପସନ୍ଦ କରନ୍ତି ନାହିଁ। ଆମର ବିଭିନ୍ନ ପ୍ରକାର ଖାଦ୍ୟ ହଜମ ହେବା ପାଇଁ ବିଭିନ୍ନ ପ୍ରକାର ଏନ୍‌ଜାଇମ୍ (enzyme) ଥାଆନ୍ତି। ଯଥା : ପେପ୍‌ସିନ୍, ରେନିନ୍, ଗାଷ୍ଟ୍ରିକ୍ ଲାଇପେଜ୍ ଇତ୍ୟାଦି। ସେହିପରି ଶିଉଳି ଜାତୀୟ ଖାଦ୍ୟ ହଜମ କରିବା ପାଇଁ ବଲ୍‌ଗା ହରିଣର ପେଟରେ ଲିଚେନେଜ (lichenase) ନାମରେ ଏକ ପ୍ରକାର ଏନ୍‌ଜାଇମ୍ ଥାଆନ୍ତି। ଲିଚେନେଜ୍ ମଧ୍ୟ ଓସାରିଆ ଚଟକା ପାଦଥିବା ଗେଣ୍ଡା (snails) ଓ ସ୍ଲଗ୍‌ସ (slugs) ଇତ୍ୟାଦି ଜନ୍ତୁଙ୍କର ପେଟରେ ଥାଏ।

ଆଲାସ୍କାରେ ଯୁକ୍ତରାଷ୍ଟ୍ର ଆମେରିକା ଦ୍ୱାରା ବଲ୍‌ଗା ହରିଣମାନଙ୍କୁ ବ୍ୟବହାର କରିବା ପାଇଁ ପ୍ରୋତ୍ସାହନ ଦିଆଯାଇଥିଲା। ଆଲାସ୍କାରେ ସେମାନେ ଅର୍ଦ୍ଧ-ଗୃହପାଳିତ ପ୍ରାଣୀ ଭାବରେ ବ୍ୟବହୃତ ହେଉଛନ୍ତି। ସ୍ଥାନୀୟ ଲୋକମାନଙ୍କର ପେଟ ପୋଷିବାର ସହାୟକ ଭାବରେ ବଲ୍‌ଗା ହରିଣ ବ୍ୟବହୃତ ହୁଅନ୍ତି। ଏଥିପାଇଁ କିଛି ରାଜସ୍ୱ ଦେବାକୁ ପଡିଥାଏ।

ଶିଟ୍‌କା ହରିଣ (Sitka Deer)

ବିଦେଶୀ ହରିଣମାନଙ୍କ ମଧ୍ୟରେ ଶିଟ୍‌କା ପ୍ରଜାତିର ହରିଣ ସବୁଠାରୁ ଭଲ ପୋଷାମାନୁଥିବା ହରିଣ। ଉଚ୍ଚ ବୈଜ୍ଞାନିକମାନେ ନବେଟି ସ୍ତନ୍ୟପାୟୀ ପ୍ରାଣୀଙ୍କୁ

ନେଇ ପୋଷିବା ପାଇଁ କେଉଁ ପ୍ରାଣୀମାନେ ବିଶେଷ ଉପଯୁକ୍ତ ଅଧ୍ୟୟନ କରିଥିଲେ। ଶିତ୍‌କା ହରିଣ ସବୁଠାରୁ ଉତ୍ତମ ଉପଯୁକ୍ତ ପୋଷା ହରିଣ ଭାବରେ ନିର୍ବାଚିତ ହୋଇଥିଲା। ଉକ୍ତ ଜାତୀୟ ପ୍ରାଣୀ ମଙ୍ଗଳ ଯୋଜନା ୨୦୧୩ ମସିହାରୁ କାର୍ଯ୍ୟକାରୀ ହେଉଛି। ଶିତ୍‌କା କେବଳ ବିଦେଶୀ ପୋଷା ହରିଣ ନୁହେଁ, ଏହା ମଧ୍ୟ ଶୋଭାବର୍ଦ୍ଧକ (ornamental) ଓ ଖେଳିବା ପାଇଁ ଏକ ଉପଯୁକ୍ତ ଜାତିର (game Species) ହରିଣ। ଏହି ହରିଣମାନେ ପରିଣତ (adult) ବୟସର ହୋଇଗଲେ, ଏମାନଙ୍କ ଶରୀରରେ ଅର୍ଥାତ୍ ଚର୍ମ ଉପରେ ଗୋଲ୍ ଗୋଲ୍ ଗୋଲେଇ ସ୍ପଟ୍‌ସ (spots) ଦେଖାଯାଏ ଏବଂ ଏମାନେ ବହୁତ ସୁନ୍ଦର ଦେଖା ଯାଆନ୍ତି। ଶିତ୍‌କା ହରିଣମାନଙ୍କର ହାରାହାରି ଜୀବିତ ଅବସ୍ଥା ୨୫ ବର୍ଷ। ଯେହେତୁ ଶିତ୍‌କା ହରିଣ ଏକ ଅତି ସ୍ୱତନ୍ତ୍ର ଧରଣର ହରିଣ ପ୍ରଜାତି, ଏମାନଙ୍କୁ ଯଦି ଏକୁଟିଆ ରଖାଯାଏ, ଏମାନେ ବହୁତ ଯତ୍ନ ଓ ସାମାଜିକତା ବା ସମାଜୀକରଣ ଆବଶ୍ୟକ କରନ୍ତି।

କଳା ଲାଞ୍ଜ ଥିବା ଶିତ୍‌କା ହରିଣ ଦକ୍ଷିଣ ଆଲାସ୍କା ଓ ବ୍ରିଟିଶ୍ କଲମ୍ବିଆର ଆର୍ଦ୍ର ବୃଷ୍ଟିବହୁଳ ଉପକୂଳରେ ବହୁ ସଂଖ୍ୟାରେ ସ୍ଥାୟୀ ଭାବରେ ବାସ କରନ୍ତି। ପ୍ରତିଷ୍ଠିତ ସଂଖ୍ୟା ଓ ସ୍ଥାନାନ୍ତରରେ ପ୍ରତିରୋପଣ ଯୋଗୁ ଏମାନଙ୍କର ସଂଖ୍ୟାରେ ବୃଦ୍ଧି ଘଟିଛି। ବର୍ତ୍ତମାନ ସେମାନେ ୟାକୁରାତ୍, ପ୍ରିନ୍‌ସ ୱୁଲିଅମ୍, କୋଡିଆକ୍ ଓ ଆଫୋଗ୍ନାକ୍ ଦ୍ୱୀପରେ ଦେଖାଯାଆନ୍ତି। ୧୯୮୭ ମସିହାରୁ ୨୦୦୭ ମସିହା ୨୦ ବର୍ଷ ମଧ୍ୟରେ ବାର୍ଷିକ ହାରାହାରି ୧୨, ୩୩୪ ଏହି ପ୍ରଜାତିର ହରିଣ ଜନ୍ମ ନେଇଛନ୍ତି ବା ଅମଳ କରାଯାଇଛି। ଉଭୟ ପାର୍ଶ୍ୱରେ ୩ଟି ବିନ୍ଦୁରେ ଛୋଟ ଛୋଟ ଶିଙ୍ଘ ଉଠିଥାଏ।

ପୁଡୁ ହରିଣ (Pudu Deer)

ପୁଡୁ ପୁଡା ଓ ପୁଡୁ ମେଫିଷ୍ଟୋଫାଇଲସ୍ - ପୁଡୁ ହରିଣ ପ୍ରଜାତିର ଦୁଇଟି ନିକଟ ସମ୍ପର୍କୀୟ ଜାତିର ହରିଣ। ଉତ୍ତରତମ ଓ ଦକ୍ଷିଣତମ ପୁଡୁ ହରିଣ ଭାବରେ ଏମାନେ ପରିଚିତ। ଏହି ଦୁଇ ଜାତିର ହରିଣ ପୃଥିବୀର ସବୁଠାରୁ ଛୋଟ ହରିଣ। ପରିଣତ ବୟସରେ ଏମାନଙ୍କର ଉଚ୍ଚତା ତଳୁ କାନ୍ଧ ପର୍ଯ୍ୟନ୍ତ ସ୍ତ୍ରୀ ଓ ପୁରୁଷମାନଙ୍କର ଯଥାକ୍ରମେ ୧୨ ଇଞ୍ଚ ଓ ୧୭ ଇଞ୍ଚ ହୋଇଥାଏ। ଜନ୍ମ ସମୟରେ ଛୁଆମାନେ (fawns) ମାତ୍ର ୬ ଇଞ୍ଚ ହୋଇ ଥାଆନ୍ତି। ପୁଡୁ ହରିଣ ଛୁଆମାନେ ଅସମ୍ଭବ ଭାବରେ ସୁନ୍ଦର ଦେଖାଯାଆନ୍ତି।

ପୁରୁଷ ପୁଡୁ ହରିଣମାନଙ୍କର ଶାଖା ବିହୀନ ତୀକ୍ଷ୍ଣ ମୁନୀଆଁ କ୍ଷୁଦ୍ର ଶିଙ୍ଘଥାଏ। ଏହି ହରିଣମାନେ ଦକ୍ଷିଣ ଆମେରିକାର ବର୍ଷା ବହୁଳ ବିଷୁବରେଖା (temporate) ଅଞ୍ଚଳରେ ବାସ କରନ୍ତି। ମାତ୍ର ବାସସ୍ଥାନ ଗୁଡିକୁ ନଷ୍ଟ କରି ଦିଆଯାଉ ଥିବାରୁ ବହୁତ

ଅସୁବିଧା ଭୋଗ କରନ୍ତି। ଘଞ୍ଚ ବର୍ଷାବହୁଳ ବଣ ଭିତରେ ଏମାନଙ୍କୁ ପାଇବା ଏତେ ସହଜ ନୁହେଁ। ଚିଲିରେ ପାର୍କ୍ୟୁ ଟେପୁହୁଇକୋ ଏକ ବେସରକାରୀ ସଂରକ୍ଷଣ ପାର୍କରେ ଦକ୍ଷିଣାଞ୍ଚଳର ପୁଡୁ ହରିଣମାନଙ୍କୁ ଦେଖିବା ଏକ ଅତି ଉତ୍ତମ ସୁଯୋଗ। ଚିଲିର ଭାଲ୍‌ଡିଭିଆନ୍ ଉପକୂଳବର୍ତ୍ତୀ ସଂରକ୍ଷଣ ସ୍ଥଳିରେ ପ୍ରାକୃତିକ ପରିବେଶରେ ଥିବା ପୁଡୁ ହରିଣମାନଙ୍କୁ ଟ୍ରେଲ୍ (trail) କ୍ୟାମେରା ସାହାଯ୍ୟରେ ଫଟୋ ନିଆଯାଇ ପାରେ ଏବଂ ଏମାନେ କେତେ ସୁନ୍ଦର ଜାଣି ହୁଏ।

ଭୁକିବା ହରିଣ (Barking Deer)

ଭାରତୀୟ ମୁଣ୍ଟଜାକ୍ ହରିଣମାନଙ୍କୁ "ଭୁକିବା ହରିଣ" କୁହାଯାଏ। ହରିଣମାନଙ୍କ ମଧ୍ୟରେ ଏପରି କେହି ଭୁକିବାର ଦେଖାଯାଏ ନାହିଁ। ଏମାନେ ଆଲାରାମ୍ ବାଜିବା ପରି ଉଚ୍ଚ ସ୍ୱରରେ ଭୁକନ୍ତି। ମୁଣ୍ଟଜାକ୍ ହରିଣମାନଙ୍କର ଶାଖାଶିଙ୍ଘ (antlers) ଥାଏ। କିନ୍ତୁ ଏସିଆରେ ଥିବା ଅନ୍ୟ ହରିଣ ଓ ଧଳା ଲାଞ୍ଜଥିବା ହରିଣମାନଙ୍କ ସହିତ ମୁଣ୍ଟଜାକ୍ ହରିଣମାନଙ୍କର ଅନ୍ୟ କୌଣସି ସାମଞ୍ଜସ୍ୟ ନଥାଏ। ଏହି ହରିଣମାନେ ଦେଖିବାକୁ ଛୋଟ ଏବଂ ବେଳେବେଳେ ଘନ ଜଙ୍ଗଲରେ ବାସ ସ୍ଥଳୀରେ ଲୁଚି ଯାଆନ୍ତି।

ଭାରତୀୟ ସୁଣ୍ଟଜାକ୍ ହରିଣମାନଙ୍କର ଛୋଟ ଛୋଟ ଦାନ୍ତ (tusk) ଥାଏ ଏବଂ ଏହାକୁ ସେମାନେ ପରସ୍ପର ମଧ୍ୟରେ ଲଢ଼େଇ କରିବା ପାଇଁ ବ୍ୟବହାର କରନ୍ତି। ପାଟିରେ ଥିବା ଶ୍ୱାନଦନ୍ତ ଦୁଇଟି (canine teeth) ହାତୀ ଦାନ୍ତ ପରି ବାହାରକୁ ଓ ତଳ-ଆଡକୁ ବାହାରି ଆସିଥାଏ ଏବଂ ଏହାକୁ ଏମାନଙ୍କର ଦାନ୍ତ (tusk) କହନ୍ତି। ମୁଣ୍ଟଜାକ୍ ହରିଣ ପ୍ରଜାତିର ୧୨ଟି ଜାତିର ହରିଣ ଥିବାର ଜଣାପଡିଛି ଏବଂ ସେମାନେ ସମସ୍ତେ ପ୍ରାୟତଃ ଦକ୍ଷିଣ ଏସିଆରେ ବାସ କରନ୍ତି। ଭାରତୀୟ ମୁଣ୍ଟଜାକ୍ ହରିଣମାନଙ୍କର ସଂଖ୍ୟା ତୁଳନାତ୍ମକ ଭାବରେ ସାଧାରଣ। ତଥାପି ଏମାନଙ୍କର ଉପରେ କମ୍ ଗୁରୁତ୍ୱ ଦିଆଯାଇଥାଏ ବା ଏମାନଙ୍କର ସମ୍ପର୍କରେ କମ୍ ଜଣାଯାଇଥାଏ। ଅନ୍ୟ ସ୍ତନ୍ୟପାୟୀ ପ୍ରାଣୀମାନଙ୍କ ତୁଳନାରେ ଏମାନଙ୍କର କ୍ରୋମୋଜୋମ ସଂଖ୍ୟା ବହୁତ କମ୍। ପୁରୁଷମାନଙ୍କର ୭ଟି ଓ ସ୍ତ୍ରୀ ହରିଣମାନଙ୍କର ମାତ୍ର ୬ଟି କ୍ରୋମୋଜୋମ ଥାଏ। ଅନ୍ୟ ଅଧିକାଂଶ ଖୁରାଥିବା ପ୍ରାଣୀମାନଙ୍କ ପରି ମୁଣ୍ଟଜାକ୍ ହରିଣମାନେ ଉଭୟ ତୃଣଭୋଜୀ ଓ ମାଂସାଶୀ। ପର୍ଯ୍ୟବେକ୍ଷଣରୁ ଜଣାପଡ଼େ ଯେ ଏମାନେ ଅଣ୍ଡା ଓ ପଚାସଢ଼ା ମାଂସକୁ ଖାଦ୍ୟ ରୂପେ ଗ୍ରହଣ କରନ୍ତି।

ଉଭୟ ପାର୍ଶ୍ୱରେ ଆଖି ପାଖରେ ଦୁଇଟି ଦୃଶ୍ୟମାନ କଳା ଚିହ୍ନଥାଏ। ଏହକୁ ପୋଷ୍ଟ ଅର୍ବିଟାଲ ଗ୍ଲାଣ୍ଡ ବା ଚକ୍ଷୁ କୋଟର ନିକଟସ୍ଥ ଗ୍ରନ୍ଥି କୁହାଯାଏ। ଏଥିରୁ ଏକ ପ୍ରକାର ଅତର (scent) ନିର୍ଗତ ହୁଏ। ଅନ୍ୟ କେତେକ ପ୍ରାଣୀଙ୍କ ପରି ଏହି ଅତର

ଦ୍ୱାରା ସେମାନେ ନିଜର ଇଲାକା (territory) ଚିହ୍ନିତ କରି ତା ମଧ୍ୟରେ ନିଜର ଯଥେଷ୍ଟ ସମୟ ଅତିବାହିତ କରନ୍ତି।

ବାନ୍ଧବ ଗଡ଼ (bandhavgarh) ବା କାଜିରଙ୍ଗା (kazirnga) ଜାତୀୟ ପାର୍କରେ ଏମାନଙ୍କୁ ଦେଖିବା ପାଇଁ ସୁଯୋଗ ମିଳିଥାଏ। ଅନ୍ୟଥା ଏମାନେ ଅନ୍ଧକାର ମଧ୍ୟରେ ସହଜରେ ଦେଖା ଯାଆନ୍ତି ନାହିଁ।

ରୀଭେସ୍ (reeves) ମୁଣ୍ଟଜାକ୍ ନାମରେ ଆଉ ଗୋଟିଏ ଜାତିର ହରିଣ ଅଛନ୍ତି। ଏମାନଙ୍କୁ ଓ୍ୱବର୍ଣ୍ଡ ଆବେ ପାର୍କରେ ଦେଖିବାକୁ ମିଳେ। ଏହି ଜାତିର ମୁଣ୍ଟଜାକ୍ ହରିଣ ୟୁରୋପୀୟ ଦେଶମାନଙ୍କରେ ବହୁ ସଂଖ୍ୟାରେ ବାସ କରନ୍ତି।

ହଗ୍ ହରିଣ (Hog Deer)

ବଣ୍ୟାଞ୍ଚଳ ସମତଳ ତୃଣଭୂମିରେ ଏହି ଗେଡ଼ା, ମୋଟା ଓ ବଳଶାଳୀ ହଗ୍ ହରିଣମାନେ ଦେଖାଯାଆନ୍ତି। ତେଣୁ ଏମାନଙ୍କୁ ଦେଖିବା ଅତି ସହଜ। ଏମାନଙ୍କର ଗୋଡ଼ଗୁଡ଼ିକ ଛୋଟ ଛୋଟ ଓ ଦଉଡ଼ିବା ସମୟରେ ମୁଣ୍ଡ ପଛ ଆଡ଼କୁ ଢ଼ଳିଥାଏ। ଗୋଟିଏ ହରିଣ ପ୍ରଜାତି ହେଲେ ମଧ୍ୟ ଏମାନେ ଘୁଷୁରି ପରି ଦେଖାଯାଆନ୍ତି। ତେଣୁ ଏହି ହରିଣର ନାମ ହଗ୍ (hog) ରଖାଯାଇଛି। ହଗ୍ ଅର୍ଥ ଖାସୁ ହୋଇଥିବା ଅଣ୍ଡିରା ଘୁଷୁରି। ଯଦିଓ ଏହି ପ୍ରଜାତିର ହରିଣମାନେ ପ୍ରକାରଗତ ଭାବରେ ନିର୍ଜନତାକୁ ଭଲ ପାଆନ୍ତି, ତଥାପି ସେମାନେ ବଡ଼ ବଡ଼ ଗୋଠ ବା ପଲରେ ଘାସ ପଡିଆରେ ଏକାଠି ହୋଇ ରହିଥିବାର ଦେଖାଯାଏ। ସେଠାରେ ସେମାନେ ସମୂହ ଭାବରେ ଘାସ କଢ଼ି (shoots) ଖାଆନ୍ତି।

ପୃଥିବୀରେ ଅନେକ ପ୍ରଜାତିର ହରିଣ ଅଛନ୍ତି, ଯେଉଁମାନଙ୍କର ହଗ୍ ହରିଣ ପରି ଧଳା ଲାଞ୍ଜ ଥାଏ। ସଂଖ୍ୟା ଦୃଷ୍ଟିରୁ ସେମାନେ ସେତେ ସଂଖ୍ୟାରେ ବାସ କରନ୍ତି ନାହିଁ। ଗତ ୨୫ବର୍ଷ ମଧ୍ୟରେ ସେମାନଙ୍କର ସଂଖ୍ୟା, ବାସସ୍ଥାନ ହରାଇଥିବା ଯୋଗୁ ଓ ଶିକାର ଦ୍ୱାରା ନବେ ପ୍ରତିଶତ ହ୍ରାସ ପାଇଛି। ସେମାନେ ମୁଖ୍ୟତଃ କୌଣସି ଜାତୀୟ ପାର୍କ ବା ସଂରକ୍ଷିତ ବଣରେ ଆବଦ୍ଧ ନଥିଲେ। କିନ୍ତୁ ହଗ୍ ହରିଣ ଉତ୍ତର ପୂର୍ବ ଭାରତରେ ଥିବା କାଜିରଙ୍ଗା ଜାତୀୟ ପାର୍କରେ ରହି ଥିବାରୁ ବର୍ତ୍ତମାନ ସେମାନଙ୍କର ସଂଖ୍ୟା ପନ୍ଦର ହଜାରରୁ ଅଧିକ। ଏହି ପାର୍କଟି ପୃଥିବୀର ଏକ ବୃହତ୍ ବଣ୍ୟପ୍ରାଣୀ ସଂରକ୍ଷଣ ସ୍ଥଳୀ। କାଜିରଙ୍ଗା ଜାତୀୟ ପାର୍କ ଗୋଟିଏ ଦୃଷ୍ଟି ଆକର୍ଷଣକାରୀ ଚିତ୍ତାକର୍ଷକ ପାର୍କ ଯେଉଁଠାରେ ଏକ ଶିଙ୍ଘିଆ ଗଣ୍ଡା, ହାତୀ, ବଣୁଆ ମଇଁଷି, ସ୍ୱାମ୍ପ ହରିଣ ଓ ଅନେକ ପ୍ରକାର ଦର୍ଶନୀୟ ପ୍ରାଣୀମାନଙ୍କୁ ପ୍ରାକୃତିକ ବାସସ୍ଥଳୀ ଯୋଗାଇ ଦିଆଯାଇ ପାରିଛି। ନେପାଳର

ରୟାଲ୍ ଚିଟ୍‌ୱାନ୍ ଓ ବର୍ଡିଆ ଜାତୀୟ ପାର୍କରେ ମଧ୍ୟ ଏହି ପ୍ରକାର ପ୍ରାଣୀମାନଙ୍କର ସଂଖ୍ୟା ଯଥେଷ୍ଟ ପରିମାଣରେ ରହିଛି ।

ସ୍ପଟେଡ୍ ହରିଣ (Spotted Deer)

ସ୍ପଟେଡ୍ ହରିଣମାନଙ୍କୁ ଆକ୍‌ସିସ୍ ହରିଣ (axis deer) ଓ ଚିତଲ ହରିଣ ବୋଲି ମଧ୍ୟ କୁହାଯାଏ । ଏମାନେ ଭାରତ ଓ ଶ୍ରୀଲଙ୍କାର ଘାସ ପଡିଆ ଓ ବଣମାନଙ୍କରେ ବାସ କରନ୍ତି । ଗୋଟିଏ ଗୋଟିଏ ଗୋଠରେ ଶହେ କିମ୍ବା ତହିଁରୁ ଅଧିକ ହରିଣ ଥିବାର ଜଣାଯାଏ । ପୁରୁଷ ହରିଣମାନଙ୍କର ଉଚ୍ଚତା ୯୦ ରୁ ୯୫ ସେଣ୍ଟିମିଟର ଓ ସ୍ତ୍ରୀ ହରିଣମାନେ ୭୦ ରୁ ୭୫ ସେଣ୍ଟିମିଟର ଉଚ୍ଚ । ପୁରୁଷ ହରିଣମାନଙ୍କର ପରିଣତ ବୟସରେ ଓଜନ ୩୦ ରୁ ୭୫ କିଲୋଗ୍ରାମ୍ ଓ ସ୍ତ୍ରୀ ହରିଣମାନଙ୍କର ୨୫ ରୁ ୪୫ କିଲୋଗ୍ରାମ୍ ପର୍ଯ୍ୟନ୍ତ ହୁଏ ।

ଏହି ହରିଣମାନଙ୍କର ମାଂସ ସେତେ ସ୍ୱାଦିଷ୍ଟ ନୁହେଁ । ମାତ୍ର ତିକ୍ତତାହୀନ (mild) ଓ ବହୁତ କୋମଳ । ଏହି ମାଂସରେ ୦.୨ ପ୍ରତିଶତ ସ୍ନେହସାର (fat) ଥାଏ । ଏହି ହରିଣମାନେ ମଧ୍ୟମ ଧରଣର ହରିଣ ।

ଏହି ହରିଣମାନଙ୍କର ଉପରିଭାଗ ସୁବର୍ଣ୍ଣରୁ ପିଙ୍ଗଳ ବର୍ଣ୍ଣ ବିଶିଷ୍ଟ । ସଂପୂର୍ଣ୍ଣ ଭାବରେ ଗୋଲ ଗୋଲ ଧଳା ସ୍ପଟ୍ (spot) ଥାଏ । ତଳିପେଟ, ଗଳା, ପିଚା ବା ଫଡିଆ, ଗୋଡ଼ ସବୁର ଭିତର କଡ, କାନ ଓ ଲାଞ୍ଜ ଧଳା ରଙ୍ଗର । ଏଣୁ ଏମାନଙ୍କୁ ସ୍ପଟେଡ୍ ଡିଅର କୁହାଯାଏ । ଏହି ହରିଣମାନେ ଦେଖିବାକୁ ବହୁତ ସୁନ୍ଦର । ଆକର୍ଷଣୀୟ ଶାଖା ଶିଙ୍ଘ କେବଳ ପୁରୁଷ ହରିଣମାନଙ୍କର ଥାଏ । ଶାଖା ଶୃଙ୍ଘ (antler) ପରିଣତ ବୟସରେ ୧ ମିଟର ବା ୩.୩ ଫୁଟ ଲମ୍ବ ହୋଇଥାଏ ।

ମଣିପୁରୀ ହରିଣ (Manipuri Deer)

ଏହି ହରିଣମାନେ ଭାରତର ମଣିପୁର ରାଜ୍ୟରେ ଉଦ୍ଭାବିତ । ମଣିପୁରୀ ହରିଣମାନଙ୍କର ଅନ୍ୟ ଦୁଇଟି ନାମ ଅଛି । ମେଇଟେଲ୍‌ରେ ଏମାନଙ୍କୁ ସଙ୍ଗାଇ (sangai) ହରିଣ ବୋଲି କୁହାଯାଏ । ଅନ୍ୟ ନାମଟି ହେଉଛି, ନାଚୁଥିବା ହରିଣ ବା ଡ୍ୟାନ୍‌ସିଂ ଡିୟର । ସଙ୍ଗାଇ ହରିଣ ଗୋଟିଏ ଦେଶୀୟ ହରିଣ । ଏମାନଙ୍କର ସଂଖ୍ୟା ବହୁତ କମ୍ ଏବଂ ଏହି ହରିଣମାନେ ବିଲୁପ୍ତ ହେବା ପ୍ରାୟ । ଏହି ପ୍ରଜାତିର ହରିଣମାନଙ୍କର ଶାଖାଶୃଙ୍ଘ ଗୋଟିଏ ସ୍ୱତନ୍ତ୍ର ପ୍ରକାରର । ଏଣୁ ଏମାନଙ୍କୁ ମଧ୍ୟ ବ୍ରୋ- ଆଣ୍ଟଲର୍ଡ ଡିୟର କହନ୍ତି । ଇଂଲଣ୍ଡରେ ଏହି ହରିଣମାନଙ୍କୁ ମଣିପୁର-ବ୍ରୋ-ଆଣ୍ଟଲର୍ଡ ଡିୟର କହନ୍ତି । ଶାଖା ଶୃଙ୍ଘ ମଧ୍ୟମ ଧରଣର ଓ ୧୦୦ ରୁ ୧୧୦ ସେଣ୍ଟିମିଟର ଲମ୍ବ ହୋଇଥାଏ ।

ମଣିପୁରୀ ହରିଣ ଗୋଟିଏ ମଧ୍ୟମ ଆକାରର ହରିଣ । ପୁରୁଷ ହରିଣର ପରିଣତ

ବୟସରେ ଉଚ୍ଚତା ତଳୁ କାନ୍ଧ ପର୍ଯ୍ୟନ୍ତ ୧୧୫ ରୁ ୧୨୫ ସେଣ୍ଟିମିଟର ଏବଂ ଓଜନ ୯୫ ରୁ ୧୧୦ କିଲୋଗ୍ରାମ ହୋଇଥାଏ। ସ୍ତ୍ରୀ ମଣିପୁରୀ ହରିଣମାନଙ୍କର ଉଚ୍ଚତା ଓ ଓଜନ ଏହାଠାରୁ ସାମାନ୍ୟ କମ୍ ଥାଏ। କାନମୂଳ ଠାରୁ ଲାଞ୍ଜମୂଳ ଯାଏ ଶରୀରର ଲମ୍ବା ୧୪୫ ରୁ ୧୫୫ ସେଣ୍ଟିମିଟର। ଉଭୟ ପୁରୁଷ ଓ ସ୍ତ୍ରୀ ହରିଣମାନଙ୍କର ଲାଞ୍ଜ ଛୋଟ। ପଛ ଗୋଡ଼ର ପିଚା ବା ଫଡିଆ ସେତେ ବହିର୍ଗତ ନୁହେଁ। ଏମାନଙ୍କର ଜୀବନ କାଳ ମାତ୍ର ୧୦ ବର୍ଷ।

ଭାରତର ମଣିପୁର ରାଜ୍ୟର କେଇବୁଲ୍‌ରେ ଗୋଟିଏ ପାର୍କ ଅଛି। ଏହି ପାର୍କର ନାମ କେଇବୁଲ୍ ଲାମ୍‌ଜାଓ ଜାତୀୟ ପାର୍କ। ସେଠାରେ ଲୋକ୍‌ଟାକ୍ ନାମରେ ପୂର୍ବ ଏସିଆର ବୃହତ୍ତମ ଶୁଦ୍ଧ ପାଣିର ଗୋଟିଏ ହ୍ରଦ ରହିଛି। ଏହି ହ୍ରଦ ପାର୍କର ଦକ୍ଷିଣରେ ଅବସ୍ଥିତ। ଏଠାରେ ଗୋଟିଏ ବିସ୍ତୃତ ଭାସମାନ ଉର୍ବର ଘାସ ପଡିଆ ରହିଛି। ଏହି ଭାସମାନ ପ୍ରାନ୍ତରଟିକୁ ଭାସମାନ ଚାରଣ ଭୂମି ଅଞ୍ଚଳ ବା ସ୍ଥାନୀୟ ଭାଷାରେ "ଫୁମ୍‌ଡି" (phumdi) କହନ୍ତି। ଫୁମ୍‌ଡି ଉପରେ ବହୁ ପରିମାଣର ଜୈବିକ ପଦାର୍ଥ, ଜୀବନ୍ତ ବସ୍ତୁର ଧ୍ୱଂସାବଶେଷ, ଜୈବିକ ଓ ଅଜୈବିକ ପଦାର୍ଥର ଭଗ୍ନାବଶେଷ, ବିଭିନ୍ନ ପ୍ରକାର ଘାସ ଓ ଉଦ୍ଭିଦ, ପାଣିରେ ବଢୁଥିବା ଉଦ୍ଭିଦ, ଖାଦ୍ୟ ଓ ଔଷଧ ପାଇଁ ବ୍ୟବହୃତ ଉଦ୍ଭିଦ (herbaceous) ମାଟି ସହିତ ଏକତ୍ରୀତ ହୋଇ ଯାଇଛି ବା ଜମାଟ ବାନ୍ଧି ଯାଇଛି। ମାତ୍ର ସଂପୂର୍ଣ୍ଣ ଅଞ୍ଚଳଟି ପାଣିରେ ଭାସୁଛି। ମଣିପୁରୀ ହରିଣମାନେ ଏହି ଭାସମାନ ଅଞ୍ଚଳରେ ବାସ କରନ୍ତି ଏବଂ ଏଥିରୁ ଜଳଜ ଉଦ୍ଭିଦ, ଘାସ ପତ୍ର ଇତ୍ୟାଦି ଖାଇ ଜୀବନ ଧାରଣ କରନ୍ତି। ଏହା ଉପରେ ସନ୍ତୁଳନ ରଖି ଚରାବୁଲା କରିବାକୁ ହୋଇଥାଏ। ଏଣୁ ଗୋଡ଼ଗୁଡିକ ଓ ଦେହର ଅଙ୍ଗପ୍ରତ୍ୟଙ୍ଗ ନାଚିବା ପରି ଭଙ୍ଗିରେ ରହିଥାଏ। ଦୂରରୁ ହରିଣମାନେ ନାଚିବା ପରି ଜଣାପଡ଼ନ୍ତି। ଏହି ହରିଣମାନଙ୍କୁ ନାଚୁଥିବା ହରିଣ ବା ଡ୍ୟାନ୍‌ସିଂ ହରିଣ କହନ୍ତି। ଏହି ଭାସମାନ ଘାସ ପଡ଼ିଆଟିର ଘନତ୍ୱ ସବୁଠାରେ ଏକାପରି ନଥାଏ। କେତେକ ସେଣ୍ଟିମିଟରରୁ ଆରମ୍ଭ କରି ୨ ମିଟର ପର୍ଯ୍ୟନ୍ତ ଘନତ୍ୱ ହୋଇପାରେ। ଏହି ଭାସମାନ ଜୈବିକ ଓ ଖାଦ୍ୟରେ ଭରପୁର ପ୍ରାନ୍ତରଟିର ୪/୫ ଅଂଶ ପାଣିରେ ବୁଡି ରହିଥାଏ। ମାନଚିତ୍ରରେ କୌଣସି ସ୍ଥାନର ଅବସ୍ଥିତି ଜାଣିବା ପାଇଁ ଅକ୍ଷାଂଶ (latiude) ଓ ଦ୍ରାଘିମା (longitude)ରେ ପ୍ରକାଶ କରାଯାଏ। ବିଷୁବ ରେଖାଠାରୁ ଉତ୍ତର ବା ଦକ୍ଷିଣ ଆଡ଼କୁ କୌଣସି ସ୍ଥାନର କୌଣିକ ଦୂରତ୍ୱକୁ ଆକ୍ଷାଂଶ ଏବଂ ଗ୍ରୀନିଚ୍ ଠାରୁ ପୂର୍ବ ଓ ପଶ୍ଚିମ ଦିଗରେ ଡିଗ୍ରୀରେ ମପାଯାଉଥିବା ଦୂରତାକୁ ଦ୍ରାଘିମା ରେଖା କହନ୍ତି। ମଣିପୁରରେ ଏହି ହରିଣମାନେ ରହୁଥିବା ଭାସମାନ ଆବାସଟିର ଅକ୍ଷାଂଶ ୨୪° ୨୭' ଉତ୍ତର ଓ ୨୪° ୩୧' ଉତ୍ତର। ସେହିପରି ଦ୍ରାଘିମା ୯୩° ୫୩' ପୂର୍ବ ଓ ୯୩° ୫୫' ପୂର୍ବ।

ପାର୍କର ସମୁଦାୟ ଅଞ୍ଚଳ ୪୦ କିଲୋବର୍ଗମିଟର। ହରିଣ ରହୁଥିବା ଅଞ୍ଚଳଟି ୧୫ ରୁ ୨୦ ବର୍ଗକିଲୋମିଟର। ମଣିପୁର ବନ ବିଭାଗ ଏହି ଅଞ୍ଚଳ ଓ ହରିଣମାନଙ୍କର ତତ୍ତ୍ୱାବଧାରକ ଭାବରେ କାର୍ଯ୍ୟ କରୁଛନ୍ତି।

କୃଷ୍ଣସାର ମୃଗ (Four Horned Antelope)

କୃଷ୍ଣସାର ମୃଗକୁ ଚଉଶିଙ୍ଘା ମୃଗ କହନ୍ତି। ଏହା ଗୋଟିଏ ଛୋଟ ହରିଣ। ଏହି ପ୍ରଜାତିର ହରିଣମାନେ କେବଳ ଭାରତ ଓ ନେପାଳରେ ଦେଖା ଯାଆନ୍ତି। ଏହାର ପ୍ରାଣୀ ବିଜ୍ଞାନ ସମ୍ବନ୍ଧୀୟ ନାମ ଟେଟ୍ରାସେରସ୍ କ୍ୱାଡିକରନିସ୍। ପୁରୁଷ ହରିଣମାନଙ୍କର ୪ଟି ଶିଙ୍ଘ ଥାଏ। ଗୋଟିଏ ହଳ ଶିଙ୍ଘ ଦୁଇ କାନ ମଧ୍ୟରେ ଥାଏ। ଅନ୍ୟ ଦୁଇଟି କପାଳ ବା ଲଲାଟ (fore-head) ରେ ଥାଏ। ଏହା ଆଖି ପତା ଉପରେ ଥିବା ମୁହଁର ଗୋଟିଏ ଅଂଶ। ପଛରେ ଥିବା ଶିଙ୍ଘ ଦୁଇଟି ଆଗରେ ଥିବା ଶିଙ୍ଘ ଦୁଇଟି ଠାରୁ ଲମ୍ବା ଓ ଲୋମାବୃତ ଥାଏ। ପଛ ଶିଙ୍ଘ ଦୁଇଟିର ଲମ୍ବା ୮ ରୁ ୧୨ ସେଣ୍ଟିମିଟର ଓ ଆଗ ଶିଙ୍ଘ ଦୁଇଟି ୨ ରୁ ୫ ସେଣ୍ଟିମିଟର। ଏହି ହରିଣମାନଙ୍କର ଗୋଡ଼ ଦୁଇଟି ସୁନ୍ଦର ଭାବରେ ପତଳା ଓ ଆପେକ୍ଷିକ ଭାବରେ କ୍ଷୁଦ୍ର। ଏମାନଙ୍କର ଲାଞ୍ଜ ଛୋଟ। କୃଷ୍ଣସାର ମୃଗର ବର୍ଣ୍ଣ ହଳଦିଆ-ବାଦାମୀ ରଙ୍ଗରୁ ନାଲିଆ ବର୍ଣ୍ଣ। ଶରୀରର ତଳ ଅଂଶ ଓ ଗୋଡ଼ ଗୁଡିକର ଭିତର ପାଖ ଦେଖିବାକୁ ଧଳା। ଥୋମଣିରେ ଓ କାନ ପଛ ପଟରେ କଳା ଚିହ୍ନ ଥାଏ। ପ୍ରତ୍ୟେକ ଗୋଡ଼ର ବାହାର ପାଖରେ କଳା ରଙ୍ଗର ସରୁ ଲମ୍ବା ଗାର (stripe) ଥାଏ।

ଏହି ହରିଣମାନେ ମୁଖ୍ୟତଃ ଦିନରେ ସକ୍ରିୟ ରହନ୍ତି। ଏମାନେ ପଲରେ ରହିବାକୁ ଭଲ ପାଆନ୍ତି। ଗୋଟିଏ ଗୋଠରେ ୪ ରୁ ୫ଟି ମାଈ-ହରିଣ ଓ ଗୋଟିଏ ବା ଦୁଇଟି ପୁରୁଷ ହରିଣ ଥାଆନ୍ତି। ବେଳେ ବେଳେ କେତେକ ତରୁଣ ହରିଣ ମଧ୍ୟ ସାଙ୍ଗରେ ଥାଆନ୍ତି।

କୃଷ୍ଣସାର ମୃଗମାନେ ବିଭିନ୍ନ ପ୍ରକାର ଘାସ, ନରମ କାଣ୍ଡ ଓ ଫୁଲ ହେବା ପରେ ମରିଯାଇଥିବା ଗଛ (herbs) ବୁଦା ବା ଗୁଳ୍ମ (shrubs) ବିବିଧ ପତ୍ର ସମୂହ (follage), ଫୁଲ ଓ ଫଳ ଖାଆନ୍ତି। ଏହି ହରିଣମାନେ ବାରମ୍ବାର ପାଣି ପିଇବାକୁ ଆବଶ୍ୟକ କରନ୍ତି। ଜନ୍ମ ହେବାପରେ ଗୋଟିଏ ଛୁଆ ବା ଦୁଇଟି, ମାଆ ସହିତ ଗୋଟିଏ ବର୍ଷ ରହନ୍ତି।

କୃଷ୍ଣସାର ମୃଗମାନଙ୍କର ସଂଖ୍ୟା ଧୀରେ ଧୀରେ ଲୋପ ପାଇ ଆସୁଥିବାରୁ ପ୍ରକୃତି ଓ ପ୍ରାକୃତିକ ସମ୍ବଳ ସଂରକ୍ଷଣର ଆନ୍ତର୍ଜାତିକ ସଂଘ ଏହି ହରିଣମାନଙ୍କର ଯତ୍ନ ନେଉଛନ୍ତି।

ଏହି ହରିଣମାନେ ଏସିଆର ସବୁଠାରୁ କ୍ଷୁଦ୍ରତମ ହରିଣ। ତଳୁ କାନ୍ଧ ପର୍ଯ୍ୟନ୍ତ ଉଚ୍ଚତା ୫୫ ରୁ ୬୪ ସେଣ୍ଟିମିଟର ଏବଂ ଓଜନରେ ୧୭ ରୁ ୨୨ କିଲୋଗ୍ରାମ। ଶରୀରର ଲମ୍ବା ୮୦ ରୁ ୧୧୦ ସେଣ୍ଟିମିଟର।

ଫାଲୋ ହରିଣ (Fallow Deer)

ଏହି ହରିଣମାନେ ଦେଖିବାକୁ ବହୁତ ସୁନ୍ଦର ଓ ଲୋକପ୍ରିୟ। ଚିଡିଆଖାନା ଓ ପାର୍କମାନଙ୍କରେ ଫାଲୋ ହରିଣମାନେ ସେମାନଙ୍କର ଅର୍ଥ ବୋଧକ ଚାହାଁଣି ପାଇଁ ବିଶେଷ ଲୋକପ୍ରିୟ। ଫାଲୋ ହରିଣମାନେ ଚିଡ଼ିଆଖାନା, ପାର୍କ ଓ ଜାତୀୟ ଉଦ୍ୟାନ-ମାନଙ୍କର ଶୋଭାବର୍ଦ୍ଧନ କରି ଥାଆନ୍ତି। ଏହି ହରିଣମାନେ ବିଭିନ୍ନ ରଙ୍ଗର। ସାଧାରଣ ଭାବରେ ଏମାନେ ହଳଦିଆ ବାଦାମୀ ରଙ୍ଗର। କଳା ଓ ବାଦାମୀ ଚକଡା ଦେହରେ ଧଳା ଗୋଲେଇ ଥିବା ଫାଲୋ ହରିଣ ମଧ୍ୟ ଦେଖା ଯାଆନ୍ତି। ଏମାନେ ନାଲି ହରିଣ (red deer) ମାନଙ୍କ ଅପେକ୍ଷା କ୍ଷୁଦ୍ରତର। ୧୪ଟି ବିଭିନ୍ନ ରଙ୍ଗର ଫାଲୋ ହରିଣ ଅଛନ୍ତି ବୋଲି ସୂଚନା ମିଳେ। କଳା, ଘିଅ ରଙ୍ଗ, ହାଲୁକା ନାଲି, ଗାଢ଼ ନାଲି ଓ ଘନ ବାଦାମୀ ଇତ୍ୟାଦି। ଏମାନଙ୍କର ଶାଖା ଶିଙ୍ଘ (antlers) ଓସାରିଆ ଓ ଚଟକା। ଗୃହ ପାଳିତ ଭାବରେ ଏହି ଜାତିର ହରିଣମାନଙ୍କୁ ନେଇ ଫାର୍ମ କରିବା ସୁବିଧାଜନକ।

ଫାଲୋ ହରିଣମାନଙ୍କର ଦୁଇଟି ଉପଜାତି ରହିଛି। ୟୁରୋପୀୟ ଫାଲୋ ହରିଣମାନଙ୍କୁ "ଦମା ଦମା ଦମା" କୁହାଯାଏ। ପର୍ସିଆନ୍ ଫାଲୋ ହରିଣମାନଙ୍କୁ "ଦମା ଦମା ମେସୋପଟାମିଆ" ଭାବରେ ଚିହ୍ନଟ କରାଯାଏ। ଏମାନେ "ସର୍ଭିଡେ" ଫାମିଲିର ରୋମନ୍ଥକ ସ୍ତନ୍ୟପାୟୀ ପ୍ରାଣୀ। ଛୁଆମାନେ ଜନ୍ମ ସମୟରେ ୮ ରୁ ୧୦ ପାଉଣ୍ଡ ହୋଇ ଥାଆନ୍ତି। ମାଇ ଫାଲୋ ହରିଣର ଗର୍ଭଧାରଣର ସମୟ ୨୨୯ଦିନ। ଏହି ହରିଣ ମାନଙ୍କର ଜୀବନ କାଳ ୮ ରୁ ୧୦ବର୍ଷ। ଏହି ଜାତିର ହରିଣମାନଙ୍କର ମାଂସ, ଖାଦ୍ୟ ଭାବରେ ବ୍ୟବହୃତ ପାଇଁ ଉପଯୁକ୍ତ ଏବଂ ଉତ୍ତମ ବା ସୁସ୍ୱାଦୁ ଖାଦ୍ୟର ପ୍ରତୀକ। ଉଚ୍ଚ ଗୁଣାତ୍ମକମାନର ମାଂସ ଉତ୍ପାଦନ ପାଇଁ ଯତ୍ନଶୀଳ ନିର୍ବାଚନ ଓ ପରିଚାଳନା ଆବଶ୍ୟକ। ଅଷ୍ଟ୍ରେଲିଆର ଟାସ୍‌ମାନିଆଁରେ ଫାଲୋ ହରିଣମାନଙ୍କର ଏକ ଫାର୍ମ ପ୍ରତିଷ୍ଠା କରାଯାଇଛି।

ଧଳା ଲାଞ୍ଜି ହରିଣ (White Tailed Deer)

ଧଳା ଲାଞ୍ଜ ଥିବା ହରିଣ ଯୁକ୍ତରାଷ୍ଟ୍ର ଆମେରିକାର ଅନେକ ଅଞ୍ଚଳରେ ପ୍ରାକୃତିକ ଭାବରେ ଦେଖାଯାଆନ୍ତି। ସମୟ ସମୟରେ ଏମାନଙ୍କୁ ଅନିଷ୍ଟକର ବୋଲି ବିଚାର କରାଯାଏ। ଦୁର୍ଭାଗ୍ୟବଶତଃ ଏହି ହରିଣମାନେ ରାସ୍ତାରେ କାର୍ ଦୁର୍ଘଟଣାର କାରଣ

ହୋଇ ଥାଆନ୍ତି । ଧଳା ଲାଞ୍ଜି ହରିଣମାନେ ବାଡ଼ ଡେଇଁ ମନୁଷ୍ୟମାନଙ୍କର ଶୋଭାବର୍ଦ୍ଧକ ବୃକ୍ଷ ଓ ସୁନ୍ଦର ବଗିଚାମାନଙ୍କୁ ନଷ୍ଟକରି ଦିଅନ୍ତି । ଏହି ହରିଣମାନଙ୍କୁ ଲୋକମାନେ ଛେଳି ପାଳିବା ପରି ମାଂସକୁ ଖାଦ୍ୟରୂପେ ବ୍ୟବହାର କରିବା ପାଇଁ ଫାର୍ମ ଗଠନ କରି ପୋଷି ଥାଆନ୍ତି । ମାତ୍ର ଅନେକ ଲୋକ ଏହି ହରିଣମାନଙ୍କୁ ବାହ୍ୟ ଦ୍ୱାର ବା ଗୃହର ସୌନ୍ଦର୍ଯ୍ୟ ବୃଦ୍ଧି ପାଇଁ ପୋଷି ଥାଆନ୍ତି । ଏହି ଜାତିର ସଂପୂର୍ଣ୍ଣ ଧଳା ହୋଇ ଯାଇଥିବା ହରିଣମାନଙ୍କୁ ନୂତନତାର ପ୍ରତୀକ ଭାବରେ ବିକ୍ରୟ କରି ଦିଅନ୍ତି । କେତେକ ଆଗ୍ରହୀ ବ୍ୟକ୍ତି ଏମାନଙ୍କ ସହିତ ଖେଳିବାକୁ ଭଲ ପାଆନ୍ତି ।

ଧଳା ଲାଞ୍ଜି ହରିଣମାନଙ୍କୁ ବିଶେଷତଃ ବଣରୁ ଧରା ହୋଇଥିବା ହରିଣମାନଙ୍କୁ ଆଣି ପାଳନ କରିବା ଅଧିକାଂଶ ଦେଶରେ ଅବୈଧ ବା ଆଇନ୍ ବିରୁଦ୍ଧ କାର୍ଯ୍ୟ । ଏପରି ଅନେକ ଆଇନ୍‌ଗତ ସମସ୍ୟା ଉପୁଜିଛି ଯେ ପିତୃ-ମାତୃ ହୀନ ଏହି ଜାତିର ହରିଣ ଛୁଆମାନଙ୍କୁ ପାଳନ କରି ବଡ଼ କଲାପରେ ପ୍ରାଣୀ ନିୟନ୍ତ୍ରଣ ବୋର୍ଡ ଦ୍ୱାରା ବାଜ୍ୟାପ୍ତି କରାହୁଏ, ଯଦି ପୋଷିବା ପାଇଁ ଲାଇସେନ୍ସ ନଥାଏ । ଏପରି ହରିଣକୁ ବଣ୍ୟଜନ୍ତୁ ସଂରକ୍ଷଣକାରୀମାନେ ଥଇଥାନ ପାଇଁ ନେଇ ଯାଆନ୍ତି । ପାଳିଥିବା ଲୋକମାନେ ମାରି ଖାଇବାକୁ ପସନ୍ଦ କରନ୍ତି ନାହିଁ । ପାଳିତ ହରିଣମାନେ ମାନ୍ଦା ବା ନିସ୍ତେଜ (tame) ହୋଇ ଯାଆନ୍ତି । ପୁରୁଷ ହରିଣମାନେ ଅତ୍ୟନ୍ତ ପ୍ରତିଶୋଧ ପରାୟଣ ହୋଇ ଥାଆନ୍ତି ।

ଏଲ୍‌ଡ ହରିଣ (Eld Deer)

ଏହି ପ୍ରଜାତିର ହରିଣମାନଙ୍କୁ ଥାମିନ୍ ହରିଣ (Thamin Deer) ଓ ବ୍ରୋ-ଆଣ୍ଟଲର୍‌ଡ ହରିଣ (Brow Antlered Deer) ମଧ୍ୟ କୁହାଯାଏ । ଏମାନେ ଦକ୍ଷିଣ ଏସିଆର ଦେଶୀୟ ହରିଣ ଏବଂ ଏହି ପ୍ରଜାତିର ହରିଣ ଗୋଟିଏ ବିଲୋପୋନ୍ମୁଖ ହରିଣ ।

ଏଲ୍‌ଡ ହରିଣ ଏକ ମଧ୍ୟମ ଧରଣର ହରିଣ ଏବଂ ଆକାର ପ୍ରକାରରେ ବାରଶିଙ୍ଘା ହରିଣ ସହିତ ସାମଞ୍ଜସ୍ୟ ଥାଏ । ଏହା ଏକ ମନୋହର ହରିଣ । ଏଣୁ ଚିତ୍ତାକର୍ଷକ ମଧ୍ୟ ।

ଏହି ହରିଣମାନଙ୍କର ଗୋଡ ଗୁଡିକ ଲମ୍ବା ଓ ପତଳା । ଶରୀରଟି ବଡ଼ ଓ ଲମ୍ବା । ବଡ଼ ମୁଣ୍ଡ ସହିତ ପତଳା ବେକ ଏମାନଙ୍କୁ ସୁନ୍ଦର ମାନେ । ଏମାନଙ୍କର ଶରୀରର ଲୋମଶ ଆବରଣ ଆମାର୍ଜିତ ଓ ଖଦଡା ବା ଚିକ୍କଣ ନୁହେଁ । ଗ୍ରୀଷ୍ମ ଋତୁରେ ଦେହର ରଙ୍ଗ ଲୋହିତ ବାଦାମୀ ଏବଂ ଶୀତ ଋତୁରେ ଘନ ବାଦାମୀ ଦେଖାଯାଏ । କାନ୍ଧ ପାଖରେ ଉଚ୍ଚତାରେ ବଡ଼ ଆକାରର ହରିଣମାନେ ୧୧୦ ରୁ ୧୨୫ ସେ.ମି.

ଏବଂ ଶରୀରର ଲମ୍ବା ୧୫୦ ରୁ ୧୮୦ ସେଣ୍ଟିମିଟର। ପରିଣତ ବୟସର ଏଲ୍ଡ ହରିଣମାନଙ୍କର ହାରାହାରି ଓଜନ ୧୫୦ କିଲୋଗ୍ରାମ ପର୍ଯ୍ୟନ୍ତ ହୋଇଥାଏ।

ଶୁଷ୍କ ବଣ୍ୟାଞ୍ଚଳର ଉତ୍ତର ଓ ଉତ୍ତର ପୂର୍ବ ସମତଳ ଅଞ୍ଚଳରେ ଶୁଷ୍କ ପତ୍ର ଝଡା ବଣ ଭିତରେ ଏହି ହରିଣ ପ୍ରଜାତିର ପ୍ରାକୃତିକ ବାସସ୍ଥଳୀ। ଗତ ୧୫ ବର୍ଷ ଭିତରେ ଏହି ହରିଣମାନଙ୍କର ସଂଖ୍ୟା ୫୦ ପ୍ରତିଶତ ହ୍ରାସ ପାଇଛି। ଏମାନଙ୍କର ପ୍ରାକୃତିକ ଅଞ୍ଚଳରେ ସୀମିତ ଭାବରେ ଏହି ହରିଣମାନେ ବାସ କରୁଛନ୍ତି। ଭାରତୀୟ ଏଲ୍ଡ ହରିଣମାନେ ଶିକାରୀମାନଙ୍କ ଦ୍ୱାରା ସହଜରେ କବଳିତ ହୁଅନ୍ତି।

ଏଲ୍କ ହରିଣ (Elk Deer)

ଏଲ୍କ ହରିଣ ଗୋଟିଏ ବୃହଦାକାର ହରିଣ। ବହୁବର୍ଷ ଯାଏ ବିଶ୍ୱାସ କରାଯାଉଥିଲା ଯେ ୟୁରୋପର ନାଲି ହରିଣ (red deer) ପ୍ରଜାତିର ଏହି ହରିଣ ଗୋଟିଏ ଉପଜାତି ବୋଲି। ୧୯୯୮ ମସିହାରେ ଏହାର ମାଇଟ୍ରୋକୋଡ୍ରିଆଲ୍ ଓ ଡି.ଏନ୍.ଏ. ଅଧ୍ୟୟନରୁ ଏହା ଗୋଟିଏ ସ୍ୱତନ୍ତ୍ର ପ୍ରଜାତିର ହରିଣ ବୋଲି ଜଣାପଡିଲା।

ଏହି ପ୍ରଜାତିର ପୁରୁଷ ହରିଣମାନଙ୍କର ବଡ଼ ଶାଖା ଶିଘଂ ଥାଏ; ଯାହା ପ୍ରତିବର୍ଷ ଝଡିପଡ଼େ। ଏହି ବଡ଼ ଶାଖା ଶିଘଂ (antler) ପରସ୍ପର ମଧ୍ୟରେ ଯୁଦ୍ଧ କରିବାରେ ସାହାଯ୍ୟ କରେ। ପ୍ରଜନନ ପୂର୍ବର ବିଧିବିଧାନ (ritualisation), ଶାରୀରିକ ଭଙ୍ଗୀ, ପ୍ରତିଦ୍ୱନ୍ଦୀ ପୁରୁଷ ହରିଣ ସହିତ ମଲ୍ଲଯୁଦ୍ଧ ବା ମୁଷ୍ଟି ଯୁଦ୍ଧ କରାଯାଏ ବୋଲି କଥିତ ଅଛି। ଏମାନଙ୍କର ଏକ ସ୍ୱତନ୍ତ୍ର ଶବ୍ଦ କରିବାର ଭଙ୍ଗୀ ରହିଛି। ଏହି ଶବ୍ଦ ଦ୍ୱାରା ପ୍ରଜନନ ସମୟରେ ସ୍ତ୍ରୀ-ହରିଣମାନଙ୍କୁ ଆକର୍ଷଣ କରାଯାଇଥାଏ। ଅନ୍ୟ ସମୟରେ ମଧ୍ୟ ଏମାନେ ଶବ୍ଦ କରନ୍ତି। ଏହି ଶବ୍ଦର ସ୍ୱତନ୍ତ୍ରତା ଏହି ଯେ ଦୁଇ ପ୍ରକାରର ଶବ୍ଦ ଏକାବେଳେକେ ମିଶି ବାହାରି ଥାଏ। ଶବ୍ଦ ଶୁଣିବାକୁ ବଡ଼ ଆମୋଦ ପ୍ରଦ। ଅନ୍ୟ ମୃଗମାନଙ୍କର ଶାଖାଶିଘଂ ଯେଉଁମାନଙ୍କର ଥାଏ ଗଛର ଛୋଟ ଡାଳ ବା ଶାଖା ସଦୃଶ। ମାତ୍ର ଏଲ୍କ ବା ମୁଷ୍ (moose) କିମ୍ବା ୱାପିତି (wapiti) ମୃଗମାନଙ୍କର ଶାଖା ଶିଘଂ ଚରିତ୍ରଗତ, ପ୍ରଭେଦ ସୂଚକ ଓ ଆଙ୍ଗୁଠି ପ୍ରସାରିତ ହାତ ସଦୃଶ।

ଏଲ୍କ, ମୁଷ ବା ୱାପିତି ଗୋଟିଏ ପ୍ରଜାତିର ହରିଣର ତିନୋଟି ନାମ। ମାତ୍ର ହରିଣ ଗୋଟିଏ ପ୍ରକାରର। ପୁରୁଷ ହରିଣମାନଙ୍କର ପରିଣତ (adut) ବୟସରେ ତଳୁ କାନ୍ଧ ପର୍ଯ୍ୟନ୍ତ ହାରାହାରି ଉଚ୍ଚତା ୧.୫ମିଟର ଓ ସ୍ତ୍ରୀ ହରିଣମାନଙ୍କର ୧.୩ ମିଟର। ଏହି ସମୟରେ ପୁରୁଷ ହରିଣମାନଙ୍କର ଓଜନ ୩୨୦ ରୁ ୩୩୦ କିଲୋଗ୍ରାମ୍ ଓ ସ୍ତ୍ରୀ-ହରିଣମାନଙ୍କର ୨୨୦ ରୁ ୨୪୦ କିଲୋଗ୍ରାମ ହୋଇଥାଏ। ବଣରେ ଥିବା ଏଲ୍କ ହରିଣମାନଙ୍କର ଜୀବନକାଳ ୧୦ରୁ ୧୩ ବର୍ଷ ପର୍ଯ୍ୟନ୍ତ।

ଏହି ହରିଣମାନେ ଉତ୍ତର ୟୁରୋପ, ଉତ୍ତର ଆମେରିକା ଓ ଏସିଆ ମହାଦେଶର ଦୀର୍ଘ ଆକାରର ହରିଣ। ଉତ୍ତର ଆମେରିକାରେ ଏହି ହରିଣମାନେ ମୁଷ୍ (moose) ହରିଣ ନାମରେ ପରିଚିତ। ୟୁରାସିଆରେ ଏମାନଙ୍କୁ ଏଲ୍‌କ ହରିଣ ନାମରେ ସମସ୍ତେ ଜାଣନ୍ତି। କାନାଡ଼ା, ଆଲାସ୍କା, ୪୮ ଟି ରାଜ୍ୟକୁ ନେଇ ନିଉ ଇଂଲାଣ୍ଡ, ଫେନ୍ନୋସ୍କାଣ୍ଡିଆ, ବାଲ୍‌ଟିକ୍ ଷ୍ଟେଟ ଓ ରୁଷିଆରେ ଏମାନେ ବହୁତ ସଂଖ୍ୟାରେ ଅଛନ୍ତି।

ଏହି ବୃହଦାକାର ହରିଣମାନଙ୍କର ଖାଦ୍ୟ, ଜଳରେ କିମ୍ବା ମାଟିରେ ଉଠିଥିବା ସୂକ୍ଷ୍ମ ଉଦ୍ଭିଦ। ଏମାନେ ଦଳଗତ ଭାବରେ ରହିବାକୁ ଭଲ ପାଆନ୍ତି ନାହିଁ। ଏକୁଟିଆ ରହିବାକୁ ଭଲ ପାଆନ୍ତି। ଗଧିଆ, ଭାଲୁ, ଏପରିକି ମଣିଷମାନେ ଏମାନଙ୍କ ମାଂସ ଉଦ୍ଦେଶ୍ୟରେ ଶିକାର କରନ୍ତି। ଉତ୍ତର ଗୋଲାର୍ଦ୍ଧର ବୋରିଆଲ୍ (boreal) ବନ୍ୟାଞ୍ଚଳ, ନାତିଶୀତୋଷ୍ଣ ଓସାରିଆ ପତ୍ର ବିଶିଷ୍ଟ ବୃକ୍ଷର ବଣ ଓ ମିଶ୍ରିତ ବଣ ଏମାନଙ୍କର ବାସସ୍ଥାନ। ଅର୍ଥାତ୍ ଟେମ୍ପୋରେଟ୍‌ରୁ ସବ୍ ଆର୍କଟିକ ଅଞ୍ଚଳ ମଧ୍ୟରେ ଏହି ହରିଣମାନେ ବାସ କରନ୍ତି।

ସିକା ହରିଣ (Sika Deer)

ସିକା ପ୍ରଜାତିର ହରିଣମାନଙ୍କର ସୃଷ୍ଟି ପୂର୍ବାଞ୍ଚଳରେ ଜାପାନ୍ ଓ ପୂର୍ବ ଏସିଆରେ। ଏହି ହରିଣମାନେ ଚିଡିଆଖାନା ଓ ବାୟୋଲୋଜିକାଲ୍ ପାର୍କମାନଙ୍କରେ ଏକ ସାଧାରଣ ପ୍ରଜାତିର ହରିଣ। ବର୍ତ୍ତମାନ ଏମାନଙ୍କର ସଂଖ୍ୟା ତ୍ୱରାନ୍ୱିତ ଭାବରେ ବୃଦ୍ଧି ପାଉଛି। ଶିକା ପ୍ରଜାତିର ଅନେକ ଜାତିର ହରିଣ ମଧ୍ୟ ଦେଖିବାକୁ ମିଳନ୍ତି। ପ୍ରତ୍ୟେକ ବର୍ଷ ଏମାନଙ୍କର ଶାଖାଶିଙ୍ଗ ଭାଙ୍ଗିଯାଏ ଓ ପୁଣି ଗଜୁରେ। ଉପ-ପରିବାର ସର୍ଭିଡେ (cervidae)ର ଏହି ହରିଣକୁ ସର୍ଭସ୍ ନିପ୍ପନ (cervus nippon) ପ୍ରଜାତିରେ ନିଆଯାଏ। ସିକା ହରିଣ ଆକାରରେ ଫାଲୋ ହରିଣ ସହିତ ଏକାପରି। ଗ୍ରୀଷ୍ମ ଋତୁରେ ଏହି ହରିଣମାନଙ୍କର ଚମ ଉପରେ ଗୋଲ୍ ଗୋଲ୍ ଦାଗ (spot) ଥାଏ ଏବଂ ଏମାନଙ୍କୁ ଜାପ୍ ଶିକା (jap shika) କହନ୍ତି। ମାଞ୍ଚୁରିଆନ୍, ଜାପାନିଜ୍ ଓ ଫର୍ମୋସିଆନ୍ ସିକା ହରିଣମାନେ ବିଶେଷ ଜଣାଶୁଣା ଓ ଅଧିକ ଆଦରଣୀୟ। ଏହି ହରିଣମାନଙ୍କ ଠାରୁ ଯଥେଷ୍ଟ ପରିମାଣର ଓ ଗୁଣାତ୍ମକ ମାନର ମାଂସ ମିଳିଥାଏ।

ପାଣି ହରିଣ (Water Deer)

ପ୍ରାଣୀ ବିଜ୍ଞାନ ଅନୁସାରେ ପାଣି ହରିଣର ନାମ ହାଇଡ୍ରୋ ପୋଟିସ୍ ଇନ୍‌ରମିସ୍ (hydropotes inermis)। ଯେପରି କେତେକ ହରିଣ ପ୍ରଜାତିର ଶିଙ୍ଗ ନଥାଏ, ପାଣି ହରିଣର ମଧ୍ୟ ଶାଖା ଶିଙ୍ଗ (antlers) ନଥାଏ। ଏହା ପରିବର୍ତ୍ତେ ହାତୀଦାନ୍ତ ପରି

ଦାନ୍ତ ବାହାରିଥାଏ। ଏହି ଦାନ୍ତ, ହାତୀ ଦାନ୍ତ ପରି ସେତେ ବଡ଼ ନୁହେଁ, ସୁନ୍ଦର ନୁହେଁ ବା ଦାମୀ ନୁହେଁ। ଏହି ଦାନ୍ତକୁ ମଧ୍ୟ ଟସ୍‌କ (tusk) କହନ୍ତି। କୁକୁରମାନଙ୍କ ପାଟିରେ ହଲେ ମୁନିଆଁ ଦାନ୍ତ ଥାଏ। ଏହାକୁ ଶ୍ୱାନ ଦାନ୍ତ ବା କାନାଇନ୍ ଟିଥ୍ (canine teeth) କହନ୍ତି। ପାଣି ହରିଣର ଏହି ଶ୍ୱାନଦନ୍ତ ମଜଭୂତ୍ ଦାନ୍ତ ଭାବରେ ବାହାରକୁ ବାହାରିଥାଏ। ଏହାକୁ ମଧ୍ୟ ଟସ୍କ (tusk) କହନ୍ତି। ଏହି ଦାନ୍ତଦ୍ୱୟ ପାଟିରୁ ବାହାରି ହାତୀପରି ତଳ ଆଡ଼କୁ ଯାଇଥାଏ। ଏହି ଦାନ୍ତ ଦ୍ୱୟ ପୂର୍ଣ୍ଣ ମାତ୍ରାରେ ବହିର୍ଗତ ଓ ଏହି ପ୍ରଜାତି ସହିତ ସୁପରିଚିତ। ଏଥିପାଇଁ ପାଣି ହରିଣ ସ୍ଥାନୀୟ ନାମରେ ଭାମ୍ପାୟାର ହରିଣ ନାମରେ ଲୋକପ୍ରିୟ। ଏମାନେ ପ୍ରତିଦ୍ୱନ୍ଦୀକୁ ନିରୁତ୍ସାହିତ କରିବା ପାଇଁ ଦାନ୍ତ ଦ୍ୱାରା ଟିକ୍ ଟିକ୍ ଶବ୍ଦ କରନ୍ତି। ଆବଶ୍ୟକ ହେଲେ ଦାନ୍ତକୁ ଦାନ୍ତ ଲଗାଇ ଲଢ଼ିଥାନ୍ତି।

ପାଣି ହରିଣମାନେ କୋରିଆ ଓ ଚାଇନାର କିଛି ଅଞ୍ଚଳର ବାସିନ୍ଦା। ୧୮୦୦ ମସିହାର ଶେଷାର୍ଦ୍ଧରେ ଏହି ହରିଣମାନଙ୍କୁ ଓ୍ୱବର୍ଣ୍ଣ ଆବ୍‌ବେ ଇଂରାଜୀ ହରିଣ ପାର୍କରେ ପ୍ରଥମେ ରଖାଯାଇଥିଲା। ବ୍ରିଟିଶ୍ ଅଞ୍ଚଳର ଅନ୍ୟ ପାର୍କମାନଙ୍କରେ ମଧ୍ୟ ପାଣି ହରିଣମାନଙ୍କୁ ରଖାଯାଇଛି।

ପାଣି ହରିଣମାନେ ବିକ୍ଷିପ୍ତ ଭାବରେ ପ୍ରସାରିତ। କେତେକ ପ୍ରାଣୀ ପର୍ଯ୍ୟବେକ୍ଷକ ଏମାନଙ୍କୁ ସିସାନ୍ ହ୍ରଦ (seosan lake), ଓ୍ୱାବର୍ଣ୍ଣ ଆବେ ଓ ଇଂଲଣ୍ଡର ଅନେକ ସ୍ଥାନରେ ପାଳିତ ହେବାର ସୂଚନା ଦିଅନ୍ତି।

ସମ୍ବର ହରିଣ (Sambar Deer)

ସମ୍ବର ହରିଣ ଗୋଟିଏ ବଡ଼ ଆକାରର ହରିଣ। କୁହାଯାଏ ସମ୍ବର ହରିଣ, ହରିଣ ପରିବାରର ସବୁଠାରୁ ବୃହତ୍ତମ ହରିଣ। ଏହି ହରିଣ ତଳୁ କାନ୍ଧ ଉଚ୍ଚତାରେ ୪୦ ରୁ ୬୩ ଇଞ୍ଚ ଉଚ୍ଚ ହୋଇଥାଏ। ଲମ୍ବାରେ ସମ୍ବର ହରିଣ ୫ ଫୁଟ ୩ ଇଞ୍ଚରୁ ୮ଫୁଟ ୯ ଇଞ୍ଚ ପର୍ଯ୍ୟନ୍ତ ଲମ୍ବ ହୋଇ ପାରେ। ଓଜନରେ ଏମାନେ ୨୨୦ ପାଉଣ୍ଡରୁ ୧୨୦୦ ପାଉଣ୍ଡ ପର୍ଯ୍ୟନ୍ତ ହୋଇପାରନ୍ତି। ପୁରୁଷ ସମ୍ବର ହରିଣ ଅପେକ୍ଷା ସ୍ତ୍ରୀର ସମ୍ବର ହରିଣ ବହୁତ ଛୋଟ। ଏହି ହରିଣମାନଙ୍କର ବର୍ଣ୍ଣ ପୀତ-ବାଦାମୀରୁ ଘନ ପାଉଁଶିଆ ଓ ଲାଞ୍ଜ ଲମ୍ବା। କେବଳ ପୁରୁଷ ସମ୍ବର ହରିଣମାନଙ୍କର ଶାଖା ଶିଙ୍ଘଂଥାଏ। ଏହା ୪୦ ଇଞ୍ଚ ଲମ୍ବା ହୁଏ ଓ ଏଥିରେ ୩ଟି ଶାଖାଥାଏ। ପ୍ରତିବର୍ଷ ଶାଖାଶିଙ୍ଘ ଝଡ଼ିପଡ଼ି ପୁଣି ଜନ୍ମନିଏ। ଶୁଣିବା ଶକ୍ତି ଓ ଘ୍ରାଣ ଶକ୍ତି ବା ଶୁଙ୍ଘିବା ଶକ୍ତି ଏହି ହରିଣମାନଙ୍କର ଅତି ଉନ୍ନତ। ସମ୍ବର ହରିଣମାନେ ଅତି ସକାଳେ ବା ସଂଧ୍ୟାରେ ଓ ରାତିରେ ବିଶେଷ ସକ୍ରିୟ। ଏହି ହରିଣମାନଙ୍କର ୭ଟି ଉପଜାତି ଅଛି।

ସମ୍ବର ହରିଣ ଏସିଆର ଦକ୍ଷିଣାଂଶରେ ପ୍ରଥମେ ଉତ୍ପନ୍ନ ହୋଇଥିଲେ। ଏମାନେ

ଶ୍ରୀଲଙ୍କା, ନେପାଳ, ଚାଇନା, କମ୍ବୋଡିଆ, ଥାଇଲାଣ୍ଡ ଓ ଭାରତରେ ଦେଖାଯାଆନ୍ତି। ଏହି ପ୍ରଜାତିର ହରିଣମାନେ ଅଷ୍ଟ୍ରେଲିଆ, ନିଉଜିଲ୍ୟାଣ୍ଡ ଓ ଉତ୍ତର ଆମେରିକାରେ ମଧ୍ୟ ଦେଖା ଯାଆନ୍ତି।

ସମ୍ବର ହରିଣମାନେ ଉଷ୍ଣମଣ୍ଡଳୀୟ (tropical) ବର୍ଷା ବହୁଳ ଅରଣ୍ୟରେ ଏବଂ ସର୍ବଦା ସବୁଜ ରହୁଥିବା ଓ ମିଶ୍ରିତ ବୃକ୍ଷର ଅରଣ୍ୟରେ ବାସ କରନ୍ତି। ବାସ କରୁଥିବା ଅଞ୍ଚଳରେ ପ୍ରଚୁର ପାଣି ମିଳୁଥିବାର ଆବଶ୍ୟକତା ରହିଛି।

ଏମାନଙ୍କର ସ୍ତ୍ରୀ-ସମ୍ବର ହରିଣମାନଙ୍କର ଗର୍ଭଧାରଣର ସମୟ ୮ ରୁ ୯ ମାସ। ଛୁଆ ଜନ୍ମ ହେଲାବେଳେ ତା ଦେହରେ ଗୋଲାକାର ଦାଗ (spot) ନଥାଏ, ଏବଂ ପରେ ଦେଖାଯାଏ। ଏମାନେ ହାରାହାରି ୨୦ ବର୍ଷଯାଏ ବଞ୍ଚି ରହନ୍ତି। ଚିଡିଆଖାନା ବା ପାର୍କରେ ରହିଲେ ହାରାହାରି ଜୀବନକାଳ ୨୬ ବର୍ଷ ବୋଲି ଜଣାଯାଏ।

ଭାରତୀୟ ଉପମହାଦେଶରେ ସ୍ଥାନୀୟ ମୃଗ ହିସାବରେ ସମ୍ବର ମୃଗମାନଙ୍କୁ ନିଆଯାଏ। ଏହି ମୃଗମାନଙ୍କର ମାଂସ ଅତ୍ୟନ୍ତ ସ୍ୱାଦିଷ୍ଟ। ତେଣୁ ଶିକାର କରିବା ଦ୍ୱାରା ଏବଂ ଏମାନଙ୍କର ବାସସ୍ଥଳୀ ଗୁଡିକ ନଷ୍ଟ କରି ଦେବା ଦ୍ୱାରା ସମ୍ବର ହରିଣମାନଙ୍କର ସଂଖ୍ୟା ଲୋପ ପାଇ ଆସୁଛି। ତେଣୁ ଏହି ହରିଣମାନଙ୍କୁ ନିରାଶ୍ରୟ (vulnerable) ତାଲିକାଭୁକ୍ତ କରାଯାଇଛି ଏବଂ ସୁରକ୍ଷା ଦେବା ପାଇଁ ଚେଷ୍ଟା କରାଯାଉଛି। ସେମାନଙ୍କର ସଂଖ୍ୟା ଲୋପ ପାଇବାର ଅନ୍ୟ କାରଣ ହେଉଛି, ରୟାଲ ବେଙ୍ଗଲ ଟାଇଗର ଓ ଗୁଜୁରାଟର ଗିର୍ ସିଂହମାନଙ୍କର ସମ୍ବର ହରିଣମାଂସ ଅତି ପ୍ରିୟ ଖାଦ୍ୟ।

ମିଉଲ୍ ହରିଣ (Mule Deer)

ମିଉଲ୍ ହରିଣମାନେ ଉତ୍ତର ଆମେରିକାରେ ପ୍ରଥମେ ଉଦ୍ଭବ ବା ସୃଷ୍ଟି ହୋଇଥିଲେ। ସେମାନଙ୍କର ଦୃଷ୍ଟି ଆକର୍ଷଣକାରୀ ସ୍ୱତନ୍ତ୍ର କାନ ଦୁଇଟି ପାଇଁ ଏହି ହରିଣମାନଙ୍କୁ ମିଉଲ୍ ହରିଣ କୁହାଯାଏ। ଏମାନଙ୍କର କାନର ଆକାର ଖଚର ବା ମିଉଲ୍‌ମାନଙ୍କ କାନ ପରି। ଖଚର ଗୋଟିଏ ଅଶ୍ୱ ଓ ଗଧର ସଂଯୋଗରୁ ଜାତ ପଶୁ। ଗୋଟିଏ ପୁରୁଷ ପରିଣତ ବୟସର ମିଉଲ୍ ହରିଣର ଓଜନ ୫୫ ରୁ ୧୫୦ କିଲୋଗ୍ରାମ ଓ ଗୋଟିଏ ସ୍ତ୍ରୀ ମିଉଲ୍ ହରିଣର ଓଜନ ୪୩ ରୁ ୯୦ କିଲୋଗ୍ରାମ ପର୍ଯ୍ୟନ୍ତ ହୋଇଥାଏ। ଏମାନଙ୍କର ଦୁଇଟି ଉପଜାତିର ହରିଣ ମଧ୍ୟ ଅଛନ୍ତି। ଏମାନଙ୍କର ଲାଞ୍ଜ ଦଉଡି ପରି, ବୁଦା ପରି ନୁହେଁ। ଲାଞ୍ଜର ଲମ୍ବ ୫ ଫୁଟ ରୁ ୮ ଫୁଟ ପର୍ଯ୍ୟନ୍ତ ହୋଇପାରେ। ଏମାନଙ୍କର ଲାଞ୍ଜ ଧଳା ଓ ଶେଷ ଆଡକୁ ବାଦାମୀ ରଙ୍ଗ ହୋଇଥାଏ। ମିଉଲ୍ ହରିଣମାନେ ୪ ଫୁଟ ୫ଇଞ୍ଚରୁ ୭ଫୁଟ ଯାଏ ଲମ୍ବ ଏବଂ ୩ ଫୁଟରୁ ୩.୫ ଫୁଟ ଉଚ୍ଚା। ଏମାନଙ୍କର ଜୀବନକାଳ ୯ ରୁ ୧୧ ବର୍ଷ ମାତ୍ର। ଉତ୍ତର ଆମେରିକାର ମିଶୋରୀ (missouri) ନଦୀର

ପଶ୍ଚିମାଞ୍ଚଳରେ ମିଉଲ୍ ହରିଣମାନେ ବାସ କରନ୍ତି। ଏହି ହରିଣମାନଙ୍କର ଶାଖା ଶିଙ୍ଘ ଦୁଇ ଶାଖାରେ ବିଭକ୍ତ। ଏହି ହରିଣମାନେ ସେମାନଙ୍କର ମାଂସ ପାଇଁ ଭାରି ଲୋକପ୍ରିୟ। ମାତ୍ର ଏଥିପାଇଁ ଏହି ହରିଣମାନେ ଶିକାରୀମାନଙ୍କର ଶରବ୍ୟ ହୋଇ ଥାଆନ୍ତି। ସେମାନେ ସବୁ ପ୍ରକାର ଘାସ ଓ ଉଦ୍ଭିଦ ଖାଦ୍ୟରୂପେ ବ୍ୟବହାର କରନ୍ତି।

ଟ୍ରୁଓଙ୍ଗ ସନ୍ ମୁଣ୍ଟଜାକ୍ ହରିଣ (Truong Son Muntjac Deer)

ଭିଏତ୍‌ନାମର ଆନ୍ନାମିଟେ ପର୍ବତ ମାଳାରେ ପ୍ରାଣୀ ବୈଜ୍ଞାନିକମାନେ ୧୯୯୭ ମସିହାରେ ପ୍ରଥମେ ଏହି ଜାତିର ହରିଣମାନଙ୍କୁ ଚିହ୍ନଟ କରିଥିଲେ। ସେହି ପର୍ବତ ମାଳାରେ ସାଓଲା (saola) ନାମରେ ବଡ଼ ଗାଈପରି ସ୍ତନ୍ୟପାୟୀ ପ୍ରାଣୀମାନେ ମଧ୍ୟ ବାସ କରୁଥିଲେ। ଏଣୁ ଏମାନଙ୍କୁ ଚିହ୍ନଟ କରିବା ବିଳମ୍ବିତ ହୋଇଥିଲା। ଏହି ହରିଣମାନଙ୍କୁ ଆନ୍ନାମିଟେ ମୁର୍ଟଜାକ୍ ହରିଣ ମଧ୍ୟ କୁହାଯାଏ। ମୁଣ୍ଟଜାକ୍ ହରିଣ ଜାତି ମଧ୍ୟରେ ଏହା ସବୁଠାରୁ ଛୋଟ। ପରିପକ୍ୱ ବୟସରେ ଏହି ହରିଣମାନଙ୍କର ହାରାହାରି ଓଜନ ମାତ୍ର ୧୫ କିଲୋଗ୍ରାମ। ଅର୍ଥାତ୍ ଭାରତୀୟ ମୁଣ୍ଟଜାକ୍ ହରିଣର ଅର୍ଦ୍ଧ ଓଜନ ବିଶିଷ୍ଟ।

ମୁଣ୍ଟଜାକ୍ ହରିଣ (Muntjac Deer)

ଖୁବ୍ କମ୍ ହରିଣ ପ୍ରଜାତି ମଧ୍ୟରୁ ମୁଣ୍ଟଜାକ୍ ହରିଣ ଗୋଟିଏ ପ୍ରଜାତି ଯାହାକୁ ଘରୋଇ ପୋଷା ହରିଣ ଭାବରେ ରଖିବା ପାଇଁ ମିଳିଥାଏ। ଏମାନେ ଭାରତୀୟ ମୁଣ୍ଟଜାକ୍ ହରିଣ କିମ୍ବା ବାର୍କିଂ ଡିଅର ଠାରୁ ଭିନ୍ନ। ଏମାନଙ୍କର ଆକାର ମଧ୍ୟମ ଧରଣର କୁକୁରର ଆକାର ପରି। ମୁଣ୍ଟଜାକ୍ ହରିଣ ପ୍ରଜାତି ମଧ୍ୟରେ ରୀଭସ୍ (reeves) ମୁଣ୍ଟଜାକ୍ ହରିଣ ଜାତି ଗୋଟିଏ ଅତି ଜଣାଶୁଣା ଜାତିର ହରିଣ। ସମୟ ସମୟରେ କ୍ଷୁଦ୍ର ପତ୍ର ମୁଣ୍ଟଜାକ୍ ହରିଣକୁ ମଧ୍ୟ ପୋଷା ଭାବରେ ରଖାଯାଏ। ଏମାନଙ୍କର ଶ୍ୱାନଦନ୍ତ ଲମ୍ବା ଓ ମୁନିଆଁ, ହାତୀ ଦାନ୍ତ ପରି ବାହାରକୁ ବାହାରିଥାଏ। ଏହି ଦାନ୍ତ ଦ୍ୱୟକୁ ଟସ୍କ ନକହି ଫାଙ୍ଗସ (fangs) କହନ୍ତି। ଏହି ହରିଣମାନଙ୍କ ମୁଣ୍ଡରେ ଅତର ଗ୍ରନ୍ଥି (scent gland) ଥାଏ, ଯାହାକୁ ସେମାନେ ମାଲିକର ଦେହରେ ଘଷି ଖୁସି ହୁଅନ୍ତି। ସେମାନେ ଓ ସେମାନଙ୍କର ମଳ (droppings) ର ଗନ୍ଧ ବିଶେଷ ଜଣାପଡ଼େ ନାହିଁ। ଏହି ହରିଣମାନେ ସ୍ନେହୀ, ବିଦେଶୀ ପୋଷା ହରିଣ ଭାବରେ ବିଶେଷ ଆଦୃତ।

ଏହି ପ୍ରଜାତିର ମୁଣ୍ଟଜାକ୍ ହରିଣମାନେ ବର୍ତ୍ତମାନ ବ୍ରିଟେନ୍‌ର ଅଧିବାସୀ ଭାବରେ ଗଣ୍ୟ। ଏମାନେ ଚାଇନା ଦେଶରେ ଉଦ୍ଭବ ଏବଂ ବ୍ରିଟେନ୍‌ର ବେଡ୍‌ଫୋର୍ଡସାୟାରର ଓ୍ୱବର୍ଣ୍ଣ ପାର୍କରେ ପ୍ରବର୍ତ୍ତନ କରାଯାଇ ଥିଲା। ମନୁଷ୍ୟମାନଙ୍କ ଦ୍ୱାରା ପ୍ରତିପାଳିତ ହୋଇ, ଏହି ମୁଣ୍ଟଜାକ ହରିଣ ପ୍ରଜାତି ଦକ୍ଷିଣ ଇଂଲାଣ୍ଡରେ ସବୁ ଆଡେ ଦେଖା ଯାଆନ୍ତି ଏବଂ ସେମାନଙ୍କର ସଂଖ୍ୟାରେ ବୃଦ୍ଧି ଘଟିଛି।

ଟ୍ରଫି ଆକ୍ସିସ୍ ହରିଣ (Trophy Axis Deer)

ଏହି ହରିଣମାନଙ୍କର ରଙ୍ଗ ପ୍ରଜ୍ୱଳିତ କମଳା ରଙ୍ଗ। ଏପରି ଶରୀରର ରଙ୍ଗ ଉପରେ ଧଳା ଗୋଲ ଗୋଲ ସ୍ପଟ୍ ଥାଏ। ପିଠି ଉପରେ ବା ମେରୁ ଦଣ୍ଡ ହାଡ଼ର ଚର୍ମ ଉପରେ ଲମ୍ବ ଭାବରେ କଳା ରଙ୍ଗର ଏକ ସରୁ ରେଖା ରହିଥାଏ। ପୁରୁଷ ଟ୍ରଫି ଆକ୍ସିସ୍ ହରିଣର ବଡ଼ ଶାଖାଶୃଙ୍ଗ ଥାଏ। ଏହି ହରିଣମାନେ ଘାସ ଖାଇବାକୁ ଭଲ ପାଆନ୍ତି। ଟ୍ରଫି ଆକ୍ସିସ ହରିଣମାନେ ସକାଳେ ଓ ସଂଧ୍ୟାବେଳେ ବିଶେଷ ସକ୍ରିୟ ରହନ୍ତି। ଏମାନେ ବଣୁଆ ହରିଣ। ଏହି ଟ୍ରଫି ଆକ୍ସିସ୍ ହରିଣମାନେ ହାରାହାରି ୮ ରୁ ୧୨ ବର୍ଷ ପର୍ଯ୍ୟନ୍ତ ବଞ୍ଚି ରହନ୍ତି।

ଆକ୍ସିସ୍ ହରିଣ ଦକ୍ଷିଣ ଭାରତ, ନେପାଳ ଓ ଶ୍ରୀଲଙ୍କାରେ ପ୍ରଥମେ ଦେଖା ଯାଉଥିଲେ। ଏହି ହରିଣମାନଙ୍କ ହାୱାଇ (hawai) ରେ ପ୍ରଥମେ ପ୍ରବର୍ତ୍ତନ କରାଯାଇଥିଲା। ପରେ ଟେକ୍ସାସ୍‌ରେ ଖେଳ ପ୍ରାଣୀ (game animal) ଭାବରେ ପ୍ରବର୍ତ୍ତନ କରାଯାଇଥିଲା। ମୋଲୋକାଇ (molokai) ଓ ଲାନାଇ (lanai) ହାୱାଇର ଦୁଇଟି ଦ୍ୱୀପରେ ଏମାନେ ଦେଖିବାକୁ ମିଳନ୍ତି।

କସ୍ତୁରୀ ମୃଗ (Musk Deer)

କସ୍ତୂରୀ ଗୋଟିଏ ପଦାର୍ଥ ଯାହା ପୁରୁଷ କସ୍ତୁରୀ ମୃଗର ନାଭି ନିକଟରେ ଗୋଟିଏ ଥଳିରେ ଥାଏ। ଏହି କସ୍ତୂରୀକୁ ଧାରଣର କରିଥିବାରୁ ଏହି ହରିଣମାନଙ୍କୁ କସ୍ତୂରୀ ହରିଣ ବା କସ୍ତୂରୀ ମୃଗ କହନ୍ତି। କସ୍ତୂରୀ ଏକ ଅତି ମୂଲ୍ୟବାନ ପଦାର୍ଥ। ଏହି ହରିଣମାନଙ୍କୁ କାବୁ ବା ଅକ୍ତିଆର କରି କସ୍ତୂରୀ ସଂଗ୍ରହ କରାଯାଇ ପାରେ। ମାତ୍ର କସ୍ତୂରୀ ଏକ ମୂଲ୍ୟବାନ୍ ପଦାର୍ଥ ହୋଇଥିବାରୁ ଶିକାରୀମାନେ ପୁରୁଷ ଓ ସ୍ତ୍ରୀ ମୃଗର ବାଛ ବିଚାର ନକରି ଶିକାର କରି ଥାଆନ୍ତି, ଯଦିଓ ଏହା ଏକ ଧର୍ତ୍ତବ୍ୟ ଅପରାଧ।

ପ୍ରାଣୀ ବିଜ୍ଞାନୀମାନଙ୍କ ମତ ଅନୁସାରେ ଯାହା ସୂଚନା ମିଳେ ୧ ଗ୍ରାମ୍ କସ୍ତୁରୀର ମୂଲ୍ୟ ୧୬୦୦୦ ରୁ ୧୯୦୦୦ ଟଙ୍କା ହୋଇଥାଏ। ଏହା ଉତ୍ତମ ଆୟୁର୍ବେଦୀୟ ଔଷଧ। ଅନେକ ଦିନର ସ୍ଥାୟୀ ରୋଗ ଏହାର ବଟିକା ସେବନ କଲେ କମିଯାଏ। ସ୍ନାୟୁରୋଗ, ସ୍ନାୟବିକ ମାଂସପେଶୀୟ ରୋଗ, ପାକସ୍ଥଳୀ ଓ ଆନ୍ତ୍ରୀକ ରୋଗର ନିରାକରଣ, ଶ୍ୱାସ ପ୍ରଣାଳୀର ଅବରୁଦ୍ଧତା ଦୂରକରୁଥିବା ଔଷଧ, ନିଃଶ୍ୱାସ ନେବାରେ କଷ୍ଟ ହେଉଥିବା ଲକ୍ଷଣ, ଶ୍ୱାସ ବା ଆସ୍-ଥମା ଓ ଯେକୌଣସି ପ୍ରକାର ଜ୍ୱର ପାଇଁ କସ୍ତୁରୀ ଚିକିତ୍ସାରେ ବ୍ୟବହୃତ ହୁଏ। ଧୂମ୍ରପାନରୁ ରକ୍ଷା ପାଇବାରେ କସ୍ତୁରୀର ଔଷଧୀୟ ଗୁଣ ସାହାଯ୍ୟ କରେ। କସ୍ତୁରୀ ଯେକୌଣସି ପ୍ରକାର ସେଣ୍ଟ ବା ଅତରରେ ମିଶିଲେ ଅତର ସଂରକ୍ଷିତ ରହେ ଏବଂ ଏହାର ଗୁଣ ନଷ୍ଟ ହୁଏ ନାହିଁ ବୋଲି କୁହାଯାଏ।

କସ୍ତୂରୀ ମୃଗ, ସର୍‌ଭିଡେ (cervidae) ପରିବାରର ନୁହେଁ। ଏହା ମୋସ୍‌ଚିଡି ପରିବାରର ଅନ୍ତର୍ଗତ। ମୋସ୍‌ଚିଡି (moschidae) ପରିବାରରେ ୭ଟି ଜାତି ରହିଛି। ଏହାର ବୈଜ୍ଞାନିକ ନାମ ମୋସ୍‌କସ୍ (moschus)। ଏହାକୁ ମସ୍କ ଡିୟର ବୋଲି କୁହାଯାଏ। ପରିଣତ ବୟସରେ ଏମାନଙ୍କର ଉଚ୍ଚତା ୫୦ ରୁ ୭୦ ସେଣ୍ଟିମିଟର ଏବଂ ଲମ୍ବାରେ କସ୍ତୂରୀ ମୃଗ ୯୦ ସେଣ୍ଟିମିଟର ହୋଇ ଥାଆନ୍ତି। ପରିଣତ ବୟସରେ ସାଇବେରିଆନ୍ ମୃଗମାନଙ୍କର ୧୦ କିଲୋଗ୍ରାମ ଆଲ୍‌ପାଇନ୍ ମୃଗମାନେ ୧୧ କିଲୋଗ୍ରାମ ଓ କଳା କସ୍ତୁରୀ ମୃଗ ୧୪ କିଲୋଗ୍ରାମ ପର୍ଯ୍ୟନ୍ତ ଓଜନ ହୋଇଥାଏ।

କସ୍ତୂରୀ ମୃଗର କାନ ଦୁଇଟି ବଡ଼ ବଡ଼, ଲାଞ୍ଜଟି ବହୁତ ଛୋଟ ଓ ଶାଖାଶିଙ୍ଗ ନଥାଏ। ଏମାନେ ପାର୍ବତ୍ୟ ଅଞ୍ଚଳରେ ବାସ କରନ୍ତି। ସାଇବେରିଆ ଠାରୁ ହିମାଳୟ ପାର୍ବତ୍ୟ ଅଞ୍ଚଳ କସ୍ତୂରୀ ମୃଗମାନଙ୍କର ବାସସ୍ଥାନ। ହିମାଳୟକୁ ଲାଗି ରହିଥିବା ଦେଶ ଗୁଡ଼ିକ ଯଥା ହିମାଚଳ ପ୍ରଦେଶ, ଉତ୍ତର ପ୍ରଦେଶ, କାଶ୍ମୀର ଓ ଲାଦାଖ୍ ଅଞ୍ଚଳରେ ଏମାନେ ବାସ କରନ୍ତି। ପଡୋଶୀ ରାଜ୍ୟ ନେପାଳ, ସିକିମ୍ ଓ ଭୂଟାନ୍‌ରେ ମଧ୍ୟ ଏମାନେ ଅଛନ୍ତି। ଏ ସମସ୍ତ ଅଞ୍ଚଳ ଶୀତ ପ୍ରଧାନ ଅଞ୍ଚଳ।

କସ୍ତୂରୀ ମୃଗ-ମାନଙ୍କର ବର୍ଣ୍ଣ ପାଉଁଶିଆ ବାଦାମୀ (greyish brown), ଏମାନଙ୍କ ଦେହରେ ଲମ୍ବା, ମୋଟା ଓ ଭଙ୍ଗୁର (brittle) ଲୋମ ଥାଏ। ପୁରୁଷମାନଙ୍କର ଉପର ଶ୍ୱାନଦନ୍ତ ପାଟିରୁ ବାହାରି ତଳ ଆଡ଼କୁ ବାହାରି ଥାଏ ଏବଂ ଏହାକୁ ଟସ୍କ କହନ୍ତି। ତଳି ପେଟରେ ନାଭି ପାଖରେ ଏକ ଥଳି ଭିତରେ କସ୍ତୂରୀ ଉତ୍ପାଦନର ଏକ ଖୋଳଥାଏ। ଏହାକୁ ମସ୍କପଡ୍ (pod) କହନ୍ତି। ଏହା ଭିତରେ କସ୍ତୂରୀ ଉତ୍ପାଦିତ ହୁଏ। କସ୍ତୂରୀ ମୃଗ (moschus moschiferus) ଗୋଟିଏ ସଂହତ (compact), ଲଜ୍ୟାଶୀଳ, ଏକାକୀ ରହୁଥିବା କ୍ଷୁଦ୍ର ମୃଗ। ବରଫାଞ୍ଚଳରେ ବାସ କରିବା ପାଇଁ ଦେହର ଗଠନ, ଲମ୍ବା ଲୋମ ଓ ଗୋଡର ଆକୃତି ସାହାଯ୍ୟ କରିଥାଏ।

ପୂର୍ବରୁ କୁହାଯାଇଛି ଯେ ଏହି ମୃଗକୁ ନମାରି ଏହାର ଥଳିରୁ କସ୍ତୂରୀ ସଂଗ୍ରହ କରାଯାଇ ପାରିବ। ତେଣୁ ଉପରୋକ୍ତ ଅନେକ ଦେଶରେ କସ୍ତୂରୀ ମୃଗ ପାଳନ କରାଯାଉଛି। କସ୍ତୂରୀ ସଂଗ୍ରହ ପରେ ମଧ୍ୟ କସ୍ତୁରୀ ପଡ୍‌ରେ ପୁଣି କସ୍ତୂରୀ ଜାତ ହୁଏ ଏବଂ ବର୍ଷାନ୍ତରେ କସ୍ତୂରୀ ସଂଗ୍ରହ କରାଯାଇ ପାରେ।

ବାରଶିଂଘା ହରିଣ ବା ସ୍ୱାମ୍ପ୍ ହରିଣ (Barasingha Deer or Swamp Deer)

ବାରଶିଘା ହରିଣମାନଙ୍କୁ ସ୍ୱାମ୍ପ୍ ହରିଣ ମଧ୍ୟ କୁହାଯାଏ। ମଧ୍ୟ ପ୍ରଦେଶର କାହ୍ନା ଜାତୀୟ ଉଦ୍ୟାନ, କାଜିରଙ୍ଗା ଓ ଆସାମର ମାନସ ଜାତୀୟ ପାର୍କରେ ଏମାନଙ୍କୁ ଦେଖିବାକୁ ମିଳେ। ଏହି ହରିଣମାନେ ଅକାରରେ ବଡ଼ ଧରଣର ହରିଣ। ଉତ୍ତର

ପ୍ରଦେଶରେ ୬ଟି ସ୍ଥାନରେ ଏମାନଙ୍କୁ ରଖାଯାଇଛି । ଅନ୍ୟ ଭାରତୀୟ ହରିଣ ଜାତିଠାରୁ ଏମାନେ ଭିନ୍ନ ପ୍ରକାରର । ମଧ୍ୟ ପ୍ରଦେଶ, ଆସାମ ଓ ଉତ୍ତର ପ୍ରଦେଶରେ ଥିବା ବାରଶିଘା ହରିଣମାନେ ଏକା ପ୍ରକାର ନୁହଁନ୍ତି ।

ଏହି ହରିଣମାନେ ଭାରତୀୟ ଉପମହାଦେଶରେ ବାଣ୍ଟି ହୋଇ ଅଛନ୍ତି । ଉତ୍ତର ଓ କେନ୍ଦ୍ରୀୟ ଭାରତରେ ଏମାନଙ୍କର ସଂଖ୍ୟା ବିଖଣ୍ଡିତ । ଦକ୍ଷିଣ ପଶ୍ଚିମ ନେପାଳରେ ଦୁଇଟି ସ୍ଥାନରେ ପୃଥକ ଭାବରେ ବାରଶିଘା ହରିଣମାନେ ଥିବାର ଜଣାପଡ଼େ । ଏହି ଜାତୀୟ ହରିଣମାନେ ପାକିସ୍ଥାନ ଓ ବଙ୍ଗଳା ଦେଶରେ ଲୋପ ପାଇ ଯାଇଛନ୍ତି ।

ପରିଣତ ବୟସରେ ଏହି ହରିଣମାନଙ୍କର ହାରାହାରି ଓଜନ ୧୭୦ କିଲୋଗ୍ରାମ ଓ ଉଚ୍ଚତା ୧୩୫ ସେଣ୍ଟିମିଟର ହୋଇଥାଏ । ତଳୁ କାନ୍ଧ ଉଚ୍ଚତାରେ ଏମାନଙ୍କର ଉଚ୍ଚତାର ମାପ ନିଆଯାଏ । ସ୍ୱାମ୍ପ ହରିଣର ଶାଖାଶିଙ୍ଘ ଅଢ଼େଇ ଫୁଟ ଯାଏ ଲମ୍ବା ହୁଏ । ଏମାନଙ୍କୁ ସୁବର୍ଣ୍ଣ ହରିଣ କୁହାଯାଏ । ଏମାନେ ପିଙ୍ଗଳ ବର୍ଣ୍ଣର ।

ଭାରତ ଓ ନେପାଳର ଖୋଲା ଅରଣ୍ୟ ଓ ବିସ୍ତୀର୍ଣ୍ଣ ତୃଣ ଭୂମିରେ ବାରଶିଘା ହରିଣମାନେ ରହନ୍ତି । ପୁରୁଷ ପରିଣତ ବୟସର ବାରଶିଘା ହରିଣମାନଙ୍କର ଖୁବ୍ ବଡ଼ ବଡ଼ ଶିଙ୍ଘ ଥାଏ । ସେଗୁଡ଼ିକ ବାରଟି କେନ୍ଦ୍ରରେ ବଢ଼ିଥାଆନ୍ତି । ତେଣୁ ଏହି ହରିଣକୁ ୧୨ଶିଘା ବୋଲି କୁହାଯାଏ । କାଦୁଅ ବା ପଙ୍କ ଥିବା ସନ୍ତସନ୍ତିଆ ସ୍ଥାନରେ ନିର୍ଦ୍ଦ୍ୱନ୍ଦ ବାସ କରୁଥିବାରୁ ଏହି ହରିଣମାନଙ୍କୁ ସାମ୍ପ ହରିଣ କୁହାଯାଏ ।

ଜଙ୍ଗଲ ସଫାକରି ଦେବା ଦ୍ୱାରା ସେମାନେ ବାସଚ୍ୟୁତ ହେଉଛନ୍ତି । କାଦୁଅ ଓ ସନ୍ତସନ୍ତିଆ ସ୍ଥାନରେ ଫାର୍ମ କରିବା ପାଇଁ ସେଥିରୁ ଜଳ ନିଷ୍କାସନ କରି ଶୁଷ୍କ କରିଦିଆଯାଉଛି । ଏମାନଙ୍କ ଠାରୁ ମୂଲ୍ୟବାନ ଶିଙ୍ଘ ସଂଗ୍ରହ କରିବା ପାଇଁ ଶିକାରର ଶରବ୍ୟ (poaching) ହେବାକୁ ପଡୁଛି ଏବଂ ଗୃହପାଳିତ ପ୍ରାଣୀମାନଙ୍କ ରୋଗ ଦ୍ୱାରା ସଂଖ୍ୟା ଏହି ହରିଣମାନେ ସଂକ୍ରମିତ ହେଉଛନ୍ତି । ଏଣୁ ଏମାନଙ୍କ ସଂଖ୍ୟା ଧୀରେ ଧୀରେ କମିଯାଉଛି । ବର୍ତ୍ତମାନ ଏମାନଙ୍କର ସଂଖ୍ୟା ପ୍ରାୟ ୮୦୦ ବୋଲି ଜଣାପଡିଛି । ଏହି ହରିଣମାନଙ୍କର ସଂରକ୍ଷଣ ପ୍ରତି ଧ୍ୟାନ ଦିଆଯିବା ଦରକାର । ନିୟମର କାର୍ଯ୍ୟକାରିତା ଉପରେ ଏମାନଙ୍କର ସଂରକ୍ଷଣ ନିର୍ଭର କରୁଛି ।

ନାଲି ହରିଣ (Red Deer)

ଏହି ହରିଣମାନଙ୍କୁ ନେଇ ଗୋଟିଏ ଉତ୍ତମ ଉପଯୁକ୍ତ ହରିଣ ଫାର୍ମଟିଏ କରାଯାଇ ପାରେ । କାରଣ ନାଲି ହରିଣମାନେ ଖୁବ୍ କମ୍ ଯତ୍ନ ଓ ପରିଚାଳନା ଆବଶ୍ୟକ କରନ୍ତି । ଏଣୁ ଏମାନଙ୍କୁ ନେଇ ଗୃହପାଳିତ ଫାର୍ମ କରାଯାଏ । ବ୍ୟବସାୟ ଦୃଷ୍ଟିରୁ ଏହି ଫର୍ମଗୁଡିକ ଲାଭ ଜନକ । ଏମାନଙ୍କର ଖାଦ୍ୟକୁ ମାଂସରେ ପରିଣତ

କରିବାର ବିଶେଷ ଶକ୍ତି ରହିଛି ଏବଂ ଏମାନଙ୍କର ମାଂସ ମଧ୍ୟ ସ୍ୱାଦିଷ୍ଟ। ନାଲି ହରିଣମାନଙ୍କର ଗୋଟିଏ ଜାତି ଧଳା - ନାଲି ହରିଣ ନାମରେ ପରିଚିତ। ପୁରୁଷ ଓ ସ୍ତ୍ରୀ ନାଲି ହରିଣର ଶରୀରରେ ଧଳା ଜିନ୍ ଥିଲେ ଏହାର ପରିପ୍ରକାଶ ହୁଏ।

ନାଲି ହରିଣ (cervus elaphus) ଗୋଟିଏ ବୃହତ୍ତମ ହରିଣ ଜାତି। ଗୋଟିଏ ପୁରୁଷ ନାଲି ହରିଣକୁ ଷ୍ଟାଗ୍ କିମ୍ବା ହାର୍ଟ (stag or hart) କହନ୍ତି। ସେହିପରି ସ୍ତ୍ରୀ-ନାଲି ହରିଣକୁ ହିଣ୍ଡ (hind) କୁହାଯାଏ। ଏମାନେ ଓଜନରେ ୯୦ ରୁ ୧୯୦ କିଲୋଗ୍ରାମ ହୋଇ ପାରନ୍ତି। ଉଚ୍ଚତାରେ ଏମାନେ ହାରାହାରି ୧.୩୭ ମିଟର ହୁଅନ୍ତି। ଏହି ହରିଣମାନଙ୍କର ହାରାହାରି ଜୀବନକାଳ ୧୬ ରୁ ୧୮ ବର୍ଷ। ଏହି ହରିଣମାନଙ୍କର ରଙ୍ଗ ଲୋହିତ ବାଦାମୀ। ଏମାନେ ଘନ ନାଲିରୁ ପାଉଁଶିଆ ବାଦାମୀ ରଙ୍ଗର ମଧ୍ୟ ଥିବାର ଦେଖାଯାଏ। ନାଲି ହରିଣମାନେ ୧.୫ ମିଟର ଉଚ୍ଚା ପର୍ଯ୍ୟନ୍ତ ଡେଇଁ ପାରନ୍ତି। ଏମାନଙ୍କର ଶିଙ୍ଗ ମଧ୍ୟ ଦୃଷ୍ଟି ଆକର୍ଷଣକାରୀ।

ଏହି ହରିଣମାନେ ଆଟ୍‌ଲାସ୍ ପାର୍ବତ୍ୟ ଅଞ୍ଚଳରେ ବାସ କରନ୍ତି। ଉତ୍ତର ପଶ୍ଚିମ ଆଫ୍ରିକାର ମୋରୋକୋ (Morocco) ଓ ଟୁନିସିଆ ମଧ୍ୟବର୍ତ୍ତୀ ଅଞ୍ଚଳ ଏମାନଙ୍କର ବାସସ୍ଥାନ। ନାଲି ହରିଣ ଏକମାତ୍ର ହରିଣ ଜାତି ଯେଉଁମାନେ ଆଫ୍ରିକା ମହାଦେଶରେ ବାସ କରନ୍ତି। ସଂଯୁକ୍ତ ରାଷ୍ଟ୍ରରେ ନାଲି ହରିଣମାନେ ତୃଣଭୂମି, ବୃକ୍ଷ ଆଚ୍ଛାଦିତ ବନାଞ୍ଚଳ ଓ ଗୁଳ୍ମପୂର୍ଣ୍ଣ ଖୋଲା ଅନାବାଦୀ ଉଚ୍ଚ ଭୂମିରେ ଦେଖା ଯାଆନ୍ତି। ଅଳ୍ପ ସଂଖ୍ୟକ ନାଲି ହରିଣ ଟେକ୍‌ସାସ୍ (texas) ରେ ବାସ କରୁଥିବାର ଦେଖାଯାଏ। ବ୍ରିଟେନ୍‌ରେ ଏମାନେ ବୃହତ୍ତମ ସ୍ତନ୍ୟପାୟୀ ପ୍ରାଣୀ ଭାବରେ ଗଣ୍ୟ। ନାଲି ହରିଣର ମାଂସରେ ସ୍ନେହସାର କମ୍‌ଥାଏ ଓ ପୁଷ୍ଟିସାର ବେଶିଥାଏ। ଏହି ହରିଣମାନଙ୍କୁ ଶିକାର ନ କରିବାକୁ ନିୟମ ପ୍ରଣୟନ କରାଯାଇଛି। ଏହା ଧର୍ମ ଦୃଷ୍ଟିରୁ ନୁହେଁ, ପ୍ରାଣୀଟିର ସୁରକ୍ଷା ପାଇଁ କରାଯାଇଛି।

ମୃଗ ପ୍ରଜନନ (Breeding)

ସ୍ତ୍ରୀ ହରିଣମାନଙ୍କର ପ୍ରଥମ ଯୌନ ପରିପକ୍ୱତା (puberty) ୯ରୁ ୧୦ମାସ ବୟସରେ ଆରମ୍ଭ ହୁଏ। ମାତ୍ର ପ୍ରଜନନକ୍ଷମ ଯୌନ ପରିପକ୍ୱତା (sexual maturity) ୧ ରୁ ୩ ବର୍ଷ ମଧ୍ୟରେ ହୋଇଥାଏ। ପ୍ରକୃତ ସଙ୍ଗମ କରାଯାଏ ପ୍ରାୟତଃ ୧୬ମାସ ବୟସରେ ଯଦି ସ୍ତ୍ରୀ ହରିଣଟି ନିୟନ୍ତ୍ରଣରେ ଥାଏ। ଉପଯୁକ୍ତ ଖାଦ୍ୟପେୟ, ଆବାସ, ପରିଚାଳନା ଗତ ଯତ୍ନ ଓ ରୋଗ ପ୍ରତିଷେଧକ ବ୍ୟବସ୍ଥା ଇତ୍ୟାଦି ଥିଲେ ବେଳେ ବେଳେ ସ୍ତ୍ରୀ ହରିଣମାନେ ଉପଯୁକ୍ତ ସମୟ ପୂର୍ବରୁ ମଧ୍ୟ ଯୌନ ବିକଶିତ ହୋଇ ଥାଆନ୍ତି ଏବଂ ଏହାକୁ ଅକାଳ ପରିପକ୍ୱତା କୁହାଯାଏ। ପୁରୁଷ ହରିଣମାନେ ପ୍ରଜନନକ୍ଷମ ହୁଅନ୍ତି ପ୍ରାୟ ୨ବର୍ଷ ବୟସରେ। ପୁରୁଷ ହରିଣମାନଙ୍କର ଶାଖା ଶୃଙ୍ଗର ବୃଦ୍ଧି ଓ ଆକାର

ଏମାନଙ୍କର ପରିପକ୍ୱତାର ସୂଚନା ଦିଏ। କେତେକ ପ୍ରଜାତିର ପୁରୁଷ ହରିଣ ଏକ ପ୍ରକାର ଶବ୍ଦ କରି ସ୍ତ୍ରୀ ହରିଣମାନଙ୍କୁ ସଙ୍ଗମ ପାଇଁ ଆକର୍ଷିତ କରନ୍ତି।

ସ୍ତ୍ରୀ ଓ ପୁରୁଷ ହରିଣମାନଙ୍କର ମିଳନ ବା ସଙ୍ଗମ ସେପ୍ଟେମ୍ବର ମାସରୁ ନଭେମ୍ବର ମାସ ମଧ୍ୟରେ ସଂଗଠିତ ହୁଏ। ସେମାନଙ୍କର ମୁଖ୍ୟ ପ୍ରଜନନ ମାସ ଅକ୍ଟୋବର ମାସ। କେତେକ ପ୍ରାଣୀ ବୈଜ୍ଞାନିକ ସୂଚନା ଦିଅନ୍ତି ଯେ ସେମାନଙ୍କର ସଂଗମ ବହୁ ପତିତ୍ୱ (polyandry) ରେ ମଧ୍ୟ ହୋଇଥାଏ। ମାତ୍ର ଏହା ହରିଣ ପ୍ରଜାତି ଉପରେ ନିର୍ଭର କରେ। ଏପରି କ୍ଷେତ୍ରରେ ଗରମରେ ଥିବା ସ୍ତ୍ରୀ-ହରିଣ, ଏକାଧିକ ପୁରୁଷ ହରିଣ ସହିତ ମିଳନ ପାଇଁ ପସନ୍ଦ କରେ। ଯେତେବେଳେ ବହୁ ସଂଖ୍ୟକ ସ୍ତ୍ରୀ-ହରିଣ ଗରମରେ ଥାଆନ୍ତି, ଅନ୍ତଃ-ପ୍ରଜନନ (inbreeding) ମଧ୍ୟ ସମ୍ଭବ ହୋଇଥାଏ। ସାଧାରଣତଃ ପ୍ରତିବର୍ଷ ସେମାନେ ନୂଆ ପୁରୁଷ ହରିଣ ସହିତ ସଙ୍ଗମ କରିବାକୁ ପସନ୍ଦ କରନ୍ତି। ସେମାନଙ୍କର ମିଳନ ଋତୁକୁ ରଟିଂ (rutting) ସିଜିନ୍ କହନ୍ତି।

ହରିଣ ମାନଙ୍କର ଗର୍ଭଧାରଣ ସମୟ ୭ ମାସ ୧୫ ଦିନ ବୋଲି ଧରାଯାଏ। କେହି କେହି ଏହାକୁ ୨୧୦ ରୁ ୨୧୫ ଦିନ ବୋଲି କହନ୍ତି। କେତେକ ପ୍ରଜାତିରେ ଗର୍ଭଧାରଣ ସମୟ ୨୫୯ + ୧୨ଦିନ ବୋଲି ଧରାଯାଏ। ହରିଣମାନେ ଯେପରି ଛୋଟ, ବଡ଼ ଓ ମଧ୍ୟମ ଧରଣର ଅଛନ୍ତି, ଗର୍ଭଧାରଣ ସମୟରେ ସାମାନ୍ୟ ଅସାମଞ୍ଜସ୍ୟ ଥାଇ ପାରେ। ଅଧିକାଂଶ ଛୁଆ (fawn) ମେ ମାସର ଶେଷ ଭାଗରେ ଜନ୍ମ ହୁଅନ୍ତି କିମ୍ବା ଜୁନ ମାସର ପ୍ରଥମାର୍ଦ୍ଧରେ ଜନ୍ମ ହୋଇ ଥାଆନ୍ତି। ପ୍ରଥମେ ଜନ୍ମ କରୁଥିବା ସ୍ତ୍ରୀ ହରିଣମାନେ ଗୋଟିଏ ଛୁଆ ଜନ୍ମ ଦିଅନ୍ତି। ମାତ୍ର ପରଥର ମାନଙ୍କରେ ଦୁଇଟି ଲେଖାଏଁ ଛୁଆ ଜନ୍ମ ହୋଇପାରନ୍ତି।

■

ବଜ୍ରକାପ୍ତା

(Pangolin)

ବଜ୍ରକାପ୍ତାମାନେ ପିମ୍ପୁଡି, ଉଇ ଓ ସେମାନଙ୍କର ଲାର୍ଭା ବା ପୋକର ପ୍ରଥମ ଅବସ୍ଥାକୁ ଖାଦ୍ୟ ଭାବରେ ବ୍ୟବହାର କରନ୍ତି। ତେଣୁ ସେମାନେ ମାଂସାଶୀ ପ୍ରାଣୀ। ସେମାନଙ୍କର ଦାନ୍ତ ନାହିଁ। ମାତ୍ର ସେମାନଙ୍କର ଜିଭ ଶରୀରଠାରୁ ଲମ୍ବା ଓ ଅଠାଳିଆ (stycky)। ଏହି ଜିଭ ସାହାଯ୍ୟରେ ସେମାନେ ଖାଦ୍ୟ ପଦାର୍ଥକୁ ପାଟିକୁ ନେଇ ଥାଆନ୍ତି।

ବଜ୍ରକାପ୍ତାର ତିନୋଟି ଅଂଶ ମଣିଷର ଅତି ଦରକାରରେ ଆସେ। ଏହାର ମାଂସ, ଚର୍ମ ଓ କାତି ଅତି ମୂଲ୍ୟବାନ ଦୁର୍ଲଭ ପଦାର୍ଥ ଭାବରେ ଗଣ୍ୟ। ଏହି ତିନୋଟି ପଦାର୍ଥର ଔଷଧୀୟ ଗୁଣ ଥିବାର ବିଶ୍ୱାସ କରାଯାଏ। ଏସବୁ ପଦାର୍ଥ ପାରମ୍ପରିକ ଚାଇନା ଦେଶର ଔଷଧ ଭାବରେ ବ୍ୟବହାର କରାଯାଏ ଏବଂ ଅନେକ ପ୍ରକାର ଦୀର୍ଘ-ସ୍ଥାୟୀ ରୋଗରୁ ମୁକ୍ତି ଦେଇଥାଏ। ଭିଏତ୍‌ନାମ ଦେଶ ମଧ୍ୟ ଏ ସବୁ ଔଷଧରେ ବିଶ୍ୱାସ କରେ। ଏମାନଙ୍କର ସାରା ଦେହରେ ମୋଟା କାତି ଥାଏ। ଏହି କାତିଗୁଡିକ ପରସ୍ପରକୁ ଆଂଶିକ ଭାବରେ ଆବୃତ କରି ରହିଥାଏ ବା ଚଢ଼ି ରହିଥାଏ। ମୋଟା କାତି ଏହିପରି ଭାବରେ ସଂପୂର୍ଣ୍ଣ ଦେହ ଉପରେ ଢ଼ାଙ୍କି ହୋଇ ରହି ଏହାକୁ ଆତ୍ମରକ୍ଷା କରିବାରେ ସାହାଯ୍ୟକରେ। ଏଗୁଡିକ ଯଦିଓ ବୁଲେଟ୍ ପ୍ରୁଫ୍ ନୁହେଁ, ଏହାକୁ ସହଜରେ ଭେଦ କରାଯାଇ ପାରେନାହିଁ। ମାତ୍ର ଏହି କାତି ପାଇଁ ସେମାନଙ୍କୁ ଶିକାରୀ ହାତରେ ଜୀବନ ଦେବାକୁ ପଡ଼େ। କାତି (scale) ର ଔଷଧୀୟ ଗୁଣ ବ୍ୟତୀତ ଏଥିରେ ମୁଦି, କାନଫୁଲ ବୈଠକଖାନାର ଫେସନ୍ ଓ ସାଜସଜ୍ଜା ଓ ଅନ୍ୟାନ୍ୟ କେତେକ ଅଳଙ୍କାର

ଭାବରେ ବ୍ୟବହାର କରିବା କେତେକ ଦେଶର ଧନୀ ସଂପ୍ରଦାୟର ଚଳଣି ଭାବରେ ନିଆଯାଏ। ବଜ୍ରକାପ୍ତାର ମାଂସର ଏକ ସ୍ୱତନ୍ତ୍ର ସ୍ୱାଦ ରହିଛି। ଏହି ମାଂସ ଦେଖିବାକୁ ସାମାନ୍ୟ କଳା, ଶକ୍ତ ଓ ତନ୍ତୁମୟ, ମାତ୍ର ମସୃଣ। ଖାଇବାକୁ ଭଲ ଓ ରୋଗରୁ ମୁକ୍ତି ମିଳେ। ଏହାର ଚମଡ଼ା, ଖାଦ୍ୟ ଓ ଔଷଧ ବ୍ୟତୀତ ଅନ୍ୟାନ୍ୟ କେତେକ ବ୍ୟବହାରରେ ଲାଗେ। ବଜ୍ରକାପ୍ତାର ଉପର କାତିଗୁଡ଼ିକର ସାଜସଜ୍ଜାକୁ ନେଇ ଆମ ଯୁଦ୍ଧ ବିଭାଗରେ ସେହିପରି ପୋଷାକ ପ୍ରସ୍ତୁତ କରାଯାଇଛି, ସୈନ୍ୟମାନଙ୍କର ଆକସ୍ମିକ ଆତ୍ମରକ୍ଷା ପାଇଁ। ବୈଜ୍ଞାନିକମାନେ ବୁଲେଟ୍ ପ୍ରୁଫ୍ ଭେଷ୍ଟ (vest) ବା ପୋଷାକ ତିଆରି କରିଛନ୍ତି।

ଉପରୋକ୍ତ କାରଣଗୁଡ଼ିକ ଯୋଗୁ ବଜ୍ରକାପ୍ତାମାନଙ୍କର କାତିକୁ ପରମ୍ପରାଗତ ଔଷଧ ଭାବରେ ବ୍ୟବହାର କରିବାକୁ ନିଷେଧ କରାଯାଇଛି। ୨୦୧୯ ସୁଦ୍ଧା ପ୍ରାୟ ୧,୯୫,୦୦୦ ବଜ୍ରକାପ୍ତା ଅବୈଧ କାରବାରରେ (trafficated) ଲିପ୍ତ ଥିବାର ଜଣାପଡିଥିଲା। ଜାତୀୟ ଓ ଆନ୍ତର୍ଜାତୀୟ ନିୟମ ପ୍ରଣୟନ କରି ଏମାନଙ୍କୁ ହତ୍ୟାକରିବା ନିଷେଧ କରାଯାଇଛି। ପ୍ରତ୍ୟେକ ବର୍ଷ ପ୍ରାୟ ୧୦,୦୦୦ ବଜ୍ରକାପ୍ତା ଶିକାରୀଙ୍କ ଦ୍ୱାରା ମୃତ୍ୟୁ ମୁଖରେ ପଡୁଥିବାର ଜଣାପଡିଥିଲା। ଚାଇନା ଓ ଭିଏତନାମରେ ଏହାର ମାଂସ ଏକ ବିଶେଷଗୁଣ ବିଶିଷ୍ଟ ଅତି ଧନଶାଳୀ ଖାଦ୍ୟ ଭାବରେ ବ୍ୟବହୃତ ହେଉଛି। ପ୍ରଣିତ ନୀତିଗୁଡ଼ିକ ସଠିକ ଭାବରେ କାର୍ଯ୍ୟକାରୀ ନହେଲେ ବଜ୍ରକାପ୍ତା ଲୋପ ପାଇଯିବାର ସମ୍ଭାବନା ଅଛି। ଏହାର ମାଂସ କିଲୋପ୍ରତି ୨୦୦ ଆମେରିକୀୟ ଡଲାରରେ ବିକ୍ରି ହେଉଥିଲା ଏବଂ ଏହାର କାତି କିଲୋପ୍ରତି ୧୦୦୦ ଡଲାରରେ

ବିକ୍ରି କରାଯାଏ। ମାଂସ ବା କାତି ଏହି ପ୍ରକୃତ ମୂଲ୍ୟଠାରୁ ବହୁତ ଅଧିକ ମୂଲ୍ୟରେ ବିକ୍ରି କରାଯାଏ। ପ୍ରାଣୀ ସମ୍ବନ୍ଧୀୟ ଗବେଷକମାନେ ବହୁବାର ସତର୍କ କରି ଆସୁଛନ୍ତି ବଜ୍ରକାପ୍ତା ମାନଙ୍କୁ ନ ମାରିବା ପାଇଁ।

ବଜ୍ରକାପ୍ତା ପୃଥିବୀର ଏକମାତ୍ର କାତିଥିବା (scaly) ସ୍ତନ୍ୟପାୟୀ ପ୍ରାଣୀ। ଏମାନଙ୍କର ଆବାସ ବିଭିନ୍ନ ପ୍ରକାରର। ବଜ୍ରକାପ୍ତାମାନେ ସାଧାରଣତଃ ଉଷ୍ଣମଣ୍ଡଳ ବା ଗ୍ରୀଷ୍ମ ମଣ୍ଡଳୀୟ ସ୍ଥାନରେ ରହନ୍ତି। ବନ୍ୟା ଅଧ୍ୟୁଷିତ ବଣମାନଙ୍କରେ, ଘଞ୍ଚ ବୁଦା ବା କ୍ଷୁଦ୍ର ଜଙ୍ଗଲ କିମ୍ବା ବିସ୍ତୃତ ଅନାବାଦି ବଣୁଆ ଜମିରେ ବାସ କରନ୍ତି। ଜମି ପରିଷ୍କାର କରାଯାଇ ଚାଷ କରାଯାଇ ଥିଲେ, ସେଠାରେ ରହିବାକୁ ଏମାନେ ଭଲପାଆନ୍ତି। ସାଭାନ୍ନା ତୃଣଭୂମି ମଧ୍ୟ ସେମାନଙ୍କ ପାଇଁ ଉପଯୁକ୍ତ ବାସସ୍ଥାନ। ସେମାନଙ୍କର ଖାଦ୍ୟ ଉଇ ଓ ପିମ୍ପୁଡି। ଯେଉଁଠାରେ ଏପରି ଖାଦ୍ୟ ପ୍ରଚୁର ମିଳୁଥିବ, ସେ ସ୍ଥାନ ସେମାନଙ୍କ ବସତି ପାଇଁ ବିଶେଷ ଉପଯୁକ୍ତ। ବଜ୍ରକାପ୍ତାମାନେ ସାଧାରଣତଃ ଗଛରେ ବା ଗଛ କୋରଡ଼ରେ, ମାଟି ଭିତରେ ଗାତ ବା ସୁଡ଼ଙ୍ଗରେ ରହନ୍ତି।

ବାଘ, ଚିତାବାଘ (leopard), ଗଧିଆ, ଅଜଗର ଓ ଅନ୍ୟାନ୍ୟ ବିଷାକ୍ତ ସାପ ଏମାନଙ୍କର ଲୁଣ୍ଠନକାରୀ ପଶୁ। ମଣିଷ ମଧ୍ୟ ଏମାନଙ୍କର ଗୋଟିଏ ବଡ଼ ଶତ୍ରୁ। ବଜ୍ରକାପ୍ତା ନିଜକୁ ଓ ଛୁଆକୁ ରକ୍ଷା କରିବା ପାଇଁ ଦୃଢ଼ ଭାବରେ ଗୁଡେଇ ହୋଇ ଗୋଟିଏ ଶକ୍ତ ବଲ୍ ସଦୃଶ ହୋଇଯାଏ। ସୁରକ୍ଷାର ଅନ୍ୟ ଗୋଟିଏ ବ୍ୟବସ୍ଥା ଅଛି। ଏମାନଙ୍କର ମଳଦ୍ୱାର ପାଖରେ ଗୋଟିଏ ମୁଣା ବା ଗ୍ଲାଣ୍ଡଥାଏ। ଏଥିରୁ ଅତ୍ୟନ୍ତ ଅପ୍ରୀତିକର ଗନ୍ଧ ନିର୍ଗତ ହୁଏ। ଏହା ଝରେ, ମାତ୍ର ବଜ୍ରକାପ୍ତା ଏହାକୁ ସିଞ୍ଚନ (spray) କରିପାରେ ନାହିଁ। ଏହି ଦୁର୍ଗନ୍ଧ ମଧ୍ୟ ପ୍ରାଥମିକ ଭାବରେ ତାର ଶରୀରକୁ ସୁରକ୍ଷା ଦିଏ।

ଭାରତୀୟ ବଜ୍ରକାପ୍ତାର ବୈଜ୍ଞାନିକ ନାମ ମନିସ୍ କ୍ରାସ୍ସି କାଉଡାଟା (manis crassicaudata)। ବଜ୍ରକାପ୍ତାର ୮ଟି ସ୍ପେସିଜ୍ ବା ଜାତି ଅଛି। ଏହି ୮ଟି ରୁ ୪ଟି ଚାଇନା, ସୁନ୍ଦା, ଭାରତ ଓ ଫିଲିପାଇନ୍ସରେ ବାସ କରନ୍ତି। ପରିପକ୍ୱ ବୟସରେ ଭାରତୀୟ ବଜ୍ରକାପ୍ତାମାନଙ୍କର ଓଜନ ୧୩ କିଲୋଗ୍ରାମ ଓ ଲମ୍ୱାରେ ୫୪ ସେଣ୍ଟିମିଟର ହୁଅନ୍ତି। ଭାରତର ଉଚ୍ଚ ହିମାଳୟ ପର୍ବତ ଶ୍ରେଣୀ, ନୀରସ ଅଞ୍ଚଳ (arid region) ଓ ଉତ୍ତର ପୂର୍ବାଞ୍ଚଳକୁ ଛାଡି ଦେଲେ, ଭାରତର ସବୁ ଅଞ୍ଚଳରେ ବିସ୍ତାରିତ ଭାବରେ ଏମାନେ ଅଛିନ୍ତି ବା ବାସ କରନ୍ତି। ଏମାନେ ବଙ୍ଗଳାଦେଶ, ପାକିସ୍ଥାନ, ନେପାଳ ଓ ଶ୍ରୀଲଙ୍କାରେ ମଧ୍ୟ ଦେଖାଯାଆନ୍ତି। ପ୍ରାଣୀ ବିଜ୍ଞାନ ଅନୁସାରେ ବଜ୍ରକାପ୍ତାମାନେ ଫୋଲିଡୋଟା ଅର୍ଡର ଓ ମାନିଡ଼େ (manidae) ପରିବାର ବା ଫାମିଲିର ଅନ୍ତର୍ଗତ। ଏହି ପରିବାରର ୩ଟି ଜାତି ରହିଛି। ମନିଶ (manis), ଫାଟାଜିନସ୍ (phataginus) ଓ ସ୍ମୁଟ୍‌ସିଆ

(smutsia)। ଏସିଆ ମହାଦେଶରେ ଥିବା ବଜ୍ରକାପ୍ତାମାନେ ମନିସ୍ ଜାତିର। ଅନ୍ୟ ଦୁଇଟି ଜାତିର ବଜ୍ରକାପ୍ତା ଉପ-ସାହାରା ଅଞ୍ଚଳରେ ଆଫ୍ରିକାରେ ବାସ କରନ୍ତି। ସାଧାରଣ ଭାବରେ ୬ ପ୍ରକାର ବଜ୍ରକାପ୍ତା ଦେଖିବାକୁ ଏସିଆ ମହାଦେଶରେ ମିଳିଥାଆନ୍ତି। ସେମାନେ ହେଲେ, (୧) ଭାରତୀୟ ଲମ୍ବା ଲଞ୍ଜ ଥିବା ବଜ୍ରକାପ୍ତା, (୨) ଚୀନ ଦେଶର ବଜ୍ରକାପ୍ତା, (୩) ଫିଲିପାଇନ୍ସର ବଜ୍ରକାପ୍ତା, (୪) ବୃହଦାକାର (giant) ବଜ୍ରକାପ୍ତା, (୫) ବୃକ୍ଷନିବାସି ବଜ୍ରକାପ୍ତା (tree pangolin) ଓ (୬) ମୃତ୍ତିକା (ground) ବଜ୍ରକାପ୍ତା। ବୃହଦାକାର ବଜ୍ରକାପ୍ତାର ଓଜନ ପରିଣତ ବୟସରେ ୩୩ କିଲୋଗ୍ରାମ ଏବଂ ମୃତ୍ତିକା ବଜ୍ରକାପ୍ତାର ଓଜନ ୧୨ କିଲୋଗ୍ରାମ ହୁଏ। ଚିନ୍‌ଦେଶର ବଜ୍ରକାପ୍ତାମାନେ ଛୋଟ ଏବଂ ଏମାନଙ୍କର ଓଜନ ୩.୬ କିଲୋଗ୍ରାମ ବୋଲି କୁହାଯାଏ। ସେହିପରି ପରିଣତ ବୟସରେ ଚିନ୍ ଦେଶର ବଜ୍ରକାପ୍ତାର ଲମ୍ବ ୩୮ ସେଣ୍ଟିମିଟର ଓ ମୃତ୍ତିକା ପ୍ରକାରର ୪୯ ସେଣ୍ଟିମିଟର ବୋଲି ଜଣାଯାଏ। ଜୀବ ମଣ୍ଡଳରେ ବା ବାୟୋସ୍ଫିୟର (biosphere)ରେ ଆଉ ଗୋଟିଏ କୀଟ ଖାଉଥିବା ପ୍ରାଣୀ ଆର୍ମାଡିଲ୍ଲୋ (armadillo) ବାସ କରେ। ଆର୍ମାଡିଲ୍ଲୋ, ବଜ୍ରକାପ୍ତା ବା ପାଙ୍ଗୋଲିନ୍ (pangolin) ଠାରୁ ନ୍ୟୁନମାନର ଜନ୍ତୁ। ଆର୍ମାଡିଲ୍ଲୋ, ମାମ୍ମାଲିଆ ପରିବାରର କିନ୍ତୁ ବଜ୍ରକାପ୍ତା ମାମ୍ମାଲିଆ ଅର୍ଡର ବା ସମାନତା ଥିବା ଶ୍ରେଣୀ ବା ବଂଶ ବଜ୍ରକାପ୍ତାର ଚର୍ମ ପ୍ରୋଟିନ୍ କେରାଟିନ୍‌ରେ ପ୍ରସ୍ତୁତ କାତିଦ୍ୱାରା ଆବୃତ ଯାହା ଆର୍ମାଡିଲ୍ଲୋର ନଥାଏ।

ବଜ୍ରକାପ୍ତାମାନଙ୍କର ପୁନରୁତ୍ପାଦନର ହାର ନିମ୍ନମାନର। ସେମାନଙ୍କର ବର୍ଷକୁ ଥରେ ମିଳନ ହୁଏ ଏବଂ ସ୍ତ୍ରୀ-ବଜ୍ରକାପ୍ତା ବର୍ଷକୁ ଥରେ ଗୋଟିଏ ଛୁଆ ଜନ୍ମ କରେ। ଆନ୍ତର୍ଜାତୀୟ ବ୍ୟବସାୟ ସଂସ୍ଥାକୁ ବଜ୍ରକାପ୍ତାମାନଙ୍କର ଚର୍ମ, କାତି (scale) ଓ ମାଂସ ଯୋଗାଇବା ପାଇଁ ଗତ କେତେ ବର୍ଷ ଧରି ବଜ୍ରକାପ୍ତାମାନଙ୍କର ବାସସ୍ଥାନ ନଷ୍ଟ କରିଦେବା ଓ ସେମାନଙ୍କୁ ଶିକାର କରିବା ଦ୍ୱାରା ସେମାନଙ୍କର ସଂଖ୍ୟା ଆଶ୍ଚର୍ଯ୍ୟଜନକ ଭାବରେ ହ୍ରାସ ପାଇଛି।

ବଜ୍ରକାପ୍ତା ମାନଙ୍କର ପୁରୁଷ ଓ ସ୍ତ୍ରୀ-ଯୌନାଙ୍ଗ ଗୋଟିଏ ବଜ୍ରକାପ୍ତା ଠାରେ ନଥାଏ। ଉନ୍ନତ ପ୍ରାଣୀମାନଙ୍କର ପରି ପୁରୁଷ ଓ ସ୍ତ୍ରୀ ବଜ୍ରକାପ୍ତା ଅଲଗା ଅଲଗା ଭାବରେ ଥାଏ। ପୁରୁଷ ବଜ୍ରକାପ୍ତାମାନେ ସ୍ତ୍ରୀ-ବଜ୍ରକାପ୍ତାମାନଙ୍କୁ ଆକର୍ଷିତ କରିବା ପାଇଁ ସେମାନଙ୍କର ପରିସ୍ରା ଓ ମଳ ପକାଇବା ଦ୍ୱାରା ସେମାନଙ୍କର ସ୍ଥିତି ଜଣାଇ ଦିଅନ୍ତି। ସ୍ତ୍ରୀ-ବଜ୍ରକାପ୍ତା ନିଜର ତୀକ୍ଷ୍ଣ ଘ୍ରାଣଶକ୍ତି ଦ୍ୱାରା ସେ ସ୍ଥାନକୁ ଯାଇ ପହଞ୍ଚି ପାରନ୍ତି। ସେଠାରେ ସ୍ତ୍ରୀ ଓ ପୁରୁଷ ବଜ୍ରକାପ୍ତା ଦୁହିଁଙ୍କର ସଂଗମ ହୁଏ। ବିଭିନ୍ନ ଜାତିର

ବଜ୍ରକାପ୍ତାମନଙ୍କୁ ନେଇ ସେମାନଙ୍କ ଗର୍ଭ ଧାରଣ ସମୟରେ ଅସାମଞ୍ଜସ୍ୟ ଦେଖାଯାଏ। ଭାରତୀୟ ସ୍ତ୍ରୀ-ବଜ୍ରକାପ୍ତାମାନଙ୍କର ଗର୍ଭଧାରଣ ସମୟ ୬୮ ଦିନ। ଗ୍ରାଉଣ୍ଡ ବା ମୃତ୍ତିକା ବଜ୍ରକାପ୍ତାମାନଙ୍କର ୧୩୯ ଦିନ ବୋଲି କୁହାଯାଇଛି। ସଙ୍ଗମ ଋତୁରେ ପୁରୁଷ ବଜ୍ରକାପ୍ତାମାନେ ସମୟ ସମୟରେ ପରସ୍ପର ମଧ୍ୟରେ ଲଢ଼େଇ କରି ଥାଆନ୍ତି। ଜିତିଥିବା ପୁରୁଷ ବଜ୍ରକାପ୍ତାର ସ୍ତ୍ରୀ-ବଜ୍ରକାପ୍ତା ସହିତ ମିଳନ ହୁଏ। ସ୍ତ୍ରୀ-ବଜ୍ରକାପ୍ତାମାନେ ଜୀବନ୍ତ ଛୁଆଟିଏ ଜନ୍ମ ଦିଅନ୍ତି। ମା'ର ଛୁଆ ଜନ୍ମ ହେବା ପରେ ମା'ର ପହ୍ନାରେ ଦୁଧ ତିଆରି ହୋଇ ଛୁଆ ପିଇବା ପାଇଁ ପ୍ରସ୍ତୁତ ହୋଇଯାଏ। ଛୁଆ ମାଆଠାରୁ କ୍ଷୀର ପିଇ ବଢ଼େ। ଛୁଆଟି ଅତି ନିର୍ଜୀବ ହୋଇ ଜନ୍ମହୁଏ ନାହିଁ। ସତେଜ ଓ ଦେଖିବା ଭଳି ଛୁଆଟିଏ ଜନ୍ମ ହୁଏ।

ମାଆ ବଜ୍ରକାପ୍ତା ଛୁଆଟିର ଭରଣ ପୋଷଣ ପାଇଁ, ବସାଛାଡି ବାହାରକୁ ଯାଇ ପାରୁନଥିବାରୁ ଓ ଛୁଆର ସୁରକ୍ଷା ପାଇଁ ଗୋଟିଏ ଗାତ ବା ସୁଡ଼ଙ୍ଗ କରିଥାଏ। ଛୁଆଟି ତା'ଭିତରେ ଥାଏ। ଠେକୁଆ ଓ କୋକିଶିଆଳିମାନେ ମଧ୍ୟ ଏହିପରି ସୁଡ଼ଙ୍ଗ କରି ରହନ୍ତି। ତଥାପି ଯଦି ଛୁଆପାଇଁ ଭୟର କାରଣ ଥାଏ, ମାଆ ବଜକାପ୍ତା ଛୁଆର ଚାରିକଡେ ଏପରି ଗୁଡେଇ ହୋଇଯାଏ ଯେ କେହି ତାର କାତିକୁ ଭେଦକରି ଛୁଆଟିର କ୍ଷତି କରି ପାରିବ ନାହିଁ। ଛୁଆଟି ମାଆ ପାଖରେ ୩ ରୁ ୪ ମାସ ଏହିପରି ପ୍ରତିପାଳିତ ହୁଏ। ମାତ୍ର ୧ ମାସ ପରେ ମା' ପରି ପିମ୍ପୁଡି ଓ ଉଇ ଖାଇବା ଆରମ୍ଭ କରିଦିଏ। ମାଆ ପାଖରେ ଛୁଆ ଖୁବ୍ ବେଶିରେ ୬ମାସ ରହିବା ପରେ ଅଲଗା ହୋଇଯାଏ। ନୂଆରେ ଜନ୍ମଲାଭ କରିଥିବା ବଜ୍ରକାପ୍ତାଟି ବର୍ଷେରୁ ଦୁଇବର୍ଷ ମଧ୍ୟରେ ଯୌନ ପରିପକ୍ୱତା (sexual maturity) ଲାଭ କରିଥାଏ। ଏହା ସର୍ବ ସମ୍ମତ ମତ ବୋଲି ଧରାଯାଏ।

ସେମାନଙ୍କର ଦେହରେ ଥିବା ଟାଣ କାତି ଆତ୍ମରକ୍ଷା ପାଇଁ ପିନ୍ଧିଥିବା ଆବରଣ ପରି ଯାହାକି ସିଂହ, ବାଘ ଓ ଗଧିଆମାନଙ୍କ ଦେହରେ ପଶି କାଟିଦିଏ ଓ ସାଂଘାତିକ ଘା' ସୃଷ୍ଟିକରି ପାରେ। ସେମାନଙ୍କୁ ଆତ୍ମରକ୍ଷା ପାଇଁ ଉପଯୁକ୍ତ ଅସ୍ତ୍ର ଦିଆଯାଇଛି। ମାତ୍ର ଶିକାରୀମାନେ ଥରେଧରିନେଲା ପରେ କାତିର ସଂଯୋଗସ୍ଥଳିକୁ ଖୋଲି ତା' ମଧ୍ୟରେ ଛୁରୀର ମୁନ ବା ଛୁଞ୍ଚ ପୂରାଇ ଫୁଟାଇ ଦେଲେ ବା ଫୋଡ଼ି ଦେଲେ, ସେମାନେ ସହଜରେ ମୃତ୍ୟୁ ମୁଖରେ ପଡ଼ନ୍ତି।

ଶାଳିଆ ପତନୀ

(Civet)

ରାତ୍ରିକାଳୀନ ଜୀବନର ଅଦୃଶ୍ୟ ସମସ୍ତ ଆଶ୍ଚର୍ଯ୍ୟମାନଙ୍କ ମଧ୍ୟରେ ଗୋଟିଏ ସ୍ତନ୍ୟପାୟୀ ପ୍ରାଣୀ ଅଛି, ଯାହାକୁ ସଂଧ୍ୟାବେଳେ, ରାତିରେ ଓ ପ୍ରାତଃ ସମୟରେ ଦେଖିହେବ। ସେମାନଙ୍କର ବିରାଡି ପରି କ୍ଷୁଦ୍ର ଆକୃତି ଏବଂ ସେମାନଙ୍କୁ ଅନେକ ସିଭେଟ୍ କ୍ୟାଟ୍ ବୋଲି କହିଥାନ୍ତି। ମାତ୍ର ସେମାନେ ବିରାଡି ଜାତୀୟ ପ୍ରାଣୀ ନୁହଁନ୍ତି ଓ ସେମାନେ ଫେଲିଡେ (felidae) ପରିବାରର ଅନ୍ତର୍ଗତ ନୁହଁନ୍ତି। ସେମାନେ ପ୍ରକୃତରେ ଶାଳିଆ ପତନୀ ବା ସିଭେଟ୍ ଓ ଭିଭେରରିଡେ (viverridae) ଫାମିଲି ବା ପରିବାରର। ନେଉଳମାନଙ୍କ ସହିତ ସେମାନେ ତୁଳନୀୟ ବା ସେମାନଙ୍କର ସମ୍ପର୍କ ରହିଛି। ଏଣୁ ଏମାନଙ୍କୁ ଗନ୍ଧନକୁଳ ମଧ୍ୟ କୁହାଯାଏ।

ଶାଳିଆ ପତନୀ ୮ଟି ଜାତି (species) ର ଅଛନ୍ତି। ସେମାନଙ୍କ ମଧ୍ୟରୁ ସାଧାରଣ ପାଲ୍ମ ଶାଳିଆପତନୀ ଓ କ୍ଷୁଦ୍ର ଭାରତୀୟ ଶାଳିଆପତନୀ ଭାରତ ଉପ-ମହାଦେଶରେ ଦେଖିବାକୁ ମିଳନ୍ତି। ଉଭୟ ପଶୁଜ ଓ ଉଦ୍ଭିଦଜ ଖାଦ୍ୟ ସେମାନେ ଖାଦ୍ୟରୂପେ ବ୍ୟବହାର କରନ୍ତି। ତେଣୁ ସେମାନଙ୍କୁ ଓମ୍ନିଭୋରସ୍ (omnivorous) ବା ଉଭୟ ପ୍ରକାର ଭକ୍ଷଣକାରୀ କୁହାଯାଏ। କେତେକ ଶାଳିଆପତନୀ ଫ୍ରୁଗିଭୋରସ୍ (frugivorous) ଅର୍ଥାତ୍ ସେମାନେ ଫଳ ଓ ମଞ୍ଜିକୁ ଖାଦ୍ୟ ଭାବରେ ବ୍ୟବହାର କରିଥାନ୍ତି। ଏହି ଦୁଇ ଜାତିର ଶାଳିଆ ପତନୀ, ପୁଟ୍‌ଗୁଣ୍ଡୀ ସଫାରୀ ପାର୍କରେ ଦେଖିବାକୁ ମିଳନ୍ତି ଏବଂ ଘରୋଇ ପ୍ରକୃତି ପ୍ରେମୀମାନେ ସେମାନଙ୍କର କ୍ୟାମେରାରେ ସୁନ୍ଦର ସୁନ୍ଦର

ଫଟୋସବୁ ଉତ୍ତୋଳନ କରି ପାରିଛନ୍ତି। ବାସ୍ତବରେ ତିନୋଟି ପାର୍କରେ ବିଶେଷତଃ ଗ୍ରୀଷ୍ମ ଋତୁର ଗଛମାନଙ୍କରେ ଫଳ ଧରିବା ସମୟରେ ଏମାନଙ୍କୁ ସୁନ୍ଦର ଭାବରେ ଦେଖିହୁଏ। ସେହି ତିନୋଟି ପାର୍କ ପେନ୍‌ଚ୍ଚ, ସତପୁରା ଓ ବାନ୍ଧବ୍‌ଗଡ୍‌ରେ ଅବସ୍ଥିତ। ରାତ୍ରୀ କାଳୀନ ସୌନ୍ଦର୍ଯ୍ୟ ଉପଭୋଗ ପାଇଁ ବା ବିସ୍ତୃତ ଭାବରେ ପର୍ଯ୍ୟଟନ କରିବା ପାଇଁ ପ୍ରକୃତି ପ୍ରେମୀମାନଙ୍କ ପାଇଁ ସତ୍‌ପୁରାର ରାତ୍ରୀକାଳୀନ ସଫାରି ବେଶ୍ ଉପଭୋଗ୍ୟ।

ଏଠାରେ ସେହି ସହଜରେ ଧରା ପଡୁ ନଥିବା ଓ ନିଶାଚର ସୁନ୍ଦର ରଙ୍ଗୀନ ଜନ୍ତୁମାନଙ୍କ ସମ୍ପର୍କରେ ଅନ୍ଧକାରରୁ ସଂଗୃହୀତ ସମ୍ୟକ ବବରଣୀ ପ୍ରଦାନ କରାଯାଉଛି।

ସାଧାରଣ ପାମ୍ ଶାଳିଆ ପତନୀ

ସବୁ ଶାଳିଆ ପତନୀମାନଙ୍କ ମଧ୍ୟରେ ସାଧାରଣ ପାଲ୍‌ମ ଶାଳିଆପତନୀ ସାଧାରଣ ଭାବରେ ସମସ୍ତଙ୍କ ଠାରେ ପରିଚିତ। ପରିଣତ ବୟସରେ ଏହି ଗନ୍ଧ-ନକୁଳମାନେ ଓଜନରେ ୪ କିଲୋଗ୍ରାମରୁ ମଧ୍ୟ କମ୍। ବାନ୍ଧବ୍‌ଗଡ଼ର ଟ୍ରି ହାଉସ୍ ହିଡାଓ୍ୱେ ପାର୍କରେ ଏମାନେ ସହଜରେ ଦେଖା ଯାଇପାରନ୍ତି। ଏହି ଶାଳିଆ ପତନୀମାନେ ଉଭୟ ବୃକ୍ଷରେ ବାସ କରନ୍ତି (arboreal) ଓ ସ୍ଥଳଭାଗରେ ମଧ୍ୟ ବାସ କରନ୍ତି। ବିଳମ୍ବିତ ସଂଧ୍ୟାରେ ଓ ରାତିରେ ଏମାନେ ପରସ୍ପର ମଧ୍ୟରେ ଆମୋଦ ପ୍ରମୋଦ କରିବାରେ ଆନନ୍ଦ ପାଇ ଥାଆନ୍ତି।

ଗୁଳ୍ମମୟ ବଣ, ସଦାବେଳେ ସବୁଜ ରହୁଥିବା ଗ୍ରୀଷ୍ମମଣ୍ଡଳୀୟ ପତ୍ରଝଡା ଦେଉଥିବା ବଣ, ଘର ଛାତ ଉପର ଓ ପରିତ୍ୟକ୍ତ କୋଠା ଘରମାନ, ସେମାନଙ୍କର ଆବାସସ୍ଥଳୀ। ଏହି ଜାତୀୟ ଶାଳିଆ ପତନୀମାନେ ଆମ ଦେଶର ଶୁଷ୍କ ମରୁଡିଗ୍ରସ୍ତ ଅଞ୍ଚଳରେ (ଗୁଜୁରାଟ ଓ ରାଜସ୍ଥାନର କେତେକ ଅଞ୍ଚଳରେ) ଓ ଉଚ୍ଚ ହିମାଳୟର ପାର୍ବତ୍ୟ ଅଞ୍ଚଳରେ ରହନ୍ତି ନାହିଁ। ସେମାନଙ୍କର ଦେହର ରଙ୍ଗ କଳା-ବାଦାମୀ ବା ଲହୁଣୀଆ କଳା। ଦେହରେ, କପାଳ (fore head), କାନ ଓ ଆଖିତଳେ ଧଳା ପ୍ୟାଚ ଥାଏ। ତିନୋଟି ଲମ୍ବା ଗାର ଶରୀର ଉପରେ ଲାଞ୍ଜ ପର୍ଯ୍ୟନ୍ତ ବିସ୍ତାରିତ ହୋଇଥାଏ। ଏହି ଶାଳିଆ ପତନୀମାନେ ଉଭୟ ତୃଣଭୋଜୀ ଓ ମାଂସାଶୀ ପ୍ରାଣୀ। ଏମାନେ ବିଭିନ୍ନ ପ୍ରକାର ଫଳ, ମହୁ, କଫି, ରସୁଆଳ ଗଣ୍ଠି (nub) ଓ ପାଲ୍‌ମ ଫଳ ଖାଆନ୍ତି। ପାଲ୍‌ମ ଗୋଟିଏ କ୍ରାନ୍ତୀୟ (tripical) ଓ ଉପକ୍ରାନ୍ତୀୟ (sub-tropical) ମଣ୍ଡଳର ଗଛ। ଏହି ଗଛକୁ ଗୋଟିଏ ପବିତ୍ର ଗଛ ହିସାବରେ ନିଆଯାଏ ଏବଂ ଏହାର ପତ୍ରକୁ କୌଣସି ଉତ୍ସବ ପାଳନ ସମୟରେ ବ୍ୟବହାର କରାଯାଏ। ଏହି ଗଛର ଡାଳ ନଥାଏ, ଅଗ୍ରଭାଗରେ ବହୁତ ପତ୍ର ଏକାଠି ହୋଇଥାଏ। ସମ୍ଭବତଃ ଶାଳିଆ ପତନୀ ଏହି ଗଛର ପତ୍ର ବା ଫଳକୁ ମୁଖ୍ୟ ଖାଦ୍ୟରୂପେ

ବ୍ୟବହାର କରୁଥିବାରୁ ଏହି ଜନ୍ତୁଟିର ନାମ ପାଲ୍‌ମ ଶାଳିଆ ପତନୀ ରଖା ଯାଇଛି।

ସତ୍‌ପୁରାର କେନ୍ଦ୍ରୀୟ ଭାରତୀୟ ଜାତୀୟ ପାର୍କ, ପେଞ୍ଚ କାହ୍ନା, ତାଡୋବା, ପାନ୍ନା, ବାନ୍ଧବ୍‌ଗଡ୍ ଓ ଅନ୍ୟ କେତେକ ପାର୍କରେ ଏମାନଙ୍କୁ ଦେଖାଯାଇ ପାରିବ। ଏହି ଶାଳିଆ ପତନୀମାନେ ମହୀଶୂରର ଶ୍ରୀ ଚାମରାଜେନ୍ଦ୍ର ଜୁ-ଲୋଜିକାଲ ପାର୍କରେ ମଧ୍ୟ ଅଛନ୍ତି।

କ୍ଷୁଦ୍ର ଭାରତୀୟ ଶାଳିଆ ପତନୀ

ସାଧାରଣ ପାଲ୍‌ମ ଶାଳିଆ ପତନୀ ଠାରୁଏହି କ୍ଷୁଦ୍ର ଭାରତୀୟ ଶାଳିଆ ପତନୀ ସହଜରେ ବାରି ହୋଇ ପଡ଼ନ୍ତି। କାରଣ ଏମାନଙ୍କର ଦେହର ରଙ୍ଗ ଫିକା ହଳଦିଆ (pale yellow) ଓ ଆଉ କେତେକଙ୍କର ବାଦାମୀ ପାଉଁଶିଆ (brownish grey)। ଏମାନଙ୍କର ଲାଞ୍ଜରେ କଳା ଓ ଧଳା ରଙ୍ଗର ମୁଦିପରି ଗୋଟିଏ ପରେ ଗୋଟିଏ ରହି ଅସାଧାରଣ ଭାବ ସୃଷ୍ଟି କରିଥାଏ। ପିଠିକୁ ଛାଡି ଦେଲେ ଶରୀରର ଅନ୍ୟ ସବୁଆଡ଼େ କଳା ରଙ୍ଗର ଗୋଲେଇ (spot) ମାନ ଥାଏ। ଏହି କ୍ଷୁଦ୍ର ଭାରତୀୟ ଶାଳିଆ ପତନୀ ମାନଙ୍କର ଲମ୍ବା ଗାରଗୁଡିକ ସ୍ପଷ୍ଟ ଭାବରେ ଦେଖାଯାଏ ଏବଂ ୩ ରୁ ୫ ଗାର ମଧ୍ୟରେ ପାର୍ଥକ୍ୟ ଦର୍ଶାଇ ଥାଏ।

ଏମାନେ ମଧ୍ୟ ଉଚ୍ଚ ହିମାଳୟ ପର୍ବତ ଶ୍ରେଣୀରେ ରହନ୍ତି ନାହିଁ ବା ଦେଖା ଯାଆନ୍ତି ନାହିଁ। ମାତ୍ର ଦେଶର ଅନ୍ୟ ସବୁଆଡ ଦେଖା ଯାଆନ୍ତି। କ୍ଷୁଦ୍ର ଭାରତୀୟ ଶାଳିଆ ପତନୀମାନେ ବୁଦ ବୁଦୁକିଆ ଜଙ୍ଗଲ (scrub), ଚାରଣ ଭୂମି ଓ ମନୁଷ୍ୟ ବସତିର ନିକଟସ୍ଥ କୃଷି କ୍ଷେତ୍ରମାନଙ୍କରେ ବାସ କରିବାକୁ ପସନ୍ଦ କରନ୍ତି।

ବିଭିନ୍ନ ପ୍ରକାର ଫଳ, ମୂଳ, ଶାଗ, ବେଙ୍ଗ ଓ ଛୋଟ ଛୋଟ ଚଢ଼େଇ ଏହି ଜାତିର ଶାଳିଆ ପତନୀମାନଙ୍କର ଖାଦ୍ୟ। ପରିଣତ ବୟସରେ ଲାଞ୍ଜ ଅଗରୁ ମୁଣ୍ଡଯାଏ ଏମାନଙ୍କର ଲମ୍ବ ୭୦ ରୁ ୮୦ ସେଣ୍ଟିମିଟର, ଯାହାକି ପାଲ୍ମ ଶାଳିଆପତନୀ ଠାରୁ କମ୍। ପାଲ୍ମ ଶାଳିଆ ପତନୀ ମାନଙ୍କର ଲମ୍ବା ୮୦ ରୁ ୧୦୦ ସେଣ୍ଟିମିଟର।

କ୍ଷୁଦ୍ର ଭାରତୀୟ ଶାଳିଆ ପତନୀ ବାନ୍ଧବ୍‌ଗଡ, କାହ୍ନା, ସତ୍‌ପୁରୀ ପାନ୍ନା ଓ କେନ୍ଦ୍ରୀୟ ଭାରତରେ ଦେଖିବାକୁ ମିଳନ୍ତି। ଏମାନେ ମଧ୍ୟ ପଶ୍ଚିମଘାଟର ମାମ୍, ବାନ୍ଦିପୁର, ମାତ୍‌ମାଲାଇ, ଆନ୍ନାମଲ୍ଲାଇ, ବି.ଆର୍ ହିଲସ୍ ଓ ପାରାମ୍ବିକୁଲମ୍‌ରେ ଦେଖା ଯାଆନ୍ତି।

ବିଣ୍ଟୁ ରୋଙ୍ଗ ଶାଳିଆ ପତନୀ

ଭାରତରେ ବିଣ୍ଟୁରୋଙ୍ଗ ଶାଳିଆ ପତନୀ ଗୋଟିଏ ବୃହତ୍ତମ ଶାଳିଆପତନୀ ଜାତି। ଏମାନଙ୍କର ଓଜନ ୧୦ ରୁ ୧୫ କିଲୋଗ୍ରାମ ପର୍ଯ୍ୟନ୍ତ ହୋଇଥାଏ। ଏହି ଶାଳିଆ ପତନୀମାନେ ଭାରତର ଉତ୍ତର ପୂର୍ବାଞ୍ଚଳରେ ବାସ କରନ୍ତି। ଏମାନଙ୍କର ଦେହର ରଙ୍ଗ ତୀବ୍ର (furny) କଳାରଙ୍ଗ ବିଶିଷ୍ଟ ଲାଞ୍ଜ ମୋଟା ଏବଂ ସହଜରେ ଚିହ୍ନି ହେଉଥିବା କାନ ଦୁଇଟି ଉପରେ ଧଳା ଧାର ଥାଏ।

ଭାରତୀୟ ବୃହତ୍ ଶାଳିଆ ପତନୀ

ଏହି ଶାଳିଆ ପତନୀମାନେ ନାମ ଅନୁସାରେ ଦେଖିବାକୁ ବଡ଼। ଗୋଟିଏ ବଡ଼ କୁକୁର ଆକାରର ବୋଲି ଧରି ନିଆଯାଇ ପାରେ। ଏମାନଙ୍କର ଗୋଡ଼ ଗୁଡିକ ଛୋଟ ଛୋଟ। ଏମାନେ ସାଧାରଣତଃ ଭୂମିରେ ବାସ କରନ୍ତି ଏବଂ ନିକାଞ୍ଚନରେ ରହିବାକୁ ଭଲ ପାଆନ୍ତି। ଏହି ଶାଳିଆ ପତନୀ ମାନଙ୍କର ବେକଠାରୁ କାନ୍ଧ ପର୍ଯ୍ୟନ୍ତ ପ୍ରଭେଦ ସୂଚକ ଧଳା ପଟି (band) ଥାଇ ଗୋଟିଏ କଳା ରଙ୍ଗର ଲମ୍ବା ସରୁଚିହ୍ନ ଥାଏ। ଏମାନଙ୍କର ଓଜନ ୮ ରୁ ୧୦ କିଲୋଗ୍ରାମ ପର୍ଯ୍ୟନ୍ତ ହୋଇଥାଏ। ଭରତୀୟ ବୃହତ୍ ଶାଳିଆ ପତନୀମାନେ ଉତ୍ତର ପୂର୍ବ ଭାରତରେ କ୍ୱଚିତ୍ ଦେଖିବାକୁ ମିଳିଥାଆନ୍ତି।

ମାଲ୍‌ବାର ଶାଳିଆ ପତନୀ

ମାଲ୍‌ବାର ଶାଳିଆ ପତନୀମାନଙ୍କର ସଂପର୍କରେ ଖୁବ୍ କମ ଜଣାଯାଏ। ଏମାନେ ପଶ୍ଚିମଘାଟର ଆଞ୍ଚଳିକ ବା ସ୍ଥାନୀୟ ଲୋକମାନଙ୍କର ମଧ୍ୟରେ ପରିଦୃଷ୍ଟ। ଏହି ଜାତିର ଶାଳିଆ ପତନୀମାନେ ଆଇ.ୟୁ.ସି.ଏନ୍ ନାଲି ତାଲିକାରେ ବିଲୁପ୍ତ ପ୍ରାୟ ଜାତିର ବୋଲି ତାଲିକାଭୁକ୍ତ। କ୍ଷୁଦ୍ର ଭାରତୀୟ ଶାଳିଆ ପତନୀମାନଙ୍କ ସହିତ ଏମାନଙ୍କର କିଛିଟା ସାମଞ୍ଜସ୍ୟ ରହିଛି, ମାତ୍ର ଆକାରରେ ତା'ଠାରୁ ବଡ଼। ପରିଣତ ବୟସରେ ଏହି ଜନ୍ତୁମାନେ ୮ କିଲୋଗ୍ରାମ ପର୍ଯ୍ୟନ୍ତ ଓଜନ ହୋଇ ଥାଆନ୍ତି ଏବଂ ଲମ୍ବାରେ ମୁଣ୍ଡ ଠାରୁ ଲାଞ୍ଜ ଶେଷ ପର୍ଯ୍ୟନ୍ତ ୮୦ ରୁ ୯୦ ସେଣ୍ଟିମିଟର ଲମ୍ବ ହୋଇ ଥାଆନ୍ତି।

ଛୋଟ ଦାନ୍ତଥିବା ପାଲ୍‌ମ ସିଭେଟ୍

ଉତ୍ତର ପୂର୍ବ ଭାରତରେ ଆଉ ଗୋଟିଏ ଜାତିର ଶାଳିଆ ପତନୀ ବାସକରେ। ସେ ହେଉଛି, ଛୋଟ ଦାନ୍ତଥିବା ପାମ୍ ଶାଳିଆ ପତନୀ। ଏହାକୁ ମଧ୍ୟ ତିନି ଷ୍ଟ୍ରାଇପ୍ ବା ଲମ୍ବା ସରୁ ଚିହ୍ନଥିବା ପାମ୍ ଶାଳିଆ ପତନୀ କୁହାଯାଏ। କାରଣ ଏହାର ପିଠି ଉପରେ ପିଚା (rump) ପର୍ଯ୍ୟନ୍ତ ତିନୋଟି କଳା ଲମ୍ବା ସରୁ ଗାର ଥାଏ। ଏହାର ଆବରଣ ବା ଦେହର ରଙ୍ଗ କମଳା ଓ ବାଦାମୀ ରଙ୍ଗ ମିଶା ବା ପିଙ୍ଗଳବର୍ଣ୍ଣ (tawny) କିମ୍ବା ହଳଦିଆ ମାଟିଆ ରଙ୍ଗ ସହିତ ବାଦାମୀ ରଙ୍ଗ (buffer - brown)। ମୁଣ୍ଡଟି ପାଉଁଶିଆ ରଙ୍ଗର। ଦୁଇ ପାଖରେ ଆଖି ଓ ନାକ ମଧ୍ୟରେ ଲମ୍ବ ଭାବରେ ଗୋଟିଏ ଅଦ୍ୱିତୀୟ ଧଳା ଗାର ଥାଏ।

ମୁଖାଥିବା ପାମ୍ ଶାଳିଆ ପତନୀ

ଏହି ଜାତୀୟ ଶାଳିଆ ପତନୀ ଅନ୍ୟ ପାଲ୍‌ମ ଶାଳିଆ ପତନୀମାନଙ୍କ ପରି ଦେଖାଯାଏ। ଏହି ଶାଳିଆ ପତନୀ ମଧ୍ୟ ହଳଦିଆ ଗଳାଥିବା ଘରଚଟିଆ ଜାତୀୟ ପକ୍ଷୀ (martin) ପରି ଦେଖାଯାଏ। କିନ୍ତୁ ଏହି ଶାଳିଆ ପତନୀମାନଙ୍କର ଶରୀରରେ କୌଣସି ଲମ୍ବା ସରୁଚିହ୍ନ (stripes) କିମ୍ବା କୌଣସି ଗୋଲାକାର (spot) ଚିହ୍ନ ନଥାଏ। ଏମାନଙ୍କର ବର୍ଣ୍ଣ ବାଦାମୀ କିମ୍ବା କଳା। କିନ୍ତୁ ପେଟଟି ପାଉଁଶିଆ ରଙ୍ଗର। ମୁହଁରେ ଧଳା ଛଉ ଛଉକା ଦାଗଭରା ଚିହ୍ନ ଥାଏ। ବୋଧହୁଏ ସେଥିପାଇଁ ଏହି ଶାଳିଆ ପତନୀମାନଙ୍କୁ ମୁଖା ପିନ୍ଧା ବା ମୁଖାବରଣ ଥିବା ଶାଳିଆ ପତନୀ କୁହାଯାଏ। ଏମାନେ ବିସ୍ତାରିତ ଭାବେ ହିମାଳୟ ଓ ହିମାଳୟରୁ ଉତ୍ତର ପୂର୍ବ ଭାରତ ପର୍ଯ୍ୟନ୍ତ ଅଛନ୍ତି। ଏହି ଜାତିର ଶାଳିଆ ପତନୀମାନେ ଆଣ୍ଡାମାନର ସର୍ବଦା ସବୁଜ ଓ ପାହାଡିଆ ବଣମାନଙ୍କରେ ଦେଖା ଯାଆନ୍ତି।

ବାଦାମୀ ପାମ୍ ଶାଳିଆ ପତନୀ

ବାଦାମୀ ପାଲ୍‌ମ ଶାଳିଆ ପତନୀମାନେ ପଶ୍ଚିମଘାଟର ବନ୍ୟାବହୁଳ ବଣ୍ୟାଞ୍ଚଳରେ ବାସ କରନ୍ତି। ତେଣୁ ପଶ୍ଚିମ ଘାଟର ଏହି ସ୍ଥାନୀୟ ଅଞ୍ଚଳରେ ଦେଖା ଯାଆନ୍ତି। ବାଦାମୀ ପାମ୍ ଶାଳିଆ ପତନୀମାନଙ୍କର ରଙ୍ଗ ଚକୋଲେଟ୍ ଭଳି ବାଦାମୀ। ମାତ୍ର ଏମାନଙ୍କର ମୁଣ୍ଡ, ଲାଞ୍ଜ ଓ ଗୋଡ଼ସବୁ କାଳିଆ ରଙ୍ଗର। ଏହି ଶାଳିଆ ପତନୀମାନେ ବୃକ୍ଷଜୀବୀ ଏବଂ କେତେକ ଗଛର ଫଳ ଓ ମଞ୍ଜି ଖାଇ ବଢ଼ନ୍ତି। ଏଣୁ ଏମାନେ ଫ୍ରୁଗିଭୋରସ୍। ଏହି ଜାତିର ଜନ୍ତୁମାନଙ୍କୁ କାଲାକ୍‌କାଡ, ମୁଦାନ୍ଥୁରାଇ ଜାତୀୟ ପାର୍କ ଓ ଗୋଆର କାସ୍ଲରକ୍ (castle rock) ରେ ଦେଖାଯାଇ ପାରିବ।

ଶାଳିଆ ପତନୀମାନେ ଆଫ୍ରିକା, ଦକ୍ଷିଣ ୟୁରୋପ ଓ ଏସିଆ ମହାଦେଶରେ

ଦେଖାଯାଆନ୍ତି। ଆଫ୍ରିକାର ଶାଳିଆ ପତନୀ ସବୁଠାରୁ ଉତ୍ତମ ଭାବରେ ଜଣାଶୁଣା ଶାଳିଆ ପତନୀ। ଏହାକୁ ବିଜ୍ଞାନ ଭାଷାରେ ସିଭେଟିକ୍ଟସ୍ ସିଭେଟ୍ଟା (civetticts civetta) କୁହାଯାଏ।ଏହି ଜନ୍ତୁଟିକୁ ରାତିରେ ଦେଖିଲେ ସହରାଞ୍ଚଳ ଲୋକମାନେ ଭୟ କରିଯାନ୍ତି। ମାତ୍ର ପ୍ରକୃତରେ ସେମାନେ ଲଜ୍ୟାଶୀଳ ପ୍ରାଣୀ ଏବଂ ସେମାନେ ଖୁବ୍ କମ୍‌ଲୋକଙ୍କୁ ଆକ୍ରମଣ କରନ୍ତି। ଯଦି କେହି ସେମାନଙ୍କୁ ଭୟଭୀତ କରାଏ, ତା'ହେଲେ ଆକ୍ରମଣରୁ ରକ୍ଷା ପାଇବା ପାଇଁ ସେମାନେ ପ୍ରତିଆକ୍ରମଣ କରିଥାଅନ୍ତି। ଏପରି ଘଟଣା କ୍ୱଚିତ୍ ଘଟିଥାଏ। ସେମାନେ ମଣିଷ ମାନଙ୍କର କ୍ଷତି କରନ୍ତି ବୋଲି ଭୁଲ ଧାରଣାରେ ବେଳେବେଳେ ସେମାନଙ୍କୁ ମାରି ଦିଆଯାଏ। ଏପରି ଭୟ ରହିବା ଉଚିତ୍ ନୁହେଁ। ଗବେଷଣାରୁ ଜଣାପଡ଼ିଛି ଯେ ଏମାନେ ପୋଷା ଭାବରେ ରହିବା ପାଇଁ ସିକା ହରିଣ ପରି ବିଶେଷ ଉପଯୁକ୍ତ। ଏମାନେ କେବେ କେଉଁ ମଣିଷଙ୍କୁ ବା ପିଲାଙ୍କୁ କାମୁଡିବାର ଦେଖାଯାଇ ନାହିଁ। ଆଫ୍ରିକାର ଶାଳିଆ ପତନୀକୁ ଯଦି ଭୟଭିତ କରାଯାଏ, ସେ ତାର ପିଠିକୁ (dorsal crest) ଫୁଲାଇ ବଡ଼ ହେଲାପରି ଦେଖାଏ ଏବଂ ଶତ୍ରୁକୁ ଭୟଭିତ କରିବାକୁ ଚେଷ୍ଟା କରେ।

ଅତର (Scent)

ଶାଳିଆ ପତନୀ ବିଷୟରେ ଆଲୋଚନା କରିବାର ମୁଖ୍ୟ ଉଦ୍ଦେଶ୍ୟ ହେଉଛି, ଏହା ଗୋଟିଏ ଅତି ଦରକାରୀ ପ୍ରାଣୀ। ତା'ଠାରୁ ଆମକୁ ଯାହା ଆବଶ୍ୟକ ପଦାର୍ଥ ମିଳେ ତାକୁଇଂରାଜୀରେ ସିଭେଟ୍ (civet) କୁହାଯାଏ। ସିଭେଟ୍ ଅର୍ଥ ଶାଳିଆ ପତନୀ ନୁହେଁ। ଜଙ୍ଘ ସନ୍ଧି ଭିତରେ ମଳଦ୍ୱାରର ଉଭୟ ପାର୍ଶ୍ୱରେ ମୂତ୍ର ଓ ଜନନେନ୍ଦ୍ରିୟ ଛିଦ୍ର (opening) ର ଠିକ୍ ଉପରେ ଦୁଇଟି ସେଣ୍ଟ (scent) ଗ୍ଲାଣ୍ଡ ବା ଗ୍ରନ୍ଥୀ ଥାଏ। ଏହି ଦୁଇଟି ଗ୍ରନ୍ଥୀରୁ ଗୋଟିଏ ପ୍ରକାର ଗନ୍ଧ ବିଶିଷ୍ଟ ଚର୍ବୀଯୁକ୍ତ ବହଳିଆ ହଳଦିଆ ରଙ୍ଗର ତରଳ ପଦାର୍ଥ ନିଃସୃତ ହୁଏ। ଏହା ନିସୃତ ହେବା ସମୟରେ ଅତର ପରି ବାସେ ନାହିଁ। ଏହା ଉତ୍କଟ ମୂତ୍ର ଗନ୍ଧଯୁକ୍ତ କସ୍ତୁରୀ ବାସନା ମିଶ୍ରିତ ଏବଂ ଏହି ଉତ୍କଟ ଗନ୍ଧ ବାୟୁମଣ୍ଡଳରେ କିଛି ଦିନ ରହେ। ଏହା ପ୍ରାକୃତିକ ସୁରଭିତ ଅତରରେ ପରିଣତ ହୁଏ।

ଅନେକ ବର୍ଷ ଧରି ଶାଳିଆ ପତନୀମାନଙ୍କୁ ଧରିଆଣି ପଞ୍ଜୁରୀରେ ପୋଷା ଭାବରେ ରଖା ଯାଉଥିଲା ଏବଂ ପ୍ରତ୍ୟକ୍ଷ ଭାବରେ ସେହି ପ୍ରାଣୀଠାରୁ ସିଭେଟ୍ ସଂଗ୍ରହ କରାଯାଉଥିଲା। ବ୍ୟବହାର କରାଯାଉଥିବା ଅତରରେ ଏହି ସିଭେଟ୍ ଥାଏ। ବିଶେଷ ଭାବରେ ଇଥିଓପିଆରେ ପ୍ରଥମେ ଏହି ପ୍ରଥା ପ୍ରଚଳିତ ଥିଲା। କାରଣ ସେଠାରେ ଏହି ଜନ୍ତୁମାନେ ଅନୁକୂଳ ଜଳବାୟୁରେ ବାସ କରୁଥିଲେ ଏବଂ ସିଭେଟ୍ ସଂଗ୍ରହ କରାଯାଇ ଅତର ପ୍ରସ୍ତୁତ କରାଯାଉଥିଲା।

ଖାଣ୍ଟି ସିଭେଟ୍ ଗୋଟିଏ ଅଶୋଧିତ ବା ଅବିଶୁଦ୍ଧ ଲହୁଣିଆ ହଳଦିଆ ରଙ୍ଗର ବହଳିଆ ମଣ୍ଡ (paste)। ଏହା ପ୍ରାଣୀର ବୟସ ବଢ଼ିବା ସହିତ ବେଶି ବେଶି କଳା ଦେଖାଯାଏ। ସଂପୂର୍ଣ୍ଣ ଶକ୍ତି ଥିବା ବା ଶତ ପ୍ରତିଶତ ସିଭେଟ୍ ହୋଇଥିଲେ, ଏଥିରୁ ଅର୍କ ବା ଆଲ୍‌କୋହଲ୍‌ର ଗନ୍ଧ, ମୂତ୍ର ବା ୟୁରିଆ ଗନ୍ଧ ଏପରି ହୁଏ ଯେ ଶୁଙ୍ଘିଲେ ବାନ୍ତି ଉଠେଇବା ପରି ଲାଗିବ। କିନ୍ତୁ ଏହାକୁ ଯେତେବେଳେ ଅତର ତିଆରିକାରୀମାନେ ବ୍ୟବହାର କରି ପତଳା କରି ଦିଅନ୍ତି ଓ କେତେକ ପଦାର୍ଥ ଯୋଗ କରି ଦିଅନ୍ତି, ସେତେବେଳେ ଏହି ଗନ୍ଧ ରହେ ନାହିଁ ଏବଂ ଫୁଲର ବାସନା, ଭେଲ୍‌ଭେଟ୍ ପରି ନରମ, ଉଜ୍ଜ୍ୱଳ ବା ଉଦ୍ଦୀପ୍ତ, କାମୋଦ୍ଦୀପକ (seductive) ସମ୍ମୋହନ ଜନକ, ଉଦ୍ଭାସିତ ଓ ବାସନା ଫୁଲର ମହକ ଏହି ଅତରରୁ ପ୍ରସାରିତ ହୁଏ। କେତେକ କହନ୍ତି, ଏହା ବାସନା ଚାଉଳ ଯଥା ବାସୁମତୀ ବା ଯୁବରାଜ ଚାଉଳର ବାସନା ପ୍ରସାରିତ କରେ। ଏପରି ଅତର ତିଆରିରେ ସିଭେଟ୍‌ର ପ୍ରଭାବ ବହୁତ ବେଶି। ଏହି ସିଭେଟରୁ ପ୍ରସ୍ତୁତ ଅତର ଚର୍ମର ମୋଟା ଦାଗକୁ ନରମ କରି ଦିଏ ଏବଂ କେତେକ ଚର୍ମରୋଗରୁ ମୁକ୍ତି ଦିଏ, ଉଷ୍ମତା ଆଣି ଦିଏ ଓ ବିକ୍ଷେପଣ କରେ। ଶାଳିଆ ପତନୀକୁ ସିଭେଟ୍ କୁହାଯାଏ। ମାତ୍ର ସିଭେଟ୍‌ର ଅର୍ଥ ଶାଳିଆ ପତନୀଠାରୁ ମିଳୁଥିବା ପ୍ରଭେଦ ସୂଚକ ମସ୍‌କୀ ସେଣ୍ଟ (musky scent)।

ସିଭେଟ୍‌ର ଅନ୍ୟ କେତୋଟି ବ୍ୟବହାର ମଧ୍ୟ ଅଛି। ଏମାନଙ୍କର ପ୍ରଜନନ ସମୟରେ ଏହାର ବାସନା ଦ୍ୱାରା ପୁରୁଷ ଓ ସ୍ତ୍ରୀ- ଶାଳିଆ ପତନୀ ପରସ୍ପର ପ୍ରତି ଆକର୍ଷିତ ହୁଅନ୍ତି ଏବଂ ପ୍ରଜନନ ସଂଗଠିତ ହୁଏ। ଶତ୍ରୁକୁ ପ୍ରତି ଆକ୍ରମଣ କରିବା ସମୟରେ ଶାଳିଆ ପତନୀ ଶତ୍ରୁ ଆଖିରେ ସିଭେଟ୍ ପକାଇ ନିଜେ ଖସିଯିବାକୁ ଚେଷ୍ଟା କରେ। ଅନ୍ୟ କାର୍ଯ୍ୟଟି ସେ ଆମର ଉପକାର ପାଇଁ କରିଥାଏ। ଆମେ ଜାଣିଲୁ, ମୂଷା, ଝିଟିପିଟି ଆଦି ଶାଳିଆ ପତନୀର ଖାଦ୍ୟ। ମୂଷାମାନେ ମନୁଷ୍ୟମାନଙ୍କର କିପରି କ୍ଷତି କରନ୍ତି, ତାହା ଆମ ସମସ୍ତଙ୍କୁ ଜଣା। ତେଣୁ ଶାଳିଆ ପତନୀମାନେ ଖାଦ୍ୟ ଶସ୍ୟ ନଷ୍ଟକାରୀ ମୂଷାମାନଙ୍କ କବଳରୁ ଆମକୁ ରକ୍ଷା କରନ୍ତି।

ପ୍ରଜନନ (Breeding)

କେରଳ ପ୍ରଦେଶର ଟ୍ରାଇକୁର୍ (trichur) ଜିଲ୍ଲାରେ କ୍ଷୁଦ୍ର ଭାରତୀୟ ଶାଳିଆ ପତନୀର ପ୍ରଜନନର ପର୍ଯ୍ୟବେକ୍ଷଣ କରାଯାଇଥିଲା। ଦୁଇ ହଳ ପୁରୁଷ ଓ ସ୍ତ୍ରୀ ଶାଳିଆ ପତନୀ ଦୁଇଟି ସ୍ଥାନରେ ଆବଦ୍ଧ ହୋଇ ରହୁଥିଲେ। ଗୋଟିଏ କଲୋନିରେ ସ୍ୱାଭାବିକ କାଠ ଜନ୍ତାରେ ଅଲଗା ଅଲଗା ହୋଇ ଦୁହେଁ ରହୁଥିଲେ। ପ୍ରଜନନ ସମୟରେ ସେ ଦୁହିଁଙ୍କୁ ଏକାଠି ରଖାଯାଇଥିଲା। ଅନ୍ୟ କଲୋନିରେ ଟାଇଲ୍ ଓ ସିମେଣ୍ଟରେ ପ୍ରସ୍ତୁତ

ଗୋଟିଏ ରୁମ୍‌ରେ ପୁରୁଷ ଓ ସ୍ତ୍ରୀ ଶାଳିଆ ପତନୀଙ୍କୁ ରଖି ଦିଆଗଲା । ଉଭୟ ହଳ ଶାଳିଆ ପତନୀକୁ ଏକା ପ୍ରକାର ଖାଦ୍ୟ ଯଥା ଦୁଧରେ ରନ୍ଧା ହୋଇଥିବା ଭାତ ଓ ପାଚିଲା କଦଳୀ ନିୟମିତ ଭାବରେ ଦିଆଯାଇଥିଲା । ସମୟ ସମୟରେ ବେଙ୍ଗ, ଝିଟିପିଟି, ମୂଷା, କୁକୁଡା ମାଂସ, ଗୋ-ମାଂସ, ଅମୃତ ଭଣ୍ଡା ଓ ସପୁରୀ ମଧ୍ୟ ଏ ସମସ୍ତଙ୍କୁ ଖାଇବାକୁ ଦିଆଯାଉ ଥିଲା ।

ପ୍ରଜନନ ଋତୁରେ ସିଭେଟ୍ ସେଣ୍ଟ ଉଭୟଙ୍କର ବଢ଼ିବାକୁ ଲାଗିଲା । ପୁରୁଷ ଦୁହିଁଙ୍କର ପ୍ରତି ଦୁଇ ଘଣ୍ଟାରେ ସେଣ୍ଟ ମାର୍କିଂର ଥର ବା ପୁନରାବୃତ୍ତି (frequency) ୮.୨ ରୁ ୧୯.୫ ଯାଏ ବଢ଼ିଯିବାର ଦେଖାଗଲା । ସେହିପରି ସ୍ତ୍ରୀ ଶାଳିଆ ପତନୀ ଦୁହିଁଙ୍କର ୬.୩ ରୁ ୧୧.୫ ପର୍ଯ୍ୟନ୍ତ ବଢ଼ିଗଲା । ମାତ୍ର ସଙ୍ଗମ ପରେ ଏହି ହାର ଉଭୟ ପୁରୁଷ ଓ ସ୍ତ୍ରୀ କ୍ଷେତ୍ରରେ ବହୁ ଭାବରେ ହ୍ରାସ ପାଇଲା । ସଫଳତାର ସହିତ ଉଭୟ କ୍ଷେତ୍ରରେ ୪ ଥର ଧରି ସଫଳ ସଙ୍ଗମ କରାଯାଇଥିଲା ଏବଂ ହାରାହାରି ଗର୍ଭଧାରଣ ସମୟ ୬୭ ଦିନଥିଲା । ଥରକର ପ୍ରସବ ସମୟରେ ୨ ରୁ ୫ଟି ପର୍ଯ୍ୟନ୍ତ ଛୁଆ (kittens) ଜନ୍ମ ହୋଇଥିଲେ । ଜନ୍ମ ସମୟରେ ଛୁଆମାନଙ୍କ ଓଜନ ୯୦ ରୁ ୧୧୦ ଗ୍ରାମ ହୋଇଥିବାର ଓଜନରୁ ଜଣା ପଡିଲା । ଜନ୍ମ ହେବାର ୪ ସପ୍ତାହ ପରେ ସେମାନେ ମାଆ ଖାଦ୍ୟରୁ ଫଳ ଓ ବିଟ୍ ଭଳି କଠିନ ଖାଦ୍ୟ ଖାଇବାକୁ ଆରମ୍ଭ କଲେ । ମାଆମାନେ ଛୁଆ ଜନ୍ମ କରିବାର ୨ ମାସ ପରେ ପୁଣି ଥରେ ଗ୍ରନ୍ଥୀଦ୍ୱୟରୁ ସେଣ୍ଟ (civet oil) ନିର୍ଗତ ହେବା ଆରମ୍ଭ ହୁଏ । ଛୁଆମାନଙ୍କର ଗ୍ରନ୍ଥୀରୁ ୮ ସପ୍ତାହ ପରେ ଗ୍ରନ୍ଥୀୟ ନିଃସରଣ ଆରମ୍ଭ ହେଲେ ମଧ୍ୟ ୮ ମାସ ପରେ ସେମାନେ ପ୍ରଜନନକ୍ଷମ ହୁଅନ୍ତି କିମ୍ବା ସେମାନଙ୍କୁ ପ୍ରଜନନ ପାଇଁ ବ୍ୟବହାର କରାଯାଏ । ବଣୁଆଁ ଶାଳିଆ ପତନୀମାନଙ୍କ କ୍ଷେତ୍ରରେ ଏହା ପ୍ରର୍ଯୁଜ୍ୟ ହୋଇ ପାରିବ କି ନାହିଁ, କହିହେବ ନାହିଁ ।

ଓଧ

(Otter)

ଓଧ ଗୋଟିଏ ମୋଟା, ମାଟିଆ, ସୂକ୍ଷ୍ମ ଲୋମ ବିଶିଷ୍ଟ, ଲିପ୍ତପଦ ଲମ୍ବା ସରୁ ଶରୀରର ମାଛ ଖାଇବା ଜଳଚର ଜୀବ। ଏହାର ଆମପରି ପାଦ ନଥାଏ, ଅର୍ଥାତ୍ ଲିପ୍ତପଦ ପ୍ରାଣୀ। ମାତ୍ର ହଂସ ଓ ବତକମାନଙ୍କ ପରି ପାଣିରେ ପହଁରିବା ପାଇଁ ଏହାର ପାଦ। ସନ୍ତରଣକାରୀ ପଶୁ ବା ପକ୍ଷୀର ପଦାଙ୍ଗୁଳି ମଧ୍ୟରେ ଝିଲ୍ଲୀ ବା ସୂକ୍ଷ୍ମ ଚର୍ମ ଥାଏ। ଏହା ପାଣିରେ ଆହୁଲା ମାରି ପହଁରିବାରେ ସାହାଯ୍ୟ କରେ। ଓଧର ପାଦ ଆଙ୍ଗୁଠି ଗୁଡିକ ପତଳା ଚମଡ଼ା ଦ୍ୱାରା ସଂଯୁକ୍ତ।

ପ୍ରତିଭାସମ୍ପନ୍ନ (charismatic) ଓଧମାନେ ଆକାରରେ ଏହି ପରିବାରର ସବୁଠାରୁ ବଡ଼ ଓଧ। ଏମାନଙ୍କୁ ଜଳଚର ବା ଅର୍ଦ୍ଧଜଳଚର ବୋଲି ଧରି ନିଆଯାଏ। ସେମାନଙ୍କର ଚିକ୍କଣ ଶରୀରର ଲମ୍ବା ୨ ଫୁଟରୁ ୫ ଫୁଟ ୯ ଇଞ୍ଚ ପର୍ଯ୍ୟନ୍ତ ପରିପକ୍ୱ ବୟସରେ। ପୃଥିବୀସାରା ପରିବ୍ୟାପ୍ତ ୧୩ଟି ଜାତିର ଓଧ ନଦୀ, ନଦୀକୂଳ, ଜଙ୍ଗଲର ପଥରର ଧାରେ ଧାରେ ଗତି କରୁଥିବା ଜଳସ୍ରୋତ ଓ ସେମାନଙ୍କର ତଟମାନଙ୍କରେ ଏବଂ ସବୁଦାୟ ୫ଟି ମହାଦେଶର ସମୁଦ୍ର ଓ ଜଳାଶ୍ରୟରେ ଭାସି ବୁଲୁଥିବା ପ୍ରାଣୀମାନେ। କେବଳ ଅଷ୍ଟ୍ରେଲିଆ ଓ ଆଣ୍ଟାର୍କଟିକା ମହାଦେଶ ଦ୍ୱୟରେ କୌଣସି ଜାତିର ଓଧ ପରିଦୃଷ୍ଟ ହୁଅନ୍ତି ନାହିଁ। ଏ ସମସ୍ତ ଜାତିର ଓଧ ଜାତିଗୁଡିକରୁ ବା ପରିବାରରୁ କେତେ ଗୁଡିଏ ଜେ.ୟୁ.ସି.ଏନ୍.ର ନାଲି ତାଲିକାରେ ବିଲୋପୋନ୍ମୁଖ ପଶୁ ଜାତି ଭାବରେ ଲିପିବଦ୍ଧ କରାଯାଇଛି ଏବଂ ସେମାନଙ୍କର ସଂରକ୍ଷଣ ପାଇଁ

ଚେଷ୍ଟା କରାଯାଉଛି । ଏହି ଆକର୍ଷଣୀୟ ସ୍ତନ୍ୟପାୟୀ ଜୀବମାନେ ପହଁରି ପାରନ୍ତି ଏବଂ ପାଣିରେ ଜଳଚର ଜୀବ-ମାନଙ୍କୁ ଶିକାର କରିପାରନ୍ତି । ସେମାନଙ୍କର ଦର୍ଶନୀୟ କାନ, ପହଁରିବା ପାଇଁ ଭାସମାନ ପେଟ ଓ ପାଦ ଦ୍ୱୟ ସେମାନଙ୍କୁ ପାଣିରେ ଦକ୍ଷ ଶିକାରୀ ଭାବରେ ପରିଚିତ କରାଇ ପାରିଛି । ସେମାନେ ସମସ୍ତେ ସାମୁଦ୍ରିକ ଓଧ ନୁହଁନ୍ତି ଏବଂ ସାମୁଦ୍ରିକ ଓଧମାନଙ୍କ ସହିତ ସାମାଜର ବିଶେଷ ସଂପର୍କ ନଥାଏ । ସାମୁଦ୍ରିକ ଓଧମାନଙ୍କୁ ଛାଡି ଦେଲେ ଅନ୍ୟମାନଙ୍କୁ ନଦୀ ଓଧ (river otter) କୁହାଯାଏ । ଏହି ନଦୀ ଆବାସିକ ଓଧମାନେ ପ୍ରାଥମିକ ଭାବରେ ସଦ୍ୟ ବା ବିଶୁଦ୍ଧ ଜଳରେ ଚଳ ପ୍ରଚଳ ହୁଅନ୍ତି ଏବଂ ନିଜର ଖାଦ୍ୟ ସଂଗ୍ରହ କରନ୍ତି ।

ଉତ୍ତର ପ୍ରଶାନ୍ତ ମହାସାଗରରେ ସାମୁଦ୍ରିକ ଓଧମାନେ ବାସ କରନ୍ତି । ଏମାନଙ୍କୁ ସମୁଦ୍ର ଓଧ ବା ମେରାଇନ୍ ଓଧ କୁହାଯାଏ । ଏହି ଓଧମାନଙ୍କର ଛୋଟ ଗୋଲେଇ ମୁହଁ ସଂପୂର୍ଣ୍ଣ ଭାବରେ ଆଦରଣୀୟ । ସମୁଦ୍ର ଓଧ ବ୍ୟତୀତ କ୍ଷୁଦ୍ର ସାମୁଦ୍ରିକ ଓଧ (small marine otter) ମାନେ ମଧ୍ୟ ପ୍ରଶାନ୍ତ ମହାସାଗରେ ଦେଖାଯାଆନ୍ତି । ସମୁଦ୍ର ଓଧ ଓ ନଦୀ ଓଧମାନଙ୍କ ମଧ୍ୟରେ ଗଠନଗତ ପାର୍ଥକ୍ୟ ଅଛି ବୋଲି କୁହାଯାଏ । ସବୁ ନାମକରଣ ଗଠନଗତ ପାର୍ଥକ୍ୟକୁ ବୁଝାଏ ନାହିଁ । ଏନ୍‌ହାଇଡ୍ରା (enhydra) ଅର୍ଥ ଲୁଣି ପାଣିରେ ବାସ କରୁଥିବା । ସେହିପରି ଆଓନିକ୍ସ (aonyx) ଅର୍ଥ ନଖ ନଥିବା । ମାତ୍ର କେପ୍ କ୍ଲଲେସ୍ ଓଧ (aonyx capensis) ପ୍ରତ୍ୟେକ ପଛ ପାଦରେ ତିନୋଟି ଲେଖା ପଂଝା ଥାଏ । ତେଣୁ ଏପରି ଲାଟିନ୍ ନାମକୁ ନେଇ ଗଠନଗତ ପାର୍ଥକ୍ୟକୁ

ଜାଣି ହେବ ନାହିଁ। ସମୁଦ୍ର ଓଧମାନେ କେତେକ ସାମୁଦ୍ରିକ ଜୀବଙ୍କୁ ଖାଦ୍ୟରୂପେ ବ୍ୟବହାର କରନ୍ତି। ସେଗୁଡିକ ହେଲା, ଖାଦ୍ୟ ରୂପେ ବ୍ୟବହୃତ ଶାମୁକା ଜାତୀୟ ଜୀବ ମୁସ୍‌ସେଲ୍‌ସ (mussels) ଖାଇବା ଯୋଗ୍ୟ ଯୋଡି ଖୋଳ ବିଶିଷ୍ଟ ଜଳଚର ଜୀବ କ୍ଲାମ୍‌ସ (clams), କଣ୍ଟକମୟ ଆବରଣ ଥିବା ଏକ କ୍ଷୁଦ୍ର ସାମୁଦ୍ରିକ ଜୀବ ୟୁର୍‌ଚିନ୍ସ (urchins) ସମୁଦ୍ର କଙ୍କଡା (crabs) ଗେଣ୍ଡା ଓ ଆବାଲୋନ୍ (abalone)। ଆବାଲୋନ୍ ଗୋଟିଏ ପ୍ରକାର ସେଲ୍ଲଫିସ୍ (selfish) ଯାହା ଖାଇବା ଯୋଗ୍ୟ। ପ୍ରଶାନ୍ତ ମହାସାଗର ଉପକୂଳରେ ବିଭିନ୍ନ ରଙ୍ଗର ଏହି ମାଛ ମିଳନ୍ତି। ଏମାନଙ୍କ ଠାରୁ ମଧ୍ୟ ମୁକ୍ତା ସଂଗ୍ରହ କରାଯାଏ।

ବସତି ଓ ବାସସ୍ଥାନର ପରିବର୍ତ୍ତନଗତ ପାର୍ଥକ୍ୟର ପ୍ରଭାବ ସେମାନଙ୍କର ଖାଦ୍ୟ ପେୟରେ ପରିଲକ୍ଷିତ ହୁଏ। ବିଶୁଦ୍ଧ ଜଳୀୟ ଓଧମାନଙ୍କ ମଧ୍ୟରେ କ୍ଷୁଦ୍ର ପଞ୍ଜାଥିବା ଓଧ (small clawed otter) ବୃହଦାକାର ଓଧ (giant otter), ୟୁରାସିଆନ୍ ଓଧ (euracian otter), ମସୃଣ ଚର୍ମଥିବା ଓଧ (smooth coated otter), ନାକରେ ବାଳଥିବା ଓଧ (hairy nosed otter), ବିରାଡି ସଦୃଶ ଓଧ (cat otter), ଆମେରିକାର ଉଷ୍ଣ ମଣ୍ଡଳୀୟ ଓଧ (neotropical otter), ଦକ୍ଷିଣୀୟ ନଦୀ ଓଧ (southern river otter), ଉତ୍ତର ଆମେରିକାର ଓଧ (north america otter), ବେକରେ ଗୋଲେଇ ସ୍ପଟ୍ ଥିବା ଓଧ (spotled necked otter) ଜାତିଗୁଡିକ ଅନ୍ତର୍ଗତ। ଏକ ବା ଏକାଧିକ ଜାତିର ଓଧ ବିଲୁପ୍ତ ହୋଇ ଯାଇଥିବା ପ୍ରାଣୀ ବିଜ୍ଞାନୀମାନେ ମତ ଦିଅନ୍ତି। ଓଧ ମାନେ କେବେ କେବେ ଛୋଟ ଛୋଟ ଚଢ଼େଇ, ଠେକୁଆ ଓ ମୂଷାଜାତୀୟ ଜୀବମାନଙ୍କୁ ଖାଇବା ଉଦ୍ଦେଶ୍ୟରେ ଶିକାର କରି ଥାଆନ୍ତି। ବୃହଦାକାର ଓଧମାନେ ମୁଖ୍ୟତଃ ବିଭିନ୍ନ ପ୍ରକାର ମାଛ ଓ କଙ୍କଡ଼ା ଖାଇଥାଆନ୍ତି। କେପ୍ ପଞ୍ଝା ନଥିବା ଓ ଏସୀୟ ମହାଦେଶର କ୍ଷୁଦ୍ର ପଂଝାଥିବା ଓଧମାନେ କଙ୍କଡ଼ା, ଚିଙ୍ଗୁଡି ଓ ଅନ୍ୟ କଠିନ ବହିରାବର୍ଣ ଥିବା ପ୍ରାଣୀମାନଙ୍କୁ ମାରି ଖାଆନ୍ତି। ଏହା ବ୍ୟତୀତ, ମେରୁଦଣ୍ଡ ବିହୀନ କଠିନ ଆବରଣ ଯୁକ୍ତ ଓ ନରମ ଶରୀର ବିଶିଷ୍ଟ ଜୀବମାନଙ୍କୁ ଖାଦ୍ୟ ରୂପେ ବ୍ୟବହାର କରନ୍ତି। ବେଙ୍ଗ ମଧ୍ୟ ସେମାନଙ୍କର ଖାଦ୍ୟର ଅନ୍ତର୍ଗତ ହୁଏ। ସେମାନଙ୍କ ଖାଦ୍ୟରେ ତୁଳନାତ୍ମକ ଭାବେ ମାଛ ସେତେ ଗୁରୁତ୍ୱପୂର୍ଣ୍ଣ ନୁହେଁ। ଓଧମାନେ ମେରୁଦଣ୍ଡ ବିହୀନ ଛୋଟ ପ୍ରାଣୀମାନଙ୍କୁ ଖାଇ ଥାଆନ୍ତି। ଆମ ସ୍ଥାନୀୟ ଓଧମାନଙ୍କର ମାଛ ଓ ବେଙ୍ଗ ମୁଖ୍ୟ ଖାଦ୍ୟରୂପେ ପରିଗଣିତ ହୁଏ। ଆମେ ଯାହା ଭାବୁ ତା'ଠାରୁ ଅଧିକ ଫଳ ସେମାନେ ଖାଇ ଥାଆନ୍ତି। ତେଣୁ ପୋଷା ଓଧମାନଙ୍କୁ ଖାଦ୍ୟରେଫଳ ଓ ପରିବା ଦିଆଯିବା ଉଚିତ୍। ସେମାନେ ଗାଜର (କାରୋଟ୍) ଓ ମଟର ମଧ୍ୟ ଖାଆନ୍ତି।

ବହୁ ପରିମାଣର ନହେଲେ ମଧ୍ୟ ସେମାନଙ୍କ ଖାଦ୍ୟରେ କିଛି ପରିମାଣର ପରିବା ଦିଆଯିବା ଦରକାର। ବିଭିନ୍ନ ପ୍ରକାର ମାଛ ସହିତ ସର୍ପାକୃତି ଲାଲ୍ ମାଛ (eel) ସୋମନଙ୍କର ଖାଦ୍ୟ ରୂପେ ପରିଗଣିତ ହୁଏ। ଶୁଣାଯାଏ ଆମର ସ୍ଥାନୀୟ ଅଞ୍ଚଳରେ କେହି କେହି ଓଧ ପୋଷୁଥିଲେ। ସେମାନଙ୍କୀର ବଡ଼ ପୋଖରୀ ଥିଲା ଓ ପୋଖରୀରେ ମାଛ ଚାଷ କରାଯାଉଥିଲା। ଅର୍ଥାତ୍ ସେହି ପୋଖରୀମାନଙ୍କରେ ବଡ଼ରୁ ଛୋଟଯାଏ ମାଛ ରହୁଥିଲେ। ଓଧକୁ ପୋଖରୀରେ ଛାଡିଦେଲେ ସେ ମାଛ ଧରି ଆଣୁଥିଲା। ସେମାନେ ମାଛ ଖାଉଥିଲେ ଓ ଓଧକୁ ମଧ୍ୟ ଜୀଅନ୍ତା ଖାଇବାକୁ ଦେଉଥିଲେ। ଓଧ ପୋଷାମାନେ ଓ ପୋଖରୁରୁ ମାଛ ଶିକାର କରିପାରେ ବୋଲି ଗାଁ ଗଣ୍ଡାରେ ଅନେକ ଜାଣନ୍ତି। ୟୁ-ରାସିଆନ୍ ଓଧମାନେ ସ୍କଟଲ୍ୟାଣ୍ଡ, ସ୍କାଣ୍ଡିନେଭିଆ ଓ ବାଲ୍‌ଟିକ୍‌ର ଦ୍ୱୀପମାନଙ୍କରେ ଓ ଉଚ୍ଚ ଭୂମିରେ ନଦୀ ଓ ସମୁଦ୍ରତଟରେ ବାସକରନ୍ତି।

ଓଧମାନେ ମୁଷ୍ଟେଲିଡେ (mustelidae) ଫାମିଲି ବା ପରିବାର ଏବଂ ଲ୍ୟୁଟ୍ରିନି (lutrinae) ଉପ-ପରିବାର (sub-family) ର ଜୀବ। ଏହି ପରିବାରରେ ଓଧ ସହିତ ଆମେରିକାର ଏକ କଳା ରଙ୍ଗର ପଶୁ ସ୍କୁଙ୍କ, ଓ୍ୱିଜେଲ କଟାଶ ଜାତୀୟ ଏକ ଜୀବ, ମୁଣ୍ଡରେ ପଟା ପଟା ଚିହ୍ନ ଥିବା ଗାତରେ ରହୁଥିବା ଓଧ ଜାତୀୟ ଜୀବ ବାଡ୍‌ଜର୍ (badger) ଏବଂ ଏହି ପରିବାରର ଗୋଟିଏ ବଡ଼ ସଭ୍ୟ ଛୋଟ ଭାଲୁ ଭଳି ଦିଶୁଥିବା ଓ୍ୱୋଲ୍‌ଭେରିନ୍ (wolverine) ଅନ୍ତର୍ଗତ। ଏମାନେ ସମସ୍ତେ ଓଧପରି କ୍ଷୁଦ୍ର, ମାସାଂଶୀ, ଲମ୍ବା ପତଳା ଶରୀର ବିଶିଷ୍ଟ, ଧୂର୍ତ୍ତ ଏବଂ ବେଙ୍ଗ, ଚଢ଼େଇ, ମୂଷା, ଗେଣ୍ଡା, ମାଛ, ଶାମୁକା ଓ ଅନ୍ୟାନ୍ୟ ଜଳଚର ଜୀବମାନଙ୍କୁ ଖାଦ୍ୟ ରୂପେ ବ୍ୟବହାର କରୁଥିବା ରକ୍ତ ତୃଷାର୍ତ୍ତ ଜୀବ।

ଓଧମାନେ ସମୁଦ୍ରରେ ବା ନଦୀରେ କିମ୍ବା ଜଳାଶ୍ରୟମାନଙ୍କରେ ରହିଲେ ମଧ୍ୟ, ସେମାନଙ୍କର ଶତ୍ରୁ ବା ଲୁଣ୍ଠନକାରୀ ପଶୁ ଅଛନ୍ତି। ସାଧାରଣତଃ ସେମାନେ ଓଧମାନଙ୍କୁ ଖାଦ୍ୟ ପାଇଁ ଶିକାର କରି ଥାଆନ୍ତି। ଆଣ୍ଟାର୍କଟିକାରେ ତିମିମାଛମାନେ (whales) ସାମୁଦ୍ରିକ ଓଧମାନଙ୍କୁ ଭକ୍ଷଣ କରନ୍ତି। କାଲିଫର୍ଣ୍ଣିଆର ଉପକୂଳରେ ବୃହତ୍ ଧଳା ସାର୍କମାଛମାନେ (sharks) ଅନେକ ଓଧଙ୍କୁ ପ୍ରତିବର୍ଷେ ଖାଇ ଥାଆନ୍ତି। କେତେକ ଅଞ୍ଚଳରେ ସମୁଦ୍ର ସିଂହମାନେ ମଧ୍ୟ ଓଧମାନଙ୍କୁ ଖାଦ୍ୟରୂପେ ବ୍ୟବହାର କରନ୍ତି। ବୃହତ୍ ଇଗଲ୍ (eagle) ପକ୍ଷୀ ନିଜର ତୀକ୍ଷ୍ଣ ଦୃଷ୍ଟି ଶକ୍ତି ଓ ଉଡିବା ଶକ୍ତି ଦ୍ୱାରା ପାଣିରୁ ଓଧମାନଙ୍କୁ ଶିକାର କରିଥାଏ। ଓଧମାନେ ସେମାନଙ୍କର ଖାଦ୍ୟରୂପେ ବ୍ୟବହୃତ। ଭୂମିରେ ଆମେରିକାର ତୃଣଭୂମିର ହେଟା ବାଘ କୋୟୋଟେସ୍ (coyotes) ଓ ଦ୍ରୁତଗତିରେ ଦୌଡୁଥିବା ମାର୍ଜାର (bob cats) ମାନେ ମଧ୍ୟ ଓଧମାନଙ୍କୁ ଶିକାର କରନ୍ତି ।

ବୃହଦାକାର ଓଧମାନଙ୍କର ଓ୍ବିଜେଲମାନଙ୍କ ପରି ବହୁତ ଲମ୍ବା ଶରୀର ଥାଏ । ସବୁ ଜାତିର ଓଧମାନଙ୍କ ଅପେକ୍ଷା ଏହି ଓଧ ମାନଙ୍କର ସବୁଠାରୁ ଛୋଟ ଲୋମ ଥାଏ । ୟୁରୋପିଆନ୍ ଓଧମାନଙ୍କର ଚାହାଣୀରେ ସ୍ୱତନ୍ତ୍ରତା ପ୍ରତୀୟମାନ ହୁଏ । ଏମାନଙ୍କର ଲୋମଶ ଆବରଣ ମାଟିଆ ରଙ୍ଗର ଏବଂ ଦେହରେ ଲମ୍ବାଭାବରେ ଧଳାଧାର ଥାଏ । ଆଫ୍ରିକାର ପଂଝାବହୀନ ଓଧମାନେ ସବୁ ଓଧ ଜାତିମାନଙ୍କ ମଧ୍ୟରେ ଦ୍ୱିତୀୟ ବୃହତ୍ତମ ଓଧ । ସେମାନେ ସେମାନଙ୍କର ଆରାମ ଦାୟକ ବିଳାସପୂର୍ଣ୍ଣ ଲୋମ ପାଇଁ ସୁପରିଚିତ । ଉତ୍ତର ଆମେରିକାର ଓଧମାନେ ଉଭୟ କାନାଡା ଓ ଆମେରିକା (U.S.A.) ଦେଶରେ ଦେଖା ଯାଆନ୍ତି । ଏମାନଙ୍କର ମୁଣ୍ଡ ବଡ଼ ଓ ଏମାନେ ଦେଖିବାକୁ ବହୁତ ଲମ୍ବା ।

ବିଶୁଦ୍ଧ ପାଣିରେ ରହୁଥିବା ଓଧମାନେ ସାଧାରଣତଃ ଭୂମି ଉପରେ ବିଶ୍ରାମ ନିଅନ୍ତି ଓ ଶୁଅନ୍ତି । କେଉଁଠି ଶୋଇବେ, ସେ ସମ୍ପର୍କରେ ସେମାନେ ନିଶ୍ଚିତ ନୁହଁନ୍ତି । ମଧ୍ୟମ ଧରଣର ଗୋଳମାଳ ସ୍ଥାନରେ ମଧ୍ୟ ଶୋଇ ପାରନ୍ତି । ଗୋଟିଏ ଗୋଟିଏ ଓଧ ଅଛନ୍ତି, ସେମାନଙ୍କର ବିଶ୍ରାମସ୍ଥଳ ବିଭିନ୍ନ ସ୍ଥାନରେ । ସାମୁଦ୍ରିକ ଓଧମାନେ ସେମାନଙ୍କର ପିଠି ପଟକୁ ସମୁଦ୍ର ପାଣିରେ ଭସାଇ ଶୋଇ ପଡ଼ନ୍ତି । ସେମାନେ ସମୁଦ୍ରରେ ହିଁ ଶୁଅନ୍ତି । ଅନେକ ସମୟରେ ବିଶୁଦ୍ଧ ପାଣିରେ ରହୁଥିବା ଓଧମାନେ ଯେଉଁ ସ୍ଥାନରେ ରହନ୍ତି ଅର୍ଥାତ୍ ପୋଖରୀ, ହ୍ରଦ ଓ କ୍ଷୁଦ୍ର ଜଳାଶୟର ଗଠନଗତ କ୍ଷତି କରିଥାନ୍ତି । ମାଛ ଶିକାର କରିବା ସମୟରେ ଏପରି ଘଟିଥାଏ ।

ନଦୀ ଓଧମାନଙ୍କର ପ୍ରଜନନ ଶୀତଋତୁର ଶେଷ ଆଡ଼କୁ କିମ୍ବା ବସନ୍ତ ଋତୁର ଆରମ୍ଭରେ ହୋଇଥାଏ । ସାଧାରଣତଃ ମେ' ମାସ ବା ଏପ୍ରିଲ୍ ମାସରେ ହୁଏ । ସେମାନଙ୍କର ମିଳନ ଭୂମି ଉପରେ ହୋଇପାରେ । କିନ୍ତୁ ସେମାନଙ୍କର ସଙ୍ଗମ ପାଣିରେ ହେବାର ସମ୍ଭାବନା ବେଶି । କେତେକ ଓଧ ଜାତିରେ, ପୁରୁଷ ଓଧ, ସ୍ତ୍ରୀ ଓଧର ନାକ କିମ୍ବା ଉପର ପାଟିର ହନୁ ହାଡ଼କୁ କାମୁଡ଼ି ଧରେ । ଆଉ କେତେକ ଜାତିରେ ପୁରୁଷ ଓଧ, ସ୍ତ୍ରୀ ଓଧର ବେକର ପଛ ପାଖକୁ ଦୃଢ଼ ଭାବରେ ଧରି ରଖେ । ପୁରୁଷ ଓ ସ୍ତ୍ରୀ ଓଧର ସଙ୍ଗମ ପାଣିରେ ସଂଗଠିତ ହୁଏ ଏବଂ ୧୦ ରୁ ୩୦ ମିନିଟ୍ ପର୍ଯ୍ୟନ୍ତ ଚାଲୁ ରହେ । ସାମୁଦ୍ରିକ ଓଧମାନଙ୍କ କ୍ଷେତ୍ରରେ ସଙ୍ଗମ ପୂର୍ବରୁ ସେମାନେ କିଛି ସମୟ ନେଇଥାଆନ୍ତି । ଯେତେବେଳେ ଗୋଟିଏ ପୁରୁଷ ସାମୁଦ୍ରିକ ଓଧ, ଗୋଟିଏ ଗ୍ରହଣଶୀଳା ସ୍ତ୍ରୀ ଓଧକୁ ଦେଖେ କିଛି ସମୟ ପାଇଁ ସେମାନେ ଖେଳ କୌତୁକରେ ମାତି ଥାଆନ୍ତି । ବେଳେ ବେଳେ ଏହି ଖେଳ

କୌତୁକ ଉଗ୍ର ଭାବର ରୂପ ନିଏ। ମନ ମିଳିବା ପରେ ଉଭୟଙ୍କର ସଙ୍ଗମ ସଂଗଠିତ ହୁଏ। ଓଧମାନଙ୍କର ଗର୍ଭଧାରଣ ସମୟ ଓ ଜନ୍ମ କରିବାର ଛୁଆର ସଂଖ୍ୟାରେ ତାରତମ୍ୟ ଦେଖାଯାଇ ଥାଏ। ପର୍ଯ୍ୟବେକ୍ଷଣରୁ ଜଣାପଡ଼େ, ସାମୁଦ୍ରିକ ଓଧମାନଙ୍କର ଗର୍ଭଧାରଣ ସମୟ ୬୦ ରୁ ୭୦ ଦିନ, ଉତ୍ତର ଆମେରିକାର ନଦୀ ଓଧ ମାନଙ୍କର୫୮ ଦିନ, ୟୁରାସିଆନ୍ ଓଧମାନଙ୍କର ୬୦ ରୁ ୬୪ ଦିନ ବୋଲି। ସମସ୍ତ ପଂଝାବିହୀନ ନଦୀ ଓଧମାନଙ୍କର ଗର୍ଭଧାରଣ ସମୟ ପ୍ରାୟ ୨ମାସ। ସାମୁଦ୍ରିକ ଓଧମାନଙ୍କ କ୍ଷେତ୍ରରେ ୪ ରୁ ୯ ମାସ ଓ ହାରାହାରି ୬ ମାସ ବୋଲି ମଧ୍ୟ ଧରାଯାଇ ଅଛି। ପ୍ରାଣୀ ବିଜ୍ଞାନୀମାନଙ୍କ ମତରେ ଏହି ସ୍ତ୍ରୀ ଓଧ ମାନଙ୍କର ପ୍ରାୟ ଅଧିକାଂଶ ସମୟରେ ଭ୍ରୂଣର ବିଳମ୍ବିତ ବିସ୍ଥାପନ (implantation) ହୋଇଥାଏ, ଯାହା ୨ ରୁ ୩ ମାସ ସମୟ ବା ଅଧିକ ସମୟ ମଧ୍ୟ ନେଇ ଯାଇପାରେ। ସମୁଦ୍ର ଓଧମାନଙ୍କର ବର୍ଷେ ବା ଦୁଇ ବର୍ଷରେ ଥରେ ପ୍ରଜନନ (breeding) ହୁଏ। ଏମାନଙ୍କର ଗର୍ଭଧାରଣର ସମୟ ଅନ୍ୟ ଓଧ ମାନଙ୍କ ଅପେକ୍ଷା ବହୁତ ଲମ୍ବା। ସେମାନଙ୍କର ଗର୍ଭଧାରଣ ସମୟ ୪ ରୁ ୧୨ ମାସ ମଧ୍ୟରେ ହୋଇପାରେ। ବୃହଦାକାର ସ୍ତ୍ରୀ ଓଧମାନଙ୍କର ଗର୍ଭ ଧାରଣ ସମୟ ୭୦ ଦିନ ବୋଲି ଧରାଯାଏ। ନଦୀ ଓ ବୃହଦାକାର ଓଧମାନେ ଥରକେ ୩ ରୁ ୫ଟି ଛୁଆ ଜନ୍ମ ଦେଇ ଥାଆନ୍ତି। ଏସିଆ ମହାଦେଶର କ୍ଷୁଦ୍ର ପଂଝା ଥିବା ଓଧମାନେ ଥରକେ ୬ଟି ଛୁଆ ଜନ୍ମ କରନ୍ତି। ମାତ୍ର ସମୁଦ୍ର ଓଧମାନେ ଥରକେ ଗୋଟିଏ ଛୁଆ ଜନ୍ମ କରି ଥାଆନ୍ତି। ଜନ୍ମ ବେଳେ ବୃହଦାକାର ଓଧ ଛୁଆର ଓଜନ ୨୦୦ ଗ୍ରାମ ବା ୭ ଆଉନ୍ସ ହୋଇଥାଏ ଓ ଅନ୍ୟ ନଦୀ ଓଧ ମାନଙ୍କର ଛୁଆର ଓଜନ ୧୩୦ ଗ୍ରାମ ବା ୪.୬ ଆଉନ୍ସ ହୋଇଥାଏ। ଏହି ଛୁଆମାନେ ପ୍ରକୃତି ଗତ ଭାବରେ ଜନ୍ମରୁ ପହଁରା ଶିଖି ନଥାନ୍ତି। ଏଥିପାଇଁ ମାଆକୁ ତାଲିମ ଦେବାକୁ ହୋଇଥାଏ। ସେ ଏଥିପାଇଁ ଛୁଆକୁ ପାଣିକୁ ଠେଲି ଦେଇ ପ୍ରଥମ ପହରା ଶିଖାଇ ଥାଏ।

ଯଦି ଗୋଟିଏ ଦୁଇଟି ଓଧ କାହାରି ମାଛ ପୋଖରୀ ପାଖରେ ରହି ଯାଆନ୍ତି, ମାଛ ପୋଖରୀର ମାଲିକଙ୍କ ପାଇଁ ବିପଦ ସୃଷ୍ଟି କରନ୍ତି। ସେମାନେ ପୋଖରୀରୁ ମାଛ ଧରି ବା ଶିକାର କରି ଖୁବ୍ ଶୀଘ୍ର ଦୂରକୁ ଚାଲି ଯାଆନ୍ତି। ସେମାନଙ୍କୁ ଘଉଡାଇବା ପାଇଁ କିଛି ଉପାୟ ଅଛି। ଯଥା (୧) ଏଥିପାଇଁ ଲେମ୍ବୁ ଘାସ ବା ଲେମନ୍ ଗ୍ରାସ୍ (lemon grass) ବ୍ୟବହାର କରାଯାଇ ପାରେ। (୨) ବଗିଚାରେ କୀଟ ପ୍ରତିରୋଧକ ଦ୍ରବ୍ୟ (insect repellent) ବ୍ୟବହାର କଲେ ଏମାନେ ନ ଆସି ପାରନ୍ତି। (୩) ଯଦି ଓଧ ପୋଖରୀ ପାଖରେ ପହଞ୍ଚି ଯାଇଥାଏ ଓ କେହି

ଦେଖି ପାରନ୍ତି ଖୁବ୍ ବଡ଼ ଶବ୍ଦ କରିବା ପଦାର୍ଥ ବ୍ୟବହାର କରି ଘଉଡାଇ ଦିଆଯାଇ ପାରେ । ଏହି ଉପାୟରେ ମାଙ୍କଡ଼ମାନଙ୍କୁ ବଗିଚାରୁ ଘଉଡା ଯାଇଥାଏ । ତା'ହେଲେ ଯାଇ ମାଛ ପୋଖରୀର ମାଲିକ ଶାନ୍ତିରେ ରହି ପାରିବେ ।

ସ୍ତ୍ରୀ-ଓଧମାନେ ୧୫ ରୁ ୨୦ ବର୍ଷ ବଞ୍ଚି ରହନ୍ତି ଏବଂ ପୁରୁଷ ଓଧମାନେ ୧୦ ରୁ ୧୫ ବର୍ଷ ବଞ୍ଚି ଥାଆନ୍ତି । ଏହା ଓଧମାନଙ୍କର ଜୀବନ କାଳ (life span) ବୋଲି ଧରାଯାଇଥାଏ । ଓଧ ଜାତିଗୁଡିକର ଅନେକ ଜାତି ବିଲୁପ୍ତ ହୋଇ ଯାଉଥିବାରୁ ଆନ୍ତର୍ଜାତିକ ଓଧ ସମୂହର ଜୀବନ ରକ୍ଷା ପାଇଁ ଗୋଟିଏ ପାଣ୍ଠିର ବ୍ୟବସ୍ଥା କରାଯାଇଛି । ଏହି ଅନୁଷ୍ଠାନକୁ ଆଇ.ଓ.ଏସ୍.ଏଫ୍ (international otters survival fund) ବୋଲି କୁହାଯାଏ ।

ନେଉଳ

(Mongooses)

ନେଉଳ ଗୋଟିଏ କ୍ଷୁଦ୍ର, ଲମ୍ବା, ସରୁ ଚକ୍‌ଚକ୍ କରୁଥିବା କ୍ଷିପ୍ର ଗତିରେ ଦଉଡି ପାରୁଥିବା ଦକ୍ଷ ଶିକାରୀ, ଉପକାରୀ, ମାଂସାଶୀ ଓ ସ୍ତନ୍ୟପାୟୀ ପ୍ରାଣୀ। ଏମାନେ ୩୪ଟି ଜାତି (species) ର ଓ ୨୦ଟି ପ୍ରଜାତି (genus) ର ଅଛନ୍ତି ବୋଲି ମିଚିଗାନ୍ ୟୁନିଭର୍‌ସିଟିର ସର୍ବେକ୍ଷଣରୁ ଜଣାପଡ଼େ। ପରିଣତ ବୟସରେ ନେଉଳମାନେ ୦.୩ କିଲୋଗ୍ରାମରୁ ୪ କିଲୋଗ୍ରାମ ପର୍ଯ୍ୟନ୍ତ ହୋଇଥାନ୍ତି। ଏପରି କ୍ଷୁଦ୍ର ପ୍ରାଣୀଟିଏ ଗୋଖର, ନାଗ ଓ କଳା ଲାମ୍ବା ପରି ବିଷଧର ସାପମାନଙ୍କୁ ଅନାୟାସରେ ହତ୍ୟାକରି ପାରେ। ଏମାନେ ସାରା ପୃଥିବୀରେ ଇତଃସ୍ତତ ଭାବରେ ବିସ୍ତାରିତ ହୋଇ ରହିଛନ୍ତି। ପ୍ରାୟ ଅଧିକାଂଶ ଜାତିର ନେଉଳ ଆଫ୍ରିକାରେ ବାସ କରନ୍ତି। ଏସିଆ ମହାଦେଶରେ ମଧ୍ୟ ଅନେକ ଜାତିର ନେଉଳ ଦେଖା ଯାଆନ୍ତି। ଦକ୍ଷିଣ ୟୁରୋପରେ ନେଉଳ ଦେଖିବାକୁ ମିଳନ୍ତି। ପରସ୍ପର ସହ ସଂଶ୍ଳିଷ୍ଟ ଜୈବ ସମାଜ ଓ ଏହାର ପରିବେଶ ସହିତ ବା ଏକୋସିଷ୍ଟମ୍ (ecosystem) ସହିତ ଏହି ପ୍ରାଣୀମାନେ ସୁନ୍ଦର ଭାବରେ ପରିଚିତ ହୋଇ ବାସ କରନ୍ତି।

ଖାଦ୍ୟ ଦୃଷ୍ଟିରୁ ଏମାନେ ମାଂସାଶୀ ପ୍ରାଣୀ। ଆଞ୍ଚଳିକ ଭିତ୍ତିରେ ସେମାନଙ୍କର ଖାଦ୍ୟ ଯାହା ମିଳେ ଏମାନେ ଶିକାର କରି ଖାଦ୍ୟ ସଂଗ୍ରହ କରନ୍ତି। କଙ୍କଡ଼ା, ମାଛ, ମୂଷା, ବିଭିନ୍ନ କୀଟ, ଅଣ୍ଡା, କ୍ଷୁଦ୍ର ସ୍ତନ୍ୟପାୟୀ ପ୍ରାଣୀ, ଛୋଟ ଛୋଟ ଚଢ଼େଇ, ହରିଣ, ଠେକୁଆ, କୁକୁଡା, ସାପ, ଗେଣ୍ଡା, ବେଙ୍ଗ ଓ ମେରୁଦଣ୍ଡ ବିହୀନ କଠିନ ଆବରଣ

ଯୁକ୍ତ ନରମ ଶରୀର ବିଶିଷ୍ଟ ପ୍ରାଣୀମାନେ, ନେଉଳମାନଙ୍କର ଖାଦ୍ୟ। ଭାରତୀୟ ପାଉଁଶିଆ ବା ଧୂସର ରଙ୍ଗର ନେଉଳମାନଙ୍କ ପରି କେତେକ ନେଉଳ ଅଛନ୍ତି, ଯେଉଁମାନେ ବିଷଧର ସର୍ପମାନଙ୍କର ହତ୍ୟାକାରୀ। ସାପ ଏମାନଙ୍କର ଖାଦ୍ୟ। ଏହା ବ୍ୟତୀତ ଅନେକ ନେଉଳ ଫଳ ଓ ମଞ୍ଜି ମଧ୍ୟ ଖାଇଥାନ୍ତି। ଗୋଟିଏ ଜାତିର ନେଉଳ ଅଛନ୍ତି, ସେମାନଙ୍କୁ କଙ୍କଡାଖିଆ (crab-eating) ନେଉଳ କୁହାଯାଏ। ଅର୍ଥାତ୍ କଙ୍କଡ଼ା ସେମାନଙ୍କର ବେଶି ପ୍ରିୟ ଖାଦ୍ୟ।

ଭାରତୀୟ ଉପମହାଦେଶରେ ଓ ପଶ୍ଚିମ ଏସିଆ ମହାଦେଶରେ ଅତି ପରିଚିତ ନେଉଳଟି ହେଉଛି ଭାରତୀୟ ଧୂସର ବା ପାଉଁଶିଆ ରଙ୍ଗର ନେଉଳ (indian grey mangoose)। ଏହି ନେଉଳମାନେ ବିଷାକ୍ତ ସାପମାନଙ୍କ ସହିତ ଲଢ଼ିବା ଓ ଲଢ଼ିମାରି ଦେବାର ସାମର୍ଥ୍ୟ ପାଇଁ ବିଶେଷତଃ ଅତି ଜଣାଶୁଣା। ବୈଜ୍ଞାନିକ ପରିଭାଷାରେ ବା ଲାଟିନ୍ ଭାଷାରେ ଏମାନଙ୍କୁ ହର୍‌ପେଷ୍ଟିସ୍ ଏଡ୍‌ୱାର୍ଡସି (herpestes edwardsi) କୁହାଯାଏ। ପରିଣତ ବୟସରେ ଏମାନଙ୍କର ହାରାହାରି ଓଜନ ୭୫୦ ଗ୍ରାମ ଓ ଲମ୍ବ ୨୮ ସେଣ୍ଟିମିଟର ଏବଂ ଏମାନଙ୍କର ଜାତିର ସ୍ତ୍ରୀ-ନେଉଳମାନଙ୍କର ଗର୍ଭଧାରଣ ସମୟ ୪୮ ଦିନ। ଏହି ନେଉଳମାନେ ଖୋଲା ବଣରେ, ଗୁଳ୍ମମୟ ଜଙ୍ଗଲ (scrublands)ରେ ଚାଷ କରାଯାଉଥିବା କ୍ଷେତରେ ଓ ବେଳେବେଳେ ଜନ ବସତି ନିକଟରେ ବାସ କରନ୍ତି। ତେଣୁ ଆମ୍ଭମାନଙ୍କ ପକ୍ଷରେ ଏମାନଙ୍କୁ ଦେଖିବା ଓ ପୋଷିବା ସମ୍ଭବ ହୁଏ। କୋକିଶିଆଳି ବା ଠେକୁଆ ପ୍ରଭୃତି ଜନ୍ତୁ ଭୂଇଁରେ ଗାତ ବା ସୁଡ଼ଙ୍ଗ (burrow) କରି

ରହିବା ପରି ଏହି ନେଉଳମାନେ ଗର୍ତ୍ତବାସୀ। ଗୁଳ୍ମ ବାଡ଼ (hedge rows) ସନ୍ଧିରେ ମଧ୍ୟ ଏମାନେ ରହି ପାରନ୍ତି। ଦକ୍ଷିଣ ଏସିଆରେ ଆଉ ଗୋଟିଏ ଜାତିର ନେଉଳ ଅଛନ୍ତି, ଯେଉଁମାନଙ୍କୁ କ୍ଷୁଦ୍ର ଏସୀୟ ନେଉଳ (small asian mongoose) କହନ୍ତି। ଏମାନଙ୍କର ପ୍ରଜାତି ଓ ଜାତି ଦୃଷ୍ଟିରୁ ଏମାନଙ୍କୁ ହର୍‌ପେଷ୍ଟିସ୍ ଜୁଭାନିକସ୍ (herpestes juvanicus) କୁହାଯାଏ। ପରିଣତ ବୟସରେ ଏହି ନେଉଳମାନଙ୍କର ଓଜନ ୭୫୦ ଗ୍ରାମ ହୋଇଥାଏ ଓ ଲମ୍ବରେ ଏମାନେ ୨୮ ସେଣ୍ଟିମିଟର ହୁଅନ୍ତି। ସ୍ତ୍ରୀ-ନେଉଳମାନଙ୍କର ଗର୍ଭଧାରଣ ସମୟ ୪୮ ଦିନ। ଦକ୍ଷିଣ ଭାରତରୁ ଶ୍ରୀଲଙ୍କା ଯାଏ ଗୋଟିଏ ଜାତିର ନେଉଳଙ୍କୁ ଦେଖିବାକୁ ମିଳେ। ଏମାନଙ୍କ ବେକରେ ପଟା ପଟା ଦାଗ (stripe) ଥାଏ, ଏବଂ ଏହି ନେଉଳମାନଙ୍କୁ ବେକରେ ପଟା ପଟା ଦାଗ ଥିବା ନେଉଳ ବା ଷ୍ଟ୍ରାଇପ୍ ନେକେଡ୍ ନେଉଳ (stripe necked mongoose) କୁହାଯାଏ। ଜାତି ଓ ପ୍ରଜାତି ନାମ ଅନୁସାରେ ଏମାନେ ହର୍‌ପେଷ୍ଟିସ୍ ଭିଟିକୋଲ୍ଲିସ୍ ନାମରେ ପରିଚିତ। ଭାରତର ପଶ୍ଚିମ ଘାଟ ବା ପଶ୍ଚିମ ଘାଟ ପର୍ବତମାଳା ଓ ଶ୍ରୀଲଙ୍କାର ପଶ୍ଚିମ ଉପକୂଳରେ ଏକ ପ୍ରକାର ମାଟିଆ ରଙ୍ଗର ନେଉଳ ବାସ କରନ୍ତି। ଏମାନଙ୍କୁ ଭାରତୀୟ ବାଦାମୀ ନେଉଳ (indian brown mongoose) କୁହାଯାଏ। ବୈଜ୍ଞାନିକ ପରିଭାଷାରେ ଏମାନଙ୍କୁ ହରପେଷ୍ଟିସ୍ ଫୁସ୍‌କସ୍ (herpestes fuscus) କୁହାଯାଏ। ଏକ ପ୍ରକାର ଅଳ୍ପ ଲାଲ ରଙ୍ଗର ନେଉଳ ଭାରତ ଓ ଶ୍ରୀଲଙ୍କାର ପାହାଡିଆ ବଣମାନଙ୍କରେ ଦେଖାଯାଆନ୍ତି। ଏମାନଙ୍କୁ ରୁଡ୍ଡି ନେଉଳ (ruddy mongoose) କହନ୍ତି। ଏମାନଙ୍କର ଜାତି ହର୍‌ପେଷ୍ଟିସ୍ ଓ ଜେନସ୍ ସ୍ମିଥି (smithii) କୁହାଯାଏ। ରୁଡ୍ଡି ନେଉଳମାନେ ପରିଣତ ବୟସରେ ୧.୭ କିଲୋଗ୍ରାମ ପର୍ଯ୍ୟନ୍ତ ହୋଇଥାଆନ୍ତି। କଙ୍କଡାଖିଆ ନେଉଳମାନେ (crab eating mongoose) ଭାରତୀୟ ଉପମହାଦେଶର ଉତ୍ତରାଞ୍ଚଳରେ ଓ ଦକ୍ଷିଣ ଏସିଆରେ ଦେଖା ଯାଆନ୍ତି। ଏହି ନେଉଳମାନଙ୍କୁ ହର୍‌ପେଷ୍ଟିସ୍ ଉର୍ଭା (urva) ଅନ୍ତର୍ଗତ କରାଯାଇଛି। ଏମାନେ ଅନ୍ୟ ନେଉଳମାନେ ଖାଉଥିବା ଖାଦ୍ୟ ମଧ୍ୟ ଖାଆନ୍ତି। ମାତ୍ର କଙ୍କଡ଼ା ଖାଇବାରେ ଆଗ୍ରହ ବେଶି ଥିବାରୁ ଏମାନଙ୍କର ଏପରି ନାମକରଣ କରାଯାଇ ଥାଇପାରେ ଏବଂ ବସତି ନିକଟରେ କଙ୍କଡା ମିଳୁଥାଇ ପାରନ୍ତି। ପ୍ରାୟ ଅଧିକାଂଶ ନେଉଳମାନଙ୍କ ପରି ଏହାର ଲମ୍ବା ମୁଣ୍ଡଠାରୁ ଲାଞ୍ଜ ପର୍ଯ୍ୟନ୍ତ ୪୮ ସେଣ୍ଟିମିଟର। ସକାଳେ ଓ ସଞ୍ଜବେଳେ ଏମାନେ ସକ୍ରିୟ ରହନ୍ତି। ଏହି ନେଉଳମାନେ ୪ ଜଣିଆ ପଲରେ ରହିବାକୁ ଭଲ ପାଆନ୍ତି। ଇରାକ୍ ଓ ଦକ୍ଷିଣ ଏସିଆରେ କ୍ଷୁଦ୍ର ଭାରତୀୟ ନେଉଳ (small indian mongoose) ବାସ କରନ୍ତି। ଏମାନଙ୍କୁ ହର୍‌ପେଷ୍ଟିସ୍ ଅଉରପୁରିକ୍ ଟାଟସ୍ (auropuric tatus) କୁହାଯାଏ। ବୋର୍ଣ୍ଣିଓ ଓ ସୁମାତ୍ରାରେ ଦୁଇ

ପ୍ରଜାତିର ନେଉଳ ଦେଖା ଯାଆନ୍ତି । ସେମାନେ ହେଲେ କ୍ଷୁଦ୍ର ଲାଞ୍ଜ ବିଶିଷ୍ଟ ନେଉଳ (short tailed mongoose) ଓ କୋଲାରେଡ୍ (collared mongoose) ନେଉଳ । ସେମାନଙ୍କର ଲାଟିନ୍ ନାମ ଯଥାକ୍ରମେ ହର୍‌ପେଷ୍ଟିସ୍ ବ୍ରାଚିୟୁରସ୍ (brachyurus) ଓ ହର୍‌ପେଷ୍ଟିସ୍ ସେମିଟୋର୍ କ୍ୱାଟସ୍ (semi torquatus) ଲାଟିନ୍ ଭାଷାରେ ।

ମିଶର ଦେଶୀୟ ନେଉଳ (egyptian) ମାନେ ୟୁରୋପର ସ୍ପେନ୍ ଓ ପର୍ତ୍ତୁଗାଲରେ ଦେଖିବାକୁ ମିଳନ୍ତି । ସେହିପରି ଭାରତୀୟ ଧୂସର ରଙ୍ଗର ନେଉଳ ଇଟାଲି ଦେଶରେ ବାସ କରିବାର ଦେଖାଯାଏ । ମିଶର ଦେଶର ନେଉଳ ଅତି ପୁରାକାଳରେ ବା ପ୍ଲେଇଷ୍ଟୋସିନ୍ କାଳରେ ୟୁରୋପରେ ଥିବାର କିଛି ପ୍ରମାଣ ନାହିଁ । ତେଣୁ ଏମାନେ ମିଶର ଦେଶରୁ ୟୁରୋପକୁ ଅଣାଯାଇଥିବାର ଅନୁମାନ କରାଯାଏ । ସେହିପରି ଭାରତୀୟ ବା ଏସୀୟ କଙ୍କଡ଼ାଖିଆ ନେଉଳ ମାନେ (ହର୍‌ପେଷ୍ଟିସ୍ ଉର୍ଭା) ୟୁରୋପ ମହାଦେଶରେ ଦେଖାଯାଆନ୍ତି । ଦକ୍ଷିଣ ୟୁରୋପର ନେଉଳମାନେ, କୋବ୍ରାପରି ଅତିରିକ୍ତ ବିଷଧର ସର୍ପମାନଙ୍କୁ ନିର୍ଭୀକ ଭାବରେ ଆକ୍ରମଣ କରି ମାରି ଦେବା ପାଇଁ ବିଖ୍ୟାତ । ଭାରତୀୟ ଧୂସର ରଙ୍ଗର ନେଉଳ ଦକ୍ଷିଣ ୟୁରୋପରେ ବିଶେଷ ଭାବରେ ଦେଖାଯାଆନ୍ତି ।

ଏସିଆ ମହାଦେଶ ତଥା ଭାରତୀୟ ନେଉଳମାନଙ୍କର ଲମ୍ବା ଓ ଲୋମଶ ଶରୀର ସହିତ ଝାମ୍ପୁଡା ଲମ୍ବା ଲାଞ୍ଜ ଓ ଗୋଜିଆ ମୁହଁ ବିଶେଷ ଆଦୃତ । ଖାଦ୍ୟ ଯୋଗାଇବା ପାଇଁ ସେପରି କିଛି ଖର୍ଚ୍ଚ କରିବାକୁ ପଡ଼େ ନାହିଁ । ତେଣୁ ଅନେକ ବ୍ୟକ୍ତି ଆଗ୍ରହର ସହିତ ପୋଷି ଥାଆନ୍ତି । ସେମାନଙ୍କର ଦେହର ରଙ୍ଗ ଓ ଉଜ୍ଜ୍ୱଳ ଶରୀର ମଧ୍ୟ ଆକର୍ଷଣୀୟ । ବିଶେଷତଃ କୌଣସି ଅଞ୍ଚଳରେ ବିଷାକ୍ତ ସାପ ଥିଲେ ନିରାପତ୍ତା ଦୃଷ୍ଟିରୁ ଏମାନଙ୍କୁ ପାଳନ କରାଯାଏ । ବାସ୍ତବରେ ଏହି ନେଉଳମାନଙ୍କର ଜୀବନ ବହୁଭାବରେ ଜଟିଳ ଏବଂ କୌତୂହଳ ଜନକ । ଆମର ସାମାଜିକ ଜୀବନ ସହିତ ଏମାନେ ଜଡିତ । ଏଣୁ ପିଲାମାନଙ୍କ ପାଇଁ ନେଉଳମାନଙ୍କୁ ନେଇ ଅନେକ ଗଳ୍ପ ଓ ପରମ୍ପରାଗତ ଉପାଖ୍ୟାନ ବର୍ଣ୍ଣନା କରାଯାଇଛି । ନେଉଳମାନଙ୍କ ପରି ନିର୍ଭୀକ ହେବା ପାଇଁ ଉପଦେଶ ଦିଆଯାଇଛି । ତେଣୁ ସେମାନେ ନେଉଳକୁ ନେଉଳଭାଇ ବୋଲି ସମ୍ବୋଧନ କରିଥାଆନ୍ତି । ଯେଉଁ ନେଉଳମାନେ ସାମାଜିକ, ସେମାନେ ସାଧାରଣତଃ ଗୋଟିଏ ଗୋଟିଏ ଦଳ ଗଠନ କରି ବାସ କରନ୍ତି । ଗୋଟିଏ ଗୋଟିଏ ଦଳ ବା ପଲରେ ୬ ରୁ ୪୦ଟି ପର୍ଯ୍ୟନ୍ତ ନେଉଳ ରହନ୍ତି । ଏପରି ପଲକୁ ପ୍ୟାକ୍ (packs) ବା ମୋବ୍‌ସ (mobs) କହନ୍ତି । କେତେକ ନେଉଳ ଏକୁଟିଆ ଭାବରେ ରହିବାକୁ ଇଚ୍ଛୁକ, ଏମାନଙ୍କୁ ଲୋନ୍‌ର (loner) କୁହାଯାଏ । ଆଉ କେତେକ ପଲ ବା ଗୋଠରେ ରହିବାକୁ ଭଲ ପାଆନ୍ତି । ଅନେକ ନେଉଳ ଜାତି ଏକୁଟିଆ ଭାବରେ ବାସ କରିବାକୁ ଭଲ ପାଆନ୍ତି ଓ

ଅନ୍ୟ କେତେକ ମାର୍ଜିତ ସଂଗଠନ ଗଠନ କରି ଜୀବନ ଯାପନ କରିଥାଆନ୍ତି । ଷ୍ଟ୍ରାଇପ୍ ନେକେଡ୍ ନେଉଳମାନେ କଳଙ୍କି ବର୍ଣ୍ଣର ବାଦାମୀ ରଙ୍ଗରୁ ଧୂସର ପାଉଁଶିଆ ବର୍ଣ୍ଣ ଦେଖା ଯାଆନ୍ତି । ଏମାନେ ବୃହଦାକାର ସାହସୀ ଓ ଦୃଢ଼ । ସବୁ ନେଉଳମାନଙ୍କ ପରି ଗୋଡଗୁଡ଼ିକ ଛୋଟ ଛୋଟ । ଗୋଟିଏ ଗୋଟିଏ ପଟା ପଟା ଦାଗ (stripe) ପାର୍ଶ୍ୱିକ ଭାବରେ ବେକର ଉଭୟ ପାର୍ଶ୍ୱରେ ଥାଏ । ଏମାନଙ୍କର ଲାଞ୍ଜ ଛୋଟ ଓ କଳା ରଙ୍ଗର, ଲାଞ୍ଜ ମୂଳ ବାଦାମୀ ରଙ୍ଗର । ଏହି ନେଉଳମାନେ ଡାଇୟୁର୍ନାଲ (diurnal) ଅର୍ଥାତ୍ ଦିନରେ ସକ୍ରିୟ ରହନ୍ତି ବା ଆତଯାତ ହୁଅନ୍ତି । ବେଙ୍ଗ, କଙ୍କଡ଼ା, ମୂଷା ହରିଣ, ଠେକୁଆ, କୁକୁଡ଼ା, ସାପ ଓ ଗୁଣ୍ଡୁଚିମୂଷା ଇତ୍ୟାଦି ଏହି ନେଉଳମାନଙ୍କର ଖାଦ୍ୟ ।

ଆଫ୍ରିକା ମହାଦେଶର ନେଉଳ

କ୍ର. ନଂ	ନେଉଳର ନାମ ଜାତି ଓ ପ୍ରଜାତି	ବାସ ସ୍ଥାନ	ସଂକ୍ଷିପ୍ତ ବିବରଣୀ ନେଉଳ ସଂପର୍କରେ
୧	ମିଶର ଦେଶୀୟ ନେଉଳ (H.ich neumon) ଏଚ୍.ଇଚ୍‌ନିଉମୋନ୍	ଆଫ୍ରିକା ଓ ସାଭାନ୍ନା ଆଇବେରିଆରେ ସୀମିତ ଉପକୂଳ ଅଞ୍ଚଳରେ ଦକ୍ଷିଣ ୟୁରୋପରେ	ପରିଣତ (Adult) ବୟସରେ ଏହି ନେଉଳର ଓଜନ ୨.୬ କି.ଗ୍ରା. ଲମ୍ବା ୪୮ ସେ.ମି. ଓ ଲାଞ୍ଜର ଲମ୍ବା ୩୧ ସେ.ମି. । ୧୯୮୫ ମସିହାରେ ଡୋନାନା ଜାତୀୟ ପାର୍କରେ ୩୦ଟି ମିଶରୀୟ ନେଉଳ ଥିଲେ ।
୨	ହଳଦିଆ ବାୟେଲୋ (yellow) ନେଉଳ ସିନିକ୍ଟିସ୍ ପେନିସିଲ୍ଲାଟା (Cynictis penicillata)	ଦକ୍ଷିଣ ଆଫ୍ରିକା, ଆଙ୍ଗୋଲା, ବୋଟ୍‌ସୱାନା, ଲେସୋଥୋ, ନାମ୍ବିଆ, ଜାମ୍ବାୱେ ସ୍ୱାଜିଲ୍ୟାଣ୍ଡ	ପରିଣତ ବୟସରେ ଓଜନରେ ୬୦୦ ରୁ ୮୦୦ଗ୍ରାମ ହୋଇ ଥାନ୍ତି । ସଂଖ୍ୟାରେ ଏମାନେ ସ୍ଥିର ପରିଣତ ବୟସରେ ଲମ୍ବାରେ ଏମାନେ ୨୯ସେ.ମି. ସ୍ତ୍ରୀ ନେଉଳମାନଙ୍କର ଗର୍ଭଧାରଣ ସମୟ ୫୭ଦିନ । ମାଂସାଶୀ ପ୍ରାଣୀ ରାତ୍ରୀରେ ସକ୍ରୀୟ ଓ ଦିନବେଳେ ଶୁଅନ୍ତି । ହଳଦିଆ ବା ନାଲିଆଲୋମ ଲମ୍ବା ଲାଞ୍ଜ ଆଗରେ ଧଳା ଚିହ୍ନଥାଏ । ଘଣ୍ଟାକୁ

			୩୨କି.ମି.ଗତିରେ ଦୌଡିପାରନ୍ତି
୩.	ବାମନ ନେଉଳ (Dwarf Mongoose) ହେଲୋଗାଲେ ପାର୍ଭୁଲା (Helogale Parvula)	ଦକ୍ଷିଣ ଆଫ୍ରିକା ପଶ୍ଚିମ ଇଥିଓପିଆ ରୁ ଆଙ୍ଗୋଲା ପର୍ଯ୍ୟନ୍ତ ଅଞ୍ଚଳ ସମୁଦ୍ର ପତନରୁ ୧୮୦୦ ମିଟର ଉଚ୍ଚରେ।	ମୁଣ୍ଡ ଓ ଶରୀରର ଲମ୍ବା ୧୮୦ ରୁ ୨୬୦ମି.ମି. ଓ ଲାଞ୍ଜର ଲମ୍ବ ୧୨୦ ରୁ ୨୦୦ମି.ମି. ଲୋମର ରଙ୍ଗ ସାଧାରଣତଃ ଛିଟିଛିଟିକା (speckled) ବାଦାମୀ ରଙ୍ଗରୁ ଧୂସର ରଙ୍ଗର। ଲାଞ୍ଜ ଓ ଗୋଡ଼ର ନିମ୍ନ ଅଂଶ ଘନ (darker) ପରିଣତ ବୟସରେ ହାରାହାରି ଓଜନ ୨୭୪.୮ ଗ୍ରାମ।
୪.	ଲମ୍ବା ନାକଥିବା ନେଉଳ (Long Nosed Mongoose) ଏଚ୍.ନାସୋ (H. Naso)	କେନ୍ଦ୍ରୀୟ ଆଫ୍ରିକାର ବର୍ଷାବହୁଳ ବଣ ଓ ଓଦା ଭୂମି (Wet Land)	ଗୋଟିଏ ବଡ଼ କଳା (dark) ରଙ୍ଗର ନେଉଳ। ଶରୀରର ଲମ୍ବା ଲାଞ୍ଜବ୍ୟତୀତ ୪୦ରୁ ୬୧ସେ.ମି ଓ ଲାଞ୍ଜର ଲମ୍ବା ୩୨ ରୁ ୪୫ ସେ.ମି. ପରିଣତ ବୟସରେ ଓଜନ ୧.୯ରୁ ୪.୫ କି.ଗ୍ରା, ଲାଞ୍ଜରେ ଲମ୍ବାଲମ୍ବା ଲୋମ ଥାଏ, ନାକ ଲମ୍ବାଥିବାରୁ ସହଜରେ ଜଣାପଡ଼େ।
୫.	ସନ୍ତସନ୍ତିଆ ନେଉଳ (marsh mongoose) ବା ପାଣି ନେଉଳ (water mongoose) ଆଟିଲାକ୍ସ ପାଲୁଡିନ୍‌ସସ୍ (atilax poludinsus)	ଆଫ୍ରିକା ମହାଦେଶର ଉପ-ସାହାରା ଅଞ୍ଚଳରେ (sub-sahara)	ମଧ୍ୟମ ଆକାରର ନେଉଳ ପରିଣତ ବୟସରେ ୨ରୁ୫.୫କି.ଗ୍ରା ପର୍ଯ୍ୟନ୍ତ ହୋଇ ଥାଆନ୍ତି। ସେହି ବୟସରେ ମୁଣ୍ଡ ଠାରୁ ଲାଞ୍ଜ ମୂଳଯାଏ ଲମ୍ବା ୪୪-୬୨ ସେଣ୍ଟିମିଟର। ଏମାନେ କ୍ଷୁଦ୍ର ଜୀବ ସହିତ ଫଳ ଓ ମଞ୍ଜି ଖାଉଥିବାରୁ ଓମ୍‌ନିଭୋରସ୍।
୬.	ମେଲ୍ଲରଙ୍କ ନେଉଳ (meller's mongoose) ରିଙ୍କୋଗାଲେ ମେଲ୍ଲେରି (rhynchogale melleri)	ଆଫ୍ରିକା ମହାଦେଶ ମେଲେଓ୍ୱି (melewi) ମୋଜାମ୍ବିକ୍ (mozambque) କଙ୍ଗୋ ଗଣତନ୍ତ୍ର ବା ସାଧାରଣତନ୍ତ୍ର।	ପରିଣତ ବୟସରେ ଏମାନଙ୍କର ଓଜନ ୨.୨ କିଲୋଗ୍ରାମ ହୋଇଥାଏ। ସେହି ସମୟରେ ଏମାନଙ୍କର ଲମ୍ବା ୪୬ ସେଣ୍ଟିମିଟର ହୋଇଥାଏ।
୭.	ଆଲେକ୍ସଜାଣ୍ଡରଙ୍କର	କେନ୍ଦ୍ରୀୟ ଆଫ୍ରିକାର	ଏହି ନେଉଳମାନେ ବାଦାମୀ

	କୁସିମାନ୍‌ସେ ନେଉଳ (alexander's kusimanse mongoose) କ୍ରସ୍‌ଆରଚସ୍ ଆଲେକ୍ସଜାଣ୍ଡ୍ରି (crossarchus alexandri)	ବର୍ଷାବହୁଳ ବଣ ଭିତରେ ୨୯୦୦ ମିଟର ଉଚ୍ଚରେ	କିମ୍ବା ପାଉଁଶିଆ ରଙ୍ଗର। ଏମାନଙ୍କର ଲମ୍ବା ୩୦ ରୁ ୪୫ ସେ.ମି. ଓ ଲାଞ୍ଜର ଲମ୍ବା ୧୫ ରୁ ୨୫ ସେ.ମି. ପରିଣତ ବୟସରେ ଓଜନ ହାରାହାରି ୧.୫ କି.ଗ୍ରା। ସରୁ ଶରୀର ଓ ଥୋମଣି (snout) କ୍ରମହ୍ରାସମାନ। କାନଦୁଇଟି କ୍ଷୁଦ୍ର ଓ ଗୋଲ୍। ଅନ୍ୟ ନେଉଳଙ୍କ ପରି କୀଟ, କଙ୍କଡ଼ା, ମୂଷା କ୍ଷୁଦ୍ର ସାପ ସହିତ ଫଳ ଓ ମଞ୍ଜି, ମଧ୍ୟ ଏମାନେ ଖାଆନ୍ତି। ସ୍ତ୍ରୀ ମାନଙ୍କର ଗର୍ଭଧାରଣ ସମୟ ୮ ସପ୍ତାହ।
୮.	ପୋଉସରଗୁଜ୍‌ର ନେଉଳ (pousargues's mongoose) ଡୋଲୋଗାଲେ ଡାଇବୌସ୍କୀ (dolagale dybowskii)	କେନ୍ଦ୍ରୀୟ ଆଫ୍ରିକା ମହାଦେଶ ଓ ଚିଙ୍କୋ ପ୍ରୋଜେକ୍ଟ ଅଞ୍ଚଳ	ପରିଣତ ବୟସରେ ଓଜନରେ ଗୋଟିଏ ଗୋଟିଏ ନେଉଳ ୩୬୦ ଗ୍ରାମ ହୁଅନ୍ତି ଏବଂ ସେମାନଙ୍କର ହାରାହାରି ଲମ୍ବା ୨୯ ସେଣ୍ଟିମିଟର ହୋଇଥାଏ।
୯.	ସେଲୋୟୁର ନେଉଳ (selous's mongoose) ପାରାସିନିକ୍‌ଟିସ୍ ସେଲୋୟୁସି (paracynictis seloussi)	ଆଫ୍ରିକାର ମହାଦେଶର ଦକ୍ଷିଣା ଅଞ୍ଚଳରେ (southern africa)	ପରିପକ୍ୱ ବୟସରେ ଗୋଟିଏ ନେଉଳ ଓଜନ ୧.୭ କି.ଗ୍ରା ଏବଂ ଲମ୍ବା ୪୩ ସେଣ୍ଟିମିଟର ବୋଲି ଦେଖାଯାଇଛି। ଏହି ନେଉଳମାନେ ମାଂସାଶୀ।
୧୦.	ଗାମ୍ବିଆନ୍ ନେଉଳ (gambian mongoose) ମୁନ୍‌ଗୋଜ୍ ଗମ୍ବିଆନସ	ଗାମ୍ବିଆ ଠାରୁ ନାଇଜେରିଆ ସାଭାନ୍ନା ଓ ଗୁନିଆନ୍ (guinean) ବଣ	ନେଉଳମାନଙ୍କର ପରିଣତ ବୟସରେ ହାରାହାରି ଓଜନ ୧.୬ କିଲୋଗ୍ରାମ। ସେହି ବୟସରେ ଲମ୍ବା ୩୫ ସେଣ୍ଟିମିଟର।

	(mungos gambianus)	ବିଭିନ୍ନ ବର୍ଣ୍ଣର ପ୍ରସ୍ତରାଦି ଖଚିତ (mosaic) ଗାମ୍ବିଆ ଠାରୁ ନାଇଜେରିଆ ନାଇଜର ନଦୀ।	ଏମାନେ ମାଂସାଶୀ ଓ ଫଳ ମଧ୍ୟ ଭୋଜନ କରନ୍ତି। ତେଣୁ ଓମ୍ନିଭୋରସ।
୧୧.	ସୁନ୍ଦର ସରୁ ନେଉଳ (ବା) କଳା ଲାଞ୍ଜିଆ ନେଉଳ (ବା) ଆଗ କଳା ନେଉଳ ଗଲେରେଲ୍ଲା ସାଙ୍ଗୁଇନି (galerella sanguinea) ଆଙ୍ଗୋଲାନ୍ ସରୁ ନେଉଳ ଓ ସୋମାଲିଆନ୍ ସରୁ ନେଉଳ ଦୁଇଟି ଉପଜାତିର ନେଉଳ।	ଆଫ୍ରିକାର ଅତି ସାଧାରଣ ନେଉଳ ଆଫ୍ରିକାର ଉପ-ସାହାରା ବା ସବ୍ ସାହାରା ଦକ୍ଷିଣ ପଶ୍ଚିମ ଆଫ୍ରିକା ଉତ୍ତର ପଶ୍ଚିମ ନାମ୍ବିଆ	ଏହି ନେଉଳମାନେ ହାଲ୍କା ବାଦାମୀ ରଙ୍ଗରୁ ଘନ ନାଲି-ବାଦାମୀ ରଙ୍ଗର ଅଛନ୍ତି। (light brown to dark red brown)। ଏମାନେ ଏକୁଟିଆ ରହିବାକୁ ଭଲ ପାଆନ୍ତି। ପରିପକ୍ୱ ବୟସରେ ହାରାହାରି ଓଜନ ୭୧୫ ଗ୍ରାମ୍। ସ୍ତ୍ରୀ ନେଉଳ ମାନେ ପୁରୁଷମାନଙ୍କ ଅପେକ୍ଷା ଛୋଟ ଓ ୫୭୫ ଦିନରେ ସ୍ତ୍ରୀତ୍ୱ ପ୍ରାପ୍ତ ହୋଇଥାଆନ୍ତି। ଗର୍ଭଧାରଣ ସମୟ ୬୧ ଦିନ।
୧୨.	ଦଳବଦ୍ଧ ନେଉଳ (banded mongoose) ମୁଙ୍ଗୋଜ୍ ମୁଙ୍ଗୋ (mungos Mungo)	ଆଫ୍ରିକାର ଉପ-ସାହାରା ଅଞ୍ଚଳରେ ବାସ କରନ୍ତି। କଙ୍ଗୋ ବେସିନ୍‌ର ବାହାରେ ଏମାନଙ୍କର ବସତି ସାହେଲି ଠାରୁ ଦକ୍ଷିଣ ଆଫ୍ରିକା ସାଭାନ୍ନାସ୍, ଖୋଲା ବଣ ଓ ଚାରଣ ଭୂମିରେ ରହନ୍ତି (grass lands)	ଏହି ନେଉଳମାନେ ବିରାଡ଼ି ପରି ଛୋଟ। ମାଂସାଶୀ, କଳାପଟା ଚିହ୍ନ ମୁଣ୍ଡ ଠାରୁ ଲାଞ୍ଜ ପର୍ଯ୍ୟନ୍ତ। ପରିଣତ ବୟସରେ ଓଜନ ୧.୩ କିଲୋଗ୍ରାମ ଛୋଟ ହେଲେ ବି ଏ ନେଉଳମାନେ ସାପକୁ ମାରିବାରେ ଧୂରନ୍ଧର। ଏମାନେ ଦିନବେଳେ ଆତଯାତ ହୁଅନ୍ତି। ଏମାନେ ମଧ୍ୟ ଦଳବଦ୍ଧ ହୋଇ ରହନ୍ତି ଓ ସାମାଜିକ ପ୍ରାଣୀ। ଗୋଟିଏ ଗୋଟିଏ ଦଳରେ ୧୫ ରୁ ୨୦ ନେଉଳ ରହିଥାନ୍ତି। ଏମାନେ ସମବାୟସୂତ୍ରରେ ଶତ୍ରୁକୁ

ଆକ୍ରମଣ କରନ୍ତି ଏବଂ
ଏମାନଙ୍କର ପ୍ରଜନନ ମଧ୍ୟ
ସଂଗଠିତ ହୁଏ। ଗୋବର ପୋକ
ପରି ପୋକ ଓ ଭଅଁର ପୋକ
ଏମାନଙ୍କର ପ୍ରିୟ ଖାଦ୍ୟ।

ବିଷଧର ସର୍ପ ଓ ନକୁଳ :

ନେଉଳ ଠାରେ କ'ଣ କ'ଣ ଅଛି, ଯାହା ଫଳରେ ନେଉଳ, ସାପ ବିଷକୁ ବା ସାପ କାମୁଡାକୁ ଭୟ କରୁ ନାହିଁ। ନେଉଳ ସାଧାରଣ ଭାବରେ ନିର୍ଭୀକ ଭୟଙ୍କର ସକ୍ରୀୟ ସର୍ପ ଶିକାରୀ। ନେଉଳ ଗୋଟିଏ ଲୋମଶ ମୋଟା ଆବରଣ ବିଶିଷ୍ଟ ପ୍ରାଣୀ। ଏହାର ଚମଡ଼ା ତୁଳନାତ୍ମକ ଭାବରେ ମୋଟା। ସାପର ବିଷ ଦାନ୍ତକୁ ଫ୍ୟାଙ୍ଗଡ୍ (panged) କହନ୍ତି। ଏହାଦ୍ୱାରା ସାପ, କାମୁଡିବା ପ୍ରାଣୀଠାରେ ବିଷ ପ୍ରୟୋଗ କରେ। ନେଉଳର ଆବରଣ ଓ ଲୋମ ତାକୁ କିଛି ଅଂଶରେ ସୁରକ୍ଷା ଦିଏ। ନେଉଳମାନଙ୍କର ଲୋମ କଠିନ ଓ ଦୃଢ଼। ସାପକୁ ଦେଖିଲେ ସେ ନିଜ ଦେହକୁ ଫୁଲାଇ ପ୍ରାୟ ଦ୍ୱିଗୁଣ ଆକାର ବିଶିଷ୍ଟ କରି ଦିଏ। ଏଣୁ ସାପ ପକ୍ଷରେ ନେଉଳକୁ ଆଘାତ କରିବା କଷ୍ଟକର ହୁଏ।

ଦ୍ୱିତୀୟ ପ୍ରଣାଳୀଟି ନେଉଳର ନିଜସ୍ୱ ପ୍ରତିରକ୍ଷା ପ୍ରଣାଳୀର ଗୋଟିଏ ଦିଗ ବା କୌଶଳ। ସାପ କ୍ଷିପ୍ର ବା ଦ୍ରୁତଗତି କରି ପାରେ। ମାତ୍ର ନେଉଳ ସାପଠାରୁ ଦ୍ରୁତତର ଗତିରେ ଧାଇଁପାରେ। କ୍ଷିପ୍ରତା (agility) ରେ ନେଉଳ ହେଉଛି ରାଜା। ଜୀବନ ରକ୍ଷା ପାଇଁ ସାପ ତୁରନ୍ତ ନେଉଳକୁ ଆଘାତ କରିବା ପାଇଁ ଚେଷ୍ଟା କରେ। ମାତ୍ର ନେଉଳ ସେତେବେଳକୁ ସେଠାରେ ନ ଥାଏ। ନେଉଳ, ସାପ ପାଇଁ କାମୁଡିବାର ସୁଯୋଗ ସୃଷ୍ଟି କରେ, ମାତ୍ର ଚୋଟ ମାରିବା ବେଳକୁ କୌଶଳ କରି ସେଠାରୁ ଖସି ପଳାଏ, ନେଉଳମାନଙ୍କର ବିଶ୍ୱାସ ଯୋଗ୍ୟ ଗତି ଓ କ୍ଷିପ୍ରତା ଉପରେ ପର୍ଯ୍ୟବେକ୍ଷଣ କରାଯାଇ ଜଣା ଯାଇଛି ଯେ ଗୋଟିଏ ପରିଣତ ବୟସ (adult) ନେଉଳ ଘଣ୍ଟାକୁ ୨୦ ମାଇଲ୍ (20 MPH) ବା ତା'ଠାରୁ ଅଧିକ ବେଗରେ ଧାଇଁ ପରେ। ଏହି କୌଶଳ ଦ୍ୱାରା ନେଉଳ, ସାପକୁ ଇତଃସ୍ତତ ଦୌଡେଇ ଦୌଡେଇ ଅଧିକ ଥର ଫଣାଦ୍ୱାରା ଅଯଥା ଆଘାତ କରିବାରେ ନିୟୋଜିତ କରି କ୍ଳାନ୍ତ ବା ହାଲିଆ କରି ପକାଏ। ଯଦି କେହି ସାପ, ନେଉଳକୁ ଧରିବାକୁ ଚେଷ୍ଟାକରେ ସେ ତାର ଟାଣ ଲୋମ (stiff bristle hair) ଦ୍ୱାରା ଦୂରକୁ ଠେଲି ଦିଏ। ନେଉଳମାନେ ନିଜର ପ୍ରଚଣ୍ଡ ପ୍ରଖର ଗତିକୁ ବ୍ୟବହାର କରି ବିଷଧର ଶତ୍ରୁମାନଙ୍କୁ ବିନାଶ କରନ୍ତି ଏବଂ ଗତିଶୀଳ ଖାଦ୍ୟ ଜନିତ ଶିକାରକୁ ମଧ୍ୟ ଅନାୟାସରେ ଧରି ପାରନ୍ତି।

ବିଶ୍ୱାସ କରାଯାଏ ଯେ ନେଉଳମାନେ ସାପର ବିଷରୁ ପ୍ରତିରକ୍ଷିତ ବା ପରିମୁକ୍ତ, ଯାହାକୁ ଇଂରାଜୀରେ ଇମ୍ୟୁନ୍ (Immune) କହନ୍ତି। କିନ୍ତୁ ଏହା ଠିକ୍ ଭାବରେ ସତ୍ୟ ନୁହେଁ। ସିଧାସଳଖ ଭାବରେ ସାପର ବିଷକୁ ପ୍ରତିରୋଧ କରିବାର ଶକ୍ତି ନେଉଳର ନାହିଁ। ନେଉଳ ତାର ଗତିଶୀଳ ଭ୍ରମଣ ଦ୍ୱାରା ନିଶ୍ଚିତ ଭାବରେ ସାପ କାମୁଡାକୁ ପରିହାର କରେ ବା ଏଡାଇ ଯାଏ ଏବଂ ଶରୀରକୁ ଫୁଲାଇ ରକ୍ଷା ପାଇବାକୁ ଚେଷ୍ଟା କରେ।

ସାପର ବିଷ ନର୍ଭ (nerve) ବା ସ୍ନାୟୁ ମାଧ୍ୟମରେ କାମୁଡିଥିବା ପ୍ରାଣୀ ଶରୀରକୁ ପ୍ରବେଶ କରେ। ଏଣୁ ଏହାକୁ ଗୋଟିଏ ନିଉରୋ ଟକ୍‌ସିନ୍ (neuro-toxin) କୁହାଯାଏ। ଦେହର ମାଂସପେଶୀକୁ ସକ୍ରିୟ କରିବା ସମୟରେ ସ୍ନାୟୁ-ସୁତା (nerve fibres) ଗୁଡିକର ଶେଷ ଭାଗରେ ଆସେଟାଇଲ୍ କୋଲିନ୍ (acetyl-choline) ନାମକ ଏକ ରାସାୟନିକ ପଦାର୍ଥ ନିସୃତ ହୁଏ। ସ୍ନାୟୁ ସୁତାର ଏହି ଅଂଶ ଗ୍ରହଣଶୀଳତା (receptors) ର କାର୍ଯ୍ୟ କରେ। ଶରୀରର ବାହାରର ବିଷ ବା କୌଣସି ଶରୀରର କ୍ଷତିକାରକ ରାସାୟନିକ ପଦାର୍ଥ ଗ୍ରହଣଶୀଳ ସ୍ଥାନରେ ବା ବିନ୍ଦୁରେ ସ୍ନାୟୁ ସହିତ ବାନ୍ଧି ହୋଇ (binding) ଯାଇ ପ୍ରାଣୀର କ୍ଷତି କରେ। ମାତ୍ର ନେଉଳ କ୍ଷେତ୍ରରେ ଏହି ଗ୍ରହଣଶୀଳ ବିନ୍ଦୁଗୁଡିକ ସ୍ୱତନ୍ତ୍ର ଭାବରେ ତିଆରି। ଏ ଗୁଡିକ ରୂପାନ୍ତରିତ ହୋଇଥାଏ। ସେମାନଙ୍କର ଏହି ରୂପାନ୍ତରିତ (modified) ଗ୍ରହଣଶୀଳ ବିନ୍ଦୁଗୁଡିକ (receptors) ସାପର ବିଷକୁ ବାନ୍ଧି ହେବାକୁ ନିବାରଣ କରେ ବା ଗ୍ରହଣ କରେ ନାହିଁ। ସେମାନଙ୍କର ଏହି ଗ୍ରହଣଶୀଳ ସ୍ଥାନ ବା ବିନ୍ଦୁଗୁଡିକ ଅନ୍ୟପ୍ରକାର ଆଣବିକ ଆକାରରେ (molecular shape) ଗଠିତ ମାତ୍ର ଆମପରି ନୁହେଁ। ନେଉଳର ଏହା ବିଶେଷ କାମ ପାଇଁ ଉଦ୍ଦିଷ୍ଟ। ପ୍ରତିପିଣ୍ଡ ଓ ରକ୍ତର ଶ୍ୱେତ କଣିକା ସାହାଯ୍ୟରେ ରୋଗ ସଂକ୍ରମଣ ପ୍ରତିହତ କରିବା ସାମର୍ଥ୍ୟକୁ ଇମ୍ୟୁନିଟି (immunity) ବା ରୋଗ ପ୍ରତିରୋଧ ଶକ୍ତି କହନ୍ତି। ନେଉଳର ସେପରି ବ୍ୟବସ୍ଥା ସାପ ବିଷ ପାଇଁ ନଥାଏ, ବଂଶଗତ ଭାବରେ ଯାହା ପ୍ରଚଳିତ ହୋଇ ଆସୁଥିବ ସେଥିରେ ପୈତ୍ରିକ (genetical) ପରିବର୍ତ୍ତନ ହେଲେ, ତାକୁ ବିବର୍ତ୍ତିତ ପରିବର୍ତ୍ତନ ବା ମ୍ୟୁଟେସନ୍ (mutation) କହନ୍ତି। ନେଉଳ ମାନଙ୍କର ନିକୋଟିନିକ୍ ଆସେଟାଇଲ୍ କୋଲିନ୍ ଗ୍ରହଣକାରୀ ସଂସ୍ଥାରେ ସାପ ବିଷକୁ ଗ୍ରହଣ ନ କରିବାର ଏ ଯେଉଁ ବ୍ୟବସ୍ଥା ରହିଛି, ତାହା ବିବର୍ତ୍ତନ ପ୍ରକ୍ରିୟାରେ ବା ମ୍ୟୁଟେସନ୍ ଯୋଗୁ ସମ୍ଭବ ହୋଇଥାଏ ବୋଲି କୁହାଯାଏ।

ବିଷଧର ସର୍ପ କହିଲେ ଆମେ ନାଗ ଓ ଗୋଖର ସାପମାନଙ୍କୁ ବୁଝୁଁ। ଇଂରାଜୀରେ ଏମାନଙ୍କୁ କୋବ୍ରା (cobra) କୁହାଯାଏ। ଏମାନଙ୍କର ଆକାର,

ଆକ୍ରମଣାତ୍ମକ ବ୍ୟବହାର (aggression) ବିଷର ବିଷାକ୍ତତା (venom toxicity) ପ୍ରଚଣ୍ଡ ଆକ୍ରମଣର ଲକ୍ଷଣର ପ୍ରକାଶ ସମୟ (speed it on-set symptoms) ତ୍ୱରାନ୍ୱିତ। ଏହି ସାପମାନେ କୌଣସି ପ୍ରାଣୀକୁ କାମୁଡି ଦେଲେ ତାର ବିଷ ରକ୍ତରେ ଅତିଶୀଘ୍ର ଖେଳିଯାଏ ଓ ତୁରନ୍ତ ମୃତ୍ୟୁ ଘଟିଥାଏ। ଏମାନଙ୍କଠାରୁ ସାମାନ୍ୟ କମ୍ ବିଷାକ୍ତ ସାପ ହେଉଛି ଆଫ୍ରିକାର କଳା ମାମ୍ବା (black Mamba)। ପୃଥିବୀର ଏହା ଦ୍ୱିତୀୟ ବୃହତ୍ତମ ବିଷଧର ସର୍ପ। କିନ୍ତୁ ନେଉଳମାନେ ଏମାନଙ୍କୁ ଆକ୍ରମଣ କରି ମାରି ଦେବାକୁ ଟିକିଏ ହେଲେ ବିଳମ୍ବ କରନ୍ତି ନାହିଁ। ବାସ୍ତବରେ ନେଉଳ ଓ ଗୋଖରର ଯୁଦ୍ଧ ଯେଉଁମାନେ ଦେଖିଛନ୍ତି, ସେମାନେ ନେଉଳର କରାମତି ଦେଖି ନିଶ୍ଚୟ ଆଶ୍ଚର୍ଯ୍ୟ ହୋଇ ଯିବେ। କୋବ୍ରାମାନଙ୍କର ବିଷ, ବିଷାକ୍ତ ସାପମାନଙ୍କ ମଧ୍ୟରେ ସେତେ ଶକ୍ତିଶାଳୀ (potent) ନୁହେଁ। ମାତ୍ର ସେମାନେ ଗୋଟିଏ ଥର କାମୁଡିଲେ ଗୋଟିଏ ତରଳ ମାପ ଆଉନ୍‌ସର ଦୁଇ ଦଶମାଂଶର, କାମୁଡିଥିବା ପ୍ରାଣୀଠାରେ ନିଉରୋଟକ୍‌ସିନ୍ ଜମା କରି ଦିଅନ୍ତି। ଏହାର ପ୍ରଭାବରେ ୨୦ ଜଣ ଲୋକ ବା ଗୋଟିଏ ହାତୀ ମରିଯାଇ ପାରେ। କୋବ୍ରାର ବିଷ ମସ୍ତିଷ୍କର ଶ୍ୱାସକ୍ରିୟାକୁ ପ୍ରଭାବିତ କରେ। ଫଳରେ ହୃତପିଣ୍ଡର ସ୍ପନ୍ଦନ ଓ ଶ୍ୱାସକ୍ରିୟା ତୁରନ୍ତ ବନ୍ଦ ହୋଇଯାଏ।

ପ୍ରଜନନ (Breeding)

ସ୍ତ୍ରୀ ନେଉଳମାନେ କୋଡୋଟି ସଂଗଠିତ ଗୋଷ୍ଠି ବା ଦଳରେ ପୁରୁଷ ନେଉଳମାନଙ୍କ ସହିତ ରହିଥାଆନ୍ତି। ଜନ୍ମ କରିବାର ପ୍ରାୟ ୧୦ଦିନ ପରେ ସେମାନେ ପୁଣି ଗରମ (oestrous) କୁ ଆସନ୍ତି ଏବଂ ୧ ରୁ ୩ଟି ପର୍ଯ୍ୟନ୍ତ ପ୍ରତିପତ୍ତିଶାଳୀ (dominant) ପୁରୁଷ ନେଉଳମାନଙ୍କ ସହିତ ସେମାନଙ୍କର ସଂଗମ ହୁଏ। ଏହି ପୁରଷ ନେଉଳମାନେ ଦଳର ସ୍ତ୍ରୀ ନେଉଳମାନଙ୍କର ନିୟନ୍ତ୍ରଣକାରୀ ଥାଆନ୍ତି ଏବଂ ଅଧିନସ୍ଥ ଅନ୍ୟ ପୁରୁଷ ନେଉଳମାନଙ୍କୁ ଆକ୍ରମଣାତ୍ମକ ଭଙ୍ଗୀରେ ପୂରାଇ ଦିଅନ୍ତି ନାହିଁ। କେତେକ ସ୍ତ୍ରୀ-ନେଉଳ ଏକ ସମୟରେ ଗରମ (Oestrous) କୁ ଆସି ଥାଆନ୍ତି ଏବଂ ସେମାନେ ପ୍ରାୟ ଏକ ସମୟରେ ଛୁଆ ଜନ୍ମ କରନ୍ତି। ଯେତେବେଳେ ସ୍ତ୍ରୀ- ନେଉଳମାନେ ଗରମରେ ଥାଆନ୍ତି, ପୁରୁଷ ଡ଼ୋମିନାଣ୍ଟ ନେଉଳମାନେ ସେମାନଙ୍କର ପାଖେ ପାଖେ ରହନ୍ତି ଏବଂ ସେହି ଦଳରେ ଥିବା ପୁରୁଷ ପ୍ରତିଦ୍ୱନ୍ଦୀମାନଙ୍କୁ ସତର୍କତା ମୂଳକ ଭାବରେ ଜଗି ରହିଥାନ୍ତି। ବାମନ ନେଉଳମାନଙ୍କ ଦଳରେ ଗୋଟିଏ ହଳ ପ୍ରତିପତ୍ତିଶାଳୀ ନେଉଳ ରହନ୍ତି ଏବଂ ପୁରୁଷ ନେଉଳଟି ପ୍ରଜନନ କାର୍ଯ୍ୟ ତୁଲାଇ ଥାଏ। ପ୍ରାୟ ପ୍ରତ୍ୟେକ ପରିଣତ ବୟସର ସ୍ତ୍ରୀ ନେଉଳ ନିୟମିତ ବ୍ୟବଧାନରେ ପ୍ରାୟ ୩ଟି ଲେଖାଏଁ ଛୁଆ ଜନ୍ମ କରନ୍ତି। ସ୍ତ୍ରୀ ନେଉଳମାନେ ସେମାନଙ୍କର ଭାଇମାନଙ୍କ ସହିତ ସଂଗମ କରିବା

ପାଇଁ ନିବାରଣ କରନ୍ତି। ମୁଖ୍ୟତଃ ବର୍ଷା ଋତୁରେ ନଭେମ୍ବର ମାସରୁ ମେ ମାସ ମଧ୍ୟରେ ଛୁଆମାନେ ଜନ୍ମ ହୁଅନ୍ତି। ଗର୍ଭଧାରଣ ସମୟ ନେଉଳ ପ୍ରଜାତିକୁ ନେଇ ସାମାନ୍ୟ ପରିବର୍ତ୍ତନ ଦେଖାଇ ଥାଏ। ଏହା ପ୍ରାୟ ୪୯ ରୁ ୫୬ ଦିନ ବୋଲି ଧରାଯାଇ ଥାଏ। ଥରକରେ ୩ ରୁ ୪ଟି ଯାଏ ଛୁଆ ଜନ୍ମ ହୁଅନ୍ତି। ୪୫ ଦିନ ପର୍ଯ୍ୟନ୍ତ ଛୁଆମାନଙ୍କୁ ମାଆ ପାଳନ କରିଥାଏ ଏବଂ ସଂପୂର୍ଣ୍ଣ ଭାବରେ ଛୁଆ, ମାଆ ଠାରୁ ଅଲଗା ହେବା (weaning) ପର୍ଯ୍ୟନ୍ତ ସେମାନଙ୍କୁ ଖାଦ୍ୟ ଆଣି ଦେବାକୁ ହୋଇଥାଏ। ଦଳର ଯୁବକ ଯୁବତୀମାନେ ଏହି କାର୍ଯ୍ୟରେ ପ୍ରାୟ ୬ ମାସ ପର୍ଯ୍ୟନ୍ତ ସାହାଯ୍ୟ କରି ଥାଆନ୍ତି। ତିନି ବର୍ଷ ବୟସ ନ ହେବା ପର୍ଯ୍ୟନ୍ତ, ସେମାନେ ପୂର୍ଣ୍ଣ ଯୌନ ପରିପକ୍ୱତା ଲାଭ କରନ୍ତି ନାହିଁ। ଅଧିକାଂଶ ନେଉଳ ପ୍ରଜାତିର ମଳଦ୍ୱାର ପାଖରେ ଗୋଟିଏ ବଡ଼ ସେଣ୍ଟ ଗ୍ରନ୍ଥୀ ଥାଏ। ଏହା ଇଲାକା ଚିହ୍ନଟ କରିବାରେ ଓ ପୁନରୁତ୍ପାଦନର ପ୍ରସ୍ତୁତି ସଂପର୍କରେ ସୂଚନା ଦିଏ।

ଝିଙ୍କ

(Porcupines)

ଝିଙ୍କ ଗୋଟିଏ ବଡ଼ ମୂଷା ଜାତୀୟ ପ୍ରାଣୀ। ମୂଷା, ଗୁଣ୍ଡୁଚି ମୂଷା, ବଡ଼ମୂଷା (rat) ଓ ବିଭର୍ ମୂଷା (beaver) ଏହି ଜାତୀୟ ସ୍ତନ୍ୟପାୟୀ ପ୍ରାଣୀ। ଏମାନେ ସମସ୍ତେ ଦାନ୍ତରେ କାମୁଡ଼ିବାରେ (gnawing) ଧୁରନ୍ଧର। ଏମାନଙ୍କୁ କର୍ତ୍ତଦନ୍ତୀ କୁହାଯାଏ। କୁକୁର ଦାନ୍ତ ପରି ମୁନିଆ ଦାନ୍ତକୁ ଶ୍ୱାନଦନ୍ତ (canineteeth) କୁହାଯାଏ ଏବଂ ଉପର ବା ତଳ ପାଟିର ସାମନା ଦାନ୍ତ-ସମୂହକୁ ଇନ୍‌ସାଇଜର (inciser) କହନ୍ତି। କର୍ତ୍ତଦନ୍ତୀମାନଙ୍କର ଦୃଢ଼ ସାମନା ଦାନ୍ତ ବା ଇନ୍‌ସାଇଜର ଦାନ୍ତ ଥାଏ। ମାତ୍ର ଶ୍ୱାନଦନ୍ତ ନଥାଏ। ଏହି ଶ୍ରେଣୀର ପ୍ରାଣୀମାନେ ରୋଡେଣ୍ଟିଆ (rodentia) ଶ୍ରେଣୀର ପ୍ରାଣୀ ଓ ଏମାନଙ୍କୁ ରୋଡେଣ୍ଟ କୁହାଯାଏ। ଝିଙ୍କ ଗୋଟିଏ ଏହି ଶ୍ରେଣୀର ପ୍ରାଣୀ। ଝିଙ୍କ ଗୋଟିଏ ରୋଡେଣ୍ଟ ଓ ରୋଡେଣ୍ଟିଆ ଶ୍ରେଣୀର ଅନ୍ତର୍ଗତ। ଝିଙ୍କ ଓ ବିଭର ମୂଷାର କିଛି ବିଶେଷ ଗୁଣ ଥିବାରୁ ବା ଆକର୍ଷଣୀୟ କାର୍ଯ୍ୟ ଥିବରୁ ଏମାନଙ୍କ ସମ୍ପର୍କରେ ଜାଣିବା ପାଇଁ ଆଗ୍ରହ ସୃଷ୍ଟି ହୁଏ। ବିଭର ମୂଷା ତୀକ୍ଷ୍ଣ ଦନ୍ତ କୋମଳ ମାଟିଆ ରଙ୍ଗର ଲୋମ ଓ ଚଉଡା ଲାଞ୍ଜ ବିଶିଷ୍ଟ ଉଭୟଚର ଜୀବ। ସେମାନଙ୍କ କାର୍ଯ୍ୟ କଳାପ ଦୃଷ୍ଟିରୁ ସେମାନଙ୍କୁ ଉତ୍ତମ ପ୍ରାଣୀ ଯନ୍ତ୍ରୀ ବୋଲି ମନେକରାଯାଏ। ଗୁଣ୍ଡୁଚି ମୂଷା (squirel) ପ୍ରଭୁ ରାମଚନ୍ଦ୍ରଙ୍କୁ ସେତୁ ବନ୍ଧ ବାନ୍ଧିବାରେ ସାହାଯ୍ୟ କରି ବଂଶଗତ ଭାବରେ ସ୍ଥାୟୀ ସଙ୍କେତ ଲାଭ କରିଥିବାର ବର୍ଣ୍ଣନା ଅଛି। ଝିଙ୍କ ସେହି ଭଳି ଗୋଟିଏ ରୋଡେଣ୍ଟ ଯାହାର ଲାଞ୍ଜ ସହ ସମ୍ପୂର୍ଣ୍ଣ ଆବରଣ (coat) ରେ ତାର ପରଗୁଡିକ ମୁନିଆ ଟାଣ କଣ୍ଟା ଭଳି ରହି ତାକୁ ଶତ୍ରୁ ବା

ଶିକାରୀମାନଙ୍କ କବଳରୁ ରକ୍ଷାକରେ। ଏଗୁଡିକୁ ଝିଙ୍କ କାଠି କୁହାଯାଏ ଏବଂ ସେହିଗୁଡିକ ହିଁ ଆମର ଦୃଷ୍ଟି ଆକର୍ଷଣ କରିଥାଏ। କେବଳ ଶରୀରର ଆବରଣ ଭାବରେ ତାକୁ ରକ୍ଷା କରେ ନାହିଁ। ଏଗୁଡିକ ଶରମାରିବା ଭଳି ଝିଙ୍କ ଶରୀରରୁ ଯାଇ ଶତ୍ରୁ ଦେହରେ ଫୁଟି ଯାଇ ତାକୁ ରକ୍ତାକ୍ତ କରି ଯନ୍ତ୍ରଣା ଦେଇଥାଏ। ଏଣୁ ଏହା ଗୋଟିଏ ଅଦ୍ଭୁତ ଜୀବ ନୁହେଁ କି ? ଆମ ମୁଣ୍ଡବାଳରେ ଓ ନଖରେ କେରାଟିନ୍ (keratin) ଅଛି। ସେମାନଙ୍କର ଲୋମରେ ମଧ୍ୟ କେରାଟିନ୍ ଥାଏ। ଏହି ଲୋମଗୁଡିକ ପରିବର୍ତ୍ତିତ ହୋଇ ଝିଙ୍କକାଠିରେ ପରିଣତ ହୋଇଥାଏ। ତାର ଦେହର ତଳ ପାଖରେ ଏପରି କଣ୍ଟାପର ନଥାଏ ଏବଂ କେବଳ ଉପର ଅଂଶରେ ଓ ଲାଞ୍ଜରେ ଥାଏ। ସେ ନିଜେ ଏଗୁଡିକୁ ଶର ମାରିବା ପରି ମାରି ପାରେ ନାହିଁ। ଆବଶ୍ୟକ ସମୟରେ ଏହି କାଠିଗୁଡିକ ଆପେ ତା ଦେହରୁ ବାହାରି ଯାଏ। ଆମେ ଏଗୁଡିକୁ ପର ବା କାଠି କହିଲେ ମଧ୍ୟ ବାସ୍ତବରେ ଏହା ଜୀବ ଶରୀରରୁ ଉଦ୍‌ଗତ ମୁନିଆଁ କଣ୍ଟା।

ସମଗ୍ର ପୃଥିବୀରେ ୩୦ଟି ବିଭିନ୍ନ ଜାତି (species)ର ଝିଙ୍କ ଅଛନ୍ତି ବୋଲି ପ୍ରାଣୀବିଜ୍ଞାନୀମାନେ ମତ ଦିଅନ୍ତି। ଆଫ୍ରିକାର ଚୂଳଥିବା (crested) ଝିଙ୍କମାନେ ପୃଥିବୀର ସବୁଠାରୁ ବଡ଼ ଝିଙ୍କ। ଉତ୍ତର ଆମେରିକାର ଝିଙ୍କମାନେ ପୃଥିବୀର ଦ୍ୱିତୀୟ ବୃହତ୍ତମ ଝିଙ୍କ ଜାତି ବୋଲି କୁହାଯାଏ। ଅନ୍ୟ କେତୋଟି ଜାତି ମଧ୍ୟରୁ ଆଫ୍ରିକାର ବ୍ରସ୍ (brush) ପରି ଲାଞ୍ଜଥିବା ଝିଙ୍କ, ଏସିଆ ମହାଦେଶର ବ୍ରସ୍ ଲାଞ୍ଜ ଥିବା ଝିଙ୍କ, ଥୁଣ୍ଟା ଲାଞ୍ଜିଆ (stump-tailed) ଝିଙ୍କ, ଲମ୍ୱା ଲାଞ୍ଜଥିବା (long tailed) ଝିଙ୍କ, ଧାରଣକ୍ଷମ ଲାଞ୍ଜ ଥିବା (prehensile tailed) ଝିଙ୍କ, ଚୂଳଥିବା (crested) ଝିଙ୍କ, ଛୋଟ କଠିନ ଲୋମ (bristle)ରେ କଣ୍ଟାଥିବା ଝିଙ୍କ, ଲୋମଶ (hairy) ଝିଙ୍କ, ବ୍ରାଜିଲିଆନ୍ ଝିଙ୍କ ଓ ଭାରତୀୟ ଚୂଳ ଥିବା ଝିଙ୍କ ଇତ୍ୟାଦି।

ପରିଣତ ବୟସ (adult) ରେ ଝିଙ୍କମାନଙ୍କର ଲମ୍ୱା, ଉଚ୍ଚତା ଓ ଓଜନରେ ଜାତିଗତ ଭାବରେ ପ୍ରାର୍ଥକ୍ୟ ଦେଖା ଦେଇଥାଏ। ବ୍ରାଜିଲିଆନ୍ ଝିଙ୍କ ୪୭ ସେଣ୍ଟିମିଟର, ଭାରତୀୟ ଚୂଳଥିବା (crested) ଝିଙ୍କ ୭୫ ସେଣ୍ଟିମିଟର, ମାଲୟାନ ଝିଙ୍କ ୫୩ ସେଣ୍ଟିମିଟର, ଆଫ୍ରିକାର ବ୍ରସ୍ ପରି ଲାଞ୍ଜ ଥିବା ଝିଙ୍କ ୪୩ ସେଣ୍ଟିମିଟର ଲମ୍ୱା ହୋଇଥିବାର ଦେଖାଯାଏ। ଅଧିକାଂଶ ଝିଙ୍କ ପ୍ରାୟ ୬୦ ରୁ ୯୦ ସେଣ୍ଟିମିଟର ବା ୨୫ ରୁ ୩୬ ଇଞ୍ଚ ଲମ୍ୱା ଏବଂ ସେମାନଙ୍କର ଲାଞ୍ଜର ଲମ୍ୱା ୨୦ ରୁ ୨୫ ସେଣ୍ଟିମିଟର ବା ୮ ରୁ ୧୦ ଇଞ୍ଚ। ଉତ୍ତର ଆମେରିକାର ଝିଙ୍କମାନେ ଲମ୍ୱାରେ ୨ ରୁ ୩ ଫୁଟ ବା ୬୦ ରୁ ୯୦ ସେଣ୍ଟିମିଟର ହୋଇଥାଆନ୍ତି। ଝିଙ୍କମାନଙ୍କର ପରିଣତ ବୟସରେ ସାଧାରଣ ଉଚ୍ଚତା ୧୫ ଇଞ୍ଚ ବା ୩୮ ସେଣ୍ଟିମିଟର। ଏହି ବୟସରେ ଏମାନଙ୍କର ଓଜନ ୧.୨

କି.ଗ୍ରା ରୁ ୧୩ କି.ଗ୍ରା ପର୍ଯ୍ୟନ୍ତ ହୋଇଥାଏ। ଉତ୍ତର ଆମେରିକାର ଝିଙ୍କମାନେ ସାଧାରଣତଃ ୨୦ ପାଉଣ୍ଡ ବା ୯ କି.ଗ୍ରା. ଓଜନ ବିଶିଷ୍ଟ।

ଝିଙ୍କ ଗୋଟିଏ ରାତ୍ରୀକାଳରେ ସକ୍ରିୟ (nocturnal) ତୃଣଭୋଜୀ ପ୍ରାଣୀ ଏବଂ ଏହା ବହୁ ପ୍ରକାରର ଉଦ୍ଭିଦଜ ଖାଦ୍ୟ ଖାଇଥାଏ। ଜାତିଗତ ଭାବରେ ଓ ସ୍ଥାନୀୟ ବୃକ୍ଷାଦିକୁ ନେଇ ଖାଦ୍ୟରେ ସାମାନ୍ୟ ତାରତମ୍ୟ ଦେଖାଯାଇ ପାରେ। ବିଭିନ୍ନ ଋତୁକୁ ନେଇ ଏମାନଙ୍କର ଖାଦ୍ୟରେ ମଧ୍ୟ ପରିବର୍ତ୍ତନ ଦେଖାଯାଏ। ମଞ୍ଜି କଢ଼ି, କାଣ୍ଡ, ପତ୍ର ଫୁଲ, ଫଳ, ଘାସ, ମୂଳ ବ୍ୟତୀତ ଝିଙ୍କମାନେ ଗଛ ବକଳା ବା ଖୋଳପା, ବସନ୍ତ କାଳରେ ଗଛର କଅଁଳିଆ ପତ୍ର ଓ କଢ଼ି, ରସାଳ କ୍ଷୁଦ୍ର ଗୋଲାକୃତି ମଞ୍ଜି ନଥିବା ଫଳ ବା ବିଭିନ୍ନ ପ୍ରକାର କୋଳି, କଠିନ ଆବରଣ ଯୁକ୍ତ ଫଳ, କନ୍ଦମୂଳ ଓ ଆଳୁ ଇତ୍ୟାଦି ପରି ମାଟିତଳେ ଥିବା ସ୍ଥୁଳକାଣ୍ଡ, ଛୋଟ ଡଙ୍ଗାର ନରମ ଆହୁଲା କାଠ (canoe paddle), ଗୁଳ୍ମ (shrubs) ଓ ପୁନରୁତ୍ପାଦନ ପାଇଁ ଫଳ ଫୁଲ ଧରୁଥିବା ଗଛର ଅଂଶ ବିଶେଷ ଏମାନଙ୍କର ପ୍ରିୟ ଖାଦ୍ୟ। ଗ୍ରୀଷ୍ମ ଓ ବସନ୍ତ ଋତୁରେ ଝିଙ୍କମାନେ କୋଳି, ବିଭିନ୍ନ ପ୍ରକାର ମଞ୍ଜି, ମୂଳ, ଘାସ ଓ ପତ୍ର ଖାଇ ବଞ୍ଚନ୍ତି ଏବଂ ଶୀତ ଦିନେ ସେମାନେ ସଦା ସବୁଜ କଅଁଳିଆ ବା ଛୁଞ୍ଚ ପରି ପତ୍ର ଓ ଗଛର ନରମ ବକଳା ଖାଇବାକୁ ପାଆନ୍ତି। ଉତ୍ତର ଆମେରିକାର ଝିଙ୍କମାନେ ସେମାନଙ୍କ ବଡ଼ ଛାମୁ ଦାନ୍ତ ଦ୍ୱାରା ଗଛର ଖୋଳପା ଓ ନରମକାଠ ଏପରି ଭାବରେ ଖାଆନ୍ତି ଯେ ସମୟ ସମୟରେ ଗଛଟି ମରିଯାଏ।

ଝିଙ୍କମାନେ ଦକ୍ଷିଣ ୟୁରୋପ, ଦକ୍ଷିଣ ଓ ପଶ୍ଚିମ ଏସିଆ, ଆଫ୍ରିକା ମହାଦେଶରେ ମୁଖ୍ୟତଃ ବାସ କରନ୍ତି ଏବଂ ସଠିକ ଭାବରେକହିବାକୁ ଗଲେ କେବଳ ରାତିରେ ଚଳ ପ୍ରଚଳ ହୁଅନ୍ତି ଓ ଦିନରେ ବିଶ୍ରାମ ନିଅନ୍ତି। ପ୍ରାଣୀମାନଙ୍କର ଶ୍ରେଣୀ ବିଭାଗ ଅନୁସାରେ ବା ଟାକ୍ସୋନୋମିକ୍ ଟର୍ମ (taxonomic term) ଅନୁସାରେ ଝିଙ୍କମାନେ ହିଷ୍ଟ୍ରିସିଡି (hystricidae) ପରିବାର ଅନ୍ତର୍ଗତ। ଲାଟିନ ଶବ୍ଦ ପୋର୍‌କୁସ୍ (porcus) ଅର୍ଥ "ଘୁଷୁରି ଓ କଣ୍ଟା' (pig and spine) ବା "କଣ୍ଟା ବା ପର" (spines or quills)। ଉପଯୁକ୍ତ ଭାବରେ କହିବାକୁ ଗଲେ ସେମାନଙ୍କ ପାଇଁ ସ୍ଥାନୀୟ ନାମ ପୋର୍‌କୁ ପାଇନ୍ ଅର୍ଥ "ପରଥିବା ଘୁଷୁରି' (quill pig)। ଝିଙ୍କମାନଙ୍କୁ ଶିକାରୀମାନେ ଶିକାର କରନ୍ତି କାହିଁକି ? ସାଧାରଣ ଭାବରେ ଏହାର ଦୁଇଟି କାରଣ ରହିଛି। ଏମାନଙ୍କର ମାଂସ ଭକ୍ଷଣ ଯୋଗ୍ୟ ଓ ସ୍ୱାସ୍ଥ୍ୟବର୍ଦ୍ଧକ ବୋଲି ଅନେକ ଆଦିବାସୀ ସଂପ୍ରଦାୟ ଲୋକମାନେ ବିଶ୍ୱାସ କରନ୍ତି। ଏଣୁ ପରମ୍ପରା ଗତ ଭାବରେ ଏହା ଗୋଟିଏ ମୁଖ୍ୟ ଉତ୍ପାଦିତ ଦ୍ରବ୍ୟ। ପରଗୁଡିକ ଦେଖିବାକୁ ସୁନ୍ଦର ଓ ଏଥିରୁ ଅନେକ ଶୋଭାବର୍ଦ୍ଧକ ସାଜସଜ୍ଜା ପାଇଁ ବୁଣାବୁଣି କାର୍ଯ୍ୟ କରାଯାଏ। ଯେତେବେଳେ କଲମ, ସ୍ୟାହି ଓ କାଗଜର ବ୍ୟବହାର ଥିଲା, ଝିଙ୍କମାନଙ୍କର ଏହି ପର ପରକଲମ ଭାବରେ ପରିକଳ୍ପିତ ହୋଇ ଲେଖା ଲେଖିରେ ବ୍ୟବହାର କରାଯାଉଥିଲା। ଏହାର ଅଭାବରେ ବଡ଼ ପକ୍ଷୀଙ୍କର ପର, ପରକଲମ ଭାବରେ ବ୍ୟବହୃତ ହେଉଥିଲା।

ଝିଙ୍କମାନେ ଦିନବେଳେ ବଡ଼ କାଠଗଡ଼ ବା ଗଛର କୋରଡ଼ରେ ବିଶ୍ରାମ ନିଅନ୍ତି। ଏହା ବ୍ୟତୀତ ମାଟିରେ ଗାତ ବା ସୁଡ଼ଙ୍ଗ କରି କିମ୍ବା ବଡ଼ ବଡ଼ ପଥର ସନ୍ଧିରେ ମଧ୍ୟ ବିଶ୍ରାମ ନେଇ ଥାଆନ୍ତି। ପଥର ମଧ୍ୟରେ ଥିବା ଫାଟ ବା ଫାଙ୍କ (rock crevices) କଟାଯାଇ ଥିବା ବା ଉପୁଡି ପଡ଼ିଥିବା ଗଛଖଣ୍ଡ ବା କାଠଗଡର କଟା ସ୍ଥାନ (loging slash) ପର୍ବତ ଗହ୍ୱର ବା ଭୂତଳ ଗହ୍ୱର (cave), ରାସ୍ତାତଳେ ଏପଟୁ ସେ ପଟକୁ ଯାଇଥିବା ପାଣି ପ୍ରଣାଳୀ, ନାଳ ବା ନଳା ବା ପଥର ଗୁହା ବା ଗୁମ୍ଫା ଝିଙ୍କମାନଙ୍କର ଆବାସ ସ୍ଥଳ। ପାହାଡିଆ ବା ପଥୁରିଆ ଅଞ୍ଚଳରେ ଝିଙ୍କମାନେ ବାସ କରିବାର ଦେଖା ଯାଇଥାଏ। ଅତିସାଧାରଣ ଭାବରେଝିଙ୍କମାନେ ଶଙ୍କୁଧାରୀ (coniferous) ଗଛ ଥିବା ବା ସଦା ସବୁଜ ବଣମାନଙ୍କରେ ବାସ କରନ୍ତି। ଝିଙ୍କମାନେ ମଧ୍ୟ ବାର୍ଷିକ ପର୍ଣ୍ଣପାତ ବା ପତ୍ର ଝଡା ଦେଉଥିବା ବୃକ୍ଷ ଆଚ୍ଛାଦିତ (woodlands) ବଣରେ ରହନ୍ତି। ଉତ୍ତର ଆମେରିକାର ମରୁଭୂମି ଅଞ୍ଚଳରେ କ୍ରିୟୋସୋଟ୍ (creosote) ମଧ୍ୟରେ ଦେଖା ଯାଆନ୍ତି। କାଠରାଳରୁ ପ୍ରାପ୍ତ ଏକ ବର୍ଣ୍ଣହୀନ ଓ ତେଲିଆ ତରଳ ପଦାର୍ଥକୁ କ୍ରିୟୋସୋଟ୍ କହନ୍ତି। ଗଛର ଶାଖା ଗୁଡିକ, ପଥର ମଧ୍ୟରେ ଫମ୍ପା ସ୍ଥାନ, ଉର୍ଦ୍ଧ୍ୱମୁଖୀ କାଠଗଡ ଅର୍ଦ୍ଧ ଅନାବୃତ ବୃକ୍ଷର ମୂଳ ପ୍ରଣାଳୀ- ଏସବୁ ସ୍ଥାନ ଝିଙ୍କ ମାନଙ୍କର ଆବାସ ପାଇଁ ଉପଯୁକ୍ତ ସ୍ଥାନ ବା

ଗୁହା । ଝିଙ୍କମାନେ ଘନ ବନାଞ୍ଚଳରେ ଭୂମି ଉପରେ ପ୍ରଚୁର କ୍ଷୁଦ୍ର ଉଦ୍ଭିଦ ଥିବା ସ୍ଥାନରେ ରହିବାକୁ ଭଲ ପାଆନ୍ତି ଏବଂ ପିଠି ଉପରେ ଝିଙ୍କ କାଠିଗୁଡ଼ିକୁ ବା କଣ୍ଟାଥିବା ପରଗୁଡ଼ିକ ବହନ କରି ଧୀରମନ୍ଥର ଗତିକରିବାରେ ଆନନ୍ଦ ପାଇଥାଆନ୍ତି । ଏମାନଙ୍କ ପାଇଁ ଶୀତ ଋତୁରେ ସ୍ଥାୟୀ ବିଶ୍ରାମ ନେବା ବା ହିବର୍ ନେସନ୍ (hibernation) ଆବଶ୍ୟକ ହୁଏ ନାହିଁ ।

ଝିଙ୍କମାନେ ସେମାନଙ୍କର ପରପାଇଁ ସୁଖ୍ୟାତି ଲାଭ କରିଛନ୍ତି । ବିପର୍ଯ୍ୟୟରୁ ରକ୍ଷା ପାଇବା ପାଇଁ ପରଗୁଡ଼ିକର ପରିବର୍ତ୍ତିତ ପରିସ୍ଥିତି ଦେଖା ଯାଇଛି । ଝିଙ୍କମାନଙ୍କର କଣ୍ଟକିତ ପରଗୁଡ଼ିକୁ ଶତ୍ରୁ ଉପରକୁ ଗୁଳିମାରିବା ପରି ଛାଡ଼ିବା କଥା ସତ ନୁହେଁ । ଅନ୍ୟ ପ୍ରଣାଳୀ ଦ୍ୱାରା ପରଗୁଡ଼ିକ ଝିଙ୍କ ଶରୀରରୁ ବନ୍ଧନମୁକ୍ତ ହୋଇ ଯାଏ ଏବଂ ସେହି ପ୍ରଣୀଳୀ ହେଉଛି, ସ୍ପର୍ଶ (contact) । ଯେତେବେଳେ ଝିଙ୍କ ଆକ୍ରମଣ କରେ, ସେ ତାର ଲାଞ୍ଜ ହଲାଇ ପର ଗୁଡ଼ିକୁ ଶିକାରୀ ବିରୁଦ୍ଧରେ ଓ ପରସ୍ପର ମଧ୍ୟରେ ଆଘାତ କରେ । ଏଥିସହିତ ତାର ଦାନ୍ତଗୁଡ଼ିକର ସଂଘର୍ଷ ଯୋଗୁ ଚେଁ ଚେଁ ଶବ୍ଦ (chattering), ଅଙ୍ଗଭଙ୍ଗୀ ପ୍ରଦର୍ଶନ (posturing) ଓ ପରଗୁଡ଼ିକରୁ ଖଡ ଖଡ ଶବ୍ଦ (ratting) ହୁଏ । କଣ୍ଟାଥିବା ପରଗୁଡ଼ିକରେ ବନ୍‌ଶୀକଣ୍ଟା ପରି କଣ୍ଟା ଥାଏ । ତାହା ଟାଣି ଧରିବା ପାଇଁ ଆଙ୍କୁଡ଼ା ପରି ଲାଗିଯାଏ ।

ପ୍ରଥମେ ପ୍ରଚ୍ଛନ୍ନ ପଶୁ ଲୁଣ୍ଠନକାରୀ ଶତ୍ରୁଠାରୁ ରକ୍ଷା ପାଇବା ପାଇଁ ଆକ୍ରମଣ କରିବା ପୂର୍ବରୁ ଝିଙ୍କମାନେ ସାମାନ୍ୟ ସଙ୍କେତ ଦିଅନ୍ତି ଓ ଚେଷ୍ଟା ମଧ୍ୟ କରନ୍ତି । ସେଥିପାଇଁ ଝିଙ୍କମାନେ ଘ୍ରାଣ ଶକ୍ତି ପ୍ରୟୋଗ କରିବା ଦ୍ୱାରା ଓ ଫମ୍ପା ପରଗୁଡ଼ିକର ଖଡ୍ ଖଡ୍ ଶବ୍ଦ ଦ୍ୱାରା ଶତ୍ରୁକୁ ସତର୍କ କରି ଦିଅନ୍ତି । ଏହି ଶବ୍ଦ କେତେ ମିଟର ପର୍ଯ୍ୟନ୍ତ ଶୁଣାଯାଏ । ସେହି ସମୟରେ ଝିଙ୍କ ତାର ଲାଞ୍ଜ ହଲାଇ ଥାଏ ଓ ଝାଡ଼ି ଦିଏ । ଫଳରେ ମୋଟା ଓ ଫମ୍ପା ପରଗୁଡ଼ିକରୁ ଏକ ଢ଼ାଞ୍ଚାର ବୈଶିଷ୍ଟ୍ୟ ମୂଳକ ବିଶେଷ ଏକ ଶବ୍ଦ ଉତ୍ପନ୍ନ ହୁଏ ।

ଯଦି ଗୋଟିଏ ଶିକାରୀ ଝିଙ୍କକୁ ଆକ୍ରମଣ କରେ, ସାମାନ୍ୟତମ ସ୍ପର୍ଶଦ୍ୱାରା ଡଜନ୍ ଡଜନ୍ କଣ୍ଟକିତ ପର ଶିକାରୀ ଶରୀରରେ ସନ୍ନିବିଷ୍ଟ ହୋଇଯାଏ ବା ଫୋଡ଼ି ହୋଇଯାଏ । ଏହି ପର ଗୁଡ଼ିକର ଅଗ୍ରଭାଗ ବନିଶିକଣ୍ଟା ପରି । ଏଗୁଡ଼ିକ ଅତିକ୍ଷୁଦ୍ର ଛୁଞ୍ଚିପରି ଯାହାର ଅଗ୍ରଭାଗରେ ଧାରୁଆ ଓ ଶେଷରେ କଣ୍ଟାତାର ବା ବାର୍ବସ୍ ଥାଏ । ବନ୍‌ଶୀକଣ୍ଟା ବା ତୀର ପ୍ରଭୃତିର ମୁନ ତଳର ତୀକ୍ଷ୍ଣ ଅଂଶକୁ ବାର୍ବସ (barbs) କହନ୍ତି । ତାରର ସାମାନ୍ୟ ସାମାନ୍ୟ ଦୂରତାରେ ମୁନିଆଁ କଣ୍ଟା ଥାଏ । ଏଗୁଡ଼ିକ ଏପରି ଭାବରେ ଡିଜାଇନ୍ ବା ପରିକଳ୍ପିତ ହୋଇଥାଏ ଯେ ଶତ୍ରୁର ଚର୍ମରେ ସହଜରେ ଫୁଟିଯାଏ, ମାତ୍ର ଏଗୁଡ଼ିକୁ ଚର୍ମରୁ ବା ଚର୍ମତଳର ମାଂସପେଶୀରୁ ନିଷ୍କାସିତ କରିବା କଷ୍ଟସାଧ୍ୟ । ଉତ୍ତର ଆମେରିକାର ଝିଙ୍କ ମାନଙ୍କର ପିଠି ପଟେ ପ୍ରାୟ ୩୦,୦୦୦ ଏହିପରି କଣ୍ଟାଥିବା ପରଥାଏ ବୋଲି

ପ୍ରାଣୀତତ୍ତ୍ୱବିତ୍‌ମାନେ ସୂଚନା ଦିଅନ୍ତି ଏବଂ ସ୍ପର୍ଶମାତ୍ରେ ଏଗୁଡିକ ମୁକ୍ତ ହୋଇ ଶିକାରୀ ଶରୀରରେ ଫୁଟିଯାଏ। ଏପରି କଣ୍ଟା ବା ବାର୍ବ (barbs) ର ସୂକ୍ଷ୍ମତମ ଗଠନ ପ୍ରକ୍ରିୟା ଏହାକୁ ସହଜରେ ଶିକାରୀର ଶରୀର ଭିତରକୁ ପଶିବାରେ ସାହାଯ୍ୟ କରେ, ମାତ୍ର କାଢ଼ିବା କଷ୍ଟସାଧ୍ୟ ହୋଇଥାଏ।

ଝିଙ୍କମାନଙ୍କର ସ୍ୱତନ୍ତ୍ର ଲୋମ (hairs) ବା ପର (quills) ସମ୍ପର୍କରେ ଅନେକ ରହସ୍ୟ ଉନ୍ମୋଚିତ ହୋଇଛି। ଏହାର ବିଶେଷଗୁଣ ହେଉଛି, ଏଥିରେ ଥିବା ବାର୍ବ ବା କଣ୍ଟା। ଏହି କଣ୍ଟାଗୁଡିକ ଅତି କ୍ଷୁଦ୍ର ବା ମାଇକ୍ରୋସ୍କୋପିକ୍, ପଶ୍ଚ୍ୟାତବର୍ତ୍ତୀ ବା ବ୍ୟାକ୍‌ୱାର୍ଡ ଫେସିଂ ଓ ଫଳପ୍ରଦ ଭାବରେ ନିୟୋଜିତ ଏବଂ ଝିଙ୍କମାନଙ୍କର ସ୍ୱ-ପ୍ରତିରକ୍ଷା ପାଇଁ ଏହା ବ୍ୟବହୃତ। ପରଗୁଡିକର ଜ୍ୟାମିତି ଏପରି ଯେ ଏହା ସହଜରେ ପ୍ରବେଶକରେ ଏବଂ ତନ୍ତୁ (tissue) ସହିତ ସଂଶ୍ଳିଷ୍ଟ ହୋଇ ରହେ। ମାତ୍ର ବନ୍‌ଶୀକଣ୍ଟା ପରି କଣ୍ଟା ବା ବାର୍ବ ଥିବା ସ୍ୱତନ୍ତ୍ର ପରଗୁଡିକ ଅପ୍ରତ୍ୟାଶିତ ଭାବରେ ଓ ନାଟକୀୟ ଭଙ୍ଗିରେ ତନ୍ତୁ ସହିତ ସଂଲଗ୍ନ ହେବା ପାଇଁ ଆବଶ୍ୟକ ହେଉଥିବା ଚାପ ହ୍ରାସ କରାଏ। ମାତ୍ର ସଂଲଗ୍ନତାକୁ ତ୍ୱରାନ୍ୱିତ କରିଥାଏ। ଏହା ଫଳରେ ଆନୁଷଙ୍ଗିକ ବା ଅତିରିକ୍ତ କ୍ଷତି ହୁଏ ନାହିଁ।

ଝିଙ୍କମାନଙ୍କ ପର (quills)ର ଦୁଇଟି ଅଲଗା ଅଲଗା ଅଞ୍ଚଳ ରହିଛି। ଏହାର ଶଙ୍କୁ (conical) ଆକୃତିର କଳା ଅଗ୍ରଭାଗ (tips)ର ଉପରି ଭାଗରେ ଗୋଟିଏ ପ୍ରସ୍ଥ ଅତିକ୍ଷୁଦ୍ର ବା ମାଇକ୍ରୋସ୍କୋପିକ୍ ପଛକୁ ମୁହଁ କରିଥିବା କଣ୍ଟା ବା ବାର୍ବ ଥାଏ। ଅନ୍ୟ ପକ୍ଷରେ ନିମ୍ନାଂଶ (base) ଚିକ୍କଣ କାତିପରି ଗଠିତ। ଏହାର ଭୂମି ବା ନିମ୍ନାଂଶ ସ୍ତମ୍ଭାକାର (cylindrical) କଣ୍ଟା ବା ବାର୍ବଗୁଡିକ ଆଂଶିକ ଭାବରେ ଆବୃତ (overlap) କରିଥାଏ। ଲମ୍ବରେ ଏହାର ପରିମେୟ ପରିସର ୧୦୦ ରୁ ୧୨୦ ମାଇକ୍ରୋମିଟର। ଖୁବ୍ ବେଶିରେ ଏହାର ଓସାର ୩୫ ରୁ ୪୫ ମାଇକ୍ରୋମିଟର ହେବ। ପ୍ରତି କଣ୍ଟାର ଅଗ୍ରଭାଗ ଓ ପରର ଦଣ୍ଡ (shaft) ମଧ୍ୟରେ ଦୂରତା ୧ ରୁ ୫ ମାଇକ୍ରୋମିଟର ହେବ। କଣ୍ଟାର ଆକାର ଏହାର ଅଗ ଆଡୁ ବା ମୂଳଆଡୁ ଅଧିକ ଲମ୍ବା ହୋଇପାରେ। କାରଣ କଣ୍ଟା ପରିସର ଲମ୍ବାରେ ତାରତମ୍ୟ ଦେଖାଇଥାଏ। ଏହି ପରୀକ୍ଷାକୁ ଏକ ମାନଯୁକ୍ତ (standardise) କରିବା ପାଇଁ କଣ୍ଟା ଅଞ୍ଚଳକୁ ୪ ମାଇକ୍ରୋମିଟରେ ଧରାଯାଇପାରେ। ଏଠାରେ ଏଗୁଡିକର ବର୍ଣ୍ଣନାର ଆବଶ୍ୟକତା ରହିଛି। ପରର ପ୍ରସ୍ତୁତି, ଝିଙ୍କ ଶରୀରରେ ଖଞ୍ଜି ହୋଇ ରହିବା ଏବଂ ସାମାନ୍ୟ ସ୍ପର୍ଶମାତ୍ରେ ଶତ୍ରୁ ଶରୀରରେ ଏପରି ପ୍ରବେଶ କରିବ ବା ଫୁଟି ଯିବ ଯେ ସହଜରେ କାଢ଼ି ହେବନାହିଁ ଓ ସ୍ଥାୟୀ କ୍ଷତ ସୃଷ୍ଟି କରିବ।

ପ୍ରାଣୀ ବିଜ୍ଞାନୀମାନେ ଉତ୍ତର ଆମେରିକାର ଝିଙ୍କମାନଙ୍କର ଝିଙ୍କ କାଠି ବା ପର ଉପରେ ଗବେଷଣା କରି ପରରେ ଜୀବାଣୁ ନାଶକ ଗୁଣ ଥିବାର ଦର୍ଶାଇଛନ୍ତି। ପରରେ

ଥିବା ଫ୍ରି ଫ୍ୟାଟି ଏସିଡ୍ ସହିତ ଜୀବାଣୁନାଶକ (antibiotics)ର ସମ୍ପର୍କ ରହିଛି । ମାତ୍ର ପ୍ରାକୃତିକ ଲିପିଡ ସହିତ ନାହିଁ । ଫ୍ୟାଟି ଏସିଡ୍ ଓ ଲିପିଡ (lipids) ରାସାୟନିକ ବିଦ୍ୟାର ଏକ ବୃହତ ଅଂଶ । ସଂକ୍ଷେପରେ କୁହାଯାଇପାରେ ଯେ ଚର୍ବିରେ ଥିବା ଏସିଡଗୁଡ଼ିକ ଭିତରୁ ଗୋଟିଏ ହାଇଡ୍ରୋକାର୍ବନ (ଉଦ୍‌ଜାନ + ଅଙ୍ଗାରକ) ଥିବା ଜୈବ ମିଶ୍ରଣକୁ ଫ୍ୟାଟି ଏସିଡ୍ କୁହାଯାଏ । ଏକ ଶ୍ରେଣୀର ତେଲିଆ ପଦାର୍ଥ ଭିତରୁ ଯେ କୌଣସିଟି, ଯାହା ପାଣିରେ ମିଳାଏ ନାହିଁ, ମାତ୍ର ଜୈବ ଦ୍ରାବକରେ ମିଳାଇ ଯାଏ ତାକୁ ଲିପିଡ୍ କହନ୍ତି । ଝିଙ୍କ ପରରେ ଫ୍ୟାଟି ଏସିଡ ରହିଛି । ପରୀକ୍ଷା କରି ଦେଖା ଯାଇଛି ଯେ ଝିଙ୍କ ପରରେ ଥିବା ଫ୍ୟାଟି ଏସିଡ୍‌କୁ ନିଷ୍କାସନ କରାଗଲେ (extract) ତାହା ୬ଟି ଗ୍ରାମ ପଜିଟିଭ ଜୀବାଣୁମାନଙ୍କୁ ନାଶ କରି ପାରୁଛି । ଅର୍ଥାତ୍ ଏହାର ଜୀବାଣୁନାଶକ ଗୁଣ ରହିଛି । ମାତ୍ର ୪ଟି ଗ୍ରାମ୍ ନେଗେଟିଭ ଜୀବାଣୁମାନଙ୍କର ବୃଦ୍ଧିକୁ ପ୍ରତିହତ କରିପାରିଲା ନାହିଁ । ଗ୍ରୀଷ୍ମ ଋତୁରେ ମୋଟ ପରର ଲିପିଡ୍‌ରୁ ୧୮.୬ ପ୍ରତିଶତ ଫ୍ରି ଫ୍ୟାଟି ଏସିଡ ଏବଂ ଶୀତ ଋତୁରେ ୫.୫ ପ୍ରତିଶତ ଫ୍ରି ଫ୍ୟାଟି ଏସିଡ ମିଳିଥିଲା । ଏହା ଉପରେ ସେମାନେ ଅଧିକ ଗବେଷଣ କରୁଛନ୍ତି । ଏହାର ଅର୍ଥ ଏପରି ହୋଇପାରେ ଯେ ଝିଙ୍କ ତାର ଶତ୍ରୁକୁ ଘଉଡାଇ ଦିଏ, ମାତ୍ର ମାରିବାକୁ ଚାହେଁ ନାହିଁ । କାରଣ ତାର ପରରେ ଜୀବାଣୁନାଶକ ଅଛି ।

ଶିକାରୀ ଝିଙ୍କକୁ ଆକ୍ରମଣ କରିବାର ଝିଙ୍କ ଜାଣି ପାରିଲେ, ସେ ତାର ଶୋଇ ରହିଥିବା ପରଗୁଡ଼ିକୁ ଉଠାଇ ଠିଆକରି ଦେଇଥାଏ ଏବଂ ଏହି ସମୟରେ ଗୋଟିଏ କଟୁ ଗନ୍ଧ (pungent odor) ସୃଷ୍ଟି ହୁଏ । ଏହା ଝିଙ୍କର କେତେକ ସଂକେତ ମଧ୍ୟରୁ ଆଘ୍ରାଣ ସମ୍ବନ୍ଧୀୟ ଗୋଟିଏ ସଂଙ୍କେତ । ଏହି ସଂକେତ ଦ୍ୱାରା ସେ ସୂଚାଇଦିଏ ଯେ ପର ଦ୍ୱାରା ସେ ଶତ୍ରୁକୁ ଆକ୍ରମଣ କରିବାକୁ ପ୍ରସ୍ତୁତ । ଶିକାରୀ ମଧ୍ୟ ଏପରି କଟୁ ଗନ୍ଧରୁ ଝିଙ୍କର ପ୍ରସ୍ତୁତି ସମ୍ପର୍କରେ ସୂଚନା ପାଏ । ଏହି ଉତ୍କଟ ଗନ୍ଧ ଅବର୍ଣ୍ଣନୀୟ ଏବଂ ଏହା ଆର୍-ଡେଲ୍‌ଟା-ଡିକାଲାକ୍‌ଟୋନ୍ (r-delta-decalactone) ନାମକ ଏକ ରାସାୟନିକ ଯୌଗିକ ପଦାର୍ଥ ।

ପ୍ରଜନନ (Breeding)

ଉଭୟ ସ୍ତ୍ରୀ ଓ ପୁରୁଷ ଝିଙ୍କମାନଙ୍କର ଲାଞ୍ଜରେ ଓ ପିଠି ଉପରେ ପରଥାଏ ଏବଂ ପରଗୁଡ଼ିକ କଣ୍ଟକମୟ । ତେଣୁ ଅତି ସାବଧାନତାର ସହିତ ପୁରୁଷ ଓ ସ୍ତ୍ରୀ ଝିଙ୍କର ମିଳନ ହୋଇଥାଏ । ଏହି ମିଳନ ବିଳମ୍ବିତ ଗ୍ରୀଷ୍ମ ଋତୁରେ ବା ବର୍ଷାଋତୁ ପ୍ରାରମ୍ଭରେ ସଂଗଠିତ ହୋଇଥାଏ । ସେମାନେ ଏହି ପ୍ରଜନନ ସମୟକୁ ପୂର୍ଣ୍ଣ ଉପଯୋଗ କରିଥାଆନ୍ତି । ମାଇ ଝିଙ୍କ ପ୍ରତ୍ୟେକ ଥର ଗର୍ଭଧାରଣ କରିବା ପୂର୍ବରୁ ପୁନରୁତ୍ପାଦନର ଆନୁଷ୍ଠାନିକ ବିଧି ପାଳନ କରାଯାଏ । ବିଧି ଅନୁସାରେ ଛୋଟ ଛୋଟ ଗଛ ସହିତ ଯୁଦ୍ଧ (tree fight) ପରିସ୍ରା ଉତ୍‌କ୍ଷେପଣ (squirt) ଓ ସଙ୍ଗମ ସମୟରେ ପରଦ୍ୱାର ଘୋଡେଇ ରଖିବା କାର୍ଯ୍ୟ

କରାଯାଇ ଥାଏ। ବହୁ ସତର୍କତାର ସହିତ ପୁରୁଷ ଓ ସ୍ତ୍ରୀ ଝିଙ୍କ ଦ୍ୱୟଙ୍କର ବିସ୍ମୟକର ଭାବରେମିଳନ ହୁଏ। ସେମାନେ ପ୍ରଥମେ ସେମାନଙ୍କର ବିସ୍ମୟକର ଭଲ ପାଇବା ନାକ ଘଷିବାରୁ ଆରମ୍ଭ କରନ୍ତି। ସେମାନଙ୍କର ମିଳନ ବିଧାନ କେବଳ ଆଶ୍ଚର୍ଯ୍ୟଜନକ ନୁହେଁ ବରଂ ସଂଗଠିତ ହୋଇଥାଏ। ସ୍ତ୍ରୀ-ଝିଙ୍କମାନେ ଯୌନ ମିଳନ ପାଇଁ ଗ୍ରହଣଶୀଳ (receptive) ବର୍ଷକୁ ମାତ୍ର ୮ ରୁ ୧୨ ଘଣ୍ଟା ପାଇଁ। ଝିଙ୍କ ମାନଙ୍କର ମିଳନ ବିଧି (ritual) ଅନୁସାରେ ମିଛ ମିଛିକା ଯୁଦ୍ଧ ଓ ବିଭିନ୍ନ ପ୍ରକାର ଶବ୍ଦ କରିଥାଆନ୍ତି। ଝିଙ୍କମାନେ କରୁଣ କ୍ରନ୍ଦନ (whine) ଆର୍ତ୍ତନାଦ ବା ବେଦନା ଜନିତ ବିଳାପ (moan) ଘୁଷୁରି ବୋବାଳି ପରି କର୍କଶ ଶବ୍ଦ (grunt) ଉଚ୍ଚ ଓ କଠୋର ସ୍ୱର (strident) ଓ ଦାନ୍ତ ରଗଡାରୁ ଟିକ୍ ଟିକ୍ ଶବ୍ଦ କରିଥାଆନ୍ତି। ଏପରି ଶବ୍ଦ ଉଭୟ ପୁରୁଷ ଓ ସ୍ତ୍ରୀ ଝିଙ୍କ କରିଥାଆନ୍ତି। ଏଥି ସହିତ ଉଚ୍ଚ ସ୍ୱରରେ ଚିତ୍କାର ଓ ତୀବ୍ର ଚିତ୍କାର କରୁଥିବାର ଉପଲବ୍ଧ ହୁଏ।

ଯେତେବେଳେ ସ୍ତ୍ରୀ ଝିଙ୍କ ସଙ୍ଗମ ପାଇଁ ପ୍ରସ୍ତୁତ ହୁଏ, ସେ ତାର ପଛ ପାଖ (hind quarters) ପୁରୁଷ ଝିଙ୍କର ଆଗରେ ଉପସ୍ଥିତ ରଖିବ ଏବଂ ତାର ଲାଞ୍ଜକୁ ନିଜ ପିଠିଆଡ଼କୁ ବଙ୍କେଇ ଦେବ, ଯେପରି ତାର ପରଗୁଡିକ ପୁରୁଷ ଝିଙ୍କ ପାଇଁ ସଙ୍ଗମରେ ପ୍ରତିବନ୍ଧକ ହେବ ନାହିଁ। ସ୍ତ୍ରୀ ଝିଙ୍କଟି ଅବଶିଷ୍ଟ ପରଗୁଡିକୁ ତାର ଶରୀର ଉପରେ ସମତଳ ଭାବରେ ବିଛେଇ ଦେବ। ଫଳରେ ପୁରୁଷ ଝିଙ୍କ ଅଳ୍ପ ବିପଦ ସହିତ ସଂକ୍ଷିପ୍ତ ସମୟ ମଧ୍ୟରେ ସ୍ତ୍ରୀ ଝିଙ୍କ ଉପରେ ସଙ୍ଗମ ଉଦ୍ଦେଶ୍ୟରେ ଆରୋହଣ କରି ପାରିବ। ୭ ମାସ ଗର୍ଭ ଧାରଣ ପରେ ଗୋଟିଏ ଛୁଆ ଜନ୍ମ ହୁଏ। ବର୍ଷର ଏପ୍ରିଲ ମାସରୁ ଜୁନ ମାସ ମଧ୍ୟରେ ସେମାନେ ଛୁଆ ଜନ୍ମ କରନ୍ତି। ଦୁଇଟି ଛୁଆ ଜନ୍ମ ହେବା ସାଧାରଣ ନୁହେଁ। ଛୁଆ ଝିଙ୍କକୁ ପୋର୍କୁ ପେଟେ (porcupette) କହନ୍ତି। ଜନ୍ମ ବେଳେ ଏମାନଙ୍କର ହାରାହାରି ଓଜନ ମାତ୍ର ୧ ପାଉଣ୍ଡ ହୋଇଥାଏ। ଅନ୍ୟ ବିପକ୍ଷ ପୁରୁଷ ଝିଙ୍କମାନଙ୍କୁ ହରାଇ ସଙ୍ଗମ କରି ଜୟଯୁକ୍ତ ହୋଇଥିବା ପୁରୁଷ ଝିଙ୍କକୁ ଦେଖିବା ବା ଜାଣିବା ଅସାଧାରଣ ନୁହେଁ। ଅନ୍ୟମାନଙ୍କର ପର ଓ ଲାଞ୍ଜ ଜୟଯୁକ୍ତ ହୋଇଥିବା ପୁରୁଷ ଝିଙ୍କର ମୁହଁରେ ଆଘାତ କରିପାରେ।

■

ଗଧିଆ

(Hyenas)

ଗଧିଆ ଗୋଟିଏ ମାଂସାଶୀ ପ୍ରାଣୀ। ଏମାନେ ଏସିଆ ଓ ଆଫ୍ରିକା ମହାଦେଶରେ ଦେଖାଯାଆନ୍ତି। ଗଧିଆମାନେ ମୃତ ଶରୀରର ପଚାମାଂସ ମଧ୍ୟ ଖାଆନ୍ତି। ଗଧିଅମାନେ ତୀବ୍ର କର୍କଶ ଧ୍ୱନି କରନ୍ତି। ଗଧିଆମନଙ୍କର ଲମ୍ବା ମୋଟା ବେକଥାଏ। ବେକରେ ଥିବା ବାଳ ବା ମେନ୍ ମୋଟା ଏବଂ ଶରୀରଟି ମୁଣ୍ଡ ଆଡୁ ପଛ ଆଡ଼କୁଗଡାଣିଆ (species) ଥାଏ। ଚାରୋଟି ଜାତି (speies)ର ଗଧିଆ ବର୍ତ୍ତମାନ ସୁଦ୍ଧା ବିଦ୍ୟମାନ। ଏ ସମସ୍ତେ ହାୟାନିଡେ (hyaenidae) ଫାମିଲି ବା ପରିବାରର ଅନ୍ତର୍ଗତ। ଏ ଚାରୋଟି ଜାତିର ଗଧିଆ ହେଲେ :

(୧) ଭିନ୍ନ ରଙ୍ଗର ଗୋଲଗୋଲ ଦାଗଥିବା ଗଧିଆ (spotted hyena)

(୨) ପଟା ପଟା ଦାଗ ଥିବା ଗଧିଆ (striped hyena)

(୩) ମାଟିଆ ବା ବାଦାମୀ ରଙ୍ଗର ଗଧିଆ (brown hyena)

(୪) ଆର୍ଡ ଗଧିଆ (aard wolf)।

ଗୋଲ୍ ଗୋଲ୍ ଦାଗ ଥିବା ଗଧିଆ (Spotted Hyena)

ସ୍ପଟେଡ୍ ଗଧିଆମାନଙ୍କୁ ହସୁଥିବା ଗଧିଆ ମଧ୍ୟ କୁହାଯାଏ। ଲ୍ୟାଫିଂ ଗଧିଆ ଭାବରେ ଏମାନେ ବିଶେଷ ପରିଚିତ। ଏହି ଗଧିଆମାନେ ତୀବ୍ର ଓ କର୍ଳଶ ଧ୍ୱନି (shrill cry) କରି ଥାଆନ୍ତି। ଏପରି ଅନିୟନ୍ତ୍ରିତ ହସ ବା ଉନ୍ମାଦ ରୋଗ ସମ୍ବନ୍ଧୀୟ ହସକୁ ହିଷ୍ଟେରିକାଲ (hysterical) ହସ କହନ୍ତି। ସ୍ତ୍ରୀ ଲୋକମାନଙ୍କର ଗୋଟିଏ ରୋଗ

ଅଛି, ହିଷ୍ଟିଆ। ଏହି ରୋଗ ଦ୍ୱାରା ପୀଡିତାମାନେ ଏପରି ହସ ହସି ଥାଆନ୍ତି।

ପରିଣତ ବୟସରେ ଏହି ଗଧିଆମାନଙ୍କର ଉଚ୍ଚତା ୭୦ ରୁ ୯୨ ସେଣ୍ଟିମିଟର ହୋଇଥାଏ। ତଳୁ କାନ୍ଧ ଉଚ୍ଚତାରେ ଏହି ମାପ ନିଆଯାଏ। ସେହି ବୟସରେ ସ୍ତ୍ରୀ-ଗଧିଆମାନଙ୍କର ଓଜନ ୪୪ ରୁ ୬୪ କିଲୋଗ୍ରାମ ଓ ପୁରୁଷ ଗଧିଆମାନଙ୍କର ଓଜନ ୪୦ ରୁ ୫୫ କିଲୋଗ୍ରାମ ହେବାର ଦେଖାଯାଏ। କ୍ରୋକୁଟା କ୍ରୋକୁଟା (crocuta crocuta) ଏହି ଗଧିଆମାନଙ୍କର ବୈଜ୍ଞାନିକ ନାମ। ସଂଖ୍ୟା ଦୃଷ୍ଟିରୁ ଏମାନଙ୍କର ସଂଖ୍ୟା ହ୍ରାସ ପାଇବାରେ ଲାଗିଛି ବୋଲି ଜଣାଯାଏ। ଚିଡିଆଖାନାରେ ଥିବାବେଳେ ଏମାନଙ୍କର ଜୀବନକାଳ ୨୫ ବର୍ଷ।

ସ୍ପଟେଡ ଗଧିଆମାନେ ହାଡ ବା କୌଣସି ଟାଣ ଖାଦ୍ୟ ପଦାର୍ଥକୁ ଖୁବ୍ ଜୋରରେ ଚୋବାଇ ପାରନ୍ତି। ଏହାର କଳପାଟି ମାଂସପେଶୀ ସ୍ୱତନ୍ତ୍ର ଓ ବହୁତ ଟାଣ। ମୁଣ୍ଡର ହାଡ଼ (skull)କୁ ସୁରକ୍ଷା ଦେବା ପାଇଁ ଟାଣ ମାଂସପେଶୀ ସହିତ ସ୍ୱତନ୍ତ୍ର ଖିଲାଣ (vaulting) ବ୍ୟବସ୍ଥା ଥାଏ। ଏହାର ଶକ୍ତିଶାଳୀ କାମୁଡ଼ାର ଚାପକୁ ମାପ କରି ବୈଜ୍ଞାନିକମାନେ ୮୦ କି.ଗ୍ରା. ଏଫ୍/ସି.ଏମ୍ ବୋଲି ଦର୍ଶାଇଛନ୍ତି। ଏହା ଗୋଟିଏ ଚିତାବାଘ ବା ଲିଓପର୍ଡ଼ କାମୁଡ଼ାର ଚାପ ଠାରୁ ୪୦ ପ୍ରତିଶତ ଅଧିକ।

ଗଧିଆ ଗୋଟିଏ ପ୍ରସିଦ୍ଧ ପଚାମାଂସ ଭକ୍ଷଣ କରୁଥିବା ପଶୁ। ବେଳେବେଳେ ସେମାନେ ଶିକାରୀମାନେ ଛାଡି ଯାଇଥିବା ବାସି ମାଂସ ମଧ୍ୟ ଖାଆନ୍ତି। ଅନ୍ୟ ପକ୍ଷରେ ଏହି ପଶୁଟି ଗୋଟିଏ ଦକ୍ଷ ଶିକାରୀ। ବଣ୍ୟ ପଶୁମାନଙ୍କୁ ଓ ମୃଗମାନଙ୍କୁ ଶିକାର କରିବାରେ ସ୍ପଟେଡ ଗଧିଆମାନେ ଧୁରନ୍ଧର। ସେମାନେ ଛୋଟ ଛୋଟ ଚଢ଼େଇ, ଚମ୍ପେଇ ନେଉଳ, ସାପ ଓ କୀଟମାନଙ୍କୁ ମାରି ଖାଆନ୍ତି।

ଆଫ୍ରିକାର ଜନ ସଂଖ୍ୟା ବୃଦ୍ଧି ପାଇବାରେ ଲାଗିଛି। ତେଣୁ ମଣିଷ ଓ ଗଧିଆମାନଙ୍କର ସାକ୍ଷାତ ଅନେକ ସମୟରେ ହୋଇଥାଏ। ତାଞ୍ଜାନିଆ ଓ କେନିଆ ଆଦିବାସୀ ଲୋକମାନେ (maasai people) ସେମାନଙ୍କର ମୃତ ଶରୀରକୁ ଏହି ବୁଦ୍ଧିମାନ ଓ ସାହସୀ ପଶୁମାନଙ୍କର ଖାଦ୍ୟ ଉଦ୍ଦେଶ୍ୟରେ ନପୋତି ବା ନ ପୋଡ଼ି ଛାଡି ଦେଇ ଥାଆନ୍ତି। ଗଧିଆ ମାନେ ଖାଦ୍ୟ ଭଣ୍ଡାର ଉପରେ ଆକ୍ରମଣ କରନ୍ତି ବୋଲି ମନେକରାଯାଏ। ଗୃହପାଳିତ ପଶୁ ଓ ଏପରିକି ମଣିଷର ମୃତ୍ୟୁ ପାଇଁ ବେଳେ ବେଳେ ଗଧିଆମାନଙ୍କୁ ଦାୟୀ କରାଯାଏ। କେତେକ ଅଞ୍ଚଳରେ ଏମାନଙ୍କୁ ଶିକାର କରି ବହୁ ସଂଖ୍ୟାରେ ମାରି ଦିଆଯାଏ। ସବୁ ଗଧିଆମାନଙ୍କ ଠାରୁ ଏହି ଗଧିଆ ସବୁଠାରୁ ବଡ଼। ଯଦିଓ ସେମାନେ ଦେଖିବାକୁ କୁକୁର ପରି, ସେମାନେ ପ୍ରକୃତରେ ବିରାଡ଼ି ଜାତୀୟ। ଆଫ୍ରିକାର ବହୁ ଭାଗରେ ଓ ଆରବର ପୂର୍ବାଞ୍ଚଳ ପର୍ଯ୍ୟନ୍ତ ଏହି ସ୍ପଟେଡ୍ ଗଧିଆମାନେ ବାସ କରିବାର ଦେଖାଯାଏ।

ଏହି ଗଧିଆମାନେ ଗୋଟିଏ ବଡ଼ ଦଳ ଗଠନ କରି ବାସ କରନ୍ତି। ଏପରି ଏକ ବୃହତ୍ ପରିବାର ବିଶିଷ୍ଟ ସାମାଜିକ ଗୋଷ୍ଠୀକୁ କ୍ଲାନ୍ (clan) କହନ୍ତି। ଏହି ଗୋଷ୍ଠିରେ ପ୍ରାୟ ୮୦ ଟି ଗଧିଆ ରହନ୍ତି। ଗୋଟିଏ ବୟସ୍କା ସ୍ତ୍ରୀ- ଗଧିଆ ଏହି ଗୋଷ୍ଠୀର ଦଳପତି ହୋଇ ରହେ। ତାକୁ ଓ ତାର ସ୍ୱାମୀ ଗଧିଆକୁ ଦଳର ସମସ୍ତେ ମାନନ୍ତି ଓ ସମ୍ମାନ ଦିଅନ୍ତି।

ସ୍ପଟେଡ୍ ଗଧିଆମାନଙ୍କର ରାତିରେ ମଧ୍ୟ ଉତ୍ତମ ଶ୍ରବଣ ଶକ୍ତି ଓ ତୀକ୍ଷ୍ଣ ଦୃଷ୍ଟିଶକ୍ତି ଥାଏ। ଏମାନେ ଦୌଡିବାରେ ଅଭ୍ୟସ୍ତ। ଦୀର୍ଘ ଦୂରତା ପର୍ଯ୍ୟନ୍ତ ଏମାନେ ଦଉଡି ପାରନ୍ତି, ମାତ୍ର କ୍ଳାନ୍ତ ହୁଅନ୍ତି ନାହିଁ। ଗୋଷ୍ଠୀ ବା ଦଳଗୁଡିକ ପ୍ରଭାବଶୀଳ ଭାବରେ ଏକାଠି କାମ କରନ୍ତି। ଗୋଟିଏ ଦଳକୁ ଅଲଗା କରିବାପାଇଁ, ଦଳରେ କେହି ଅସୁସ୍ଥ ଥିଲେ ଜଗାରଖା ପାଇଁ ଦଳଗତ ଭାବରେ କାମ କରିବାକୁ ହୋଇଥାଏ। ସେମାନଙ୍କ ନିଜ ନିଜ ମଧ୍ୟରେ ବା ବାହାର ଶକ୍ତିଶାଳୀ ପ୍ରାଣୀ ଆକ୍ରମଣ ସମୟରେ ମଧ୍ୟ ବିଜେତାମାନେ ସଂଘବଦ୍ଧ ଭାବରେ କାମ କରିଥାନ୍ତି।

ସ୍ପଟେଡ଼ ଗଧିଆମାନେ ବିଭିନ୍ନ ପ୍ରକାର ଶବ୍ଦ କରନ୍ତି ଏବଂ ଏଥି ସହିତ ଲ୍ୟାଫିଂ ଶବ୍ଦ ମଧ୍ୟ କରିଥାଆନ୍ତି। ଏହି ଗଧିଆମାନଙ୍କ ସହିତ କାନ୍ଦିଲା ପରି ଶବ୍ଦ କରିବା କଥା ବହୁକାଳରୁ ପ୍ରଚଳିତ। ଆଫ୍ରିକାର ଉପସାହାରାରେ ବେଶି ସଂଖ୍ୟାରେ ସ୍ପଟେଡ ଗଧିଆମାନେ ଦେଖା ଯାଆନ୍ତି। ଆଇ.ୟୁ.ସି.ଏନ୍. ଦ୍ୱାରା ଏମାନଙ୍କୁ ଖୁବ୍ କମ୍ ଚିନ୍ତିତ ହେବା ତାଲିକାରେ ରଖାଯାଇଛି। ହିସାବରୁ ଜଣାପଡେ ୨୭୦୦୦ ରୁ ୪୭୦୦୦ ପର୍ଯ୍ୟନ୍ତ ସଂଖ୍ୟାରେ ଏମାନେ ଅଛନ୍ତି। ମାତ୍ର ସୁରକ୍ଷା ଘେରର ବାହାରେ ଏମାନଙ୍କର ସଂଖ୍ୟା ହ୍ରାସ ପାଉଥିବାର ଜଣା ପଡୁଛି। ଏମାନଙ୍କର ବାସସ୍ଥାନ ନଷ୍ଟ କରିଦେବା ଓ ଏମାନଙ୍କୁ ଶିକାର କରିବା ଦ୍ୱାରା ଏପରି ପରିସ୍ଥିତି ସୃଷ୍ଟି ହେଉଛି। ଏହି ଜାତିର ଗଧିଆର ଉତ୍ପତ୍ତିସ୍ଥଳ ଏସିଆ ମହାଦେଶ ବୋଲି ମନେକରାଯାଏ ଏବଂ ୟୁରୋପ ମହାଦେଶରେ ମଧ୍ୟ ଏକଦା ଏହି ଗଧିଆମାନେ ବିସ୍ତାରିତ ଭାବରେ ଥିଲେ। ଏହି ପରିବାରରେ

ସ୍ପଟେଡ ଗଧିଆ ଗୋଟିଏ ବୃହତ୍ତମ ପ୍ରାଣୀ ହେଲେ ମଧ୍ୟ ଅସ୍ପଷ୍ଟ ଭାବରେ ଏହା ଗୋଟିଏ ଭାଲୁର ଶରୀର ଧାରଣ କରିଥିବା ପରି ଲାଗେ। ଏହାର ଗୋଲ୍ ଗୋଲ୍ କାନ, ବେକରେ ଥିବା ଅଳ୍ପ ବହିର୍ଗତ ଲୋମସମୂହ, ଗୋଲ ଗୋଲ ଚିହ୍ନଥିବା ଲୋମଯୁକ୍ତ ପଶୁଚର୍ମ (pelt) ଏହାର ଅଳ୍ପ ସଂଖ୍ୟକ ଛୋଟ ଛୋଟ ଚିର (nipple) ଓ ମହିଳା ଗଧିଆର କୃତ୍ରିମ (pseudo) ବା ଆବଶ୍ୟକ ନ ହେଉଥିବା ଲିଙ୍ଗ (penis) ର ଉପସ୍ଥିତି ଏହି ଗଧିଆ ଜାତିର ସୌନ୍ଦର୍ଯ୍ୟଗତ ଗୌରବ। ଏହା ହେଉଛି ଏକମାତ୍ର ସ୍ତନ୍ୟପାୟୀ ପ୍ରାଣୀ ଜାତି ଯାହାର ବାହ୍ୟ ଯୌନାଙ୍ଗ ଏବଂ ଏଥିପାଇଁ ବାହ୍ୟ ପ୍ରବେଶ ଦ୍ୱାର ନଥାଏ ଓ ଏହା ପରିବର୍ତ୍ତେ ଗୋଟିଏ କୃତ୍ରିମ ଲିଙ୍ଗଥାଏ।

ପଟା ପଟା ଦାଗ ଥିବା ଗଧିଆ (Striped Hyena)

ଷ୍ଟ୍ରାଇପଡ୍ ଗଧିଆମାନେ ଆଫ୍ରିକା ମହାଦେଶର ଉତ୍ତର ଓ ପୂର୍ବାଞ୍ଚଳରେ, ପୂର୍ବାଞ୍ଚଳର ମଧ୍ୟ ଭାଗରେ ଓ କାଉକାସସ୍ (caucasus) ର ପୁରାତନ ସ୍ଥାୟୀ ବାସିନ୍ଦା। ଲାଟିନ ନାମ ଅନୁସାରେ ଏମାନେ ହାଏନା ହାଏନା (hyaena hyaena) ନାମରେ ପରିଚିତ। ଏହି ଜାତିର ଗଧିଆମନେ ଅନ୍ୟ ଜାତିର ଗଧିଆମାନଙ୍କ ଠାରୁ ଛୋଟ ଏବଂ ଏମାନଙ୍କର ସମ୍ପର୍କରେ ପ୍ରାଣୀ ବୈଜ୍ଞାନିକମାନେ ଖୁବ୍ କମ୍ ଅଧ୍ୟୟନ କରିଛନ୍ତି। ପଟା ପଟା ଦାଗ ଥିବା ଗଧିଆମାନଙ୍କର ଓସାରିଆ ମୁଣ୍ଡ, କଳା କଳା ଆଖି, ମୋଟା ଥୋମଣି (muzzle) ଓ ବଡ଼ ମୁନିଆଁ କାନ ଥାଏ। ସେମାନଙ୍କର ଥୋମଣି, କାନ ଦୁଇଟି ଓ ଗଳା ସମ୍ପୂର୍ଣ୍ଣ ଭାବରେ କଳା। ମାତ୍ର ସେମାନଙ୍କର ଆବରଣ ସ୍ୱର୍ଣ୍ଣପରି ହଳଦିଆ, ବାଦାମୀ ବା ଧୂସର କିମ୍ବା ପାଉଁଶିଆ ଏବଂ ଶରୀରର ଉପରେ ଓ ଗୋଡ଼ରେ ପଟା ପଟା ଦାଗ (stripe) ଥାଏ।

ଏହି ଜାତିର ଗଧିଆମାନେ ଲୁପ୍ତ ପ୍ରାୟ। କୌଣସି ଜାତିର ଗଧିଆ ସ୍ପଟେଡ୍ ଗଧିଆମାନଙ୍କ ପରି ଶବ୍ଦ ନକରି ପାରିଲେ ମଧ୍ୟ ଷ୍ଟ୍ରାଇପଡ ଗଧିଆମାନେ ଉତ୍ତେଜନା ଜନିତ ଶବ୍ଦ (whoop) ଓ ଘଡ ଘଡ ଶବ୍ଦ (rumble) କରନ୍ତି। ମାତ୍ର ଏମାନେ ବା ବାଦାମୀ ଗଧିଆମାନେ ସ୍ପଟେଡ ଗଧିଆମାନଙ୍କ ପରି ଶବ୍ଦ କରିପାରନ୍ତି ନାହିଁ।

ଷ୍ଟ୍ରାଇପ୍‌ଡ ଗଧିଆମାନଙ୍କର ସଂଖ୍ୟା ପ୍ରାୟ ୩୦,୦୦୦ ହେବ ବୋଲି ଅନୁମାନ କରାଯାଏ। ଭାରତରେ ଇରାବତୀ ମାଜ୍‌ଗାଉନୁଆର୍ ଗବେଷଣା ସଂସ୍ଥା ଓ ବଣ୍ୟଜନ୍ତୁ ସଂରକ୍ଷଣ ସମିତି ଏମାନଙ୍କର ସ୍ଥିତି ସମ୍ପର୍କରେ ଅନୁଧ୍ୟାନ କରିଛନ୍ତି।

ପଟା ପଟା ଦାଗ ଥିବା ଗଧିଆମାନଙ୍କର ୫ଟି ଶ୍ରେଣୀ ରହିଛି। ଏମାନେ ବୁଦବୁଦିକିଆ ଜଙ୍ଗଲ (scrub), ବୃକ୍ଷ ଆଚ୍ଛାଦିତ ଅଞ୍ଚଳ (wopodland) ଶୁଷ୍କ ମରୁଡି ଅଞ୍ଚଳ (arid) ଓ ଅର୍ଦ୍ଧ ଶୁଷ୍କ ମରୁଡି ଅଞ୍ଚଳରେ ବାସ କରନ୍ତି।

ଏହି ପୁରୁଷ ଗଧିଆମାନେ ପରିଣତ ବୟସରେ ୪୦ ରୁ ୫୫ କିଲୋଗ୍ରାମ

ଓ ସ୍ତ୍ରୀ ଗଧିଆମାନେ ୪୪ ରୁ ୬୪ କିଲୋଗ୍ରାମ ହୋଇ ଥାଆନ୍ତି ।

ମାଟିଆ ରଙ୍ଗର ଗଧିଆ (Brown Hyena)

ମାଟିଆ ରଙ୍ଗର ଗଧିଆମାନେ ନାମ୍ବିଆ, ବୋଟ୍‌ସୱାନା, ଅଙ୍ଗୋଲା ପଶ୍ଚିମ ଓ ଦକ୍ଷିଣ ଜିମ୍ବାବ୍ୱେରେ ଦେଖା ଯାଆନ୍ତି । ଏମାନଙ୍କର ବୈଜ୍ଞାନିକ ନାମ ହାଏନା ବ୍ରୁନ୍ନେଆ (brunnea) । ପରିଣତ ବୟସରେ ଏମାନଙ୍କର ହାରାହାରି ଲମ୍ବା ୧୪୪ ସେଣ୍ଟିମିଟର । ସେହି ବୟସରେ ପୁରୁଷ ଗଧିଆର ଓଜନ ୪୦ ରୁ ୪୪ କିଲୋଗ୍ରାମ ଓ ସ୍ତ୍ରୀ ଗଧିଆର ୩୮ ରୁ ୪୦ କିଲୋଗ୍ରାମ ହୋଇଥାଏ ।

ସ୍ତ୍ରୀ-ମାଟିଆ ରଙ୍ଗର ଗଧିଆମାନେ, ସ୍ପଟେଡ ଗଧିଆ ଓ ସିଂହମାନଙ୍କର ଇଲାକା (territories) ଠାରୁ ଦୂରରେ ବାଲୁକା ସ୍ତୂପ ଭିତରେ ଗୁହା (dens) ଭିତରେ ଜନ୍ମ ଦିଅନ୍ତି । ସ୍ପଟେଡ ଗଧିଆ ଛୁଆମାନଙ୍କ ପରି ଜନ୍ମ ସମୟରେ ଆଖି ବନ୍ଦଥାଏ ଏବଂ ୮ ଦିନ ପରେ ଖୋଲେ । ୧୨ମାସ ପରେ ଛୁଆମାନେ ମାଆଠାରୁ ଅଲଗା ହୋଇ ଯାଆଁନ୍ତି ଏବଂ ୧୮ ମାସ ପରେ ଗୁମ୍ଫାଠାରୁ ଦୂରରେ ଅଲଗା ରହନ୍ତି ।

ମାଟିଆ ଗଧିଆମାନେ ମଧ୍ୟମରୁ ବଡ଼ ଅକାରର ମାଂସାଶୀ ପ୍ରାଣୀ । ପରିଣତ ବୟସରେ ଏମାନଙ୍କର ହାରାହାରି ଓଜନ ୪୦.୭ କିଲୋଗ୍ରାମ ଏବଂ ଓଜନର ପରିସର ୩୪.୨ ରୁ ୭୨.୬ କିଲୋଗ୍ରାମ ମଧ୍ୟରେ ରହେ ।

ମାଟିଆ ଗଧିଆମାନଙ୍କର ପତଳା ହାଡୁଆ ଅବସ୍ଥା, ପତଳା ଲୋମ ଓ ଲମ୍ବା ସରୁ ଗୋଡ ଥାଏ । ଏହି ଗଧିଆମାନଙ୍କୁ ମଧ୍ୟ ଷ୍ଟ୍ରାଣ୍ଡ ଓ୍ୱଲ୍‌ଫ (Strand Wolf) କୁହାଯାଏ, ଅର୍ଥାତ୍ ଦଉଡିର ଖିଅ ପରି ।

ଆର୍ଡ ଗଧିଆ (Aard Wolf)

ଆର୍ଡ ଗଧିଆମାନେ ଛୋଟ ଛୋଟ କୀଟମାନଙ୍କୁ ଖାଆନ୍ତି । ଏମାନଙ୍କୁ ଇନ୍‌ସେକ୍‌ଟିଭୋରସ୍ (insectivorous) ସ୍ତନ୍ୟପାୟୀ ଗଧିଆ କୁହାଯାଏ । ଆର୍ଡ ଗଧିଆମାନଙ୍କର ବୈଜ୍ଞାନିକ ନାମ ପ୍ରୋଟେଲେସ୍ କ୍ରିଷ୍ଟାଟା (proteles cristata) ଆଫ୍ରିକା ଓ ଡଚ୍ (dutch) ଭାଷାରେ ଆର୍ଡ ଗଧିଆମାନଙ୍କୁ ମାଟି ଗଧିଆ (earth wolf) ମଧ୍ୟ କୁହାଯାଏ ।

ଏହି ଗଧିଆମାନଙ୍କର ସଂଖ୍ୟାରେ ବିଶେଷ ପରିବର୍ତ୍ତନ ଲକ୍ଷ୍ୟ କରାଯାଉ ନାହିଁ । ଏମାନଙ୍କର ସଂଖ୍ୟା ଗତ କେତେ ବର୍ଷଧରି ପ୍ରାୟତଃ ସ୍ଥିର । ଆର୍ଡ ଗଧିଆମାନେ ଆର୍ଡଭାର୍କସ୍ (aardvarks) ପରିବାରର ନୁହଁନ୍ତି, ବା ଓ୍ୱଲ୍‌ଭସ୍ (wolves) ପରିବାର ନୁହଁନ୍ତି । ଏମାନେ ହାଏନା ପରିବାରର ସବୁଠାରୁ ଛୋଟ ଗଧିଆ । ପରିପକ୍ୱ ବୟସରେ ଏହି ଗଧିଆମାନଙ୍କର ହାରାହାରି ଓଜନ ୭.୯ କିଲୋଗ୍ରାମ ।

ପଚା ଜୈବିକ ପଦାର୍ଥ ଓ ଗଧିଆ ଖାଦ୍ୟ :

ଗଧିଆମାନେ ଏକ ପ୍ରକାର ସ୍ୱତନ୍ତ୍ର ପ୍ରକାରର ମାଂସାଶୀ ପ୍ରାଣୀ ଯେଉଁମାନଙ୍କୁ ସ୍କାଭେଞ୍ଜର (scavenger) କୁହାଯାଏ। ବିଲୁଆ ଓ ଶାଗୁଣାମାନଙ୍କୁ ମଧ୍ୟ ସ୍କାଭେଞ୍ଜର କୁହାଯାଏ। ଯେଉଁ ପଶୁ ପକ୍ଷୀମାନେ ପଚାସଢ଼ା ମାଂସ ଭକ୍ଷଣ କରି ହଜମ କରି ପାରନ୍ତି, ସେମାନଙ୍କୁ ସ୍କାଭେଞ୍ଜର କୁହାଯାଏ। ଅନ୍ୟ ଗୋଟିଏ ସେହିପରି ଶବ୍ଦ କାର୍‌ରିଅନ୍ (carrion)। ଯେ କୌଣସି ପ୍ରାଣୀର ମୃତ ପରିତ୍ୟକ୍ତ ଶରୀରର ମାଂସ ଗଳିତ ବା ପଚାସଢ଼ା ହୋଇ ଯାଇଥିଲେ ମଧ୍ୟ ସେହି ମାଂସ ବା ମୃତ ଶରୀରକୁ ସ୍କାଭେଞ୍ଜରମାନେ ଖାଆନ୍ତି। ଏହି ମାଂସ ମୃତ୍ୟୁ ପରେ ଜୀବାଣୁମାନଙ୍କ ଦ୍ୱାରା ପଚି ବା ସଢ଼ି ଯାଏ। ଏପରି ଶରୀରକୁ ପଚିଯାଇଥିବା ବା ପିଉଟ୍ରିଫାଏଡ୍ ମୃତ ଶରୀର କୁହାଯାଏ। ବୈଜ୍ଞାନିକ ଆରିଷ୍ଟଟ୍‌ଲ (aristotle) ବର୍ଣ୍ଣନା କରିଛନ୍ତି ଯେ ଗଧିଆମାନେ ପଚାମାଂସ ଖାଇବା ପାଇଁ ଅତିମାତ୍ରାରେ ଆଗ୍ରହୀ।

ପଚାସଢ଼ା ଖାଦ୍ୟ ପଦାର୍ଥ ମନୁଷ୍ୟମାନେ ଖାଦ୍ୟରୂପେ ବ୍ୟବହାର କରନ୍ତି ନାହିଁ। ଭୁଲରେ ପଚାସଢ଼ା ଖାଦ୍ୟ ଖାଇଥିଲେ ବି ବାନ୍ତି ଓ ପେଟ ରୋଗ ଦେଖା ଦେଇଥାଏ। ବେଳେ ବେଳେ ସେମାନେ ବିଶେଷ ଭାବରେ ଅସୁସ୍ଥ ହୋଇ ପଡ଼ନ୍ତି ଏବଂ ଡାକ୍ତରଙ୍କର ସହାୟତା ଆବଶ୍ୟକ ହୋଇ ଥାଏ।

ଆମ୍ଭେମାନେ ଜୈବିକ ବା ଅଜୈବିକ ପଚାସଢ଼ା ପଦାର୍ଥ ଠାରୁ ଦୂରରେ ରହିବାକୁ ସ୍ୱାସ୍ଥ୍ୟରକ୍ଷା ଦୃଷ୍ଟିରୁ ଉଚିତ୍ ମନେକରୁ। କିନ୍ତୁ ଗଧିଆ ଓ ବିଲୁଆମାନେ ଏସବୁ ଖାଇ ଏପରି ସ୍ଥାନକୁସଫା କରି ଦିଅନ୍ତି। ପରିବେଶକୁ ପରିଷ୍କାର କରି ଦିଅନ୍ତି। ଆମ ପାଇଁ ପରିଷ୍କାର ପରିଚ୍ଛନ୍ନତାର ଦୃଷ୍ଟାନ୍ତ ହୋଇ ଯାଆନ୍ତି। ଏଣୁ ଏମାନେ ଆମର ଉପକାରୀ ହୋଇ ଯାଆନ୍ତି। ଗଧିଆମାନେ ସହଜରେ ଏପରି ଖାଦ୍ୟକୁ ହଜମ କରିଦେଇ ପାରନ୍ତି। ଏମାନେ ମୃତ ପଚାସଢ଼ା ଶରୀର ସହିତ ବା ଜୈବ ସମାଜ ଓ ଏହାର ପରିବେଶ ସହିତ ପରସ୍ପର ସଂଶ୍ଳିଷ୍ଟ। ଏହାକୁ ଏକୋ ସିଷ୍ଟମ୍ (eco-system) କୁହାଯାଏ। ପଚାମାଂସ ବା ପଚାସଢ଼ା ଶବକୁ ସନ୍ତୋଷରେ ଭୋଜନ କରି ସେମାନେ ଏପରି ଭାବରେ ହଜମ କରି ଦିଅନ୍ତି ଯେ ସେମାନଙ୍କର ମଳରେ କେବଳ ଲୋମ, ଶିଙ୍ଗ, ଖୁରା ଓ କେରାଟିନ୍ ଜାତୀୟ କିଛି ପଦାର୍ଥ ରହିଯାଏ। ଶରୀରରେ ଥିବା ସମସ୍ତ ହାଡ଼ ମଧ୍ୟ ଧଳା ପାଉଡ଼ର ହୋଇଯାଇଥାଏ। ଲମ୍ବା ହାଡ଼ ଭିତରେ ଥିବା ନଳି ବା ବୋନ୍ ମ୍ୟାରୋ (bone-marrow) ରେ ଥିବା ରକ୍ତ ପ୍ରସ୍ତୁତକାରୀ ଖାଦ୍ୟସାର ସେମାନେ ଗ୍ରହଣ କରି ନେଇ ଥାଆନ୍ତି। ଗଧିଆମାନେ ସମସ୍ତ ଜୈବୀକ ଯୌଗିକ ବସ୍ତୁ (organic compund) ହଜମ କରି ଦେଇପାରନ୍ତି। ଅଜୈବିକ ପଦାର୍ଥ ଗୁଡିକ

ହଜମ ହୋଇ ମଳ ଓ ପରିସ୍ରାରେ ଅନାବଶ୍ୟକୀୟ ପଦାର୍ଥ ଭାବରେ ନିଷ୍କାସିତ ହୋଇ ଯାଏ।

ଏଠାରେ ପ୍ରଶ୍ନ ଉଠେ ଗଧିଆ ଓ ବିଲୁଆମାନେ ପଚାସଢ଼ା ମାଂସକୁ କିପରି ଭାବରେ ହଜମ କରି ପାରୁଛନ୍ତି। ସେହିପରି କେତେକ ଜଳଜ ଜୀବ ମଧ୍ୟ କଙ୍କଡା (crabs) ଓ ବଡ଼ ଚିଙ୍ଗୁଡିମାଛ ମାନଙ୍କର ମୃତ ଶରୀର ଖାଇ ହଜମ କରିଥାନ୍ତି। କୁହାଯାଏ, ସ୍କାଭେଞ୍ଜର ମାନଙ୍କର ହଜମ ପ୍ରଣାଳୀ ସ୍ୱତନ୍ତ୍ର ଭାବରେ ତିଆରି। ଏଣୁ ଏହା କେବଳ ସେମାନଙ୍କ ପକ୍ଷରେ ସମ୍ଭବ।

ସାମାଜିକ ଜୀବନ :

ଗଧିଆମାନଙ୍କର ସାମାଜିକ ଜୀବନ ଅତି ଉନ୍ନତ। ଏ ବିଷୟରେ ସ୍ପଟେଡ ଗଧିଆମାନଙ୍କ ବିଷୟରେ ଅଳ୍ପ କିଛି ଆଲୋଚନା କରାଯାଇଛି। ଗୋଟିଏ ଗୋଟିଏ ଦଳ ବା କ୍ଲାନ୍‌ରେ ୮୦ ପର୍ଯ୍ୟନ୍ତ ଗଧିଆ ଦଳବଦ୍ଧ ହୋଇ ରହନ୍ତି। ସେମାନଙ୍କ ନିଜ ପରିବାର ମଧ୍ୟରେ ଗଧିଆମାନେ ପ୍ରକୃତରେ ଜୀବନସାରା ପାଇଁ ବନ୍ଧୁତ୍ୱ ସ୍ଥାପନ କରନ୍ତି ଏବଂ ପରସ୍ପର ପ୍ରତି ଅନୁରକ୍ତ ରହନ୍ତି। ଜଣେ ପ୍ରାଣୀବିଜ୍ଞାନୀଙ୍କର ୨୦ ବର୍ଷର ଅଭିଜ୍ଞତାରୁ ସେ ସୂଚନା ଦିଅନ୍ତି ଯେ ମନୁଷ୍ୟମାନଙ୍କର ବନ୍ଧୁତ୍ୱ ପରି ସେମାନେ ବନ୍ଧୁତ୍ୱ ସ୍ଥାପନ କରନ୍ତି। ସାଙ୍ଗମାନଙ୍କର ସାଙ୍ଗକୁ ମଧ୍ୟ ସେମାନେ ବନ୍ଧୁ ଭାବରେ ଗ୍ରହଣ କରି ଥାଆନ୍ତି। ଅନେକ ସଂଖ୍ୟକ ସ୍ତ୍ରୀ ଗଧିଆ ବା ପୁରୁଷ ଗଧିଆଙ୍କୁନେଇ ଦଳ ଗଠିତ ହୋଇଥାଏ। ମାତ୍ର ପ୍ରତ୍ୟେକ ଦଳରେ ବୟସ୍କା ମହିଳା ଗଧିଆ ଦଳପତି ଭାବରେ ରହିଥାଏ। ସେ ଓ ତାରସ୍ୱାମୀ ଗଧିଆକୁ ଦଳର ସମସ୍ତେ ମାନନ୍ତି। ସେମାନେ ସମସ୍ତେ ସ୍ୱାମୀ ସ୍ତ୍ରୀ ଭାବରେ ରହିଥାଆନ୍ତି, ଆମ ପରିବର ପରି। ସ୍ପଟେଡ ଗଧିଆମାନେ ବିଭିନ୍ନ ଶ୍ରେଣୀ ଅନୁସାରେ (hierarchical) ସଜ୍ଜିତ ରହନ୍ତି, ଯେପରି ଆମର କାମ ଅନୁସାରେ ଶ୍ରେଣୀ ବିଭାଗ ହୋଇଥାଏ। ଏହି ଶ୍ରେଣୀରେ ୧୩୦ ପର୍ଯ୍ୟନ୍ତ ସଭ୍ୟ ରହିପାରନ୍ତି। ଝିଅ ଗଧିଆମାନେ ସେମାନେ ଜନ୍ମ ନେଇଥିବା ଦଳରେ ସାଧାରଣତଃ ରହନ୍ତି ଏବଂ ସେମାନଙ୍କର ମାଆ ଓ ଭଉଣୀ ସହିତ ସୁ-ସମ୍ପର୍କ ରଖି ଥାଆନ୍ତି। ଗୋଟିଏ ଦଳରେ ପରସ୍ପରକୁ ସାହାଯ୍ୟ କରିଥାନ୍ତି। ସବୁ ଦଳ ବା କ୍ଲାନ୍‌ରେ ଜଣେ ମହିଳା କ୍ଷମତାଶାଳୀ (dominant) ରହିବା ନିଶ୍ଚିତ।

ପ୍ରଜନନ (Breeding)

ଗଧିଆମାନଙ୍କର ପ୍ରଜନନ ପାଇଁ କୌଣସି ଋତୁ ନଥାଏ। ମାତ୍ର ବର୍ଷାଋତୁ (wet season) ରେ ଅନେକ ଗଧିଆ ଛୁଆ ଜନ୍ମ କରିଥାଆନ୍ତି। ସ୍ତ୍ରୀ ଗଧିଆମାନେ ଅନେକ ଥର ଗରମରେ ଆସନ୍ତି, ଯାହାକୁ ପଲିଇଷ୍ଟ୍ରଅସ୍ (poly-oestrous) କୁହାଯାଏ। ଏମାନେ ପ୍ରାୟ ୨ସପ୍ତାହ ପର୍ଯ୍ୟନ୍ତ ଗରମରେ ରହନ୍ତି। ସ୍ତ୍ରୀ-ଗଧିଆମାନେ

ଅନେକ ପୁରୁଷ ଗଧିଆମାନଙ୍କ ସହିତ ରତିଲିପ୍ତ (promiscuous) ରହନ୍ତି। ଗଧିଆମାନଙ୍କ ସଙ୍ଗମ ଏକ ସହଜ କାର୍ଯ୍ୟ ନୁହେଁ। କାରଣ ପୁରୁଷ ଗଧିଆ ତାର ପ୍ରସାରିତ କଠିନ ହୋଇଥିବା ଲିଙ୍ଗକୁ ସ୍ତ୍ରୀ ଗଧିଆର ନକଲି ବା ମିଥ୍ୟା (pseudo) ଲିଙ୍ଗ ଭିତରେ ଠିକ୍ ଭାବରେ ପୂରାଇବା ଦରକାର। ତା'ହେଲେ ଯାଇ ଏହା ଏକ ସଫଳ ସଙ୍ଗମ ହୋଇ ପାରିବ। ଯଦିଓ ସେତେବେଳେ ସ୍ତ୍ରୀ-ଗଧିଆର ଯୌନାଙ୍ଗ ସଙ୍ଗମ ସମୟରେ ନରମ (flacid) ଥାଏ, ଏହାର ବାଟ (opening point) ଆଗକୁ ଓ ତଳ ଆଡ଼କୁ ରହିଥାଏ। ତେଣୁ ପୁରୁଷ ଗଧିଆକୁ ନିଶ୍ଚିତ ଭାବରେ ସ୍ତ୍ରୀ-ଗଧିଆର ପଛରେ ଓ ପଛ ଚାରିପଟେ ଗୋଟିଏ ପାଦରେ ଡେଇଁ ଡେଇଁ ଯେତେବେଳେ ସେ (ପୁରୁଷ), ସ୍ତ୍ରୀ ଗଧିଆ ପଛପଟେ ଯଥା ସ୍ଥାନରେ ତାର ଲିଙ୍ଗକୁ ଠେଲି ଦେବ (thrusting), ସେତେବେଳେ ଫଳପ୍ରଦ ସଙ୍ଗମ ହେବ।

ଗୋଟିଏ ସ୍ତ୍ରୀ ଗଧିଆ ତାର ଲିଙ୍ଗଗତ ନଳୀ ବା ପିନାଇଲ୍ କେନାଲ (penile canal) ବାଟେ ଛୁଆ ଜନ୍ମ ଦେଇଥାଏ। ସଙ୍ଗମ ସମୟରେ ଜାମାରୁ ଗୋତାମ ଖୋଲିବା ପରି ଲିଙ୍ଗକୁ ପଛକୁ ଟାଣି ଫେରାଇ ଆଣିବାକୁ ହୁଏ ଏବଂ ଗୋଟିଏ ଛିଦ୍ର ସୃଷ୍ଟି କରନ୍ତି, ପୁରୁଷ ଗଧିଆ ତାର ନିଜ ଲିଙ୍ଗକୁ ଭର୍ତ୍ତି କରିଥାଏ। ସ୍ତ୍ରୀ ଗଧିଆର ପୁରୁଷ ଗଧିଆଠାରୁ ୩ ଗୁଣ ଅଧିକ ପୁରୁଷ ହର୍ମୋନ୍ ଟେଷ୍ଟୋଷ୍ଟେରୋନ୍ ଥାଏ। ଫଳରେ ଛୁଆଜନ୍ମ କରିବାଟା ଅଦ୍ଭୁତ ଭାବରେ ଓ ବିପଦ ସଙ୍କୁଳ ଅବସ୍ଥାରେ ହୋଇଥାଏ। ତେଣୁ ସ୍ତ୍ରୀ ଗଧିଆମାନେ ସେମାନଙ୍କର ଥିବା ମିଛ ଲିଙ୍ଗ ବା କ୍ଲାଇଟୋରିସ୍ ବାଟେ ଛୁଆ ଜନ୍ମ କରନ୍ତି। ଜନ୍ମ କରିବାକୁ ଥିବା ଏହି କଣାଟି ମାତ୍ର ୧ ଇଞ୍ଚ ଗୋଲେଇ ବିଶିଷ୍ଟ। ଏମାନେ ଥରକେ ୧ ରୁ ୩ ଟି ପର୍ଯ୍ୟନ୍ତ ଛୁଆ (cubs) ଜନ୍ମ କରିଥାଆନ୍ତି। ସ୍ତ୍ରୀ ଗଧିଆମାନେ ପୁରୁଷ ଗଧିଆମାନଙ୍କ ଠାରୁ ବଡ଼ ଓ ଶକ୍ତିଶାଳୀ। ଏମାନଙ୍କର ଗର୍ଭଧାରଣର ସମୟ ୧୧୦ଦିନ। ସ୍ତ୍ରୀ ଗଧିଆମାନେ ନିଷିଦ୍ଧ ସଂଗମ ଜନିତ ଦୋଷ କରିଥିବା ପୁରୁଷ ସହିତ (incestuous) ମିଳନ ବର୍ଜନ କରନ୍ତି। ଏମାନେ ୧୧ ରୁ ୨୧ ମାସ ମଧ୍ୟରେ ବା ପ୍ରତି ୧୬ ମାସ ମଧ୍ୟରେ ପ୍ରଜନନର ବ୍ୟବଧାନ ରଖନ୍ତି। ସ୍ତ୍ରୀ ଗଧିଆମାନଙ୍କର ପୁରୁଷ ହର୍ମୋନ୍ ବେଶି ରହୁଥିବାରୁ ସେମାନଙ୍କ ଠାରେ ପୁରୁଷ ପଣିଆଁ ବେଶି। ସେମାନଙ୍କର ଯୋନି (vulva) ପରିବର୍ତ୍ତେ ଏକ ମିଛ ଲିଙ୍ଗ ରହୁଥିବାରୁ ଯୌନାଙ୍ଗ ଅସ୍ୱାଭାବିକ ଭାବରେ ଗଠିତ। ଏଣୁ ଏମାନଙ୍କର ପ୍ରଜନନ କାର୍ଯ୍ୟ ଜଟିଳ ଏବଂ ଯତ୍ନର ସହିତ କରାଯାଇ ଥାଏ।

ଶୃଗାଳ

(Jackals)

ଶୃଗାଳମାନେ ବଣୁଆଁ ବା ଅଯତ୍ନ ବର୍ଦ୍ଧିତ, ମାଂସାଶୀ ସଙ୍ଗପ୍ରିୟ, ଗୋଷ୍ଠୀଗତ ଭାବରେ ବାସ କରୁଥିବା, କୁକୁର ଜାତିର ନିକଟ ସମ୍ପର୍କୀୟ ଆଫ୍ରିକା ଓ ଏସିଆ ମହାଦେଶରେ ବାସ କରୁଥିବା କ୍ଷୁଦ୍ର ଓ ମଧ୍ୟମ ଆକାରର ପ୍ରାଣୀ। ଏମାନଙ୍କର ବିଶେଷତ୍ୱ ହେଉଛି, ଗଧିଆ ପରି ଏମାନେ ମୃତ ଶରୀର ଓ ପଚିସଢ଼ି ଯାଇଥିବା ଜୈବିକ ପଦାର୍ଥକୁ ଖାଦ୍ୟ ରୂପେ ଭକ୍ଷଣ କରନ୍ତି। ଏମାନଙ୍କୁ ସାଧାରଣ ଭାଷାରେ ବିଲୁଆ ବୋଲି କୁହାଯାଏ। କୋକିଶିଆଳି (fox), ଗଧିଆ ଜାତୀୟ ବଣ୍ୟପଶୁ, ବିଲୁଆ ବା ଶୃଗାଳ ଓ ବଣୁଆ କୁକୁର ମାନେ କାନିଡେ (canidae) ପରିବାରର ସଭ୍ୟଭାବରେ ଗଣ୍ୟ। ଏହି ସବୁ ଜନ୍ତୁମାନେ କ୍ଷୁଦ୍ର ହେଲେ ବି ବହୁତ ଚତୁର। ବିଲୁଆ ବଡ଼ ଚତୁର ଏବଂ ସେ ନେଇ କ୍ଷୁଦ୍ର ଗଳ୍ପସବୁ ପିଲାମାନଙ୍କୁ କୁହାଯାଏ। ସିଂହ, ବିଲୁଆକୁ ଶିକାର ଅନ୍ୱେଷଣକାରୀ ଭାବରେ (hunting scout) ପାଖରେ ରଖିଥାଏ ବୋଲି କୁହାଯାଏ। ଶୃଗାଳ ଦେଖିବାକୁ ସରୁ ଓ ଲମ୍ବା ଗୋଡ଼ ବିଶିଷ୍ଟ।

ପ୍ରାଣୀ ବିଜ୍ଞାନୀମାନଙ୍କର ଅନୁସନ୍ଧାନରୁ ଜଣାପଡ଼େ ଯେ, ଶୃଗାଳମାନେ ତିନୋଟି ଜାତିର ଅଛନ୍ତି। ସେମାନେ ହେଲେ; (୧) ସୁବର୍ଣ୍ଣ ଶୃଗାଳ (golden jackals), (୨) କଳା ରଙ୍ଗର ପିଠିଥିବା ଶୃଗାଳ (black backed jackals), (୩) ପାର୍ଶ୍ୱରେ ପଟା ପଟା ଦାଗ ଥିବା ଶୃଗାଳ (side striped jackals)।

ସୁବର୍ଣ୍ଣ ଶୃଗାଳ

ସୁବର୍ଣ୍ଣ ଶୃଗାଳମାନଙ୍କୁ ଏସିଆ ମହାଦେଶର ଶୃଗାଳ ବୋଲି କୁହାଯାଏ। ଏମାନଙ୍କର ବୈଜ୍ଞାନିକ ନାମ କାନିସ୍ ଏଉରିଅସ୍ (canis aureus)। ପରିଣତ ବୟସରେ ଏହି ଜାତିର ବିଲୁଆମାନଙ୍କର ଓଜନ, ପୁରୁଷ ବିଲୁଆମନଙ୍କର ୯ ରୁ ୧୫ କିଲୋକଗ୍ରାମ ଓ ସ୍ତ୍ରୀ ବିଲୁଆ ମାନଙ୍କର ୮ ରୁ ୧୨ କିଲୋଗ୍ରାମ। ସେହି ବୟସରେ ଏମାନଙ୍କର ହାରାହାରି ଲମ୍ୱ ୮୩ ସେଣ୍ଟିମିଟର ହୋଇଥାଏ, ବୋଲି ଜଣାଯାଇଛି। ଫେବୃୟାରୀ ମାସରୁ ଏପ୍ରିଲମାସ ମଧ୍ୟରେ ସେମାନଙ୍କର ସଙ୍ଗମ ସଂଗଠିତ ହୁଏ ଏବଂ ଏପ୍ରିଲ ମାସରୁ ଜୁନ୍‌ମାସ ମଧ୍ୟରେ ସେମାନେ ଛୁଆ ଦେଇ ଥାଆନ୍ତି। ଏମାନେ ଛୋଟ ଛୋଟ ଦଳରେ ରହନ୍ତି। ଗୋଟିଏ ଗୋଟିଏ ଦଳରେ ୨ ରୁ ୪ଟି କରି ରହିଥାଆନ୍ତି।

ଦକ୍ଷିଣ ପୂର୍ବ ୟୁରୋପ, ଦକ୍ଷିଣ ପଶ୍ଚିମ ଏସିଆ, ଦକ୍ଷିଣ ଏସିଆ ଓ ଦକ୍ଷିଣ ପୂର୍ବ ଏସିଆର କେତେକ ଅଞ୍ଚଳରେ ଏମାନେ ସବୁଠାରୁ ବିସ୍ତୃତ ଭାବରେ ବିସ୍ତାରିତ ହୋଇ ରହିଛନ୍ତି। ଏହି ବିଲୁଆମାନେ ସଖ୍ୟାରେ କଳାରଙ୍ଗର ପିଠିଥିବା ବିଲୁଆମାନଙ୍କ ସହିତ ଆଂଶିକ ଭାବରେ ମେଳ ଖାଆନ୍ତି। ସୁବର୍ଣ୍ଣ ଶୃଗାଳମାନେ ଶୁଷ୍କ ଖୋଲା ଦେଶ, କ୍ଷୁଦ୍ର ଘାସର ଚାରଣ ଭୂମି ଓ ଘାସ ଦ୍ୱାରା ଆବୃତ ସମତଳ ଭୂମି (steppe)ରେ ବାସ କରିବାକୁ ପସନ୍ଦ କରନ୍ତି।

ଶୁଷ୍କ ଅବସ୍ଥା ବା ପରିବେଶକୁ ସହ୍ୟ କରିବାର ଶକ୍ତି ଓ ପ୍ରାଣୀଜ ଖାଦ୍ୟ ଖାଉଥିବାରୁ ସୁବର୍ଣ୍ଣ ଶୃଗାଳମାନେ ୨୦୦୦ ମିଟର ଅଧିକ ଉଚ୍ଚ ସ୍ଥାନରେ ବାସ କରି ପାରନ୍ତି। ଏହି ବିଲୁଆମାନେ ଗୋଆର ମନୁଷ୍ୟ ବସତି ଥିବା ଗ୍ରାମ୍ୟ ଓ ସହରାଞ୍ଚଳରେ ଏବଂ ସଂରକ୍ଷିତ ସ୍ଥାନମାନଙ୍କରେ ବାସ କରୁଛନ୍ତି। ବିଶ୍ୱାସ କରାଯାଏ ଯେ ସୁବର୍ଣ୍ଣ ଶୃଗାଳମାନେ ମଧ୍ୟ ୟୁରୋପର ବିଲୋପ ପ୍ରାପ୍ତ ଜନ୍ତୁ।

ଭାରତରେ ବାନ୍ଧବଗଡ ଜାତୀୟ ପାର୍କରେ ଏହି ବିଲୁଆମାନଙ୍କୁ ଦେଖିବାକୁ ମିଳେ। ଏମାନେ ଉଭୟ ପ୍ରାଣୀଜ ଓ ଉଦ୍ଭିଦଜ ଖାଦ୍ୟ ଖାଆନ୍ତି (omnivorous)। ଚିଡିଆଖାନାରେ ଏହି ବିଲୁଆମାନଙ୍କୁ ୫୪ ପ୍ରତିଶତ ପ୍ରାଣୀଜ ଓ ୪୬ ପ୍ରତିଶତ ଉଦ୍ଭିଦଜ ଖାଦ୍ୟ ଦିଆଯାଏ। ଏହି ସୁବର୍ଣ୍ ରଙ୍ଗର ବିଲୁଆମାନେ ଖାଦ୍ୟ ଅନ୍ୱେଷଣ କରିବାରେ ସୁବିଧାବାଦୀ। ତେଣୁ ବହୁତ ପ୍ରକାରର ଖାଦ୍ୟ ଏମାନେ ଯୋଗାଡକରି ଖାଇ ପାରନ୍ତି। ସେମାନଙ୍କ ଖାଦ୍ୟରେ କ୍ଷୁଦ୍ର ସୁନ୍ଦର କୃଷ୍ଣସାର ମୃଗ (gazelles), କର୍ତ୍ତଦନ୍ତୀ ମୂଷା ଜାତୀୟ ଜୀବ (rodent) ଠେକୁଆ, ଚଢ଼େଇ ଓ ସେମାନଙ୍କର ଅଣ୍ଡା, ସାପ, ବେଙ୍ଗ, ମାଛ, ବିଭିନ୍ନ ପ୍ରକାର କୀଟ ଓ ଫଳ ଥାଏ। ମୂଷା ଜାତୀୟ ଜୀବମାନଙ୍କୁ ଶୀତଦିନେ ଯୋଗାଡ଼ କରି ଥାଆନ୍ତି। ମୃତ ଜୀବ ଜନ୍ତୁଙ୍କ ଶରୀର ବା ପଚା ସଢ଼ାମାଂସ କେବେ କେବେ ଖାଇଥାଆନ୍ତି।

କଳାରଙ୍ଗର ପିଠିଥିବା ଶୃଗାଳ (black backed Jackals)

କଳା ପିଠି ଥିବା ଶୃଗାଳମାନେ ମଧ୍ୟମ ଆକାରର। ଏମାନେ ପୂର୍ବ ଓ ଦକ୍ଷିଣ ଆଫ୍ରିକାରେ ବାସ କରନ୍ତି। ଏମାନଙ୍କର ବୈଜ୍ଞାନିକ ନାମ କାନିସ୍ ମେସୋମେଲାସ୍ (canis mesomelas)। ଏହି ବିଲୁଆମାନଙ୍କର ପରିଣତ ବୟସରେ ଉଚ୍ଚତା ୩୦-୪୮ ସେଣ୍ଟିମିଟର। ଏମାନଙ୍କର ସଂଖ୍ୟା ପ୍ରାୟତଃ ସ୍ଥିର। ପରିଣତ ବୟସରେ ସ୍ତ୍ରୀ ବିଲୁଆମାନଙ୍କର ଓଜନ ୫.୪ ରୁ ୧୦ କିଲୋଗ୍ରାମ ମଧ୍ୟରେ ଓ ପୁରୁଷ ବିଲୁଆମାନଙ୍କର ୬.୮ ରୁ ୯.୫ କିଲୋଗ୍ରାମ ମଧ୍ୟରେ ହୋଇଥାଏ। ବିଲୁଆମାନଙ୍କର ରଙ୍ଗ କଳଙ୍କି ରଙ୍ଗ। ଲୁହା କଳଙ୍କି ଖାଇଲେ ଯେପରି ଦେଖାଯାଏ ସେହିପରି। ପିଠି ଉପରେ କଳା ଲୋମର ଆବରଣ ଦେହର କଳଙ୍କି ରଙ୍ଗ ସହିତ ସୁନ୍ଦର ଦେଖାଯାଏ। ଲାଞ୍ଜର ଅଗରେ କଳା ଚିହ୍ନ ଥାଏ। ବେକର ଉପରିଭାଗରୁ ପିଠି ଉପର ଦେଇ ଲାଞ୍ଜ ପର୍ଯ୍ୟନ୍ତ କଳା ଆବରଣ ଥାଏ। ଏଣୁ ଏହି ବିଲୁଆର ନାମ ବ୍ଲାକ୍ ବ୍ୟାକ୍ଡ (black backed) ବିଲୁଆ। କଳା ପିଠିଆ ବିଲୁଆମାନେ ସେମାନଙ୍କର ଚତୁରତା ଓ ସାହସ ଯୋଗୁଁ ବିଶେଷ ଜଣାଶୁଣା। ବେଳେବେଳେ ଏମାନେ ନିରୀହ ବା ଅତି ଥଣ୍ଡା ଜଣାପଡ଼ନ୍ତି।

ପିଠି କଳା ବିଲୁଆମାନେ ପ୍ରାଣୀଜ ଓ ଉଦ୍ଭିଦଜ ଉଭୟ ପ୍ରକାର ଖାଦ୍ୟ ଖାଇଥାଆନ୍ତି। ସାଧାରଣତଃ ଏମାନେ ଖାଦ୍ୟ ହିସାବରେ ଯାହା ପାଆନ୍ତି ଖାଆନ୍ତି।

ଖାଦ୍ୟ ଅନ୍ୱେଷଣରେ ଏମାନେ ଜଣେ ବା ଦୁଇଜଣିଆ କିମ୍ବା ଦଳଗତ ଭାବରେ ମିଶି ଯାଆନ୍ତି। ବିଭିନ୍ନ ପ୍ରକାର ଶିକାର ପ୍ରଣାଳୀ ବ୍ୟବହାର କରିଥାଆନ୍ତି। କୀଟ, ଝିଟିପିଟି, ମୂଷା ଜାତୀୟ ଜୀବ (rodent) ଓ ଛୋଟ ବଡ଼ ଅନ୍ୟ ଯେଉ ଜୀବ ଶିକାର କରିଥାଆନ୍ତି, ସେମାନଙ୍କର ଖାଦ୍ୟ ଭାବରେ ଖାଆନ୍ତି। ଭଅଁର ପୋକ (beetle), ଝିଣ୍ଟିକା (grass hoppers), କ୍ରିକେଟ୍ ଛୋଟ ଜୀବ (ଝିଣ୍ଟିକା ପରି), ଓ ଉଇ ପ୍ରଭୃତି ମେରୁଦଣ୍ଡ ବିହୀନ ପ୍ରାଣୀ ସେମାନଙ୍କର ଖାଦ୍ୟ। ହଲେ ବିଲୁଆ ପ୍ରତ୍ୟେକ କାର୍ଯ୍ୟ ଏପରିକି ଖାଇବା କାର୍ଯ୍ୟ ମଧ୍ୟ ଏକାଠି ମିଶି କରନ୍ତି। ମରୁଭୂମିରେ ମିଶି ଦରକାର ପଡ଼ିଲେ ଚାଲିଥାଆନ୍ତି। ଏହି ବିଲୁଆମାନେ ମୃତ ଜନ୍ତୁମାନଙ୍କୁ ମଧ୍ୟ ଖାଆନ୍ତି।

ପାର୍ଶ୍ୱରେ ପଟା ପଟା ଦାଗ ଥିବା ଶୃଗାଳ (Side Striped Jackal)

ଏହି ଶୃଗାଳମାନେ ଆଫ୍ରିକା ମହାଦେଶରେ ବାସ କରନ୍ତି। ଆଫ୍ରିକା ମହାଦେଶର ଦକ୍ଷିଣାଞ୍ଚଳ ଓ କେନ୍ଦ୍ରାଞ୍ଚଳରେ ଏହି ପ୍ରକାର ବିଲୁଆ ଦେଖା ଯାଆନ୍ତି। ୧୫° ଉତ୍ତରରୁ ୨୩° ଦକ୍ଷିଣ ଦ୍ରାଘିମା ମଧ୍ୟରେ ଏମାନେ ଥାଆନ୍ତି। ଏହା ଉଷ୍ଣମଣ୍ଡଳ (tropical) ଜଳବାୟୁର ଅନ୍ତର୍ଗତ। ପଶ୍ଚିମ ଆଫ୍ରିକାର ସାହେଲିଆନ୍ ଅଞ୍ଚଳରେ ଗାମ୍ବିଆ ଓ ସେନେଗାଲ୍ ମଧ୍ୟରେ ଉପସାହାରା ଆଫ୍ରିକାରେ ଏହି ବିଲୁଆମାନେ ଅଛନ୍ତି।

ପରିପକ୍ୱ ବୟସରେ ଏମାନଙ୍କର ଓଜନ ୬.୫ ରୁ ୧୪ କିଲୋଗ୍ରାମ ପର୍ଯ୍ୟନ୍ତ ହୋଇଥାଏ। ସେହି ବୟସରେ ସେମାନଙ୍କର ଉଚ୍ଚତା ୩୫ ରୁ ୫୦ ସେଣ୍ଟିମିଟର ଓ ଲମ୍ବା ୬୯ ରୁ ୮୧ ସେଣ୍ଟିମିଟର ହୁଏ। ଏମାନଙ୍କର ଗର୍ଭଧାରଣର ସମୟ ୫୭ ରୁ ୭୦ଦିନ।

ବୈଜ୍ଞାନିକ ନାମ ଅନୁସାରେ ଏହି ଜାତିର ବିଲୁଆ ମାନଙ୍କୁ କାନିସ୍ ଅଡୁଷ୍ଟସ୍ (canis adustus) କହନ୍ତି। ପିଠିରେ କଳାଦାଗ ଥିବା ବିଲୁଆମାନଙ୍କ ଠାରୁ ଏମାନେ ବୃହତ୍ତର। ଚିଡ଼ିଆଖାନରେ ଥିବା ଏହି ଜାତିର ବିଲୁଆମାନଙ୍କର ଜୀବନ କାଳ ହାରାହାରି ୧୩.୭ ବର୍ଷ। ଦକ୍ଷିଣ ଆଫ୍ରିକାର କ୍ରୁଗଂର ଜାତୀୟ ପାର୍କରେ ଏହି ପାର୍ଶ୍ୱରେ ପଟା ପଟା ଦାଗ ଥିବା ବିଲୁଆମାନଙ୍କୁ ରଖାଯାଇଛି। ଏମାନଙ୍କର ସଂଖ୍ୟା ସ୍ଥିର (stable)।

ଏହି ବିଲୁଆମାନଙ୍କର ଶରୀରର ଉଭୟ ପାର୍ଶ୍ୱରେ କହୁଣୀଠାରୁ ନିତମ୍ବ ବା ପିଚା ପର୍ଯ୍ୟନ୍ତ ଲମ୍ବା ପଟି ବିସ୍ତାରିତ ହୋଇଥାଏ। ଏମାନେ ଏକୁଟିଆ ରହିବାକୁ ଭଲ ପାଆନ୍ତି ଓ ରାତିରେ ଚଳ ପ୍ରଚଳ ହୁଅନ୍ତି।

ଶୃଗାଳ ପ୍ରଜନନ (Breeding of Jackals)

ବିଲୁଆମାନେ ପଶୁ ହେଲେ ବି ସେମାନେ ହଲେ ଜୀବନସାରା ସ୍ୱାମୀ, ସ୍ତ୍ରୀ ହୋଇ ରହିଥାଆନ୍ତି। ପ୍ରଜନନ ଋତୁରେ ପୁରୁଷ ବିଲୁଆ ଅନ୍ୟ ପୁରୁଷ ବିଲୁଆମାନଙ୍କୁ

ପାଖରେ ପୂରାଇ ଦିଏ ନାହିଁ। ଆଫ୍ରିକାରେ ଅକ୍ଟୋବର ମାସରେ ଓ ୟୁରୋପରେ ଡ଼ିସେମ୍ବର ମାସରେ ପ୍ରଜନନ ଋତୁ ପଡ଼େ। ଭାରତରେ ବର୍ଷସାରା ପ୍ରଜନନ କାର୍ଯ୍ୟ ହୋଇପାରେ।

ବିଲୁଆମାନେ ଭୁକିବାର ଆମେ ଶୁଣୁ। ଏହି ଭୁକିବା ଶବ୍ଦକୁ "ହୁକେ-ହୋ" ବୋଲି କହୁ। ଇଂରାଜୀରେ ଏହାକୁ ହାଉଲ୍ (howl) କହନ୍ତି। ଏହି ଶବ୍ଦ ମଧ୍ୟ ବିଭିନ୍ନ ପ୍ରକାରର। ସ୍ୱାମୀ ସ୍ତ୍ରୀ ବିଲୁଆ ମଧ୍ୟରେ ଉତ୍ତମ ସମ୍ପର୍କ ଥାଏ। ଜଣେ ଜଣକୁ ଖୋଜିବା ପାଇଁ ମଧ୍ୟ ଶବ୍ଦ କରିଥାଏ ଓ ପ୍ରତ୍ୟୁତ୍ତର ଶବ୍ଦ ପାଇଥାଏ।

ସ୍ତ୍ରୀ ବିଲୁଆ ଗର୍ଭଧାରଣର ୫୭ ରୁ ୭୦ ଦିନ ମଧ୍ୟରେ ୨ ରୁ ୪ଟା ଛୁଆ ଜନ୍ମ କରିଥାଏ। ମାଟିରେ କରିଥିବା ଗାତ ଭିତରେ ସେ ଛୁଆମାନଙ୍କୁ ଜନ୍ମ ଦିଏ। ଜନ୍ମ ହେଲାବେଳେ ଛୁଆମାନଙ୍କର ଆଖି ଖୋଲି ନଥାଏ। ୧୦ ଦିନ ପରେ ଆଖି ଖୋଲେ। ସେମାନଙ୍କର ସ୍ୱାମୀ ସ୍ତ୍ରୀ ସମ୍ପର୍କ ଏପରି ଯେ ଉଭୟ ଛୁଆମାନଙ୍କର ଯତ୍ନ ନିଅନ୍ତି।

କଳା ରଙ୍ଗର ପିଠିଥିବା ସ୍ତ୍ରୀ ବିଲୁଆମାନେ ୧୧ ମାସରେ ପ୍ରଥମେ ଗରମରେ ଆସନ୍ତି। କିନ୍ତୁ ବଣୁଆ ବିଲୁଆମାନେ ୨ ରୁ ୩ ବର୍ଷ ମଧ୍ୟରେ ପ୍ରଜନନକ୍ଷମ ହୋଇ ଥାଆନ୍ତି।

ରାତିରେ ବିଲୁଆମାନେ ନିର୍ଦ୍ଦିଷ୍ଟ ବ୍ୟବଧାନରେ ୪ ଥର ବୋବେଇ ଥାଆନ୍ତି। ଗୋଟିଏ ବିଲୁଆ ଭୁକିବା ଆରମ୍ଭ କଲେ ସମସ୍ତେ ମିଶି ଭୁକନ୍ତି। ସେମାନଙ୍କର ଭୁକିବାର ସମୟ ବ୍ୟବଧାନକୁ ଏକ ପ୍ରହର ବୋଲି ଧରାଯାଏ।

■

ବଣ ମଣିଷ ଓରାଂ ଉଟାଙ୍ଗ

(OrangUtang)

ଇଣ୍ଡୋନେସିଆ ଓ ମାଲୟେସିଆରେ ବର୍ଷା ବହୁଳ ଅରଣ୍ୟରେ ବାସ କରୁଥିବା ବୃହତ୍ ଆକାରର ମଣିଷ ପରି ମାଙ୍କଡ଼କୁ ଓରାଙ୍ଗଉଟାଙ୍ଗ (orang-utang) କହନ୍ତି। ବର୍ତ୍ତମାନ ଏମାନେ କେବଳ ବୋର୍ଣ୍ଣିଓ ଓ ସୁମାତ୍ରାରେ ଦେଖାଯାଉଛନ୍ତି। ଗଛରେ ବାସ କରୁଥିବା ପୃଥିବୀର ସବୁଠାରୁ ବଡ଼ ସ୍ତନ୍ୟପାୟୀ ପ୍ରାଣୀ ଓରାଙ୍ଗ ଉଟାଙ୍ଗ। ଓରାଙ୍ଗ ଉଟାଙ୍ଗ ଗୋଟିଏ ମାଳୟ ଭାଷାର ଶବ୍ଦ ଏବଂ ଏହାର ଅର୍ଥ ହେଉଛି, "ବଣର ମଣିଷ ବା ବଣ ମଣିଷ" ଏମାନଙ୍କର ହାତ ଦୁଇଟି ଲମ୍ବା ଲମ୍ବା। ଦେହରେ ଲମ୍ବା ଲମ୍ବା ବାଳଥାଏ। ଉଚ୍ଚ ବିକଶିତ ସ୍ତରର ସ୍ତନ୍ୟପାୟୀ ପ୍ରାଣୀମାନଙ୍କୁ ପ୍ରାଇମେଟ୍ (primate) କହନ୍ତି। ମଣିଷ ପରି ଏହି ବଣ ମଣିଷଟି ଉଚ୍ଚ ବିକଶିତ ସ୍ତରର ସ୍ତନ୍ୟପାୟୀ। ମଣିଷ ପରି ଏହି ବଣ ମଣିଷଟି ବହୁତ ବୁଦ୍ଧିମାନ୍ ଏବଂ ମନୁଷ୍ୟର ଅନେକ ଗୁଣ ଏହି ବଣ ମଣିଷଠାରେ ଦେଖିବାକୁ ମିଳେ। ଏଣୁ ମଣିଷର ଅତି ନିକଟ ସମ୍ପର୍କୀୟ। ବୈଜ୍ଞାନିକମାନେ ପରୀକ୍ଷା କରି ଜାଣି ପାରିଛନ୍ତି ଯେ ମଣିଷ ଓ ଏହି ପ୍ରାଣୀର ୯୭ ପ୍ରତିଶତ ଡି.ଏନ୍.ଏ. ସମାନ। ତେଣୁ ସେମାନେ ମଣିଷ ପରି ବୁଦ୍ଧିମାନ୍ ହେବା ସ୍ୱାଭାବିକ। ସେମାନେ କେତେକ ଯନ୍ତ୍ରପାତିର ବ୍ୟବହାର ଶିଖି ଯାଇଥାଆନ୍ତି। ଖାଦ୍ୟ ଅନ୍ୱେଷଣରେ ଓ ଗଛରେ ବସା ବାନ୍ଧିବାରେ କେତେକ ଯନ୍ତ୍ରପାତିର ବ୍ୟବହାର କରିବାର ଦେଖାଯାଏ।

ପରିଣତ ବୟସରେ ପୁରୁଷ ଓରାଙ୍ଗଉଟାଙ୍ଗ ଓଜନରେ ହାରାହାରି ୭୫ କିଲୋଗ୍ରାମ ବା ୧୬୫ ପାଉଣ୍ଡ ହୋଇଥାଏ। ସେହିପରି ସ୍ତ୍ରୀ-ଓରାଙ୍ଗ ଉଟାଙ୍ଗମାନେ

୩୭ କିଲୋଗ୍ରାମ ବା ୮୨ ପାଉଣ୍ଡ ହୁଅନ୍ତି। ଏହି ପ୍ରାଣୀମାନଙ୍କର ହାତର ଲମ୍ବା ଏତେ ଯେ ଉଭୟ ପାଖକୁ ପ୍ରସାରିତ କଲେ ଗୋଟିଏ ଆଙ୍ଗୁଠି ଅଗ୍ରଭାଗରୁ ଅନ୍ୟ ହାତର ସେହି ପର୍ଯ୍ୟନ୍ତ ୨ ମିଟର ହେବ। ୧୦୦ କିଲୋଗ୍ରାମ ଓଜନ ହୋଇଥିବା ବଣ ମଣିଷର ଉଚ୍ଚତା ୧.୨ ରୁ ୧.୫ ମିଟର ହୋଇଥିବାର ଦେଖାଯାଇଛି। ଏମାନଙ୍କର ଲୋମ ନାଲି ରଙ୍ଗର। ଏମାନେ ହୋମିନିଡେ (hominidae) ପରିବାରର ପ୍ରାଣୀ ଓ ପୋଙ୍ଗୋ (pongo) ଜାତିର ପ୍ରାଣୀ। ଏମାନେ ସାରା ଜୀବନ ଗଛରେ ରହନ୍ତି। ଗଛରେ ରହୁଥିବା ବୃକ୍ଷଜୀବୀମାନଙ୍କୁ ଆର୍‌ବୋରିଆଲ୍ (arboreal) କହନ୍ତି। ପତ୍ରଦ୍ୱାରା ବିଶ୍ରାମ ପାଇଁ ଗଛ ଉପରେ ଘରଟିଏ କରିଥାନ୍ତି। ବୁଲାବୁଲି କରି ସେଠାରେ ବିଶ୍ରାମ ନିଅନ୍ତି। ଗଛମାନଙ୍କରେ ସବୁବେଳେ ରହନ୍ତି। କିନ୍ତୁ ତଳକୁ ପ୍ରାୟ ଆସନ୍ତି ନାହିଁ। ବଡ଼ ବଡ଼ ଗଛରେ ବହୁତ ଉଚ୍ଚରେ ଏମାନେ ବାସ କରନ୍ତି। ଅନ୍ୟ କେତେକ ବଡ଼ ମାଙ୍କଡ଼ ଗଛ ଚଢ଼ନ୍ତି ଓ ଗଛରେ ବୁଲାବୁଲି କରନ୍ତି ଏବଂ ବିଶ୍ରାମ ଗୃହ ମଧ୍ୟ ନିର୍ମାଣ କରନ୍ତି। ମାତ୍ର ଓରାଙ୍ଗ ଉଟାଙ୍ଗ ପରି ସଂମ୍ପୂର୍ଣ୍ଣ ଭାବରେ ବୃକ୍ଷବାସୀ ନୁହଁନ୍ତି। ସେମାନେ ଅନେକ ସମୟ ଭୂମିରେ ରହିଥାନ୍ତି, ତେଣୁ ସେମାନଙ୍କୁ ଅର୍ଦ୍ଧ ସ୍ଥଳବାସୀ ଭାବରେ ବିଚାର କରାଯାଏ।

ପୁରୁଷ ଓ ସ୍ତ୍ରୀ ବଣମଣିଷ ବା ଓରାଙ୍ଗ ଉଟାଙ୍ଗ ମଧ୍ୟରେ ପୁରୁଷମାନେ ବେଶି ସୁନ୍ଦର ଦେଖାଯାଆନ୍ତି। ଏଣୁ ଏମାନଙ୍କୁ ଗୌରବମୟ ବା ଗରିମାସମ୍ପନ୍ନ (majestic) ବୋଲି କୁହାଯାଏ। ସେମାନେ ସେମାନଙ୍କର ମାଆଙ୍କ ଠାରୁ ଅନେକ ଆବଶ୍ୟକ କଥା ଓ କାମ ଶିଖି ଯାଇଥାଆନ୍ତି। ଏମାନେ ବହୁତ ବଡ଼ ଦେଖାଯାଆନ୍ତି। ମାତ୍ର ସ୍ୱଭାବରେ ସମ୍ପୂର୍ଣ୍ଣ ଭଦ୍ର। ପୁରୁଷ ଓରାଙ୍ଗ-ଉଟାଙ୍ଗମାନେ ପରିଣତ ବୟସରେ ସାମାନ୍ୟ ଆକ୍ରମଶୀଳ ଜଣାପଡ଼ନ୍ତି। ମାତ୍ର ସେପରି ନୁହଁନ୍ତି।

ଶରୀରର ଆକାର ଓ ମୁହଁର ଗଠନରେ ପୁରୁଷ ଓ ସ୍ତ୍ରୀ ମଧ୍ୟରେ ଉଲ୍ଲେଖଯୋଗ୍ୟ ପାର୍ଥକ୍ୟ ପରିଲକ୍ଷିତ ହୁଏ। ପୁରୁଷମାନେ ୯୦ ରୁ ୧୦୦ କିଲୋଗ୍ରାମ ପର୍ଯ୍ୟନ୍ତ ହୋଇ ପାରନ୍ତି। ମାତ୍ର ସ୍ତ୍ରୀମାନେ ଏହି ଓଜନର ଏକ ତୃତୀୟାଂଶ ବା ଅଧା ହୋଇ ଥାଆନ୍ତି। ଯୁକ୍ତି ଯୁକ୍ତ ଭାବରେ ପରିଣତ ବୟସରେ ପୁରୁଷ ଓ ସ୍ତ୍ରୀ ମଧ୍ୟରେ ରୂପର ଗୌରବ ସହଜରେ ବାରି ହୋଇ ପଡ଼େ। ପୁରୁଷମାନଙ୍କର ଗାଲ ଫୁଲ୍‌କା ଫୁଲ୍‌କା ହୋଇଥାଏ। ଦୁଇ ଗାଲରେ ଗୋଟିଏ ଗୋଟିଏ ଅଣ୍ଡା ଥିବା ପରି ବାହାରକୁ ବାହାରି ପଡ଼ିଥାଏ। ଏହାକୁ ପଡ଼ (pod) ବା ଫ୍ଲ୍ୟାଙ୍ଗସ୍ (flanges) କହନ୍ତି। ଏ ବିଷୟରେ ଅନୁସନ୍ଧାନ କରି ଜଣାପଡିଛି ଯେ ପୁରୁଷମାନଙ୍କର ପୁରୁଷ ହର୍ମୋନ୍ ଟେଷ୍ଟୋଷ୍ଟେରନ୍ (testosterone) ଆବଶ୍ୟକ ଠାରୁ ଅଧିକ ଥାଏ। ଏପରି ଥିଲେ, ପରବର୍ତ୍ତୀ ଯୌନ ସମ୍ବନ୍ଧୀୟ ଚରିତ୍ରର ପରିପ୍ରକାଶ ହୋଇଥାଏ। ଏଥିପାଇଁ ଏହି ପୁରୁଷ ଓରାଙ୍ଗ ଉଟାଙ୍ଗମାନଙ୍କର ଗାଲରେ ପଡ୍ ବା ଫ୍ଲାଙ୍ଗସ୍ ଦେଖାଯାଏ ଏବଂ ଚିବୁକ ତଳକୁ ଗଳାରେ ଗୋଟିଏ ବଡ଼ ଗୋଲାକାର ବସ୍ତୁ ଢ଼ିଲା ଗଳା ପରିଥାଏ। ଏହାକୁ ଥ୍ରୋଟ୍ ସ୍ୟାକ୍ (throat sack) କହନ୍ତି। ଯେଉଁମାନଙ୍କର ପଡ଼ ବା ଫ୍ଲାଙ୍କସ୍ ନଥାଏ, ସେମାନଙ୍କ ଗଳାରେ ଥ୍ରୋଟ୍ ସ୍ୟାକ୍ ନଥାଏ। ପୁରୁଷ ଓ ସ୍ତ୍ରୀ ମାନେ ଯୌନଗତ ଭାବେ ଡାଇମର୍‌ଫିକ୍ (dimorphic)। ଏହାର ଅର୍ଥ ପୁରୁଷ ଓ ସ୍ତ୍ରୀ ମଧ୍ୟରେ ଆକାର ଓ ପ୍ରକାରରେ ଉଲ୍ଲେଖଯୋଗ୍ୟ ପାର୍ଥକ୍ୟ ରହିଥାଏ।

ପ୍ରାଥମିକ ଭାବେ ଓରାଙ୍ଗ-ଉଟାଙ୍ଗମାନେ ପାଚିଲା ଫଳ ଖାଆନ୍ତି। ଚିଡିଆଖାନାର ଓରାଙ୍ଗ ଉଟାଙ୍ଗମାନଙ୍କୁ ସବୁଜ ଉତ୍ପାଦକ ୫୦ପ୍ରତିଶତ, ଫଳ ବା ପାଚିଲା ଫଳ ୨୫ ପ୍ରତିଶତ, ହଳଦିଆ ବା ଲେମ୍ବୁ ରଙ୍ଗର ପରିବା ୧୫ ପ୍ରତିଶତ ଏବଂ ମଣିଷମାନେ ଖାଉଥିବା ଶୁଷ୍କ, ଉଚ୍ଚ ତନ୍ତୁଯୁକ୍ତ (high fibre) ବିସ୍କୁଟ୍ ଖାଇବାକୁ ଦିଆଯାଏ। ଯେଉଁମାନେ ବୃକ୍ଷବାସୀ, ସେମାନେ ସେହି ଗଛରୁ ପ୍ରାୟତଃ ଖାଦ୍ୟର ଅଧା ଫଳ ଖାଇବାକୁ ପାଇ ଥାଆନ୍ତି। ସେମାନେ ମଧ୍ୟ ଗଛର ଖୋଳପା, କଠିନ ଆବରଣ ଯୁକ୍ତ ଫଳ (nuts) ଓ ଉଦ୍ଭିଦର ଅନ୍ୟ ଅଂଶକୁ ଖାଦ୍ୟଭାବରେ ବ୍ୟବହାର କରନ୍ତି। ସେମାନେ

ସମ୍ପୂର୍ଣ୍ଣ ଭାବେ ତୃଣଭୋଜୀ ନୁହଁନ୍ତି। ତେଣୁ ପିମ୍ପୁଡି, ଜନ୍ଦା, ଉଇ ପ୍ରଭୃତି କ୍ଷୁଦ୍ର କୀଟ ଓ ଚଢ଼େଇ ମାନଙ୍କର ଅଣ୍ଡା ଖାଆନ୍ତି। ଓରାଙ୍ଗ ଉଟାଙ୍ଗମାନେ ରସୁଆଳ ଫଳ ଖାଉଥିବାରୁ ପାଣି ପିଇବାର ଆବଶ୍ୟକତା ଅନେକ ସମୟରେ ମେଣ୍ଟିଯାଏ। ନଦୀ ଓ ଝରଣାରୁ ପାଣିପିଇବା ଦରକାର ପଡିଥାଏ। ଛୋଟ ଛୁଆମାନଙ୍କୁ ମାଆ ତାର ପାଟିରେ ପାଣି ରଖି ପିଇବା ଶିଖେଇ ଦିଏ। କେତେକ ସ୍ଥାନରେ ଏତେ ଫଳ ମିଳେ ଯେ ଖାଦ୍ୟର ୯୦ ପ୍ରତିଶତ କେବଳ ରସୁଆଳ ଫଳ। ସେମାନେ ଫଳ ଖାଇବାକୁ ବେଶି ପସନ୍ଦ କରନ୍ତି। ଉଦ୍ଭିଦବିତ୍‌ମାନଙ୍କ ମତ ଅନୁସାରେ ପ୍ରାୟ ୪୦୦ ପ୍ରକାରର ବିଭିନ୍ନ ଗଛର ବିଭିନ୍ନ ଅଂଶ ସେମାନେ ଖାଦ୍ୟ ରୂପେ ବ୍ୟବହାର କରିଥାଆନ୍ତି। ଖାଇବାବେଳେ ସେମାନେ ସେମାନଙ୍କର ପାଦକୁ ମଧ୍ୟ ବ୍ୟବହାର କରନ୍ତି, ଅର୍ଥାତ୍ ପାଦରେ ଖାଆନ୍ତି। ଓରାଙ୍ଗ ଉଟାଙ୍ଗମାନେ ଡୁରିଆନ୍‌ସ, ଫିଗ୍‌ସ, ଲିଚି, ଜ୍ୟାକ୍‌ଫ୍ରୁଟ୍ ଓ ବ୍ରେଡ୍‌ଫ୍ରୁଟ୍ ଫଳ ଖାଆନ୍ତି। ଡୁରିଆନ୍ ଫଳର ଗଛ ଭାରତ ଓ ମାଳୟ ଦେଶରେ ହୁଏ। ଚେରୀଗଛ ଭଳି ଏହାର ପତ୍ର। ଫଳଗୁଡିକ ବଡ଼ ବଡ଼ ଓ କଠିନ ଖୋଳଭିତରେ ଥାଏ। ଫଳର ବାସନା ଭଲ ନୁହେଁ, ମାତ୍ର ଖାଇବା ପାଇଁ ସ୍ୱାଦିଷ୍ଟ। ଫିଗ୍‌ସ ଡିମ୍ବିରି ଗଛ ଓ ତାର ଫଳ, ଲିଚି ଫଳ ଲିଚି ଗଛର ଫଳ। ଏହି ଗଛ ଚୀନ୍ ଦେଶର ଉଦ୍ଭିଦ। ଏହି ଫଳ ମାଂସାଳ ବ୍ରେଡ୍ ଫ୍ରୁଟ୍ (bread fruits)। ଚେରି ଜାତୀୟ ଗୋଟିଏ ଗଛ ମୋରସିୟସ୍ (moraceous) ଗଛର ଫଳ। ଏହି ଗଛ ଜାଭା ଓ ବୋର୍ଣ୍ଣିଓ ଅଞ୍ଚଳରେ ଦେଖାଯାଏ। ଏହି ଫଳ ପାଉଟ୍ରୁରି ଖାଇବା ପରି ଲାଗେ। ପଣସ ମଧ୍ୟ ଏମାନଙ୍କର ପ୍ରିୟ ଖାଦ୍ୟ। ଡିପ୍‌ଟେରୋକାର୍‌ପାସି (diptrocarpaceae) ଫାମିଲି ଉଦ୍ଭିଦ ଯେଉଁଠାରେ ବେଶି, ସେ ସ୍ଥାନରେ ଏମାନଙ୍କର ନିବାସ ଥିବାରୁ ଖାଦ୍ୟର ବିଶେଷ ଅଭାବ ରହେ ନାହିଁ ଏବଂ ବିଭିନ୍ନ ପ୍ରକାର ଫଳ ଏମାନଙ୍କର ମୁଖ୍ୟ ଆହାର। ଫଳଫୁଲ ଭରା ବଣରେ ଏମାନେ ମହୁମଧ୍ୟ ଖାଇବାକୁ ପାଆନ୍ତି।

ପ୍ରଜନନ (Breeding)

ପ୍ରାୟ ୮ ବର୍ଷ ବୟସରେ ସ୍ତ୍ରୀ ଓରାଙ୍ଗ ଉଟାଙ୍ଗମାନେ ସ୍ତ୍ରୀତ୍ୱ (sexual maturity) ପ୍ରାପ୍ତ ହୁଅନ୍ତି। ମାତ୍ର ଏତେ କମ୍ ବୟସରେ ଗର୍ଭଧାରଣ କରିବାକୁ ଚାହାନ୍ତି ନାହିଁ। ଛୁଆମାନେ ୬ ରୁ ୭ ବର୍ଷ ପର୍ଯ୍ୟନ୍ତ ମାଆ ସହିତ ରହନ୍ତି। ମାଆ ଉପରେ ନିର୍ଭର ନକରି ନିଜେ ନିଜେ ଚଳିବାକୁ ସକ୍ଷମ ହେଲେ ମାଆକୁ ଛାଡି ଯାଆନ୍ତି। ପ୍ରତି ୮ ବର୍ଷରେ ଥରେ ସେମାନେ ଛୁଆ ଜନ୍ମ କରନ୍ତି। କୌଣସି ସ୍ତନ୍ୟପାୟୀ ପ୍ରାଣୀ ଏତେ ବର୍ଷ ଦୂରତାରେ ଛୁଆ ଜନ୍ମ କରିବାର ଦେଖାଯାଏ ନାହିଁ। ଚିଡିଆଖାନାରେ ଥିବା ଏହି ବଣ ମଣିଷମାନେ ପ୍ରାୟ ୬୦ ବର୍ଷ ପର୍ଯ୍ୟନ୍ତ ଜୀବନ ଧାରଣ କରନ୍ତି। ବହୁ ବର୍ଷ ବଞ୍ଚି

ରହୁଥିବାରୁ ଏମାନେ ୭ ରୁ ୯ ବର୍ଷ ମଧ୍ୟରେ ମାତ୍ର ଗୋଟିଏ ଛୁଆ ଜନ୍ମ କରି ଥାଆନ୍ତି। ପୁରୁଷମାନେ ଏକୁଟିଆ ରହିବାକୁ ଭଲ ପାଆନ୍ତି। ମାତ୍ର ସ୍ତ୍ରୀ ଓରାଙ୍ଗ ଉଟାଙ୍ଗମାନେ ନିଜ ପିଲାମାନଙ୍କୁ ଧରି ରହି ଥାଆନ୍ତି।

ପୁରୁଷ ଓରାଙ୍ଗ ଉଟାଙ୍ଗର ବୟସ ଯେତେ ବଢ଼ିବ, ତାର ଦୁଇ ଗାଲରେ ଥିବା ଫ୍ଲାପ୍‌ସ ବା ଫୁଲ୍‌କା (flaps or pods) ସେତେ ବଢ଼ିବ ଓ ସୁନ୍ଦର ଦେଖାଯିବ। ଏହାର ମଧ୍ୟ ଟେଷ୍ଟୋଷ୍ଟେରନ୍ ହର୍ମୋନ୍‌ର ସମ୍ପର୍କ ରହିଛି। ଏଣୁ ଏହା ସ୍ତ୍ରୀ-ଓରାଙ୍ଗ ଉଟାଙ୍ଗମାନଙ୍କର ଆକର୍ଷଣର କାରଣ ହେବ। ଏହା ଏକ କାରଣ ଯାହା ଫଳରେ ସ୍ତ୍ରୀ ଓରାଙ୍ଗ ଉଟାଙ୍ଗ (ବୟସ୍କ) ପୁରୁଷ ଓରାଙ୍ଗଉଟାଙ୍ଗ (ବୟସ୍କ) ପ୍ରତି ସଙ୍ଗମ ପାଇଁ ଆକର୍ଷିତ ହୁଏ। ସମ୍ପୂର୍ଣ୍ଣ ପରିଣତ ବୟସର ପୁରୁଷ ସହିତ, ସଂମ୍ପୂର୍ଣ୍ଣ ପରିଣତ ବୟସର ସ୍ତ୍ରୀ ଓରାଙ୍ଗ ଉଟାଙ୍ଗର ଯୌନ ସମ୍ପର୍କ ସଂଗଠିତ ହୁଏ ଏବଂ ପ୍ରଜନନ ସମ୍ଭବ ହୁଏ। ସ୍ତ୍ରୀ ଓରାଙ୍ଗ ଉଟାଙ୍ଗ ଠାରୁ ଏହି କାର୍ଯ୍ୟ ଆରମ୍ଭ ହୁଏ ଏବଂ ସେ ପ୍ରଭାବଶାଳୀ ବୟସ୍କ ପୁରୁଷକୁ ପ୍ରଥମେ ପସନ୍ଦ କରେ, ଯାହାର ଫୁଲ୍‌କା ଗାଲ ସୁନ୍ଦର ଦେଖାଯାଏ। ଏପରି ଗୋଟିଏ ପୁରୁଷ ଓରାଙ୍ଗ ଉଟାଙ୍ଗ ଅନେକ ବୟସ୍କ ସ୍ତ୍ରୀମାନଙ୍କ ସହିତ ସଙ୍ଗମ କରିପାରେ। ଏପରି ବହୁ ପତ୍ନୀ ଗ୍ରହଣକୁ ପଲିଗାମି (polygamy) କୁହାଯାଏ। ସୁମାତ୍ରା ଉରାଙ୍ଗ ଉଟାଙ୍ଗ ଜାତିର ପୁରୁଷ ସ୍ତ୍ରୀ ମଧ୍ୟରେ ଓ ବୋର୍ଣ୍ଣିଓ ଉରାଙ୍ଗ ଉଟାଙ୍ଗ ଜାତିର ପୁରୁଷ ଓ ସ୍ତ୍ରୀ ମଧ୍ୟରେ ସଙ୍ଗମ ହୋଇଥାଏ। ସେମାନଙ୍କର ଆକାରଗତ ତାରତମ୍ୟ ରହିଥିବାରୁ ଏପରି ପ୍ରଜନନ କରାଯାଏ। ସୁମାତ୍ରା ଜାତିର ବୈଜ୍ଞାନିକ ନାମ ପୋଙ୍ଗୋ ଆବେଲୀ (pongo abelii) ଓ ବୋର୍ଣ୍ଣିଓର ପୋଙ୍ଗୋ ପିଗ୍‌ମାଇୟସ (pongo pygmaeus)। ଏପରି ପ୍ରଜନନ ଚିଡ଼ିଆଖାନାମାନଙ୍କରେ କରାଯାଏ। ଏମାନଙ୍କର ଗର୍ଭଧାରଣର ସମୟ ୮ ରୁ ୯ ମାସ ମଧ୍ୟରେ, ୨୫୯ ଦିନ ବୋଲି ଧରାଯାଏ। ସାଧାରଣତଃ ଗୋଟିଏ ଛୁଆ ଜନ୍ମ କରନ୍ତି। ଜନ୍ମବେଳେ ଛୁଆର ଓଜନ ୩ ରୁ ୩.୫ ପାଉଣ୍ଡ ହୋଇଥାଏ। ଏମାନଙ୍କର ଶରୀରର ବୃଦ୍ଧିର ହାର ଆମଠାରୁ ଅଧିକ। ଏମାନେ ମାଆ ଠାରୁ ୩/୪ ବର୍ଷ ଦୁଧ ପିଇ ଥାଆନ୍ତି ଓ ମାଆଠାରୁ ଖାଇବା ଶିଖନ୍ତି। ଗଛ ଉପରେ ବିଶ୍ରାମ ନେବା ପାଇଁ କରିଥିବା ବସା ଘରେ (nest) ଛୁଆ ଜନ୍ମ କରନ୍ତି। ସେମାନଙ୍କର ଏହି ବସା ୩୦ ମିଟର ବା ୯୯ ଫୁଟ ଉଚ୍ଚରେ ଗଛରେ ଥାଏ।

■

ସିମ୍ପାଞ୍ଜି

(Chimpanzee)

ଆନ୍‌ଥ୍ରୋପ୍ (anthrop) ଶବ୍ଦଟି ମାନବ ବା ମାନବ ସମ୍ପ୍ରଦାୟକୁ ବୁଝାଏ । ଆନ୍‌ଥ୍ରୋପଏଡ୍ (anthropoid) ର ଅର୍ଥ ମଣିଷ ପରି (man like) । ଏହି ଶବ୍ଦ ଜାଭା ଓ ବୋର୍ଣ୍ଣିଓରେ ବାସ କରୁଥିବା ଓରାଙ୍ଗ ଉଟାଙ୍ଗ, ଆଫ୍ରିକାର ସିମ୍ପାଞ୍ଜି, ଗରିଲା ଓ ଦକ୍ଷିଣ ପୂର୍ବ ଏସିଆର ଗିବନ ମାଙ୍କଡ଼ (apes) ମାନଙ୍କୁ ବୁଝାଏ । କାରଣ ଏମାନେ ଦେଖିବାକୁମଣିଷ ପରି । କେବଳ ଦେଖିବାକୁ ନୁହେଁ, ମନୁଷ୍ୟର ଅନେକ ଗୁଣ ଓ କାର୍ଯ୍ୟ ଶୈଳୀ ଏମାନଙ୍କ ଠାରେ ଦେଖାଯାଏ । ଏମାନେ ବୁଦ୍ଧିମାନ୍ ଓ ଏମାନଙ୍କର ସାମାଜିକ ଚଳନିରେ ମନୁଷ୍ୟର ଅନେକ କାର୍ଯ୍ୟର ପ୍ରତିଫଳନ ହୋଇଥାଏ, ଯଦିଓ ଏମାନେ ମାଙ୍କଡ଼ । ଏହି ଆନ୍‌ଥ୍ରୋପଏଡ୍‌ମାନଙ୍କର ଲାଙ୍ଗୁଡ଼ ନଥାଏ । ଅନ୍ୟ ଜାତି ବା ପ୍ରଜାତିର ମାଙ୍କଡ଼ମାନେ ଆନ୍‌ଥ୍ରୋପଏଡ୍‌ର ଅନ୍‌ର୍ଗତ ନୁହଁନ୍ତି । ଏହି ମାଙ୍କଡ଼ମାନଙ୍କୁ ମଧ୍ୟ ଏପ୍ (ape) କୁହାଯାଏ । ଅର୍ଥାତ୍ ବଡ଼ ବଡ଼ ମାଙ୍କଡ଼, ମନୁଷ୍ୟ ସଦୃଶ, ଲାଞ୍ଜ ନଥାଏ ବା ଟିକି ଲାଞ୍ଜଥାଏ, ମାତ୍ର ପ୍ରାଇମେଟ୍ ଗୋଷ୍ଠୀ ବା ଅର୍ଡର (order)ର ପ୍ରାଣୀ ବିଜ୍ଞାନୀମାନେ ପ୍ରାଣୀମାନଙ୍କୁ ବିଭାଗୀକରଣ କଲାବେଳେ ପରିବାର ଉପରକୁ ଓ ଶ୍ରେଣୀର ତଳକୁ ଗୋଟିଏ ଦଳ ବା ଗୋଷ୍ଠୀ ରଖିଛନ୍ତି ତାକୁ ଅର୍ଡର କୁହାଯାଏ । ପ୍ରାଇମେଟ୍ ସ୍ତନ୍ୟପାୟୀ ପ୍ରାଣୀମାନଙ୍କୁ ନେଇ ଏକ ଉଚ୍ଚତମ ଗୋଷ୍ଠୀ ବା ଅର୍ଡର । ଏଥିରେ ମଣିଷ, ମଣିଷ ପରି ଦେଖାଯାଉଥିବା ବଡ଼ ମାଙ୍କଡ଼ ବା ଆନ୍‌ଥ୍ରୋପଏଡ୍ ଲାଞ୍ଜ ନଥିବା ଅନୁକରଣ ପ୍ରୀୟ ବଡ଼ ମାଙ୍କଡ଼ ବା ଏପ୍ ଓ ଲାଞ୍ଜ ଥିବା ମାଙ୍କଡ଼ମାନେ ମଧ୍ୟ ଲେମୁର (lemur) ଅନ୍ତର୍ଗତ ।

ସିମ୍ପାଞ୍ଜି ଗୋଟିଏ ମଣିଷ ପରି ଦିଶୁଥିବା ବୁଦ୍ଧିମାନ୍ ବଡ଼ ମାଙ୍କଡ଼। ଆଫ୍ରିକାର ଗ୍ରୀଷ୍ମମଣ୍ଡଳୀୟ କେନ୍ଦ୍ରୀୟ ବଣମାନଙ୍କରେ ବାସ କରେ। ସିମ୍ପାଞ୍ଜି ଗୋଟିଏ ପ୍ରାଇମେଟ୍ ହୋଇଥିବାରୁ ମଣିଷର ବୁଦ୍ଧି ଓ ସମାଜିକ ଚଳନି ସହିତ ଅତି ନିକଟତର ଭାବରେ ସାମଞ୍ଜସ୍ୟ ରହିଥାଏ। ସିମ୍ପାଞ୍ଜିମାନେ ପଥର ସାହାଯ୍ୟରେ କଠିନ ଆବରଣଯୁକ୍ତ ଫଳକୁ ଫଟେଇ ପାରନ୍ତି, ଜାଲରୁ ମାଛ ଓ କ୍ଷୁଦ୍ର କୀଟମାନଙ୍କୁ ବାହାର କରି ପାରନ୍ତି, କାଠଗଡ଼କୁ ବାଡି ସାହାଯ୍ୟରେ ଟେକି ପାରନ୍ତି ଓ ବର୍ଷାହେଲେ ପତ୍ରଦ୍ୱାରା ଛତା ତିଆରି କରି ବର୍ଷାରୁ ରକ୍ଷାପାଇ ପାରନ୍ତି। ସିମ୍ପାଞ୍ଜିମାନେ ନିଜର ଉପସ୍ଥିତି ବୁଦ୍ଧି ଓ ଅନ୍ତର୍ଜ୍ଞାନ ବ୍ୟବହାର କରି ଅନେକ ରହସ୍ୟପୂର୍ଣ୍ଣ ମାମଲାଜନିତ ଘଟଣାର ସମାଧାନ କରିଦେଇ ପାରନ୍ତି। କେତେକ ଜଟିଳ ସମସ୍ୟାର ଅନ୍ୱେଷଣକାରୀ ଭାବରେ ପ୍ରକୃତ ତଥ୍ୟ ଉନ୍ମୋଚନ କରି ପାରନ୍ତି। ଏହିପରି ଅନେକ ମନୁଷ୍ୟ ସମାଧାନ ନକରିପାରୁଥିବା ସମସ୍ୟା, ସିମ୍ପାଞ୍ଜି ଦ୍ୱାରା ସମାହିତ ହୋଇ ପାରୁଥିବାର ଦୃଷ୍ଟାନ୍ତ ରହିଛି।

ସିମ୍ପାଞ୍ଜିମାନେ ଆଫ୍ରିକା ମହାଦେଶର ସାଭାନ୍ନା ବୃକ୍ଷ ଆଚ୍ଛାଦିତ ବଣମାନଙ୍କରେ, ଚାରଣ ଭୂମିରେ, ବନ ମୋଜାଇକ୍ସ (mosaics) ରେ ଗ୍ରୀଷ୍ମ ମଣ୍ଡଳୀୟ ଆର୍ଦ୍ର ଅରଣ୍ୟ ଏବଂ ସମୁଦ୍ର ପତ୍ତନଠାରୁ ୩୦୦୦ ମିଟର ଉଚ୍ଚରେ ବାସକରୁଥିବାର ଦେଖାଯାଏ। ସେମାନେ ବିଚ୍ଛିନ୍ନ ଭାବରେ ଦକ୍ଷିଣ ସେନେଗାଲ, କଙ୍ଗୋନଦୀର ଉତ୍ତରରେ ଥିବା ପଟିଆକାରରେ ବଣ୍ୟାଞ୍ଚଳରେ ପଶ୍ଚିମ ଉଗାଣ୍ଡା ଓ ପଶ୍ଚିମ ତାଞ୍ଜାନିଆରେ ବାସ କରନ୍ତି। ଏହି ବଣ ମଣିଷମାନେ ବିଭିନ୍ନ ପ୍ରକାର ସ୍ଥାନରେ ବାସ କରିପାରନ୍ତି। କାରଣ ଏମାନେ ସାମାଜିକ ପ୍ରାଣୀ ଏବଂ ଯେକୌଣସି ପରିସ୍ଥିତି ସହିତ ଖାପ ଖୁଆଇ ଚଳିପାରନ୍ତି। ଯଥା ଶୁଷ୍କ ସାଭାନ୍ନା ଓ ଚିରହରିତ୍ ବର୍ଷାବହୁଳ ଅରଣ୍ୟରେ ସିମ୍ପାଞ୍ଜିମାନେ କେବଳ ଆଫ୍ରିକା ମହାଦେଶରେ ଉଭୟ ଆର୍ଦ୍ର ଓ ଶୁଷ୍କ ଘଞ୍ଚ ଅରଣ୍ୟରେ ବାସକରନ୍ତି। ପୁରୁଣା ଘଞ୍ଚ ଅରଣ୍ୟକୁ ଉତ୍ତମ ବାସସ୍ଥାନ ବୋଲି ମନେ କରନ୍ତି।

ସିମ୍ପାଞ୍ଜିମାନଙ୍କର ବୈଜ୍ଞାନିକ ନାମ ପାନ୍‌ଟ୍ରୋଗ୍ଲୋଡାଇଟିସ (pan troglodytes)। ଏମାନଙ୍କର ଅନ୍ୟ ଗୋଟିଏ ଜାତି ଅଛି, ସେମାନଙ୍କୁ ବୋନୋବୋ (bonobo) କୁହାଯାଏ। ମନୁଷ୍ୟମାନଙ୍କ ସହିତ ଏମାନଙ୍କର ସମ୍ପର୍କ ଅତି ନିକଟତର। ଏମାନଙ୍କୁ ହୋମିନିଡେ ପରିବାରରେ ନିଆଯାଏ। ବୋନେବେ ସିମ୍ପାଞ୍ଜିମାନେ କଙ୍ଗୋର ଗଣତାନ୍ତ୍ରିକ ସାଧାରଣତନ୍ତ୍ର ଦେଶରେ ବାସ କରନ୍ତି। ଏମାନଙ୍କର ମନୁଷ୍ୟ ସହିତ ସମ୍ପର୍କ ଅତି ନିବିଡ। ବୈଜ୍ଞାନିକମାନେ ଆମର ପୈତ୍ରିକ (genetic) ବ୍ଲୁ-ପ୍ରିଣ୍ଟ ସହିତ ସିମ୍ପାଞ୍ଜି ଓ ବୋନୋବୋର ବ୍ଲୁ-ପ୍ରିଣ୍ଟ୍ ମିଳାଇ ୯୮.୭ ପ୍ରତିଶତ ସାମଞ୍ଜସ୍ୟ ଥିବାର ଜାଣି ପାରିଛନ୍ତି। ମଣିଷର ପୂର୍ବପୁରୁଷ ଓ ସିମ୍ପାଞ୍ଜିମାନଙ୍କର ପୂର୍ବପୁରୁଷ (ancestor)

ସାଧାରଣ ବା ଏକା ପ୍ରକାର (common) ଥିଲେ ବୋଲି ସେମାନେ ମନେ କରନ୍ତି। ସେହି ବୈଜ୍ଞାନିକମାନଙ୍କ ଅନୁସାରେ ୭ ରୁ ୧୩ ମିଲିୟନ୍ ବର୍ଷ ପୂର୍ବରୁ ଏହି ପୂର୍ବପୁରୁଷମାନେ ବାସ କରୁଥିଲେ। ବର୍ତ୍ତମାନ ଏହି ସିମ୍ପାଞ୍ଜି ମାନଙ୍କର ସଂଖ୍ୟା ୧୭୨୭୦୦ ରୁ ୨୯୯୭୦୦ ମଧ୍ୟରେ ବୋଲି ସେମାନେ ଅନୁମାନ କରନ୍ତି।

ସିମ୍ପାଞ୍ଜିମାନେ ଉଭୟ ଉଦ୍ଭିଦଜ ଓ ପ୍ରାଣୀଜ ଖାଦ୍ୟ ବ୍ୟବହାର କରନ୍ତି, ଯେଉଁଥିରେ ଉଦ୍ଭିଦଜ ଖାଦ୍ୟ ବେଶି ଥାଏ। ବିଭିନ୍ନ ପ୍ରକରର ଖାଦ୍ୟ ସେମାନେ ଖାଇ ଥାଆନ୍ତି। ବୈଜ୍ଞାନିକମାନେ ୮୦ ପ୍ରକାର ବିଭିନ୍ନ ପ୍ରକାର ଖାଦ୍ୟ ସିମ୍ପାଞ୍ଜିମାନେ ଖାଉଥିବାର ଲିପିବଦ୍ଧ କରିଛନ୍ତି। ଓରାଙ୍ଗ ଉଟାଙ୍ଗମାନଙ୍କ ପରି ଏମାନେ ଡ଼େମ୍ପ ମଞ୍ଜି, କଢ଼ି, ଫଳ, ପତ୍ର, ଖୋଳପା, ମହୁ,ଫୁଲ ଓ କୀଟମାନଙ୍କୁ ଖାଦ୍ୟରେ ବ୍ୟବହାର କରନ୍ତି। ସିମ୍ପାଞ୍ଜିମାନେ ମଧ୍ୟ ବଣରୁ ଛୋଟ ଜୀବ ଯଥାମାଙ୍କଡ଼ ଓ ଛୋଟ ହରିଣମାନଙ୍କୁ ଶିକାର କରି ସେମାନଙ୍କର ମାଂସ ଖାଇ ଥାଅନ୍ତି। ଯଦିଓ ଫଳ ଖାଇବାକୁ ସେମାନେ ଭଲ ପାଆନ୍ତି, ସେମାନେ ନିୟମିତ ଭାବରେ ଶିକାର କରି ମାଂସ ଖାଆନ୍ତି। ଚଢ଼େଇ ଚଢ଼େଇମାନଙ୍କର ଅଣ୍ଡା, ମଧ୍ୟମ ଧରଣର ସ୍ତନ୍ୟପାୟୀ ପ୍ରାଣୀ, ଛୋଟ ମାଙ୍କଡ଼, ଘୁଷୁରି ଓ ବାବୁନ୍ସ (baboons) ଶିକାର କରି ମାଂସ ଖାଆନ୍ତି। ବାବୁନ୍ ଆଫ୍ରିକା ଓ ଆରବ ଦେଶର ବଡ଼ ବାନରମାନଙ୍କୁ କୁହାଯାଏ। ବୃକ୍ଷର ମଜ୍ଜା ବା ମଞ୍ଜାକୁ ପିଥ୍ କହନ୍ତି ଏବଂ ଏହା ସେମାନଙ୍କର ଖାଦ୍ୟର ଅନ୍ତର୍ଭୁକ୍ତ।

ସିମ୍ପାଞ୍ଜିମାନେ ଅତ୍ୟନ୍ତ ସାମାଜିକ ପ୍ରାଣୀ। ସେମାନେ ଗୋଷ୍ଠୀଗତ ଭାବରେ ଜୀବନଯାପନ କରନ୍ତି। ଗୋଟିଏ ଗୋଟିଏ ଗୋଷ୍ଠୀରେ କେତେ ଡଜନ୍ (dozen) ପ୍ରାଣୀ ରହିପାରନ୍ତି। ଏହି ଗୋଷ୍ଠୀ ଜଣେ ପ୍ରଥମ ଶ୍ରେଣୀ ପ୍ରକାବଶାଳୀ ପୁରୁଷ ସିମ୍ପାଞ୍ଜି ଓ

ତାର ସହଯୋଗୀ ପୁରୁଷମାନଙ୍କଦ୍ୱାରା ପରିଚାଳିତ ହୁଏ। ଗବେଷଣାରୁ ଜଣାପଡ଼େ ଯେ ପୁରୁଷ ଓ ସ୍ତ୍ରୀ ସିମ୍ପାଞ୍ଜିମାନଙ୍କର ବ୍ୟକ୍ତିଗତ ଭାବରେ ନିଜ ନିଜର ବ୍ୟକ୍ତିତ୍ୱ (personalities) ରହିଛି। ଏଥିରେ ସ୍ତ୍ରୀ ସିମ୍ପାଞ୍ଜିମାନେ ଅଧିକ ବିଶ୍ୱାସ ଯୋଗ୍ୟ ମାତ୍ର ଭୟାଳୁ।

ଶିକାରୀମାନଙ୍କୁ ଏଡ଼ାଇବା ପାଇଁ, ଖାଦ୍ୟ ଅନ୍ୱେଷଣ କରିବା ପାଇଁ ଓ ଆଫ୍ରିକାର ବର୍ଷାବହୁଳ ଅରଣ୍ୟରେ ନିରାପଦରେ ବାସ କରିବା ପାଇ ସିମ୍ପାଞ୍ଜିମାନଙ୍କର ପ୍ରୟୋଜନ ଅନୁଯାୟୀ ଅନେକ ଶାରୀରିକ ଓ ବ୍ୟବହାରିକ ପରିବର୍ତ୍ତନ ହୋଇଥାଏ। ଲମ୍ୱା ବାହୁ, ବିପରୀତମୁଖି ବୁଢ଼ା ଆଙ୍ଗୁଠି (thomb) ଓ ବଡ଼ ବଡ଼ ପାଦର ଆଙ୍ଗୁଠି (toes) ଶାରୀରିକ ପରିବର୍ତ୍ତନର ଉପଯୋଗୀକରଣ। ଦଳବଦ୍ଧ ଭାବରେ ବାସ କରିବା କାର୍ଯ୍ୟରେ ଆବଶ୍ୟକ ଅନୁଯାୟୀ ଯନ୍ତ୍ରାଦି ବ୍ୟବହାର କରିବା ଓ ଗଛ ଉପରେ ପତ୍ରଦ୍ୱାରା ବସାବାନ୍ଧି ବିଶ୍ରାମନେବା ସିମ୍ପାଞ୍ଜିମାନଙ୍କର ବ୍ୟବହାରିକ ପରିବର୍ତ୍ତନ। ଏମାନେ ହାରାହାରି ୪୦ ବର୍ଷ ଯାଏ ବଞ୍ଚି ଥାଆନ୍ତି।

ପ୍ରଜନନ (Breeding)

ସିମ୍ପାଞ୍ଜିମାନଙ୍କର ପ୍ରଜନନ ପ୍ରଣାଳୀ ବହୁବିଧ। ଏହା ଗୋଟିଏ ମିଶ୍ରିତ ଓ ଜଟିଳ ପ୍ରଥା। ଇଷ୍ଟ୍ରସ୍ (Oestrous)ରେ ବା ଗରମରେ ଥିବା ମହିଳା ସିମ୍ପାଞ୍ଜିମାନଙ୍କର ଯୌନାଙ୍ଗ ଫୁଲିଯାଇ ଥାଏ ଓ ଗୋଲାପି ଦେଖାଯାଏ। ଅନେକ ପୁରୁଷ ସିମ୍ପାଞ୍ଜି ଗୋଷ୍ଠୀଗତ ଭାବରେ ସଙ୍ଗମ ପାଇଁ ପ୍ରସ୍ତୁତ ହୋଇ ଥାଆନ୍ତି। ଏ କ୍ଷେତ୍ରରେ ପୁରୁଷ ବୀଜ (sperm) ର ପ୍ରଚ୍ଛନ୍ନ ଶକ୍ତି ଉପରେ ସଙ୍ଗମ ନିର୍ଭର କରେ। ବେଳେବେଳେ ପୁରୁଷ ସିମ୍ପାଞ୍ଜି, ମହିଳା ସିମ୍ପାଞ୍ଜିମାନଙ୍କୁ ଜଗିଥିବା (guard female) ମହିଳା ସିମ୍ପାଞ୍ଜି ସହିତ ସଙ୍ଗମ କରିଥାଆନ୍ତି, ଯଦି ସେ ଗରମରେ ଥାଏ। ଅନ୍ୟ ଗୋଟିଏ ପ୍ରକାରରେ ପୁରୁଷ ଓ ମହିଳା ସିମ୍ପାଞ୍ଜି ସ୍ୱାମୀ ସ୍ତ୍ରୀ ଭାବରେ ପୂର୍ବରୁ ନିର୍ଦ୍ଧାରିତ ଭାବେ ରହି ଆସିଥାଆନ୍ତି। ସେ ଦୁହିଁଙ୍କ ମଧ୍ୟରେ ସଙ୍ଗମ ଅନୁଷ୍ଠିତ ହୁଏ। ଏମାନଙ୍କର ପ୍ରଜନନ ଋତୁ ସେପରି କିଛି ନଥାଏ। ମଣିଷ ସମାଜର ଝିଅମାନେ ଯେଉଁ ବୟସରେ ମାତୃତ୍ୱ (sexual maturity) ପାଇଥାଆନ୍ତି, ସିମ୍ପାଞ୍ଜିମାନେ ପ୍ରାୟ ସେହି ବୟସରେ ପ୍ରଥମ ଗରମକୁ ଆସନ୍ତି। ମଣିଷମାନଙ୍କ ପରି ବର୍ଷସାରା ମିଳନ ସମ୍ଭବ ହୁଏ। କିନ୍ତୁ ଶ୍ରେଣୀ ବଦ୍ଧ ଭାବରେ ବା ଶ୍ରେଣୀ ଅନୁସାରେ ପୁରୁଷମାନଙ୍କୁ ନିୟମନିଷ୍ଠ ଭାବରେ ରଖାଯାଏ, ଯେଉଁଥିରେ ସବୁ ମହିଳାମାନେ ସବୁ ପୁରୁଷମାନଙ୍କ ପ୍ରତି ଅଧୀନସ୍ଥ ବୋଲି ମନେ କରାଯାଏ। କିନ୍ତୁ ପୁରୁଷମାନେ ପରସ୍ପର ମଧ୍ୟରେ ବେଳେବେଳେ ସ୍ତ୍ରୀ-ଯୌନ ଅଂଶୀଦାର ହେବାପାଇଁ ହିଂସାର ଆଶ୍ରୟ ନିଅନ୍ତି। ସିମ୍ପାଞ୍ଜିମାନେ ବେଳେବେଳେ ସ୍ୱାମୀ-ସ୍ତ୍ରୀ ଭାବରେ ସଙ୍ଗମ ପାଇଁ ଯାଉଥିବାର ସ୍ପଷ୍ଟ ସୂଚନା ମିଳିଥାଏ। ଏପରି ସ୍ଥଳେ ଜଣେ ପୁରୁଷ ସିମ୍ପାଞ୍ଜି ତାର

ଯୌନ ଅଂଶୀଦାର ସ୍ତ୍ରୀ ସିମ୍ପାଞ୍ଜିଙ୍କୁ ଗୋଠରୁ ନେଇ କିଛି ଦିନ ପାଇଁ ଚାଲିଯାଏ। ଅନ୍ୟ ଗୋଟିଏ ପ୍ରକାରର ସଙ୍ଗମ ସିମ୍ପାଞ୍ଜି ଗୋଷ୍ଠୀରେ ଦେଖାଯାଇଥାଏ। ଗୋଠର ସବୁଠାରୁ କ୍ଷମତା ଶାଳୀ (dominant) ପୁରୁଷ ସିମ୍ପାଞ୍ଜି ପୁନରୁତ୍ପାଦ କ୍ଷେତ୍ରରେ କଟକଣା ଲାଗୁ କରିଥାଆନ୍ତି। କାରଣ ଦଳ ଉପଯୁକ୍ତ ଦାୟାଦ ଆବଶ୍ୟକ କରେ। ସିମ୍ପାଞ୍ଜିମାନଙ୍କର ଦକ୍ଷ ସହଚର ନିର୍ବାଚନ ପାଇଁ ବିକାଶ ଜନିତ କ୍ରମିକ ପରମ୍ପରା ରକ୍ଷା ଉଦ୍ଦେଶ୍ୟରେ ଅନେକ ସ୍ୱତନ୍ତ୍ର ବୈଶିଷ୍ଟ୍ୟ ରହିଛି। ଏହାକୁ ମେଟିଂ ଷ୍ଟ୍ରକ୍‌ଚର (mating structure) କହନ୍ତି। ତଦନୁସାରେ ସଙ୍ଗମ ପ୍ରଣାଳୀ ବହୁ ଅଂଶ ବିଶିଷ୍ଟ ବା ମିଶ୍ରିତ। ଅଧିକାଂଶ ମିଳନ ସଂଗଠିତ ହୁଏ ଗରମରେ ଥିବା ମହିଳା ସିମ୍ପାଞ୍ଜି ସହିତ ସମ୍ପୂର୍ଣ୍ଣ ଯୌନ ପରିପକ୍ୱ ପ୍ରଭାବଶାଳୀ ପୁରୁଷ ସିମ୍ପାଞ୍ଜିର ପ୍ରଜନନ ପାଇଁ ନିର୍ବାଚନ (selection) ଅତ୍ୟନ୍ତ ଜରୁରୀ।

ଗବେଷକମାନଙ୍କ ମତ ଅନୁସାରେ ମହିଳା ସିମ୍ପାଞ୍ଜିମାନେ ଗୋଟିଏ ଦକ୍ଷ, ବଳଶାଳୀ ଓ ପ୍ରଭାବଶାଳୀ ପୁରୁଷ ସିମ୍ପାଞ୍ଜି ନିର୍ବାଚନ କରିବା ଅପେକ୍ଷା ଅନେକ ବିଭିନ୍ନ ପୁରୁଷ ସିମ୍ପାଞ୍ଜିମାନଙ୍କ ସହିତ ଯୌନ ସମ୍ପର୍କ ରଖିବା ପାଇଁ ପସନ୍ଦ କରନ୍ତି। ସେମାନେ ଦେଖନ୍ତି ଯେ ମହିଳା ସିମ୍ପାଞ୍ଜିମାନେ ବିଶେଷ ଉଦ୍ଦେଶ୍ୟରେ ସୁବିଧା ହେଲା ପରି ପୁରୁଷ ସିମ୍ପାଞ୍ଜିମାନଙ୍କ ଠାରୁ ରକ୍ଷା ପାଇବା ପାଇଁ ସାହାଯ୍ୟ ପାଇ ପାରିବେ। ତେଣୁ ସେମାନଙ୍କ ଦୃଷ୍ଟିରେ ଯୌନ ସମ୍ଭୋଗ ପାଇଁ ପୁରୁଷ ସିମ୍ପାଞ୍ଜି ମାନଙ୍କର ଏକ ତାଲିକା ଥାଏ। ବେଳେବେଳେ ସେମାନଙ୍କର କେତେକ ସ୍ତ୍ରୀ ସିମ୍ପାଞ୍ଜି ମଧ୍ୟ ଉଗ୍ରଭାବ ବା ଆକ୍ରମଣାତ୍ମକ ଭାବ ପ୍ରଦର୍ଶନ କରିଥାଆନ୍ତି। ସେତେବେଳେ ମଧ୍ୟ ଏହି ସମ୍ପର୍କଥିବା ପୁରୁଷ ସିମ୍ପାଞ୍ଜିମାନେ ସେମାନଙ୍କୁ ସାହାଯ୍ୟ କରିଥାନ୍ତି। ଏହା ମଧ୍ୟ ଦେଖାଯାଇଛି ଯେ ସିମ୍ପାଞ୍ଜି, ଗରିଲା ଓ ଓରାଙ୍ଗଉଟାଙ୍ଗ ଯୌନଗତ ଶରୀରର ଆକାରରେ ଡାଇମର୍‌ଫିଜିମ୍ (dimorphism) ବିଭିନ୍ନତାର ସହିତ ପ୍ରଦର୍ଶନ କରିଥାଆନ୍ତି। ଡାଇ-ମର୍‌ଫିଜିମ୍‌ର ଅର୍ଥ ଗୋଟିଏ ଜାତି ପ୍ରାଣୀରେ ଦୁଇ ପ୍ରକାରର ଘଟିଥାଏ। ଜୀବସତ୍ତା ବିଦ୍ୟା ଅନୁସାରେ ଏହାର ଅନେକ କାରଣ ଥାଇପାରେ। ମହିଳା ସିମ୍ପାଞ୍ଜିମାନଙ୍କର ଏକ ନିର୍ଦ୍ଦିଷ୍ଟ ବୟସରେ ପହଞ୍ଚିବା ପରେ ଆଉ ଶରୀରର ବୃଦ୍ଧି ହୁଏ ନାହିଁ। ପ୍ରାୟତଃ ଖାଦ୍ୟ ଜନିତ ଅଭାବ ଦେଖାଯାଇ ପାରେ ବୋଲି ଫାମିଲି ପ୍ଲାନିଂର ଏପରି ପ୍ରାକୃତିକ ବ୍ୟବସ୍ଥା ରହିଛି। ଏକ ପ୍ରଜନନ ସମୟରେ ଏକାଧିକ ସ୍ତ୍ରୀ ସହିତ ସହବାସକୁ ବହୁ ପତ୍ନୀତ୍ୱ କହନ୍ତି। ସିମ୍ପାଞ୍ଜିମାନଙ୍କ ପ୍ରଜନନ କ୍ଷେତ୍ରରେ ଗୋଟିଏ ସ୍ତ୍ରୀ ଅନେକ ପୁରୁଷଙ୍କ ସହିତ ସଙ୍ଗମରତ ରହେ। ଅଧିକାଂଶ ସାଧାରଣ ଲୋକଙ୍କ ଅପେକ୍ଷା ପୁରୁଷ ଓ ସ୍ତ୍ରୀ ସିମ୍ପାଞ୍ଜିମାନେ ଲଜ୍ଜାହୀନ ଭାବରେ ଯୌନ ଉପଭୋଗରେ ରତ ରହନ୍ତି। ବଣ ଭିତରେ ମଧ୍ୟ ଜଟିଳ ସଙ୍ଗମ ବିଧି (ritual) ପାଳନ କରାଯାଏ।

ପ୍ରତି ୫ ବର୍ଷରେ ଥରେ ସ୍ତ୍ରୀ ସିମ୍ପାଞ୍ଜିମାନେ ଗୋଟିଏ ଲେଖା ଛୁଆ ଜନ୍ମଦେଇ ଥାଆନ୍ତି। ଛୁଆ ବା ଶିଶୁମାନେ ମାଆମାନଙ୍କ ଦ୍ୱାରା ପ୍ରତିପାଳିତ ହୁଅନ୍ତି ଏବଂ ଅନ୍ୟ ସଂପର୍କୀୟ ମହିଳାମାନଙ୍କ ସହିତ ସମ୍ପର୍କ ରଖିଥାନ୍ତି। ମାଆ, ସମ୍ପର୍କୀୟ ମହିଳା ଓ ସିବ୍‌ଲିଙ୍ଗ (siblings) ମାନେ ଛୁଆମାନଙ୍କର ଯତ୍ନ ନିଅନ୍ତି। ଏକା ପିତା ଓ ମାତାଙ୍କର ଏକାଧିକ ସନ୍ତାନଙ୍କ ମଧ୍ୟରୁ ଯେ କେହି ସିବ୍‌ଲିଙ୍ଗରେ ଯାଆନ୍ତି। ସ୍ତ୍ରୀ ସିମ୍ପାଞ୍ଜି ବର୍ଷର ଯେ କୌଣସି ସମୟରେ ଛୁଆ ଦେଇଥାଏ ଏବଂ ଗୋଟିଏ ମାତ୍ର ଛୁଆ ଜନ୍ମହୁଏ। ଛୁଆଟି ମାଆର ଲୋମକୁ ଜାବୁଡ଼ି ଧରେ। ଟିକେ ବଡ଼ ହୋଇଗଲେ ମାଆ ପିଠିରେ ବସି ବୁଲେ। ୩ ରୁ ୫ ବର୍ଷ ପର୍ଯ୍ୟନ୍ତ ମାଆ ପାଖରେ ଥାଏ। ୫ ବର୍ଷପରେ ମାଆ ଉପରେ ନିର୍ଭର କରେ ନାହିଁ ଓ ମାଆ ଠାରୁ ଦୂରରେ ରହେ। ସ୍ତ୍ରୀ ସିମ୍ପାଞ୍ଜିମାନେ ୧୩ ବର୍ଷ ବୟସରେ ପ୍ରଜନନ କ୍ଷମ ହୁଅନ୍ତି। ମାତ୍ର ପୁରୁଷ ସିମ୍ପାଞ୍ଜିମାନେ ୧୫ ବର୍ଷ ନହେବା ପର୍ଯ୍ୟନ୍ତ ପରିଣତ ବୟସର ବୋଲି ବିଚାର କରାଯାଏ ନାହିଁ। ସ୍ତ୍ରୀ-ସିମ୍ପାଞ୍ଜିମାନଙ୍କର ଗର୍ଭଧାରଣ ସମୟ ୨୩୭ ଦିନ। ସେହିପରି ଗରିଲାମାନଙ୍କର ୨୫୭ ଦିନ, ଓରାଂଉଟାଙ୍ଗ ମାନଙ୍କର ୨୬୦ ଦିନ ଓ ବୋନୋବୋ ସିମ୍ପାଞ୍ଜିମାନଙ୍କର ୨୪୦ ଦିନ। ଏ ସମସ୍ତ ମଣିଷ ମାଙ୍କଡ଼ ମାନଙ୍କର ଗର୍ଭଧାରଣ ସମୟ ୯ ମାସ ବୋଲି ଧରାଯାଏ। ମନୁଷ୍ୟ ସମାଜରେ ସ୍ତ୍ରୀ ଲୋକମାନଙ୍କର ୯ ମାସ ୧୦ଦିନ ଗର୍ଭଧାରଣ ସମୟ ବୋଲି ଧରାଯାଇଥାଏ। ଏହାର ୫ ଦିନ ପୂର୍ବରୁ ବା ପରେ ଛୁଆ ଜନ୍ମ ହୋଇପାରେ। ସେହିପରି ଏହି ବଣମଣିଷ ମାନଙ୍କର ମଧ୍ୟ ପୂର୍ବରୁ ବା ପରେ ଛୁଆ ଜନ୍ମ ହୋଇପାରେ।

ସିମ୍ପାଞ୍ଜିମାନଙ୍କୁ ସାଧାରଣ ସିମ୍ପାଞ୍ଜି, ବଳଶାଳୀ (robust) ସିମ୍ପାଞ୍ଜି ଓ ସରଳ ସିମ୍ପାଞ୍ଜି କୁହାଯାଏ। ଏମାନଙ୍କୁ ମଧ୍ୟ କେବଳ ସିମ୍ପାଞ୍ଜି କହନ୍ତି। ଏମାନଙ୍କର ପରିଣତ ବୟସର ଉଚ୍ଚତା ୧ ରୁ ୧.୭ ମିଟର ବା ୩ରୁ ୫.୫ ଫୁଟ ଏବଂ ଓଜନରେ ସେହି ବୟସରେ ୩୨ ରୁ ୬୦ କିଲୋଗ୍ରାମ ବା ୭୦ ରୁ ୧୩୦ ପାଉଣ୍ଡ ହୁଅନ୍ତି। ସ୍ତ୍ରୀ ସିମ୍ପାଞ୍ଜିମାନେ ୨୭ ରୁ ୫୦ କିଲୋଗ୍ରାମ ଓଜନ ହୋଇଥାନ୍ତି, ଏହି ବୟସରେ ବଣୁଆ ସିମ୍ପାଞ୍ଜିମାନେ ୪୦ ରୁ ୭୦ କିଲୋଗ୍ରାମ ହେବାର ଜଣାଯାଏ। ଏମାନଙ୍କର ମୁଣ୍ଡଠାରୁ ଶରୀର ଲମ୍ବା ୬୩୫ ରୁ ୯୨୫ ମି.ମି. ହୁଏ। ଏହା ପରିଣତ ବୟସର ଲମ୍ବା। ବୋନୋବୋ (bonobo) ସିମ୍ପାଞ୍ଜି ଗୋଟିଏ ଉପଜାତି (sub-species) ନୁହେଁ। ସିମ୍ପାଞ୍ଜିମାନଙ୍କ ପରି ଏହା ଗୋଟିଏ ସ୍ୱତନ୍ତ୍ର ବା ଭିନ୍ନ ଜାତିର ଏବଂ ସାଧାରଣ ସିମ୍ପାଞ୍ଜିମାନଙ୍କ ପରି ଏମାନଙ୍କର କାର୍ଯ୍ୟକଳାପ ପରିଲକ୍ଷିତ ହୁଏ। ପରିଣତ ବୟସରେ ଓଜନରେ ଏମାନେ ୩୪ ରୁ ୬୦ କିଲୋଗ୍ରାମ ଓ

ଉଚ୍ଚତାରେ ୧.୨ ମିଟର। ସିମ୍ପାଞ୍ଜିମାନଙ୍କର ପ୍ରାଥମିକ ଦ୍ରଷ୍ଟବ୍ୟ ରେଖା ଚିହ୍ନର ବାହ୍ୟାବରଣ ସୂଚନା ଦିଏ ଯେ ସେମାନଙ୍କର ମସ୍ତିଷ୍କର ବୃଦ୍ଧି ଖୁବ୍ କମ୍ ବୟସରେ ହୋଇଥାଏ ଏବଂ ଉନ୍ନତ ମାନର ସୂଚନା ଦିଏ।

ସିମ୍ପାଞ୍ଜି ଜାତିର ଚାରୋଟି ଉପଜାତି ରହଛି। ଏମାନେ ପୂର୍ବାଞ୍ଚଳ ସିମ୍ପାଞ୍ଜି, ପଶ୍ଚିମାଞ୍ଚଳ ସିମ୍ପାଞ୍ଜି, କେନ୍ଦ୍ରୀୟ ସିମ୍ପାଞ୍ଜି ଓ ନାଇଜେରିଆ କାମେରୁନ୍ ସିମ୍ପାଞ୍ଜି। ସାଧାରଣ ସିମ୍ପାଞ୍ଜିମାନେ ଦେଖିବାକୁ ବାଳୁଆ, ଅର୍ଥାତ୍ ଦେହରେ ଲମ୍ବା ଲୋମଥାଏ। ମୁହଁଟି ହନୁମାଙ୍କଡ଼ ମୁହଁ ପରି କଳା ଓ ଓଠଟି ମୁଁହରେ ସାମାନ୍ୟ ବଡ଼ ଅକାରରେ ଥିବାରୁ ସହଜରେ ବାରି ହୋଇ ପଡ଼େ। ବର୍ତ୍ତମାନ ସିମ୍ପାଞ୍ଜିମାନେ କେବଳ ଆଫ୍ରିକା ମହାଦେଶରେ ନାହାଁନ୍ତି। ସେମାନେ ଇଂଲଣ୍ଡରେ, ୟୁରୋପର ଅନ୍ୟ କେତେକ ଦେଶରେ ଓ ଆମେରିକାରେ ଅଛନ୍ତି। ଆମେରିକାରେ ଗେଡା ବା ପିଗ୍‌ମୀ ଓ ବଡ଼ ବାଳ ବା ଲୋମ ସହିତ ସାଧାରଣ ସିମ୍ପାଞ୍ଜିମାନେ ବାସ କରୁଛନ୍ତି। ପୂର୍ବାଞ୍ଚଳର ସିମ୍ପାଞ୍ଜିମାନଙ୍କ ମଧ୍ୟରେ ପାରିବାରିକ ସମ୍ପର୍କ ବଡ଼ ନିବିଡ। ଗୋଟିଏ ଦଳରେ କେତୋଟି ପରିବାର ବାସ କରନ୍ତି ଏବଂ ସେମାନଙ୍କର ସମ୍ପର୍କ ଜୀବନ୍ତ ଓ କର୍ମପୂର୍ଣ୍ଣ। ପଶ୍ଚିମାଞ୍ଚଳ ସିମ୍ପାଞ୍ଜିମାନେ କେବଳ ପଶ୍ଚିମ ଆଫ୍ରିକାକୁ ଛାଡି ଦେଲେ ପଡ଼ିଶାଦେଶ ମାନଙ୍କରେ ମଧ୍ୟଦେଖା ଯାଆନ୍ତି। କେନ୍ଦ୍ରୀୟ ସିମ୍ପାଞ୍ଜିମାନେ ଆଫ୍ରିକାର କେନ୍ଦ୍ରୀୟାଞ୍ଚଳରେ ରହନ୍ତି। ସେମାନେ ଉଷ୍ଣଜଳବାୟୁ ଓ ପ୍ରବଳ ବର୍ଷାରେ ଜୀବନ ଅତିବାହିତ କରନ୍ତି। ଏମାନଙ୍କର ଦକ୍ଷିଣରେ କଙ୍ଗୋନଦୀ, ପୂର୍ବରେ ଉବାଙ୍ଗି ନଦୀ ଓ ଉତ୍ତରରେ ସନାଗା ନଦୀ ଅଛି। ସବୁ ସିମ୍ପାଞ୍ଜିମାନଙ୍କ ମଧ୍ୟରେ ଏମାନଙ୍କର ସଂଖ୍ୟା ସର୍ବାଧିକ। ପ୍ରାୟ ୧ ଲକ୍ଷ ୧୫ ହଜାର କେନ୍ଦ୍ରୀୟାଞ୍ଚଳ ଉପ ସିମ୍ପାଞ୍ଜି ଏହି ଅଞ୍ଚଳରେ ବାସ କରନ୍ତି ବୋଲି ଅନୁମାନ କରାଯାଏ।

ଦି ଜାନେ ଗୁଡ୍‌ଅଲ ଇନ୍‌ଷ୍ଟିଚ୍ୟୁଟ୍ (the jane goodall institute) ନାମରେ ଗୋଟିଏ ସଂସ୍ଥା ଅଛି। ଏମାନେ ସିମ୍ପାଞ୍ଜିମାନଙ୍କୁ ବିଶେଷ ଭାବରେ ପିଗ୍‌ମୀ ସିମ୍ପାଞ୍ଜିମାନଙ୍କୁ ସୁରକ୍ଷା ପ୍ରଦାନ କରୁଛନ୍ତି ଏବଂ ସେମାନଙ୍କୁ ରକ୍ଷା ଓ ପାଳନର ଆବଶ୍ୟକତା ସମ୍ପର୍କରେ ଜନସାଧାରଣଙ୍କୁ ପ୍ରବର୍ତ୍ତାଉ ଅଛନ୍ତି।

■

ଗରିଲା

(Gorilla)

ଗରିଲା ଆଫ୍ରିକାରେ ବାସ କରୁଥିବା ଗୋଟିଏ ସବୁଠାରୁ ବଡ଼ ସ୍ତନ୍ୟପାୟୀ ମାଙ୍କଡ଼ ଏବଂ ମନୁଷ୍ୟମାନଙ୍କ ସହିତ ଏହାର ଯଥେଷ୍ଟ ସାମଞ୍ଜସ୍ୟ ରହିଛି । ସିମ୍ପାଞ୍ଜି ଓ ଉରାଂଉଟାଙ୍ଗ ପରି ଏହାର ଲାଞ୍ଜ ନାହିଁ ଏବଂ ସେମାନଙ୍କ ପରି ଏହା ଗୋଟିଏ ଜାତିର ମଣିଷ ମାଙ୍କଡ଼ । ଅନୁମାନ କରାଯାଏ ଯେ ଗରିଲା ଗୋଟିଏ ଆଫ୍ରିକାର ଆଦିବାସୀ ଶବ୍ଦ ଯାହା ବାଳୁଆ ବା ଦେହରେ ଲୋମଥିବା ଆଦିବାସୀ ଲୋକଙ୍କୁ ବୁଝାଏ । ଗରିଲାର ଶରୀର ବହୁତ ଟାଣ ଭାବରେ ତିଆରି । ମଣିଷ ପରି ଏମାନଙ୍କର ହାତ, ପାଦ, ବୁଢ଼ା ଆଙ୍ଗୁଠି ଓ ବଡ଼ ପାଦର ଆଙ୍ଗୁଠି ଥାଏ । ପାଟିରେ କହି ନ ପାରୁଥିଲେ ମଧ୍ୟ ମଣିଷ ସହିତ ଓ ପରସ୍ପର ମଧ୍ୟରେ କଥା ହେବାପାଇଁ ଭାଷାର କେତେକ ସଂଙ୍କେତ ଜାଣି ଥାଆନ୍ତି ଓ ବ୍ୟବହାର କରନ୍ତି । ସେମାନେ ଛୋଟ ଛୋଟ ଦଳରେ ରହନ୍ତି ଏବଂ ଏହାକୁ ଟ୍ରୁପ୍ସ (troops) ବା ବ୍ୟାଣ୍ଡସ୍ (bands) କହନ୍ତି । ଗଛ ଉପରେ ବସା ତିଆରି କରି ରାତିରେ ଶୁଅନ୍ତି ।

ଗରିଲାମାନେ ପ୍ରକାର ଗତ ଭାବରେ କେନ୍ଦ୍ରୀୟ ଗ୍ରୀଷ୍ମମଣ୍ଡଳୀୟ ବର୍ଷାବହୁଳ ବଣରେ ବାସ କରନ୍ତି । ଯଦିଓ କେତେକ ଉପଜାତିର ଗରିଲା ମୋଣ୍ଟେନ୍ (montane) ବର୍ଷାବହୁଳ ଅରଣ୍ୟରେ ୧୫୦୦ ରୁ ୩୫୦୦ ମିଟର ଉଚ୍ଚତାରେ ଓ ବାଉଁଶ ବଣରେ ୨୫୦୦ ରୁ ୩୦୦୦ ମିଟର ଉଚ୍ଚତାରେ ବାସ କରିବାର ଦେଖାଯାଏ ।

ଦୁଇଟି ଜାତିର ଗରିଲା ପୃଥିବୀରେ ଅଛନ୍ତି ଓ ଆଫ୍ରିକାରେ ବାସ କରୁଛନ୍ତି । ଗୋଟିଏ ପୂର୍ବାଞ୍ଚଳ ଗରିଲା (eastern gorilla) ଓ ଅନ୍ୟଟି ପଶ୍ଚିମାଞ୍ଚଳ ଗରିଲା

(western gorilla)। ଏହି ପ୍ରତ୍ୟେକ ଜାତିର ଗରିଲାମାନଙ୍କର ଦୁଇଟି ଲେଖାଁଏ ଉପଜାତି (sub-species)ର ଗରିଲା ଅଛନ୍ତି। ପୂର୍ବାଞ୍ଚଳ ଗରିଲା ଜାତିର ପାର୍ବତୀୟ ଗରିଲା (mountain gorilla) ଓ ପୂର୍ବାଞ୍ଚଳ ନିମ୍ନଭୂମି ଗରିଲା (eastern lowland gorilla) ନାମରେ ଦୁଇଟି ଉପଜାତି ଗରିଲା ଅଛନ୍ତି। ସେହିପରି ପଶ୍ଚିମାଞ୍ଚଳ ଗରିଲା ଜାତିର ନଦୀପାର ଗରିଲା (cross river gorilla) ଓ ପଶ୍ଚିମାଞ୍ଚଳ ନିମ୍ନଭୂମି ଗରିଲା (western lowland gorilla) ନାମରେ ଦୁଇଟି ଉପଜାତିର ଗରିଲା ଅଛନ୍ତି।

ପାର୍ବତୀୟ ଗରିଲା (Mountain Gorilla)

ଏମାନେ ପୂର୍ବାଞ୍ଚଳ ଗରିଲା ଜାତିର ଉପଜାତି। ଯାହା ନାମରୁ ଜଣାପଡ଼େ ଏମାନେ ପାହାଡ଼ ଉପରେ ଓ ପାହାଡିଆ ଅଞ୍ଚଳରେ ବାସ କରନ୍ତି। ଏହି ଅଞ୍ଚଳ ମଧ୍ୟ ଉଚ୍ଚଦ୍ରାଘିମାରେ ଥିବା ବଣ ଅଞ୍ଚଳ। ଏହି ଅଞ୍ଚଳ ମଧ୍ୟରେ ଭିରୁଙ୍ଗେ (virungo) ଆଗ୍ନେୟଗିରି ରହିଛି। ଏହି ଅଞ୍ଚଳ ଆଫ୍ରିକାର ଆଗ୍ନେୟଗିରି ଜନିତ ଗଡାଣିଆ ଅଞ୍ଚଳ। ୮୦୦୦ ରୁ ୧୩୦୦୦ ଫୁଟ ଉଚ୍ଚରେ ପାହାଡ଼ ଉପରେ ବଣ ଭିତରେ ପାର୍ବତୀୟ ଗରିଲାମାନେ ବାସ କରନ୍ତି। ଏମାନଙ୍କର ବୈଜ୍ଞାନିକ ନାମ 'ଗରିଲା ଗରିଲା ଗରିଲା'।

ଉଚ୍ଚତାରେ ଏହି ଗରିଲା ପ୍ରଜାତିର ପୁରୁଷମାନେ ପରିଣତ ବୟସରେ ହାରାହାରି ୧.୬ ମିଟର ଓ ସ୍ତ୍ରୀ ଗରିଲାମାନେ ୧.୪ମିଟର ହୋଇଥାନ୍ତି। ଓଜନରେ ବଣୁଆ ପୁରୁଷ ପରିଣତ ବୟସର ଗରିଲା ୧୮୦ କିଲୋଗ୍ରାମ ଓ ଚିଡିଆଖାନାରେ ୧୬୦ କିଲୋଗ୍ରାମ ଓଜନ ଥିବାର ଦେଖାଯାଏ। ଏହା ଉଭୟଙ୍କର ହାରାହାରି ଓଜନ, ଗୋଟିଏ ସ୍ତ୍ରୀ ଗରିଲାର ଏହି ବୟସରେ ହାରାହାରି ଓଜନ ପ୍ରାୟ ୮୪ କିଲୋଗ୍ରାମ ହେବ।

ଶରୀରର ଲୋମ ବହଳିଆ ଓ ଘନ। ଆକୃତିରେ ପ୍ରଭାବଶାଳୀ ପ୍ରାଣୀଟି ବୁଦ୍ଧିମାନ୍, ସ୍ନେହୀ ଓ ସାଧାରଣ। ଦାନ୍ତ, ମାଢ଼ି ଓ ଲୋମ ଲମ୍ବା। ପରିବାରର ପ୍ରତ୍ୟେକଙ୍କ ପାଇଁ ଜୀବନ ସର୍ବସ୍ୱ ଓ ସେମାନଙ୍କୁ ସୁଖୀ କରିବାରେ ଆଗ୍ରହୀ। ଏମାନେ ଉଦ୍ଭିଦଜ ଖାଦ୍ୟ ଖାଆନ୍ତି ଏବଂ ଏମାନେ ଭେଜିଟେରିଆନ୍ ବା ନିରାମିଷାଶୀ ପ୍ରାଣୀ। ପାର୍ବତୀୟ ଗରିଲାମାନଙ୍କର ବାସସ୍ଥାନର ଉତ୍ତାପ ସମୟ ସମୟରେ 0°C ତଳକୁ ହୋଇଯାଏ। ମୋଟା ଓ ଲମ୍ବାଲୋମ ଯୋଗୁ ସେମାନେ ଏପରି ଥଣ୍ଡାରୁ ରକ୍ଷା ପାଇଯାଆନ୍ତି।

ପାର୍ବତୀୟ ଗରିଲାମାନଙ୍କର ସଂଖ୍ୟା ଧୀରେ ଧୀରେ ହ୍ରାସ ପାଉଥିବାରର ଜଣାପଡୁଛି। ବର୍ତ୍ତମାନ ସୁଦ୍ଧା ସେମାନଙ୍କର ସଂଖ୍ୟା ୮୮୦ ଥିବାର ଅନୁମାନ କରାଯାଉଛି ଏବଂ ଏହି ସଂଖ୍ୟାର ଅଧା ବଣରେ ବାସ କରୁଛନ୍ତି ବୋଲି ଧରାଯାଉଛି। ଏହି ଗରିଲାର ମାଂସ ଭକ୍ଷଣ ଯୋଗ୍ୟ ଏବଂ ଶିକାର ଯୋଗୁ ସଂଖ୍ୟା ହ୍ରାସ ପାଉଛି।

ପୂର୍ବାଞ୍ଚଳ ନିମ୍ନଭୂମି ଗରିଲା (Eastern Lowland Gorilla)

ପୂର୍ବାଞ୍ଚଳ ନିମ୍ନଭୂମି ଗରିଲାମାନେ ପୂର୍ବାଞ୍ଚଳ ଗରିଲା ଜାତିର ଉପଜାତି। ଏହି ଉପଜାତି ଗରିଲାମାନଙ୍କୁ ଗ୍ରାଉର୍ସ (grauer's) ଗରିଲା ବୋଲି ମଧ୍ୟ କୁହାଯାଏ। ଏହିନାମ ଏହି ଉପଜାତି ଗରିଲାକୁ ଆବିଷ୍କାର କରିଥିବା ବୈଜ୍ଞାନିକଙ୍କ ନାମ ଅନୁସାରେ ଦିଆଯାଇଛି। ଆଫ୍ରିକାର ପୂର୍ବାଞ୍ଚଳ ପାହାଡ଼ ଓ ବଣରେ ଏମାନେ ବାସ କରନ୍ତି। ପୂର୍ବାଞ୍ଚଳ ନିମ୍ନଭୂମି ଗରିଲାମାନଙ୍କର ବୈଜ୍ଞନିକ ନାମ ଗରିଲା ବେରିଙ୍ଗେଇ ଗ୍ରାଉଏରି (gorilla beringei graueri)। ଏହି ଗରିଲାମାନେ ହୋମିନିଡେ (hominidae) ଫାମିଲିର ଅନ୍ତର୍ଗତ। ଗରିଲା ଉପଜାତିର ଏହି ପ୍ରାଣୀଟି ସବୁଠାରୁ ବଡ଼ ଏବଂ ପୃଥିବୀର ସବୁଠାରୁ ବଡ଼ ପ୍ରାଇମେଟ୍।

ପୂର୍ବାଞ୍ଚଳ ନିମ୍ନଭୂମି ଗରିଲା ଦେଖିବାକୁ ଗେଡା, ମୋଟା ଓ ବଳଶାଳୀ। ହାତ ଦୁଇଟି ଲମ୍ବା ଲମ୍ବା, କ୍ଷୁଦ୍ର ଥୋମଣି (muzzle) ଏବଂ ବୁଢ଼ା ଆଙ୍ଗୁଠି ଅନ୍ୟ ଆଙ୍ଗୁଠି ଠାରୁ ବଡ଼। ଓଜନରେ ଏହି ଉପଜାତିର ପୁରୁଷ ଗରିଲାମାନେ ପରିଣତ ବୟସରେ ୧୫୦ ରୁ ୨୦୯ କିଲୋଗ୍ରାମ ଓ ସ୍ତ୍ରୀ ଗରିଲାମାନଙ୍କର ହାରାହାରି ଓଜନ ୭୬ କିଲୋଗ୍ରାମ ହୁଏ। ପୁରୁଷ ଗରିଲାମାନଙ୍କର ଲମ୍ବା ୧.୬୯ ରୁ ୧.୯୬ ମିଟର ବା

ହୋଇଥାଏ। ସ୍ତ୍ରୀ ଗରିଲାମାନଙ୍କର ହାରାହାରି ଲମ୍ବା ୧.୬ ମିଟର ବା ୫.୨ ଫୁଟ ହୁଏ। ଏମାନେ ବିଲୋପୋନ୍ମୁଖ ପ୍ରାଣୀ। ବର୍ତ୍ତମାନ ପୃଥିବୀରେ ୫୦୦୦ ପୂର୍ବାଞ୍ଚଳ ନିମ୍ନଭୂମି ଗରିଲା ଅଛନ୍ତି ବୋଲି କୁହାଯାଉଛି। ଏମାନେ ସୁରକ୍ଷା ବଳୟ ମଧ୍ୟରେ ନରହିଲେ ଭବିଷ୍ୟତରେ ସବୁଦିନ ପାଇଁ ଲୋପ ପାଇଯିବେ। ଶିକାର କରିବା ଆଇନ ବିରୁଦ୍ଧ ହେଲେ ହେଁ ଖାଦ୍ୟ ପାଇଁ ଏମାନଙ୍କୁ ମାରି ଦିଆଯାଉଛି। ଏହାର ମାଂସକୁ ବୁଶ୍‌ମିଟ୍ (bushmeat) କହନ୍ତି ଏବଂ ଏହା ଖାଇବା ପାଇଁ ସ୍ୱାଦିଷ୍ଟ। ବଶେଷତଃ ଏ ମଧ୍ୟରେ ମିଲିଟାରୀ କ୍ୟାମ୍ପ ଥିବାରୁ ମନୁଷ୍ୟକୃତ କାର୍ଯ୍ୟକଳାପରୁ ଏମାନେ ଲୋପ ପାଇ ଯାଉଛନ୍ତି। ୧୯୯୦ ମସିହାରେ ଏହି ଗରିଲାମାନଙ୍କ ସଖ୍ୟା ୧୭୦୦୦ ଥିଲା। ଏ ମଧ୍ୟରେ ୫୦ପ୍ରତିଶତରୁ ଅଧିକ ଲୋପ ପାଇ ଗଲେଣି।

ପଶ୍ଚିମାଞ୍ଚଳ ନିମ୍ନଭୂମି ଗରିଲା (Western Lowland Gorilla)

ଏହି ଗରିଲାମାନେ ପଶ୍ଚିମାଞ୍ଚଳ ଗରିଲା ଜାତିର ଗୋଟିଏ ଉପଜାତି। ଏମାନଙ୍କର ସଂଖ୍ୟା ପ୍ରାୟ ୧ ଲକ୍ଷ ଥିବାର ପ୍ରାଣୀ ବୈଜ୍ଞାନିକମାନେ କହନ୍ତି ଅନ୍ୟମାନଙ୍କ ଠାରୁ ଏମାନଙ୍କୁ ଜାଣିବା ପାଇଁ ଗଠନଗତ ପାର୍ଥକ୍ୟ ପ୍ରତିଦୃଷ୍ଟି ଦେବାକୁ ହୋଇଥାଏ। ଆକାରରେ ଏମାନେ ସାମାନ୍ୟ କ୍ଷୁଦ୍ରତର। ଦେହର ରଙ୍ଗ ବା ଆବରଣ ବାଦାମୀ ଧୂସର (brown grey) ରଙ୍ଗ। ଛାତି ପିଙ୍ଗଳ (auburn) ବର୍ଣ୍ଣର, ମୁଣ୍ଡର ହାଡ଼ (skull) ଓସାରିଆ, ଭ୍ରୁଲତାର ଧାର ଅଧିକ ସୁସ୍ପଷ୍ଟ ଓ କାନ ଦୁଇଟି ଛୋଟ ଛୋଟ ହୋଇଥାଏ।

ପରିଣତ ବୟସର ପୁରୁଷ ଗରିଲାମାନଙ୍କର ହାରାହାରି ଓଜନ ୧୩୬ କିଲୋଗ୍ରାମ ବା ୩୦୦ ପାଉଣ୍ଡ। ଏମାନେ ୨୨୭ କିଲୋଗ୍ରାମ ଓଜନ ବିଶିଷ୍ଟ ହୋଇ ପାରନ୍ତି। ଉଚ୍ଚତାରେ ଏମାନେ ୬ ଫୁଟ ବା ୧.୮ ମିଟର ବୋଲି ଜଣାପଡ଼େ। ଏହା ପଶ୍ଚିମାଞ୍ଚଳ ନିମ୍ନଭୂମି ଗରିଲା ମାନଙ୍କର ହାରାହାରି ଉଚ୍ଚତା।

ପଶ୍ଚିମାଞ୍ଚଳ ନିମ୍ନଭୂମି ଗରିଲାମାନଙ୍କର ବ୍ୟବହାର ଅତି ରୁଚି ସଂପନ୍ନ। ଏମାନେ ବହୁତ ବୁଦ୍ଧିମାନ ଏବଂ ମନୁଷ୍ୟମାନଙ୍କ ସହିତ ଏମାନଙ୍କର ସମ୍ପର୍କ ଭଲ। ୪ ବର୍ଷ ବୟସ ପିଲାମାନଙ୍କର ଠାରୁ ଏମାନଙ୍କୁ ଜାଣିହୁଏ, ଏମାନଙ୍କର ପିଚାରେ ଛୋଟ ଧଳା ବାଳ ଥାଏ। ପରିପକ୍ୱ ବୟସର ପୁରୁଷ ଗରିଲାମାନଙ୍କର ପିଠିରେ ଘୋଡାର ଜିନ୍ (saddle) ରୂପା ରଙ୍ଗର ବାଳଥାଏ। ତେଣୁ ପୁରୁଷମାନଙ୍କୁ ସିଲ୍‌ଭର ବ୍ୟାକ୍ ମେଲ୍ କୁହାଯାଏ। ମାଢ଼ିର ମାଂସପେଶୀ ବଡ଼ ଓ ଟାଣ, ଦାନ୍ତ ଓସାରିଆ ଓ ଟାଣୁଆ। ମୁହଁ, ହାତ, ପାଦ ଓ କାନରେ ବାଳ ନଥାଏ।

ପଶ୍ଚିମାଞ୍ଚଳ ନିମ୍ନଭୂମି ଗରିଲାମାନେ ପ୍ରାୟ ଦୁଇଲକ୍ଷ ୭୦ ହଜାର ବର୍ଗମାଇଲ, କେନ୍ଦ୍ରୀୟ ଆଫ୍ରିକା ସାଧାରଣତନ୍ତ୍ର, କଙ୍ଗୋର ଗଣତାନ୍ତ୍ରୀକ ପ୍ରଜାତନ୍ତ୍ର, ବିଷୁବ ରେଖାସ୍ଥିତ

ଗିନିଆ, ଗାବୋନ୍, ଆଙ୍ଗୋଲା ଅଞ୍ଚରେ ବାସ କରନ୍ତି। ଆଫ୍ରିକାରେ ଅଧିକାଂଶ ଘଞ୍ଚ, ବର୍ଷାବହୁଳ ଓ ନିଭୃତ ବଣ ଭିତରେ ବାସ କରନ୍ତି।

ଚିଡ଼ିଆଖାନା ମାନଙ୍କରେ ୫୫୦ ପର୍ଯ୍ୟନ୍ତ ପଶ୍ଚିମାଞ୍ଚଳ ନିମ୍ନଭୂମି ଗରିଲା ମାନଙ୍କୁ ପାଳନ କରାଯାଉଛି। ଆମେରିକା ମହାଦେଶର ଲିନ୍‌ସିନ୍ନାଟି ଚିଡିଆଖାନା ଏହି ଉପଜାତି ଗରିଲାମାନଙ୍କର ସୁରକ୍ଷା ଓ ଜନ୍ମହାରକୁ ନିୟନ୍ତ୍ରଣ କରୁଛି।

ବିନା ଅନୁମତିରେ ପ୍ରବେଶକାରୀ ବ୍ୟକ୍ତି ବା ଶତ୍ରୁକୁ ଭୟ ଦେଖାଇ ଘଉଡାଇ ଦେବା ପାଇଁ ଗରିଲାମାନେ ଛାତିରେ ଜୋରରେ ହାତ ବା ଗୋଡ ବାଡାନ୍ତି, ଚିତ୍କାର କରନ୍ତି ଏବଂ ଅନ୍ୟାନ୍ୟ ଭୟଙ୍କର ଅଙ୍ଗ ଭଙ୍ଗୀ ଦେଖାନ୍ତି। ମାତ୍ର ବାସ୍ତବରେ ଏମାନେ ସେତେ ଭୟଙ୍କର ନୁହଁନ୍ତି। ଶତ୍ରୁକୁ ଘଉଡାଇ ଦେବା ପାଇଁ ଏମାନେ ନିଜର ମିଛ ଶକ୍ତି ପ୍ରଦର୍ଶନ କରନ୍ତି। ମାତ୍ର ଏସବୁକୁ ନ ମାନି କେହି ଯଦି ଆକ୍ରମଣ କରେ, ଏହି ଗରିଲାମାନେ ପ୍ରତିଆକ୍ରମଣ କରିବାକୁ କୁଣ୍ଠାବୋଧ କରନ୍ତି ନାହିଁ।

ଏହି ଗରିଲାମାନଙ୍କର ସଂଖ୍ୟା ହ୍ରାସ ପାଇବାର କାରଣ ଜମିରୁ ଗଛ କାଟି ନିଆଯାଇ ସେହି ସ୍ଥାନରେ ଚାଷଜମି ଫାର୍ମିଂ ଓ ଚାରଣ ଭୂମିରେ ପରିଣତ କରଯାଉଛି। ମଣିଷମାନେ ମଧ୍ୟ ବସତି ସ୍ଥାପନ କରୁଛନ୍ତି।

ନଦୀ-ପାର୍ ଗରିଲା (Cross River Gorilla)

କ୍ରସ୍ ରିଭର ଉପରେ ଗ୍ରୀଷ୍ମମଣ୍ଡଳୀୟ ଅରଣ୍ୟରେ ଉଚ୍ଚ ସ୍ଥାନରେ ନଦୀ ପାର ଗରିଲାମାନେ ବାସ କରନ୍ତି। ଏମାନେ ପଶ୍ଚିମାଞ୍ଚଳ ଗରିଲା ଜାତିର ଗୋଟିଏ ଉପଜାତି। କାମେରନ୍ ଓ ନାଇଜେରିଆ ମଝି ପାହାଡିଆ ଅଞ୍ଚଳରେ ବାସ କରନ୍ତି। କ୍ରସ୍ ରିଭର ଉପରେ ବାସ କରୁଥିବାରୁ ଏହି ଉପଜାତି ଗରିଲା ମାନଙ୍କୁ କ୍ରସ୍ ରିଭର ଗରିଲା କୁହାଯାଏ। ଇତସ୍ତତଃ ହୋଇ ମାତ୍ର ୧୧ଟି ଦଳରେ ୨୦୦ ରୁ ୩୦୦ ଗରିଲା ମାତ୍ର ଅଛନ୍ତି। ନିମ୍ନଭୂମିର ମୋଣ୍ଟାନେ ବଣରେ, କାମେରନ୍ ନାଇଜେରିଆର ବର୍ଷା ବହୁଳ ବଣରେ ବାସ କରୁଛନ୍ତି। ସବୁ ବଡ଼ ମାଙ୍କଡ଼ମାନଙ୍କ ମଧ୍ୟରେ ଏହି ଉପଜାତିର ଗରିଲାମାନଙ୍କ ସଂଖା ଖୁବ୍ କମ୍। ବିଂଶ ଶତାବ୍ଦୀର ପ୍ରାରମ୍ଭିକ ସମୟ ପର୍ଯ୍ୟନ୍ତ ଏହି ଉପଜାତିର ଗରିଲାମାନଙ୍କ ସମ୍ପର୍କରେ ବୈଜ୍ଞାନିକମାନଙ୍କୁ ଅଜଣା ଥିଲା। ୧୯୦୪ ମସିହାରେ ପାଉଲ୍ ମାଟସ୍କି (paul matschie) ଏହାକୁ ଆବିଷ୍କାର କଲେ। ଏହି ଗରିଲାମାନଙ୍କର ବୈଜ୍ଞାନିକ ନାମ ଗରିଲା ଗରିଲା ଡିଏ ହ୍ଲି (gorilla gorilla diehli)।

ଏମାନେ ପୂର୍ବାଞ୍ଚଳ ଗରିଲାମାନଙ୍କ ଅପେକ୍ଷା କ୍ଷୁଦ୍ରତର ଅଧିକ ପତଳା। ବୟସ୍କ ପୁରୁଷମାନେ ୧.୬୫ ରୁ ୧.୭୫ ମିଟର ଉଚ୍ଚ ଏବଂ ୧୪୦ ରୁ ୨୦୦ କିଲୋଗ୍ରାମ ଓଜନ ହୁଅନ୍ତି। ପୁରୁଷମାନେ ସ୍ତ୍ରୀ ଗରିଲାମାନଙ୍କ ଠାରୁ ବଡ଼। ପଶ୍ଚିମାଞ୍ଚଳ ଗରିଲାମାନଙ୍କ

ଠାରୁ ଏମାନଙ୍କର ହାତର ଲମ୍ବା କମ୍, ପାଦମଧ୍ୟ ଛୋଟ। ବୁଢ଼ା ଆଙ୍ଗୁଠି, ଅନ୍ୟ ଆଙ୍ଗୁଠିମାନଙ୍କ ଠାରୁ ବଡ଼। ପ୍ରଭାବଶାଳୀ ପୁରୁଷ ଗରିଲା ୬/୭ଟି ସ୍ତ୍ରୀ ଗରିଲା ଓ ପିଲାମାନଙ୍କ ସହିତ ରହେ। ଯଦିଓ ଅନ୍ୟ ଉପଜାତିର ଗରିଲାମାନେ ଶାନ୍ତିପ୍ରିୟ, କ୍ରସ୍ ରିଭର ଗରିଲା ମାନଙ୍କର ଆକ୍ରମଣାତ୍ମକ ମନୋବୃତ୍ତିଥାଏ, ବିଶେଷଭାବରେ ମଣିଷମାନଙ୍କ ପ୍ରତି ମଣିଷକୁ ଦେଖିଲେ ଏହି ଉପଜାତି ଗରିଲାମାନେ ଗଛଡାଳ, ବୁଦା ଏପରିକି ସମୟ ସମୟରେ ଟେକା ପଥର ଫୋପାଡି ଥାଆନ୍ତି।

ନଦୀପାର ଗରିଲାମାନେ ତୃଣଭୋଜୀ ପ୍ରାଣୀ। ଅନ୍ୟ ଗରିଲାମାନଙ୍କ ପରି ଏହି ଗରିଲାମାନେ ପ୍ରାୟ ୧୦୦ ପ୍ରକାର ବଣୁଆ ଗଛର ଡାଳ, ପତ୍ର ଫଳ, କଠିନ ଆବରଣ ଯୁକ୍ତ ଫଳ, ରସାଳ କ୍ଷୁଦ୍ର ଗୋଲାକୃତି ମଞ୍ଜି ନଥିବା ଫଳ ବା କୋଳି (berries) ଓ ଗଛର ଖୋଳପା ଇତ୍ୟାଦି ଖାଆନ୍ତି। ଗ୍ରୀଷ୍ମମଣ୍ଡଳୀୟ ଅରଣ୍ୟରେ ପରିଦୃଷ୍ଟ ଆରୋହୀ ବେଷ୍ଟନକାରୀ ଏକ ପ୍ରକାର ଲତାକୁ ଲିଆନା କହନ୍ତି। ଏହି ଲିଆନା ଲଟା ସେମାନଙ୍କର ପ୍ରିୟ ଖାଦ୍ୟ। ମାତ୍ର ସେମାନେ ଶତପ୍ରତିଶତ ତୃଣଭୋଜୀ।

ଏହି ଉପଜାତି ଗରିଲାମାନେ ରାତିରେ ଶୋଇବା ପାଇଁ ଗଛର ଉଚ୍ଚ ଡାଳରେ ବସାଘର କରି ଶୁଅନ୍ତି। ବର୍ଷା ଋତୁରେ ଏହି ବସାଘର ଏପରି ଡାଳରେ ଓ ସ୍ଥାନରେ କରନ୍ତି ଯେପରି ବସାଘର ଶୁଖିଲା ରହିବ। ଦଳ ଉପରେ କୌଣସି ବିପଦ ନଆସିବା ପାଇଁ ବଡ଼ ଗରିଲାମାନେ ସଜାଗ ରହନ୍ତି ଓ ସାନମାନଙ୍କୁ ନିଶ୍ଚିନ୍ତରେ ବିଶ୍ରାମ ନେବାକୁ ଛାଡି ଦିଅନ୍ତି।

ଚିଡିଆଖାନାରେ ଏହି ଗରିଲାମାନଙ୍କୁ କଦଳୀ, ପିଜୁଳି, ସେଓ ଅନ୍ୟ ଆମ ବ୍ୟବହାର୍ଯ୍ୟ ଫଳସବୁ ଖାଇବାକୁ ଦିଆଯାଏ।

ଏମାନଙ୍କର ଶତ୍ରୁ କୁମ୍ଭୀର ଓ ବଡ଼ ବଣୁଆ ବିରାଡି। ଏହା ବ୍ୟତୀତ ମଣିଷମାନେ ମଧ୍ୟ ମାଂସ ପାଇଁ ଓ ଶରୀରର ଅଂଗ ପାଇଁ ଏହି ଗରିଲାମାନଙ୍କୁ ଶିକାର କରନ୍ତି। ଏହି ମାଂସକୁ ମଧ୍ୟ ବୁଶ୍ (bush) ମିଟ୍ କହନ୍ତି। ଶିକାର (poading) ବଣ ନିଆଁ, ବସତି ନଷ୍ଟ କରିଦେବା ଦ୍ୱାରା ଏମାନଙ୍କ ସଂଖ୍ୟା ହ୍ରାସ ପାଇଛି। ଅନ୍ତର୍ପ୍ରଜନନ (in breeding) ର ଏହି ସଂଖ୍ୟା ଉପରେ ପ୍ରଭାବ ପଡୁଛି।

ଗରିଲା ପ୍ରଜନନ (Breeding)

ଗରିଲାମାନଙ୍କର କୌଣସି ସ୍ୱତନ୍ତ୍ର ପ୍ରଜନନ ଋତୁ ନାହିଁ। ବର୍ଷର ଯେ କୌଣସି ସମୟରେ ସେମାନଙ୍କର ସଙ୍ଗମ ସଂଗଠିତ ହୁଏ। ଏହା ମଧ୍ୟ ସବୁବେଳେ ସମ୍ଭବ ନୁହେଁ ଯେ ଦଳର ପ୍ରଭାବଶାଳୀ ବା ଶକ୍ତିଶାଳୀ ପୁରୁଷ ଗରିଲା ସହିତ କେବଳ ସଙ୍ଗମ ହେବ।

କୌଶଳର ସହିତ ମାଈ ଗରିଲାମାନେ ଇନ୍‌ବ୍ରିଡିଂ ବା ଅନ୍ତର୍ପ୍ରଜନନକୁ ଏଡାଇବା ପାଇଁ ଯଦି ତାଙ୍କର ବାପା ଗରିଲା ଦଳର ପ୍ରଭାବଶାଳୀ (dominant) ଗରିଲା ହୋଇଥାଏ, ସଙ୍ଗମ ପାଇଁ ଅମଙ୍ଗ ହୋଇ ଥାଆନ୍ତି ।

ମାଈ ଗରିଲାମାନେ ୭ରୁ ୮ ବର୍ଷ ବୟସରେ ଯୌନ ପରିପକ୍ୱତା ଲାଭ କରନ୍ତି । ୧୦ ବର୍ଷ ବୟସ ନହେବା ପର୍ଯ୍ୟନ୍ତ ସେମାନଙ୍କୁ ପୁନରୁତ୍ପାଦନ ପାଇଁ ଅନୁମତି ଦିଆଯାଏ ନାହିଁ ବା ବ୍ୟବହାର କରାଯାଏ ନାହିଁ । ଅଣ୍ଡିରା ଗରିଲାମାନେ ଏହାଠାରୁ ଡେରିରେ ପରିପକ୍ୱତା ଲାଭ କରନ୍ତି । ମାତ୍ର ସେମାନେ ଦଳରେ ଶକ୍ତିଶାଳୀ ଓ ପ୍ରଭାବଶାଳୀ ନ ହେବା ପର୍ଯ୍ୟନ୍ତ ପ୍ରଜନନ ପାଇଁ ବ୍ୟବହାର କରାଯାଏ ନାହିଁ । ଅଣ୍ଡିରା ଗରିଲାମାନେ ୧୫ ରୁ ୨୦ ବର୍ଷ ବୟସର ହେଲେ ଏହି ଯୋଗ୍ୟତା ହାସଲ କରିଥାଆନ୍ତି ।

ଗରିଲା ପ୍ରଜନନ ବିଧି ବିଧାନ ଅନୁସାରେ ରୂପାପିଠିଆ ଗରିଲା ବା ପ୍ରଭାବଶାଳୀ ପୁରୁଷ ଗରିଲା, ଦଳରେ ଥିବା ସମସ୍ତ ଗରମରେ ଥିବା ସମୟରେ ସ୍ତ୍ରୀ ଗରିଲାମାନଙ୍କ ସହିତ ସଙ୍ଗମ କରିଥାଏ । ମାଈ ଗରିଲା ପ୍ରଜନନ ପ୍ରକ୍ରିୟା ଆରମ୍ଭ କରେ, ଯେତେବେଳେ ସେ ଗରମରେ ଥାଏ ବା ଗ୍ରହଣଶୀଳା ଥାଏ । ସେମାନେ ପ୍ରତିଥରରେ ଗୋଟିଏ ଲେଖାଏଁ ଜୀବନ ସାର ପ୍ରାୟ ୮ ଥର ଛୁଆ ଜନ୍ମ କରନ୍ତି । ଯାହା ଦେଖାଯାଏ, ଏଥିରୁ ଗୋଟିଏ ବା ଦୁଇଟି ବଞ୍ଚି ବଡ଼ ହୋଇ ପ୍ରାପ୍ତ ବୟସର ହୋଇ ପାରନ୍ତି । ସ୍ତ୍ରୀ ଗରିଲାର ଗର୍ଭଧାରଣ ସମୟ ୨୫୭ ଦିନ ।

ଯେତେବେଳେ ପୁରୁଷ ଓ ସ୍ତ୍ରୀ ଗରିଲା ଉଭୟ ଭୂମି ଉପରେ ଥାଆନ୍ତି ଓ ସ୍ତ୍ରୀ ଗରିଲା ଯିଏ କି ପୁରୁଷ ରୂପା ପରି ପିଠିଥିବା ପ୍ରଭାବଶାଳୀ ଗରିଲା ଠାରୁ ସାଧାରଣତଃ ଛୋଟ, ସଙ୍ଗମ ସମୟରେ ତଳ ପଟରେ ରହିଥାଏ ।

ଗରିଲା ପ୍ରଜନନ ସମ୍ପର୍କୀୟ ଗବେଷକମାନେ କହନ୍ତି ଯେ କେତେକ ପ୍ରାଇମେଟ୍‌ସ ମୁହଁକୁ ମୁହଁ (face to face) ରଖି ସଙ୍ଗମ କରନ୍ତି । ଏହାକୁ ଉଦର ଅଭ୍ୟୁଦର ବା ଭେନ୍‌ଟ୍ରୋ-ଭେନ୍‌ଟ୍ରାଲ (ventro-ventral) ସଙ୍ଗମ ପ୍ରଣାଳୀ କୁହାଯାଏ । ଆଉ କେତେକ ପ୍ରାଇମେଟ୍ ପୃଷ୍ଠ ବା ପିଠି ଉପରେ ଉଦର ରଖି ସଙ୍ଗମ କରି ଥାଆନ୍ତି । ଏହି ପ୍ରଣାଳୀକୁ ଡୋରସୋ ଭେନ୍‌ଟ୍ରାଲ ପୋଜିସନ୍ କହନ୍ତି । ଏପରି ପ୍ରଣାଳୀରେ ଅଣ୍ଡିରା ଓ ମାଈ ଉଭୟ ଗରିଲାଙ୍କର ମୁହଁ ଏକ ଦିଗରେ ରହେ । ପୂର୍ବ ପ୍ରଣାଳୀକୁ ଆଗପଟ ଓ ଏହି ପ୍ରଣାଳୀକୁ ପଛଆଡ଼ ପ୍ରଣାଳୀ କୁହାଯାଇ ପାରେ । ଗରିଲାମାନେ ସଙ୍ଗମ ସମୟରେ ଉଭୟ ପ୍ରଣାଳୀ ବ୍ୟବହାର କରିଥାଆନ୍ତି ।

ଗରିଲା ଛୁଆକୁ ଜନ୍ମ ସମୟରେ (ନବଜାତ) ଶିଶୁ (infant) କୁହାଯାଏ । ଜନ୍ମ ସମୟରେ ଛୁଆର ଓଜନ ପ୍ରାୟ ୨ କିଲୋଗ୍ରାମ ହୋଇଥାଏ । ମାଆ ଗରିଲା ଛୁଆର

ଯତ୍ନ ଟିକିନିଖି କରି ନେଇଥାଏ, ଯେପରି ମଣିଷ ଜାତିର ମାଆ, ଛୁଆର ଯତ୍ନନିଏ ଏବଂ ଅଢ଼େଇ ବର୍ଷ ପର୍ଯ୍ୟନ୍ତ ସେବା କରେ। ସ୍ତ୍ରୀ ଲୋକମାନଙ୍କର ଶିଶୁମାନଙ୍କ ପରି ଏମାନେ ନିଃସହାୟ ହୋଇ ଜନ୍ମ ହୋଇ ଥାଆନ୍ତି ଏବଂ ସେହିପରି ମାଆ ଯତ୍ନ ଓ ସାହାଯ୍ୟ ଆବଶ୍ୟକ କରନ୍ତି। ଛୁଆମାନେ ମାଆର ଲୋମକୁ ଜାବୁଡ଼ି ଧରି ତାର ପିଠି ଉପରକୁ ଚଢ଼ି ମାଆ ସହିତ ବୁଲନ୍ତି, ଆମ ପରି କୋଳ ହୁଅନ୍ତି ନାହିଁ। ଛୁଆଟି ନଅ ସପ୍ତାହ ବେଳକୁ ଗୁରୁଣ୍ଡି ଗୁରୁଣ୍ଡି ବା ହାମୁଡେଇ ଚାଲେ (crawling) ଏବଂ ୩୫ ରୁ ୪୦ ସପ୍ତାହ ବେଳକୁ ଠିଆ ହୋଇ ଚାଲିବାକୁଆରମ୍ଭ କରେ। ଛୁଆକୁ ପରିପାଳନ କରିବାକୁ ମାଆକୁ କେତେ ବର୍ଷ ଲାଗିଯାଏ। ମାତ୍ର ୫/୬ ମାସ ପର୍ଯ୍ୟନ୍ତ ମାଆର ଶାରୀରିକ ସହଯୋଗରେ ରହିବାକୁ ହୋଇଥାଏ।

ସମୟ ସମୟରେ ମାଈ ଗରିଲାମାନେ ନିଜର ଯୌନାଙ୍ଗକୁ ପ୍ରତିଦ୍ୱନ୍ଦୀ ବିରୁଦ୍ଧରେ ପ୍ରତିଦ୍ୱନ୍ଦୀକୁ ବିଫଳ କରିବା ପାଇଁ କୌଶଳପୂର୍ଣ୍ଣ ଚାଲ ଭାବରେ ବ୍ୟବହାର କରନ୍ତି। ପ୍ରାଇମେଟୋଲୋଜିଷ୍ଟମାନଙ୍କ ମତ ଅନୁସାରେ ସ୍ତ୍ରୀ ଗରିଲାର ଅନ୍ୟ ଗୋଟିଏ କୌଶଳ, ପରିସ୍ପର ସ୍ତ୍ରୀ ଗରିଲାମାନଙ୍କ ମଧ୍ୟରେ ପ୍ରତିଦ୍ୱନ୍ଦୀ ହେବା, ଫଳରେ ଅନ୍ୟ ଗୋଟିଏ ପୁରୁଷ ଗରିଲାର ଆଦର (favour) ଲାଭ କରି ହେବ।

ହୁଲୁକ୍ ଗିବ୍ବନ

(Hoolock Gibbon)

ଚଉଦ ବର୍ଷ ଅନୁସନ୍ଧାରୁ ସ୍ଥିର କରାଯାଇ ଥିଲା ଯେ ଭାରତରେ ଦୁଇଟି ଜାତିର ହୁଲକ୍ ଗିବ୍ବନ ମାଙ୍କଡ଼ ଅଛନ୍ତି। ଗୋଟିଏ ହୁଲକ୍ ଗିବ୍ବନ ଓ ଅନ୍ୟଟି ପୂର୍ବାଞ୍ଚଳ ହୁଲକ୍ ଗିବ୍ବନ। ଗୋଟିଏ ପୈତ୍ରିକ ବିଶ୍ଳେଷଣ (genetical analysis) ରୁ ବର୍ତ୍ତମାନ ଜଣା ପଡିଛି ଯେ ଭାରତରେ ଗୋଟିଏ ମାତ୍ର ହୁଲକ୍ ଗିବ୍ବନ ଜାତିର ମାଙ୍କଡ଼ ଅଛନ୍ତି।

ହୁଲକ୍ ଗିବବନ ମାଙ୍କଡ଼ ବ୍ରହ୍ମପୁତ୍ର ନଦୀର ଦକ୍ଷିଣରେ ଓ ଉତ୍ତର ଉପକୂଳରେ ଏବଂ ଦିବଙ୍ଗ ନଦୀ ପୂର୍ବାଞ୍ଚଳରେ ବାସକରେ। ଏହାର ଇଲାକା ସାତୋଟି ରାଜ୍ୟରେ ପରିବ୍ୟାପ୍ତ। ସେହି ୭ଟି ରାଜ୍ୟ ହେଲା ଅରୁଣାଞ୍ଚଳ, ଆସାମ, ମଣିପୁର, ମେଘାଳୟ, ମିଜୋରାମ, ନାଗାଲ୍ୟାଣ୍ଡ ଓ ତ୍ରିପୁରା। ବଙ୍ଗଳା ଦେଶର ପୂର୍ବାଞ୍ଚଳରେ ମଧ୍ୟ ଏମାନେ ବାସ କରନ୍ତି।

ହୁଲକ୍ ଗିବ୍ବନ ଭାରତରେ ଦେଖା ଯାଉଥିବା ଗୋଟିଏ ମାତ୍ର ଲାଙ୍ଗୁଡ଼ ନଥିବା ମାଙ୍କଡ଼ ବା ଏପ୍। ଏହି ମାଙ୍କଡ଼ମାନେ ତୁଳନାତ୍ମକ ଭାବରେ ଛୋଟ ଓ ହାଲୁକା ଓଜନ ବିଶିଷ୍ଟ। ମାଙ୍କଡ଼ମାନଙ୍କର ମୁଣ୍ଡ ଛୋଟ ଓ ଗୋଲାକାର। ହାତ ଦୁଇଟି ଅସାଧାରଣ ଭାବରେ ଲମ୍ବା ଓ ଗୋଡ଼ଠାରୁ ମଧ୍ୟ ଲମ୍ବା। ଲମ୍ବା ଓ ସରୁ ହାତ ଦୁଇଟିରେ ଦୃତ ଗତିରେ ଡାଳରୁ ଡାଳକୁ ଝୁଲି ଝୁଲି ଯିବାର ଦୃଶ୍ୟ ଅତି ମନୋରମ। ଏମାନେ ମାଟିରେ ଚାଲିବା ଖୁବ୍ କମ ଦେଖାଯାଏ ବା ଆଦୌ ଦେଖାଯାଏ ନାହିଁ। ଶରୀରର ଅସ୍ଥିଗୁଡିକ ଓଜନିଆ ନୁହେଁ ବା ଅତି ହାଲୁକା।

ପୁରୁଷ ହୁଲକ୍ ଗିବ୍‌ବନ ମାନଙ୍କର ଶରୀରରେ ଗୋଟିଏ କଳା ଉଲ୍‌ପରି ଆବରଣ ଥାଏ। ଏମାନଙ୍କର ଆଖିପତାରେ ଗୋଟିଏ ଧଳା ସିଧା ଗାର ପଡ଼ିଲା ପରି ଦେଖାଯାଏ। ମାଈ ମାଙ୍କଡ଼ମାନଙ୍କର ଶରୀରର ରଙ୍ଗ ଲହୁଣୀପରି (creamy white) ଏବଂ ବେକ ଓ ଛାତିରେ କଳା ବାଳଥାଏ। ମାଈ ଗିବ୍‌ବନର ଦେହର ରଙ୍ଗକୁ ସୁବର୍ଣ୍ଣ ରଙ୍ଗ ବୋଲି ମଧ୍ୟ କୁହାଯାଏ। ଏହି ରଙ୍ଗ ସୁବର୍ଣ୍ଣରୁ ନାଲି ରଙ୍ଗ ପର୍ଯ୍ୟନ୍ତ ଦେଖାଯାଏ। ମାଈ ଗିବ୍‌ବନ ମାନଙ୍କର କଳା ମୁହଁ, ସତେ ଯେପରି ଗୋଟିଏ ଧଳା ଫ୍ରେମ୍‌ରେ ଯୋଡି ହୋଇ ଯାଇଛି। ଏମାନଙ୍କର ଶରୀରର ଆବରଣ ମୋଟା ଓ ନରମ ଜଣାପଡ଼େ।

ସେମାନଙ୍କର ଡାକକୁ ସେମାନେ ଏପରି ବିସ୍ତୃତ ଭାବରେ ପାଟି କରି ପ୍ରକାଶ କରିବାକୁ ଚେଷ୍ଟା କରନ୍ତି ଯେ, ତାହାକୁ ସାଧାରଣ ଭାବରେ ଗିବ୍‌ବନର ସଙ୍ଗୀତ ବୋଲି ଧରାଯାଇ ପାରେ। ଏହି ଡାକ ବା ଶବ୍ଦ ପ୍ରାୟ ଦୁଇ କିଲୋମିଟର ଦୂରକୁ ଶୁଣାଯାଏ। ହୁଲକ୍ ଗିବ୍‌ବନର ପରିବାର, ଗୋଟିଏ ପରିଣତ ବୟସର ପୁରୁଷ ଓ ସ୍ତ୍ରୀ ସହିତ ଦୁଇ ଚାରୋଟି ପିଲାଙ୍କୁ ନେଇ ଗଠିତ।

ଉଷ୍ଣମଣ୍ଡଳୀୟ ଓ ଅର୍ଦ୍ଧ-ଉଷ୍ଣମଣ୍ଡଳୀୟ ଚିର ସବୁଜ ଅରଣ୍ୟ, ଅର୍ଦ୍ଧ ଉଷ୍ଣ ଆର୍ଦ୍ର ଓ ବାର୍ଷିକ ପତ୍ରଝଡା ଦେଉଥିବା ଅରଣ୍ୟ ହୁଲକ୍ ଗିବ୍‌ବନର ପ୍ରାଥମିକ ବାସସ୍ଥଳୀ। ଗୋଟିଏ ସ୍ୱତନ୍ତ୍ର ବୃକ୍ଷଜୀବୀ ହୋଇ ଏବଂ ଗୋଟିଏ ଲମ୍ବା ହାତ ସାହାଯ୍ୟରେ ଭ୍ରମଣ କରିପାରୁଥିବା ଗିବ୍‌ବନ ବାସ୍ତବରେ ଗୋଟିଏ ବିଚିତ୍ର ପ୍ରାଣୀ।

ଗିବ୍‌ବନ ଗୋଟିଏ ଉଭୟ ପ୍ରାଣୀଜ ଓ ଉଦ୍ଭିଦଜ ଖାଦ୍ୟ ଖାଉଥିବା ପ୍ରାଣୀ। ଉଦ୍ଭିଦଜ ଖାଦ୍ୟ ମଧ୍ୟରେ ଫଳ ତାର ଖାଦ୍ୟର ଏକ ବୃହତ୍ ଅଂଶ। ଛୋଟ ଛୋଟ କୀଟ, ବୁଢ଼ୀଆଣି ଓ ଅଣ୍ଡା ପ୍ରାଣୀଜ ଖାଦ୍ୟ ଭାବରେ ବ୍ୟବହାର କରାଯାଏ। ଖାଦ୍ୟର ମୁଖ୍ୟଅଂଶ ଫଳ ହେଇ ଥିବାରୁ ବୀଜ ବିକ୍ଷେପରେ ଗିବ୍‌ବନ ସାହାଯ୍ୟ କରେ। ଏଣୁ ଏକୋସିଷ୍ଟମ ଓ ପରିବେଶ ସଂରକ୍ଷଣରେ ଏକ ମୁଖ୍ୟ ଭୂମିକା ଗ୍ରହଣ କରେ।

ହୁଲକ୍ ଗିବବନ ମାଙ୍କଡ଼ମାନେ ମନୁଷ୍ୟପ୍ରତି ବିପଦଜନକ ନୁହଁନ୍ତି। ମାତ୍ର ସେମାନଙ୍କ ପରିବାର ଉପରେ ଓ ଇଲାକା ବା ଟେରିଟୋରି ଉପରେ କୌଣସି ବିପଦ ପଡ଼ିଲେ, ସେମାନେ ଆକ୍ରମଣାତ୍ମକ ହୋଇ ପଡ଼ନ୍ତି।

ଆସାମର ଜୋରହାଟ ଠାରେ ୨୦.୯୫ ବର୍ଗ କି.ମି. ଅଞ୍ଚଳରେ ଗୋଟିଏ ହୁଲକ୍ ଗିବ୍‌ବନ ସାନ୍‌ଚୁଆରୀ ଅଛି। ଏହା ବ୍ୟତୀତ ପ୍ରାୟ ୧୦,୦୦୦ ଗିବ୍‌ବନ ମାଙ୍କଡ଼ ଭାରତରେ ଥିବାର ଅନୁମାନ କରାଯାଏ।

ମାଈ ଗିବ୍‌ବନମାନେ ପ୍ରତି ୨ ରୁ ୩ ବର୍ଷ ମଧ୍ୟରେ ଗୋଟିଏ ଛୁଆ ଜନ୍ମ କରିଥାଆନ୍ତି। ସେମାନଙ୍କର ଗର୍ଭଧାରଣ ସମୟ ପ୍ରାୟ ୭ମାସ। ସେମାନେ ସାଧାରଣତଃ ନଭେମ୍ବରରୁ ମାର୍ଚ୍ଚମାସ ମଧ୍ୟରେ ଛୁଆ ଜନ୍ମ କରନ୍ତି। ହୁଲକ୍ ଗିବ୍‌ବନମାନେ ସ୍ୱାମୀ-ସ୍ତ୍ରୀ ଭାବରେ ବାସ କରନ୍ତି। ଏହାକୁ ମୋନୋଗାମସ୍ (monogamous) ହଳ ବୋଲି କୁହାଯାଏ। ସେମାନଙ୍କର ସଙ୍ଗୀତ ବା ଉଚ୍ଚାରଣ ପରିବାର ସଭ୍ୟମାନଙ୍କୁ ଏକାଠି କରିପାରେ ଏବଂ ଅନ୍ୟ ଅନାବଶ୍ୟକ ଗିବ୍‌ବନମାନଙ୍କୁ ଇଲାକାରୁ ବାହାର କରି ଦେଇପାରେ, ସେମାନେ ନିଜର ଇାଲାକାକୁ ନିଜେ ନଜର ରଖିବା ବ୍ୟବସ୍ଥା କରନ୍ତି। ସେମାନଙ୍କର ସଙ୍ଗୀତ ହିଁ ସେମାନଙ୍କର ମିଳନକୁ ସୁଗମ କରାଏ।

ଏହି ମାଙ୍କଡ଼ମାନଙ୍କର ବୈଜ୍ଞାନିକ ନାମ ହୁଲକ୍ ହୁଲକ (hoolock hoolock)। ଏହାର ଅର୍ଥ ବଣରେ ରହୁଥିବା ଗିବ୍‌ବନ। ପରିଣତ ବୟସରେ ଏମାନଙ୍କର ଲମ୍ବ ୪୦ ରୁ ୬୫ ସେଣ୍ଟିମିଟର ବା ୧୬ ରୁ ୨୬ ଇଞ୍ଚ ଏବଂ ଏହି ବୟସରେ ଏମାନଙ୍କର ହାରାହାରି ଓଜନ ୫.୫ କିଲୋଗ୍ରାମ। ଆମେ ଜାଣୁ ହାତର ଲମ୍ବା ଗୋଡ଼ଠାରୁ ଅଧିକ। ପରିଣତ ବୟସରେ ହାତର ଲମ୍ବା, ଗୋଡ଼ର ଲମ୍ବାଠାରୁ ଦେଢ଼ଗୁଣ ଅଧିକ ବୋଲି ଜଣାପଡ଼େ। ପରିଣତ ବୟସରେ ମା ଗିବ୍‌ବନର ଉଚ୍ଚତା ୪୬ ସେଣ୍ଟିମିଟର ହୋଇଥାଏ। ଏହି ଗିବ୍‌ବନ ମାଙ୍କଡ଼ମାନେ "ହାୟଲୋବାତିଡି (hylobatidae) ପରିବାର ବା ଫାମିଲିରେ ଯାଆନ୍ତି।

ଗିବ୍‌ବନ ମାଙ୍କଡ଼ମାନେ ବହୁତ ବୁଦ୍ଧିଆ। ସେମାନେ ନିଜର ଓ ନିଜ ପରିବାରର ସଦସ୍ୟମାନଙ୍କୁ ଦର୍ପଣରେ ଚିହ୍ନି ପାରନ୍ତି। ନିଜର ତଥା କଥିତ ସଙ୍ଗୀତ ମାଧ୍ୟମରେ ନିଜ

ନିଜର ମନର ଭାବ ପ୍ରକାଶ କରି ପାରନ୍ତି ବା ଅନ୍ୟକୁ ଜଣାଇ ଦେଇ ପାରନ୍ତି । ଉଭୟ ପୁରୁଷ ଓ ସ୍ତ୍ରୀ ଗିବ୍‌ବନ ମାନେ ନିଜ ଶବ୍ଦ ବା ସଙ୍ଗୀତ ମାଧ୍ୟମରେ କଥା ହେବାକୁ ସକ୍ଷମ ହୋଇ ଥାଆନ୍ତି ଏବଂ ୧୦ ରୁ ୩୦ ମିନିଟ୍ ପର୍ଯ୍ୟନ୍ତ ବିନା କ୍ଳାନ୍ତିରେ ଏପରି ଶବ୍ଦ କରିପାରନ୍ତି ।

ଆସାମର ଜୋରହାଟ ବ୍ୟତୀତ, କାଲିଫର୍ଣ୍ଣିଆର ସାନ୍ତାକ୍ଲରିତ ଠାରେ ଗିବ୍‌ବନ ସଂରକ୍ଷଣ କେନ୍ଦ୍ର ରହିଛି । ନିଉଜିଲ୍ୟାଣ୍ଡର ୱେଲିଂଟନ୍ ଚିଡିଆଖାନାରେ ଏମାନଙ୍କୁ ଦେଖିବାକୁ ମିଳେ ।

■

ଲାଙ୍ଗୁଡ଼ଥିବା ଭାରତୀୟ ମାଙ୍କଡ

ପୃଥିବୀରେ ୨୬୪ ପ୍ରଜାତିର ମାଙ୍କଡ଼ ଅଛନ୍ତି ଏବଂ ସେମାନଙ୍କ ମଧ୍ୟରୁ ଭାରତରେ ୧୪ ପ୍ରକାରର ମାଙ୍କଡ଼ ଦେଖାଯାଆନ୍ତି। ସେଥିମଧ୍ୟରୁ ୬ଟି ମାକାକ୍ୟୁ, ୫ଟି ଲାଙ୍ଗୁର୍, ୨ଟି ଲଜେସ ଓ ଗୋଟିଏ ଗିବ୍‌ବନ। ଗରିଲା, ସିମ୍ପାଞ୍ଜି ଓ ଓରାଙ୍ଗ ଉଟାଙ୍ଗ ମାନଙ୍କ ପରି ହୁଲକ୍ ଗିବ୍‌ବନ ଲାଞ୍ଜ ନଥିବା ଏପ୍ (ape) ଏବଂ ଏହାର ପ୍ରାଥମିକ ବାସସ୍ଥାନ ଭାରତ। ଅନ୍ୟ ୧୩ ପ୍ରକାରର ମାଙ୍କଡ଼ମାନଙ୍କର ବଡ଼ ବଡ଼ ଲାଞ୍ଜ ଅଛି। ସାଧାରଣତଃ ମାକାକ୍ୟୁ ମାଙ୍କଡ଼ମାନଙ୍କୁ ପାତିମାଙ୍କଡ଼ ଓ ଲାଙ୍ଗୁର୍ ମାଙ୍କଡ଼ମାନଙ୍କୁ ହନୁ ମାଙ୍କଡ଼ କୁହାଯାଏ।

ପାତି ମାଙ୍କଡ଼ମାନଙ୍କର ମୁହଁ ନାଲି। ଖୁବ୍ ବିରଳ କ୍ଷେତ୍ରରେ ସାମାନ୍ୟ ପରିବର୍ତ୍ତନ ଦେଖାଯାଏ। ପାତିମାଙ୍କଡମାନଙ୍କର ପାଟି ଭିତରେ ଦୁଇ କଡ଼ର ଗାଲ ପାଖକୁ ଦୁଇଟି ଫୁଲା (swelling) ଥିବାର ଦୃଷ୍ଟି ଗୋଚର ହୁଏ। ଏଠାରେ ଗୋଟିଏ ଗୋଟିଏ ଥଳି (pouch), ଭିତର ପଟେ ଥାଏ। ଏମାନେ ଫଳ ବା କିଛି ଖାଦ୍ୟ ଖାଇଦେଇ ଏହି ଥଳି ଭିତରେ ପୂରାଇ ଦିଅନ୍ତି ଏବଂ ଅବସର ସମୟରେ ଆଣି ଭଲଭାବରେ ଚୋବାଇ ଖାଦ୍ୟ ନଳୀକୁ ଛାଡି ଦିଅନ୍ତି। କେତେକଙ୍କ ମତରେ ପ୍ରଜନନ କ୍ଷେତ୍ରରେ ଏହି ଫୁଲା ଗାଲର ସୌନ୍ଦର୍ଯ୍ୟ ପରସ୍ପରକୁ ଆକର୍ଷିତ କରାଏ। ଏମାନଙ୍କୁ ପ୍ରାୟ ଖାଦ୍ୟ ତରବରରେ ସଂଗ୍ରହ କରିବାକୁ ହୋଇଥାଏ। ଖାଦ୍ୟ ତୁରନ୍ତ ସଂଗ୍ରହ କରି ଥଳି ଭିତରେ ଅସ୍ଥାୟୀ ଭାବରେ ଜମାରଖିବା ହେଉଛି ମୁଣାର ମୁଖ୍ୟ କାର୍ଯ୍ୟ। ଅଳ୍ପ ହଜମ ହୋଇଥିବା ଖାଦ୍ୟ ମଧ୍ୟ ଏଥିରେ ରଖନ୍ତି। ପାତିମାଙ୍କଡ଼ମାନଙ୍କର ଥୋମଣି କୁକୁରର ଥୋମଣି ପରି, ଯେକୌଣସି କଡରୁ ଦେଖିଲେ ଗୋଲାକାର ଦେଖାଯାଏ। ମାଙ୍କଡର ନାକ ଉପର, ଉପରିଭାଗରେ ଥାଏ।

ଛଅଟି ମାକାକ୍ୟୁ ଜାତିର ମାଙ୍କଡ ବା ପାତିମାଙ୍କଡ ହେଲେ - (୧) ରେସସ୍ ମାକାକ୍ୟୁ, (୨) ଟୋପିପିନ୍ଧା ମାକାକ୍ୟୁ, (୩) ସିଂହ ଲାଞ୍ଜି ମାକାକ୍ୟୁ, (୪) ଖୁଣ୍ଟା ଲାଞ୍ଜି ମାକାକ୍ୟୁ, (୫) ଅରୁଣାଚଳ ମାକାକ୍ୟୁ, (୬) ଆସାମ ମାକାକ୍ୟୁ।

(କ) ପାତି ମାଙ୍କଡ଼

ରେସସ୍ ମାଙ୍କଡ଼ (Rhesus Monkeys)

୧୯୩୭ ମସିହାରେ ଦୁଇଜଣ ବରିଷ୍ଠ ବୈଜ୍ଞାନିକ କାର୍ଲ ଲ୍ୟାଣ୍ଡଷ୍ଟେଇନର୍ (karl landsteiner) ଓ ଆଲେକ୍ସଜାଣ୍ଡର ୱେନର (alexander weiner) ଗୋଟିଏ ନୂଆ ବ୍ଲଡ଼ ଟାଇପ୍ ଆବିଷ୍କାର କଲେ ଓ ତାର ନାମ ଦେଲେ, ରେସସ୍ ବ୍ଲଡ ଟାଇପ୍ ବା ଆର.ଏଚ.ଫ୍ୟାକ୍ଟର। ପୁଷ୍ଟିସାରର ନାମ ରେସସ୍ ପ୍ରୋଟିନ୍ ରଖାଗଲା। କାରଣ ଏହା ମାଙ୍କଡ଼ ରକ୍ତରୁ ଆବିଷ୍କୃତ ହୋଇଥିଲା ଏବଂ ଏହି ମାଙ୍କଡ଼କୁ ରେସସ୍ ମାଙ୍କଡ଼ କୁହାଯାଉଥିଲା। ଲୋହିତ ରକ୍ତ କଣିକାର ପରଦା ଉପରେ ଆର୍,ଏଚ.ଫ୍ୟାକ୍ଟର (ଜିନ୍ ଯୁକ୍ତ ପ୍ରୋଟିନ୍) ଥିଲା। ଏହି ପ୍ରୋଟିନ୍‌କୁ ଡି. ଆଣ୍ଟିଜେନ୍ ମଧ୍ୟ କୁହାଯାଏ। ଶରୀରରେ ପ୍ରବେଶ କରୁଥିବା ବାହ୍ୟ ପଦାର୍ଥକୁ ପ୍ରତିହତ କରିବା ଉଦ୍ଦେଶ୍ୟରେ ରକ୍ତରେ ପ୍ରତିପିଣ୍ଡ ତିଆରି କରିବା ପାଇଁ ଦିଆଯାଉଥିବା ପ୍ରତିପିଣ୍ଡଜ ଔଷଧକୁ ଆଣ୍ଟିଜେନ୍ କୁହାଯାଏ। ପରୀକ୍ଷା ଦ୍ୱାରା ଜଣାପଡିଥିଲା ଯେ ମଣିଷର ଲୋହିତ ରକ୍ତକଣିକାର ପରଦାରେ ଉଭୟ ପୁରୁଷ ଓ ସ୍ତ୍ରୀମାନଙ୍କର ଏହି ଆର୍.ଏଚ.ଫ୍ୟାକ୍ଟର ମଧ୍ୟ ଅଛି। କେବଳ ଅଛି ବୋଲି

ନୁହେଁ ରକ୍ତରେ ଏହି ଆର୍.ଏଚ୍.ଫ୍ୟାକ୍ଟର ନ ଥିଲେ ଅନେକ ପ୍ରକାର ସ୍ୱାସ୍ଥ୍ୟଗତ ଅସୁବିଧା ଦେଖା ଦେଇ ଥାଏ।

ଗୋଟିଏ ଗୋଟିଏ ପିଲା ଜନ୍ମ ହେଲା ପରେ ଆର୍.ଏଚ.ଫ୍ୟାକ୍ଟରକୁ ନେଇ ଅସୁବିଧା ଉପୁଜିଥାଏ ଏବଂ ଏହି ପିଲାକୁ ରେସସ୍ ବେବି କହନ୍ତି। ସେହି ପିଲାଟିର ଯଦି ରେସସ୍ ପଜିଟିଭ୍ (+Ve) ରକ୍ତ ଥାଏ ଓ ତାର ମାର ଯଦି ରେସସ୍ ନେଗେଟିଭ୍ (–Ve) ରକ୍ତ ଗ୍ରୁପ୍ ଥାଏ, ତାହେଲେ ରକ୍ତ ମେଳ ଖାଏ ନାହିଁ ଏବଂ ପିଲାଠାରେ ହିମୋଲାଇସିସ୍ ଦେଖାଯାଏ। ହିମୋଲାଇସିସ୍ (haemolysis) ଅର୍ଥ ଲୋହିତ ରକ୍ତ କଣିକାଗୁଡିକ ଫାଟି ଯାଏ। ପିଲାର ଏହି ରୋଗକୁ ହିମୋଲାଇଟିକ୍ ରୋଗ କୁହାଯାଏ। ଏହି ରୋଗରେ ମାଆର ଆଣ୍ଟିବଡ଼ି, ଛୁଆର ଲୋହିତ ରକ୍ତ କଣିକାର ହିମୋଲାଇସ୍‌ର କାରଣ ହୁଏ।

ରେସସ୍ ମାଙ୍କଡ଼ ଗୋଟିଏ ପାତିମାଙ୍କଡ଼। ଏହି ମାଙ୍କଡ଼ ଭାରତର ତଥା ଓଡ଼ିଶାର ନିଜସ୍ୱ ମାଙ୍କଡ଼। ଏହି ମାଙ୍କଡ଼ମାନଙ୍କର ବିଶେଷତ୍ୱ ହେଉଛି, ମଣିଷ ପାଇଁ କୌଣସି ଟିକା ବା ଔଷଧ କୌଣସି ରୋଗ ପାଇଁ ନୂଆକରି ଉଦ୍ଭାବନ କରାଗଲେ, ତାର ପରୀକ୍ଷା ପ୍ରଥମେ ଏହି ମାଙ୍କଡ଼ ଉପରେ ହୁଏ। ଅର୍ଥାତ୍ ରେସସ୍ ମାଙ୍କଡ଼ ଜୀବ-ଭେଷଜ (bio-medical) ଗବେଷଣା ପାଇଁ ଗୋଟିଏ ଉପଯୁକ୍ତ ପରୀକ୍ଷାଗାରର ପ୍ରାଣୀ। କାରଣ ମଣିଷ ସହିତ ଏହାର ୯୩ ପ୍ରତିଶତ ଜିନ୍ (gene) ର ସାମଞ୍ଜସ୍ୟ ଅଛି ଓ ରକ୍ତରେ ଆର୍.ଏଚ.ଫ୍ୟାକ୍ଟର ଅଛି। ଜିନ୍ ଅର୍ଥ କୌଳିକ ଗୁଣ ନିୟନ୍ତ୍ରକ ପ୍ରତ୍ୟେକ ଉପାଦାନ ଯାହାକୁ କ୍ରୋମୋଜୋମ ଧାରଣ କରିଥାଏ। ମଣିଷପାଇଁ ପ୍ରସ୍ତୁତ କରାଯାଇଥିବା ଟିକା ବା ଔଷଧ ମଣିଷଉପରେ ପ୍ରଥମେ ପରୀକ୍ଷା କରାଯିବା ନୀତିଦୃଷ୍ଟିରୁ ସମୀଚିନ ନୁହେଁ। ମାତ୍ର ରେସସ୍‌ମାଙ୍କଡ଼ ଉପରେ ପରୀକ୍ଷା କରି ମଣିଷକୁ ଦିଆଯାଇ ପାରୁଛି। ଔଷଧର ନିରାପତ୍ତା, ଇପ୍‌ସିତ ପରିଣାମ ଓ ରୋଗର ପ୍ରଣାଳୀ ସଂପର୍କରେ ସହଜରେ ଅନୁଧ୍ୟାନ କରାଯାଇପାରୁଛି। ଗବେଷଣାରେ ବ୍ୟବହାର ପାଇଁ ବୈଜ୍ଞାନିକମାନେ ଏଚ.ଆଇ.ଭି., ଏଡସ୍ (AIDS), ମସ୍ତିଷ୍କ ରୋଗ, ଆଲ୍‌ଝେମର୍‌ର (alzheimeri's) ରୋଗ ଓ ଅନ୍ୟକେତେକ ଭୂତାଣୁ ଜନିତ ରୋଗର ଗବେଷଣା ରେସସ୍ ମାଙ୍କଡ଼ ଠାରେ କରୁଛନ୍ତି। କାରଣ ମଣିଷ ସହିତ ଏହି ମାଙ୍କଡ଼ର ଜୀବବିଜ୍ଞାନ ସମ୍ବନ୍ଧୀୟ ସାମଞ୍ଜସ୍ୟ ରହିଛି। ବର୍ତ୍ତମାନ ପରିପ୍ରେକ୍ଷିରେ ଟିକା ତିଆରି ଓ ପରୀକ୍ଷା ପାଇଁ ରେସସ୍‌ମାଙ୍କଡ଼ର ଅବଦାନ ଯଥେଷ୍ଟ ବେଶି।

ରେସସ୍ ମାଙ୍କଡ଼ମାନେ ଦିନରେ ବିଶେଷ ଭାବରେ ଚଳପ୍ରଚଳ ହୁଅନ୍ତି। ଏଣୁ ଏମାନଙ୍କୁ ଡାଇୟୁର୍‌ନାଲ ପ୍ରାଣୀ କୁହାଯାଏ। ଏମାନେ ଉଭୟ ବାୟୁରେ

(ଗଛମାନଙ୍କରେ) ଓ ସ୍ଥଳଭାଗରେ ବିଚରଣ କରନ୍ତି। ବେଶି ସମୟ ଏମାନେ ଗଛମାନଙ୍କରେ ଥାଆନ୍ତି ଓ ଗଛରୁ ଖାଦ୍ୟ ସଂଗ୍ରହ କରନ୍ତି। ଏମାନଙ୍କୁ ବୃକ୍ଷଜୀବୀ କୁହାଯାଇ ପାରେ। ମାଙ୍କଡ଼ମାନେ ଅତିମାତ୍ରାରେ ସକ୍ରିୟ ଓ ଉତ୍‌ଫୁଲ। ଗଛରେ ଡିଆଁଡେଇଁ କଲାବେଳେ ଉଚ୍ଚସ୍ୱର ବା କୋଳାହଳ ପୂର୍ଣ୍ଣ ଶବ୍ଦ କରନ୍ତି। ଏମାନେ ପାଣିରେ ଖୁବ୍ ଭଲ ପହଁରି-ପାରନ୍ତି। ପାଣିରେ ପହଁରିବା ସମୟରେ ମଜାକରନ୍ତି। ରେସସ୍ ମାଙ୍କଡ଼ ଆଜ୍ଞାଧୀନ, ମାତ୍ର ଭୟାଳୁ। ସେମାନେ ୧.୩ ରୁ ୧୩.୪ କିଲୋମିଟର ମଧ୍ୟରେ ସେମାନଙ୍କର ଘରୋଇ ଇଲାକା ଭିତରେ ଆତଯାତ ହୁଅନ୍ତି। କୋଳାଗ୍ରତ ହେବା ସେମାନଙ୍କର ଗୋଟିଏ ସାଧାରଣ ଅଭ୍ୟାସ।

ରେସସ୍-ମାଙ୍କଡ଼ ପୁରୁଣା ପୃଥିବୀ ମାଙ୍କଡ଼ମାନଙ୍କ ମଧ୍ୟରେ ଗୋଟିଏ ଜାତି। ସେମାନେ ଭାରତ, ପାକିସ୍ଥାନ, ଆଫଗାନିସ୍ଥାନ, ଦକ୍ଷିଣ ଏସିଆ, ନେପାଳ ଓ ଉତ୍ତର ଥାଇଲାଣ୍ଡର ବାସିନ୍ଦା। ଭାରତର ଉତ୍ତରାଞ୍ଚଳରେ ବିଶେଷ ସଂଖ୍ୟାରେ ଦେଖାଯାଆନ୍ତି। ପ୍ରାଇମେଟ୍‌ମାନଙ୍କ ମଧ୍ୟରେ ମଣିଷକୁ ଛାଡିଦେଲେ ଅନ୍ୟ କୌଣସି ପ୍ରାଇମେଟ୍ ଏତେ ସଂଖ୍ୟାରେ ଦେଖା ଯାଆନ୍ତି ନାହିଁ। ପାଣିରେ ପହଁରିବାରେ ସେମାନେ ଯେପରି ଆଗ୍ରହୀ, ଖୋଲା ପବନରେ ବୁଲିବାକୁ ସେମାନେ ସେହିପରି ଭଲ ପାଆନ୍ତି। ବିଭିନ୍ନ ପ୍ରକାର ପରିବର୍ତ୍ତିତ ଜଳବାୟୁରେ ଓ ପ୍ରାକୃତିକ ଆବାସରେ ରେସସ୍ ମାଙ୍କଡ଼ମାନେ ଭଲ ଭାବରେ ବଢିପାରନ୍ତି।

ରେସସ୍‌ମାଙ୍କଡ଼ମାନେ ବାଦାମୀ ବା ପାଉଁଶିଆ ରଙ୍ଗର। ଏମାନଙ୍କର ଶରୀରର ରଙ୍ଗ ବାଲି ପରି ରଙ୍ଗର କହିଲେ ମଧ୍ୟ ହେବ। ମୁହଁର ରଙ୍ଗ ଗୋଲାପି ଓ ମୁହଁରେ ରୁମ ନଥାଏ। ଏମାନଙ୍କର ମେରୁଦଣ୍ଡରେ ପ୍ରାୟ ୫୦ଟି ଅସ୍ଥି ଥିବାର ଜଣାଯାଇଛି। ରେସସ୍ ମାଙ୍କଡ଼ମାନେ ସେରୋପିଥେସିଡ଼େ (Ciropithecidae) ଫାମିଲି ବା ପରିବାରର ଏବଂ ଏମାନଙ୍କର ବୈଜ୍ଞାନିକ ନାମ "ମାକାକା ମୁଲ୍ଲାଟା" (macaca mulatta)। ଏହି ମାଙ୍କଡ଼ମାନେ ୨୫ ରୁ ୩୦ ବର୍ଷ ବଞ୍ଚିଥାଆନ୍ତା ଏବଂ ଚିଡିଆଖାନାରେ ଥିବା ମାଙ୍କଡମାନେ ୨୫ ରୁ ୪୦ ବର୍ଷ ଯାଏ ବଞ୍ଚି ରହନ୍ତି। ଟ୍ରେସ୍ ରାଜ୍ୟର ରାଜା ରେସସ୍‌ଙ୍କର ନାମ ଅନୁସାରେ ଏହି ମାଙ୍କଡ଼ର ନାମ ରେସସ୍। ଏହା ଇଲିଆଡ (Iliad)ର ଗୋଟିଏ ସାଧାରଣ ଚରିତ୍ର। ଏମାନଙ୍କର କେତୋଟି ଦଳକୁ ଫ୍ଲୋରିଡାର ବଣ ମଧ୍ୟରେ ଛାଡି ଦିଆଯାଇଥିଲା। ମାଙ୍କଡ଼ମାନଙ୍କର ଦୃଷ୍ଟିଶକ୍ତି ଅତି ଉତ୍ତମ ଓ ହାତ ବହୁତ ନମନୀୟ (flexible)।

ରେସସ୍ ମାଙ୍କଡ଼ମାନେ ମାଂସାଶୀ ଓ ଫଳଭୋଜୀ। ମାଂସାଶୀ ହିସାବରେ ବୁଢୀଆଣି, ବିଭିନ୍ନ ପ୍ରକାର କୀଟ, ପକ୍ଷୀମାନଙ୍କର ଅଣ୍ଡା, ମାଛ, କଙ୍କଡା ଓ କଙ୍କଡା

ଜାତୀୟ ପ୍ରାଣୀ ଖାଆନ୍ତି। ଗଛର ଫଳ, ମୂଳ, ପତ୍ର, ମଞ୍ଜି ଓ ଖୋଳପା ଇତ୍ୟାଦି ମଧ୍ୟ ଖାଆନ୍ତି। ସମୟ ସମୟରେ ଜନବସତି ନିକଟକୁ ଆସି ଶସ୍ୟ କ୍ଷେତ୍ରର ଶସ୍ୟ ଓ ବଗିଚାର ଫଳ ମୂଳ ଖାଆନ୍ତି ଓ ନଷ୍ଟ କରନ୍ତି।

ଏହି ମାଙ୍କଡ଼ମାନେ ମନୁଷ୍ୟମାନଙ୍କ ପାଇଁ ବିପଦଜନକ ମନେ ହୁଏ। କାରଣ ଏମାନେ ହରପିସ୍, ବି.ଭୂତାଣୁର ବାହକ। ଏହି ଭୂତାଣୁ ସେମାନଙ୍କର କିଛି କ୍ଷତି କରେ ନାହିଁ। ମାତ୍ର ମଣିଷମାନଙ୍କର ରୋଗର କାରଣ ହୁଏ, ଯଦି ଏହି ଭୂତାଣୁ ରେସସ୍‌ମାଙ୍କଡ ଠାରୁ ମଣିଷକୁ ସଂକ୍ରମିତ ହୋଇ ଥାଏ। ଏପରି ସଂକ୍ରମଣ ବିରଳ ବୋଲି ପ୍ରାଣୀ ବିଜ୍ଞାନୀମାନଙ୍କ ମତ।

ରେସସ୍ ମାଙ୍କଡ଼ମାନେ ଦଳବାନ୍ଧି ବାସ କରନ୍ତି। ଗୋଟିଏ ଗୋଟିଏ ଦଳରେ ୨୫ ରୁ ୫୦ ପର୍ଯ୍ୟନ୍ତ ମାଙ୍କଡ଼ ଥାଇପାରନ୍ତି। ସାଧାରଣତଃ ଗୋଟିଏ ପୁରୁଷ, ସବୁଠାରୁ ବୟସ୍କ ପ୍ରଭାବଶାଳୀ ମାଙ୍କଡ଼ ଦଳପତି ପଦବୀରେ ଥିଲେ ମଧ୍ୟ ଅନ୍ୟ ବୟସ୍କ ପୁରୁଷମାଙ୍କଡ଼ମାନଙ୍କ ସାହାଯ୍ୟରେ ଦଳର ନିରାପତ୍ତା ରକ୍ଷାକରେ। ଚିତାବାଘ ଏମାନଙ୍କର ପ୍ରଧାନ ଶତ୍ରୁ। ଏମାନେ ଗଛରେ ଥିଲେ ମଧ୍ୟ ଚିତାବାଘ ଗଛ ଚଢ଼ିବାରେ ଧୂରନ୍ଧର। କୌଣସି ଆକ୍ରମଣର ସୂଚନା, କେହି ମାଙ୍କଡ଼ ପାଇଲେ ଶବ୍ଦ ଦ୍ୱାରା ସମସ୍ତଙ୍କୁ ସତର୍କ କରି ଦିଏ। ଏହି ଶବ୍ଦ ସ୍ୱତନ୍ତ୍ର ପ୍ରକାରର।

ଆମେ ପ୍ରାୟ ସମସ୍ତେ ଦେଖିଥିବା କେହି କେହି ଲୋକ ଏହି ପାତି ମାଙ୍କଡ଼କୁ ପୋଷାମନାଇ ବିଭିନ୍ନ ପ୍ରକାର ନାଚ ଶିଖାଇ ଥାଆନ୍ତି ଏବଂ ଗାଁମାନଙ୍କରେ ବୁଲି ବୁଲି ମାଙ୍କଡ଼ ନାଚ ଦେଖାଇ ପେଟ ପୋଷନ୍ତି ଓ ପରିବାର ଭରଣପୋଷଣ କରନ୍ତି। ଗ୍ରାମର ପିଲାମାନେ ମାଙ୍କଡ଼ନାଚ ଦେଖି ବହୁତ ଖୁସି ହୁଅନ୍ତି।

ମାଈ ମାଙ୍କଡ଼ମାନଙ୍କର ଗର୍ଭଧାରଣ ସମୟ ୧୬୬ ଦିନ। ପ୍ରାୟ ୫ମାସ ୧୫ ଦିନ ଗର୍ଭଧାରଣ ପରେ ଏମାନେ ଗୋଟିଏ ଛୁଆ ଜନ୍ମ କରନ୍ତି। ଛୁଆକୁ ଧରି କିପରି ଗଛରୁ ଗଛକୁ ଡିଆଁମାରନ୍ତି, ଆମେ ଦେଖିଥିବା। ମାତ୍ର କେବେ ଛୁଆଟି ପଡିଯିବାର କେହି ଦେଖି ନାହାଁନ୍ତି। ପ୍ରାୟ ଦେଢ଼ ବର୍ଷରୁ ୨ ବର୍ଷ ପର୍ଯ୍ୟନ୍ତ ମାଆ ମାଙ୍କଡ଼ର ଦୁଗ୍ଧ ପାନ କରି ମାଆର ଯତ୍ନରେ ଥାଏ।

ଏମାନଙ୍କୁ ନେଇ ବୈଜ୍ଞାନିକମାନେ ଯେତିକି ନୂଆ ନୂଆ ଗବେଷଣା କରି ମନୁଷ୍ୟସମାଜର ଉପକାର କରୁଛନ୍ତି, ତାହାର ସୂଚନା ଅଳ୍ପ କିଛି ଆମେ ଜାଣିବାକୁ ପାଉଛେ। ବହୁ ଉଚ୍ଚ ସ୍ତରର ଗବେଷଣା ଏବେ ମଧ୍ୟ ଚାଲିଛି। ଅନ୍ୟ ପକ୍ଷରେ ଗାଁମାନଙ୍କରେ ମଣିଷମାନଙ୍କର ଚାଷକ୍ଷେତ୍ରର ଉତ୍ପାଦନ, ପରିବା ଓ ଫଳ ବଗିଚା ସବୁ ଯେପରି ଭାବରେ ନଷ୍ଟ ହେଉଛି, ସେଥିପାଇଁ କାହାର ନଜର ନାହିଁ।

ଟୋପିପିନ୍ଧା ମାଙ୍କଡ଼ (Bonnet Monkeys)

ଟୋପିପିନ୍ଧା ମାଙ୍କଡ଼ମାନଙ୍କର ଅନ୍ୟ ଗୋଟିଏ ନାମ ଜାଟି (zati)। ଏହି ମାଙ୍କଡ଼ମାନେ ଦକ୍ଷିଣ ଭାରତରେ ଦେଖାଯାଆନ୍ତି। ଏମାନଙ୍କର ପଛପଟରେ ପାଉଁଶିଆ ବାଦାମୀ ରଙ୍ଗର ଲୋମ ଥାଏ, ଏବଂ ପେଟ ଉପରେ ଉପଜାତି ଅନୁସାରେ କଳା ବା ହାଲୁକା (pale) ବର୍ଣ୍ଣର ଲୋମ ଥାଏ। ମୁଣ୍ଡ ଉପରେ ଲୋମଗୁଡିକ କୁଣ୍ଡଳାକାରରେ ସଜ୍ଜିତ ହୋଇ ରହିଥାଏ, ଯାହା ଗୋଟିଏ ଟୋପି ପିନ୍ଧିଥିବା ପରି ପ୍ରତୀୟମାନ ହୁଏ। ଏଣୁ ଏହି ପାତିମାଙ୍କଡ଼ମାନଙ୍କର ନାମ "ବୋନ୍ନେଟ" ମଙ୍କି ବା ଟୋପି ପିନ୍ଧା ମାଙ୍କଡ଼। ଏକ ପ୍ରକାର ଓଠତଳେ ଫିତା ପିନ୍ଧା ଟୋପିକୁ ବନ୍ନେଟ କହନ୍ତି।

ଏହି ମାଙ୍କଡ଼ମାନଙ୍କର କାନ ଦୁଇଟି ଓ ଓଠ ଦେଖିବାକୁ କଳା। ମୁହଁରେ ଲୋମ ନଥାଏ। ମାଇମାଙ୍କଡମାନଙ୍କର ମୁହଁ ଗୋଲାପି-ନାଲି। ମୁହଁର ବର୍ଣ୍ଣରୁ ସହଜରେ ଚିହ୍ନି ହୁଏ। ଯୌନାଙ୍ଗରେ ଯୌନଗତ ଫୁଲା (swolling) ନଥାଏ। ଏହି ଜାତିର ମାଙ୍କଡ଼ମାନଙ୍କର ବୈଜ୍ଞାନିକ ନାମ ମାକାକା ରାଡିଆଟା (macaca radiata)। ମାଙ୍କଡ଼ମାନେ ହାରାହାରି ୩୫ ରୁ ୬୦ ସେଣ୍ଟିମିଟର ପର୍ଯ୍ୟନ୍ତ ଲମ୍ବା ଏବଂ ଲାଞ୍ଜର ଲମ୍ବା ମଧ୍ୟ ଶରୀରର ଲମ୍ବା ସହିତ ସମାନ। ଓଜନରେ ପୁରୁଷମାନେ ୫.୫ ରୁ ୯.୦ କିଲୋଗ୍ରାମ ଓ ସ୍ତ୍ରୀ-ମାନଙ୍କଠାରୁ ପ୍ରାୟ ଦୁଇଗୁଣ ବଡ଼। ଏହି ମାଙ୍କଡ଼ମାନେ ଉତ୍ତମ ସନ୍ତରଣଶୀଳ ଏବଂ ଜାକିଜୁକି ହୋଇ ଅଳ୍ପ ସ୍ଥାନରେ ବିଶ୍ରାମ ନିଅନ୍ତି ଓ ଶୁଅନ୍ତି। ହାରାହାରି ଏମାନେ ୩୫ ବର୍ଷ ଯାଏ ବଞ୍ଚି ରହନ୍ତି।

ବର୍ତ୍ତମାନର ଗବେଷଣାରୁ ଜଣାପାଡିଛି ଯେ ଏହି ମାଙ୍କଡ଼ମାନେ ସେମାନଙ୍କର ସଙ୍କେତ ମାଧ୍ୟମରେ ପୁଙ୍ଖାନୁପୁଙ୍ଖ ଭାବରେ ସଙ୍କେତର କୌଶଳ ପ୍ରୟୋଗଦ୍ୱାରା ପରସ୍ପର ସହିତ ବାର୍ତ୍ତାଳାପ କରି ପାରନ୍ତି। କୌଶଳ ଦୁଇଟି ହେଉଛି, ହସ୍ତ ପ୍ରସାରଣରେ ଅଙ୍ଗଭଙ୍ଗୀ ଓ ନୂତନ ପରିସ୍ଥିତରେ ନିଜକୁ ଅଭ୍ୟସ୍ତ କରିବା ପ୍ରକ୍ରିୟା।

ବଣୁଆ ଟୋପିପିନ୍ଧା ପାତିମାଙ୍କଡ଼ମାନଙ୍କର ସାମାଜିକ ବ୍ୟବହାର ଅନ୍ୟ ମାଙ୍କଡ଼ମାନଙ୍କ ଠାରୁ ଭିନ୍ନ। ଏମାନେ ମଣିଷମାନଙ୍କ ପାଇଁ ବିପଦଜନକ। କାରଣ ବି.ଭୂତାଣୁ ଏମାନଙ୍କ ମାଧ୍ୟମରେ ମଣିଷକୁ ସଂକ୍ରମିତ ହୁଏ। ଏମାନେ କାମୁଡିଦେଲେ ଘା' ସହଜରେ ଶୁଖେ ନାହିଁ।

ସିଂହଲାଞ୍ଜି ମାଙ୍କଡ଼ (Lion-tailed Monkeys)

ଏହି ମାଙ୍କଡମାନଙ୍କର ଲାଞ୍ଜ, ସିଂହ ଲାଞ୍ଜ ପରି। ମାଙ୍କଡମାନଙ୍କର ଲାଞ୍ଜ ସିଂହ ପରି ଲମ୍ବା, ପତଳା ଓ ଅଗ୍ରଭାଗରେ ଗୋଛାଏ ଟାଣୁଆ କେଶ ବା କେଶଗୁଚ୍ଛ ଥାଏ। ତେଣୁ ଏମାନଙ୍କର ଏପରି ନାମକରଣ କରାଯାଇଛି। ସିଂହଲାଞ୍ଜିମାଙ୍କଡ଼ମାନେ

ଦକ୍ଷିଣ ଭାରତର ପଶ୍ଚିମଘାଟ ପର୍ବତମାଳାରେ ବାସ କରନ୍ତି । ମାଙ୍କଡ଼ମାନଙ୍କର ବୈଜ୍ଞାନିକ ନାମ "ମାକାକା ସିଲେନସ୍" (macaca silenus) । ପୃଥିବୀରେ ଥିବା ସବୁ ପାତି ମାଙ୍କଡ଼ମାନଙ୍କ ମଧ୍ୟରେ ଏହି ମାଙ୍କଡ଼ ଜାତିଟି ସବୁଠାରୁ କ୍ଷୁଦ୍ରତମ । ସିଂହଲାଞ୍ଜିଆ ମାଙ୍କଡ଼ମାନଙ୍କର ଲମ୍ବା ୪୦ ରୁ ୬୧ ସେଣ୍ଟିମିଟର (ଲାଞ୍ଜମୂଳ ଯାଏ) ଏବଂ ଲାଞ୍ଜର ଲମ୍ବା ୨୪ ରୁ ୩୮ ସେଣ୍ଟିମିଟର । ଏମାନଙ୍କର ଗଠନ ଓ ବ୍ୟବହାର ଅଦ୍ୱିତୀୟ । ରୁମବିହୀନ ମୁଖମଣ୍ଡଳ ସାମାନ୍ୟ କଳାମିଶା ନାଲି ଏବଂ ବେକର ଚାରିପଟେ ଧଳା ବା ସାମାନ୍ୟ ପାଉଁଶିଆ କେଶର (white mane) ଥାଏ ।

ସିଂହ ଲାଞ୍ଜି ମାଙ୍କଡ଼ମାନେ ସୁନ୍ଦର ଓ ମୁଗ୍ଧକର ହୋଇଥିବାରୁ ବହୁ ସଂଖ୍ୟାରେ ଚିଡିଆଖାନମାନଙ୍କରେ ରଖାଯାଇଛନ୍ତି । ଏମାନେ ବଣରେ ୨୫୦୦ ରୁ କମ୍ ସଂଖ୍ୟକ ଥିବାର ଅନୁମାନ କରାଯାଏ । ମାତ୍ର ଚିଡିଆଖାନମାନଙ୍କରେ ୪୦୦ ରୁ ଅଧିକ ସଂଖ୍ୟାରେ ଅଛନ୍ତି । ଏପରି ଉତ୍କୃଷ୍ଟ ମାଙ୍କଡ଼ମାନଙ୍କର ସଂଖ୍ୟା ମଧ୍ୟ ଲୋପପାଇବାରେ ଲାଗିଛି । ପଶ୍ଚିମଘାଟ ପର୍ବତର ଚିରସବୁଜ ବଣମାନଙ୍କରେ ସ୍ୱତନ୍ତ୍ର ଭାବରେ ଏମାନେ ବାସ କରନ୍ତି । ଏମାନଙ୍କର ଘରୋଇ ଇଲାକା ବହୁ ପ୍ରସାରିତ, ଗ୍ରିବାଲ୍‌ଟର-ଠାରୁ ଜାପାନ ପର୍ଯ୍ୟନ୍ତ ବିସ୍ତୃତ । ପଶ୍ଚିମ ଘାଟର ଅନାମଲାଇ ପାର୍ବତ୍ୟମାଳା ଓ ଭାଲପରାଇ ମାଳଭୂମିରେ ଏହି ମାଙ୍କଡ଼ମାନେ ବାସ କରିବାର ଦେଖାଯାଏ ।

ସିଂହଲାଞ୍ଜି ମାଙ୍କଡ଼ମାନେ ୧୬ ଜାତି (species)ର ମାକାକ୍ୟୁ ମାଙ୍କଡ଼ ମାନଙ୍କ ମଧ୍ୟରେ ଗୋଟିଏ ଜାତି । ଏମାନେ ବର୍ଷା ବହୁଳ ଅରଣ୍ୟମାନଙ୍କରେ ରହୁଥିବାରୁ ଖାଦ୍ୟର ଉତ୍ସ ସୀମିତ । ମାଙ୍କଡ଼ମାନେ ନିର୍ବାଚିତ କେତୋଟି ଖାଦ୍ୟ ଖାଇବାରେ ଆଗ୍ରହ କରନ୍ତି । ସ୍ୱତନ୍ତ୍ର କେତୋଟି ଗଛର ପତ୍ର, ଫଳ ଓ ମଞ୍ଜିକୁ ସେମାନେ ଖାଦ୍ୟ ରୂପେ ବ୍ୟବହାର କରନ୍ତି । ଏହି ପାତିମାଙ୍କଡ଼ମାନଙ୍କୁ ୱାଣ୍ଡେର୍‌ରୁ (wanderru) ବୋଲି ସ୍ଥାନୀୟ ଅଞ୍ଚଳରେ ଡାକନ୍ତି ।

ଖୁଣ୍ଟାଲାଞ୍ଜି ମାଙ୍କଡ଼

ଛୋଟ ଲାଞ୍ଜ ବା ଲାଞ୍ଜ ନଥିବା ଏହି ମାଙ୍କଡ଼ମାନଙ୍କୁ ଖୁଣ୍ଟା ଲାଞ୍ଜି ମାଙ୍କଡ଼ କୁହାଯାଏ । ଖୁଣ୍ଟାଲାଞ୍ଜି ପାତିମାଙ୍କଡ଼ମାନେ ଭାରତରେ ଓ ଦକ୍ଷିଣ ଏସିଆରେ ବାସ କରନ୍ତି । ଏମାନଙ୍କୁ ଭାଲୁ ମାଙ୍କଡ଼ (bear macaque) ମଧ୍ୟ କୁହାଯାଏ ।

ମାକାକା ଆର୍କଟଏଡିସ୍ (macaca arctaides) ମାଙ୍କଡ଼ମାନଙ୍କର ବୈଜ୍ଞାନିକ ନାମ । ମାଙ୍କଡ଼ମାନଙ୍କର ଉଜ୍ଜ୍ୱଳ ଗୋଲାପି କିମ୍ବା ନାଲିଆ ମୁହଁ, ଯାହା ସୂର୍ଯ୍ୟକିରଣ ପଡିଲେ ବାଦାମୀ ଦେଖାଯାଏ । ଲାଞ୍ଜ ଛୋଟ, ଖୁଣ୍ଟା ଓ ବେଳେ ବେଳେ ନଥିବା ପରି ଜଣା ପଡେ । ମାଙ୍କଡ଼ମାନଙ୍କୁ ସ୍ଥାନୀୟ ଲୋକମାନେ "ସିନ୍ଦୁରୀ ବନ୍ଦର" ବୋଲି କହନ୍ତି ।

ଖୁଣ୍ଟାଲାଞ୍ଜି ମାଙ୍କଡ଼ମାନେ ଗଛର ମଞ୍ଜି, ଫଳ ଓ ଫୁଲ ଖାଇବା ସହିତ, ଛୋଟ ଛୋଟ ଚଢେଇ, ବେଙ୍ଗ ଓ କଙ୍କଡା ମଧ୍ୟ ଖାଆନ୍ତି। ଏହି ମାଙ୍କଡ଼ମାନେ ଉତ୍ତର ଭାରତ ଓ ଦକ୍ଷିଣ ଚିନ୍‌ରେ ଅଧିକାଂଶ ସମୟ ଗଛରେ ଅତିବାହିତ କରନ୍ତି। ଏମାନଙ୍କର ହାଡ଼, ଖାଦ୍ୟ ପାଇଁ ମାଂସ ଓ ଏମାନଙ୍କୁ ପୋଷା ଭାବରେ ପାଳନ କରିବାକୁ ଧରାଯାଏ ଓ ମରାଯାଏ ମଧ୍ୟ। ଏହି ମାଙ୍କଡ଼ମାନେ ସାମାନ୍ୟ ବଡ଼ ଆକାରର।

ଅରୁଣାଚଳ ମାଙ୍କଡ଼ (Arunachala Monkeys)

ଅରୁଣାଚଳ ପାତିମାଙ୍କଡ଼ମାନେ ଭାରତର ଅରୁଣାଚଳ ପ୍ରଦେଶରେ ଦେଖାଯାଆନ୍ତି। ଏମାନେ ବଡ଼, ଗେଡା, ମୋଟା ଓ ବଳଶାଳୀ, ହାତ ଓ ଗୋଡ ଲମ୍ବା ଏବଂ ଲାଞ୍ଜ ତୁଳନାତ୍ମକ ଭାବରେ ଛୋଟ। ଅରୁଣାଚଳ ପାତିମାଙ୍କଡ଼ମାନଙ୍କର ଦେହର ରଙ୍ଗ ହଳଦିଆ ମିଶା ବାଦାମି। ଏମାନଙ୍କୁ ଗତ ୧୫ ରୁ ୨୦ ବର୍ଷ ମଧ୍ୟରେ କିଛିଟା ସ୍ୱତନ୍ତ୍ରତା ଉପଲବ୍ଧି କରି ନୂତନ ଭାବରେ ଗୋଟିଏ ଜାତି ହିସାବରେ ଗ୍ରହଣ କରାଯାଇଛି। ଏହି ମାଙ୍କଡ଼ମାନଙ୍କର ପ୍ରଜାତିର ନାମ "ମାକାକା" ଓ ଜାତିର ନାମ "ମୁନ୍‌ଜାଲା"। ଏମାନଙ୍କର ବୈଜ୍ଞାନିକ ନାମ ମାକାକା ମୁନ୍‌ଜାଲା (macaca munzala)। ଏହି ପାତି ମାଙ୍କଡ଼ମାନେ ସେର୍‌କୋପିଥେସିଡେ (cerco pithecidae) ପରିବାର ବା ଫାମିଲିର ଅନ୍ତର୍ଗତ। ଅରୁଣାଚଳ ପାତିମାଙ୍କଡ଼ମାନେ ଅରୁଣାଚଳ ପ୍ରଦେଶ ବ୍ୟତୀତ ଦକ୍ଷିଣ ତିବ୍ବତରେ ମଧ୍ୟ ବାସକରୁଥିବା ଦେଖାଯାଏ।

ଆସାମ ମାଙ୍କଡ଼ (Assam Monkeys)

ଆସାମ ପାତିମାଙ୍କଡ଼ମାନେ ପୁରୁଣା ପୃଥିବୀର ମାଙ୍କଡ଼ ପରିବାରର ଏବଂ ଦକ୍ଷିଣ ଓ ଦକ୍ଷିଣପୂର୍ବ ଏସିଆର ସ୍ଥାୟୀ ବାସିନ୍ଦା। ଏମାନଙ୍କୁ ହିମାଳୟ ମାଙ୍କଡ଼ ଓ ପାହାଡିଆ ମାଙ୍କଡ଼ ବୋଲି ମଧ୍ୟ କୁହାଯାଏ। ଏହି ପାତିମାଙ୍କଡ଼ମାନେ ଆସାମ୍, ଭିଏତ୍‌ନାମ ଓ ନେପାଳରେ ବାସ କରନ୍ତି। ଏମାନଙ୍କର ବୈଜ୍ଞାନିକ ନାମ ମାକାକା ଆସ୍‌ସାମେନ୍‌ସିସ୍ (macaca assamensis)। ପରିଣତ ବୟସରେ ଏମାନଙ୍କର ହାରାହାରି ଓଜନ ୮.୫ କିଲୋଗ୍ରାମ ହୋଇଥାଏ।

ଆସାମ ମାଙ୍କଡ଼ମାନେ ବହୁତ ବଳବାନ୍ ଏବଂ ହାତ ଓ ଗୋଡର ଲମ୍ବ ପ୍ରାୟ ସମାନ। ଶରୀରର ରଙ୍ଗ ହଳଦିଆ ମିଶା ବାଦାମୀରୁ ଘନ ବାଦାମୀ ହୋଇଥାଏ। ମୁହଁର ଚର୍ମ ଘନ ବାଦାମୀରୁ ବାଇଗଣୀ ବର୍ଣ୍ଣ। ଦୁଇ ଗାଲ ଉପରେ ଘନ କେଶଗୁଚ୍ଛ ଥାଏ, ଯାହା ପଛକୁ କାନ ଉପରେ ପଡିଥାଏ। ମୁଣ୍ଡର ବାଳ ମୁକୁଟ ପରି ଏବଂ ମଝିରେ ଦୁଇ ଭାଗ ହୋଇଯାଇଥାଏ। ଏମାନଙ୍କର ଦୁଇ ଗାଲର ଭିତର ପଟେ ଦୁଇଟି ଥଳି ବା ମୁଣା ଥାଏ ତରବରରେ ଖାଉଥିବା ଖାଦ୍ୟକୁ ସଞ୍ଚୟ କରିବା ପାଇଁ।

ଆସାମ ପାତିମାଙ୍କଡ଼ମାନେ ଉଭୟ ପ୍ରାଣୀଜ ଓ ଉଭିଦଜ ଖାଦ୍ୟ ଖାଉଥିବାରୁ ଏମାନଙ୍କୁ ସର୍ବଭୁକ୍ ପ୍ରାଣୀ ଭାବରେ ନିଆଯାଏ। ପଞ୍ଚାବନ ପ୍ରକାରର ଗଛର ପତ୍ର, ଫୁଲ, ଫଳ ଓ ଖୋଳପା (bark) ସେମାନେ ଖାଦ୍ୟ ରୂପେ ବ୍ୟବହାର କରୁଥିବା ଜଣାପଡ଼େ। ବାସ କରୁଥିବା ସ୍ଥାନକୁ ନେଇ ଖାଇବା ଦ୍ରବ୍ୟକୁ ସେମାନେ ସ୍ଥିର କରିନିଅନ୍ତି। ଅର୍ଥାତ୍ ସୁବିଧା ଅନୁସାରେ ଖାଦ୍ୟର ନିର୍ବାଚନ ଓ ପରିବର୍ତ୍ତନ କରିଥାଆନ୍ତି। ବୈଷୟିକ ଦୃଷ୍ଟିରୁ ଏହି ମାଙ୍କଡ଼ମାନେ ସର୍ବଭୁକ୍ ବା ଓମ୍ନିଭୋରସ (omnivorous)।

ଆସାମ ପାତିମାଙ୍କଡ଼ମାନେ ଉଷ୍ଣମଣ୍ଡଳୀୟ ଓ ଅର୍ଦ୍ଧଉଷ୍ଣମଣ୍ଡଳୀୟ ବଣମାନଙ୍କରେ ବାସ କରନ୍ତି। ଶୁଷ୍କ, ବାର୍ଷିକ ପତ୍ରଝଡା ଦେଉଥିବା ବଣ ମାନଙ୍କରେ ଓ ପାହାଡ ପର୍ବତର ବଣମାନଙ୍କରେ ରୁହନ୍ତି। ଏପରିକି ସମୁଦ୍ର ପତ୍ତନଠାରୁ ୨୦୦୦ କିଲୋମିଟର ଉପରେ ପାହାଡିଆ ବଣରେ ବାସ କରନ୍ତି।

ଦଳରେ ଏମାନଙ୍କର ସଂଖ୍ୟା ସୀମିତ ନୁହେଁ। ଗୋଟିଏ ଗୋଟିଏ ଦଳରେ ବହୁସଂଖ୍ୟାରେ ରହିଥିବାର ଦେଖାଯାଏ। ମାତ୍ର ଦଳଟି ପ୍ରଭାବଶାଳୀ।, ବୟସ୍କା ମାଈ ପାତିମାଙ୍କଡ଼ ଦ୍ୱାରା ପରିଚାଳିତ ହୁଏ।

(ଖ) ଭାରତୀୟ ହନୁମାଙ୍କଡ଼

କୋଲୋବିନେ (colobinae) ଉପ-ପରିବାର ଅନ୍ତର୍ଗତ, ଏସିଆ ମହାଦେଶରେ ବାସ କରୁଥିବା କେତେକ ସୁନ୍ଦର ପତଳା, ଲମ୍ବା ଲାଞ୍ଜ ବିଶିଷ୍ଟ ମାଙ୍କଡ଼ମାନଙ୍କ ମଧ୍ୟରୁ ଯେ କୌଣସି ମାଙ୍କଡ଼କୁ ହନୁମାଙ୍କଡ଼ ବା ଲାଙ୍ଗୁର (langur) କୁହାଯାଏ। ଏମାନେ ପ୍ରାଣୀବିଜ୍ଞାନୀମାନଙ୍କ ଅନୁସାରେ ସେର୍‌କୋପିଥେସିଡେ (cercopithecidae) ଫାମିଲିର। ଏମାନଙ୍କ ମଧ୍ୟରୁ ଟ୍ରାକିପିଥେକସ୍ ପ୍ରଜାତିର ପାଞ୍ଚୋଟି ଜାତି ବା ସ୍ପେସିଜର ମାଙ୍କଡ଼ ଭାରତରେ ଦେଖାଯାଆନ୍ତି। ନୂତନ-ଭାବରେ ପ୍ରାୟ ୨୪ଟି ଜାତିର ପତ୍ରମାଙ୍କଡ଼ (leaf monkeys) ଆବିଷ୍କୃତ ହୋଇଛନ୍ତି। ସେମାନେ କୋଲୋବିନେ ଉପ-ପରିବାର (sub-family) ଅନ୍ତର୍ଗତ ନୁହଁନ୍ତି।

ଭାରତରେ ବାସକରୁଥିବା ହନୁମାନଙ୍କଡ଼ମାନେ ହେଲେ-

(୧) ସୁବର୍ଣ୍ଣ ହନୁମାନଙ୍କଡ଼ (Golden langur)
ଟ୍ରାକିପିଥେକସ୍ ଗୀଇ (Trachypithecus geei)

(୨) ଟୋପିବାଲା ହନୁମାଙ୍କଡ଼ (Capped langur)
ଟ୍ରାକିପିଥେକସ୍ ପିଲିଏଟସ୍ (T. pillatus)

(୩) ନିଲ୍‌ଗିରି ହନୁମାଙ୍କଡ଼ (Nilgiri langur)
ଟ୍ରାକିପିଥେକସ୍ ଜୋହ୍ନୀ (T. johnii)

(୪) ଫାୟରେର୍ ହନୁମାଙ୍କଡ଼ (Phayre's langur)

ଟ୍ରାକିପିଥେକସ୍ ଫାୟରେ (T. phayre)

(୫) ପାଉଁଶିଆ ବର୍ଣ୍ଣର ହନୁମାଙ୍କଡ଼ (Gray langur)

ଟି. ସେମ୍‌ନୋପିଥେକସ୍ (T. semnopithecus)

ଅନେକ ହନୁମାଙ୍କଡ଼ ଜାତି ସେମାନଙ୍କର ଶରୀରର ବର୍ଣ୍ଣ ଓ ପ୍ରକାଶ କରୁଥିବା ସ୍ୱର ଦ୍ୱାରା ବାରିହୋଇ ଯାଆନ୍ତି। ସେମାନଙ୍କର ଦେହର ବର୍ଣ୍ଣ ପାଉଁଶିଆଁରୁ ରୌପ୍ୟ-ଧୂସର (Silver gray) ବର୍ଣ୍ଣ। ସଠିକ ଭାବରେ କହିଲେ ରାମାୟଣର ହନୁମାନଙ୍କର ବର୍ଣ୍ଣ ଓ ରୂପ କାନ୍ତି ସେମାନଙ୍କଠାରେ ପ୍ରତିଫଳିତ ହୋଇଥାଏ। ହନୁମାଙ୍କଡ଼ମାନଙ୍କର ମୁହଁ ଦେଖିବାକୁ କଳା। ସେଥିପାଇଁ କୁହାଯାଇଛି,

"କାଉତକଳା   କୋଇଲିକଳା
          କଳାକଜଳପାତି,
ହନୁମାଙ୍କଡ଼   ମୁହଁଟି କଳା
          କଳା ରାଜାଙ୍କ ହାତୀ।

ଏହି ମାଙ୍କଡ଼ମାନେ ପୁରୁଣା ପୃଥିବୀ ମାଙ୍କଡ଼ମାନଙ୍କ ହିସାବରେ ଗଣ୍ୟ।

ହନୁମାଙ୍କଡ଼ମାନେ ଫଳଭୋଜୀ ବା ଉଦ୍ଭିଦଜ ପଦାର୍ଥକୁ ଖାଦ୍ୟ ଭାବରେ ବ୍ୟବହାର କରନ୍ତି। ଏହି ମାଙ୍କଡ଼ମାନେ ନିରାମିଷାଶୀ। ଗଛର ଫଳ, ପତ୍ର, ଫୁଲ ଓ ଡାଳ ଇତ୍ୟାଦି ଏମାନଙ୍କର ଖାଦ୍ୟ। ମାତ୍ର ଚିଡିଆଖାନାମାନଙ୍କରେ ଦେଖାଯାଏ ଯେ ଭ୍ରମଣକାରୀ ବା ଦର୍ଶକମାନେ ବିଭିନ୍ନ ପ୍ରକାର ଖାଦ୍ୟ ପଦାର୍ଥ ଦିଅନ୍ତି ଓ ଏହି ମାଙ୍କଡ଼ମାନେ ଆଗ୍ରହରେ ନେଇ ଖାଆନ୍ତି। ମାତ୍ର ଆମିଷ ଖାଦ୍ୟ ଦିଆଯିବା ପାଇଁ ନିଷେଧ ଥାଏ। ଦର୍ଶକମାନଙ୍କଠାରୁ ନେଲାବେଳେ ମନେହୁଏ, ମାଙ୍କଡ଼ମାନଙ୍କର ଦର୍ଶକମାନେ ବନ୍ଧୁପରିଜନପରି।

ସମସ୍ତ ପ୍ରକାର ପ୍ରାଇମେଟ୍‌ମାନଙ୍କ ଠାରୁ କୋଲୋବସ୍ (colobus) ଓ ପ୍ରେସ୍‌ବାଇଟିସ୍ (presbytes) ପ୍ରଜାତିର ପ୍ରାଣୀମାନଙ୍କର ପାକସ୍ଥଳୀର ଗଠନ ଭିନ୍ନ ପ୍ରକାରର। ଖାଦ୍ୟର ପ୍ରକାରକୁ ନେଇ ପାକସ୍ଥଳୀ ଗଠିତ ହୋଇଥାଏ। ହନୁମାଙ୍କଡ଼ ଉପରୋକ୍ତ ପ୍ରଜାତିର ପ୍ରାଣୀ। ଏଣୁ ଏହାର ଆମପରି ସରଳ ପାକସ୍ଥଳୀ ନଥାଏ। ଫଳ ଓ ପତ୍ର ଇତ୍ୟାଦି ଖାଦ୍ୟକୁ ଫୋଲିଭୋରସ ଖାଦ୍ୟ କହନ୍ତି। ଏଥିରେ ସେଲ୍ୟୁଲୋଜ ଇତ୍ୟାଦି ଥାଏ ଏବଂ ହଜମ କରିବା ପାଇଁ ପଚନ ପ୍ରକ୍ରିୟା (formentation) ଆବଶ୍ୟକ ହୋଇଥାଏ। ଏହି କାର୍ଯ୍ୟ ପାକସ୍ଥଳୀରେ ଥିବା ଉପକାରୀ ଜୀବାଣୁ ଓ ପ୍ରୋଟୋଜୋଆମାନଙ୍କ ଦ୍ୱାରା ହୁଏ। ଏହିପ୍ରକାର ହଜମ ପ୍ରକ୍ରିୟା ଏକ ଅଦ୍ୱିତୀୟ

ମାଇକ୍ରୋବିଆଲ୍ ଫ୍ଲୋରା ଦ୍ୱାରା ହୋଇଥାଏ। ତୃଣଭୋଜୀ ଗୋରୁମାନଙ୍କର ଏହି ପ୍ରକ୍ରିୟାରେ ଘାସ ଓ ଅନ୍ୟାନ୍ୟ ଖାଦ୍ୟ ହଜମ ହୁଏ। ହନୁମାଙ୍କଡ଼ମାନଙ୍କର ପାକସ୍ଥଳୀ, ଗୋରୁ ମାନଙ୍କର ପାକସ୍ଥଳୀ ପରି। ଏହି ପାକସ୍ଥଳୀରେ ରୁମେନ, ରେଟିକୁଲମ୍, ଓମାଜମ୍ ଓ ଆବୋମେଜମ୍ ନାମରେ ଚାରୋଟି ପ୍ରକୋଷ୍ଠ ଥାଏ। ଏମାନେ ଶତ ପ୍ରତିଶତ ନିରାମିଷାଶୀ।

ହନୁମାଙ୍କଡ଼ମାନେ ଭାରତ, ଶ୍ରୀଲଙ୍କା, ବର୍ମା, ପାକିସ୍ଥାନ ଓ ବଙ୍ଗଳା ଦେଶରେ ଦେଖାଯାଆନ୍ତି। ଏହି ମାଙ୍କଡ଼ମାନେ ବିଭିନ୍ନ ପ୍ରକାର ଏକୋସିଷ୍ଟମ୍‌ରେ ବଞ୍ଚି ରହି ପାରନ୍ତି। ଉଷ୍ଣ ବା ଆର୍ଦ୍ର, ସନ୍ତସନ୍ତିଆ ଓ କାଦୁଆ ଜମି, ଖୁଣ୍ଟାଗଛର ଶୁଖିଲା ବଣ ବା ବୁଦୁବୁଦିକିଆ ଜଙ୍ଗଲ, ଲୋକବସତି ଥିବା ମରୁଭୂମି ଓ ନିମ୍ନଭୂମି ଜଙ୍ଗଲ ବା ପାହାଡିଆ ଜଙ୍ଗଲରେ ରହିପାରନ୍ତି। ଏପରିକି ସହରାଞ୍ଚଳରେ ମଧ୍ୟ ରହିବାରେ ଅସୁବିଧା ଅନୁଭବ କରନ୍ତି ନାହିଁ।

ହନୁମାଙ୍କଡ଼ କହିଲେ, ଆମେ ଶ୍ରୀରାମଙ୍କ ଭକ୍ତ ହନୁମାନଙ୍କର ବଂଶଧର ବୋଲି ମନେକରୁ। ଏକଥାର ସତ୍ୟତା ଓ ଯଥାର୍ଥତା ଅନୁଧ୍ୟାନ କରାଯିବା ଆବଶ୍ୟକ। ମାତ୍ର ହନୁମାନ ଭଗବାନ ଶ୍ରୀରାମଚନ୍ଦ୍ରଙ୍କର ଭକ୍ତ ଥିଲେ। ପ୍ରଭୁ ଶ୍ରୀରାମଚନ୍ଦ୍ର ଓ ମାତା ସୀତା ତାଙ୍କ ହୃଦୟରେ ସବୁବେଳେ ବିରାଜମାନ କରୁଥିଲେ। ସେ ଯାହା ସବୁ ଅସାଧାରଣ କାର୍ଯ୍ୟ କରିପାରିଛନ୍ତି, ଭଗବାନ ଶ୍ରୀରାମଚନ୍ଦ୍ରଙ୍କର କୃପାରୁ ସମ୍ଭବ ହୋଇଥିଲା ବୋଲି ସେ ସ୍ୱୀକାର କରିଯାଇଛନ୍ତି। ସେ ଅନେକ ସଦ୍‌ଗୁଣର ଅଧିକାରୀ ଥିଲେ ଏବଂ ସେ-ଗୁଡିକର ଉପଯୁକ୍ତ ବ୍ୟବହାର କରିବାକୁ ପୁରାଣ ମାଧ୍ୟମରେ ମାନବସମାଜକୁ ପ୍ରେରଣା ଦେଇଥିଲେ। ପ୍ରଥମ କଥା ହେଉଛି, ଭଗବାନଙ୍କୁ କିପରି ଭଲ ପାଇବାକୁ ହୁଏ, ସେ ଏହା ଶିକ୍ଷା ଦେଇଯାଇଛନ୍ତି। ହିନ୍ଦୁମାନେ ହନୁମାନଙ୍କୁ ଦେବତା ଭାବରେ ପୂଜା କରି ଆସୁଛନ୍ତି। ପ୍ରାଣୀ ବିଜ୍ଞାନୀମାନେ ହନୁମାନଙ୍କ ପରିଚୟ ଅନ୍ୟଭାବରେ ପୁରାଣ ଅନୁସାରେ ଚିତ୍ରଣ କରିଛନ୍ତି।

ବର୍ତ୍ତମାନର ହନୁମାନଙ୍କଡ଼ମାନଙ୍କ ଠାରୁ ନିଜର ଦଳ ପ୍ରତି, ଜାତି ପ୍ରତି, ପରିବାର ପ୍ରତି ଓ ପିଲାଛୁଆ ବା ବଂଶଜମାନଙ୍କ ପ୍ରତି ସେବା, କର୍ତ୍ତବ୍ୟ ଓ ଆନୁଗତ୍ୟ ପରି ଗୁଣଗୁଡିକ ଗ୍ରହଣ ଯୋଗ୍ୟ। ସେମାନଙ୍କ ମଧ୍ୟରେ ଥିବା ଏକତା, ଏକ ଅଦ୍ୱିତୀୟ ଗୁଣ ଭାବରେ ଦେଖାଦିଏ ଏବଂ ଏପରି ଏକତା ମାନବ-ସମାଜରେ ମଧ୍ୟ ପରିଲକ୍ଷିତ ହୁଏ ନାହିଁ। କେହି କ୍ଷତ ବିକ୍ଷତ ବା ଅସୁସ୍ଥ ହେଲେ ଦଳର ସମସ୍ତେ ତାର ଯତ୍ନ ନିଅନ୍ତି, ତାକୁ ସୁସ୍ଥ କରିବା ଆଶାରେ। ମା-ଛୁଆର ଯତ୍ନ ନେବା ସେହିପରି ଏକ ସ୍ନେହଶ୍ରଦ୍ଧାର ନିଦର୍ଶନ। ପିଲାଟି ଦେଢବର୍ଷ ଦୁଇବର୍ଷ ପର୍ଯ୍ୟନ୍ତ ମାଆ କ୍ଷୀର ପିଇ ପାଖେ ପାଖେ

ଥାଏ। ସେମାନଙ୍କର ସଂଖ୍ୟା ବୃଦ୍ଧି ଦୃଷ୍ଟିରୁ ଓ ଖାଦ୍ୟାଭାବ ଜନିତ ପରିସ୍ଥିତିରୁ ସେମାନେ ସମୟ ସମୟରେ ମାନବ ସମାଜର କ୍ଷତି କରିବାକୁ ବାଧ୍ୟ ହେଉଛନ୍ତି। ଏହାର ସମାଧାନ କର୍ତ୍ତବ୍ୟ ବହିର୍ଭୁତ କାର୍ଯ୍ୟ ବୋଲି ମନେ ହୁଏ।

ହନୁମାଙ୍କଡ଼ମାନେ ବିଶେଷଭାବରେ ଅନୁକରଣପ୍ରୀୟ। ମନୁଷ୍ୟ ବସତି ପାଖଆଖରେ ରହୁଥିବା ମାଙ୍କଡ଼ମାନେ ମନୁଷ୍ୟମାନଙ୍କଠାରୁ ଅନେକ ଭଲକାମର ଅନୁକରଣ କରନ୍ତି ଏବଂ ଏହାକୁ ଅନୁଭବ କରିବାରେ ଆନନ୍ଦ ମିଳେ।

ସୁବର୍ଣ୍ଣ ବର୍ଣ୍ଣ ହନୁମାଙ୍କଡ଼ (Golden Langur)

ସୁବର୍ଣ୍ଣ ବର୍ଣ୍ଣ ହନୁମାନଙ୍କଡ଼ମାନଙ୍କର ଶରୀରର ବର୍ଣ୍ଣ ଧଳାମିଶା ହଳଦିଆ ବା ଲହୁଣୀ ରଙ୍ଗରୁ ସୁନେଲି ରଙ୍ଗ ପର୍ଯ୍ୟନ୍ତ ବିସ୍ତୃତ। ତେଣୁ ଏହି ହନୁମାଙ୍କଡ଼ମାନଙ୍କର ଏପରି ନାମକରଣ କରାଯାଇଛି। ପଞ୍ଜରା ଓ ଜଂଘ ମଧ୍ୟସ୍ଥ ଶରୀର ପାର୍ଶ୍ୱ ବା ଫ୍ଲାଙ୍କ (flank) ଓ ଛାତି ଲୋମ କଳା ବା କଳଙ୍କି ରଙ୍ଗ ପରି ରଙ୍ଗ। ତରୁଣ ଓ ଅଳ୍ପ ବୟସ୍କା ମାଈ ମାଙ୍କଡ଼ମାନଙ୍କର ଶରୀରର ବର୍ଣ୍ଣ ହାଲ୍‌କା ରୂପା ପରି ଧଳାରୁ ହଳଦିଆ ମିଶା ମାଟିଆ ରଙ୍ଗ (buff)। ଘନ ସ୍ୱର୍ଣ୍ଣ ବର୍ଣ୍ଣ ଯୋଗୁ ସେମାନେ ବହୁତ ସୁନ୍ଦର ଦେଖାଯାଆନ୍ତି ଏବଂ ସହଜରେ ବାରି ହୋଇ ପଡନ୍ତି।

ଏହି ହନୁମାନଙ୍କଡ଼ମାନେ ବୃକ୍ଷଜୀବୀ ବା ଗଛରେ ରହନ୍ତି ଓ ଦିନବେଳେ ସକ୍ରିୟ ରହନ୍ତି। ପ୍ରତ୍ୟୁଷରୁ ଖାଦ୍ୟ ସଂଗ୍ରହ କରିବାକୁ ବାହାରି ପଡନ୍ତି ଏବଂ ମଧ୍ୟାହ୍ନ ଗରମ ସମୟରେ ବିଶ୍ରାମ ନିଅନ୍ତି। ସେଥିପାଇଁ ଅତି ଭୋରରୁ ସେମାନେ ଆମ ବାଡିବଗିଚ୍ଚରେ ଡିଆଁଡେଇଁ କରିବାର ଦେଖାଯାଏ। ଡାଳ-ପତ୍ର ଜନିତ ଖାଦ୍ୟ ଖାଉଥିବାରୁ ସେମାନଙ୍କର ପାକସ୍ଥଳୀ ସ୍ୱତନ୍ତ୍ର ଭାବରେ ଗଠିତ।

ସୁବର୍ଣ୍ଣ ବର୍ଣ୍ଣ ହନୁମାଙ୍କଡ଼ମାନେ ଆସାମ ରାଜ୍ୟର ମାନସ ସଂରକ୍ଷିତ ବଣ ଅଞ୍ଚଳରେ ହିମାଳୟର ପାହାଡତଳି ଭୁଟାନର ସୀମାନ୍ତରେ ବାସ କରନ୍ତି। ଏହି ହନୁମାଙ୍କଡ଼ମାନେ ଆସାମ ରାଜ୍ୟର ପଶ୍ଚିମାଞ୍ଚଳରେ ବାସ କରନ୍ତି। ପରିପକ୍ୱ ବୟସରେ ଏମାନଙ୍କର ହାରାହାରି ଓଜନ ୮.୧ କିଲୋଗ୍ରାମ। ଏହି ମାଙ୍କଡ଼ମାନଙ୍କର ପ୍ରାକୃତିକ ଆବାସସ୍ଥଳୀ, ଦକ୍ଷିଣରେ ବ୍ରହ୍ମପୁତ୍ର, ପୂର୍ବରେ ମାନସ ଓ ପଶ୍ଚିମରେ ସୋଙ୍କୋସ ନଦୀମାନଙ୍କ ଦ୍ୱାରା ପରିବେଷ୍ଟିତ ଏବଂ ଉତ୍ତରାଞ୍ଚଳର ସୀମା ଭୁଟାନର ପର୍ବତମାଳା। ଏହି ପାର୍ବତ୍ୟ ଅଞ୍ଚଳ ସମୁଦ୍ର ପତ୍ତନ ଠାରୁ ୨୪୦୦ ମିଟର ଉପରେ।

ଏହି ସୁନେଲି ମାଙ୍କଡ଼ମାନଙ୍କର ସଂଖ୍ୟା ହ୍ରାସ ପାଇବାରେ ଲାଗିଛି। ବଣ ଭିତରେ ଏମାନଙ୍କର ସଂଖ୍ୟା ୭୦୦୦ ରୁ କମ୍ ଥିବାର ଅନୁମାନ କରାଯାଇଛି। ସଂରକ୍ଷିତ ଅଞ୍ଚଳର ବାହାରେ ପ୍ରାୟ ୮୦ ପ୍ରତିଶତ ମାଙ୍କଡ଼ ରହୁଛନ୍ତି। ଉଭୟ ଭାରତ

ସରକାର ଓ ଆସାମ ସରକାର ଏହି ସୁନେଲି ମାଙ୍କଡ଼ମାନଙ୍କର ସଂରକ୍ଷଣ ପାଇଁ ଚେଷ୍ଟିତ ଏବଂ ବିଭିନ୍ନ ସଂରକ୍ଷଣ ପ୍ରୋଜେକ୍ଟ କାର୍ଯ୍ୟକାରୀ ହେଉଛି। ସ୍ୱର୍ଣ୍ଣ ବର୍ଣ୍ଣ ମାଙ୍କଡ଼ ସଂରକ୍ଷଣ ପ୍ରୋଜେକ୍ଟ ନାମରେ ଏକ ପ୍ରକଳ୍ପ ସେମାନଙ୍କର ପ୍ରାକୃତିକ ଆବାସସ୍ଥଳି (habitat) ଭିତରେ କାର୍ଯ୍ୟକାରୀ ହେଉଛି। ଏହି ପ୍ରକଳ୍ପ କୃତକାର୍ଯ୍ୟ ହେଉଥିବାର ସେମାନେ ଘୋଷଣା କରିଛନ୍ତି। ୧୯୮୮ ମସିହାରେ ତ୍ରିପୁରାର ପଶ୍ଚିମାଞ୍ଚଳରେ ଦୁଇଟି ଦଳ ସଂରକ୍ଷିତ ବଣ ଭିତରକୁ ଛାଡି ଦିଆଯାଇଛି ଏବଂ ସେମାନଙ୍କର ସଂଖ୍ୟାରେ ଉନ୍ନତି ପରିଲକ୍ଷିତ ହେଉଛି। ୨୦୧୧ ମସିହାରେ ଭାରତ ସରକାର ଆସାମର ରାଜ୍ୟ-ଚିଡିଆଖାନାରେ ଏମାନଙ୍କର ସଂରକ୍ଷଣ ଓ ପ୍ରଜନନର ପ୍ରକଳ୍ପ ଆରମ୍ଭ କରିଛନ୍ତି। ଆସାମ ସରକାର ମଧ୍ୟ ସ୍ଥାନୀୟ ଏନ୍.ଜି.ଓ. ଏବଂ ସ୍ଥାନୀୟ ବାସିନ୍ଦାଙ୍କୁ ନେଇ ଏହି ସ୍ୱର୍ଣ୍ଣ ବର୍ଣ୍ଣର ମାଙ୍କଡ଼ମାନଙ୍କର ସୁରକ୍ଷା ବ୍ୟବସ୍ଥା କରିଛନ୍ତି। ୧୯୯୭ ମସିହାରେ ଏମାନଙ୍କର ସଂଖ୍ୟା ବହୁଳ ଭାବରେ ହ୍ରାସ ପାଇଥିଲା। ଚକ୍ରଶିଳା ଏହି ମାଙ୍କଡ଼ମାନଙ୍କର ସବୁଠାରୁ ବଡ଼ ପ୍ରାକୃତିକ ବାସସ୍ଥାନ।

ଏହି ହନୁମାଙ୍କଡ଼ମାନେ ଅନ୍ୟ ମାଙ୍କଡ଼ମାନଙ୍କ ପରି ଦଳଗତ ଭାବରେ ବାସ କରନ୍ତି। ଗୋଟିଏ ଗୋଟିଏ ଦଳରେ ୧୦ ରୁ ୨୦ଟି ଯାଏ ମାଙ୍କଡ଼ ଥାଆନ୍ତି ଏବଂ କେତୋଟି ପରିବାରର ମିଶ୍ରଣରେ ଏହି ଦଳଟି ଗଠିତ ହୋଇଥାଏ। ପ୍ରଭାବଶାଳୀ ବୟସ୍କ ଅଣ୍ଡିରାମାଙ୍କଡ଼ ଦଳପତି ହୁଏ ଏବଂ ଦଳର ସମସ୍ତ ସଭ୍ୟ ତାକୁ ମାନିଥାଆନ୍ତି। ସେମାନେ ଏକ ନିର୍ଦ୍ଦିଷ୍ଟ ଇଲାକା ମଧ୍ୟରେ ବୁଲାବୁଲି ଓ ଖାଦ୍ୟ ସଂଗ୍ରହ କରନ୍ତି ଓ ରାତିରେ ଗଛର ଉପର ଡାଳମାନଙ୍କରେ ଶୁଅନ୍ତି।

ନବଜାତ ଶିଶୁମାଙ୍କଡ଼ମାନଙ୍କର ଶରୀରର ରଙ୍ଗ ପରିବର୍ତ୍ତିତ ହୁଏ। ଜନ୍ମ ସମୟରେ ଲହୁଣୀଆ ଧଳା ବର୍ଣ୍ଣ ଥାଏ। ଏହି ରଙ୍ଗ ପେଲ୍ (Pale) ବା ଈଷତ୍ ଧଳାରଙ୍ଗକୁ ପରିବର୍ତ୍ତିତ ହୁଏ ଏବଂ ପରେ ତାର ଶରୀରର ପ୍ରକୃତ ରଙ୍ଗ ସୁନେଲି ରଙ୍ଗ ଧାରଣ କରେ। ମୁହଁର ବର୍ଣ୍ଣ ସଂପୂର୍ଣ୍ଣ କଳା ଥାଏ, ଶରୀରଟି ସରୁ ଓ ଲମ୍ୱା, ଲମ୍ୱା ହାତ-ଗୋଡ ଓ ଲାଞ୍ଜ ବିଶିଷ୍ଟ।

ଟୋପିବାଲା ହନୁମାଙ୍କଡ଼ (Capped Langur)

ଟୋପିବାଲା ହନୁମାଙ୍କଡ଼ମାନେ ଭାରତ, ଭୁଟାନ, ମାୟାନ୍‌ମାର (ବ୍ରହ୍ମଦେଶ), ଚୀନ ଓ ତିବ୍ବତର କିଛି ଅଞ୍ଚଳରେ ବାସ କରନ୍ତି। ଭାରତରେ ଆସାମ, ଅରୁଣାଚଳ ପ୍ରଦେଶ, ମଣିପୁର, ମେଘାଳୟ, ମିଜୋରାମ ଓ ନାଗାଲ୍ୟାଣ୍ଡର ଅର୍ଦ୍ଧ-ଉଷ୍ଣମଣ୍ଡଳୀୟ ବଣଗୁଡିକ ଏହି ମାଙ୍କଡ଼ମାନଙ୍କର ପ୍ରାକୃତିକ ଆବାସସ୍ଥଳ।

ଟୋପିବାଲା ହନୁମାଙ୍କଡ଼ମାନେ ବଡ଼ ଆକରର ମାଙ୍କଡ଼। ପୁରୁଷ ମାଙ୍କଡ଼ମାନେ ସ୍ତ୍ରୀ-ମାଙ୍କଡ଼ମାନଙ୍କଠାରୁ ବଡ଼। ଏହି ହନୁମାଙ୍କଡ଼ମାନଙ୍କର ମୁହ କଳା। ସୁନ୍ଦର ଭାବରେ ପ୍ରଭେଦ ଦେଖାଉଥିବା ଦେହର ରଙ୍ଗ ଇଷତ୍ ହଳଦିଆରୁ ନାଲିଆ। ଦେହର ବର୍ଣ୍ଣରେ ଉଜ୍ଜ୍ୱଳତାର ପରିପ୍ରକାଶ ହୁଏ। ମୁଣ୍ଡ ଉପରେ କଳା ଲୋମର ଗୋଛାଏ କେଶ ବା କେଶଗୁଚ୍ଛ ଟୋପି ପରିଥାଏ। ଏହି ପ୍ରାଇମେଟ୍‌ର ଲାଞ୍ଜ ଅନ୍ୟମାନଙ୍କ ପରି ଲମ୍ବା। ପରିପକ୍ୱ ବୟସରେ ଏମାନଙ୍କର ହାରାହାରି ଓଜନ ୧୧ କିଲୋଗ୍ରାମ୍ ହୋଇ ଥିବାର ଜଣାପଡ଼େ।

ଟୋପିବାଲା ହନୁମାଙ୍କଡ଼ମାନଙ୍କ ଦଳରେ ଗୋଟିଏ ପ୍ରଚଳିତ ଅଭ୍ୟାସ ରହିଛି ଯେ ସମସ୍ତ ମାଈମାଙ୍କଡ଼ମାନେ ମିଳିମିଶି ଦଳର ଛୁଆମାଙ୍କଡ଼ମାନଙ୍କର ଯତ୍ନ ନେବେ ବା ଯତ୍ନ ନେବାରେ ସାହାଯ୍ୟ କରିବେ। ପୁରୁଷମାନଙ୍କର ଭୂମିକା ବିଶେଷ କିଛି ନଥାଏ। ଏପ୍ରକାର ପ୍ରଚଳିତ ଅଭ୍ୟାସକୁ ଆଲ୍ଲୋମଦରିଂ (allomothering) କହନ୍ତି।

ଏହି ହନୁମାଙ୍କଡ଼ମାନେ ଗଛରେ ବାସ କରନ୍ତି ଏବଂ ବଣରୁ ଫଳମୂଳ ସଂଗ୍ରହ କରି ଖାଇଥାଆନ୍ତି। ସବୁ ହନୁମାଙ୍କଡ଼ମାନଙ୍କ ପରି ଏମାନେ ନିରାମିଷାଶୀ।

ଟୋପିବାଲା ହନୁମାଙ୍କଡ଼ମାନେ ଭାରତର ସବୁଠାରୁ ଭୟଭୀତ ପ୍ରାଣୀ। ଏମାନଙ୍କର ଲୋମ ସୁନ୍ଦର ଓ ଆକର୍ଷଣୀୟ। ଏଥିପାଇଁ ଶିକାରୀମାନେ ଶିକାର କରନ୍ତି। ଏମାନଙ୍କର ସଂଖ୍ୟା ହ୍ରାସ ପାଉଥିବାର ଲକ୍ଷ୍ୟ କରାଯାଉଛି। ପ୍ରାକୃତିକ ବାସସ୍ଥାନ ହରାଇବା, ବିଭାଜିତ ବା ବିଖଣ୍ଡିତ ହେବା, ଶିକାର, ବଳପୂର୍ବକ ଦଖଲ ବା ଏନ୍‌କ୍ରୋଚମେଣ୍ଟ, ଜନସଂଖ୍ୟାବୃଦ୍ଧି ଓ ବୃକ୍ଷ ବୃଦ୍ଧି (botanical) ର ଚାପ, ଏହି ମାଙ୍କଡ଼ମାନଙ୍କର ଚିରସ୍ଥାୟୀ କ୍ଷତି ଓ ଭୟର କାରଣ ସବୁ। ୧୯୮୦ ମସିହାରେ ଏହି ମାଙ୍କଡ଼ମାନଙ୍କର ଏକ ତୃତୀୟାଂଶ ବାସସ୍ଥାନ ଗଛ କଟା ଯିବା ଯୋଗୁ ଓ ଜବର ଦଖଲ ଯୋଗୁ ନଷ୍ଟ ହୋଇ ଯାଇଛି। ଆସାମ ରାଜ୍ୟର ଉଦ୍ୟାନ ସହିତ ଚିଡ଼ିଆଖାନା ବର୍ତ୍ତମାନ ଟୋପିବାଲା ହନୁମାଙ୍କଡ଼ମାନଙ୍କୁ ସୁରକ୍ଷା ଦେଉଛି।

ନିଲ୍‌ଗିରି ହନୁମାଙ୍କଡ଼ (Nilgiri Langur)

ଦକ୍ଷିଣ ଭାରତର ପଶ୍ଚିମଘାଟ ପର୍ବତମାଳାର ନିଲ୍‌ଗିରି ପାର୍ବତ୍ୟ ଅଂଚଳରେ ନିଲ୍‌ଗିରି ହନୁମାଙ୍କଡ଼ମାନେ ବାସ କରନ୍ତି। କର୍ଣ୍ଣାଟକର କୋଡାଘ ଏମାନଙ୍କର ବାସସ୍ଥାନର ଅନ୍ତର୍ଗତ। ଏହା ବ୍ୟତୀତ, କେରଳ ଓ ତାମିଲ୍‌ନାଡୁର ପାହାଡି ଅଂଚଳରେ ନିଲ୍‌ଗିରି ହନୁମାଙ୍କଡ଼ମାନେ ବାସ କରନ୍ତି।

ପୁରୁଣା ପୃଥିବୀର ମାଙ୍କଡ଼ମାନଙ୍କ ମଧ୍ୟରେ ଏହି ଜାତିର ମାଙ୍କଡ଼ମାନଙ୍କୁ ନିଆଯାଉଥିଲା ଏବଂ ମସ୍ତକାବରଣ ବା ଚୂଳଯୁକ୍ତ ହୋଇଥିବାରୁ ହୁଡେଡ଼ (hooded)

ମାଙ୍କଡ଼ କୁହାଯାଉଥିଲା। ନିଲଗିରି ହନୁମାଙ୍କଡ଼ମାନଙ୍କର ଦେହର ରଙ୍ଗ ଚକ୍‌ଚକିଆ କଳା (glossy black) ହୋଇଥିବାରୁ ସୁନ୍ଦର ଦେଖାଯାଏ। ଏହାର ଶୀର୍ଷ-ଦେଶ କଳା ପତ୍ର ମାଙ୍ଗଡ଼ ସଦୃଶ ହୋଇଥିବାରୁ ଏହି ହନୁମାନଙ୍କଡ଼ଟି ଖୁବ୍ ଆକର୍ଷଣୀୟ। ଏମାନଙ୍କର ଅଗ୍ରଭାଗରେ ଥିବା ଜଟିଳ ଖାଦ୍ୟନଳୀ, ଖୁଣ୍ଟା ବା ମୁଣ୍ଡା ବୁଢ଼ାଆଙ୍ଗୁଠି ଓ ଲମ୍ବା ଲାଞ୍ଜ, ଅନ୍ୟ ମାଙ୍କଡ଼ମାନଙ୍କ ଠାରୁ ପ୍ରଭେଦର ସୂଚନା ଦିଏ।

ନିଲଗିରି ହନୁମାନଙ୍କଡ଼ମାନେ ବିପଦରେ ପଡିବାର ସୂଚନା ପାଇଲେ ନିଜ ନିଜ ଶବ୍ଦ ମାଧ୍ୟମରେ ପରସ୍ପରକୁ ସତର୍କ କରାଇ ଦିଅନ୍ତି ଏବଂ ଏହି ପ୍ରକାର ଶବ୍ଦର ଗୁରୁତ୍ୱ ସମସ୍ତେ ଜାଣି ଥାଆନ୍ତି। ଭୁକିଲା ପରି ଉଚ୍ଚ ସ୍ୱର ପ୍ରକାଶ କରନ୍ତି। ଏମାନଙ୍କର ସଂଖ୍ୟା ୫୦୦୦ ରୁ ୧୫୦୦୦ ପର୍ଯ୍ୟନ୍ତ ଥିବାର କେନ୍ଦ୍ରୀୟ ଚିଡିଆଖାନା ସଂସ୍ଥାର ହିସାବରୁ ଜଣାପଡେ। ତଥାପି ଏମାନଙ୍କର ସଂଖ୍ୟା ହ୍ରାସ ପାଇବାରେ ଲାଗିଛି।

ହନୁମାଙ୍କଡ଼ମାନଙ୍କ ମଧ୍ୟରେ ଥିବା ମାଆ ପିଲାର ନିବିଡ଼ ସଂପର୍କ ଏମାନଙ୍କଠାରେ ସେତେଟା ପରିଲକ୍ଷିତ ହୁଏ ନାହିଁ। ଏଥିରେ ଥିବା ଅନାଗ୍ରହ ଉତ୍ତରଭାରତ ଦ୍ୱାରା ପ୍ରଭାବିତ ବୋଲି କୁହାଯାଏ।

ଏହି ହନୁମାନଙ୍କଡ଼ମାନଙ୍କର ଲୋମ, ଚମଡା ଓ ମାଂସ ଲୋକମାନଙ୍କର ଦରକାରରେ ଆସେ। ତେଣୁ ଶିକାରୀମାନେ ଏମାନଙ୍କର ପ୍ରଧାନ ଶତ୍ରୁ। ଲୋମ ଚିକ୍କଣ କଳା ହୋଇଥିବାରୁ ପ୍ରସାଧାନରେ ବ୍ୟବହୃତ ହୁଏ। ଚମଡାରେ ଡ୍ରମ୍ ଇତ୍ୟାଦି ବାଦ୍ୟଯନ୍ତ୍ର ପ୍ରସ୍ତୁତ ହୁଏ। ମାଂସ ସ୍ୱାଦିଷ୍ଟ ହୋଇଥିବାରୁ ଖାଦ୍ୟ ଭାବରେ ବ୍ୟବହୃତ ହୁଏ ଏବଂ ଏମାନଙ୍କର ଦେହର ଅସ୍ଥି ଓ ଅନ୍ୟାନ୍ୟ ଅଂଶ ପରମ୍ପରାଗତ ଔଷଧଭାବରେ ବ୍ୟବହୃତ ହୁଏ। ଏଣୁ ଏମାନଙ୍କର ସଂଖ୍ୟା ଦୃତଗତିରେ ହ୍ରାସ ପାଇବା ସ୍ୱାଭାବିକ।

ଭାରତୀୟ ପ୍ରକୃତି ସଂରକ୍ଷଣ ସଂସ୍ଥା (I.U.C.N.) ଏହି ମାଙ୍କଡ଼ ଜାତିକୁ ଅରକ୍ଷିତ ବା ନିରାଶ୍ରୟ ବୋଲି ଘୋଷଣା କରିଛନ୍ତି ଏବଂ ସୁରକ୍ଷା ପାଇଁ ଚେଷ୍ଟା କରୁଛନ୍ତି।

ଫାୟରେର୍ ହନୁମାଙ୍କଡ଼ (Phayre's Langur)

ଫାୟରେର୍ ହନୁମାଙ୍କଡ଼ମାନେ ଦକ୍ଷିଣପୂର୍ବ ଏସିଆର ଭାରତ, ବଙ୍ଗଳା ଦେଶ ଓ ଚୀନ ଦେଶରେ ବାସ କରନ୍ତି। ଏମାନେ ଭାରତର ଓଦାଳିଆ ଚିରଶ୍ୟାମଳ ବଣମାନଙ୍କରେ ଦେଖାଯାଆନ୍ତି। ବଙ୍ଗଳାଦେଶର ପୂର୍ବାଞ୍ଚଳରେ ଓ ଦକ୍ଷିଣ ପଶ୍ଚିମ ଚୀନ୍ ଦେଶରେ ବାସ କରୁଥିବାର ଦେଖାଯାଏ।

ଏହି ମାଙ୍କଡ଼ମାନେ ମଧ୍ୟମ ଆକାରର ମାଙ୍କଡ଼। ଏହି ମାଙ୍କଡ଼ର ମଝି ଅଂଶ ଗୋଲାକାର, ମୁଣ୍ଡ ଓ ଗୋଡ଼ ଆଡକୁ ସରୁ। ଏଣୁ ଏହାର ଆକାର ସ୍ପିଣ୍ଡଲ୍ ସେପ୍‌ଡ ବା ଲୁଗାବୁଣା କଣ୍ଠା ଆକାର ବୋଲି କହନ୍ତି। ଫାୟରେର୍ ମାଙ୍କଡ଼ମାନଙ୍କର ଶରୀର ସରୁ

ବା ପତଳା ଏବଂ ଲମ୍ବା ସରୁ ଗୋଡ଼ ବିଶିଷ୍ଟ (spindle shanked) । ଗୋଡ଼ର ନିମ୍ନାଂଶ ପତଳା ଓ ଡେଙ୍ଗା ହୋଇ ଥିବାରୁ ଏହାର ଶରୀରକୁ ଲାଙ୍କି ଶରୀର (lanky body) ବୋଲି କହିଥାଆନ୍ତି । ଏହି ମାଙ୍କଡ଼ମାନେ ବିଭିନ୍ନ ବର୍ଣ୍ଣରେ ଛଉ ଛଉକା ହୋଇଥାଆନ୍ତି । ଏଣୁ "ଡୋଉକ୍ ଲାଙ୍ଗୁର (douc langur) ବୋଲି ମଧ୍ୟ କୁହାଯାଏ । ହାତ, ଗୋଡ଼ ଓ ପାଦ ସରୁ, ପତଳା ଓ ଲମ୍ବା ଏବଂ ଲାଞ୍ଜ ବହୁତ ଲମ୍ବା ।

ପରିଣତ ବୟସରେ ପୁରୁଷମାଙ୍କଡ଼ମାନଙ୍କର ହାରାହାରି ଓଜନ ୭.୪ କି.ଗ୍ରା. ଓ ସ୍ତ୍ରୀ ମାଙ୍କଡ଼ମାନଙ୍କର ୬.୨ କିଲୋଗ୍ରାମ୍ । ସେମାନଙ୍କର ଜୀବନ କାଳ (life span) ୨୦ ରୁ ୩୦ ବର୍ଷ । ମୁଣ୍ଡଠାରୁ ଲାଞ୍ଜମୂଳ ପର୍ଯ୍ୟନ୍ତ ପୁରୁଷମାଙ୍କଡ଼ମାନଙ୍କର ପରିଣତ ବୟସରେ ଲମ୍ବ ୧୭.୩ ରୁ ୨୪ ଇଞ୍ଚ ବା ୪୪ ରୁ ୬୧ ସେ.ମି. । ସ୍ତ୍ରୀ-ମାଙ୍କଡ଼ମାନେ ସାମାନ୍ୟ ଲମ୍ବା ବା ଡେଙ୍ଗା ସେମାନଙ୍କର ପ୍ରତିପକ୍ଷ ପୁରୁଷମାନଙ୍କ ଠାରୁ । ଏହି ମାଙ୍କଡ଼ମାନଙ୍କର ଲାଞ୍ଜର ଲମ୍ବା ଶରୀର ଲମ୍ବାର ୭୦ ପ୍ରତିଶତ । କେବଳ ଲାଞ୍ଜର ଲମ୍ବା ୨.୧ ରୁ ୨.୮ ଫୁଟ ବା ୬୫ ରୁ ୮୬ ସେଣ୍ଟିମିଟର । ମାତ୍ର ଲାଞ୍ଜ ଧାରଣକ୍ଷମ ନୁହେଁ ବା ଧରିବା ପାଇଁ ସମର୍ଥ ନୁହେଁ । ଏହି ମାଙ୍କଡ଼ମାନଙ୍କର ବଡ଼ ବଡ଼ ଆଖି କରି ଚାହିଁବା (goggle-eyed) ଏକ ସାଧାରଣ ଅଭ୍ୟାସ । ଲାଞ୍ଜର ଉପର ଅଂଶ ପାଉଁଶିଆ-କଳା ।

ଏହି ମାଙ୍କଡ଼ମାନଙ୍କର ସଂଖ୍ୟା ୫୫୦ ରୁ ୭୦୦ ପର୍ଯ୍ୟନ୍ତ ଥିବାର ଅନୁମାନ କରାଯାଏ । ଗତ ୩୦ ବର୍ଷ ମଧ୍ୟରେ ୫୦ ରୁ ୮୦ ପ୍ରତିଶତ ହ୍ରାସ ପାଇଥିବାର ଗଣନାରୁ ଜଣାପଡ଼େ । ଫାୟରେର୍ ହନୁମାଙ୍କଡ଼ମାନଙ୍କୁ ବିଲୋପୋନ୍ମୁଖ ପଶୁଭାବରେ ନିଆଯାଏ । ପ୍ରାକୃତିକ ବାସସ୍ଥାନ ବିଲୁପ୍ତ-ହେବା ଓ ଶିକାର ମୁଖ୍ୟ ଦୁଇଟି କାରଣ । ଫାୟରେର୍ ମାଙ୍କଡ଼ମାନଙ୍କର ପ୍ରଜନନ ପ୍ରଣାଳୀ ବହୁ ପୁରୁଷ ଓ ବହୁ ମହିଳା ଜନିତ (multimale-multifemale) ଦଳ ।

ଅନ୍ୟ ହନୁମାଙ୍କଡ଼ମାନଙ୍କ ପରି ଏହି ମାଙ୍କଡ଼ମାନେ ବୃକ୍ଷଜୀବୀ । ଅଧିକାଂଶ ସମୟ ଗଛରେ ଅତିବାହିତ କରନ୍ତି । ଖାଦ୍ୟ ଅଭାବଜନିତ ପରିସ୍ଥିତି ଉପୁଜିଲେ ଭୂମିକୁ ଓହ୍ଲାଇବା ଆବଶ୍ୟକ ହୋଇଥାଏ । ଅନ୍ୟ ହନୁମାଙ୍କଡ଼ମାନଙ୍କ ପରି ଚାରି ପ୍ରକୋଷ୍ଠ ବିଶିଷ୍ଟ ବଡ଼ ପାକସ୍ଥଳୀ ଥାଏ । ପତ୍ର, ଫଳ, ପରିବା ଓ ଅନ୍ୟ ଉଦ୍ଭିଦ ସମୂହ ଏହି ମାଙ୍କଡ଼ମାନଙ୍କର ଖାଦ୍ୟ ।

ପାଉଁଶିଆ ବର୍ଣ୍ଣର ହନୁମାଙ୍କଡ଼ (Gray Langur)

ହନୁମାଙ୍କଡ଼ମାନଙ୍କର କୋମଳ ଲୋମ ମାଟିଆ-ପାଉଁଶିଆ (brownish-gray) ବର୍ଣ୍ଣର । ଏହି ମାଙ୍କଡ଼ମାନଙ୍କର ପୃଷ୍ଠ ଭାଗରେ ନାଲି ଲୋମର ସାମାନ୍ୟ ମିଶ୍ରଣ ଏବଂ

ଉଦର ଉପରେ ବା ତଳପଟେ ଧଳା ଲୋମର ସାମାନ୍ୟ ମିଶ୍ରଣ ଥାଏ। ସେମାନଙ୍କର ପାଦ, ହାତ ଓ ଗୋଡ଼ ଅସ୍ୱାଭାବିକ ଭାବରେ ଲମ୍ବା। ପରମ୍ପରାଗତ ଭାବରେ ହନୁମାଙ୍କଡ଼ ମାତ୍ର ଗୋଟିଏ ଜାତିରେ ଗଣାଯାଏ। ତାହା ହେଉଛି, ସେମ୍‌ନୋପିଥେକସ୍ ଏଣ୍ଟେଲସ୍ (semnopithecus entellus)। ସେମାନଙ୍କର ବଂଶଧର ଓଡ଼ିଶାରେ, ପଶ୍ଚିମ ବଙ୍ଗଳାରେ ଓ ଉତ୍ତର ଭାରତର ଅଧିକାଂଶ ଅଞ୍ଚଳରେ ସ୍ଥାୟୀଭାବରେ ବାସ କରନ୍ତି।

୨୦୦୧ ମସିହାରୁ ଅନେକ ଜାତିର ହନୁମାଙ୍କଡ଼ମାନଙ୍କୁ ଚିହ୍ନଟ କରାଯାଇଛି। ମାତ୍ର ପାଉଁଶିଆ ବର୍ଣ୍ଣର ହନୁମାନଙ୍କଡ଼ (gray langur) କହିଲେ, ଓଡିଶା, ପଶ୍ଚିମବଂଗ ଓ ଉତ୍ତର ଭାରତରେ ବାସ କରୁଥିବା ହନୁମାଙ୍କଡ଼ମାନଙ୍କୁ ବୁଝାଏ।

ସେମାନଙ୍କର ଗୋପନୀୟ ସାମାଜିକ ସ୍ଥିତି ଓ ଅନ୍ୟ ପ୍ରାଇମେଟ୍ ମାନଙ୍କ ଠାରୁ ସେମାନଙ୍କର ଆକ୍ରମଣଶୀଳ ବ୍ୟବହାର କମ୍ ହୋଇଥିବାରୁ, ଭାରତର ଅଧିକାଂଶ ଅଞ୍ଚଳରେ ହନୁମାଙ୍କଡ଼ମାନଙ୍କୁ ବିପଦଜନକ ବୋଲି ମନେକରାଯାଏ ନାହିଁ।

ପରିପକ୍ୱ ବୟସରେ ପୁରୁଷମାନଙ୍କର ହାରାହାରି ଓଜନ ୧୬.୯ କିଲୋଗ୍ରାମ ବା ୩୭ ପାଉଣ୍ଡ ଓ ମାଈମାଙ୍କଡ଼ମାନଙ୍କର ଓଜନ ୧୧.୭ କିଲୋଗ୍ରାମ ବା ୨୬ ପାଉଣ୍ଡ। ଉତ୍ତରାଞ୍ଚଳର ମାଙ୍କଡ଼ମାନଙ୍କ ଅପେକ୍ଷା ଦକ୍ଷିଣାଞ୍ଚଳର ହନୁମାଙ୍କଡ଼ମାନେ ଆକାରରେ ସାମାନ୍ୟ ଛୋଟ।

ହନୁମାଙ୍କଡ଼ମାନେ ଭେଜିଟେରିଆନ୍ (vegeterian) ବା ନିରାମିଷାଶୀ। କେବଳ ପତ୍ର ନୁହେଁ, ପତ୍ର, ଫଳ, ଫୁଲ ଓ ପରିବାପତ୍ର ଇତ୍ୟାଦି ଖାଦ୍ୟ ଭାବରେ ବ୍ୟବହାର କରନ୍ତି। ଗୋଟିଏ ଗୋଟିଏ ଦଳରେ ୨ ରୁ ୧୦ ପର୍ଯ୍ୟନ୍ତ ମାଙ୍କଡ଼ ବାସ କରନ୍ତି।

ଅନ୍ୟ ଯେଉଁ ହନୁମାଙ୍କଡ଼ମାନଙ୍କୁ ଚିହ୍ନଟ କରାଯାଇଛି, ସେମାନେ ହେଲେ (୧) କାଶ୍ମୀର (୨) ନେପାଳ (୩) ଶ୍ରୀଲଙ୍କା (୪) ଚେନ୍ନାଇ ଓ (୫) ମାଲ୍‌ବାର ଅଞ୍ଚଳର। କାଶ୍ମୀରର ଏହି ପାଉଁଶିଆ ବର୍ଣ୍ଣର ହନୁମାଙ୍କଡ଼ମାନେ ଦେଖିବାକୁ ବଡ ଆକାରର ଓ କଳା ଆଖିଆ (dark eyed) ଏବଂ ହିମାଳୟରେ ଓ ହିମାଚଳ ପ୍ରଦେଶର ଚମ୍ବା ଉପତ୍ୟକାରେ ଦେଖାଯାଆନ୍ତି। ଏହି ମାଙ୍କଡ଼ମାନେ ଭୟଙ୍କର ଓ ଦୁର୍ଜୟ ମନେ ହୁଅନ୍ତି। ଏମାନଙ୍କର ବୈଜ୍ଞାନିକ ନାମ ସେମ୍‌ନୋପିଥେକସ୍ ଆଜାକ୍ସ (S. ajax)। ନେପାଳର ଏହି ହନୁମାଙ୍କଡ଼ମାନେ ଭାରତ, ତିବ୍ବତ ଓ ନେପାଳରେ ବାସ କରନ୍ତି। ଶ୍ରୀଲଙ୍କାରେ ବାସ କରୁଥିବା ପାଉଁଶିଆ ହନୁମାନଙ୍କଡ଼ମାନଙ୍କର ମୁହଁ ନୀଳ ଲୋହିତ (purbled) ବର୍ଣ୍ଣ ଦେଖାଯାଏ। ଏମାନେ କଲୋମ୍ବୋ ଓ ଦକ୍ଷିଣ ପଶ୍ଚିମ ଶ୍ରୀଲଙ୍କାର ଗ୍ରୀଷ୍ମମଣ୍ଡଳୀୟ ବର୍ଷାବହୁଳ ଅରଣ୍ୟରେ ବାସ କରନ୍ତି। ମାଦ୍ରାସ ବା ଚେନ୍ନାଇରେ ଥିବା ହନୁମାଙ୍କଡମାନଙ୍କୁ ଟଫ୍‌ଟେଡ଼ (tufted) ଗ୍ରେ ଲାଙ୍ଗୁର କୁହାଯାଏ। ଏହି

ମାଙ୍କଡ଼ମାନଙ୍କୁ ମଧ୍ୟ କରମଣ୍ଡଳ ହନୁମାଙ୍କଡ଼ କହନ୍ତି । ପଶ୍ଚିମଘାଟ ଓ ମାଲ୍‌ବାର ଅଞ୍ଚଳରେ କଳା ପାଦ ଥିବା ହନୁମାଙ୍କଡ଼ ଦେଖାଯାଆନ୍ତି ।

ରାମଭକ୍ତ ହନୁମାନ -୧

ରାମାୟଣର କଥା । ପ୍ରଭୁ ରାମଚନ୍ଦ୍ର ଅଯୋଧ୍ୟା ସିଂହାସନରେ ଆସୀନ । ମହାବୀର ହନୁମାନ ପ୍ରଭୁଙ୍କ ପାଖେ ପାଖେ ରହି ପ୍ରଭୁଙ୍କ ସେବାରେ ସର୍ବଦା ନିୟୋଜିତ । ରାତ୍ରୀ ଉପଗତ । ମହାରାଜା ରାମଚନ୍ଦ୍ର ଓ ମହାରାଣୀ ସୀତା ଶୟନକକ୍ଷକୁ ଗମନ କଲେ । ହନୁମାନ ମଧ୍ୟ ସେମାନଙ୍କ ସହିତ ଶୟନ କକ୍ଷକୁ ପ୍ରବେଶ କଲେ । ଉଦ୍ଦେଶ୍ୟ କେବଳ ପ୍ରଭୁଙ୍କ ସେବା । କିନ୍ତୁ ଜନକନନ୍ଦିନୀ ସୀତା ତାଙ୍କୁ ବାରଣ କଲେ । ଏହି ସମୟରେ ତାଙ୍କୁ ବାହାରେ ରହିବାକୁ ହେବ । ହନୁମାନ କାରଣ କିଛି ବୁଝି ନ ପାରିବାରୁ, ସୀତା ତାଙ୍କର ମଥାର ସିନ୍ଦୁର ହନୁମାନଙ୍କୁ ଦେଖାଇଲେ, ଭାବିଲେ ହନୁମାନ ସବୁ ବୁଝି ଯିବ ବୋଲି । ହନୁମାନ ଭାବିଲେ ଯଦି ସିନ୍ଦୁର ଲଗାଇଲେ ପ୍ରଭୁଙ୍କ ପାଖେ ପାଖେ ରହି ସବୁ ସମୟରେ ସେବା କରିହେବ, ତାହା ହିଁ ହେଉ । ସେ ଅଯୋଧ୍ୟା ନଗରୀର ବଜାରକୁ ଚାଲିଗଲେ । ପ୍ରଚୁର ସିନ୍ଦୁର ମଥାରେ ଓ ଦେହରେ ବୋଳି ହୋଇ ପୁଣି ସେଠାକୁ ଫେରି ଆସିଲେ । ପ୍ରଭୁରାମଚନ୍ଦ୍ର ଓ ମା' ସୀତା ବୁଝିଗଲେ ହନୁମାନଙ୍କର ପ୍ରଭୁଭକ୍ତି କେତେ ନିବିଡ, ନିର୍ମଳ ଓ ଅନାବିଳ । ସେଥିପାଇଁ ରାମଭକ୍ତ ହନୁମାନଙ୍କର ପ୍ରତିମୂର୍ତ୍ତୀ ସବୁବେଳେ ସିନ୍ଦୁର ଚର୍ଚ୍ଚିତ ।

ରାମଭକ୍ତ ହନୁମାନ -୨

ଏ ରାମୟଣର ସେହି ସମୟର କଥା, ଯେତେବେଳେ ମହାରାଜ ଶ୍ରୀ ରାମଚନ୍ଦ୍ର ଅଯୋଧ୍ୟାର ଓ ବିଭୀଷଣ ଲଙ୍କାର ସିଂହାସନରେ ଉପବିଷ୍ଟ ଥିଲେ । ଭଗବାନ୍ ଶ୍ରୀରାମଙ୍କର ଦର୍ଶନ ପାଇଁ ଅଯୋଧ୍ୟ ଆସିବାକୁ ବିଭୀଷଣ ସ୍ଥିର କଲେ ଓ ସାଙ୍ଗରେ ଉପହାର ଦେବା ପାଇଁ ହୀରା, ନିଳା, ମୋତି, ମାଣିକ୍ୟ ପରି ବହୁ ମୂଲ୍ୟବାନ ରତ୍ନରେ ତିଆରି ଗୋଟିଏ ମାଳା ନେଇ ଆସିଲେ । ଭଗବାନଙ୍କ ଦର୍ଶନ ଲାଭ କରି କୃତାର୍ଥ ହେଲେ । ମାତା ସୀତା ସମସ୍ତଙ୍କ ଉପସ୍ଥିତିରେ ମାଳା ସଂପର୍କରେ ସୂଚନା ଦେଲେ ଏବଂ ହୁନମାନଙ୍କୁ ବିନା କିଛି ସ୍ୱାର୍ଥ ନଥାଇ ପ୍ରଭୁରାମଙ୍କର ଅଧିକ ଭକ୍ତି ଓ ସେବା କରିଥିବାରୁ ସଚ୍ଚା ସେବକ ଭାବରେ ମାଳାଟି ଉପହାର ଦେଲେ । ଅମୂଲ୍ୟ ରତ୍ନର ମାଳାଟି ମା'ଙ୍କଠାରୁ ଗ୍ରହଣ କରି ହନୁମାନ ପ୍ରଥମେ ନିରୀକ୍ଷଣ କଲେ, ଗୋଟି ଗୋଟି କରି କାନ ପାଖକୁ ନେଇ କିଛି ଶୁଣିବାକୁ ଅପେକ୍ଷା କଲେ । ମାଳାରେ ପ୍ରଭୁ ଶ୍ରୀରାମଚନ୍ଦ୍ର ଓ ମା' ସୀତାଙ୍କ ରୂପ ଦେଖିବାକୁ ପାଇଲେ ନାହିଁ କିମ୍ବା ନାମ ଶୁଣିବାକୁ ପାଇଲେ ନାହିଁ । ତେଣୁ ବିଭୀଷଣ, ପ୍ରଭୁ ରାମଚନ୍ଦ୍ର, ମାଆ ସୀତା ଓ ଅନ୍ୟମାନଙ୍କ ଉପସ୍ଥିତିରେ ହନୁମାନ ମାଳାଟି ଛିଡାଇ ଖଣ୍ଡ ଖଣ୍ଡ କରି

ଫିଙ୍ଗିଦେଲେ । ଏଥିରେ ରାଜା ବିଭୀଷଣ ଟିକେ ଉତ୍‌କ୍ଷିପ୍ତ ହେଲେ ଓ ହନୁମାନଙ୍କୁ ଏହାର କାରଣ ପଚାରିଲେ । ଏକ ଅମୂଲ୍ୟ ରତ୍ନର ମାଳା, ମାଆ ସୀତାଙ୍କ ଠାରୁ ଗ୍ରହଣ କରି ଏପରି ଖଣ୍ଡ ଖଣ୍ଡ କରି ଫିଙ୍ଗି ଦେବା ତୁମ ପକ୍ଷରେ ଉଚିତ୍ କର୍ମ ନୁହେଁ ବୋଲି ବିଭୀଷଣ ଶୁଣାଇଲେ । ଯେଉଁ ପଦାର୍ଥରେ ପ୍ରଭୁ ରାମଚନ୍ଦ୍ର ଓ ମା' ସୀତାଙ୍କର ରୂପର ପ୍ରତିଫଳନ ନାହିଁ, ନାମ ଶୁଣାଯାଏ ନାହିଁ ସେ ମୋ ପାଇଁ ପଥରର ଟୁକୁଡା ବା ଖଣ୍ଡ । ଆପଣଙ୍କ ପାଇଁ ସେ ବହୁମୂଲ୍ୟ ରତ୍ନ ହୋଇପାରେ, ଦିବ୍ୟ ଅଦ୍ଭୁତ ପଦାର୍ଥ ହୋଇପାରେ, ମାତ୍ର ମୋ ପାଇଁ ପଥର ଖଣ୍ଡ ବ୍ୟତୀତ ଆଉ କିଛି ନୁହେଁ । ବିଭୀଷଣ ପୁନରାୟ ପଚାରିଲେ, "ତୁମେ ଯାହା ସବୁ ଦେଖୁଛ କିମ୍ବା ତୁମ ଶରୀର ମଧ୍ୟ ଭଗବାନ ରାମଚନ୍ଦ୍ର ଓ ମା ସୀତାଙ୍କର ରୂପ ଓ ନାମ ଧାରଣ କରିଛି କି ? ହନୁମାନ କହିଲେ, ତୁମେ ଠିକ୍ କହିଛ, ମୋର ହୃଦୟରେ ଶରୀରର ଲୋମେ ଲୋମେ ପ୍ରଭୁ ଓ ମା' ସର୍ବଦା ରହିଛନ୍ତି । ଯଦି ବିଶ୍ୱାସ ନ ହେଉଛି, ବର୍ତ୍ତମାନ ଦେଖାଇ ଦେଉଛି । ସମସ୍ତେ ଦେଖି ଆଶ୍ଚର୍ଯ୍ୟ ହେଲେ ସେ ଅପରୂପ ସୌନ୍ଦର୍ଯ୍ୟ ହନୁମାନଙ୍କ ଛାତିରେ ଗୁଞ୍ଜରଣ ଉଠିଲା, "ଜୟ ରାମଭକ୍ତ ହନୁମାନ କୀ ଜୟ" ।

(ଗ) କ୍ଷୁଦ୍ରତମ ମାଙ୍କଡ଼ - ଜୋକର ମାଙ୍କଡ଼ (Slender Loris)

ଲୋରିସ୍ ଗୋଟିଏ ଡଚ (Dutch) ଶବ୍ଦ। ଏହାର ଅର୍ଥ ଜୋକର (Clown) ବା ହାସ୍ୟୋଦ୍ଦୀପକ ଅଭିନୟକାରୀ। ଏମାନଙ୍କର ଶରୀର ବିଶେଷତଃ ମୁଖମଣ୍ଡଳର ଗଠନ ଏପରି ଯେ ଦେଖିଲେ ନ ହସି ରହିହେବ ନାହିଁ। ଏହି ମାଙ୍କଡ଼ମାନଙ୍କର ଗତି ଧୀର ବା ମନ୍ଥର ଏବଂ ଚାଲିବା ସମୟରେ ଖୁବ୍ କମ୍ ବା ଆଦୌ ଶବ୍ଦ ହୁଏ ନାହିଁ। ତେଣୁ ଏହି ମାଙ୍କଡ଼ର ନାମ ସ୍ଲୋ ଲୋରିସ୍ (slow loris)। ଯେତେବେଳେ କୌଣସି କାରଣରୁ ଭୟଭୀତ ହୁଅନ୍ତି, ତତ୍‌କ୍ଷଣାତ୍ ଚାଲିବା ବନ୍ଦ-କରିଦେଇ ପରିବେଶକୁ ନଜର କରନ୍ତି।

ଏହି କ୍ଷୁଦ୍ର ମାଙ୍କଡ଼ଟିକୁ ଦେଖିବାକୁ ଏହି ପରି। ଗୋଟିଏ ସୁସଂଗଠିତ ମୁଣ୍ଡ, ଅପ୍ରଶସ୍ତ ଥୋମଣି, ବଡ଼ ବଡ଼ ଆଖି ଶରୀରରେ ପ୍ରଭେଦ ସୂଚକ ବିଭିନ୍ନ ରଙ୍ଗର ଢାଞ୍ଚା, ହାତ ଓ ଗୋଡ଼ର ଲମ୍ବା ପ୍ରାୟ ସମାନ ଏବଂ ସେମାନଙ୍କର ଗଣ୍ଡି (torso) ଲମ୍ବା, ପରିବର୍ତ୍ତନଶୀଳ ଯେପରିକି ମୋଡି ହୋଇ ପାରୁଥିବ ଓ ପ୍ରସାରିତ ହୋଇ ପାରୁଥିବ। ଏ ମାଙ୍କଡ଼ମାନଙ୍କର କାନ ଦୁଇଟି ଛୋଟ ଓ ଲାଞ୍ଜଟି ଖୁଣ୍ଟା (stumpy)। ଏମାନେ ଧୀରେ ଧୀରେ ଚାଲୁଥିବା ଲୋମଶ ସ୍ତନ୍ୟପାୟୀ। ଆକୃତି ବହୁତ ଛୋଟ। ଏମାନଙ୍କର ମନୁଷ୍ୟ ଶରୀର ସହିତ ସାମଞ୍ଜସ୍ୟ ନଥାଏ। କାନ ଦୁଇଟି ଲୋମଦ୍ୱାରା ଘୋଡାଇ ହୋଇ ପଡିଥାଏ। ପରିପକ୍ୱ ବୟସରେ ମୁଣ୍ଡଠାରୁ ଲାଞ୍ଜମୂଳ ପର୍ଯ୍ୟନ୍ତ ଲମ୍ବା ୩୦୦ ରୁ ୩୮୦ ମିଲିମିଟର। ପୁରୁଷମାନେ ଓଜନରେ ୨୫୦ ରୁ ୩୫୦ ଗ୍ରାମ ହୁଅନ୍ତି। ସେହି ବୟସରେ ମାଈ ମାଙ୍କଡ଼ମାନେ ୨୮୦ ଗ୍ରାମ ହୋଇଥାଆନ୍ତି। ଆଖି ଦୁଇଟି ଅଲଗା ପ୍ରକାର ଦେଖାଯାଏ, ଯେପରି ଆଖି ଚାରିପଟରେ ଚଷମାର ଫ୍ରେମ୍ ପରି ଗୋଲେଇ ପରିସର ଥାଏ।

ସ୍ଲେଣ୍ଡର-ଲୋରିସ୍ ମାଙ୍କଡ଼ମାନେ ଦକ୍ଷିଣ ପୂର୍ବ ଏସିଆରେ, ଭାରତର ଗ୍ରୀଷ୍ମମଣ୍ଡଳୀୟ ବଣମାନଙ୍କରେ ଓ ଶ୍ରୀଲଙ୍କାରେ ବାସ କରନ୍ତି। ଏହି ମାଙ୍କଡ଼ମାନେ ଅନେକ ପ୍ରକାରର ଉଦ୍ଭିଦ ସମୂହ (vegetations) ଅଞ୍ଚଳମାନଙ୍କରେ ବଞ୍ଚି ରହିପାରନ୍ତି।

ବାଉଁଶ ବଣଠାରୁ ଆରମ୍ଭ କରି ଉପ-ସହରାଞ୍ଚଳର ବଗିଚାମାନଙ୍କରେ ଏମାନେ ଦେଖାଯାଆନ୍ତି। ସ୍ଲେଣ୍ଡର ଲୋରିସ୍‌ମାନେ ଚିର ଶ୍ୟାମଳ ବନାନୀ, ଉଷ୍ଣମଣ୍ଡଳୀୟ ବର୍ଷାବହୁଳ ବଣସମୂହରେ ବାସ କରନ୍ତି। ଖାଦ୍ୟ ବ୍ୟବସ୍ଥା ସହଜରେ କରିହେବ ବୋଲି ସେମାନେ ଏହିସବୁ ଅଞ୍ଚଳର ସୀମାନ୍ତରେ ବାସ କରନ୍ତି। ଏହି ମାଙ୍କଡ଼ମାନେ ମାଂସାଶୀ ଖାଦ୍ୟ ଖାଆନ୍ତି। ବହୁତ ପ୍ରକାର କୀଟ ଓ ବୁଢ଼ୀଆଣି ଇତ୍ୟାଦି ଏମାନଙ୍କର ଖାଦ୍ୟ। କୌଣସି ପ୍ରକାର ସ୍ୱାଦ ନଥିବା ଓ ବିଷାକ୍ତ ମନେକରାଯାଉଥିବା କୀଟମାନଙ୍କୁ ଏମାନେ

ଖାଆନ୍ତି ଏବଂ ବିଭିନ୍ନ ପ୍ରକାର ଓ ଅନେକ ପ୍ରକାର କ୍ଷୁଦ୍ର ଜୀବ ଏମାନଙ୍କର ଭକ୍ଷ। ଏମାନଙ୍କ ହାବୁଡରେ କୌଣସି ଶିକାର ପଡିଲେ ସହଜରେ ଖସି ଯାଇପାରେ ନାହିଁ। ସେ ଦୃଷ୍ଟିରୁ ଏମାନେ ଉତ୍ତମ ଶିକାରୀ।

ବଣଭିତରେ ଏମାନଙ୍କୁ ଚିହ୍ନଟ କରିବା ବା ଦେଖିବା ଏତେ ସହଜ ନୁହେଁ। ସେମାନେ ଏପରି ଭାବରେ ଲୁଚି ଯିବେ ଯେ ଦେଖିପାରିବା ସହଜ ହୁଏ ନାହିଁ। ସ୍ୱାମୀ ସ୍ତ୍ରୀ ଭାବରେ ରହିବା ସେମାନଙ୍କର ଅଭ୍ୟାସ। ଏଣୁ ସ୍ୱାମୀ-ସ୍ତ୍ରୀ ମଧ୍ୟରେ ଉଚ୍ଚତା ୨୬୫ ରୁ ୩୦୦ ମିଲିମିଟର ହେବାର ଦେଖାଯାଏ। ସ୍ଲେଣ୍ଡର ଲୋରିସ ମାଙ୍କଡ଼ମାନେ ବେଶି ସମୟ ଗଛରେ ରହିନ୍ତି ଏବଂ ଦିନ ବେଳେ ଚଳ ପ୍ରଚଳ ହୁଅନ୍ତି, ଖାଦ୍ୟ ଅନ୍ୱେଷଣ କରନ୍ତି।

କ୍ଷୁଦ୍ର ମାଙ୍କଡ଼ଟିଏ ହେଲେ କ'ଣ ହେବ, ଏହା ଠାରେ ବିଷ (venom) ରହିଛି। କାମୁଡି ଦେଲେ କାମୁଡି ଥିବା ଜନ୍ତୁ ଦେହରେ ବିଷ ଚରିଯାଏ। ମଣିଷକୁ ବିଷ ସଞ୍ଚାର ପାଇଁ (envenometion) କାମୁଡିବା କ୍ୱଚିତ୍ ଦେଖାଯାଏ। କାମୁଡିଲେ ବିଷଥିବାରୁ ସାଂଘାତିକ ଅବସ୍ଥା ଦେଖାଦିଏ, ଆନାଫାଇଲାକ୍‌ଟିକ ସକ୍ (shock) ଯୋଗୁ। ଏହି ବିଷର ପ୍ରଭାବରେ ବା ଅତିରିକ୍ତ ପ୍ରଭାବ ଯୋଗୁ ସାମାନ୍ୟରୁ ସ୍ଥାୟୀ ବିରୂପୀକରଣ ହୁଏ। ସାଧାରଣ ଭାବରେ ଗତି କରିବା ସମ୍ଭବ ହୁଏ ନାହିଁ ଏବଂ ଶେଷରେ ମୃତ୍ୟୁ ମଧ୍ୟ ହୋଇପାରେ। କାମୁଡି ଥିବା ସ୍ଥାନ ଅତ୍ୟନ୍ତ ଯନ୍ତ୍ରଣାଦାୟକ ହୁଏ। କେତେକଙ୍କ ମତରେ ପୋଷା ସ୍ଲେଣ୍ଡର ଲୋରିସ୍ କାମୁଡା ସେତେଟା କ୍ଷତିକାରକ ନୁହେଁ। ବିଷ ସଂପର୍କରେ ଯଦିଓ ସେତେ ଅନୁସନ୍ଧାନ ହୋଇ ନାହିଁ। କେତେକ କହନ୍ତି, ସେମାନେ ଖାଉଥିବା ବିଷାକ୍ତ କୀଟ ମାନଙ୍କ ଠାରୁ ଏହି ବିଷ ସେମାନଙ୍କ ରକ୍ତରେ ମିଶେ। ସତ୍ୟତା ଅନୁସନ୍ଧାନ ସାପେକ୍ଷ।

ସ୍ଲେଣ୍ଡର ଲୋରିସ୍‌ମାନଙ୍କୁ ସ୍ଥାନ ବିଶେଷରେ ଜାଭା ଲୋରିସ୍, ସୁନ୍ଦା-ସ୍ଲୋ ଲୋରିସ୍ ପିଗ୍‌ମି ସ୍ଲୋଲୋରିସ୍ ଓ ବେଙ୍ଗଲ ସ୍ଲୋ-ଲୋରିସ କୁହାଯାଏ। ଏମାନେ ଲୋରିସିଡେ (lorisidae) ଫାମିଲି, ଲୋରିନେ (lorinae) ଉପ-ପରିବାର ଓ ଲୋରିସ୍ (loris) ଜାତିର ମାଙ୍କଡ଼। ଏମାନଙ୍କର ଜୀବନକାଳ ପ୍ରାୟ ୨୦ ବର୍ଷ ପର୍ଯ୍ୟନ୍ତ।

■

ଗୟଳ

(Bison)

ବଣୁଆ ମଇଁଷି ବା ଗୟଳ, ଦେଖିବାକୁ ମଇଁଷି ପରି ହେଲେ ମଧ୍ୟ ମଇଁଷି ଠାରୁ ଆକରରେ ବଡ, ଠେଲାପେଲା କରିପାରିବା ଭଳି ଟାଣୁଆଁ ମୁଣ୍ଡ, ଖୁରା ବଡ଼ ଓ ଦ୍ୱି-ଫାଳିଆ (even-toed) ଶରୀର ଟାଆଁସିଆ, କଳା ଲୋମ ଦ୍ୱାରା ଆବୃତ, ଘନ ନିଦା ବୃହତ୍ ଆକାରର କୁଜ (hump), ଗୋଡଗୁଡିକର ଶେଷାର୍ଦ୍ଧ ଧଳା ଓ ଗୋଟିଏ ବଳୁଆ, ହୃଷ୍ଟପୁଷ୍ଟ ଗୋ-ଜାତୀୟ ପ୍ରାଣୀ। ଉଭୟ ପୁରୁଷ ଓ ସ୍ତ୍ରୀ-ଗୟଳର ଶିଙ୍ଘ ଥାଏ। ପରିଣତ ବୟସରେ ଶିଙ୍ଗଦୁଇଟି ମୂଳ ପାଖରେ ବଡ଼ ଗୋଲାକାର ଓ ମଜଭୂତ, ଉଭୟ ଦିଗରେ ଅର୍ଦ୍ଧ ବୃତ୍ତାକାରରେ ବିସ୍ତୃତ ଭାବରେ ପ୍ରସାରିତ ପ୍ରାୟ ୨ ରୁ ଅଢ଼େଇ ମିଟର ପର୍ଯ୍ୟନ୍ତ। ଶିଙ୍ଗର ଉଭୟ ମୂଳକୁ ସଂଯୋଗ କରି ଥିବା ଲୋମ ପାଉଁଶିଆ ରଙ୍ଗର। ଲାଟିନ୍ ଭାଷାରେ ବାଇସନର ଅର୍ଥ ହେଉଛି "ବଣୁଆ ବଳଦ" (wild ox)। ଅନ୍ୟ କେତେକ ପୁରୁଣା ଭାଷାରେ ବାଇସନ୍‌ର ଅର୍ଥ ଦୁର୍ଗନ୍ଧ-ଯୁକ୍ତ ପ୍ରାଣୀ (the stinking animal)। ଗୋଜାତୀୟ ଗନ୍ଧଠାରୁ ବଣରେ ଥିବାରୁ ଏମାନଙ୍କଠାରୁ ଏକ ଅସ୍ୱାଭାବିକ ଗନ୍ଧ ବାହାରିଥାଏ। ପ୍ରାଣୀଜଗତରେ ଉଭୟ ମଇଁଷି ଓ ଗୟଳ ବୋଭିଡି (bovidae) ଫାମିଲି ବା ପରିବାରର ହେଲେ ମଧ୍ୟ ସେମାନଙ୍କ ମଧ୍ୟରେ ଅନେକ ପ୍ରଭେଦ ପରିଲକ୍ଷିତ ହୁଏ।

ବାଇସନ୍ ବା ଗୟଳମାନଙ୍କର ମୁଖ୍ୟତଃ ତିନୋଟି ମହାଦେଶରେ ପ୍ରାକୃତିକ ଆବାସ ସ୍ଥଳ ଥିବାର ଆଲୋଚନା କରାଯାଏ। ସେମାନେ ବିଶେଷ ଭାବରେ ଉତ୍ତର ଆମେରିକାରେ ବହୁସଂଖ୍ୟାରେ ବାସ କରନ୍ତି ଏବଂ ଆଦିବାସୀ ଜନ-ଜୀବନ ସହିତ

ଜଡିତ। ଆଧୁନିକ ସମାଜ ମଧ୍ୟ ସେମାନଙ୍କ ଦ୍ୱାରା ପ୍ରଭାବିତ। ଏମାନଙ୍କୁ ଉତ୍ତର ଆମେରିକାରେ ବାଇସନ୍, ଆମେରିକା ମଇଁଷି ବା ଖାଲି ମଇଁଷି ବୋଲି କୁହାଯାଏ। ଏମାନଙ୍କର ବୈଜ୍ଞାନିକ ନାମ, ବାଇସନ୍ ଆଣ୍ଟିକ୍ୟୁସ୍ (bison antiquus)। ଏମାନଙ୍କର ଜେନସ୍ ବା ପ୍ରଜାତି ବାଇସନ୍ ଓ ଉପପରିବାର (sub- family) ବୋଭିନେ (bovinae)। ଏହାର କୁଜ ଲମ୍ୱା ମେରୁଦଣ୍ଡ ହାଡ ସହାୟତାରେ ମାଂସ ପେଶୀଦ୍ୱାରା ବିରାଟ ଆକରର। ଏହା ସାହାଯ୍ୟରେ ଶୀତଦିନେ ବରଫଗଦାକୁ ଠେଲି ପହଁରି ନିଆଯାଏ। ଏହା ସ୍ନୋପ୍ଲୋ (snow plow) ପରି କାମକରେ। ବିରାଟ ସମତଳଭୂମିରୁ ଘାସ ଓ ଅନାବନା ଗଛ ଖାଇ ସଫାକରି ଦେଉଥିବାରୁ ଅନେକ ପ୍ରାଣୀଙ୍କର ଏହି ସ୍ଥାନ ବାସସ୍ଥଳିରେ ପରିଣତ ହୁଏ। ବାଇସନ୍‌ମାନଙ୍କର ଉ. ଆମେରିକାରେ ପ୍ରତିପାଳନର ଇତିହାସ ଓ ଆମେରିକା ଆଦିବାସୀମାନଙ୍କ ପ୍ରକୃତି ସହିତ ଅଙ୍ଗାଙ୍ଗିଭାବରେ ଜଡିତ। ଆଦିବାସୀମାନଙ୍କର ସଂସ୍କୃତି ସହିତ ବାଇସନ୍‌ମାନଙ୍କର ଅନ୍ତର୍ନିହିତ ସହଯୋଗ ଆଦିବାସୀମାନଙ୍କୁ ଖାଦ୍ୟ, ବସ୍ତ୍ର, ଜାଳେଣି, ଆଶ୍ରୟ ଓ ଯନ୍ତ୍ରପାତି ଯୋଗାଇଥାଏ। ତେଣୁ ସେମାନଙ୍କର ଆଧ୍ୟାତ୍ମିକ ପରିବେଶରେ ବାଇସନ୍‌କୁ କୃତଜ୍ଞତା ଜଣାଇ ଥାଆନ୍ତି। ସେମାନଙ୍କର ଖୁରା ମାଟିରେ ପଡିବା ଦ୍ୱାରା ମାଟି, ଅନ୍ୟ ଉଦ୍ଭିଦବୃଦ୍ଧି ପାଇଁ ସାମୟିକ ଭାବରେ କର୍ଷିତ ହୋଇଯାଏ। ବୀଜ ବିକ୍ଷେପରେ ମଧ୍ୟ ବାଇସନ୍‌ର ଭୂମିକା ରହିଛି। ପରସ୍ପର ସହିତ ସଂଶ୍ଳିଷ୍ଟ ଜୈବ ସମାଜ ଓ ଏହାର ପରିବେଶକୁ ନେଇ ବାଇସନ୍ ଏକୋସିଷ୍ଟମ (ecosystem) ରକ୍ଷା କରିବାରେ ସାହାଯ୍ୟ କରେ। ଏମାନଙ୍କର ହାଡ ଓ ମାଂସରୁ କୁକୁର ମାନଙ୍କର ଖାଦ୍ୟ ପ୍ରସ୍ତୁତ ହୁଏ। ଆମେରିକାରେ ଅନେକ ପୋଷାପ୍ରାଣୀମାନଙ୍କର ଖାଦ୍ୟ ପ୍ରସ୍ତୁତ କରୁଥିବା କଂପାନୀ ଅଛନ୍ତି। ସେମାନେ ମୃତ ବାଇସନକୁ ନେଇ ଅନେକ କାମରେ ଲଗାଇଲାଭବାନ୍ ହୋଇଥାଆନ୍ତି। ଆମେରିକା ବାଇସନ୍‌ମାନେ ପରିପକ୍ୱ ବୟସରେ ୧୬୬୦ ରୁ ୨୦୦୦ କିଲୋଗ୍ରାମ ଓଜନ ହୁଅନ୍ତି ଏବଂ ତଳୁ କାନ୍ଧ ପର୍ଯ୍ୟନ୍ତ ଏମାନଙ୍କର ଉଚ୍ଚତା ୫ ଫୁଟରୁ ୬.୫ ଫୁଟ ପର୍ଯ୍ୟନ୍ତ ହୁଏ। ୟୁରୋପ ମହାଦେଶର ବାଇସନ୍‌ମାନଙ୍କର ବୈଜ୍ଞାନିକ ନାମ ବାଇସନ୍ ଲାଟିଫ୍ରୋନ୍ସ (bison latifrons)। ଏକଦା ୟୁରୋପ ମହାଦେଶରେ ବାଇସନମାନଙ୍କ ସଂଖ୍ୟା ବହୁତ ଥିଲା। ଏବେ ସଂଖ୍ୟା ହ୍ରାସ ପାଇବାରେ ଲାଗିଛି। ଏଣୁ ବାଇସନ୍‌ମାନଙ୍କ ସଂଖ୍ୟା ବିଲୋପ ପ୍ରାପ୍ତ (extinct) ହେଉଛି। କେବଳ କେତେକ ପାର୍କ ଓ ଚିଡିଆଖାନକୁ ଛାଡିଦେଲେ ଏ ବଣୁଆଁ ମଇଁଷିମାନଙ୍କୁ ଦେଖିବାକୁ ମିଳେ ନାହିଁ।

ଉ. ଆମେରିକା ବାଇସନମାନେ ଆମେରିକା, କାନାଡା, ମେକ୍ସିକୋ ଓ ଏହାର ପାର୍ଶ୍ୱବର୍ତ୍ତୀ ଅଂଚଳରେ, ସଂରକ୍ଷଣ କ୍ଷେତ୍ର ଓ ଫାର୍ମମାନଙ୍କରେ ଦେଖିବାକୁ ମିଳନ୍ତି। ଅନେକ ଉତ୍ପାଦକ ବାଇସନ୍‌ର ମାଂସ ସିଧାସଳଖ ମାର୍କେଟମାନଙ୍କରେ ଯୋଗାଇ ଦିଅନ୍ତି। ବଡ଼ ବଡ଼ ହୋଟେଲ ଓ ରେଷ୍ଟୁରାଣ୍ଟରେ ଏହି ମାଂସର ଚାହିଦା ଥାଏ। ଉତ୍ତର ଆମେରିକାର ବାଇସନ୍‌ମାନେ ଚମକୁ ନରମ ରଖିବା ପାଇଁ କାଦୁଅ, ବାଲି ପାଣିରେ ଗଡି ଆନନ୍ଦ ଉପଭୋଗ କରନ୍ତି, ଏହାକୁ ୱ୍ୱାଲୋଇଂ (wallowing) କହନ୍ତି। ସମୟ ସମୟରେ ଦୈନିକ ପାଞ୍ଚ ହଜାର ପର୍ଯ୍ୟନ୍ତ ବାଇସନ୍ ମାରିବାକୁ ହୋଇଥାଏ। ବାଇସନ୍ ଶିକାର କରିବା ଧନୀ ଲୋକମାନଙ୍କର ଏକ ଲୋକପ୍ରୀୟ ସ୍ପୋର୍ଟସ୍ ବା ଖେଳ ପରି। ତଥାପି ବର୍ତ୍ତମାନ ସୁଦ୍ଧା ପ୍ରାୟ ପାଞ୍ଚ ଲକ୍ଷ ବାଇସନ୍ ଉତ୍ତର ଆମେରିକାରେ ଥାଇ ପାରନ୍ତି।

ବାଇସନ୍ ବା ଗୟଳମାନେ ତୃଣଭୋଜୀ। ଘାସ ଖାଇବା ବା ଚରିବା ଏମାନଙ୍କର କାମ। କିନ୍ତୁ ଏମାନଙ୍କର ଚରିବା ପ୍ରଣାଳୀ ଗାଈମାନଙ୍କ ପରି ନୁହେଁ। ସେମାନେ ସକାଳେ ଓ ରାତିରେ ଘାସ ଚରନ୍ତି। ଘାସ ବ୍ୟତୀତ ସନ୍ତସନ୍ତିଆ ସ୍ଥାନରେ ଓ ଅଳ୍ପ ପାଣିଥିବା ସ୍ଥାନରେ ଥିବା ଘାସ ଓ ଘାସ ସଦୃଶ ଉଦ୍ଭିଦ ମଧ୍ୟ ଗୟଳମାନେ ଖାଆନ୍ତି। ସେମାନଙ୍କର ବଡ଼ ମୋଟା କର୍କଶ ଜିଭ ଥାଏ। ଘାସବୁଦାର ଚାରିକଡେ

ସେହି ଲମ୍ବା ଜିଭକୁ ଗୁଡ଼ାଇ ଆଣନ୍ତି। ଜିଭ ଓ ତଳ ଦାନ୍ତମାନଙ୍କ ସାହାଯ୍ୟରେ ଘାସବୁଦା (tuft of grasses) କୁ ସଙ୍କୁଚିତ କରି ଝିଙ୍କି ଆଣନ୍ତି ଏବଂ ସେ ସମସ୍ତ ଘାସକୁ ଗିଳିଦିଅନ୍ତି। ଗାଈମାନଙ୍କ ପରି ଏମାନଙ୍କର ମଧ୍ୟ ପାକସ୍ଥଳୀରେ ଚାରୋଟି ପ୍ରକୋଷ୍ଠ ଥାଏ। ହଜମ କରିବା ପ୍ରକ୍ରିୟା ମଧ୍ୟ ସମାନ। ମାତ୍ର ଚରିବା ବେଳେ ପୁଳାଏ ପୁଳାଏ ଘାସ ପାଟିକୁ ନେଇ ପାରନ୍ତି, ଯାହା ଗାଈଗୋରୁମାନେ କରି ପାରନ୍ତି ନାହିଁ। ଚରିବା ପ୍ରଣାଳୀ ଆମେରିକା, ୟୁରୋପ ଓ ଏସିଆ ବା ଭାରତୀୟ ଗୟଳମାନଙ୍କର ପ୍ରାୟ ସମାନ। ଟାଣୁଆମୁଣ୍ଡ ଓ କୁଜ, ଘାସ ଓ ଘାସବୁଦା ଉପରୁ ବରଫ ସଫା କରିବାରେ ନିୟୋଜିତ ହୁଏ। ପ୍ରଜନନ ସମୟରେ ପୁରୁଷ ସ୍ତ୍ରୀ-ଗୟଳ ମୁଣ୍ଡଦ୍ୱାରା ସ୍ନେହରେ ମରାମରି ଠେଲାପେଲା ହୁଅନ୍ତି।

ଭାରତରେ ଥିବା ଗୟଳମାନଙ୍କୁ ଭାରତୀୟ ଗୟଳ (indian bison) କୁହାଯାଏ। ପ୍ରାଣୀ ବିଜ୍ଞାନ ଅନୁସାରେ ଏମାନଙ୍କର ନାମ "ବୋସ୍ ଗାଉରସ୍" (bos gaurus)। ଏମାନେ "ଗାଉର" ଭାବରେ ବିଶେଷ ପରିଚିତ। ଭାରତ ବ୍ୟତୀତ ଏହି ଜାତିର ଗୟଳମାନେ ଦକ୍ଷିଣ ଓ ଦକ୍ଷିଣ ପୂର୍ବ ଏସିଆର ଅନେକ ଦେଶରେ ଯଥା ଭୁଟାନ୍, କାମ୍ବୋଡ଼ିଆ, ଚାଇନା, ଲାଓ (Lao), ମାଳଏସିଆ, ବ୍ରହ୍ମଦେଶ ଓ ନେପାଳରେ ବାସ କରନ୍ତି। ପରିପକ୍ୱ ବୟସରେ ଏମାନଙ୍କର ହାରାହାରି ଓଜନ ୮୦୦ କିଲୋଗ୍ରାମ ହୋଇଥାଏ।

ସବୁଠାରୁ ବଡ଼ ଓ ଡେଙ୍ଗା ଭାରତୀୟ ଗୟଳର କେବଳ ଓ ଏକମାତ୍ର ପ୍ରାକୃତିକ ବାସସ୍ଥାନ ଭାରତରେ ଥିବାରୁ ଆମେ ଗୌରବାନ୍ୱିତ ମନେ କରିବା ଉଚିତ୍। ଭାରତୀୟ ଗୟଳମାନେ ଚିଡ଼ିଆଖାନାମାନଙ୍କରେ ହାରାହାରି ୨୦ ବର୍ଷ ଯାଏ ବଞ୍ଚି ରହନ୍ତି। ଭାରତୀୟ ଗୟଳମାନେ ପରିଣତ ବୟସରେ ପ୍ରାୟ ୧୦୦୦ କିଲୋଗ୍ରାମ ପର୍ଯ୍ୟନ୍ତ ହୋଇଥାଆନ୍ତି। ଏମାନଙ୍କର ସଂଖ୍ୟା ୧୨ ହଜାରରୁ ୨୨ ହଜାର ପର୍ଯ୍ୟନ୍ତ ଥିବାର ଅନୁମାନ କରାଯାଏ।

ମଇଁଷି ଗୋଠପରି ଗୟଳମାନଙ୍କର ଗୋଠଥାଏ। ଗୋଟିଏ ଗୋଟିଏ ଗୋଠରେ ୧୦ ରୁ ୧୫ ଟି ପର୍ଯ୍ୟନ୍ତ ଗୟଳ ରହନ୍ତି। ଗୋଠଗୁଡ଼ିକ ଜଣେ ଜଣେ ପ୍ରଭାବଶାଳୀ ବୟସ୍କା ମାଈଗୟଳଦ୍ୱାରା ପରିଚାଳିତ ହୁଏ। ପରିବାରରେ ନାରୀର ସଂପୂର୍ଣ୍ଣ ଆଧିପତ୍ୟ ଥାଏ ଏବଂ ପ୍ରତ୍ୟେକ ଦଳ ଗୋଟିଏ ଗୋଟିଏ ନାରୀ ଶାସିତ (matriarchy) ଦଳ ଭାବରେ କାର୍ଯ୍ୟ କରେ।

ଗୟଳମାନେ ମନୁଷ୍ୟର ବିଶେଷ କ୍ଷତି କରନ୍ତି ନାହିଁ। ମାତ୍ର ବହୁତ ଆକ୍ରମଣାତ୍ମକ। କେତେକ ଗୟଳ ସାଥି ପ୍ରାଣୀମାନଙ୍କ ପାଇଁ ଭୟଙ୍କର। ଅନେକ

ସମୟରେ ସେମାନେ ଗୋରୁମାନଙ୍କ ସହିତ ମିଶି ଚରନ୍ତି ଏବଂ ବେଳେ ବେଳେ ମରାମରି ହୋଇ ଗୟଳ, ଗାଈକୁ ମାରି ଦେବାର ଶୁଣାଯାଏ। ଏହାକୁ ସମ୍ଭବତଃ ସବୁଠାରୁ ବିପଦଜନକ ପ୍ରାଣୀ ବୋଲି ମନେକରାଯାଏ। ଏଭଳି ଏକ ବଳଶାଳୀ ବୃହତ୍ ପ୍ରାଣୀକୁ ବିପଦଜନକ ନୁହେଁ ବୋଲି ଭାବିବା ଉଚିତ୍ ନୁହେଁ। ସଫାରୀଗାଡି ବା ଜିପ୍‌ରେ ବୁଲି ନିରାପଦରେ ଦେଖିହେବ।

୧୯୮୬ ମସିହାରେ, ଜେ.ୟୁ.ସି.ଏନ୍, ଭାରତୀୟ ଗାଉର୍ ବା ଗୟଳମାନଙ୍କୁ ବିଲୋପୋନ୍ମୁଖ ପଶୁଭାବେର ଘୋଷଣା କରିଛନ୍ତି। ସଂରକ୍ଷିତ ବଣମାନଙ୍କରେ ଏହି ଗୟଳମାନଙ୍କୁ ସୁରକ୍ଷା ବଳୟ ମଧ୍ୟରେ ରଖାଯାଇଛି। ଭାରତର ନଗରହୋଲ୍, ବଳୀପୁର, ମାସିନାଗୁଡି, କାବିନି ଓ ବି.ଆର୍. ହିଲ୍‌ରେ ଏହି ଗୟଳମାନେ ଅଛନ୍ତି।

ଭାରତୀୟ ଗୟଳମାନେ ବ୍ୟାପକ ଭାବରେ ଭାରତର ପଶ୍ଚିମଘାଟ ପର୍ବତମାଳାରେ ବାସ କରୁଛନ୍ତି। ଏହି ଗୟଳମାନେ ଶୁଷ୍କ, ବାର୍ଷିକ ପତ୍ରଝଡା ଦେଉଥିବା ଗଛର ବଣମାନଙ୍କରେ, ଚିର-ସବୁଜ ବଣମାନଙ୍କରେ ଓ ଆର୍ଦ୍ର ପତ୍ରଝଡା ଦେଉଥିବା ବଣମାନଙ୍କରେ ପ୍ରାୟତଃ ବାସ କରନ୍ତି। ହିମାଳୟରେ ସମୁଦ୍ର ପତ୍ତନଠାରୁ ୬୦୦୦ ଫୁଟରୁ ଅଧିକ ଉଚ୍ଚରେ ଗୟଳମାନେ ଦେଖାଯାଆନ୍ତି ନାହିଁ। ଓଡିଶାରେ ଅଭୟାରଣ୍ୟମାନଙ୍କରେ ଗୟଳମାନଙ୍କୁ ସୁରକ୍ଷା ବଳୟ ମଧ୍ୟରେ ରଖାଯାଇଛି।

■

ନୀଳଗାଈ

(Nilgai)

ନୀଳଗାଈ ଗୋଟିଏ ନୀଳ ବା ଆକାଶ ବର୍ଣ୍ଣର ଶିଙ୍ଘଥିବା ରୋମନ୍ଥକ, ସ୍ତନ୍ୟପାୟୀ, ଗାଈ ଜାତୀୟ ପ୍ରାଣୀ, ପରିପକ୍ୱ ଷଣ୍ଢକୁ ବୁଝାଏ। ମାତ୍ର ଗୃହପାଳିତ ନୁହେଁ, ଗୋଟିଏ ବଣୁଆଁ ଷଣ୍ଢ ଓ ସେମାନଙ୍କର ପରିବାର। ନୀଳଗାଈ ଗୋଟିଏ ହିନ୍ଦୁସ୍ଥାନୀ ଶବ୍ଦ, ଯାହା ନୀଳବାଦାମୀ ପରିଣତ ବୟସର ଏହି ଜାତିର ଷଣ୍ଢକୁ ବୁଝାଏ। ବ୍ଲୁ-କାଓ ବାନୀଳ ଗାଈ କେବଳ ପରିପକ୍ୱ ଷଣ୍ଢମାନଙ୍କୁ ବୁଝାଏ। ପ୍ରକୃତ ଗାଈମାନେ ନୀଳ ରଙ୍ଗ ନୁହଁନ୍ତି। ନୀଳ-ଗାଈମାନଙ୍କର ଦେହର ରଙ୍ଗ ବାଦାମୀ ମିଶା କମଳା ରଙ୍ଗ (orange brown)।

ଯେଉଁ ପ୍ରାଣୀମାନେ ହରିଣ ପରି ଦ୍ରୁତଗତିରେ ଧାଇଁ ପାରୁଥିବେ, ହରିଣ ପରି ସରୁ ଓ ପତଳା ଶରୀର ଧାରଣ କରିଥିବେ, ଗୋଡ ଗୁଡିକ ସରୁ ସରୁ ଓ ଲମ୍ୱା ଲମ୍ୱା ହୋଇଥିବ, ସ୍ଥାୟୀ ଭାବରେ ସେମାନଙ୍କର ପୁରୁଷମାନଙ୍କର ଶିଙ୍ଗ ଥିବ, ସେମାନଙ୍କୁ ଆଣ୍ଟିଲୋପ୍ (antilope) କୁହାଯାଏ। ନୀଳଗାଈ ଗୋଟିଏ ଗୋଜାତି ବା ବୋଭିଡେ (bovidae) ଫାମିଲି ବା ପରିବାରର। ନୀଳଗାଈ ଗୋଟିଏ ଆଣ୍ଟିଲୋପ୍,ମାତ୍ର ହରିଣ ଗୋଟିଏ ଆଣ୍ଟିଲୋପ୍ ନୁହେଁ। ହରିଣମାନେ ଗାଈଜାତୀୟ ବା ବୋଭିଡି (bovidae) ଫାମିଲି ବା ପରିବାରର ପ୍ରାଣୀ ନୁହଁନ୍ତି। ହରିଣମାନେ ସର୍ଭିଡି (cervidae) ଫାମିଲିର। ନୀଳଗାଈ ପରି ହରିଣମାନଙ୍କର ସ୍ଥାୟୀ ଶିଙ୍ଗ ନଥାଏ। ସେମାନଙ୍କର ଶିଙ୍ଗ ବା ଆଣ୍ଟେଲରସ୍ ପ୍ରତିବର୍ଷ ଝଡିପଡେ (shed) ଓ ନୂଆ ଶିଙ୍ଗ ଉଠେ। ହରିଣର ଶିଙ୍ଗ ଦୋକେନା ବା ବହୁକେନା ବିଶିଷ୍ଟ ହୋଇଥାଏ। ନୀଳଗାଈର ଶିଙ୍ଗରେ କେନା

ନଥାଏ। ନୀଳଗାଈ ଗୋଜାତିର ଅଣ୍ଡିରାମାନଙ୍କର ଶିଙ୍ଗ ସରୁ ଓ ପତଳା, ମୁଣ୍ଡରେ ସ୍ଥାୟୀ ଭାବରେ ଥାଏ। ଏହି ଶିଙ୍ଗ ଉପରକୁ ଓ ପଛଆଡକୁ ଯାଇଥାଏ। ନୀଳଗାଈ ଓ ହରିଣର ଚମଡ଼ାରେ ମଧ୍ୟ ତାରତମ୍ୟ ରହିଛି।

ବଳିଷ୍ଠ ଟାଣୁଆ ସରୁ ଗୋଡ ଥିବା ଆଣ୍ଟିଲୋପ ନୀଳଗାଈର ପଛପଟ ଗଡାଣିଆ ହୋଇଥାଏ, ବେକ ଗଭୀର ଓ ଗଳାପାଖରେ ଧଳା ପଟି ବା ପ୍ୟାଚ ଥାଏ। ଲୋମର ଏକ କ୍ଷୁଦ୍ର କେଶର (mane) ପଛପଟେ ଓ ପିଠିର ଧାରେ ଧାରେ ବେକ ପର୍ଯ୍ୟନ୍ତ ଲମ୍ବିଥାଏ। ଦୁଇଟି ଲେଖାଏଁ ଧଳା ଗୋଲେଇ ଦାଗ (spot) ମୁହଁ, କାନ, ଗାଲ, ଓଠ ଓ ଚିବୁକରେ ଥାଏ। ଏମାନଙ୍କର ମୋଟା ବେକରେ ଅର୍ଦ୍ଧବୃତ୍ତାକାରରେ କଳା ବାଳ ଓହଳି ଥାଏ, ଯାହାକୁ କେଶର କୁହାଯାଉଛି।

ଏସିଆ ମହାଦେଶର ସବୁଠାରୁ ବୃହତ୍ ଆଣ୍ଟିଲୋପ, "ନୀଳଗାଈ"। ଏହାର ପ୍ରାଣୀ ବିଜ୍ଞାନରେ ବୈଜ୍ଞାନିକ ନାମ "ବୋଷଲାଫସ୍ ଟ୍ରାଗୋକାମେଲସ୍" (boselaphus tragocamelus)। ଅନ୍ୟ ଆଣ୍ଟିଲୋପମାନଙ୍କ ପରି ଅଣ୍ଡିରା ଓ ମାଈ ନୀଳଗାଈମାନେ ପରିଣତ ବୟସରେ ଦୈହିକ ଭାବରେ ଭିନ୍ନ ପ୍ରକାର ଦେଖାଯାଆନ୍ତି। ନୀଳଗାଈମାନଙ୍କର ଦୃଷ୍ଟିଶକ୍ତି ଓ ଶ୍ରବଣ ଶକ୍ତି ଅତ୍ୟନ୍ତ ପ୍ରଖର। ମାତ୍ର ଘ୍ରାଣ ଶକ୍ତି ନିମ୍ନମାନର। କୌଣସି ପଦାର୍ଥକୁ ଶୁଙ୍ଘି ଭଲଭାବରେ ଜାଣି ପାରନ୍ତି ନାହିଁ। ନୀଳଗାଈମାନଙ୍କୁ ପ୍ରକାର ଗତ ଭାବରେ ଗୃହପାଳିତ କରାଯାଇ ପାରିବ, ମାତ୍ର ଏମାନେ ଭୟଙ୍କର ଭୟାଳୁ। ସାମାଜିକ ଦୃଷ୍ଟିରୁ ପୋଷାମନାଇବାର କିଛି ଆବଶ୍ୟକତା ନଥାଏ।

ସାଧାରଣ ଗାଈ ବା ଷଣ୍ଢମାନଙ୍କ ଠାରୁ ନୀଳଗାଈମାନେ ଯଥେଷ୍ଟ ବଡ଼। ନୀଳଗାଈ ବା ଷଣ୍ଢମାନେ ପରିଣତ ବୟସରେ ହାରାହରି ୫ ଫୁଟ ଡେଙ୍ଗା ଓ ୩୦୦ କିଲୋଗ୍ରାମ ଓଜନ ହୋଇଥାଆନ୍ତି। ଏହି ଜାତିର ଗାଈମାନଙ୍କର ସେହି ବୟସରେ ହାରାହାରି ଓଜନ ୨୧୪ କିଲୋଗ୍ରାମ ହୁଏ।

ନୀଳଗାଈମାନେ ଗୋଠରେ ରହନ୍ତି। ଗୋଠଗୁଡିକ ଛୋଟ ଛୋଟ। ଗୋଟିଏ ଗୋଟିଏ ଗୋଠରେ ୧୦/୧୨ଟି ପ୍ରାଣୀ ରହନ୍ତି। ଗାଈମାନଙ୍କର ଶିଙ୍ଗ ଉଠେ ନାହିଁ। କେବଳ ପୁରୁଷମାନଙ୍କର ଶିଙ୍ଗ ଥାଏ। ଗାଈ ବା ମଇଁଷି ଗୋଠ ପରି ଏମାନଙ୍କ ଗୋଠରେ ସବୁ ବୟସର ଓ ଲିଙ୍ଗର ପ୍ରାଣୀ ମିଶିକରି ଥାଆନ୍ତି। ଦଳର ଦଳପତି ଜଣେ ଅଣ୍ଡିରା ନୀଳଗାଈ ହୋଇଥାଏ। ସେ ସବୁଠାରୁ ପ୍ରଭାବଶାଳୀ, ବଳବାନ ଓ ବୟସ୍କ ହୋଇଥାଏ। ଗାଈର କ୍ଷୀର, ତାର ବାଛୁରି ପାଇଁ ଯଥେଷ୍ଟ। ଏଣୁ ନୀଳଗାଈ ଦୁଧର ରାସାୟନିକ ଗଠନ ସଂପର୍କରେ ଅନୁଧ୍ୟାନ କରାଯାଇନାହିଁ।

ହିନ୍ଦୁମାନେ ନୀଳଗାଈ ଜାତିର ଗାଈ ଓ ଷଣ୍ଢମାନଙ୍କୁ ଗୋମାତା ଭାବରେ ପବିତ୍ରମନେ କରନ୍ତି ଓ ପୂଜା କରନ୍ତି। ଗୋହତ୍ୟା ପରି ଏମାନଙ୍କୁ ବଧ କରିବା ପାପକାର୍ଯ୍ୟବୋଲି ମନେକରନ୍ତି। ଶଙ୍କର ଜର୍ସି ଓ ହଲଷ୍ଟିନ୍ ଯୁଗରେ ଦୁଗ୍ଧ ପାଇଁ ଏମାନଙ୍କୁ ଗୃହପାଳିତ କରି ରଖିବାର ଆବଶ୍ୟକତା ନଥାଏ। ଏଣୁ ଏମାନଙ୍କର ସଂଖ୍ୟା ବୃଦ୍ଧି ପ୍ରତ୍ୟେକ ରାଜ୍ୟ ବା ଦେଶର ମୁଣ୍ଡବ୍ୟଥାର କାରଣ ହୋଇଛି। ମାତ୍ର ସ୍ୱଳ୍ପ ସଂଖ୍ୟକ ନୀଳଗାଈ ଚିଡିଆଖାନାରେ ରଖିବାର ଆବଶ୍ୟକତା ରହିଛି।

ନୀଳଗାଈମାନଙ୍କର ପ୍ରଜନନର ନିର୍ଦ୍ଦିଷ୍ଟ ଋତୁ କିଛି ନାହିଁ। କିନ୍ତୁ ଡିସେମ୍ବର ମାସରୁ ମାର୍ଚ୍ଚମାସ ମଧ୍ୟରେ ସବୁଠାରୁ ବେଶି ଗାଈ ଛୁଆ ଜନ୍ମ କରି ଥାଆନ୍ତି। ଗାଈମାନେ ୩ ବର୍ଷରେ ଯୌନ ପରିପକ୍ୱତା ଲାଭ କରିଥାଆନ୍ତି। ପୁରୁଷ ନୀଳଗାଈମାନେ ୪ ରୁ ୫ ବର୍ଷ ମଧ୍ୟରେ ପ୍ରଜନନକ୍ଷମ ହୋଇଥାଆନ୍ତି। ଗର୍ଭଧାରଣ ସମୟ ୮ ରୁ ୯ ମାସ। ସାଧାରଣତଃ ଗୋଟିଏ ଛୁଆ ଜନ୍ମ ଦିଅନ୍ତି। ଯାଆଁଳା ଛୁଆ ଜନ୍ମ ହେବା କ୍ୱଚିତ୍ ଦେଖାଯାଏ। ୧୦ ମାସ ବୟସରେ ଛୁଆ ମାଆ ଠାରୁ ଅଲଗା ରହେ। ମା ଦୁଧ ଉପରେ ଆଉ ନିର୍ଭର କରେ ନାହିଁ।

ନୀଳଗାଈମାନେ ଭାରତ, ନେପାଳ ଓ ପାକିସ୍ଥାନରେ ବହୁସଂଖ୍ୟାରେ ଅଛନ୍ତି। ଭାରତରେ ମଧ୍ୟପ୍ରଦେଶ, ରାଜସ୍ଥାନ, ଆସାମ, ଓଡିଶା ଓ ଉତ୍ତର ପ୍ରଦେଶରେ ଏହି ଆଣ୍ଟିଲୋପ୍‌ମାନେ ଥିବାର ଦେଖାଯାଏ। ପ୍ରାୟ ୧୦,୦୦୦ ନୀଳଗାଈ ଭାରତରେ ଥିବାର ଅନୁମାନ କରାଯାଏ। ଏମାନଙ୍କର ସଂଖ୍ୟା ଏପରି ବଢିଯାଇଛି ଯେ ପ୍ରତ୍ୟେକ ରାଜ୍ୟ ନିଜ ରାଜ୍ୟରୁ ଏମାନଙ୍କୁ ବହିଷ୍କାର କରିବା

ପାଇଁ ଉଦ୍ୟମ କରୁଛନ୍ତି । ନିକଟରେ ବିହାରରୁ କିଛି ସଂଖ୍ୟକ ନୀଳଗାଈ ବହିଷ୍କାର କରାଯାଇଛି ।

ଏହି ଆଣ୍ଟିଲୋପ୍‌ମାନଙ୍କର ସଂଖ୍ୟା ଉତ୍ତର ଭାରତରେ ବହୁ ସଂଖ୍ୟାରେ ଦେଖାଯାଏ । ଯେଉଁ ଅଞ୍ଚଳରେ ଛୋଟ ଛୋଟ ବୁଦା ଥାଏ, ଗୁଳ୍ମ ଓ ଘାସର ବଣ ଥାଏ, ଇତସ୍ତତଃ ଛୋଟ ଛୋଟ ଗଛ ଉଠିଥାଏ, ସେପରି ବଣରେ ବା ସ୍ଥାନରେ ନୀଳଗାଈମାନେ ରହିବା ପାଇଁ ସୁବିଧା ମନେ କରନ୍ତି । ଏମାନଙ୍କର ଇଲାକା ଭାରତର ଉତ୍ତରପୂର୍ବ ସୀମାଠାରୁ ପଶ୍ଚିମରେ ପାକିସ୍ଥାନ ସୀମା ପର୍ଯ୍ୟନ୍ତ ବିସ୍ତୃତ ।

ଗାଈଗୋରୁ ପରି ନୀଳଗାଈମାନେ ତୃଣଭୋଜୀ ଓ ଫଳାହାରୀ । ଏମାନେ ଘାସ ଓ ବୁଦାମାନଙ୍କରେ ଚରିବା ସହିତ ପତ୍ର, ମଞ୍ଜି ଫୁଲ, ଫଳ, କାଣ୍ଡ ଓ କଅଁଳିଆ କଢି ଖାଇଥାଆନ୍ତି । ଏମାନେ ବିଭିନ୍ନ ପ୍ରକାର ଜମିର ଶୁଷ୍କ ଅଞ୍ଚଳରେ ବାସ କରନ୍ତି । ସେମାନେ ତୃଣଭୂମି, ଷ୍ଟେପି ଉଡ୍‌ଲ୍ୟାଣ୍ଡସ୍ ଓ ପାହାଡିଆ ସ୍ଥାନରେ ମଧ୍ୟ ରହନ୍ତି । ହିମାଳୟର ପାର୍ବତ୍ୟ ଅଞ୍ଚଳ ଓ ମହୀଶୂରର ଦକ୍ଷିଣାଞ୍ଚଳରେ ନୀଳଗାଈମାନେ ଅଛନ୍ତି । ହରିଣପରି ନୀଳଗାଈମାନେ ଦ୍ରୁତଗତିରେ ଦଉଡି ପାରନ୍ତି । ଏମାନେ ଘଣ୍ଟାକୁ ୪୬ କିଲୋମିଟର ବେଗରେ ଦୌଡି ପାରନ୍ତି । ବିପଦ ପଡିଲେ ଆହୁରି ଦ୍ରୁତଗତିରେ ଦୌଡନ୍ତି ଏବଂ ବିକଟାଳ ଶବ୍ଦ କରି ଅନ୍ୟମାନଙ୍କୁ ସତର୍କ କରି ଦିଅନ୍ତି ।

ଚମରୀ ଗାଈ

(Yak)

ତିବ୍‌ବତ ଓ ତାର ପାର୍ଶ୍ୱବର୍ତ୍ତୀ ପାହାଡ଼ିଆ ଉଚ୍ଚଭୂମିରେ ବାସକରୁଥିବା ବଡ଼ ଆକାରର, ଲମ୍ବା ସିଲ୍‌କପରି ଲୋମଦ୍ୱାରା ଆବୃତ, ସାଇକେଲ୍ ହ୍ୟାଣ୍ଡଲ (handlebar) ପରି ଶିଙ୍ଗ ଥିବା ଗୋ-ଜାତୀୟ ପ୍ରାଣୀ, ଯାହାର ଗୋଡ ଗୁଡ଼ିକ ଛୋଟ ହୋଇଥିବାରୁ ନିମ୍ନାଂଶ ତଳକୁ ଓହଳି ଥାଏ। ଗୋ-ଜାତୀୟ ଅର୍ଥ ଗୋରୁ, ଗାଈ ବା ମଇଁଷିମାନଙ୍କ ପରି ଏମାନେ ବୋଭାଇନ୍ (bovine) ଫାମିଲି ବା ପରିବାରର। ଏହି ଗାଈ ବା ଗାଈ ପରିବାର, ଅନେକ ପରିବାରରେ ଗୃହପାଳିତ ହୋଇ ରହିଛି, ଏବଂ ଆଉ କେତେକ ସ୍ଥାନୀୟ ବଣ ଭିତରେ ବାସକରନ୍ତି। ଯେଉଁମାନେ ଗୃହପାଳିତ ସେମାନଙ୍କୁ ଡୋମେଷ୍ଟିକେଟେଡ଼ ୟାକ୍ (domesticated yak) କୁହାଯାଏ। ଯେଉଁମାନେ ବଣରେ ଅଛନ୍ତି, ସେମାନଙ୍କୁ ୱାଇଲ୍‌ଡ ୟାକ୍ (wild yak) କହନ୍ତି। ଆମ ଗୋରୁଗାଈ ଓ ଚମରୀ ଗାଈମାନଙ୍କ ମଧ୍ୟରେ ପାର୍ଥକ୍ୟ ଏତିକି ଯେ ଚମରୀ ଗାଈ ବା ଷଣ୍ଢମାନେ ସମୁଦ୍ରପତ୍ତନଠାରୁ ବହୁ ଉଚ୍ଚରେ ବାସ କରୁଥିବାରୁ ପରିବେଶ ଓ ପରିସ୍ଥିତିକୁ ଦୃଷ୍ଟିରେ ରଖି ଏମାନଙ୍କର ଗଠନଗତ ପାର୍ଥକ୍ୟ ରହିଛି। ଚମରୀଗାଈମାନେ ବରଫ ପଡୁଥିବା ଶୀତପ୍ରଧାନ ଅଞ୍ଚଳରେ ବାସ କରନ୍ତି। ଗାଈପରି ତୃଣଭୋଜୀ ହେଲେ ମଧ୍ୟ ଘାସ ଉପରେ ପଡିଥିବା ବରଫକୁ ସଫାକରି ଘାସ ଚରିବାକୁ ହୋଇଥାଏ। ମରୁଭୂମି ଅଞ୍ଚଳରେ ବାସକରୁଥିବା ଲୋକମାନଙ୍କର ଜୀବନ ନିର୍ବାହ କରିବା ପାଇଁ ଓଟ ଯେପରି ଅପରିହାର୍ଯ୍ୟ, ତିବ୍ବତ ଓ ତାର ନିକଟବର୍ତ୍ତୀ ଅଞ୍ଚଳରେ ବାସକରୁଥିବା ଲୋକମାନଙ୍କ ପାଇଁ ଚମରୀଗାଈ ସେହିପରି ଏକାନ୍ତ ଆବଶ୍ୟକ।

ବଣୁଆ ଚମରୀଗାଈର ବୈଜ୍ଞାନିକ ନାମ ବୋସ୍ ମ୍ୟୁଟସ୍ (Bos mutus) ଓ ଗୃହପାଳିତ ଚମରୀଗାଈର ବୈଜ୍ଞାନିକ ନାମ ବୋସ୍ ଗ୍ରୁନ୍ନିନେସ୍ (Bos grunniens) । ପ୍ରାଣୀବିଜ୍ଞାନୀମାନଙ୍କ ମତରେ ଗୃହପାଳିତ ଚମରୀଗାଈମାନଙ୍କର ବଣୁଆ ଚମରୀଗାଈମାନେ ପୂର୍ବ ପୁରୁଷ (ancestor) ଥିଲେ । ଚମରୀଗାଈମାନେ ଦେଖିବାକୁ ସୁନ୍ଦର ଦେଖାଯାଆନ୍ତି । ଜଣେ ଜଣେ ସ୍ତ୍ରୀ-ଲୋକ ଦୂରରୁ ଅତି ସୁନ୍ଦର ଦେଖାଯାଆନ୍ତି, ମାତ୍ର ପାଖରୁ ଦେଖିଲେ ସେତେ ସୁନ୍ଦର ବୋଲି ଜଣାପଡନ୍ତି ନାହିଁ । ଜଣେ ପର୍ଯ୍ୟବେକ୍ଷକଙ୍କ ଭାଷାରେ ଚମରୀଗାଈ ଦୂରରୁ ସୁନ୍ଦର ଦେଖାଯାଏ, ମାତ୍ର ପାଖରୁ ଦେଖିଲେ ସେତେ ସୁନ୍ଦର ଦେଖାଯାଏ ନାହିଁ । ଏମାନଙ୍କର ଶିଙ୍ଗ ଯେପରି ଟାଣୁଆ, ଖୁରା ମଧ୍ୟ ପାହାଡିଆ ସ୍ଥାନରେ ବରଫ ଉପରେ ଚାଲିବା ପାଇଁ ସେପରି ଶକ୍ତିଶାଳୀ । ବଣୁଆ ଚମରୀଗାଈମାନେ ତିବ୍ଦତର ଶୀତଳ ମରୁଭୂମି, ତୁନ୍ଦ୍ରା ତୃଣଭୂମି ଓ ଆଲ୍‌ପାଇନ୍ ପାର୍ବତ୍ୟ ଅଞ୍ଚଳରେ ସମୁଦ୍ରପତ୍ତନ ଠାରୁ ୪୦୦୦ ରୁ ୬୧୦୦ ମିଟର ଉପରେ ବାସ କରନ୍ତି । ଗତ ତିନି ଦଶନ୍ଧି ମଧ୍ୟରେ ଗଣନା ଅନୁସାରେ ପ୍ରାୟ ୩୦ ପ୍ରତିଶତ ଚମରୀଗାଈମାନଙ୍କର ସଂଖ୍ୟା ହ୍ରାସ ପାଇଛି । ୧୯୯୫ ମସିହାରେ ଚମରୀଗାଈ ଗଣନା ଅନୁସାରେ ମାତ୍ର ୧୫,୦୦୦ ଚମରୀଗାଈ ଥିବାର ଗଣନାରୁ ଜଣା ପଡିଛି ।

ଅନ୍ୟ ଯେକୌଣସି ସ୍ତନ୍ୟପାୟୀ ପ୍ରାଣୀମାନଙ୍କଠାରୁ କେବଳ ଚମରୀଗାଈମାନେ ସମୁଦ୍ରପତ୍ତନଠାରୁ ଏତେ ଉଚ୍ଚତାରେ ରହିପାରିବେ। ବର୍ତ୍ତମାନ ତିବ୍ବତ ବ୍ୟତୀତ ପାର୍ଶ୍ୱବର୍ତ୍ତୀ ଅଞ୍ଚଳମାନଙ୍କରେ ଏମାନେ ବାସକରୁଛନ୍ତି। କେନ୍ଦ୍ରୀୟ ଏସିଆମହାଦେଶ, ଚାଇନା, ମଙ୍ଗୋଲିଆ ଓ ନେପାଳରେ ବାସକରୁଛନ୍ତି। ବଣୁଆ ଚମରୀ ଗାଈମାନଙ୍କର ପ୍ରାଥମିକ ପ୍ରାକୃତିକ ବାସସ୍ଥାନ ସମୁଦ୍ରପତ୍ତନଠାରୁ ୩୦୦୦ ରୁ ୫୫୦୦ ମିଟର ଉଚ୍ଚତାରେ ବୃକ୍ଷହୀନ ତୃଣଭୂମି ଅଞ୍ଚଳରେ। ନେପାଳ ଓ ଭୁଟାନ୍‌ର ଚମରୀଗାଈମାନେ ହିମାଳୟର ଦକ୍ଷିଣ ଗଡାଣିଆ ସ୍ଥାନରେ ଓ ଭାରତରେ ଏହି ଗାଈମାନେ ସିକିମ୍‌ର କ୍ଷୁଦ୍ର ଇଲାକାରେ ଓ ଉତ୍ତରାଞ୍ଚଳର ଉଚ୍ଚ ସ୍ଥାନମାନଙ୍କରେ ରହନ୍ତି। ଚମରୀଗାଈର ଅନ୍ୟ ରହିବାସ୍ଥାନ ଆଫଗାନିସ୍ଥାନର ଆଲପାଇନ ଓ ପାକିସ୍ଥାନ। ଏହି ଅଞ୍ଚଳ କୁଇନଘାଇ ତିବ୍ବତ୍ ମାଳଭୂମିର ନିକଟବର୍ତ୍ତୀ। ବଣୁଆ ଚମରୀଗାଈମାନେ ତିବ୍ବତର ମାଳଭୂମିରେ ବିକ୍ଷିପ୍ତ ଭାବରେ ଥିବାର ଦେଖାଯାଏ। ଗୃହପାଳିତ ଚମରୀଗାଈମାନେ ଭାରତ ଉପମହାଦେଶରେ ଉତ୍ତର ବ୍ରହ୍ମଦେଶ, ୟୁନାନ୍ ଓ ତିବ୍ବମାଳଭୂମିରେ ରହିଥାଆନ୍ତି।

ଚମରୀଗାଈମାନେ ତୃଣଭୋଜୀ। ମୁଖ୍ୟତଃ ଘାସ, ବୁଦା, ବଣୁଆ ଫୁଲ ଶୈବାଳ ଓ ଶୈବାଳ ଜାତୀୟ ଉଭିଦ ଲିଚେନ୍, ସନ୍ତସନ୍ତିଆ ସ୍ଥାନ ବା ଅଳ୍ପ ପାଣିରେ ଉଠିଥିବା ଘାସ, କନ୍ଦମୂଳ ଓ ସ୍ଥୁଳକାଣ୍ଡ ଏମାନଙ୍କ ଖାଦ୍ୟର ଅନ୍ତର୍ଭୁକ୍ତ। ବଣୁଆ ଚମରୀ ଗାଈମାନେ ଋତୁ ଅନୁସାରେ ଉପର ବା ତଳ ସମତଳକୁ ଖାଦ୍ୟ ଅନ୍ୱେଷଣରେ ଯାଆନ୍ତି। ନିମ୍ନସମତଳ ଭୂମିରେ ଖାଦ୍ୟ ଶେଷହୋଇ ଆସିଲେ ବା ବେଶି ଗରମ ଅନୁଭୂତ ହେଲେ, ସେମାନେ ଉପର ଆଡକୁ ଚଢି ଥାଆନ୍ତି। ନିମ୍ନଭୂମିରେ ସେମାନେ ଭଲ ଘାସ ଓ ଗୁଳ୍ମ ଖାଇବାକୁ ପାଆନ୍ତି। ତିବ୍ବତ୍‌ରେ ଯଦିଓ ଚମରୀଗାଈମାନେ ପ୍ରଥମେ ଗୃହପାଳିତ ଭାବରେ ରହିଥିଲେ, ବର୍ତ୍ତମାନ ଏମାନେ ପାର୍ଶ୍ୱବର୍ତ୍ତୀ ଅନେକ ଅଞ୍ଚଳରେ ଗୃହପାଳିତ ଭାବରେ ଅଛନ୍ତି। ଚମରୀଗାଈମାନଙ୍କର ମଜଭୂତ ଶିଙ୍ଘ ଘାସଉପରୁ ବରଫ ସଫାକରିବା ବ୍ୟତୀତ, ସେମାନଙ୍କର ପ୍ରତିରକ୍ଷା ପାଇଁ ଦରକାର ହୋଇଥାଏ।

ଗୋଟିଏ ଗାଈଗୋଠ ବା ମଇଁଷି ଗୋଠରୁ ଦୁଗ୍ଧ, ଦହି ଛେନା ଓ ଘିଅ ପ୍ରଭୃତି ଦୁଗ୍ଧଜାତ ଦ୍ରବ୍ୟ, ଗୋବରରୁ ଜାଳେଣୀ ଓ ଜମିକୁ ଉର୍ବର କରିବା ପାଇଁ ଜୈବିକ ଖତ ବା ସାର ଏବଂ ମରିଗଲେ ଚମଡା, ହାଡ ଓ ଶିଙ୍ଘ ବିଭିନ୍ନ କାମରେ ଲାଗିଥାଏ। ଚମରୀଗାଈ ଗୋଠକୁ ଯେଉଁମାନେ ପାଳନ କରିନ୍ତି, ସେମାନଙ୍କୁ ପଶୁପାଳକ (herds man) ବା ଗୋଠ ରକ୍ଷକ (herders) କୁହାଯାଏ। ଏମାନେ ଗୋଟିଏ ଗୋଟିଏ ଗୃହପାଳିତ ଚମରୀ ଗାଈପଲର ସଂପୂର୍ଣ୍ଣ ଦାୟିତ୍ୱ ନିଅନ୍ତି। ଚମରୀଗାଈମାନେ ଜନ୍ମକଲାପରେ ପରେ ଯେଉଁ ଦୁଧ ଦିଅନ୍ତି, ଏହା ମୋଟା ଓ ଦୁଧ ସାମାନ୍ୟ ନାଲି

ଦେଖାଯାଏ। ଏହାକୁ ବିଷ୍ଟିଂ (beasting) କହନ୍ତି। ଏହାକୁ ବାଛୁରୀ ମନଭରି ପିଇବା ଉଚିତ ଓ ପିଇଥାଏ। ଅଧିକ ଦୁଧକୁ ଛେନା କରି ବ୍ୟବହାର କରାଯାଏ। ଏଥିରେ ପ୍ରୋଟିନ୍ ବହୁତ ଥାଏ। ପ୍ରାୟ ୭/୮ ଦିନ ମଧ୍ୟରେ ଦୁଗ୍ଧ, ଲହୁଣୀ-ଧଳା ବର୍ଣ୍ଣରେ ପରିଣତ ହୁଏ। ସେମାନଙ୍କର ଦୁଧର ରଙ୍ଗ କ୍ରିମି ହ୍ୱାଇଟ୍ (creamy-white)। ଚମରୀ ଗାଈ ଦୁଧର ଲହୁଣୀ (butter), ଖାଦ୍ୟ ରୂପେ, ଦୀପ ଜାଳିବା ପାଇଁ, ଚର୍ମକୁ ମସୃଣ କରିବା ପାଇଁ ଓ ବ୍ୟବହାରିକ ତିବ୍ଦତୀୟ ଭାସ୍କର୍ଯ୍ୟ (sculpture) ର ମାଧ୍ୟମ ଭାବରେ ବ୍ୟବହୃତ ହୁଏ। ଦୁଗ୍ଧ ଓ ଦୁଗ୍ଧଜାତ ଦ୍ରବ୍ୟକୁ ଖାଦ୍ୟଭାବରେ ପ୍ରାୟ ସମସ୍ତେ ବ୍ୟବହାର କରନ୍ତି। ମାଂସ ଅନେକ ଖାଆନ୍ତି। ତେଣୁ ମାଂସ ଓ ମାଂସଜାତ ଦ୍ରବ୍ୟ ଖାଦ୍ୟ ଭାବରେ ବ୍ୟବହୃତ ହୁଏ। ଚମଡ଼ାରୁ ଟୋପି, ଜୋତା ଓ ବ୍ୟାଗ୍ ପ୍ରଭୃତି ପ୍ରସ୍ତୁତ କରାଯାଏ। ସିଲ୍କ୍‌ପରି ଚମଚକିଆ ଲମ୍ବା ଲୋମର ଚାହିଦା ବହୁତ ବେଶି। ଚମରୀ ଗାଈର ଦୁଧ ଘୁଷୁରୀମାନଙ୍କର ଖାଦ୍ୟରୂପେ ବ୍ୟବହୃତ ହୁଏ ଏବଂ ଚମଡାର ପ୍ରକ୍ରିୟାକରଣ (processing) ପାଇଁ ଦରକାର ହୋଇଥାଏ। ଏହିପରି ଚମରୀଗାଈର ପ୍ରତ୍ୟେକ ଅଂଶ ବ୍ୟବହାର ଉପଯୋଗୀ। ଶରୀରର ଭିତରେ ଥିବା ଅଙ୍ଗ ସମୂହ ବା ଭିସ୍‌ସେରା (viscere) ଓ ଖାଦ୍ୟ ରୂପେ ବ୍ୟବହୃତ କଲିଜା ଫୁସ୍‌ଫୁସ୍ ଇତ୍ୟାଦି (offals)ର ମୂଲ୍ୟ ରହିଛି। ଏହାର ଗୋବରକୁ ଖତ ଭାବରେ ଓ ଶକ୍ତିକୁ ଟାଣିବା କାର୍ଯ୍ୟ (drought power) ରେ ବ୍ୟବହାର କରାଯାଏ। ଚମରୀଗାଈ ପାଳକମାନେ ଓ ସେମାନଙ୍କର ପରିବାର ଜୀବନ ନିର୍ବାହ କରିବା ପାଇଁ ଚମରୀଗାଈ ବିକ୍ରିକରିବା ବା ଉତ୍ପାଦକମାନଙ୍କୁ ବିକ୍ରୟକରିବା ଆବଶ୍ୟକ ହୋଇଥାଏ। ବାସ୍ତବରେ ସେପରି ସ୍ଥାନରେ ଚମରୀଗାଈମାନେ ସେମାନଙ୍କର ଭରସା।

ଚମରୀଗାଈମାନଙ୍କର ଆମ ଗାଈମାନଙ୍କ ପରି ପାକସ୍ଥଳୀରେ ଚାରୋଟି ପ୍ରକୋଷ୍ଠ ଥାଏ। ପ୍ରାଣୀଟି ଯେପରି ବଡ଼, ପାକସ୍ଥଳୀର ଆକାର ସେତେବଡ଼ ନୁହେଁ। ରୁମେନ୍‌ର ଆକାର ମଧ୍ୟ ତୁଳନାତ୍ମକ ଭାବରେ ଛୋଟ। ଅନ୍ୟ ଗାଈଗୋରୁମାନଙ୍କ ଠାରୁ ସାଧାରଣତଃ ଚମରୀଗାଈମାନେ କମ୍ ଖାଦ୍ୟରେ ସନ୍ତୁଷ୍ଟ ହୋଇଯାଆନ୍ତି, ସମ୍ଭବତଃ ଏମାନଙ୍କର ରୁମେନ୍‌ର ଧାରଣଶକ୍ତି କମ୍ ହୋଇଥିବାରୁ। ସେମାନେ ସଦ୍ୟ ଉଚ୍ଚମାନର ଘାସ ଖାଇବାକୁ ପସନ୍ଦ କରନ୍ତି। ଉଚ୍ଚ ତାପମାତ୍ରା ଓ ବାସସ୍ଥାନ ଖାଦ୍ୟ ଖାଇବା ପରିମାଣକୁ ହ୍ରାସ କରିଥାଇ ପାରେ। ଏମାନଙ୍କର ରୁମେନ୍ ପାଣି (fluid)ର ବାହାରପଟକୁ ପ୍ରବାହର ପରିମାଣର ହାର ପ୍ରତିଘଣ୍ଟାରେ ୩.୧ ରୁ ୩.୫ ଲିଟର, ଯାହାକି ଗାଈଗୋରୁମାନଙ୍କ ଠାରୁ କମ୍।

କଙ୍ଗାରୁ

(Kangaroo)

କଙ୍ଗାରୁମାନଙ୍କର ପ୍ରଜନନ ପ୍ରକ୍ରିୟାରେ ଏପରି ଏକ ନୂତନତ୍ୱ ରହିଛି, ଯାହା ଅନ୍ୟ ବଣ୍ୟପ୍ରାଣୀମାନଙ୍କ ଠାରେ ପରିଲକ୍ଷିତ ହୁଏ ନାହିଁ। କଙ୍ଗାରୁ ଗୋଟିଏ ମାର୍ସୁପିଆଲ (marsupial) ଜାତିର ପ୍ରାଣୀ। ଅବିକଶିତ ଶିଶୁମାନଙ୍କୁ ରଖିବା ପାଇଁ ମାଈପଶୁର ପେଟରେ ଥଳିଥିବା କଙ୍ଗାରୁପରି ସ୍ତନ୍ୟପାୟୀ ପ୍ରାଣୀମାନଙ୍କୁ ମାର୍ସୁପିଆଲ କୁହାଯାଏ। କଙ୍ଗାରୁ ଗୋଟିଏ ବୃହଦାକାୟ ଅଷ୍ଟ୍ରେଲିଆ ମହାଦେଶର ତୃଣଭୋଜୀ ମାର୍ସୁପିଆଲ, ଯାହାର ଆଗ ଗୋଡ଼ଦୁଇଟି ଛୋଟ ଓ ପଛଗୋଡ ଦୁଇଟି ବହୁତ ଲମ୍ବା ଯାହାଦ୍ୱାରା ସେ ଖୁବ୍ ଜୋର୍‌ରେ କୁଦାମାରିପାରେ (great leaping power) । କଙ୍ଗାରୁର ପେଟ ଉପରେ ଗୋଟିଏ ପକେଟ ଥାଏ, ଯେଉଁଥିରେ ଅପୂର୍ଣ୍ଣାଙ୍ଗ ଶିଶୁ ରହି ପ୍ରତିପାଳିତ ହୁଏ, ଯେପର୍ଯ୍ୟନ୍ତ ସେ ପୂର୍ଣ୍ଣାଙ୍ଗ ହୋଇ ମାଆ ଠାରୁ ଅଲଗା (weaning) ନ ହୋଇଛି।

ସାଧାରଣତଃ ବସନ୍ତକାଳଠାରୁ ଗ୍ରୀଷ୍ମଋତୁର ପ୍ରାରମ୍ଭ ପର୍ଯ୍ୟନ୍ତ କଙ୍ଗାରୁମାନଙ୍କର ପ୍ରଜନନ ଋତୁ। ଏହି ସମୟରେ ଦଳର ପ୍ରତିଦ୍ୱନ୍ଦୀ ପ୍ରତିପତ୍ତିଶାଳୀ ପୁରୁଷକଙ୍ଗାରୁ ସହିତ ସ୍ତ୍ରୀ-କଙ୍ଗାରୁର ସଙ୍ଗମ ସଂଗଠିତ ହୁଏ। ଏହି ମିଳନ ୫୦ ମିନିଟ୍ ପର୍ଯ୍ୟନ୍ତ ରହିଥାଏ। ଏମାନଙ୍କର ସଂଗମ ବାସ୍ତବରେ ଆକର୍ଷଣୀୟ। ସ୍ତ୍ରୀକଙ୍ଗାରୁର ନିୟମିତ ପ୍ରଣାଳୀରେ ସ୍ତ୍ରୀବୀଜ ନିଷ୍କାସିତି ହୋଇଥାଏ ଏବଂ ସଙ୍ଗମ ସମୟରେ ପୁରୁଷବୀଜ ସହିତ ମିଳନ ହୋଇ ଜନ୍ମନଳୀ ବା ବାର୍ଥକେନାଲରେ ଭ୍ରୂଣ ସୃଷ୍ଟିହୁଏ। ଅନ୍ୟ ପ୍ରାଣୀମାନଙ୍କ ପରି ସ୍ତ୍ରୀକଙ୍ଗାରୁର ଜରାୟୁ (uterus) ନଥାଏ। ଏମାନଙ୍କର ଗର୍ଭଧାରଣର ସମୟ ୨୯ ରୁ

୩୮ ଦିନ, ହାରାହାରି ୩୬ ଦିନ। ଏହି ସମୟ ମଧ୍ୟରେ ଛୁଆଟି ଜେଲିବିନ୍ ଆକାରର ହୋଇଥାଏ। ଜନ୍ମ କରିବା ପୂର୍ବରୁ ସ୍ତ୍ରୀକଙ୍ଗାରୁ ମୁଣାଟି ଚଟି ପରିଷ୍କାର କରିଦିଏ, ଗୋଟିଏ ଗଛକୁ ଆଉଜି ରହେ, ପଛ ଗୋଡ଼ ଦୁଇଟି (hind quarters) ଲାଞ୍ଜ ଉପରେ ବିଶ୍ରାମ ନିଏ। ଜନ୍ମିତ ଛୁଆଟି ହାତ ଓ ପାଦରେ ଭରାଦେଇ ମାଆର ମୁଣା ବା ପାଉଚ ଭିତରକୁ ଚାଲିଆସେ। ଏହା ଏକ କଷ୍ଟପ୍ରଦ ଆରୋହଣ। ମାଆର ପାଉଚ ବା ମୁଣା ଭିତରେ ଚାରୋଟି ଚିର (teat) ଥାଏ। ଯେକୌଣସି ଗୋଟିଏ ଚିରରୁ ଛୁଆଟି ଦୁଧ ଶୋଷି ପିଇଥାଏ ଓ ଧୀରେ ଧୀରେ ଶରୀରର ପ୍ରକୃତ ବୃଦ୍ଧି ଘଟିଥାଏ।

ଏହି ଜନ୍ମିତ ଛୁଆକୁ ଜୋଏ (joey) କହନ୍ତି। ଅନ୍ୟ ଛୁଆମାନେ ଜନ୍ମ ହୋଇ ଯେପରି ତୁରନ୍ତ ମାଆ ପହ୍ନାପାଖରେ କ୍ଷୀର ଶୋଷିବା ପାଇଁ ପହଞ୍ଚି ଯାଆନ୍ତି, ଜୋଏ ମଧ୍ୟ ଜନ୍ମ ହେବା ସଙ୍ଗେ ସଙ୍ଗେ ମୁଣାଭିତରେ ଥିବା ଚିରପାଖରେ କ୍ଷୀର ପିଇବାକୁ ପହଞ୍ଚି ଯାଏ। ମାତ୍ର ଅନ୍ୟ ଛୁଆମାନେ ପୂର୍ଣ୍ଣାଙ୍ଗ ଅବସ୍ଥାରେ ଜନ୍ମ ହୁଅନ୍ତି। ଜୋଏ ପାଉଚ୍ ଭିତରେ କିଛି ଦିନ ଦୁଧପିଇବା ପରେ ଯାଇ ତାର ଶରୀର ପୂର୍ଣ୍ଣାଙ୍ଗ ପ୍ରାପ୍ତ ହୁଏ। ତେଣୁ କୁହାଯାଇଛି ଯେ କଙ୍ଗାରୁର ଦୁଇଟି ଗର୍ଭ ବା ୟୁଟେରସ୍ ଅଛି। ଗୋଟିକରେ

ଛୁଆ ୨୯ ରୁ ୩୮ ଦିନ ରହୁଛି ଓ ପାଉଚ ଜରାୟୁ (uterus)ରେ ପୂର୍ଣ୍ଣାଙ୍ଗ ହେବା ପର୍ଯ୍ୟନ୍ତ ପ୍ରତିପାଳିତ ହେଉଛି। ଦ୍ୱିତୀୟ ଗର୍ଭରେ ବା ପାଉଚ୍ ଭିତରେ ଛୁଆଙ୍କୁ ରହିବାର ସମୟ କଙ୍ଗାରୁ ପ୍ରକାର ଉପରେ ନିର୍ଭର କରେ। ନାଲି କଙ୍ଗାରୁମାନଙ୍କ ଛୁଆ ପାଉଚ ଭିତରେ ୮ ମାସ ରହନ୍ତି। ପାଉଚରୁ ବାହାରି ବାହାରେ ବୁଲାଚଲା କଲେ ମଧ୍ୟ ଆଉ ୩/୪ ମାସ ମାଆ ଠାରୁ ପାଉଚ ଭିତରକୁ ଆସି ଦୁଧ ପିଅନ୍ତି। ପାଉଁଶିଆ କଙ୍ଗାରୁ ବା ଗ୍ରେ କଙ୍ଗାରୁମାନେ ପାଉଚ୍ ଭିତରେ ୧୧ ମାସ ରହନ୍ତି ଏବଂ ପାଉଚରୁ ବାହାରି ଗଲେ ମଧ୍ୟ ଆଉ ୮ ମାସ ପାଉଚ ଭିତରକୁ ଆସି ଦୁଧ ପିଅନ୍ତି। ଏହି ସମୟ ମଧ୍ୟରେ ସେମାନେ ସ୍ପଷ୍ଟ ଭାବରେ ଦେଖିପାରନ୍ତି, ବାହାରେ ଘାସ ଖାଇବା ଶିଖନ୍ତି, ଦୋହଲି ଦୋହଲି ବା ଟଳି ଟଳି ଚାଲୁ ଥାଆନ୍ତି।

ଜୋଏ ବା ଛୁଆ ପାଉଚ ଭିତରେ ମଳମୂତ୍ର ତ୍ୟାଗ କରେ। ପାଉଚ ଅପରିଷ୍କାର ରହିଲେ ଅନେକ ପ୍ରକାର ସଂକ୍ରମଣର ଆଶଙ୍କା ରହିଛି। ମା-କଙ୍ଗାରୁ ନିୟମିତ ଭାବରେ ପରିଷ୍କାର କରେ। ମା’ କଙ୍ଗାରୁ ଜୋଏ ଜନ୍ମହୋଇ ପାଉଚ ଭିତରକୁ ଆସିବା ପୂର୍ବରୁ ମଧ୍ୟ ପାଉଚକୁ ପରିଷ୍କାର କରିଥାଏ। କେବଳ ମଳ ଓ ମୂତ୍ର ତ୍ୟାଗ କରିବା (poop and pee) କଥା ନୁହେଁ, ତା ବ୍ୟତୀତ ପାଉଚରୁ ବାହାରକୁ ଯିବା ଆସିବା କରିବା ଦ୍ୱାର ପାଉଚ ଭିତର ଅପରିଷ୍କାର ରହେ ଏବଂ ମା’ କଙ୍ଗାରୁ ପାଉଚକୁ ସବୁବେଳେ ପରିଷ୍କାର ରଖିବାକୁ ଚେଷ୍ଟା କରେ।

ସ୍ତ୍ରୀ-କଙ୍ଗାରୁମାନେ ସାଧାରଣତଃ ବର୍ଷକୁ ଗୋଟିଏ ଲେଖାଁ ଛୁଆ ଦିଅନ୍ତି। ସ୍ତ୍ରୀ-କଙ୍ଗାରୁ ଗୋଟିଏ ସମୟରେ ୩ଟି ଛୁଆ ଦେଇ ପାରନ୍ତି ଏବଂ ସମୟ ସମୟରେ ଜନ୍ମ ଦିଅନ୍ତି ମଧ୍ୟ। ଗୋଟିଏ ଛୁଆ ପାଉଚ ଭିତରେ ପୂର୍ଣ୍ଣାଙ୍ଗ ହେବାକୁ ଯାଉଛି, ଆଉ ଗୋଟିଏ ଅଳ୍ପ କେତେଦିନ ହେଲା ପାଉଚ ଭିତରକୁ ଆସିଛି ଓ ତୃତୀୟଟି ଜନ୍ମହୋଇ ନିକଟରେ ପାଉଚ ଭିତରକୁ ଆସିବ। ଏପରି ସ୍ଥଳେ ଦ୍ୱିତୀୟ ଗର୍ଭ ପାଉଚ ୩ଟି ଛୁଆଙ୍କୁ ଆଶ୍ରୟ ଦେବାର ଅଛି। ପାଉଚ ଭିତରେ ୪ଟି ଚିର ଥାଏ। ଛୁଆର ବୃଦ୍ଧିର ବିଭିନ୍ନ ସ୍ତର (stage) ଅନୁସାରେ ୪ଟି ଚିରରୁ ୪ ପ୍ରକାର ରାସାୟନିକ ଗଠନର ଦୁଧ ଆବଶ୍ୟକ ଅନୁସାରେ ନିର୍ଗତ ହୋଇଥାଏ।

ଗୋଟିଏ ଗୋଟିଏ ପଲରେ ସାଧାରଣତଃ ୧୦ ବା ତହିଁରୁ ଅଧିକ କଙ୍ଗାରୁ ରହିଥାଆନ୍ତି। ଏହି ପଲ ବା ଗୋଠକୁ ମୋବ୍ (mob) ବା ଟ୍ରୁପ୍ (troop) କିମ୍ବା କୋର୍ଟ (court) କୁହାଯାଏ। ଏହି ଟ୍ରୁପ୍‌ରେ ବିଭିନ୍ନ ବୟସର କଙ୍ଗାରୁ ଥାଆନ୍ତି। କଙ୍ଗାରୁମାନେ ଯେଉଁଠାରେ ରହିବେ ସେଠାରେ ସେମାନଙ୍କର ଦଉଡିବା ବା କୁଦାମାରିବା ପାଇଁ ବଡ଼ ରୁମ୍ ବା ଖୋଲା ସ୍ଥାନ ଥିବା ଦରକାର। କଙ୍ଗାରୁମାନେ ଘଣ୍ଟାପ୍ରତି ୩୫ ମାଇଲ

ଗତିରେ ଦୌଡ଼ି ପାରନ୍ତି। ଲମ୍ବା ଦୂରତାକୁ ଅତିକ୍ରମ କରିବାକୁ ହେଲେ ସେମାନେ ଘଣ୍ଟାକୁ ୧୫ ମାଇଲ ବେଗରେ ଚାଲିଥାଆନ୍ତି। ପୂର୍ବାଞ୍ଚଳ ଧୂସର କଙ୍ଗାରୁମାନେ ଘଣ୍ଟାପ୍ରତି ୭୦ କିଲୋମିଟର ବେଗରେ ଦୌଡି ପାରନ୍ତି।

କଙ୍ଗାରୁମାନେ ସାଧାରଣତଃ ଚାରି ଜାତିର। (୧) ପୂର୍ବାଞ୍ଚଳ ଧୂସର କଙ୍ଗାରୁ (eastern gray kangaroo) ମାକ୍ରୋପସ୍ ଜାଇଗାଣ୍ଟସ୍ (macropus giganteus) ଏମାନଙ୍କର ବୈଜ୍ଞାନିକ ନାମ। ଏହି କଙ୍ଗାରୁମାନେ ଅଷ୍ଟ୍ରେଲିଆ ପୂର୍ବାଞ୍ଚଳରେ ଓ ଟାସ୍‌ମାନିଆରେ ବାସ କରନ୍ତି। ଏମାନେ ହାରାହାରି ୨.୮ ମିଟର ଲମ୍ବା ହୁଅନ୍ତି ପରିଣତ ବୟସରେ। ଏମାନଙ୍କର ପଛଗୋଡ ଦୁଇଟି ବହୁତ ଶକ୍ତିଶାଳୀ। ଏମାନେ ଅଷ୍ଟ୍ରେଲିଆର ପୂର୍ବାଞ୍ଚଳରେ ଏକ ତୃତୀୟାଂଶରେ ଅଛନ୍ତି। ଏହି କଙ୍ଗାରୁମାନଙ୍କର ସଂଖ୍ୟା ସାତ ନିୟୁତ ବା ସତୁରୀ ଲକ୍ଷ ବୋଲି ଅନୁମାନ କରାଯାଏ। କଙ୍ଗାରୁମାନେ ମାକ୍ରୋପୋଡିଡେ (macropodidae) ଫାମିଲିର ଅନ୍ତର୍ଗତ। ପରିଣତ ବୟସରେ ପୁରୁଷ-କଙ୍ଗାରୁମାନଙ୍କର ଓଜନ ୫୦ ରୁ ୬୬ କିଲୋଗ୍ରାମ ଓ ସ୍ତ୍ରୀ-କଙ୍ଗାରୁର ଓଜନ ୧୭ ରୁ ୪୦ କିଲୋଗ୍ରାମ ହୋଇଥାଏ। (୨) ଲୋହିତ କଙ୍ଗାରୁ- (red kangaroo) ଏହି ଜାତିର କଙ୍ଗାରୁମାନଙ୍କର ବୈଜ୍ଞାନିକ ନାମ "ମାକ୍ରୋପସ୍ ରୁଫସ୍" (Macropus rufus)। ଅଷ୍ଟ୍ରେଲିଆର ମରୁଭୂମି ଓ ଖୋଲା ତୃଣଭୂମି, ଲୋହିତ କଙ୍ଗାରୁମାନଙ୍କ ବାସସ୍ଥାନ। ଏମାନେ ଗୋଟିଏ ଗୋଟିଏ ଦଳରେ (mobs) ଏକାଠି ବାସକରନ୍ତି। ଅଷ୍ଟ୍ରେଲିଆ ଓ ୟୁରୋପର ଅଧିବାସୀମାନେ ଏହି ଭୂମିକୁ ପରିଷ୍କାର କରିବା ପାଇଁ ଜଳଉତ୍ସର ପ୍ରତିଷ୍ଠା ପାଇଁ ବର୍ଷ ବର୍ଷ ଧରି ଚେଷ୍ଟା କରି ଆସୁଛନ୍ତି। ମାତ୍ର ସଫଳ ହେଉ ନାହାଁନ୍ତି। ଅନ୍ୟପକ୍ଷରେ ଏହା ଲୋହିତ କଙ୍ଗାରୁମାନଙ୍କର ବଂଶବୃଦ୍ଧିରେ ସହାୟକ ହେଉଛି। ଲୋହିତ କଙ୍ଗାରୁମାନେ ଘାସ, ଗୁଳ୍ମ (shrubs), ନରମ କାଣ୍ଡଥିବା ଓ ଫୁଲ ହେଲାପରେ ମରିଯାଉଥିବା ଗଛ (herbs) ଖାଆନ୍ତି। ନୂଆରେ ଗଜାମାରୁଥିବା ସବୁଜଘାସ ଖାଇବା ପାଇଁ ସ୍ୱତନ୍ତ୍ର ଭାବରେ ପସନ୍ଦ କରନ୍ତି। କୌଣସି ସ୍ଥାନରେ ଖାଦ୍ୟର ଅଭାବ ପଡିଲେ, ଏମାନେ ଦୂରସ୍ଥାନକୁ ଖାଦ୍ୟ ଅନ୍ୱେଷଣରେ ଯାଆନ୍ତି। ଲୋହିତ କଙ୍ଗାରୁମାନେ ପରିଣତ ବୟସରେ ହାରାହାରି ୪୭ କିଲୋଗ୍ରାମ ହୁଅନ୍ତି।

(୩) ପଶ୍ଚିମାଞ୍ଚଳ ଧୂସର କଙ୍ଗାରୁ (western gray kangaroo) ଏମାନଙ୍କର ବୈଜ୍ଞାନିକ ନାମ, "ମାକ୍ରୋପସ୍ ଫୁଲଗିନୋସସ୍ (macropus fulginosus)। ପଶ୍ଚିମାଞ୍ଚଳ ଧୂସର କଙ୍ଗାରୁମାନଙ୍କୁ, କଳାମୁହାଁ କଙ୍ଗାରୁ (black faced), ମାଲ୍ଲୀ (mallee) କଙ୍ଗାରୁ ଓ ଜିଆଣ୍ଟ କଙ୍ଗାରୁ ମଧ୍ୟ କୁହାଯାଏ। ଏହି ଜାତୀୟ ସ୍ତ୍ରୀ-କଙ୍ଗାରୁମାନଙ୍କୁ ଡୋଜ୍ (does) ବା ଫ୍ଲାଅରସ (fliers) କହନ୍ତି। ସେହିପରି ପୁରୁଷ କଙ୍ଗାରୁମାନଙ୍କୁ ବୁମର୍‌ସ (boomers) ବା ଷ୍ଟ୍ରାଇକରସ (strikers) କହନ୍ତି।

ଅଷ୍ଟ୍ରେଲିଆ ମହାଦେଶର ଦକ୍ଷିଣାଞ୍ଚଳରେ ପଶ୍ଚିମାଞ୍ଚଳ କଙ୍ଗାରୁମାନେ ବାସକରନ୍ତି। ପର୍ଥର ସ୍ଥାୟୀ ବୁଦାବଣମାନଙ୍କରେ ଏହି କଙ୍ଗାରୁମାନେ ବାସ କରନ୍ତି। ପରିଣତ ବୟସରେ ଓଜନରେ ପୁରୁଷ କଙ୍ଗାରୁମାନେ ୫୪ ରୁ ୭୦ କିଲୋଗ୍ରାମ ପର୍ଯ୍ୟନ୍ତ ଓଜନ ହୋଇଥାଆନ୍ତି। ସ୍ତ୍ରୀ-କଙ୍ଗାରୁମାନଙ୍କର ହାରାହାରି ଓଜନ ୩୪ କିଲୋଗ୍ରାମ। ଉଚ୍ଚତାରେ ଏହି କଙ୍ଗାରୁମାନେ ୦.୮୪ ରୁ ୧.୧ ମିଟର ମଧ୍ୟରେ। ଏହି ମାପ, ମୁଣ୍ଡଠାରୁ ଲାଙ୍ଗୁମୂଳ ପର୍ଯ୍ୟନ୍ତ ନିଆଯାଇଥାଏ। ଘଣ୍ଟାପ୍ରତି ୧୯ କିଲୋମିଟର ବେଗରେ ଏମାନେ ଦୌଡି ପାରନ୍ତି।

ପୂର୍ବାଞ୍ଚଳ କଙ୍ଗାରୁମାନଙ୍କର ମୁହଁ ଆଂଶିକ ଭାବରେ ଧୂସର (grizzled gray) ଓ ସେମାନେ ତୁଳନାତ୍ମକ ଭାବରେ ହାଲୁକା। ପଶ୍ଚିମାଞ୍ଚଳ କଙ୍ଗାରୁମାନଙ୍କର ମୁହଁ ଘନ ବାଦାମୀ ରଙ୍ଗ ଯାହାକି ପ୍ରାୟତଃ କଳା ଦେଖାଯାଏ। ଏହାର ମୁହଁର ତଳଭାଗ ସୀମାରେ ଧଳାଗାର ପଡିଥାଏ।

(୪) ଆଣ୍ଟିଲୋପାଇନ୍ କଙ୍ଗାରୁ (antilopine kangaroo) – ଆଣ୍ଟିଲୋପାଇନ କଙ୍ଗାରୁକୁ ଆଣ୍ଟିଲୋପାଇନ୍ ୱାଲ୍ଲାରୁ ଓ ଆଣ୍ଟିଲୋପାଇନ୍ ୱାଲ୍ଲାବି ମଧ୍ୟ କହନ୍ତି। ଏହି ଜାତିର କଙ୍ଗାରୁମାନେ ଅଷ୍ଟ୍ରେଲିଆର ଉତ୍ତରାଂଶରେ ବାସ କରନ୍ତି। ଏମାନେ ଗ୍ରୀଷ୍ମମଣ୍ଡଳୀୟ ମୌସୁମୀୟ (monsoonal) ବୃକ୍ଷଆଚ୍ଛାଦିତ ବଣ (woodland) ମାନଙ୍କରେ ରହନ୍ତି। ବିଶେଷତଃ ଅଷ୍ଟ୍ରେଲିଆର ପାହାଡିଆ ଉପର ପାର୍ଶ୍ୱରେ ବାହାରି ରହିଥିବା ସ୍ତର (rocky outcrops) ରେ ବାସ କରନ୍ତି।

ଆଣ୍ଟିଲୋପାଇନ୍ କଙ୍ଗାରୁମାନଙ୍କର ପରିପକ୍ୱ ବୟସରେ ତଳୁ ମୁଣ୍ଡଯାଏ ଉଚ୍ଚତା ୧.୧ ମିଟର। ପରିଣତ ବୟସରେ ଅଣ୍ଡିରା କଙ୍ଗାରୁର ଓଜନ ହାରାହାରି ୪୯ କିଲୋଗ୍ରାମ ଓ ମାଈ-କଙ୍ଗାରୁର ଓଜନ ୨୦ କିଲୋଗ୍ରାମ ହୋଇଥାଏ। ପୁରୁଷ କଙ୍ଗାରୁମାନେ ସ୍ତ୍ରୀ-କଙ୍ଗାରୁର ଓଜନଠାରୁ ଦୁଇଗୁଣରୁ ଅଧିକ ହୋଇଥାଆନ୍ତି।

ଆଣ୍ଟିଲୋପାଇନ୍ କଙ୍ଗାରୁମାନେ ଆକାରରେ ବଡ, ମାତ୍ର ଲୋହିତ କଙ୍ଗାରୁମାନଙ୍କଠାରୁ ସାନ। ଆକୃତି ବା ଆଚରଣରେ ଅତି ସୁନ୍ଦର, ଆକର୍ଷଣୀୟ ଓ ମୁଖମଣ୍ଡଳର ଶୋଭା ଦୀପ୍ତିମୟ। ମୃଗୁଣୀର ଆଖି ପରି ଆଖି ଦୁଇଟି। ଦେହର ବର୍ଣ୍ଣ ଲୋହିତ ବାଦାମୀ (reddishtan), ଉପର ଅଂଶ ଓ ତଳ ଅଂଶ ଧଳା।

ଆଣ୍ଟିଲୋପ୍ କଙ୍ଗାରୁମାନେ ଛୋଟଘାସ ଖାଇବାକୁ ଭଲ ପାଆନ୍ତି ଓ ସେପରି ଅଞ୍ଚଳକୁ ଚରିବା ପାଇଁ ଯାଆନ୍ତି। ଏପରିକି ବଡ଼ ଘାସର କିଛି ଅଂଶ ଉପରୁ ପୋଡିଯାଇଥିଲେ ମଧ୍ୟ ଏହି କଙ୍ଗାରୁମାନେ ଚରିବାକୁ ପସନ୍ଦ କରନ୍ତି। କଙ୍ଗାରୁମାନେ ତୃଣଭୋଜୀ। ପୃଥିବୀର ଦକ୍ଷିଣ ଗୋଲାର୍ଦ୍ଧ ଚରଣଭୂମିମାନଙ୍କରେ ଉତ୍ତମମାନର ଘାସ

ହୋଇଥାଏ । ତେଣୁ କଙ୍ଗାରୁ ଗ୍ରାସ (grass) ଅର୍ଥ, ଉତ୍ତମମାନର ଘାସ । ସାଭାନ୍ନାରୁ ଚରିବା ପାଇଁ ପଚୁର ଭଲ ଘାସ ପାଆନ୍ତି ।

ଅଷ୍ଟ୍ରେଲିଆ ମହାଦେଶରେ ସିଂହ, ବାଘ ଓ ଭାଲୁ ଇତ୍ୟାଦି ହିଂସ୍ରଜନ୍ତୁ ବାସ କରନ୍ତି ନାହିଁ । ତେଣୁ କଙ୍ଗାରୁମାନଙ୍କର ଶତ୍ରୁ କେହି ନାହାଁନ୍ତି । କେହି କେହି କେତେବେଳେ କେମିତି ବଡ଼ ବଡ଼ ପକ୍ଷୀ କଙ୍ଗାରୁମାନଙ୍କୁ ଉଠାଇ ନିଅନ୍ତି । କଙ୍ଗାରୁମାନଙ୍କ ସଂଖ୍ୟା ଦୃତଗତିରେ ବଢିଥାଏ ।

ଏହି ଅଦ୍ଭୁତ ଜୀବଟିର ନାମ କଙ୍ଗାରୁ ଏବଂ ଏହି ଜୀବଟି ଅଷ୍ଟ୍ରେଲିଆ ମହାଦେଶର "ଜାତୀୟ ପଶୁ" । କୁହାଯାଏ "ଗଙ୍ଗୁରୁ" ଶବ୍ଦରୁ ଅପଭ୍ରଂଶ ହୋଇ ଜୀବଟି କଙ୍ଗାରୁ ନାମରେ ପରିଚିତ । ଆଞ୍ଚଳିକ ଭାଷାରେ ଗଙ୍ଗରୁ ଶବ୍ଦର ଅର୍ଥ ମୋତେ ଜଣା ନାହିଁ । ୧୭୭୦ ଖ୍ରୀଷ୍ଟାବ୍ଦରେ ପ୍ରସିଦ୍ଧ ନାବିକ କ୍ୟାପ୍‌ଟେନ୍ ଜେମ୍‌ସ କୁକଙ୍କର ଜାହାଜ ଅଷ୍ଟ୍ରେଲିଆରେ ପହଞ୍ଚିଥିଲା । ତାଙ୍କ ସହିତ ଥିବା ସହକର୍ମୀମାନଙ୍କ ମଧ୍ୟରୁ କେତେଜଣ ସ୍ଥଳଭାଗକୁ ବୁଲିବାକୁ ଯାଇ ଏହି ଅଦ୍ଭୁତ ଜୀବଟିକୁ ଧରିଆଣିଲେ । ଏପରି ଜୀବ ସେମାନେ ଆଗରୁ କେବେ ଦେଖି ନଥିଲେ ଏବଂ ଏହି ଜୀବ ସଂପର୍କରେ ଜାଣିବା ପାଇଁ ସେମାନେ ଜଣେ ସ୍ଥାନୀୟ ଲୋକକୁ ପଚାରିଲେ । ଲୋକଟି ତାର ନିଜ ଭାଷାରେ "ଗଙ୍ଗୁରୁ" ବୋଲି କହିଲା । ସମସ୍ତେ ତାକୁ କଙ୍ଗାରୁ ବୋଲି ନାମ ଦେଇଦେଲେ । ବାସ୍ତବରେ ଏହି ପ୍ରାଣୀଟି ଏକ ଅଦ୍ଭୁତ ଓ ଆକର୍ଷଣୀୟ ପ୍ରାଣୀ ଥିଲା । ଏହି ସ୍ତନ୍ୟପାୟୀ ପ୍ରାଣୀର ପଛଗୋଡ଼ ଦୁଇଟି ଲମ୍ବା, ପେଟରେ ଏକ ବଡ଼ ଥଳି ରହିଛି ଓ ତାର ମୋଟା ଲାଞ୍ଜ ତାକୁ ବସିବାରେ ସାହାଯ୍ୟ କରେ । ତାର ନାମ ହୋଇଥିଲା, କଙ୍ଗାରୁ, ଅର୍ଥାତ୍ ମୋତେ ଜଣା ନାହିଁ ।

■

ବାଦୁଡ଼ି

(Bats)

ବାଦୁଡ଼ି ଗୋଟିଏ ସ୍ତନ୍ୟପାୟୀ ପ୍ରାଣୀ । ବାଦୁଡ଼ି ଗୋଟିଏ ଏକମାତ୍ର କ୍ଷିପ୍ରଗତିରେ ଉଡ଼ିପାରୁଥିବା ସ୍ତନ୍ୟପାୟୀ ପ୍ରାଣୀ । ତା ବ୍ୟତୀତ କୌଣସି ପ୍ରାଣୀ ଉଡ଼ିପାରନ୍ତି ନାହିଁ । ଏହା ଏହି ପ୍ରାଣୀଟିର ବିଶେଷତ୍ୱ ।

ପୃଥିବୀରେ ଯେତେ ସ୍ତନ୍ୟପାୟୀ ପ୍ରାଣୀ ଅଛନ୍ତି, ବାଦୁଡ଼ିମାନଙ୍କ ସଂଖ୍ୟା ଦ୍ୱିତୀୟ ବୃହତ୍ତମ । ସବୁଠାରୁ ବେଶି ସଂଖ୍ୟାରେ ରୋଡେଣ୍ଟ ବା କର୍ତ୍ତଦନ୍ତୀ ମୂଷାଜାତୀୟ ପ୍ରାଣୀ ଅଛନ୍ତି । ପୃଥିବୀର ଶ୍ରେଣୀଭୁକ୍ତ ସମସ୍ତ ସ୍ତନ୍ୟପାୟୀ ପ୍ରାଣୀମାନଙ୍କ ମଧ୍ୟରେ ବାଦୁଡ଼ିମାନଙ୍କର ସଂଖ୍ୟା ଏକ ପଞ୍ଚମାଂଶ ବୋଲି ଜଣାଯାଏ ଏବଂ ସାରା ପୃଥିବୀରେ ପ୍ରାୟ ଚଉଦଶହ ଜାତିର ବାଦୁଡ଼ି ଅଛନ୍ତି ବୋଲି ବିଶେଷଜ୍ଞମାନେ ମତ ଦିଅନ୍ତି । ଅତିଶୟ ମରୁଅଞ୍ଚଳ ଓ ମେରୁ ଅଞ୍ଚଳକୁ ଛାଡ଼ିଦେଲେ ଏମାନେ ପ୍ରାୟ ପୃଥିବୀର ସବୁସ୍ଥାନରେ ଦେଖାଯାଆନ୍ତି ।

ଆକାରରେ ବାଦୁଡ଼ିମାନେ ଛୋଟ କୁକୁରମାନଙ୍କ ପରି ବଡ଼ ଆକାରର ଅଛନ୍ତି ଏବଂ ମହୁମାଛିପରି ଅତି ଟିକି ଟିକି ବାଦୁଡ଼ିମାନେ ମଧ୍ୟ ଅଛନ୍ତି । ଏମାନଙ୍କୁ ଆକାର ଦୃଷ୍ଟିରୁ ଦୁଇ ପ୍ରକାରରେ ବିଭକ୍ତ କରାଯାଇଛି । ଯଥା :- (୧) ମେଗା ବା ବଡ଼ ବାଦୁଡ଼ି (୨) ମାଇକ୍ରୋ ବା ଛୋଟ ବାଦୁଡ଼ି । ସେମାନଙ୍କର ଗଠନ ଓ ବ୍ୟବହାର ଦୃଷ୍ଟିରୁ ଏପରି ଶ୍ରେଣୀ ବିଭାଗ କରାଯାଇଛି । ବଡ଼ ବାଦୁଡ଼ିମାନଙ୍କୁ ମେଗା କାଇରୋଟେରା ଓ ସାନ ବାଦୁଡ଼ିମାନଙ୍କୁ ମାଇକ୍ରୋ କାଇରୋଟେରା କୁହାଯାଏ । ଏମାନଙ୍କୁ ଏହି ଦୁଇଟି ଅର୍ଡ଼ର (order) ରେ ଶ୍ରେଣୀଭୁକ୍ତ କରାଯାଇଛି । କାଇରସ୍ ଅର୍ଥ ହାତ ଓ ଟେରନ୍

ଅର୍ଥ ଡେଣା । ବାଦୁଡ଼ିମାନଙ୍କର ଆଗ ଗୋଡ଼ ଦୁଇଟି (fore-limb), ଡେଣା ବା ପକ୍ଷରେ ପରିବର୍ତ୍ତିତ ହୋଇଥାଏ । ତେଣୁ ସେମାନେ ଉଡ଼ିପାରନ୍ତି । ଏହି ଉଡ଼ନ୍ତା ପ୍ରାଣୀମାନଙ୍କର ପରିବର୍ତ୍ତନଶୀଳ ନମନୀୟ ସୂକ୍ଷ୍ମ ଝିଲ୍ଲୀ ଓ ଅପସାରଣୀୟ ଗଣ୍ଠିସବୁ ସେମାନଙ୍କୁ ଗତି ପରିବର୍ତ୍ତନ କରିବା ଓ ପବନରେ ଅନାୟାସରେ ଗମନ କରିବାକୁ ଅନୁମତି ଦିଏ । ଦିଗ ପରିବର୍ତ୍ତନ କରିବା ପାଇଁ ବାଦୁଡ଼ି ଉଡ଼ିବାବେଳେ ଲାଞ୍ଜ ଚାଳନା କରିଥାଏ ।

ବାଦୁଡ଼ିମାନେ କେବଳ ଉଡ଼ିପାରନ୍ତି ନାହିଁ, ସେମାନେ ଘଣ୍ଟା ପ୍ରତି ୬୦ ମାଇଲ୍‌ରୁ ଅଧିକ ବେଗରେ ଉଡ଼ିପାରନ୍ତି । ଏପରି ଉଡ଼ିପାରୁଥିବାରୁ ସେମାନଙ୍କ ପକ୍ଷରେ ଖାଦ୍ୟ ସଂଗ୍ରହ କରିବା ସମ୍ଭବ ହୁଏ ।

ସେମାନଙ୍କର ଗତିପଥରେ ପ୍ରତିବନ୍ଧକ ଥାଇପାରେ ଏବଂ ଏହାକୁ ନ ଜାଣିଲେ ସେମାନେ ବିପଦର ସମ୍ମୁଖୀନ ହୋଇ ପାରନ୍ତି । ଏଥିପାଇଁ ସେମାନେ ଏକୋଲୋକେସନ୍ (echo-location)ର ସାହାଯ୍ୟ ନେଇଥାନ୍ତି, ଯାହା ଅନ୍ୟ ପ୍ରାଣୀମାନଙ୍କ ପାଇଁ ଆବଶ୍ୟକ ନ ଥାଏ । ଏହା ବାଦୁଡ଼ିମାନଙ୍କର ଆଉ ଏକ ବିଶେଷତ୍ୱ । ପ୍ରତିଧ୍ୱନି ବା ପ୍ରତିନାଦ ଦ୍ୱାରା ପଦାର୍ଥମାନଙ୍କର ସ୍ଥିତି ନିର୍ଣ୍ଣୟ କରିବାକୁ ଏକୋଲୋକେସନ୍ କହନ୍ତି । ଦ୍ରୁତଗତିରେ ଉଡ଼ିବା ସମୟରେ ବାଦୁଡ଼ିମାନଙ୍କ ଠାରୁ ଏକ ପ୍ରକାର କଂପନ ସୃଷ୍ଟିହୁଏ । ଏହି କଂପନ, ଧ୍ୱନିର ଗତିଠାରୁ ଅଧିକ । ତେଣୁ ଏହାକୁ ସୁପରସୋନିକ୍ ଭାଇବ୍ରେସନ୍ କହନ୍ତି । ଏହାର ଆଗରେ କୌଣସି ବସ୍ତୁ ବା ପ୍ରତିବନ୍ଧକ ଥିଲେ ସେଥିରେ ପ୍ରତିଧ୍ୱନି ସୃଷ୍ଟି ହୁଏ, ଯାହା ବାଦୁଡ଼ି ଜାଣିପାରେ ଓ ଦିଗ ପରିବର୍ତ୍ତନ କରେ । ଏହିପରି ସମୁଦ୍ରର ଗଭୀରତା ଏକୋ-ସାଉଣ୍ଡ ବା ଶବ୍ଦର ପ୍ରତିଧ୍ୱନିରୁ ଜଣାପଡ଼େ । ଏକୋ-ଲୋକେସନ୍ ଠିକ୍ ପଥରେ ଯିବାପାଇଁ ବାଦୁଡ଼ିକୁ ସାହାଯ୍ୟ କରିଥାଏ । ବାଦୁଡ଼ିମାନଙ୍କ ପାଇଁ ନିର୍ବିଘ୍ନରେ ଉଡ଼ି ବାୟୁରୁ ଖାଦ୍ୟ

ସଂଗ୍ରହ କରିବା ପାଇଁ ଏହି ପ୍ରଥାର ବିଶେଷତ୍ୱ ରହିଛି । ଗୋଟିଏ କ୍ଷୁଦ୍ର ଲୋହିତ ବାଦାମୀ ରଂଗର ବାଦୁଡ଼ି, ସାଧାରଣ ବ୍ରିଟିଶ ବାଦୁଡ଼ି ନାମରେ ଜଣାଶୁଣା । ଏହି ବାଦୁଡ଼ି ଗୋଟିଏ ରାତିରେ ତିନି ହଜାର କ୍ଷୁଦ୍ରକୀଟ ଉଡ଼ି ଉଡ଼ି ଭକ୍ଷଣ କରିପାରେ ।

କେତେଗୁଡ଼ିଏ ବାଦୁଡ଼ି ଅଛନ୍ତି, ସେମାନଙ୍କୁ ଦେଖିବାକୁ ଭାରି ସୁନ୍ଦର । ସେମାନେ ହେଲେ (୧) ହାର୍ଟ-ନୋଜଡ଼ ବାଦୁଡ଼ି (୨) ଲେସର୍ ହର୍ଶ-ସୁ ବାଦୁଡ଼ି, (୩) କ୍ଷୁଦ୍ର ହଳଦିଆ କାନ୍ଧ ବିଶିଷ୍ଟ ବାଦୁଡ଼ି, (୪) ସାଧାରଣ ପିପିଷ୍ଟ୍ରେଲ୍ଲା ବାଦୁଡ଼ି (୫) କ୍ଷୁଦ୍ର ବାଦାମୀ ବାଦୁଡ଼ି, (୬) ପିଟରଙ୍କର ଗେଡ଼ା ଏପାଉଲେଟେଡ଼୍ (epauletted) ଫ୍ରୁଟ୍ ବାଦୁଡ଼ି, (୭) ଧୁଆଁଳିଆ (smoky) ବାଦୁଡ଼ି ଓ (୮) ହୋଣ୍ଡୁରାନ୍ ଧଳା ବାଦୁଡ଼ି ।

ଖୁବ୍ ଥଣ୍ଡା ଜଳବାୟୁରେ ରହୁଥିବା ବାଦୁଡ଼ି ପ୍ରଜାତିଗୁଡ଼ିକରୁ ଅଧିକାଂଶ ଯୁକ୍ତରାଷ୍ଟ୍ର ଆମେରିକାରେ ବାସକରନ୍ତି । ସବୁଠାରୁ ଥଣ୍ଡାଜଳବାୟୁରେ ରହୁଥିବା କେତେକ ବାଦୁଡ଼ି ହେଲେ - (୧) କ୍ଷୁଦ୍ରତର ଲମ୍ବା ନାକୁଆ ବାଦୁଡ଼ି, (୨) ହୋଏର୍ ବାଦୁଡ଼ି, (Hoary bats) (୩) ପାଲ୍ଲିଡ଼୍ ବାଦୁଡ଼ି (pallid bats) (୪) କ୍ଷୁଦ୍ର ବାଦାମୀ ବାଦୁଡ଼ି (୫) ମେକ୍ସିକୋର ମୁକ୍ତ ଲାଞ୍ଜବାଲା ବାଦୁଡ଼ି।

ମାଇକ୍ରୋ ବ୍ୟାଟ୍ ଛୋଟ ବାଦୁଡ଼ିମାନଙ୍କୁ ବୁଝାଏ । ସେମାନଙ୍କ ମଧ୍ୟରେ ବେଳେ ବେଳେ ବଡ଼ ବାଦୁଡ଼ି ମଧ୍ୟ ଥାଆନ୍ତି । ସମୁଦାୟ ବାଦୁଡ଼ି ସଂଖ୍ୟାର ୭୦ ପ୍ରତିଶତ ମାଇକ୍ରୋ ବ୍ୟାଟ୍ସ । ଏହି ବାଦୁଡ଼ିମାନେ ଆମିଷାଶୀ । ଟିକି ଟିକି କୀଟ ଏମାନଙ୍କର ମୁଖ୍ୟ ଖାଦ୍ୟ । ଖାଦ୍ୟ ଅନ୍ୱେଷଣରେ ଯିବା ସମୟରେ ଏହି ବାଦୁଡ଼ିମାନେ ଏକୋ-ଲୋକେସନ୍ ବ୍ୟବହାର କରନ୍ତି । ଏମାନେ ହିମନିଦ୍ରା ମଧ୍ୟ ଯାଆନ୍ତି । ମାଇକ୍ରୋ ବାଦୁଡ଼ିମାନେ ୪ ସେଣ୍ଟିମିଟରରୁ ୧୬ ସେଣ୍ଟିମିଟର ପର୍ଯ୍ୟନ୍ତ ଲମ୍ବା ଥିବାର ଦେଖାଯାଏ । ଏମାନେ ଉଡ଼ି ଉଡ଼ି ଖାଦ୍ୟ ସଂଗ୍ରହ କରନ୍ତି । ମାଇକ୍ରୋ ବାଦୁଡ଼ିମାନଙ୍କର କାନ ବଡ଼, ମାତ୍ର ଆଖି ଓ ଡେଣା ଛୋଟ ଛୋଟ । ଅଷ୍ଟ୍ରେଲିଆରେ ୬ଟି ଫାମିଲିର ୫୮ ଟି ଜାତିର ମାଇକ୍ରୋ ବ୍ୟାଟ୍ସ ଅଛନ୍ତି । ଏମାନଙ୍କର ଓଜନ ୨ ଗ୍ରାମ୍‌ରୁ ୧୭୦ ଗ୍ରାମ୍ ପର୍ଯ୍ୟନ୍ତ ଥିବାର ଦେଖାଯାଏ । ଏମାନେ ସମସ୍ତେ ଉଡୁଥିବା କୀଟମାନଙ୍କୁ ଭକ୍ଷଣ କରନ୍ତି । ମହୁମାଛି ଯେପରି ବାକ୍ସରେ କଲୋନି ତିଆରି କରି ରହେ, ସେହିପରି ଆମେରିକାର କେତେକ ପରିବାରରେ ବାକ୍ସ ରଖନ୍ତି । ଏହି ବାକ୍ସରେ ମାଇକ୍ରୋ ବ୍ୟାଟ୍ସ ଛୋଟ ଛୋଟ କଲୋନି କରି ରହନ୍ତି ।

ମାକ୍ରୋ ବା ବଡ଼ ବାଦୁଡ଼ିମାନେ ଫଳାହାରୀ ଓ ନିରାମିଷାଶୀ । ଅତି ବଡ଼ ବଡ଼ ବାଦୁଡ଼ି ଏହି ଶ୍ରେଣୀଭୁକ୍ତ । ଖୁବ୍ ବେଶିରେ ଏମାନଙ୍କର ଓଜନ ୧.୪୫ କିଲୋଗ୍ରାମ୍ ଏବଂ ଡେଣାର ଆକାର ୧.୭ ମିଟର ପର୍ଯ୍ୟନ୍ତ । ଅନେକ ମେଗା ବ୍ୟାଟ୍ସ ମାତ୍ର ୫୦ ଗ୍ରାମ୍ ଓଜନ ଥିବାର ମଧ୍ୟ ଦେଖାଯାଏ । ଫଳଖିଆ ବାଦୁଡ଼ିମାନଙ୍କୁ ଫ୍ରୁଟ୍ସ ବ୍ୟାଟ୍

କହନ୍ତି । ଫ୍ଲାଇଂ ଫକ୍‌ସେସ୍ ଅନ୍ୟ ଗୋଟିଏ ପ୍ରକାର ବ୍ୟାଟ୍ । ଭାମ୍ପାୟର ବାଦୁଡ଼ିମାନେ ଗୋଟିଏ ଖୁବ୍ ବଡ଼ ବାଦୁଡ଼ି । ଏସବୁ ବାଦୁଡ଼ି ମେଗାବାଦୁଡ଼ି ଭାବରେ ଗଣ୍ୟ ।

ଯେପରି ବେଙ୍ଗମାନେ ଖରାଦିନେ ଛଣଗଦା ତଳେ ଲୁଚି ରହନ୍ତି, ଯେପରି ଅନେକ ପକ୍ଷୀ ବହୁଦୂର ଅତିକ୍ରମ କରି ଅତ୍ୟନ୍ତ ଥଣ୍ଡା ଅଞ୍ଚଳରୁ ଉଡ଼ିଆସି ଚିଲିକାରେ ବାସ କରନ୍ତି ଏବଂ ପୁଣି ପାଗରେ ପରିବର୍ତ୍ତନ ହେଲେ ଫେରିଯାଆନ୍ତି, ସେହିପରି ବାଦୁଡ଼ିମାନେ ହିମର ପ୍ରଭାବରୁ ରକ୍ଷା ପାଇବା ପାଇଁ ହିମଶୟନ କରନ୍ତି । ଏହାକୁ ଶୀତଋତୁରେ ବିଶ୍ରାମ କରିବା ମଧ୍ୟ କୁହାଯାଏ । ସେମାନେ ଶୀତଋତୁଟି ନିଷ୍କ୍ରିୟ ଅବସ୍ଥାରେ କଟାଇ ଥାଆନ୍ତି । ଏପରି ହିମଶୟନ ସହିତ ସେମାନଙ୍କର ପ୍ରଜନନର ନିବିଡ଼ ସଂପର୍କ ରହିଛି । ଶୀତଋତୁରେ ବିଶ୍ରାମ କରିବା ସବୁ ବାଦୁଡ଼ିଙ୍କର ଆବଶ୍ୟକ ହୁଏ ନାହିଁ । ହିମଶୟନ ସମୟ ପ୍ରାୟ ୧୮୩ ଦିନ ।

ବାଦୁଡ଼ିମାନଙ୍କର ମାଂସ ଭକ୍ଷଣ ଯୋଗ୍ୟ ଓ ସ୍ୱାଦିଷ୍ଟ । ଶିକାରୀମାନେ ଏମାନଙ୍କୁ ଶିକାର କରି ବାଦୁଡ଼ି ମାଂସ ବିକ୍ରୟ କରନ୍ତି ଏବଂ କେତେକ ବଜାରରେ ଏହାର ଚାହିଦା ଥାଏ । ପୃଥିବୀରେ ବହୁ ସଂଖ୍ୟାରେ ବାଦୁଡ଼ି ଥିଲେ ମଧ୍ୟ ଏମାନଙ୍କ ସଂଖ୍ୟା ହ୍ରାସ ପାଇ ଯାଉଛି । କେତେକ ଏହି ମାଂସର ଔଷଧୀୟ ଗୁଣ ଥିବାର କହନ୍ତି । ସେମାନଙ୍କୁ ଶିକାରୀମାନଙ୍କ କବଳରୁ ରକ୍ଷା କରିବା ପାଇଁ ଗୋଟିଏ ବାଦୁଡ଼ି ସଂରକ୍ଷଣ ତତ୍ତ୍ୱାବଧାରକ ସଂସ୍ଥା (Bat Conservation Trust) ରହିଛି । ଏମାନଙ୍କର ହାରାହାରି ଜୀବନକାଳ ୩୦ ବର୍ଷରୁ ଅଧିକ ।

ଆମ ସମସ୍ତଙ୍କର ଧାରଣ ଯେ ବାଦୁଡ଼ିମାନେ ପୋକଜୋକ ଖାଇ ବଞ୍ଚନ୍ତି । ଏହା ଶତ ପ୍ରତିଶତ ସତ ନୁହେଁ । ଖାଦ୍ୟ ଦୃଷ୍ଟିରୁ ଏମାନେ ମଧ୍ୟ ଦୁଇ ପ୍ରକାରର । ଗୋଟିଏ ପ୍ରକାରର ବାଦୁଡ଼ି ନିରାମିଷାଶୀ ଓ ଆଉ କେତେକ ବାଦୁଡ଼ି ଆମିଷାଶୀ । ନିରାମିଷାଶୀ ବାଦୁଡ଼ିମାନଙ୍କୁ ଫଳହାରୀ ବା ଫ୍ରୁଟ୍ ବାଦୁଡ଼ି କୁହାଯାଏ । ଏହି ପ୍ରକାର ବାଦୁଡ଼ିମାନେ ଗଛର ଫଳ, ପତ୍ର, ଖୋଳପା, ଫୁଲ, ଫୁଲରୁ ମହୁ ଓ ଫୁଲର ରେଣୁ (Pollen) ଇତ୍ୟାଦି ଉଦ୍ଭିଦଜ ଖାଦ୍ୟ ଖାଆନ୍ତି । ବିଶେଷତଃ ସେମାନେ ଫଳପ୍ରିୟ । ଯେଉଁ ବାଦୁଡ଼ିମାନେ ଆମିଷାଶୀ, ସେମାନେ ପକ୍ଷଥିବା କୀଟ, ଭଅଁର ପୋକ, ଗୋବର ପୋକ, ଛା'ର ପୋକ, ଓଡ଼ଶ ଓ ସେହିପରି ଯେ କୌଣସି କୀଟ, ଉଇ, ବୁଢ଼ିଆଣୀ ବା ମାଙ୍କଡ଼ସା ଝିଟିପିଟି, ମୂଷାଜାତୀୟ କ୍ଷୁଦ୍ର ସ୍ତନ୍ୟପାୟୀ, ବେଙ୍ଗପରି ଉଭୟଚର ଜୀବ, କଙ୍କଡ଼ାବିଛା ଓ ଟିକି ଟିକି ମାଛ ଇତ୍ୟାଦି ଖାଆନ୍ତି । ବଡ଼ ବଡ଼ ବାଦୁଡ଼ିମାନେ ଶୋଇଥିବା ଗୋରୁ, ଘୋଡ଼ା ଏପରିକି ମଣିଷମାନଙ୍କ ଠାରୁ ରକ୍ତପାନ କରନ୍ତି । କେନ୍ଦ୍ରୀୟ ଓ ଦକ୍ଷିଣ ଆମେରିକାରେ ଥିବା ତିନି ପ୍ରକାରର ଏହି ଜାତୀୟ ବାଦୁଡ଼ି ଅଛନ୍ତି । ଏମାନଙ୍କୁ ହିମାଟୋଫାଗି ବା ରକ୍ତ

ପିଉଥିବା ବାଦୁଡ଼ି କୁହାଯାଏ । ଏହି ବାଦୁଡ଼ିମାନେ ଫାଇଲ୍ଲୋଷ୍ଟୋମିଡ଼ି (Phyllosto midae) ଫାମିଲିର । ରାତିର ଘନ ଅନ୍ଧକାର ସମୟରେ ଏମାନେ ଖାଦ୍ୟ ଅନ୍ୱେଷଣରେ ଯାଆନ୍ତି । ଏକ ସମୟରେ ୩୦ ମିନିଟ୍ ପର୍ଯ୍ୟନ୍ତ ଏମାନେ ରକ୍ତ ପିଇପାରନ୍ତି ।

ବାଦୁଡ଼ିମାନେ ପର୍ବତ ଗହ୍ୱର , ଗୁହା କିମ୍ବା ଗୁମ୍ଫାରେ ପଥର କାନ୍ଥ ବା କୋଠାରେ ଥିବା ଫାଟ ବା ଫାଙ୍କରେ ପୁରୁଣା ପରିତ୍ୟକ୍ତ କୋଠାମାନଙ୍କରେ, ପୋଲ ତଳେ, ଖଣି ଅଞ୍ଚଳରେ, ଗଛରେ, ବୃକ୍ଷାଚ୍ଛାଦିତ ବନ୍ୟାଞ୍ଚଳରେ, ଉପ-ସହରାଞ୍ଚଳରେ, ବସତିପାଖରେ, ସହରାଞ୍ଚଳର ଉପକଣ୍ଠରେ, ପୁରୁଣା କୂଅ ଭିତରେ ଓ ସୁଡ଼ଙ୍ଗମାନଙ୍କରେ ବାସକରନ୍ତି । ବିଶେଷତଃ ଉଚ୍ଚ ଦେଉଳମାନଙ୍କରେ ବ୍ୟବହୃତ ନ ହେଉଥିବା ସ୍ଥାନମାନଙ୍କରେ, ଭିତରେ ଓ ବାହାରେ ବାଦୁଡ଼ିମାନେ ରହନ୍ତି । ପକ୍ଷୀ ବିଶ୍ରାମ ସ୍ଥାନମାନଙ୍କରେ ରାତିରେ ବା ଦିନରେ ବିଶ୍ରାମ ନିଅନ୍ତି । ଯୁକ୍ତରାଷ୍ଟ୍ର ଆମେରିକାର ଅଧିକାଂଶ ଅଞ୍ଚଳରେ ବାଦୁଡ଼ିମାନେ ଦେଖାଯାଆନ୍ତି । ଭୁବନେଶ୍ୱରର ରାଜାରାଣୀ ମନ୍ଦିରର କାରୁକାର୍ଯ୍ୟ ଅବର୍ଣ୍ଣନୀୟ । ମାତ୍ର ମନ୍ଦିର ଭିତରେ କେହି ଠାକୁରଠାକୁରାଣୀ ନ ଥିବାରୁ ଓ ସ୍ଥାନଟି ନିକାଞ୍ଚନ ହୋଇଥିବାରୁ ବହୁ ସଂଖ୍ୟାରେ ବାଦୁଡ଼ି ବାସ କରୁଥିଲେ ।

ଡେଣା ହାତ ଦେହରେ ଲାଗିଥିଲେ ମଧ୍ୟ, ବାଦୁଡ଼ି ହାତ ସାହାଯ୍ୟରେ ଚାଲିପାରେ, ଓହଳିପାରେ ଓ ଖାଦ୍ୟ ସଂଗ୍ରହ କରିପାରେ । ଶରୀରର ଉଭୟ ପାର୍ଶ୍ୱରେ ଡେଣାଦୁଇଟି ଜାକିଜୁକି ହୋଇ ରହିଥାଏ । ବାଦୁଡ଼ି ଉଡ଼ିବାକୁ ଆରମ୍ଭ କଲେ ଡେଣାଦୁଇଟି ଛତା ଖୋଲିଲା ପରି ଖୋଲିଯାଏ । ଗୋଡ଼ ଦୁଇଟି ତାର ବିଶେଷ କାର୍ଯ୍ୟରେ ଆସେ ନାହିଁ । ନଖଗୁଡ଼ିକ ସାହାଯ୍ୟରେ ସେ ନିଜକୁ ସଫାରଖେ ଓ ଆବଶ୍ୟକ ହେଲେ କୁଣ୍ଡେଇ ହୁଏ ।

ଭାରତୀୟ ବାଦୁଡ଼ିମାନଙ୍କ ମଧ୍ୟରେ ଇଣ୍ଡିଆନ୍ ଫଲ୍ସ ଭାମ୍ପେୟାର ବାଦୁଡ଼ି, ପତ୍ରାକୃତି ନାକୁଆ ବାଦୁଡ଼ି, କ୍ଷୁଦ୍ର ନାକୁଆ ବାଦୁଡ଼ି, ଇଣ୍ଡିଆନ୍ ଫ୍ଲାଇଙ୍ଗ ଫକ୍ସ, ରଙ୍ଗୀନ ବାଦୁଡ଼ି, ନିଶ ଓ ଲାଞ୍ଜ ଥିବା ବାଦୁଡ଼ି ଓ ହଳଦିଆ ରଙ୍ଗର ବାଦୁଡ଼ି ପ୍ରଧାନ । ଏମାନେ ସମସ୍ତେ ନିରାମିଷାଶୀ ବାଦୁଡ଼ି । ପତ୍ରାକୃତି ନାକୁଆ ବାଦୁଡ଼ିମାନେ ହିମାଳୟ ଓ ତାର ପାଦଦେଶରେ ବାସ-କରନ୍ତି ।

ପ୍ରଜନନ (Breeding)

ଯେଉଁ ବାଦୁଡ଼ିମାନେ ଉଷ୍ଣ ବା ନାତିଶୀତୋଷ୍ଣ ଜଳବାୟୁ ଅଞ୍ଚଳରେ ବାସକରନ୍ତି, ସେମାନେ ସେମାନଙ୍କର ଗ୍ରୀଷ୍ମ ବାସସ୍ଥଳୀ ପରିତ୍ୟାଗ କରି ଥଣ୍ଡା ଅଞ୍ଚଳରେ କିମ୍ବା ଶୀତଳଜଳବାୟୁରେ ରହିବାକୁ ଚାଲିଯାଆନ୍ତି । ଏପରି ରହିବାକୁ ହିବର୍‌ନେସନ୍ ବା ଶୀତଋତୁରେ ବିଶ୍ରାମ ନେବା କୁହାଯାଏ ଏବଂ ଶୀତଦିନେ ରହୁଥିବା ସ୍ଥାନକୁ ହିବର୍ଣ୍ଣାକୁଲା କହନ୍ତି । ସେମାନଙ୍କର ସଂଗମ ବିଳମ୍ବିତ ଗ୍ରୀଷ୍ମଋତୁରେ ବା ଶରତ୍‌ଋତୁରେ ଆରମ୍ଭ

ହୋଇଥାଏ । ମାଈ ବାଦୁଡ଼ି ଗୋଟିଏ ବା ଅନେକ ପୁରୁଷ ବାଦୁଡ଼ି ସହିତ ସଂଗମ କରିବା ପରେ, ତାର ଗୋଟିଏ ସ୍ୱତନ୍ତ୍ର ଗ୍ରନ୍ଥୀ (special gland) ରେ ସିମେନ୍ ସହିତ ପୁରୁଷ ବୀଜ ଗଚ୍ଛିତ ହୋଇ ରହେ । ଏହା କେତେମାସ ପର୍ଯ୍ୟନ୍ତ ସକ୍ରୀୟ ଅବସ୍ଥାରେ ଗଚ୍ଛିତ ହୋଇ ରହିପାରେ । ଏପରି ବ୍ୟବସ୍ଥା ପ୍ରାୟ କୌଣସି ପ୍ରାଣୀଠାରେ ଦେଖାଯାଏ ନାହିଁ । ସ୍ତ୍ରୀ-ବାଦୁଡ଼ି ପରବର୍ତ୍ତୀ ବସନ୍ତକାଳ ପର୍ଯ୍ୟନ୍ତ ନିଜର ସ୍ୱତନ୍ତ୍ର ଗ୍ରନ୍ଥୀରେ ପୁଂବୀଜକୁ ସାଇତି ରଖିଥାଏ । ବସନ୍ତଋତୁରେ ଶୀତ ଋତୁର ହିମଶୟନ ଶେଷ ହେବା ପରେ ସ୍ତ୍ରୀ-ବାଦୁଡ଼ିର ସ୍ତ୍ରୀ-ବୀଜ (ovum) ନିଷ୍କାସିତ ହୁଏ । ନିଷ୍କାସିତ ସ୍ତ୍ରୀ-ବୀଜ, ପୂର୍ବରୁ ଗଚ୍ଛିତ ଥିବା ପୁରୁଷବୀଜ ସହିତ ମିଳିତ ହୋଇ ଭ୍ରୁଣ ସୃଷ୍ଟିହୁଏ । ଭ୍ରୂଣଟି କ୍ରମେ ଶାବକରେ ପରିଣତ ହୁଏ । ସ୍ତ୍ରୀ-ବାଦୁଡ଼ିର ଗର୍ଭଧାରଣ ସମୟ ୪୦ ଦିନରୁ ଆରମ୍ଭ କରି ୬ ମାସ ପର୍ଯ୍ୟନ୍ତ ହୋଇପାରେ । ସାଧାରଣ ଭାମ୍ପାୟାର ସ୍ତ୍ରୀ-ବାଦୁଡ଼ିମାନଙ୍କର ଗର୍ଭଧାରଣ ସମୟ ୨୦୯ ଦିନ, ହାତୁଡ଼ି ମୁଣ୍ଡିଆ ବାଦୁଡ଼ିମାନଙ୍କର ୧୨୫ ଦିନ ଓ କ୍ଷୁଦ୍ର ବାଦାମୀ ବାଦୁଡ଼ିମାନଙ୍କର ୬୦ ଦିନ ବା ତହିଁରୁ ଅଧିକ ଦିନ ବୋଲି କୁହାଯାଏ ।

ମେ ବା ଜୁନ୍‌ମାସରେ ଗର୍ଭବତୀ ବାଦୁଡ଼ି ଗୋଟିଏ ମାତ୍ର ଛୁଆଜନ୍ମ କରେ । ଏହି ଛୁଆକୁ ପପ୍ (Pup) ବୋଲି କୁହାଯାଏ । ଏହି ଛୁଆ ପ୍ରଥମେ ପ୍ରଥମେ ମା' ଠାରୁ ଦୁଧ ପିଇ ବଢ଼େ । ଏମାନେ ବର୍ଷକୁ ଗୋଟିଏ ଛୁଆ ଜନ୍ମ କରିଥାନ୍ତି ।

ବଡ଼ ବାଦୁଡ଼ି ବା ଫଳାହାରୀ ବାଦୁଡ଼ିମାନଙ୍କର ସାଧାରଣ ଭାବରେ ପ୍ରେମ ନିବେଦନ ବା କୋର୍ଟସିପ୍ (Courtship) ହୁଏ । ଏହି ପ୍ରଥା ଅନୁସାରେ ପୁରୁଷ ବାଦୁଡ଼ି, ସ୍ତ୍ରୀ-ବାଦୁଡ଼ିକୁ ଡେଣା ସାହାଯ୍ୟରେ ସାମାନ୍ୟ ଆଘାତ କରେ ଏବଂ ଶବ୍ଦ ବା ସ୍ୱର (vocalization) ଦ୍ୱାରା ଅଭିପ୍ରାୟ ଜଣାଇଥାଏ । ଯଦି କୃତକାର୍ଯ୍ୟ ହୁଏ ବା ସ୍ତ୍ରୀ-ବାଦୁଡ଼ି ଗ୍ରହଣଶୀଳା ହୁଏ, ଖୁବ୍ କମ୍ ସମୟ ପାଇଁ ସଂଗମ ସଂଗଠିତ ହୁଏ । ଖୁବ୍ କମ୍ ସମୟ ମଧ୍ୟରେ ପୁରୁଷବାଦୁଡ଼ିର ସିମେନ୍ ସହ ପୁଂବୀଜ, ସ୍ତ୍ରୀ-ବାଦୁଡ଼ିର ସ୍ୱତନ୍ତ୍ର ଗ୍ରନ୍ଥି ଭିତରେ ଜମାହୋଇ ରହେ । ହିମସ୍ୱାନ ବା ହିବରନେସନ୍‌ର ଠିକ୍ ପୂର୍ବରୁ ଶରତ୍‌ଋତୁରେ ପୁରୁଷ ଓ ସ୍ତ୍ରୀ-ବାଦୁଡ଼ିର ମିଳନ ହୋଇଥାଏ । ମାତ୍ର ଏହି ସିମେନ୍‌ରେ ଥିବା ପୁଂବୀଜ ଶୀତଋତୁ ଶେଷ ପର୍ଯ୍ୟନ୍ତ ଖରାପ ନ ହୋଇ ରହିଥାଏ । ହିବରନେସନ୍ ସମୟ ଶେଷ ହେଲେ ବସନ୍ତକାଳରେ ସ୍ତ୍ରୀ-ବାଦୁଡ଼ିର ଓଭୁଲେସନ୍ ହୋଇ ଡିମ୍ବାଣୁ ନିଷ୍କାସିତ ହେବା ପରେ ସଂରକ୍ଷିତ ପୁଂବୀଜ ସହିତ ସ୍ତ୍ରୀ-ବୀଜର ମିଳନ ହୋଇ ଭ୍ରୁଣ ସୃଷ୍ଟି ହୁଏ । ଏହାକୁ ବିଳମ୍ବିତ ଓଭୁଲେସନ୍ କହନ୍ତି । ଏହା କେବଳ ବାଦୁଡ଼ିଠାରେ ହିଁ ଦେଖାଯାଏ ।

ଚିଡ଼ିଆଖାନାରେ ଚିକିତ୍ସା

ଅନେକ ପ୍ରକାର ବଣ୍ୟଜନ୍ତୁ ଦେଶର ବିଭିନ୍ନ ଚିଡ଼ିଆଖାନାରେ ଦେଖିବାକୁ ମିଳନ୍ତି । ଦେଶର ସରକାରୀ ଚିଡ଼ିଆଖାନାଗୁଡ଼ିକର ଦାୟିତ୍ୱ କେନ୍ଦ୍ରୀୟ ଚିଡ଼ିଆଖାନା ପ୍ରାଧିକରଣଙ୍କର ତତ୍ତ୍ୱାବଧାନରେ ଥାଏ । ଏହି ପ୍ରାଧିକରଣ ଭାରତସରକାରଙ୍କର ବନ, ପରିବେଶ ଓ ଜଳବାୟୁ ପରିବର୍ତ୍ତନ ବିଭାଗର କେତେକ ଅଭିଜ୍ଞ, କ୍ଷମତା ପ୍ରାପ୍ତ ଉଚ୍ଚ-ପଦସ୍ଥ ଅଫିସରମାନଙ୍କୁ ନେଇ ଗଠିତ । ଚିଡ଼ିଆଖାନାଗୁଡ଼ିକର ପରିଚାଳନା ପାଇଁ ନିୟମ ପ୍ରଣୟନ ଓ ସୁନିୟନ୍ତ୍ରୀତ ଭାବରେ ପରିଚାଳନା କରିବା ସେମାନଙ୍କର କର୍ତ୍ତବ୍ୟ । ଏଭଳି ଏକ ବିଧିବଦ୍ଧଭାବରେ ଗଠିତ ଅନୁଷ୍ଠାନ ଭାରତୀୟ ଚିଡ଼ିଆଖାନାଗୁଡ଼ିକର ଆବଦ୍ଧାବସ୍ଥାରେ ଥିବା ବନ୍ୟଜନ୍ତୁମାନଙ୍କର ସବୁଠାରୁ ଅନୁକୂଳତମ ସନ୍ତୁଷ୍ଟ ଓ ସୁସ୍ଥ ଅବସ୍ଥାରେ ରଖିବାର ଦାୟିତ୍ୱ ନେଇଥିବାରୁ ଚିଡ଼ିଆଖାନାଗୁଡ଼ିକ ସୁପରିଚାଳିତ ଏବଂ ସବୁ ଶ୍ରେଣୀ ଓ ବୟସର ବ୍ୟକ୍ତିମାନଙ୍କୁ ଆନନ୍ଦ ପ୍ରଦାନ କରିପାରୁଛି ।

ଚିଡ଼ିଆଖାନାର ପରିଷ୍କାର ପରିଚ୍ଛନ୍ନତା, ପ୍ରାଣୀମାନଙ୍କ ପାଇଁ ସୁଷମ ଓ ସନ୍ତୁଳିତ ଆହାର, ପିଇବା ଓ ଅନ୍ୟାନ୍ୟ ବ୍ୟବହାର ପାଇଁ ସ୍ୱଚ୍ଛ ନିର୍ମଳ ଜଳ ଯୋଗାଣ, ବୈଜ୍ଞାନିକ ଭିତ୍ତିରେ ପ୍ରଜନନ ଓ ପୁନରୁତ୍ପାଦନ, ଉପଯୁକ୍ତ ସମୟରେ ପ୍ରତିଷେଧକ ଟିକା ଓ କୃମିନାଶକର ପ୍ରୟୋଗ, ପ୍ରାଣୀ ଡାକ୍ତର ଓ ବିଶେଷଜ୍ଞମାନଙ୍କର ସହାୟତାରେ ଉପଯୁକ୍ତ ସମୟରେ ପ୍ରାଣୀମାନଙ୍କର ଚିକିତ୍ସା ପ୍ରତି ଧ୍ୟାନ, ଦର୍ଶକମାନଙ୍କ ନିରାପତ୍ତା ଓ ପ୍ରାଣୀମାନଙ୍କର ହିଂସ୍ରତା ପ୍ରତି ସତର୍କତା, ପ୍ରଶାସକ ଓ ପରିଚାଳକମାନଙ୍କର ମୁଖ୍ୟ ଦୃଷ୍ଟିଆକର୍ଷଣକାରୀ କର୍ତ୍ତବ୍ୟ ମଧ୍ୟରେ ଗଣ୍ୟ ।

ଗୃହପାଳିତ ପ୍ରାଣୀମାନଙ୍କ ପରି ଏହି ବଣ୍ୟଜନ୍ତୁମାନଙ୍କର ଚିକିତ୍ସା କରିବା ଏତେ ସହଜ ନୁହେଁ । ସଂପୂର୍ଣ୍ଣଭାବରେ ନିୟନ୍ତ୍ରଣକୁ ନ ଆସିଲେ କୌଣସି ପ୍ରକାର ଚିକିତ୍ସା କରିବା ସମ୍ଭବପର ହୁଏ ନାହିଁ । କେବଳ ଅସୁସ୍ଥତା ପାଇଁ ଚିକିତ୍ସା ନୁହେଁ, ନିୟମିତ ବ୍ୟବଧାନରେ କୃମି ଔଷଧ ଖୁଆଇବା ଓ ପ୍ରତିଷେଧକ ଟିକା ଦେବା କାର୍ଯ୍ୟ ମଧ୍ୟ କରିବାକୁ ହୋଇଥାଏ । ବଣ୍ୟଜନ୍ତୁମାନଙ୍କର ସଂଯତକାରୀ (restraint) ଯନ୍ତ୍ରପାତି ଓ ତତ୍‌ସଂପର୍କୀୟ ଔଷଧ ଓ ଇଞ୍ଜେକ୍‌ସନ୍ ଇତ୍ୟାଦି ଚିକିତ୍ସା କରିବା ପୂର୍ବରୁ ପ୍ରାଥମିକ ଆବଶ୍ୟକତା ଏବଂ ଏସବୁ ସଂପୃକ୍ତ ଚିଡ଼ିଆଖାନାରେ ଗଚ୍ଛିତ ରହିବା କିମ୍ବା ତୁରନ୍ତ ମିଳିବାର ବ୍ୟବସ୍ଥା ଥିବା ଦରକାର । କ'ଣ କ'ଣ ଯନ୍ତ୍ରପାତି, ଔଷଧ ଓ ଇଂଜେକ୍‌ସନ୍ ରହିବା ଦରକାର ତାହା ପ୍ରତ୍ୟେକ ଚିଡ଼ିଆଖାନାକୁ ନିର୍ଦ୍ଦେଶ ଥାଏ ଏବଂ ସେସବୁ ଅଛି କି ନାହିଁ ମଧ୍ୟେ ମଧ୍ୟେ ପରୀକ୍ଷା କରାଯାଉଥାଏ ।

ବଣ୍ୟଜନ୍ତୁମାନଙ୍କର ଚିକିତ୍ସା ପାଇଁ ସ୍ୱତନ୍ତ୍ରଭାବରେ ଗୋଟିଏ ପ୍ରାଣୀ ଚିକିତ୍ସାଳୟ ଥାଏ । ଏହି ଭେଟେରିନାରୀ ହସ୍‌ପିଟାଲ୍‌ର କାର୍ଯ୍ୟକାରୀ କର୍ମଚାରୀ ଭାବରେ ପ୍ରାଣୀ ଡାକ୍ତର, ଫାର୍ମାସିଷ୍ଟ୍ ଓ ସହକାରୀ କର୍ମଚାରୀମାନଙ୍କ ପାଇଁ ଅଫିସ୍ ବା କାର୍ଯ୍ୟାଳୟ, ରୋଗୀ ପାଇଁ ଇନ୍‌ଡୋର, ଭେଟେରିନାରୀ ମେଡ଼ିସିନ୍ ଷ୍ଟୋରରୁମ୍, ଛୁଆମାନଙ୍କୁ ପାଳନ କରିବା ପାଇଁ ନର୍ସରୀ, ପରୀକ୍ଷାଗାର ବା ଲାବୋରେଟୋରୀ, ଅପରେସନ୍ ପାଇଁ ସୁବିଧା ଥିବା ନିର୍ଦ୍ଦିଷ୍ଟ ପ୍ରକୋଷ୍ଠ, ସଂକ୍ରାମକରୋଗୀକୁ ଅଲଗା ରଖିବା ପାଇଁ ଆଇସୋଲେସନ୍ ରୁମ୍... ଇତ୍ୟାଦି ଥାଏ । ସ୍ଥାନେ ସ୍ଥାନେ ଭେଟେରିନାରୀ ଲାଇବ୍ରେରୀ ଥିବାର ମଧ୍ୟ ଦେଖାଯାଏ । ଭେଟେରିନାରୀ ଯନ୍ତ୍ରପାତିସବୁ ହସ୍‌ପିଟାଲ୍ ପରି ଏଠାରେ ରଖାଯାଇ ଥାଏ । ପରୀକ୍ଷାଗାରରେ ମଳ, ମୂତ୍ର ଓ ରକ୍ତ ଇତ୍ୟାଦି ପରୀକ୍ଷା କରିବା ପାଇଁ ଯନ୍ତ୍ରପାତି ଓ ରାସାୟନିକ ପଦାର୍ଥ ସବୁ ଥାଏ । ଔଷଧଗୁଡ଼ିକ ଆବଶ୍ୟକତା ଅନୁସାରେ ପ୍ରତିବର୍ଷ କ୍ରୟ କରାଯାଏ । ନିର୍ଦ୍ଦିଷ୍ଟ ପୁସ୍ତକ ବା ପୁସ୍ତକମାନଙ୍କରେ ପ୍ରତ୍ୟେକ ପ୍ରାଣୀ ସଂପର୍କୀୟ ତଥ୍ୟ ଲିପବଦ୍ଧ ହୋଇ ରହିବା ଦରକାର ଓ ସେହିପରି କରାଯାଇଥାଏ ।

ବିଭିନ୍ନ ପ୍ରକାର ପ୍ରାଣୀମାନଙ୍କୁ ଖାଦ୍ୟ ଯୋଗାଇବା ଚିଡ଼ିଆଖାନାର କର୍ତ୍ତୃପକ୍ଷଙ୍କ ପାଇଁ ଅନ୍ୟ ଏକ ଗୁରୁତ୍ୱପୂର୍ଣ୍ଣ କାର୍ଯ୍ୟ । ଏଥିପାଇଁ ସ୍ୱତନ୍ତ୍ର ବ୍ୟବସ୍ଥା କରାଯାଇଥାଏ । ଖାଦ୍ୟ ବ୍ୟବସ୍ଥା, ସଂରକ୍ଷଣ, ନିରୀକ୍ଷଣ ଇତ୍ୟାଦି ସଂପର୍କରେ ଏଠାରେ ଆଲୋଚନା କରାଯାଉନାହିଁ ।

ଚିଡ଼ିଆଖାନାରେ ଥିବା ପ୍ରାଣୀମାନଙ୍କୁ ସେମାନଙ୍କର ଖାଦ୍ୟାଭ୍ୟାସ ଅନୁସାରେ ଶ୍ରେଣୀବିଭାଗ କରାଯାଏ । ଯଥା : ମାଂସଶୀ, ତୃଣଭୋଜୀ ଓ ଉଭୟ ପ୍ରକାର ଖାଦ୍ୟ ଖାଉଥିବା ପ୍ରାଣୀ । ଏଥିରେ ମଧ୍ୟ ସମୟ ସମୟରେ ବ୍ୟତିକ୍ରମ ଘଟିଥାଏ । କେତେକ

ପରିବାର ପ୍ରାଣୀମାନଙ୍କ ମଧ୍ୟରେ ସବୁ ପ୍ରକାରର ଖାଦ୍ୟ ବ୍ୟବହାର କରୁଥିବାର ଦେଖାଯାଏ ।

କାନାଇନ୍ କହିଲେ କୁକୁରକୁ ବୁଝାଏ । ପ୍ରାଣୀବୈଜ୍ଞାନିକମାନେ କୁକୁର ଓ କୁକୁର ପରି ପ୍ରାଣୀମାନଙ୍କୁ ନେଇ ଗୋଟିଏ ପରିବାର ବା ଫାମିଲି ଗଠନ କରିଛନ୍ତି । ଏଥିରେ କୁକୁର, ହେଟା, ଗଧିଆ, ଶୃଗାଳ, ବଣୁଆକୁକୁର ଓ କୋକିଶିଆଳି ପ୍ରଭୃତି ଅଛନ୍ତି । ଏହି ପରିବାରକୁ କାନିଡ଼୍ସ କୁହାଯାଏ ।

ସେହିପରି ବିରାଡ଼ିକୁ ଫେଲାଇନ୍ କହନ୍ତି । ବିରାଡ଼ି ଓ ବିରାଡ଼ିପରି ପ୍ରାଣୀମାନଙ୍କର ଫାମିଲିକୁ ଫେଲିଡ଼୍ସ କୁହାଯାଏ । ସିଂହ, ବାଘ, ଚିତାବାଘ ଓ ଜାଗୁଆର୍ ପ୍ରଭୃତି ଫେଲିଡ଼୍ସ ପରିବାରର । ଫେଲିଡ଼୍ସ ଓ କାନିଡ଼୍ସ ପ୍ରାଣୀମାନେ ପ୍ରାୟ ମାଂସାଶୀ ପ୍ରାଣୀ । ସେମାନଙ୍କର ପଂଝା, ନଖ ଓ ମଜଭୁତ ଶରୀର ଗଠନ ଶିକାର ଧରି ଖାଇବା ପାଇଁ ଯେପରି ପ୍ରସ୍ତୁତ, ଖାଦ୍ୟ ହଜମ କରିବା ପ୍ରଣାଳୀ ମଧ୍ୟ ସେହିପରି ।

ଭାଲୁମାନଙ୍କ ମଧ୍ୟରେ କେତେକ ଅଛନ୍ତି, ଯେଉଁମାନେ କେବଳ ତୃଣଭୋଜୀ, କେବଳ ମାଂସାଶୀ କିମ୍ବା ଉଭୟ ତୃଣଭୋଜୀ ଓ ମାଂସାଶୀ । ବନ୍ୟ ପ୍ରାଣୀମାନଙ୍କ ମଧ୍ୟରୁ ବହୁତ ତୃଣଭୋଜୀ ପ୍ରାଣୀ ଅଛନ୍ତି । ଯଥା : ହାତୀ, ହରିଣ, ଜିରାଫ୍, ଜେବ୍ରା, ଝିଙ୍କ, ଗୟଳ ଓ ଚମରୀଗାଈ ଇତ୍ୟାଦି । ଓରାଙ୍ଗ ଉଟାଙ୍ଗ ଓ ଗରିଲା ଇତ୍ୟାଦି ପ୍ରାଇମେଟ୍‌ମାନେ ତୃଣଭୋଜୀ ଓ ବୃକ୍ଷଜୀବୀ ।

ସଂପୃକ୍ତ ପ୍ରାଣୀମାନଙ୍କ ବିଷୟ ଆଲୋଚନା କରାଯିବା ସମୟରେ ସେମାନଙ୍କର ଖାଦ୍ୟଭ୍ୟାସ ଓ ପରିବାର ସଂପର୍କରେ ସୂଚନା ଦିଆଯାଇଛି । ଏଠାରେ ଆଲୋଚନା କରାଯିବାର ତାତ୍ପର୍ଯ୍ୟ ହେଉଛି, ସେମାନଙ୍କର ରୋଗ, ପ୍ରତିଷେଧକ ଟିକା ଓ କୃମି ଔଷଧ ପ୍ରଭୃତି ସେହି ପ୍ରକାରେ ଚିହ୍ନିତ ହୋଇଥାଏ ।

ପ୍ରତିଷେଧକ ଟିକା

(କ) ଫେଲିଡ଼୍ସ ପ୍ରାଣୀମାନଙ୍କର ନିମ୍ନୋକ୍ତ ରୋଗମାନଙ୍କ ପାଇଁ

(୧) ଫେଲାଇନ୍ ଡିସ୍‌ଟେମ୍ପର (୨) ଫେଲାଇନ୍ ପାନ୍-ଲିଉକୋ- ପେନିଆ (୩) ଫେଲାଇନ୍ କାଲ୍‌ସି ଭାଇରସ୍ (୪) ଫେଲାଇନ୍ ଲିଉକୋମିଆ (୫) ଫେଲାଇନ୍ ରାହିନୋଟ୍ରାକାଇଟିସ୍ (୬) ସି.ଡ଼ି. (୭) ଜଳାତଙ୍କ ବା ରାବିଜ୍ (୮) ଲେପ୍‌ଟୋ ସ୍ପାଇରୋସିସ୍ (୯) ଟ୍ରିପୋନୋସେମିଆସିସ୍ ।

(ଖ) କାନିଡ଼୍ସ ପ୍ରାଣୀମାନଙ୍କର ରୋଗଗୁଡ଼ିକ ପାଇଁ

(୧) କାନାଇନ୍ ଡିସ୍‌ଟେମ୍ପର (୨) ଆଡ଼େନୋ ଭାଇରସ୍ -ଟାଇପ୍ ୧ (୩) ଆଡ଼େନୋଭାଇରସ୍ ଟାଇପ୍ - ୨ (୪) ହିପାଟାଇଟିସ୍ (୫) ପାରା ଇନ୍‌ଫ୍ଲୁଏନ୍‌ଜା

(୬) ପାର୍ଭୋ ଭାଇରସ୍ (୭) ଲେପ୍‌ଟୋ ସ୍ପାଇରା କାନିକୋଲା (Leptospira canicola) (୮) ଲେପ୍‌ଟୋ ସ୍ପାଇରା କ୍ଲେରୋହାମୋରେଜି (clerohaemorrhagae) (୯) ଲେପ୍‌ଟୋସ୍ପାଇରା ଗ୍ରିପ୍ପୋଟାଇଫୋସା (Grippotyphosa) (୧୦) ଲେପ୍‌ଟୋସ୍ପାଇରା ପାମୋନା (୧୧) ରାବିଜ୍ (୧୨) ଡି.ଏଚ୍.ପି.ପି. ଆଇ.ଏଲ୍.

(ଗ) ଉର୍ସିଡ୍‌ସ ପ୍ରାଣୀମାନଙ୍କର : (୧) ଲେପ୍‌ଟୋ ସ୍ପାଇରୋସିସ୍ (୨) ରାବିଜ

(ଘ) ପ୍ରାଇମେଟ୍‌ସ ପ୍ରାଣୀମାନଙ୍କର ରୋଗ- (୧) ଡିଫ୍‌ଥେରିଆ (୨) ଟିଟାନସ୍ (୩) ପେର୍‌ଟୁସ୍‌ସିସ୍ (Pertussis) (୪) ମିଜ୍‌ଜିଲସ୍ (Meassles) (୫) ମମ୍ପ୍‌ସ (Mumps) (୬) ରୁବେଲ୍ଲା (Rubella) (୭) ପୋଲିଓମୋଇଲାଇଟିସ୍ (Poliomyelitis)

(ଙ) ତୃଣଭୋଜୀ ପ୍ରାଣୀମାନଙ୍କ ପାଇଁ (ବୋଭିଡ୍ସ, ସର୍ଭିଡ୍‌ସ (ହରିଣ), ଆର୍ଟିଓଡାକ୍‌ଟିଲା (ଜିରାଫ) ଇକ୍ୟୁଡି (ଜେବ୍ରା), ହିପ୍ପୋପୋଟାମିଡ୍ରେ (ଜଳହସ୍ତୀ) ରାହିନୋସେରୋଟିଡ଼ି (ଗଣ୍ଡା)... ଇତ୍ୟାଦିଙ୍କର ରୋଗ ସମୂହ ।

(୧) ଫାଟୁଆ (foot and mouth Disease) (୨) ସାହାଣ (H.S.) (୩)ବଜବଜିଆ (B.Q.) (୪) ଟିଟାନାସ୍ (୫) ଥେଇଲେରିଆସିସ୍ (୬) ପାଇରୋପ୍ଲାଜ୍‌ମୋସିସ୍ (୭) ଆନ୍ଥ୍ରାକ୍ସ (Anthrax) (୮) ରାବିଜ୍।

କୃମିନାଶକ

ସବୁ ଶ୍ରେଣୀର ପ୍ରାଣୀମାନଙ୍କର

(୧) ମଳ ବା ଗୋବର ପରୀକ୍ଷାର ବ୍ୟବଧାନ-

(କ) ଚିଡ଼ିଆଖାନା ପରୀକ୍ଷାଗାରରେ - ମାସକୁ ଥରେ

(ଖ) ଭେଟେରିନାରୀ କଲେଜ ପରୀକ୍ଷାଗାରରେ - ୩ ମାସରେ ଥରେ

(ଗ) ଭେଟେରିନାରୀ ବୈଜ୍ଞାନିକ ଅନୁଷ୍ଠାନ - ୩ମାସରେ ଥରେ

(୨) ମଳ ବା ଗୋବର ବ୍ୟତୀତ ରକ୍ତ, ମୂତ୍ର ଓ ଅନ୍ୟାନ୍ୟ ପରୀକ୍ଷା ଡାକ୍ତରଙ୍କର ପରାମର୍ଶକ୍ରମେ କରାଯାଇଥାଏ ।

(୩) କୃମିନାଶକ ଔଷଧର ପ୍ରତିରୋଧକ ଶକ୍ତି ପ୍ରାଣୀମାନଙ୍କ ଠାରେ ଦେଖାଯାଉଥିବାରୁ ଏକା ଔଷଧ ବାରମ୍ବାର ନ ଦେଇ ଡାକ୍ତରଙ୍କର ପରାମର୍ଶ କ୍ରମେ ଔଷଧରେ ପରିବର୍ତ୍ତନ କରାଯାଇଥାଏ ।

ଶରୀର ଅଛିମାନେ, ଶରୀରର ପାଇଁ ବିଭିନ୍ନ ପ୍ରକାର ରୋଗ ଅଛି । ଜୀବାଣୁ ଓ ଭୂତାଣୁ ଜନିତ ରୋଗରୁ ମୂଲ୍ୟବାନ୍ ପ୍ରାଣୀମାନଙ୍କର ସୁରକ୍ଷା ପାଇଁ ପ୍ରତିଷେଧକ ଟିକା

ନିୟମିତ ଭାବରେ ଦେବାକୁ ହୋଇଥାଏ । ଜୀବାଣୁ ଓ ଭୂତାଣୁମାନେ ସାଘାଂତିକ ଓ ଭୟଙ୍କର ରୋଗ ସୃଷ୍ଟି କରନ୍ତି, ଯାହା ସଂକ୍ରାମକ ଓ ଅଳ୍ପସମୟ ମଧ୍ୟରେ ପ୍ରାଣୀର ବିନାଶର କାରଣ ହୁଅନ୍ତି । ଜୀବଜନ୍ତୁମାନଙ୍କର ଏହି ରୋଗମାନଙ୍କୁ ଚିହ୍ନଟ କରି ଉପଯୁକ୍ତ ଜୀବାଣୁନାଶକ ଦ୍ୱାର ତୁରନ୍ତ ଚିକିତ୍ସା କରାଯାଏ । ବିଭିନ୍ନ ପ୍ରକାର କୃମିମାନଙ୍କ ଦ୍ୱାରା ଶରୀରର ପ୍ରାୟ ପ୍ରତ୍ୟେକ ଅଂଗରେ ରୋଗ ଦେଖାଯାଏ । ଏପରିକି ଲିଭର, ହାର୍ଟ, କିଡ୍‌ନି, ଫୁସ୍‌ଫୁସ୍, ପାକସ୍ଥଳୀ, ଖାଦ୍ୟନଳୀ ଓ ମସ୍ତିଷ୍କ ପର୍ଯ୍ୟନ୍ତ ଏହି ପରଜୀବୀମାନଙ୍କ ଦ୍ୱାରା ଅଶେଷ କ୍ଷତି ହେଉଛି । ରୋଗରୁ ରକ୍ଷା ପାଇବା ପାଇଁ ପ୍ରତିଷେଧକ ଭାବରେ ଓ ରୋଗର ଚିକିତ୍ସା ପାଇଁ ବିଭିନ୍ନ ପ୍ରକାର କୃମିନାଶକ ବ୍ୟବହାର କରାଯାଏ । ଆକସ୍ମିକ ଓ ଅଣଆକସ୍ମିକ ଅନେକ ପ୍ରକାର ରୋଗ ଅଛି, ପ୍ରାଣୀ ଡାକ୍ତରଙ୍କ ଦ୍ୱାରା ଚିକିତ୍ସା କରାଇବାକୁ ହୋଇଥାଏ ।ବିଶେଷଜ୍ଞ ପ୍ରାଣୀଡାକ୍ତରମାନେ ବିଶେଷ ଉପଯୁକ୍ତ ନିରାପଦ ଟିକା ବିଶେଷତଃ ଭୂତାଣୁ ଜନିତ ରୋଗ ପାଇଁ ଓ କୃମି ଔଷଧ ପ୍ରସ୍ତୁତ କରିବାର ଚେଷ୍ଟା ଅବ୍ୟାହତ ରଖିଛନ୍ତି। ତେଣୁ ସମୟ ସମୟରେ ଟିକା ଓ ଔଷଧଗୁଡ଼ିକରେ ପରିବର୍ତ୍ତନ ଲକ୍ଷ୍ୟ କରାଯାଉଛି । ଏଥିପାଇଁ ଚିଡ଼ିଆଖାନାମାନଙ୍କରେ ପ୍ରାଣୀ ଡାକ୍ତର ଓ ସାହାଯ୍ୟକାରୀମାନଙ୍କ ଦ୍ୱାରା ଏହି କାର୍ଯ୍ୟ କରାଯାଏ । ପ୍ରାଣୀ ଡାକ୍ତରଙ୍କ ବିନା ପରାମର୍ଶରେ କୌଣସି ଟିକା ବା କୃମି ଔଷଧ ଦିଆଯିବା ଉଚିତ ନୁହେଁ ।

ଟିକା :

ରୋଗର ନାମ	ଟିକାର ନାମ	ଦେବା ବ୍ୟବଧାନ
ଫେଲିଡ୍ସ		
ଫେଲାଇନ୍ ରାହିନୋଟ୍ରାକାଇଟିସ ଫେ. ପାନ୍ ଲାଇକୋପେନିଆ	ଫେଲିଜେନ୍ (Feligen)	ବାର୍ଷିକ
ଫେଲାଇନ ଡିସଟେମ୍ପର ଫେଲାଇନ୍ କାଲ୍‌ସି	ଫେଲ୍-ଓ-ଭାକ୍‌ସ (Fel-O-Vax)	ବାର୍ଷିକ
ଜଳାତଙ୍କ (ରାବିଜ୍)	ଆଣ୍ଟି-ରାବିଜ-ଭାକ୍‌ସିନ୍	ବାର୍ଷିକ
ଟ୍ରିପାନୋସୋମିଆସିସ୍	ଇଞ୍ଜେକ୍‌ସନ୍ ଟ୍ରିକ୍ୟୁଇନ (Triquine)	୬ମାସରେ ଥରେ
ଲେପଟୋ ସ୍ପାଇରୋସିସ୍	ଉଦ୍ଭାବନ ହୋଇନାହିଁ / (ଡାକ୍ତରଙ୍କ ପରାମର୍ଶ ନେବେ)	
ସି.ଡ଼ି. (ଫେଲିଡ୍ସ ପାଇଁ)	ମୋଡ଼ିଫାଏଡ ଲାଇଭ ସି.ଡ଼ି.ଭି. (High Risk)	

ଫେଲାଇନ୍ ଲିଉକେମିଆ	ଫେଲାଇନ-୨-ଏଫ୍.ଇ.ଏଲ୍.ଭି.	୨ ବର୍ଷ
କାନିଡସ		
କାନାଇନ୍ ଡିସଟେମ୍ପର	ମୋଡ଼ିଫାଏଡ ଲାଇଭ ଭୂତାଣୁ ଟିକା (ଏମ.ଏଲ୍.ଭି.)	
ଆଡ଼େନା ଭାଇରସ-ଟାଇପ-୨	ଏମ୍.ଏଲ୍.ଭି.ଟିକା (ମୋଡ଼ିଫାଏଡ ଭୂତାଣୁ)	ବାର୍ଷିକ
ଆଡ଼େନା ଭାଇରସ-ଟାଇପ-୧	ଏମ.ଏଲ୍.ଭି.	
ହିପାଟାଇଟସିସ	ଇନଫେକ୍ଟିଅସ କାନାଇନ ହିପାଟାଇଟିସ ଟିକା	ବାର୍ଷିକ
ପାରା-ଇନଫ୍ଲୁଏନ୍‌ଜା	ମୋଡ଼ିଫାଏଡ ଲାଇଭ ଭାଇରସ (ଏମ.ଏଲ୍.ଭି.)	ବାର୍ଷିକ
ପାର୍ଭୋ ଭାଇସର	ପାର୍ଭୋ ସି.ପି.ଭି.-୨ ଭାକ୍‌ସିନ୍ (କେ ଟାଇପ)	ବାର୍ଷିକ
ଲେପ୍‌ଟୋ ସ୍ପାଇରୋସିସ୍	ପି.ଏମ୍.ସି. ଏନ୍.ସି. ବି.ଆଇ. (ଡାକ୍ତରଙ୍କ ପରାମର୍ଶକ୍ରମେ)	ବାର୍ଷିକ
ରାବିଜ	ଆଣ୍ଟି ରାବିଜ୍ ଟିକା (କେ ଟାଇପ)	ବାର୍ଷିକ
ଡି.ଏଚ୍.ପି.ପି.ଆଇ.ଏଲ	କାନିଜେନ୍ DHPPI ଟିକା (ଡାକ୍ତରଙ୍କ ପରାମର୍ଶକ୍ରମେ)	
ଉର୍ସିଡସ		
ଲେପ୍‌ଟୋ ସ୍ପାଇରୋସିସ୍	ଲେପଟୋ ସ୍ପାଇରା ବାକ୍‌ଟେରିନ୍ ସି.ଏଲ. କେ. ଟାଇପ	ବାର୍ଷିକ
ରାବିଜ ବା ଜଳାତଙ୍କ	ଆଣ୍ଟି ରାବିଜ ଭାକ୍‌ସିନ୍	ବାର୍ଷିକ
ପ୍ରାଇମେଟ୍‌ସ		
ମିଜିଲସ (Meassles), ମମ୍ପସ୍ (Mumps), ରୁବେଲ୍ଲା (Rubella)	ଏମ୍.ଏମ୍. ଆର.ଭି. ଟିକା ଏହି ତିନୋଟି ରୋଗ ଓ ଭାରିସେଲ୍ଲା ରୋଗମାନଙ୍କର ପ୍ରତିଷେଧକ	ବାର୍ଷିକ
ପୋଲିଓ ମାଇଲାଇଟିସ୍ (Poliomyelitis)	ଏମ୍.ଏଲ୍.ଭି.	ବାର୍ଷିକ
କାନାଇନ ଡିସ୍‌ଟେମ୍ପର	ଫେରରେଟ ଡିସଟେମ୍ପର	ବାର୍ଷିକ
ଡିଫଥେରିଆ	D Tap and T dap (vacines)	ବାର୍ଷିକ
ଟିଟାନସ / DPT	K. Type Vacine	ବାର୍ଷିକ
ପେର୍‌ଟୁସସିସ୍ (Pertussis)	ଟି ଡାପ ଓ ଡି ଟାପ ଭାକ୍‌ସିନ୍	ବାର୍ଷିକ

ତୃଣଭୋଜୀ (Herbivoruous)

ଫାଟୁଆ	F.M.D. Vaccine	ବର୍ଷକୁ ୨ ଥର
(Foot & Mouth Disease)	O.A. Asian1	ଏପ୍ରିଲ, ଅକ୍ଟୋବର
ସାହାଣ (H.S.)	H.S. Vaccine (H.S.V.)	
ବଜବଜିଆ (B.Q)	B.Q Vaccine (B.Q.V.)	
ଟିଟାନସ (Tetanus)	ଟିଟାନସ ଟକ୍ସଏଡ (Toxoid)	ବର୍ଷକୁ ୨ ଥର
ଆନ୍ଥ୍ରାକ୍ସ (Anthrax)	ଆନ୍ଥ୍ରାକ୍ସ ଭାକସିନ (କେ ଟାଇପ)	ବାର୍ଷିକ
ରାବିଜ ବା ଜଳାତଙ୍କ	ଆଣ୍ଟି ରାବିଜ ଭାକସିନ (A.R.V.)	
ଥେଇଲେରିଆସିସ	ଡାକ୍ତରଙ୍କ ପରାମର୍ଶ କ୍ରମେ	
ପାଇରୋ ପ୍ଲାଜମୋସିସ	ଡାକ୍ତରଙ୍କ ପରାମର୍ଶ କ୍ରମେ	
ଟେଟ୍‌ଭାକ୍ (Tetvac)	ଟେଟ୍‌ଭାକ୍ ଇଞ୍ଜେକସନ ରୋଗ ପ୍ରତିରୋଧକ ଶକ୍ତି ସୃଷ୍ଟି ପାଇଁ, ଟିଟାନସ ନ ହେବା ପାଇଁ ମଧ୍ୟ ।	ବାର୍ଷିକ
ଟ୍ୟୁବରକୁଲୋସିସ (Tb)	3D & 2D ଡାକ୍ତରଙ୍କ ପରାମର୍ଶ କ୍ରମେ	3D ୬୦ ଦିନ ପାଇଁ ଡିସେମ୍ବର ଓ ଜାନୁଆରୀ 2D ୧୨୦ ଦିନ ପାଇଁ ଫେବୃୟାରୀ ଓ ମଇ
ଲେପ୍‌ଟୋ ସ୍ପାଇରୋସିସ (ଜେବ୍ରା)	ଲେପ୍‌ଟୋସ୍ପାଇରା ବ୍ୟାକ୍‌ଟେରିନ୍ 5 Way (K. Type)	ବାର୍ଷିକ
ଇକ୍ୱାଇନ ରାହିନୋ ନମୋନାଇଟିସ୍ (ଜେବ୍ରା)	Equine rhinopneumonitis K. Type	ବାର୍ଷିକ

କୃମି ଔଷଧ

ପ୍ରାଣୀର ନାମ	କୃମିନାଶକ	ଅନୁପାତ	ବ୍ୟବଧାନ
ହାତୀ	ଫେବେଣ୍ଡାଜୋଲ	୧୨ ଗ୍ରାମ / ବୟସ୍କ	୩ ମାସରେ ଥରେ
ହାତୀ	ଆଲବେଣ୍ଡାଜୋଲ	୨.୫ ମି.ଗ୍ରା./କେଜିପିଓ	ଏପ୍ରିଲ
	ଫେବେଣ୍ଡାଜୋଲ	୭.୫ ମି.ଗ୍ରା./କେଜିପିଓ	ଡିସେମ୍ବର
ଗୟଳ	ଫେବେଣ୍ଡାଜୋଲ	୩ ଗ୍ରାମ / ଆଡଲଟ	୩ ମାସରେ ଥରେ
	ଆଇଭର ମେକ୍‌ଟିନ	୧୦୦ମି.ଗ୍ରା / ଆଡଲଟ	
	ଆଲବେଣ୍ଡାଜୋଲ	୩ ଗ୍ରାମ / ଆଡଲଟ	

ଝିଙ୍କ	ମେ-ବେକ୍ସ	ଟ୍ୟାବ୍ / ବୟସ୍କ	୩ ମାସରେ ଥରେ
	ମେବେଣ୍ଡାଜେଲ୍	୧୦୦ମି.ଗ୍ରା	
ଜିରାଫ(ବୟସ୍କ)	ଫେବେଣ୍ଡାଜୋଲ୍	୨.୫ ରୁ ୩ ଗ୍ରାମ / ବୟସ୍କ	୩ ମାସରେ ଥରେ
ଜଳହସ୍ତୀ	ଫେବେଣ୍ଡାଜୋଲ୍	୮ ମି.ଗ୍ରା./ବୟସ୍କ	୩ ମାସରେ ଥରେ
ଜଳହସ୍ତୀ	ଆଲବେଣ୍ଡାଜୋଲ୍ }	୬ ମି.ଗ୍ରା./କେଜିପିଓ	ସଂଯୋଗ
	ଆଇଭର ମେକ୍ଟିନ }	୫ ମି.ଗ୍ରା./କେଜିପିଓ	ଏପ୍ରିଲ
	ଫେବେଣ୍ଡାଜୋଲ୍	୧୦ ମି.ଗ୍ରା./କେଜିପିଓ	ଡିସେମ୍ବର
ଜେବ୍ରା	ଫେବେଣ୍ଡାଜୋଲ୍	୧.୫ ଗ୍ରା	୩ ମାସରେ ଥରେ
	ଆଇଭର ମେକ୍ଟିନ	୮୦ମି.ଗ୍ରା	
ଜେବ୍ରା	ଫେବେଣ୍ଡାଜୋଲ୍	୭.୫ ମି.ଗ୍ରା / କେଜିପିଓ	ଡିସେମ୍ବର
	ଆଇଭର ମେକ୍ଟିନ	୫ମି.ଗ୍ରା / କେଜିପିଓ	ଏପ୍ରିଲ
ସିମ୍ପାଞ୍ଜି	ଆଲବେଣ୍ଡାଜୋଲ୍	୪୦୦ ମି.ଗ୍ରା / ବୟସ୍କ	୩ ମାସରେ ଥରେ
ଗଣ୍ଡା	ଫେବେଣ୍ଡାଜୋଲ୍	୯ ଗ୍ରାମ / ବୟସ୍କ	୩ ମାସରେ ଥରେ
କଳାଭାଲୁ	ଫେବେଣ୍ଡାଜୋଲ	୧.୫ ଗ୍ରାମ / ବୟସ୍କ	୩ ମାସରେ ଥରେ
(ହିମାଳୟ)	ଆଇଭର ମେକ୍ଟିନ୍	୬୦ ମିଲି ଗ୍ରାମ / ବୟସ୍କ	
କଳାଭାଲୁ	ଆଇଭର ମେକ୍ଟିନ୍ }	୧୫ ମିଲି ଗ୍ରାମ /କେଜିପିଓ	ଏପ୍ରିଲ
(ହିମାଳୟ)	ଆଲବେଣ୍ଡାଜୋଲ୍ }		୫ ମି.ଗ୍ରା /କେଜିପିଓ
ସ୍ଲୁଥ ଭାଲୁ	ଫେବେଣ୍ଡାଜୋଲ /	୧.୫ ଗ୍ରାମ / ବୟସ୍କ	୩ ମାସରେ ଥରେ
	ଆଇଭର ମେକ୍ଟିନ୍	୫୦ ମିଲି ଗ୍ରାମ / ବୟସ୍କ	
ସ୍ଲୁଥ ଭାଲୁ	ଫେବେଣ୍ଡାଜୋଲ	୫୦ ମିଲି ଗ୍ରାମ /କେଜିପିଓ	ଡିସେମ୍ବର
ହନୁମାଙ୍କଡ଼	ଆଲବେଣ୍ଡାଜୋଲ	୫ ରୁ ୭ ମିଲିଗ୍ରାମ /କେଜିପିଓ	୩ ମାସରେ ଥରେ
ଶୃଗାଳ	ଫାଣ୍ଟାସ୍ ପ୍ଲସ୍	୨ଟି ବଟିକା	୩ଦିନ ପାଇଁ
	ଫେବେଣ୍ଡାଜୋଲ୍	୧୫୦ମି.ଲି.ଗ୍ରା.	
	ପ୍ରାଜିକ୍ୟୁଇଣ୍ଟେଲ	୫୦ମି.ଲି. ଗ୍ରା.	
ଗଧିଆ	ପ୍ରାଜିକ୍ୟୁଇଣ୍ଟେଲ	୫ ମି.ଲି /କେଜିପିଓ	ମିଶ୍ରଣ
ଶୃଗାଳ	ପାରାଣ୍ଟେଲପାମୋଏଟ୍	୬ ମି.ଲି /କେଜିପିଓ	ଡିସେମ୍ବର
	ଫେବେଣ୍ଡାଜୋଲ୍	୭.୫ ମି.ଲି.ଗ୍ରା. /କେଜିପିଓ	
ଶୃଗାଳ	ଫେବେଣ୍ଡାଜୋଲ୍	୫୦ମି.ଲି. ଗ୍ରା. /କେଜିପିଓ	ତିନିମାସରେ ଥରେ
ଗଧିଆ	ଫାଣ୍ଟାସ୍ ପ୍ଲସ୍	୨ଟି ବଟିକା ଲେଖାଁ	

ଫେବେଣ୍ଡାଜୋଲ୍		୧୫୦ମି.ଗ୍ରା.	୩ଦିନ ପାଇଁ
	ପ୍ରାଜିକ୍ୟୁଇଣ୍ଟେଲ	୫୦ ମି.ଗ୍ରା.	
ସିଂହ	ଫେବେଣ୍ଡାଜୋଲ୍	୧.୫ଗ୍ରା./ ବୟସ୍କ	୩ଦିନ ପାଇଁ
ସିଂହ	ପ୍ରାଜିକ୍ୟୁଇଣ୍ଟେଲ	୫ ମି.ଗ୍ରା./କେଜିପିଓ	
ବାଘ	ପାଇରାଣ୍ଟେଲ ପାମୋଏଟ	୬ ମି.ଗ୍ରା./କେଜିପିଓ	ଏପ୍ରିଲ
ଲିଓପାର୍ଡ଼	ଫେବେଣ୍ଡାଜୋଲ ମିଶ୍ରିତ	୨୦ ମି.ଗ୍ରା./କେଜିପିଓ	
ଜାଗୁଆର	ଆଇଭରମେକ୍ଟିନ୍	୬ ମି.ଗ୍ରା./କେଜିପିଓ	ଡିସେମ୍ବର
ବାଘ	ଫେବେଣ୍ଡାଜୋଲ	୧.୫ଗ୍ରା./ ବୟସ୍କ	୩ଦିନ ପାଇଁ
ଓଧ	ଆଲବେଣ୍ଡାଜୋଲ୍	୧୦ ମି.ଗ୍ରା./କେଜିପିଓ	ଏପ୍ରିଲ
	ଫେବେଣ୍ଡାଜୋଲ	୧୦ ମି.ଗ୍ରା./କେଜିପିଓ	ଡିସେମ୍ବର
ସାମ୍ବହରିଣ	ଫେବେଣ୍ଡାଜୋଲ	୭.୫ମି.ଗ୍ରା./କିଗ୍ରା ଓଜନ	ଏପ୍ରିଲ
ହଗ୍ ହରିଣ			ଡିସେମ୍ବର
କୃଷ୍ଣସାର ମୃଗ	ଫେବେଣ୍ଡାଜୋଲ	୭.୫ ମି.ଗ୍ରା./କେଜି ପି.ଓ.	ଏପ୍ରିଲ
			ଡିସେମ୍ବର
ଭୁକିବା ହରିଣ	ଫେବେଣ୍ଡାଜୋଲ	୭.୫ ମି.ଗ୍ରା./କେଜି ପି.ଓ.	ଏପ୍ରିଲ
ମଣିପୁରୀ ହରିଣ			
ମୂଷା ହରିଣ			ଡିସେମ୍ବର
ହରିଣ	ଆଇଭର ମେକଟିନ	୦.୨ ମି.ଗ୍ରା./କି.ଗ୍ରା.ପି.ଓ	୩ ମାସକୁ ଥରେ
ଫ୍ରୁଟ ବାଦୁଡ଼ି	ଫେବେଣ୍ଡାଜୋଲ	୭.୫ ମି.ଗ୍ରା./କେଜି ପି.ଓ.	ଏପ୍ରିଲ
ଖୁରାବିଶିଷ୍ଟ	ଫେବେଣ୍ଡାଜୋଲ	୫ ମି.ଗ୍ରା./କେଜି ପି.ଓ.	୩ ମାସରେ ଥରେ
ପ୍ରାଣୀ	ଆଇଭର ମେକ୍ଟିନ୍	୧ ମି.ଗ୍ରା./ ୫କିଗ୍ରା.ଶରୀର ଓଜନ	
ବଣମଣିଷ	ଫେବେଣ୍ଡାଜୋଲ	୨୫ ମି.ଗ୍ରା./ କେଜିପିଓ	୩ ମାସରେ ଥରେ
(ପ୍ରାଇମେଟସ)			
ମାଂସାଶୀ	ଆଇଭର ମେକ୍ଟିନ୍	୦.୨ ମି.ଗ୍ରା./ କିଗ୍ରା.ଶରୀର ଓଜନ	
(ବିଭିନ୍ନ	ଡ୍ରୋଣ୍ଟାଲ ଫସ	୧ଟି ବଟିକା / ୧୦କିଗ୍ରା.ଶରୀର ଓଜନ	
କୃମି	କ୍ୟୁଓ୍ୱେଫ୍ପ	୧/୪ବଟିକା ୨/୩ କିଗ୍ରାପିଓ	

ଔଷଧ)	ଫେବେଣଡାଜେଶଲ	୨୫-୫୦ମି.ଗ୍ରା/କିଗ୍ରା.ପିଓ
	ପାଇକାଣ୍ଟାଲପାମେଏଟ୍	୧ ବଟିକା/ପ୍ରତି ୧୦ କିଗ୍ରାପିଓ
ତୃଣଭୋଜୀ	ଫେବେଣ୍ଡାଜୋଲ	୫ ମି.ଗ୍ରା./କିଗ୍ରା.ଶରୀର ଓଜନ
(ବିଭିନ୍ନ କୃମି	ଆଲବେଣ୍ଡାଜୋଲ	୨୫ ମି.ଗ୍ରା./କିଗ୍ରା.ଶରୀର ଓଜନ
ଔଷଧ)	ଆଇଭର ମେକ୍ଟିନ୍	୦.୨ ମି.ଗ୍ରା./କିଗ୍ରା.ଶରୀର ଓଜନ

BLACK EAGLE BOOKS

www.blackeaglebooks.org
info@blackeaglebooks.org

Black Eagle Books, an independent publisher, was founded as a nonprofit organization in April, 2019. It is our mission to connect and engage the Indian diaspora and the world at large with the best of works of world literature published on a collaborative platform, with special emphasis on foregrounding Contemporary Classics and New Writing.

www.ingramcontent.com/pod-product-compliance
Lightning Source LLC
Chambersburg PA
CBHW020537030426
42337CB00013B/883
* 9 7 8 1 6 4 5 6 0 0 9 8 5 *